D1368241

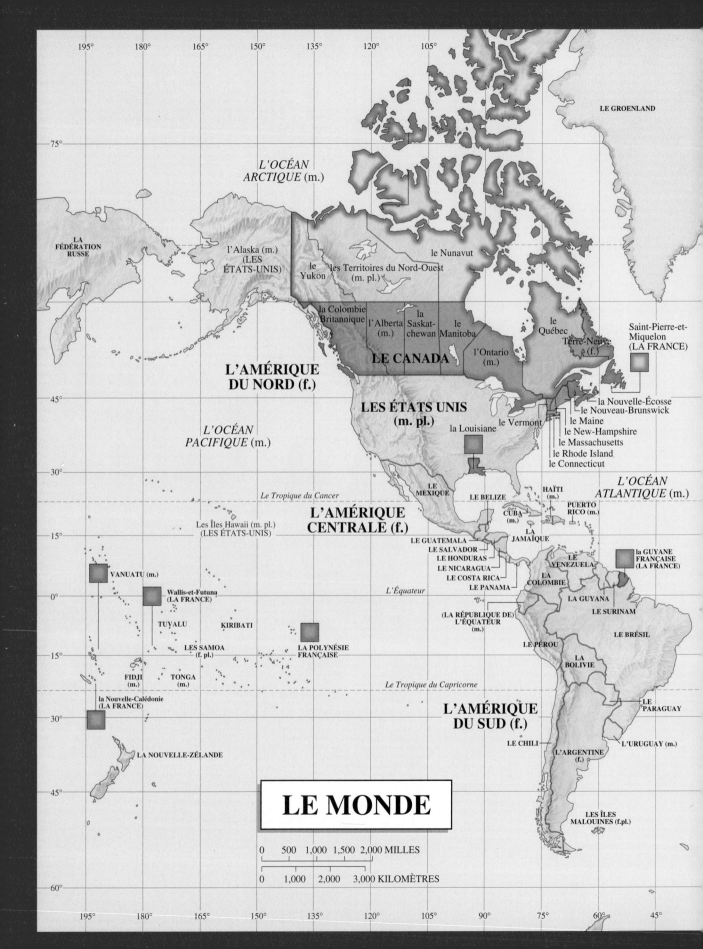

195° 180° 165° 150° 135° 120° 105°

L'OCÉAN ARCTIQUE (m.)

LE GROENLAND

75°

LA FÉDÉRATION RUSSE

l'Alaska (m.) (LES ÉTATS-UNIS)

le Nunavut

le Yukon

les Territoires du Nord-Ouest (m. pl.)

la Colombie Britannique

l'Alberta (m.)

la Saskat-chewan

le Manitoba

l'Ontario (m.)

le Québec

Terre-Neuve (f.)

Saint-Pierre-et-Miquelon (LA FRANCE)

LE CANADA

L'AMÉRIQUE DU NORD (f.)

45°

LES ÉTATS UNIS (m. pl.)

la Nouvelle-Écosse
le Nouveau-Brunswick
le Maine
le New-Hampshire
le Massachusetts
le Rhode Island
le Connecticut

L'OCÉAN PACIFIQUE (m.)

la Louisiane

le Vermont

L'OCÉAN ATLANTIQUE (m.)

30°

Le Tropique du Cancer

LE MEXIQUE

HAÏTI (m.)

L'AMÉRIQUE CENTRALE (f.)

LE BELIZE

PUERTO RICO (m.)

15°

Les Îles Hawaii (m. pl.) (LES ÉTATS-UNIS)

CUBA (m.)

LA JAMAÏQUE

LE GUATEMALA
LE SALVADOR
LE HONDURAS
LE NICARAGUA
LE COSTA RICA
LE PANAMA

la GUYANE FRANÇAISE (LA FRANCE)

VANUATU (m.)

LE VENEZUELA

0°

Wallis-et-Futuna (LA FRANCE)

LA COLOMBIE

LA GUYANA

LE SURINAM

TUVALU

KIRIBATI

L'Équateur

(LA RÉPUBLIQUE DE) L'ÉQUATEUR (m.)

LES SAMOA (f. pl.)

15°

LA POLYNÉSIE FRANÇAISE

LE PÉROU

LE BRÉSIL

LA BOLIVIE

FIDJI (m.)

TONGA (m.)

Le Tropique du Capricorne

la Nouvelle-Calédonie (LA FRANCE)

L'AMÉRIQUE DU SUD (f.)

LE PARAGUAY

30°

LE CHILI

L'URUGUAY (m.)

LA NOUVELLE-ZÉLANDE

L'ARGENTINE (f.)

LE MONDE

45°

LES ÎLES MALOUINES (f.pl.)

0   500 1,000 1,500 2,000 MILLES

0   1,000   2,000   3,000 KILOMÈTRES

60°

195° 180° 165° 150° 135° 120° 105° 90° 75° 60° 45°

LA MER
DU NORD

LA FÉDÉRATION RUSSE

Cercle Artique

L'ISLANDE (f.)

LA NORVÈGE
LA SUÈDE
LA FINLANDE

1	LES PAYS-BAS (m.pl.)	10	LA HONGRIE
2	LA BELGIQUE	11	L'AUTRICHE (f.)
3	LA SUISSE	12	LA SLOVAQUIE
4	LA SLOVÉNIE	13	LA RÉPUBLIQUE TCHÈQUE
5	LA CROATIE	14	LA FÉDÉRATION RUSSE
6	LA BOSNIA-HERZÉGOVINE	15	LA GÉORGIE
7	L'ALBANIE (f.)	16	L'ARMÉNIE (f.)
8	LA MACÉDOINE	17	L'AZERBAIDJAN (m.)
9	LA YOUGOSLAVIE		

L'ASIE (f.)

LE ROYAUME-UNI
LE DANEMARK
L'IRLANDE (f.)
L'ESTONIE (f.)
LA LETTONIE
LA LITUANIE
LA POLOGNE
LA BIÉLO-RUSSIE
L'ALLEMAGNE (f.)
L'UKRAINE (f.)
LA MOLDAVIE
LE KAZAKHSTAN
LA MONGOLIE

L'EUROPE (f.)
LA FRANCE
LA RUMANIE
LA BULGARIE
LA PORTUGAL
L'ESPAGNE (f.)
L'ITALIE (f.)
LA GRÈCE
LA TURQUIE
LA CHYPRE
L'OUZBÉKISTAN (m.)
LA TURKMÉNIE
LA KIRGHIZIE
LA CHINE
LA CORÉE DU NORD
LE JAPON

L'ANCIEN SAHARA OCCIDENTAL (m.)
LE MAROC
LA TUNISIE
LA SYRIE
L'IRAN (m.)
L'AFGHANISTAN (m.)
LE TADJIKISTAN
LE NÉPAL
LE BHOUTAN
LA CORÉE DU SUD

L'AFRIQUE (f.)
LA GAMBIE
L'ALGÉRIE (f.)
LA LIBYE
L'ÉGYPTE (f.)
LE LIBAN
ISRAËL (m.)
LE KUWAIT
LA JORDANIE
LE BAHREÏN
LE QATAR
L'ARABIE SAOUDITE (f.)
LE PAKISTAN
L'INDE (f.)

Le Tropique du Cancer

LA MAURITANIE
LE SÉNÉGAL
LE MALI
LE NIGER
LE TCHAD
LE SOUDAN
L'ÉRYTHRÉE (f.)
LES EMIRATS ARABES UNIS (m.)
LE BANGLA-DESH
LA THAÏLANDE
TAÏWAN (m.)

LE BURKINA-FASO
LA GUINÉE
LE NIGERIA
L'OUGANDA (m.)
L'ÉTHIOPIE (f.)
LE YÉMEN (OMAN (m.))
LE KAMPUCHÉA
LES PHILIPPINES (f. pl.)

LA GUINÉE-BISSAU
LA SIERRA LEONE
LE LIBERIA
LA CÔTE D'IVOIRE
LE GHANA
LE TOGO
LE BÉNIN
LE CAMEROUN
LA GUINÉE-ÉQUATORIALE
LE GABON
LE CONGO
LA RÉPUBLIQUE CENTRAFRICAINE
LE RÉPUBLIQUE DÉMOCRATIQUE DU CONGO
LE KENYA
LA SOMALIE
DJIBOUTI (m.)
L'UNION DE MYANMAR (f.)
LE BRUNEI
LA FÉD. DE MALAISIE
LA PAPOUASIE-NOUVELLE GUINÉE

L'Équateur

LE SRI LANKA
L'INDONÉSIE (f.)

Pondichéry

LA TANZANIE
LA ZAMBIE
L'ANGOLA (m.)
LE MALAWI

L'OCÉAN INDIEN (m.)

LA RÉUNION (LA FRANCE)

LA NAMIBIE
LE BOTSWANA
MADAGASCAR (m.)
L'ÎLE MAURICE (f.)

Le Tropique du Capricorne

L'AUSTRALIE (f.)

L'AFRIQUE DU SUD (f.)
LE ZIMBABWE
LE MOZAMBIQUE
LE SWAZILAND
LE LESOTHO

Langues maternelles

Le français langue maternelle majoritaire

Le français langue maternelle d'une minorité importante

Le français et un créole français langues maternelles

Créole français langue maternelle majoritaire

Langues officielles

Le français est la seule langue officielle

Le français est une des langues officielles du pays ou de l'état

Le français sert de langue administrative ou dans l'enseignement

Le français est la langue de culture ou des affaires pour une partie importante de la population

L'EUROPE

Langues maternelles

- Le français langue maternelle majoritaire
- Le français langue maternelle d'une minorité importante

Langues officielles

- Le français est la seule langue officielle
- Le français est une des langues officielles du pays ou de l'état
- Le français est la langue de culture ou des affaires pour une partie importante de la population

10°

Cercle Arctique

LA FINLANDE

LA SUÈDE

LA NORVÈGE

L'ESTONIE (f.)

LA MER BALTIQUE

LA FÉDÉRATION RUSSE

60°

LA LETTONIE

LA LITUANIE

LE DANEMARK

LA FÉDÉRATION RUSSE

LA BIÉLORUSSIE

LA MER DU NORD

L'IRLANDE (f.)

LE ROYAUME-UNI

LES PAYS-BAS (m. pl.)

L'ALLEMAGNE (f.)

LA POLOGNE

L'UKRAINE (f.)

50°

Bruxelles
LA BELGIQUE
la Wallonie

LA RÉPUBLIQUE TCHÈQUE

LA MOLDAVIE

Paris

LE LUXEMBOURG

LA SLOVAQUIE

L'AUTRICHE (f.)

LA HONGRIE

LA FRANCE

L'OCÉAN ATLANTIQUE (m.)

Bern
Genève
LA SUISSE

LA SLOVÉNIE

LA CROATIE

LA ROUMANIE

le Val d'Aoste

LA BOSNIE-HERZÉGOVINE

Monté Carlo

L'ITALIE (f.)

LA YOUGOSLAVIE

LA BULGARIE

MONACO (f.)

L'ANDORRE (f.)

la CORSE

LA MACÉDOINE

L'ALBANIE (f.)

LA TURQUIE

L'ESPAGNE (f.)

la SARDAIGNE

LA GRÈCE

LA MER MÉDITERRANÉE

la SICILE

LA CHYPRE

| 0 | 25 | 50 | 75 | 100 MILLES |

| 0 | 50 | 100 | 150 KILOMÈTRES |

20°

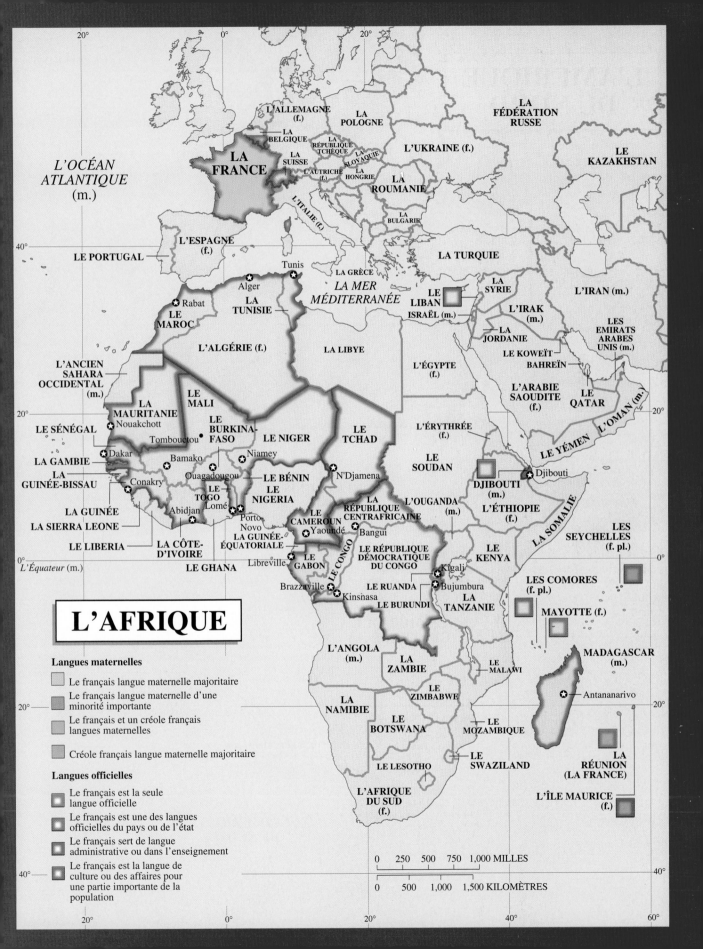

Paroles

Deuxième édition

Deuxième édition

Parole s

Sally Sieloff Magnan

University of Wisconsin–Madison

Laurey Martin-Berg

University of Wisconsin–Madison

William J. Berg

University of Wisconsin–Madison

Yvonne Rochette Ozzello

Late of the University of Wisconsin–Madison

John Wiley & Sons, Inc.

ISBN: 0470-00412-6

Printed in the United States of America

10   9   8   7   6   5   4   3   2

Library of Congress Catalog Card Number: 2001089296

About the Cover Artist

Moroccan-born Pierre-Yves Goavec spent years growing-up in Senegal, Tunisia, and Lebanon with his civil servant parents who taught French. Immersed from a young age in different cultures and art forms, Goavec now creates photographs for multinational clients such as Bear Stearns, Intel, Microsoft, Disney, Toshiba, and Harcourt College Publishers.

Goavec's creations, such as the image appearing on the cover and the **Ensemble** openers of *Paroles,* are often highlighted by objects from his eclectic pop collection. Although Goavec utilizes pop material to give his art forms a "playful, surreal look," his primary medium is light. He creates most of his images by shaping, forming, and bending light—using illumination to create patterns and shapes, merging different colors to create new hues and shades, and turning light into an object.

His studio is located in San Francisco's South of Market neighborhood near the city's Flower Market.

Goavec, a soft-spoken, serious man with a deep interest in art and culture, has a centered life, much like one of his compositions. He enjoys his four-year old son Julian and, because of the studio aspect of his work, he travels more for pleasure than for business, taking his wife and son on trips to visit his parents in the south of France.

Welcome to *Paroles*, a program for Introductory French that focuses on speech acts in both oral and written expression. The text is based on the various functions and uses of language, with concern for different learning styles and the needs of students in different learning situations.

The textbook's organization is based on the following four principles:

1. Strategy building for reading, writing, listening, and speaking

Learning strategies are given to make authentic French materials (such as newspaper articles, short literary texts, television guides, and bus schedules) easier to understand.

2. Dual-mode presentation of grammar and vocabulary

There are two types of learners—inductive learners and deductive learners. Grammar and vocabulary are presented in ways that will accommodate both learning styles.

Grammar is presented inductively in examples before rules and deductively in rules before examples. The inductive grammar presentation appears in the **Les mots pour le dire** section in each **Dossier.** The deductive grammar presentation is found in the **Grammaire** sections.

Vocabulary is also presented in two ways—in context and thematic groups in the **Les mots pour le dire** sections and alphabetically in the **Mots nouveaux à apprendre** boxes.

3. Cultural diversity

Paroles promotes cultural proficiency as well as linguistic proficiency. To explain sociolinguistic and cultural phenomena, the text contains short sections entitled **C'est comme ça!** These sections provide cultural information and address sociolinguistic notions such as frequency of use and appropriateness of expression.

4. Integrated pronunciation

Explanations and exercises in **Comment le dire** are integrated into each **Dossier** to help you learn how to pronounce French and to use proper intonation patterns, as well as to understand how pronunciation expresses meaning and grammatical relations.

Organization of *Paroles*

Paroles: Lire or Écouter

This is where strategies for reading and listening are provided. The Audio CD will help you practice these newly learned strategies. Use the strategies to understand what you hear on the Audio CD and what you read in the text.

Les mots pour le dire

This is the core material. In this section, new grammar and vocabulary are introduced. **Échanges** sections provide the new grammar in a short monologue or conversation. **Possibilités** sections provide you with new vocabulary in thematic groups. **Observez** questions help you figure out grammar from the models presented in the conversations. **Activités** not only provide you with practice of oral skills, but also with some reading, listening, and writing skills. At the end of this section, you will find the **Mots nouveaux à apprendre,** which provides an alphabetical listing of the words and expressions that you need to know. Any needed background related to the grammar and vocabulary presentation is provided in the **C'est comme ça!** boxes that appear throughout the textbook. Grammar explanations are easily found in the reference **Grammaire** at the end of each **Ensemble.**

Comment le dire

This section provides explanations and examples of pronunciation and its relation to grammar points and speech acts.

Lisons un peu or Écoutons un peu or Écrivons un peu or Discutons un peu

The skills of reading, listening, writing, and speaking are developed through strategies, preparatory activities, and tasks with a specific purpose. Skills alternate in the four **Dossiers** so that all four skills are covered in each **Ensemble.**

Student Program Components

Student Textbook with Audio CD and FREE Interactive CD-ROM

0470-00412-6 The textbook includes ten **Ensembles** and a short **Dossier préliminaire** along with four **Ouvertures culturelles,** introductions to French-speaking cultures around the world. Each of the ten **Ensembles** is divided into four **Dossiers** and includes an explanatory or reference **Grammaire.** The text ends with a complete chart of verbs and French/English and English/French glossaries that tell in which **Dossier** each word first appears. **Paroles** comes packaged with a free Audio CD and a free interactive CD-ROM.

The *Paroles* CD-ROM is a text-specific, dialogue-centered, Web-linked CD-ROM. It presents cultural material, listening activities, writing exercises, multiple-choice exercises, and grammar activities through a navigation path that accommodates all types of learners.

Student Activities Manual

0470-00416-9 **Cahier d'activités écrites et de laboratoire** includes culturally rich, authentic oral and written texts and involves you in the personalized and meaningful expression of ideas. In the writing section, there are activities to link reading and writing, build vocabulary, practice grammar, and develop personal expression and composition skills. In the laboratory section, to be used with audio recordings, there are oral comprehension and culture observation activities, discrimination and repetition exercises, dictations, and some guided, open oral practice activities.

Video Manual

0470-00419-3 This manual provides listening and writing activities that are correlated to the *Paroles* video.

Paroles Lab CDs or Audio Cassettes

0470-00432-0 or **0470-00424-X** These CDs or audiocassettes are available for students who do not have access to language laboratory facilities or who would like additional audio practice while using *Paroles.* They correlate to the lab manual portion of the **Cahier d'activités écrites et de laboratoire.**

Paroles Student Web Site

www.wiley.com/college/magnan The *Paroles* Student Web site offers Internet activities related to material you are learning in the textbook.

PC and Macintosh Dasher Tutorial Software

0470-00421-5 This software allows you to do selected activities, marked with icons, from the textbook and also certain activities from the Student Activity Manual at your own pace and get instant feedback.

Visual Icons for *Paroles*

This icon alerts you to listen to the Audio CD for information in order to complete the accompanying exercise.

This icon appears next to sections that are also present on the ***Paroles*** CD-ROM, which presents authentic video of the dialogue or an interactive illustration of the action or event. On the CD-ROM, you will also find follow-up questions, grammar exercises, cultural material, writing exercises, and lexical groups that are centered on the material in the textbook.

This icon appears beside activities that are available in the Dasher Tutorial Software. In some cases, the activities have been changed slightly to allow for cued answers that can be verified by the software. The Dasher tutorial also contains activities from the **activités écrites** found in the Student Activity Manual.

Acknowledgments

Many people have contributed their time, insights, and creativity to the development of ***Paroles.*** We would first like to thank the students and graduate teaching assistants at the University of Wisconsin—Madison who initially piloted the material and provided invaluable feedback. In particular, we are indebted to Ritt Deitz, Renée Gosson, Kristin Kirkham, Lise Rempel Hoy, David Harrison, Alex Hertich, Chris Bolander, Sarah Gendron, Scott Lyngass, Jason Herbeck, and Stephanie Schechner for their help with the pilot sections. We would like to thank our native French-speaking instructors and consultants: Karine Baumander, Alexandrine Chamussy, Laurence d'Alifé, and Sophie LeCharme. We are especially grateful to Marcel Tremblay, Édith Mercier, and Carole Devin, our friends and colleagues of the École des langues vivantes at the Université Laval in Québec, for their assistance with the video. We also extend our appreciation to our UW colleagues, especially Nelly Halzen, Édris Makward, and François Tochon, and to colleagues at other institutions who reviewed the manuscript and whose constructive suggestions have helped shape the project.

For expert secretarial help, we thank Sue Grass-Richard and Robert Pierce, who prepared textbook copy for course packs and for submission to publication and helped secure permissions, and Elizabeth Magnan for cross-checking early versions of the glossary. For seeking out French documents, we thank Nicholas Magnan, Frédérique Bouriant, and Jocelyn Bouriant.

We are also grateful to Nancy Levy-Konesky and Frank Konesky of Riverview Productions, who produced the video, and Pat Sinnott and the rest of the Cortex Communications team, who produced the CD-ROM.

Finally, we want to express our gratitude to our families for their perceptions, encouragement, and patience during ***Paroles'*** journey from idea to reality.

REVIEWERS OF THE SECOND EDITION
Amanda Brooks-Carson, *University of Miami*
Rick Kern, *University of California at Berkeley*
Lionel Lemarchand, *Georgia Tech University*
Kathryn M. Lorenz, *University of Cincinnati*
François V. Tochon, *University of Wisconsin—Madison*
Elizabeth Dolly Weber, *University of Illinois at Chicago*

REVIEWERS OF THE FIRST EDITION
Pat Aplevich, *University of Waterloo*
Jean-Pierre Berwald, *University of Massachusetts*
Deborah Beyer, *Western Illinois University*
Matt Birkeland, *Boise State University*
Hope Christiansen, *University of Arkansas*
Nelson de Jesus, *Oberlin College*
David Fein, *University of North Carolina—Greensboro*
Louise Fiber Luce, *Miami University*
Leona LeBlanc, *Florida State University*
Hedwige Meyer, *University of Washington—Seattle*
Marjory Smith, *Northwestern Michigan College*
Jean Marie Walls, *Union University*

Sommaire

Table des matières

Ensemble 3 : Le temps qui passe, le temps qu'il fait 113

Dossier 1 114

Dossier 2 123

Ouverture culturelle

Paris et les Régions 260

Ensemble 6 : Manger et boire 271

Dossier 1 272

Dossier 2 284

Dossier 2 336

Dossier 3 345

Dossier 4 355

Dossier 3 504

Dossier 4 512

Dossier préliminaire

Bonjour

France

Maroc

This preliminary unit introduces you to French and the French-speaking world and familiarizes you with the format of *Paroles.* You need not master all the material in this unit, because its purpose is to preview what will follow.

Canada

Paroles

*Each **Dossier** begins with a listening or reading activity. Each of these activities is preceded by a strategy designed to help you understand what you hear or read. These strategies are first stated in French, relying heavily on words that resemble English words. The strategy is then rephrased in English and followed by a practice activity. The listening or reading activity itself begins after the heading **Écouter** (Listen) or **Lire** (Read).*

Stratégie d'écoute **Considérez le contexte et faites attention aux gestes.**

You can use the context of a conversation and gestures made by the speakers to figure out the meaning of much of what you hear.

You will listen to your instructor introduce himself or herself to the class and tell you about the course. Before listening, make a list of *three* things you might expect an instructor to say in this situation. Then, listen and watch for gestures as clues to whether the instructor talks about these three things.

1. _____

2. _____

3. _____

Écouter

Bonjour

Vous avez compris ?

1. What did the instructor do after saying **bonjour?**
   a. introduce himself/herself
   b. take roll
   c. ask who is in the wrong class

2. The instructor explained where French is spoken. Which continent was NOT mentioned?
   a. Africa
   b. Asia
   c. Australia

3. The instructor concluded by _____.
   a. telling you to work hard
   b. announcing the next class meeting
   c. wishing you a good semester

Learning a foreign language

*The **C'est comme ça!** sections provide cultural and linguistic information.*

When learning a foreign language, you rely on cognitive and analytical skills as well as memory. You must take risks and make mistakes; mistakes are a natural and expected part of learning and will occur as you try out new expressions and the rules that make them fit together. A lot of language learning is hypothesis testing: "I think it might be this way"; "I'll try it and see if I can make myself understood"; "I'll listen and read to see if I notice others using the language this way."

Each student has an individual learning style and uses a variety of learning strategies. Some students prefer to interact with peers and the teacher; others learn well by studying rules, patterns, and connections. To be a successful language learner, you need to identify your preferred learning style. Use strategies that fit your style, but also work to develop strategies that stretch your style, giving you more range in your language-learning techniques.

Paroles is designed to respond to different learning styles and to help you develop a wide variety of strategies. As you work through the book, the following are some ways to facilitate your learning in and outside of the classroom:

1. Observe and listen attentively. The most important element of language learning is the linguistic input you receive: what you read and what you hear. Surround yourself with French by reading as much as you can, even when the reading is not assigned; listening to French, using the audio recordings and CD-ROM as often as possible; and watching videos and movies. As you read and listen, don't worry about not understanding every word; instead, be attentive to what you can figure out and look for examples of points you are studying.

2. Compare and contrast expressions. You can figure out a lot about French through comparison: with English, with other languages you might know, with other expressions in French you have already learned. For example, **je danse** clearly resembles the English word *dance;* if you know that French verb endings vary according to their subject, you can see the relationship between **je danse** and **vous dansez** and recognize the latter also as a form of *dance.*

3. Guess and make hypotheses. When you read, if you come to part of a text you don't understand, guess at a few words from their context and go on. After you have read more of the text, you can go back and read again, making a second, and perhaps better, guess at the unknown words and unclear points. When you speak, if you don't know the exact word, use synonyms or definition-type explanations to get your ideas across, or even try "creating" a French word following patterns you know. For example, if you are familiar with the adjective **rapide** and you know that most adverbs resemble adjectives with an added **-ment** at the end, try **rapidement** for *rapidly.*

4. Memorize. Although you can learn a lot of French through observation and analysis, you still have to memorize verb forms and certain idiomatic expressions. The following techniques may help. Prepare flash cards with French on one side and English on the other, with verbs on one side and their various forms on the other, with nouns on one side and their gender on the other. Write words several times and repeat them to associate sounds and written symbols. Arrange words by meaningful clusters that can help you visualize what words mean. Create new contexts to try out the words and expressions you are learning.

5. Work with others. Put all your verbal and social interaction strategies to work: Ask for clarification or correction as needed; experiment and role-play with your peers; think about different ways of interacting in order to understand cultural differences and varied ways of approaching language learning. Be bold and do not worry about your mistakes, particularly in the first few weeks.

6. Review often. Make it a habit to summarize key points in texts you have read and keep track of the grammar you have studied. Use the list **Mots nouveaux à apprendre** *(New words to learn)* for each **Dossier** *(lesson)* to make sure you are comfortable with all the new words, including the gender of nouns and the conjugations of verbs.

7. Be patient with yourself. Remember that learning a language is a lot like training for a sport or learning to play a musical instrument. You need to practice every day, even if it does not seem like you are making progress. Progress will come in stages, sometimes small gains, sometimes large gains as you get past a plateau. The rate of language learning is different for each student. Work with classmates, but do not always compare yourself to them. If you get too frustrated, stop. Just as you risk injury in a sport if you practice when you are too tired, it is not productive to do too much language learning at a time. It is better to work for an hour twice a day than for two hours at a stretch, especially with a task as taxing as listening comprehension. Take breaks as needed, but don't give up. Go back to the lesson with new enthusiasm, new questions, and new goals to achieve. And most of all, enjoy! The world of French is rich. You are beginning an adventure into some of the most exciting countries and cultures in the world.

Les mots pour le dire

This section presents new vocabulary and grammar. It introduces you to new expressions in conversational contexts and helps you use your hypothesis-testing strategies to figure out and remember grammatical concepts and new vocabulary.

*As you study each conversational exchange (**Échange**), ask yourself questions about what the words mean and how the sentences are put together. This introductory **Dossier** illustrates the types of questions you might ask yourself.*

*Next consider the questions marked **Observez.** These questions will appear throughout the textbook and on the CD-ROM with related but often different questions. They focus on the new grammar points found in the **Échanges.** Try to answer each question; then verify your understanding by turning to the **Grammaire** at the end of the **Ensemble** (chapter) and reading the section that corresponds to the number in parentheses. When working on the CD-ROM, you can click on **Réponses** and see answers or on **Grammaire** for immediate access to the relevant grammar point. The grammar explanations grouped at the end of each chapter make it easy to review for tests. If you like to know rules before you encounter the language, read the **Grammaire** section before you work through the **Dossier** and then again as you work on the **Dossier.***

*If you still do not understand all the words in the **Échanges,** you can consult the **Mots nouveaux à apprendre** at the end of the **Dossier** or the **Glossaire** in the back of the book. You should also check with your instructor or a classmate.*

By working through this discovery procedure, you will become aware of how language works, you will learn to figure out new expressions, and you will be reminded of material you encountered previously.

Identifier une personne

Échange 1   *Échange de noms*

Observez

1. What word (pronoun) does Paul Poireau use to refer to himself? What pronoun does each person use to refer to the other person? **(DP.1)**

2. Look at the two forms of the adjective **enchanté/ enchantée.** What determines the spelling of the end of this word? **(DP.2.a)**

Vous êtes Madame... ?

Lambert. Et vous, monsieur... ?

Je suis Paul Poireau.

Enchantée, monsieur.

Enchanté, madame.

Read the conversation and ask yourself:

1. What words can I understand because they resemble English words?
2. What might other words mean? (Look at the context and guess about **vous êtes** and **je suis.**)
3. How do the people address each other? (Look for cultural insights.)

Now consider the **Observez** questions and their corresponding sections in the **Grammaire** that follows. The numbers in parentheses (DP.1 = **Dossier préliminaire,** point 1) indicate which grammar section to look at for each question.

Activité 1   Je suis…

Circulate among your classmates, asking five people their names and introducing yourself to them.

Modèle: A: Je suis… Et vous êtes… ?
           B: Moi, je suis… Enchanté(e).
           A: Enchanté(e).

Décrire une ville

Échange 2   *De quelle ville êtes-vous ?*

A: Êtes-vous de Paris ?
B: Non, je suis de Genève.
A: Ah, Genève ! C'est une belle ville !
B: Et Paris est une ville magnifique !

O b s e r v e z

1. In the statement **je suis,** what word is the subject? the verb? **(DP.3)**

2. In the question **êtes-vous,** how is the word order different from the word order in statements? **(DP.3)**

3. The noun **ville** *(city)* is modified by two different adjectives. Where are each of these adjectives in relation to the noun? **(DP.2.b)**

4. The noun **ville** is also preceded by an article meaning *a.* What is that article? **(DP.4)**

Paris avec la Tour Eiffel et le Sacré-Cœur.

Genève avec son grand jet d'eau.

Verbe
être *(to be)*   je suis   vous êtes c'est (DP.5)

*In French, verbs are conjugated (they change forms) to agree with their subjects. Many verbs follow regular patterns; these verbs are referenced by their model verb, such as **parler** (to speak) for regular -er verbs. Other verbs, like **être,** are irregular. Irregular verbs are shown in boxes under their infinitive form (to . . .). In the first few **Dossiers** of this book, only the forms you need for that **Dossier** are presented. Later in the book, irregular verbs are presented with all their forms together. Verb forms should be memorized. For your reference, verbs are listed under their infinitives in the **Mots nouveaux à apprendre** section of each **Dossier,** and irregular verbs are given with all their forms at the end of the grammar section of each **Ensemble.** Verbs and their conjugated forms also appear in alphabetical order in the verb appendix at the end of the book.*

Possibilités

belle ville	ville splendide	ville polluée
grande ville	ville magnifique	ville laide
petite ville	ville agréable	ville dangereuse
	ville ordinaire	

*Read the conversation in **Échange 2** on page 5 and the list of related expressions under **Possibilités,** and then ask yourself:*

1. *What French words that I already know are used in the conversation?*
2. *Which other words could I use to describe Paris? e.g., **grande** → **C'est une grande ville.***

Activité 2   Vous êtes de... ?

Greet two classmates sitting near you and find out where each person is from. Either comment on or ask about their hometown.

Modèle: A: Bonjour, Marc. Vous êtes de *(name of college town)*?
B: Non, je suis de *(name of hometown).*
A: Ah,... *(repeat hometown).* C'est une...
Je suis de... *(name of hometown).*
B: *(comment)*

Pour demander une clarification

Vous dites? (non-familier)

Comment? (non-familier et familier)

Quoi? (familier)

Hein? (très familier)

Notice the four different levels of language that give you four ways of saying "What did you say?," ranging from more formal to more familier or relaxed styles.

Activité 3   Vous dites ?

Circulate among your classmates, asking them their names and where they are from. When they answer, pretend that you need a clarification and ask for it, trying different ways of doing so with different people.

Pour confirmer ou contredire

C'est ça.

Oui, oui.

Non, non, non.

Activité 4   C'est ça ?

Your instructor will ask you to verify statements about yourself. Confirm or contradict them, as appropriate.

Comprendre et parler en classe

Le professeur dit...

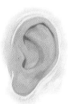

Écoutez bien et répondez.

Ouvrez votre livre à la page 10.

Fermez votre livre.   Travaillez deux par deux.   Regardez.

Les étudiants disent...

expliquez svp

Pardon, je n'ai pas compris.   Parlez plus lentement, s'il vous plaît.

Répétez, s'il vous plaît.   Comment dit-on « sister » en français ?

Activité 5   En classe

Work with a classmate. Each person chooses one column and covers the other column. Give each command in your column to your classmate, who will do it. You may ask your partner to repeat or slow down as needed.

La personne A

1. Ouvrez votre livre.
2. Regardez le professeur.
3. Écoutez et répétez : « Bonjour. »

La personne B

1. Fermez votre livre.
2. Répétez : « Je suis sincère. »
3. Répondez à la question : « Vous êtes de quelle ville ? »

Human language

Human languages are complex and creative systems of communication that allow us to express meanings through sounds. There are thousands of languages in the world, each with its own system, but all languages have a set of *words*, a set of *rules* (grammar) to combine these words into meaningful sentences and discourses, and a set of *sounds*. Despite their complexity, human languages are very efficient. When we know a language, we can express anything we want with a small set of sounds. In French, for instance, there are more than *300,000 words*, but to speak French you need only *35 sounds:* 18 vowel sounds and 17 consonant sounds. The variety of what you can do with language is extraordinary. In any language, you can perform a vast array of *speech acts:* You can describe, narrate, argue, give and receive information, agree or disagree, order or suggest, promise or threaten, thank, praise or blame, and express all shades of thought and feeling. Language, therefore, is both form and action.

Each language encodes reality in a different way. There are no pregiven categories of meaning; each language interprets the world in its own way. For instance, in French, you need two different verbs to express the shades of meaning of the English verb *to live:* If you are talking about *where* someone lives (apartment, house, part of town) you use the verb **habiter;** if you are talking about *how* or *how long* someone lives or lived (alone or with someone, in luxury or lack of comfort, until age 12 or 85), you use the verb **vivre.** Thus learning a new language is more than learning new sounds, new words, and new grammar rules; it also entails learning different ways of perceiving and talking about the world and ourselves.

Language and culture

There is no human culture without one (or several) languages, and language and culture are so closely related that they influence each other. Vocabulary (much more than grammar) carries a heavy load of cultural information. For instance, the French, who are big producers and discriminating consumers of wine, have at their disposal more words to describe the tastes and odors of wines than are available in English. Many words cannot be translated word-for-word from English into French or vice versa because they refer to different historical or cultural realities. For instance, in a French speaker's mind, the word **frontière** can conjure up only the line that divides two different countries. Unlike the American word *frontier,* **frontière** is never used in French to refer to the westward expansion of White American settlements during the nineteenth century. When a word is borrowed from one language into another, the "loan word" usually acquires cultural meanings different from those in its source language. For instance, in English, the French loan word *parole* is used only in the expression "to be (released from prison) on parole." In French, the word **parole** is solely associated with language and never evokes release from prison: It means *word, utterance,* or *speech.* Of course, there is a reason why *to be on parole* means what it does in English: In certain circumstances, reformed criminals can be released, provided they give their "word of honor" to behave well. The French expression for *word of honor* is **parole d'honneur.** Because the French word **parole** includes the many aspects of language and speech, we chose its plural form as the title of this book: *Paroles.*

Beyond vocabulary, what you can say and how you should say it is, in many social situations, culturally determined. Learning French (or any other language) thus entails learning not only how to produce well-formed sentences but also in what social context to use them as culturally appropriate speech acts: **actes de parole.**

Mots nouveaux à apprendre

For this preliminary lesson, adjectives are given only in the feminine form, with the exception of **enchanté(e),** for which both masculine and feminine forms have been presented. Articles meaning *the* (*e.g., **le** livre, **la** ville) are given with nouns because these articles indicate the gender of the noun. You will learn more about these articles in upcoming **Dossiers.**

agréable	*pleasant*	laide	*ugly*
ah	*ah (exclamation)*	lentement	*slowly*
à la	*to the*	le livre	*book*
belle	*beautiful*	madame	*Mrs., madam*
bien	*well*	magnifique	*magnificent*
c'est	*it's, that's*	monsieur	*Mr., sir*
c'est ça	*that's right*	non	*no*
comment?	*what?*	ordinaire	*ordinary*
Comment dit-on...	*How do you say*	oui	*yes*
en français?	*. . . in French?*	ouvrez	*open*
dangereuse	*dangerous*	la page	*page*
de	*from*	pardon	*excuse me*
deux par deux	*two by two*	parlez	*speak*
dites	*say*	petite	*small*
écoutez	*listen*	plus	*more*
enchanté(e)	*delighted to*	polluée	*polluted*
	meet you	quoi?	*what?*
et	*and*	regardez	*look*
être	*to be*	répétez	*repeat*
je suis	*I am*	répondez	*answer*
vous êtes	*you are*	s'il vous plaît	*please*
c' est	*it's*	splendide	*splendid*
fermez	*close*	travaillez	*work*
grande	*big*	une	*a(n)*
hein?	*huh?*	la ville	*city*
je	*I*	votre	*your*
Je n'ai pas	*I did not*	vous	*you*
compris.	*understand.*		

Comment le dire

This section explains how to pronounce French sounds, how to distinguish among them, how to link sounds together within words and sentences, and how to use intonation in statements, questions, and exclamations. It also illustrates the correlation between sounds and written symbols (letters and accents).

When you first hear a language you do not know at all, you initially have the impression of hearing a rambling sequence of unfamiliar sounds. As you start to listen carefully to French, you will recognize words that are similar to English and you will begin to identify pauses between sentences as well as intonation patterns that indicate statements or questions.

Beyond these basic similarities, there are four key differences between French and English.

1. **Flow of sentence.** In English, speakers generally pronounce each word in a sentence separately. In French, words are run together smoothly so that each sentence or clause is pronounced as if it were one long word.

> Quel est votre nom ?

Activité 6   How many words in each sentence?

Cover the following sentences and listen as your instructor reads them. Can you distinguish clearly between words? Next, uncover the sentences and look at them as your instructor reads them again.

1. Enchanté de vous connaître.
2. C'est facile de parler français.
3. Paris est la capitale de la France.

2. **Difference between syllables.** English words generally have one syllable that is stronger (louder, longer, with higher pitch) than the others. In French, syllables tend to have equal stress, except for the last syllable in a sentence, in which the vowel is slightly longer than the others.

> L'Europe est un continent.   *Europe is a continent.*

Activité 7   Which syllables are strong?

As your instructor reads these pairs of English and French words and sentences, underline the strong syllables.

1. telephone: The telephone is a great invention.
   téléphone : Le téléphone est une belle invention.
2. government: The Prime Minister is the head of the government.
   gouvernement : Le Premier ministre est le chef du gouvernement.

3. **Unpronounced consonants.** In English, there are occasional unpronounced consonants (the *k* in *knee*, the *g* in *gnarly*, the *p* in *psychology*), but the final consonant in a word is almost always pronounced. In French, you generally don't pronounce final consonants and you never pronounce the letter **h.**

> Henriette est de Paris.

Activité 8   Where are the silent consonants?

Listen to your instructor read the following sentences and cross out the consonants that are not pronounced.

1. Bruxelles est une ville splendide.
2. Robert va dîner au restaurant.
3. Le garage est très petit.

4. **Different sounds in English and French.** There are some sounds that exist in French that do not exist in English. One of the most striking examples is the French sound corresponding to the letter **r.**

> Le roi de France Charles X était très grand.

Activité 9   Which word is French?

Listen as your instructor reads pairs of words containing the ʀ *sound and tell whether the first or second word is French.*

1. 1   2   2. 1   2   3. 1   2   4. 1   2

L i s o n s   u n   p e u

Each **Dossier** *ends with an activity emphasizing one of the four basic language skills: reading, listening, speaking, or writing. The format of these sections is similar to that of the* **Paroles** *section at the beginning of each* **Dossier**. *There is a strategy and a practice activity, followed by the main activity of the section.*

Stratégie de lecture   Cherchez les mots apparentés.

Many French words are quite similar to English words, at least in spelling. When learning to read French, you can often guess at meaning by looking for these words (called *cognates*) and considering how they are used within the context of the text.

1. Underline all the cognates you find in the following business cards from Quebec.
2. Which establishment would you phone to   *garage Loui's*
   a. get help with your car?   *techno Sport*
   b. rent a snowmobile for the weekend?
   c. get a room for the night?   *hotel/motel*
   d. create a special celebration with your coworkers?   *l'évènement*

HOTEL MOTEL **fleur de lys**

3145, ave des Hôtels
Sainte-Foy (Québec)
G1W 3Z7

(418) 653-9321
1-800-463-1867
Fax: (418) 653-2666

TECHNO *Sport* enr.

Gerry Querry
Propriétaire

POLARIS
• Motoneige
• 4 roues
• Moto marine

• Hord bord
  Suzuki

• Pièces
  Kimpex

VENTE et RÉPARATION

1539, boul. Tadoussac, Chicoutimi-Nord, QC G7G 4X9
Tél.: (418) 690-3313   **Fax: (418) 690-1534**

Le Tout en "party" inc.

Les spécialistes de l'événement

735, boul. du Royaume Ouest
Chicoutimi, Qc, G7H 5B1
Tél.: (418) 696-4116
Télécopieur: (418) 696-0250

PIERRE GAUTHIER
PRÉSIDENT

CAA QUEBEC AFFILIÉ

Garage Louis Labbé

VENTE ET ACHAT D'AUTOS USAGÉES
RÉPARATION D'AUTOS
POSE DE PARE-BRISE

REMORQUAGE 24 HEURES

690, avenue du Palais
Saint-Joseph-de-Beauce
(Québec)   G0S 2V0

Tél.: (418) 397-5950 (jour)
(418) 397-4256 (nuit)

À vous de lire

Les gros titres   The following headlines come from newspapers from different parts of the French-speaking world. Rely on cognates to classify each headline according to the following topics.

Politics (P)   Culture/art (C/A)   Sports (S)   Economy (E)

LE MONDE
(France)

_____ a. **Le PS approuve l'idée d'un « nouveau contrat social »**

_____ b. **Le basket à la recherche de spectateurs : le développement du jeu de rue ne crée pas un nouveau public**

_____ c. **1,5 millions de visiteurs pour l'exposition « Barnes »**

_____ d. **Le plan de restructuration de Fiat menace 500 emplois**

Togo-Presse
(Togo)

_____ e. *Les « Lions indomptables » invités au Chili*

_____ f. *La Banque mondiale lance un appel pour l'élimination de la pauvreté dans le Tiers monde*

_____ g. **L'Année Van Gogh**

_____ h. *Adoption d'une loi régissant l'instauration du multipartisme*

LA LIBRE BELGIQUE
(Belgique)

_____ i. Les favoris éliminés

_____ j. Les grandes manœuvres reprennent pour le pétrole

_____ k. Taxer l'énergie non-renouvelable

_____ l. Mort du pianiste et compositeur

This is the end of the preliminary **Dossier.** In this book, you will have four **Dossiers** in each **Ensemble.** After finishing all four **Dossiers** in an **Ensemble,** restudy the **Grammaire** and summarize each section. Create new conversations using the material you have learned. Finally, ask yourself what you still need to know. What do you expect to learn next? (Be on the lookout for this material as you continue to study. It will gradually appear in the **Observez** questions.)

Grammaire Dossier préliminaire

DP.1 Personal pronouns

Personal pronouns refer to people: *you, I, he, she, we, they.* Like English, French uses different words to refer to different people. Sometimes different words are also used to refer to the same person in different grammatical contexts.

Les pronoms personnels		
1. *As the subject of a verb:* **Vous** êtes Monsieur...? **Je** suis...		
2. *To ask questions without a verb:* Et **vous**?		
3. *After the word* **et** *(and):* et **moi**?		
As the subject of a verb	**To ask questions without a verb**	**After the word *et***
je *(I)*	moi? *(me?)*	et moi? *(and me?)*
vous *(you)*	vous? *(you?)*	et vous? *(and you?)*

DP.2 Adjectives

a. Form

Forme des adjectifs
Bernard: Je suis enchanté, madame.
Annette: Je suis enchantée, monsieur.

Here the word **enchanté(e)** is an adjective that describes how the speaker (**je**) feels. Like most adjectives in French, it "agrees with" (has the same number and gender as) that speaker (subject). Because Bernard is a man, the masculine form of **enchanté** must be used. The feminine form, used to refer to Annette, ends with an additional **e** without an accent on it. Because this final **e** is silent, there is no difference in pronunciation between the masculine and feminine forms in the case of **enchanté(e)**.

b. Placement.
In English, adjectives generally come before the noun to which they refer: *Paris is a magnificent city.* In French, most adjectives follow the noun they modify.

Paris est une ville magnifique.

Nice est une ville splendide.

However, in French, some frequently used adjectives precede the noun they modify. These adjectives that precede nouns often describe beauty, age, goodness, or size (memory aid: BAGS).

Québec est une belle ville.

Montréal est une grande ville.

*As is the case here, you may be given slightly more information than you need to answer the **Observez** questions (e.g., **et moi** is not in the **Échange**). This additional information is shown to help you understand general concepts and to preview material that will be presented and practiced later. You should read through the whole explanation when it is first referenced by an **Observez** question, but you should not expect to be totally confident with the whole grammar point until the end of the **Ensemble.** Having comprehensive material together in the **Grammaire** section will also help you review after completing the **Ensemble.***

Position des adjectifs		
After nouns		**Before nouns**
agréable	ordinaire	belle
dangereuse	polluée	grande
laide	splendide	petite
magnifique		

When you come across an adjective that precedes the noun it modifies, you should learn its placement as well as its meaning.

DP.3   Word order

To understand word order, you need to know something about parts of speech. Subjects are words that specify who or what is doing the action or experiencing the state. Verbs tell the action or state.

For both French and English, the basic word order is *subject + verb*. For questions, this basic word order can be used with an intonation that indicates that a question is being asked, or this basic word order can be inverted. Note that when it is inverted, there is a hyphen in French between the verb and the personal pronoun subject.

L'ordre des mots		
statements	*subject + verb*	**Je suis** de Paris. *(I am from Paris.)*
questions	*subject + verb + ? intonation*	**Vous êtes** de Paris ? *(You are from Paris?)*
	verb + subject	**Êtes-vous** de Paris ? *(Are you from Paris?)*

DP.4   Indefinite articles and gender

The singular indefinite article in English is *a(n)*. In French, indefinite articles in the singular form **(un, une)**, like adjectives, agree in gender and number with their nouns.

Les articles indéfinis	
feminine article and noun	Paris est **une** belle **ville.**
masculine article and noun	Pointe-du-lac est **un village** ordinaire.

Unlike in English, all French nouns, even inanimate ones, have a grammatical gender: **une ville** *(f)*, **un village** *(m)*. You need to memorize the gender of each noun as you learn it. It might help to know that nouns ending in **e** are often feminine, but this is not always the case, as the preceding example **un village** shows.

DP.5   The irregular verb *être*

In French, verbs change forms according to their subject. Many verbs follow regular patterns, but a few very common verbs are irregular. **Être** *(to be)* is one of these irregular verbs. You need to memorize each verb form with its subject.

Le verbe irrégulier *être*	
Je suis de Genève.	*I am from Geneva.*
Paris est une belle ville.	*Paris is a beautiful city.*
Vous êtes Monsieur Rodin ?	*You are Mr. Rodin?*

Ensemble

Rapports interpersonnels

- greeting people, asking how they are, and saying good-bye

- identifying yourself and someone else: name, place of residence, nationality, profession, language(s) spoken

- introducing yourself or another person

- working with others in the classroom: asking and answering routine questions, asking for clarification, counting, spelling

La Rencontre (Bonjour, Monsieur Courbet),
Jean Désiré Gustave Courbet,
French, 1819–77.

Paroles

Stratégie de lecture   Considérez le contexte social et culturel.

Think about the ways relationships between people affect how they address each other in your culture. Look for differences between your culture and French-speaking cultures.

Lire

Vous êtes… ?

1.

Vous êtes Madame… ?

Marianne Beaumont. Et vous ? Vous êtes… ?

Jacques Kercheval. Bonjour, madame, enchanté.

Enchantée, monsieur.

2.

Ah Anne, bonjour.

Jean-Pierre.

Anne. Ah non, je suis Julie. Et tu es... ?

Salut, Jean-Pierre.

3. *L'Ami Patience*

In this dialogue from a short story by Guy de Maupassant, Gontran Lardois is greeted by an old school friend, Robert Patience, whom he does not recognize at first.

PATIENCE:	Pas possible... c'est bien Gontran Lardois.	
LARDOIS:	Oui, monsieur, mais°...	*but*
PATIENCE:	Ah mon vieux,° comment vas-tu ?°	mon... *old pal/*
LARDOIS:	Mais... très bien... et vous ?	comment... *how are you?*
PATIENCE:	Tu ne me reconnais° pas ?	me... *recognize me*
LARDOIS:	Non, pas très bien...	
PATIENCE:	Allons,° allons, je suis Patience,	*Come now*
	Robert Patience, ton copain,°	*buddy*
	ton camarade.	
LARDOIS:	Ah, Patience ! Bien sûr !°	Bien... *Of course!*
	Comment vas-tu ?	

Vous avez compris ?

1. What do the three preceding conversations have in common?
2. What words do the speakers in each conversation use to refer to each other (to say *you*)?
3. How do these ways of saying *you* contrast with English?

Forms of address

The three conversations you just read illustrate two different modes of address in French: using the pronoun **tu**, which is the familiar form of address, and using the pronoun **vous**, which is nonfamiliar. The use of **tu** or **vous** depends on the nature of the relationship between the speakers, not on the topic or type of conversation.

Use *Tu*

1. With family members and close friends.

2. Among peers. Particularly among young people, students, colleagues, and coworkers, the tendency is to use **tu** and first names from the start.

3. With children, even if you have not met them before.

4. With pets.

Use *Vous*

1. With all adults you meet for the first time and all adults you address as **monsieur/madame/mademoiselle.** You can also use **vous** with adults you know, even if you are on a first-name basis, but you will often be invited to use **tu** in this situation.

2. With people in authority or for whom you need to show respect and social distance (professors, public servants, storekeepers).

3. When in doubt, start with **vous** until you are invited to use **tu**.

Les mots pour le dire

Saluer une personne

Bonjour, monsieur/madame/mademoiselle. *(non-familier)*

Salut, Marc/Nicole. *(familier)*

Identifier une personne : échanges personnels

Échange 1 *Votre nom... ?*

A: Vous vous appelez... ?
   or
   Vous êtes Madame... ?

B: Je m'appelle Anne Jourdan.
   or
   Je suis Anne Jourdan.

Observez

1. Which words here are the subject pronouns *(you, I)*? Which words are the verbs? Is the verb form the same or different for the two subject pronouns shown here? **(1.1)**

2. Which sentences are questions? statements? Is the word order the same in these questions and statements? **(1.2.a & b)**

Activité 1 **Vous vous appelez... ?**

Ask three different classmates their names and give yours.

Modèle: A: Vous vous appelez... ?
   B: (réponse) ; et vous êtes... ?
   A: (réponse)

Échange 2 *Ton nom... ?*

A: Tu t'appelles... ?
   or
   Tu es... ?

B: Je m'appelle Dupont, Paul Dupont.
   or
   Je suis Paul Dupont.

Activité 2 Tu es... ?

Walk around and exchange names with classmates you have not yet met.

Modèle: A: Bonjour, je suis..., et tu es... ?
         B: Je m'appelle...

Échange 3 *Leur nom... ?*

A: Et ils s'appellent... ?
B: Ils s'appellent Carrier, Martin et Antoinette Carrier. Et les petites sont Micheline et Natalie.

Verbe					
s'appeler	*I*	je	m'appelle	*we*	nous	nous appelons
(to be called)	*you*	tu	t'appelles	*you*	vous	vous appelez
	he/she	il/elle	s'appelle	*they*	ils/elles	s'appellent

Verbe				
être *(to be)*	je	suis	nous	sommes
	tu	es	vous	êtes
	il/elle/c'	est	ils/elles/ce	sont

Identifier une personne : échanges non-personnels, non-familiers

Échange 4 *Demande de nom officielle*

AGENT DE POLICE: Comment vous appelez-vous ?
HOMME: Je m'appelle Le Goff.

Observez

What is the order of the subject and verb in the question **Comment vous appelez-vous ?** (1.2.c)

O b s e r v e z

1. What does **c'** in **c'est** refer to here? **(1.1.d)**

2. What is the English equivalent of **c'est**? **(1.1.d)**

Échange 5 *Nom et prénom*

AGENT DE POLICE: Votre nom, s'il vous plaît.

HOMME: Mon nom, c'est Le Goff.

AGENT DE POLICE: Et votre prénom ?

HOMME: Mon prénom ? C'est Robert.

Activité 3 Petites conversations

With a partner, have a mini-conversation appropriate to each situation.

1. Two students getting acquainted at a party.
2. A secretary and a client who has just entered an office.
3. A teacher verifying a student's name from the class list.
4. A police officer asking someone for his or her name.

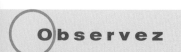

O b s e r v e z

1. Does **elle** refer to a man or a woman? **(1.1)**

2. Does **il** refer to a man or a woman? **(1.1)**

Échange 6 *Comment s'appelle... ?*

A: Et mademoiselle... ? Elle s'appelle comment ?

B: Elle s'appelle Marie Diop.

A: Et monsieur... ? Il s'appelle comment ?

B: Delor. Il s'appelle Marc Delor.

Activité 4 Jeu de mémoire

*Each student takes a turn naming as many classmates as he or she can (**Il/Elle s'appelle…**). When a wrong name is given, the next student starts again with the first student identified.*

Pour dire au revoir

Échange 7 *À demain*

PROFESSEUR: Au revoir, Pierre.

PIERRE: Au revoir, monsieur. À demain.

Possibilités

monsieur/messieurs	Au revoir.
madame/mesdames	À demain.
mademoiselle/mesdemoiselles	À bientôt.
	Bonjour. (*In Canada,* **bonjour** *is used when greeting and saying good-bye.*)

Activité 5 Au revoir

*Have this exchange with three classmates and your instructor, saying **à demain** or **à bientôt** depending on when you will see the person next.*

A: Au revoir, _____.

B: Au revoir, _____. À demain. (À bientôt.)

Greetings

The French use names and titles very often in greetings: **Bonjour, papa; Au revoir, madame.** In fact, saying **bonjour** or **au revoir** without the name or **monsieur, madame, mademoiselle** is perceived as very casual.

French men, women, and children alike shake hands each time they are introduced to an unknown person and almost every time they say **bonjour** or **au revoir** to someone they know. This **poignée de main** is one brief but firm up-and-down movement with the right hand.

With family members and close friends, the French do **la bise** instead of **la poignée de main. Bises** are usually brief moments of cheek-to-cheek contact where you "kiss" the air rather than the person you are greeting. One light "kiss" on the right cheek, then on the left cheek, may be repeated: two kisses or four kisses per person, or sometimes three (right, then left, then right cheek again). Take your cue from your French friends: Each person has his or her preferred number of kisses for **la bise.**

Compter de 0 à 20

0	zéro						
1	un	6	six	11	onze	16	seize
2	deux	7	sept	12	douze	17	dix-sept
3	trois	8	huit	13	treize	18	dix-huit
4	quatre	9	neuf	14	quatorze	19	dix-neuf
5	cinq	10	dix	15	quinze	20	vingt

Activité 6 Les sorties des Français

Your instructor will ask about an event. Use the chart to give the percentage of French people 15 years or older who attend this type of event in a year.

Les sorties des Français

Opéra	3%	Music-hall, variétés	10%
Concert de jazz	7%	Galerie d'art	15%
Concert de rock	9%	Théâtre	16%
Concert de musique classique	9%	Spectacles d'amateurs	20%

Modèle: You hear: Quel est le pourcentage de Français qui vont à l'opéra ?
You say: trois pour cent (3%)

Mots nouveaux à apprendre

à bientôt	*see you soon*	huit	*eight*
à demain	*see you tomorrow*	il	*he, it*
s'appeler	*to be called*	ils	*they*
je m'appelle	*my name is*	madame,	
tu t'appelles	*your name is*	mesdames *(pl)*	*ma'am*
	(familiar)	mademoiselle,	
elle s'appelle	*her name is*	mesdemoiselles *(pl)*	*miss*
il s'appelle	*his name is*	mon	*my*
nous nous appelons	*our names are*	monsieur,	
vous vous appelez	*your name is*	messieurs *(pl)*	*sir*
	(nonfamiliar)	neuf	*nine*
ils/elles s'appellent	*their names are*	le nom	*name, last name*
au revoir	*good-bye*	onze	*eleven*
bonjour	*hello*	la petite	*little girl*
	(in Canada	le prénom	*first name*
	also good-bye)	quatorze	*fourteen*
c'est	*it's, he is, she is*	quatre	*four*
ce sont	*they're*	quinze	*fifteen*
cinq	*five*	salut	*hi/bye*
comment vous	*what's your*	seize	*sixteen*
appelez-vous ?	*name?*	sept	*seven*
deux	*two*	six	*six*
dix	*ten*	treize	*thirteen*
dix-huit	*eighteen*	trois	*three*
dix-neuf	*nineteen*	un	*one, a(n)*
douze	*twelve*	vingt	*twenty*
elle	*she, it*	votre	*your*
elles	*they*	vous vous	*what's your*
et	*and*	appelez... ?	*name?*
être	*to be*	vous vous	*what's your*
		appelez comment ?	*name?*

je	suis	nous	sommes
tu	es	vous	êtes
il/elle/c'	est	ils/elles/ce	sont

Comment le dire

Silent letters at the end of words: the letter e and some consonants

The French vowel **e** without an accent is usually not pronounced at the end of a word. The word **je** is a notable exception: It is usually pronounced **je** when the following word begins with a consonant.

Madam¢ Patienc¢ s'appell¢ Nicol¢.

J¢ suis Philipp¢ Passy.

A final consonant is also generally silent, with the exception of **c, r, f, l.** Remember that these are the consonants in the English word *CaReFuL.*

prénom	comment	appelez	à demain
chi**c**	bonjou**r**	che**f**	Miche**l**

There are some exceptions to the final consonant rules:

1. The **r** at the end of **monsieur** is never pronounced.
2. When a word ending with a consonant is followed by a word beginning with a vowel, that final consonant is often pronounced as if it were the first consonant of the following word. This is called **liaison.** With **liaison,** the letter **s** is pronounced like **z.**

C'est elle. Vous vous appelez comment ?
　　　　　　　　　z

Activité 7 Petite erreur

*Cross out the silent **e**'s and the silent consonants; also mark **liaisons** (‿). Then practice this conversation with a partner.*

A: Vous êtes bien Marie Lebel, madame ?
B: Je suis Cécile, monsieur.
A: Mais vous vous appelez Lebel ?
B: Oui, monsieur. Et vous, vous êtes... ?
A: Paul Richard, madame.

Intonation

Intonation refers to a sequence of pitches within an utterance. Depending on the type of sentence and the feelings of the speaker, the voice goes up or down, or up then down. As in English, a statement can be made into a question by raising the intonation (higher pitch) on the last word of the sentence.

Elle s'appelle Jeanne Dupré. *(falling intonation)* Elle s'appelle Jeanne Dupré? *(rising intonation)*

Activité 8 Noms célèbres

The following people have the same last names as famous Europeans, but their first names are different. Working with a partner, correctly identify each person. Pay attention to the different intonations for questions and answers.

Modèle: Picasso, Pablo/Dominique
　　　　A: Il s'appelle comment ?
　　　　B: Il s'appelle Picasso.
　　　　A: Il s'appelle Picasso ? Pablo Picasso ?
　　　　B: Non, non, c'est Dominique, Dominique Picasso.

1. Pasteur, Louis/Maurice
2. de Beauvoir, Simone/Anne
3. Colomb, Christophe/Jacques
4. d'Arc, Jeanne/Hélène
5. Curie, Marie/Paulette

Lisons un peu

Stratégie de lecture Utilisez les mots apparentés.

Cognates (**mots apparentés**) are words that look similar and have similar meanings in French and in English, for example: **stratégie** and *strategy.* Guess the English cognates for these French words.

1. considérer
2. contextes
3. enchanté
4. camarade
5. terminer
6. utiliser

À vous de lire

Prénoms This excerpt is from a Quebec guide for expectant parents: *Le plus beau prénom pour votre enfant.* As you read it, rely on cognates to match each explanation with a name from the list.

Jacqueline Ⓕ
Forme féminine de Jacques.
Variantes: Jacoba (angl), Jacobine (écos), Ja-
comine, Jackie (angl), Jacquette, Line

Noms: François, Octave, Rianne, Fatima, Patricia, Emmanuel

1. Prénom féminin d'origine latine qui signifie « noble, patricien ».
2. Prénom masculin qui est une forme archaïque de l'adjectif « français ».
3. Prénom musulman féminin qui est le nom de la fille du prophète Mohamed.
4. Prénom féminin qui est une combinaison moderne d'*Henriette* et d'*Anne.*
5. Prénom masculin qui est dérivé du mot latin qui signifie le nombre huit.
6. Prénom masculin dérivé de l'hébreu *imm-el,* qui signifie « Dieu est avec nous ».

Paroles

Stratégie d'écoute   Faites attention aux mots apparentés.

Some words look and sound similar in French and in English (**possible** = *possible*); others differ more, but you can still guess their meaning from the context (**départ** = *departure;* **arrivée** = *arrival*). Recognizing these cognates will help you understand spoken as well as written French.

You will hear five sentences related to *Le Petit Prince,* a story by Antoine de Saint-Exupéry about a little boy who leaves his private planet to explore other worlds. Write the number of the sentence that contains the French cognate of each English word given.

echo _____   respond _____   amiable _____

prince _____   solitude _____

Écouter

Le Petit Prince   You will hear an excerpt from *Le Petit Prince.* At this point in the story, the little prince is alone on top of a mountain. After listening, answer the questions.

Dossier ②

In this Dossier, you will learn about these grammatical features

■ stressed pronouns

■ demonstrative adjectives

■ negation

■ expressions with **aller** to say how you are feeling

Additional materials for this **Dossier:**

AUDIO CD
  Écouter : Le Petit Prince (Track 1)
  Écoutons un peu : Au téléphone (Track 2)

CD-ROM (E1)
  Échanges : Qui est ? Qui sont ?, Erreur d'identité, Comment allez-vous ?
  C'est comme ça ! : Les francophones
  Comment le dire : Lettres de l'alphabet et accents

PAROLES WEB SITE
  Audio Activities : **Écouter : Le Petit Prince; Écoutons un peu : Au téléphone** (pré-écoute)

CAHIER (1.2)
  Activités écrites
  Activités de laboratoire

DASHER (E1)
  Paroles **: Activités 1, 3, 4, 7, Écoutons un peu**
  Cahier : Activités écrites 3, 4

Vous avez compris ?

1. Who speaks first?
2. Who answers?
3. What does the little prince want to know?
4. What does he hope to find?
5. Does the little prince get the answers he expects?

Les mots pour le dire

Identifier quelqu'un

Échange 1 *En classe*

1.

Jean-Michel ?

C'est moi.

3.

C'est André ?

Oui, c'est lui.

2.

Marianne, c'est vous ?

Ah non, c'est elle.

4.

Et toi, tu t'appelles… ?

Moi, je suis Albert Leroi.

Observez

1. Which pronouns are used after **c'est**? These pronouns are called stressed pronouns. **(1.3.a)**

2. Which stressed pronoun corresponds to each subject pronoun: **je**? **tu**? **vous**? **ils**? **elles**? **(1.3.b)**

Possibilités

C'est toi, Marc ?	Oui, c'est moi.
Et le prof ?	C'est vous.
Ce sont Paul et Jean ?	Oui, ce sont eux.
Ce sont Anne et Marie ?	Oui, ce sont elles.

Activité 1 Elle et lui

Read the following passage about two people who are quite different. Then answer the questions.

Elle s'appelle Claude. Il s'appelle Jean.

Lui, il est timide. Elle, elle est audacieuse.

Lui, il adore la cuisine italienne. Elle, elle déteste les pâtes.

Lui, il préfère le cinéma. Elle, elle préfère le théâtre.

Elle, elle préfère le jazz. Lui, il préfère la musique classique.

Vive la différence !

1. Comment s'appelle la dame ? le monsieur ?
2. Qui adore la musique de Bach ?
3. Qui est timide ?
4. Qui adore les spaghettis et les raviolis ?
5. Qui adore la musique de Duke Ellington ?
6. Qui adore les films ?

Échange 2 *Un peu d'histoire*

A: C'est qui ?   A: Et elles ?

B: Lui ? C'est Napoléon.   B: Ce sont Jeanne d'Arc et Marie Antoinette.

Les Francophones

You are probably already familiar with a number of French and French-speaking celebrities, especially in the arts: painters from the impressionist era such as Edgar Degas, Claude Monet, and Pierre-Auguste Renoir, the French actor Gérard Depardieu, and the French Canadian singer Céline Dion. Learning French will lead you to a greater appreciation of their work and to contact with other famous French people in many domains. Use the Internet to explore the French-speaking presence in the world. To find interesting sites, use the CD-ROM for the **C'est comme ça !** sections marked with CD-ROM icons and for each **Ouverture culturelle**, or use the **Paroles** Web site.

Activité 2 Personnes célèbres

Bring to class a picture of a famous person or people that your classmates are likely to know. Show your picture to the class and answer your classmates' questions about each person's identity.

Modèle: Question: C'est... ?   Ce sont... et... ?

Réponses: Oui, c'est elle/lui.   Oui, ce sont elles/eux.

Non, c'est...   Non, ce sont...

Échange 3 *Qui est... ? Qui sont... ?*

A: Qui est ce monsieur ?   A: Et qui sont ces dames ?

B: C'est Léopold Sédar Senghor.   B: Ce sont Céline Dion et Shania Twain.

Possibilités

Qui est...   **Qui est...**   **Qui sont...**

Observez

1. Which demonstrative adjectives (**ce, cet, cette, ces**) are used for men? for women? (1.4)

2. Which form is used with a masculine word beginning with a vowel or **h**? (1.4)

ce monsieur ?   cette dame ?   ces personnes ?

cet homme ?   cette femme ?   ces messieurs ?

cet étudiant ?   cette étudiante ?   ces dames ?

Activité 3 C'est qui ?

*With a classmate, identify the person on each stamp, using names from the list. If you don't know, say **je ne sais pas.***

Modèle: A: Qui est cet homme ?
B: Lui ? C'est...
A: Oui, c'est lui.
or
Ah non, c'est...

Les réponses possibles : Jean-Claude Killy, le général de Gaulle, le marquis de La Fayette, le président Kennedy, le président Lincoln, Marcel Proust

1.

3.

5.

2.

4.

6.

Exprimer la négation

Échange 4 *Erreur d'identité*

JULIE: Qui est cet homme ?
MONIQUE: Lui ? Je ne sais pas.
ANNE: Je sais. C'est Marc Durand.
MONIQUE: Ah non, ce n'est pas lui, ce n'est pas Marc Durand.

Activité 4 C'est lui ? C'est elle ?

Listen to your instructor ask for verification of the names of well-known people. Tell whether the names given are correct.

Modèle: Le président des États-Unis d'Amérique, c'est Bill Clinton ?
Non, ce n'est pas lui.

1. Le vice-président des États-Unis d'Amérique, c'est... ?
2. Le président de la République française, c'est... ?
3. Le Premier ministre du Canada, c'est... ?
4. Le gouverneur de *(votre état)*, c'est... ?
5. Le professeur de français, c'est... ?
6. Le président de l'université, c'est... ?

Observez

1. Which two words convey negation? **(1.5)**

2. Which word follows the subject? Which word follows the verb? **(1.5)**

3. What happens to the word **ne** when the verb begins with a vowel? **(1.5)**

Demander et donner des nouvelles

Échange 5 *Ça va bien ou mal ?*

A: Comment vas-tu ?
Comment ça va ?

B:

Je vais très bien.   Je vais bien.
Ça va bien.   Ça va pas mal.

Je vais assez bien.   Je vais mal.   Je vais très mal.
Comme ci comme ça.   Ça va mal.   Ça va très mal.   Et toi ?

Activité 5 Ça va ?

With a partner, find out how each of you is feeling given the circumstances indicated.

Modèle: **La personne A**   **La personne B**

dans la salle d'attente du dentiste   un examen difficile

A: Bonjour, _____,
comment vas-tu ?
B: Très mal, et toi ?
A: Moi ? Très, très mal.

La personne A   **La personne B**

1. une interview pour un job   un dîner dans un restaurant chic
2. un accident de bicyclette   un A à un test
3. un pique-nique   un gain de 500 dollars
4. une absence du professeur   une leçon au laboratoire

Échange 6 *Comment allez-vous ?*

A: Comment allez-vous aujourd'hui, madame ?
B:

Très bien, merci, et vous ?   *or*   Je vais assez bien, merci.

Verbe irrégulier					
aller *(to go; used*	je	vais			
idiomatically to	tu	vas	vous	allez	
express health)	ça	va			(For **ça,** 1.1.e)

Activité 6 Familier ou non-familier ?

Imagine the relationship between the people in each photo and what they are saying. Complete the printed dialogues.

1.

MARIE: Salut, Jeanne !

JEANNE: _____, Marie. Ça _____?

MARIE: _____, et _____?

JEANNE: Comme _____.

2.

MME RICHARD: Bonjour, Nicolas.

NICOLAS: Bonjour, _____.

MME RICHARD: _____?

NICOLAS: _____, merci, et _____, madame ?

MME RICHARD: _____.

Mots nouveaux à apprendre

aller		*to go (idiomatic use to talk about health)*
je	vais	
tu	vas	
ça	va	
vous	allez	
assez		*rather*
aujourd'hui		*today*
bien		*well*
ça va		*I'm feeling fine, things are going well*
ce/cet/cette		*this/that*
ces		*these/those*
comme ci comme ça		*so-so*
comment allez-vous ?		*how are you? (nonfamiliar)*
comment ça va ?		*how's it going?*
comment vas-tu ?		*how are you? (familiar)*
la dame		*woman, lady*
elle		*she, her*
elles		*they, them*

l'étudiant *(m)*	*male student*
l'étudiante *(f)*	*female student*
eux	*them*
la femme	*woman*
l'homme *(m)*	*man*
lui	*him*
mal	*poorly*
merci	*thank you*
moi	*me*
le monsieur, les messieurs *(pl)*	*man*
ne... pas	*not (used to negate a verb)*
non	*no*
pas mal	*not bad*
les personnes *(f)*	*people*
le professeur (le prof *familiar*)	*teacher (in high school or college)*
qui	*who*
(je) sais	*(I) know*
toi	*you*
très	*very*

Comment le dire

Lettres de l'alphabet et accents

The French alphabet contains the same sequence of letters as the English alphabet: *a b c d e f g h i j k l m n o p q r s t u v w x y z*. Accents and other diacritics are part of the French spelling system and must be learned as part of spelling. Accents are generally not used on capital letters except for the **Ç,** which falls below the printed line. However, to help you learn the appropriate accents, **Paroles** uses them on capital letters.

l'accent aigu (é)

l'accent grave (à, è, ù)

l'accent circonflexe (â, ê, î, ô, û)

le tréma (ë, ï)

la cédille (ç)

l'apostrophe (')

Activité 7 Sigles

*The French are very fond of acronyms (**sigles**). Spell out each acronym, match it with a business from the list, and guess the meaning of the name of the business.*

1.

4.

LA MEILLEURE
FAÇON D'AVANCER

2.
TF1

3.
EDF
*Electricité
de France*

5.

a. Régie autonome des transports parisiens
b. Société nationale des chemins de fer
   français

c. Électricité de France
d. Banque nationale de Paris
e. Télévision française 1

Lettres et sons : *a* et *oi/oy*

Unless it is followed by another vowel, the letter **a** is always pronounced [a], as in the word *father,* not as in *Dad.* The accent does not change the sound.

    m**a**   oh l**à** l**à**   ç**a** v**a**

    M**a**d**a**me Vi**a**l**a** p**a**rle esp**a**gnol.

The vowel sequences **oi** and **oy** are pronounced [wa].

    m**oi**   t**oi**   québéc**ois**

    Madem**oi**selle Duf**oy**? C'est m**oi**!

Activité 8 À la banque

Underline the sounds for [a] and [wa] in each of the following sentences. Then practice the conversation with a partner.

EMPLOYÉ: Vous vous appelez... ?
CLIENTE: Marie Lafarge.
EMPLOYÉ: Madame ou Mademoiselle ?
CLIENTE: Madame.
EMPLOYÉ: Votre adresse ?
CLIENTE: Trois, Passage Dubois.
EMPLOYÉ: À Paris ?
CLIENTE: Non, non à Poissy.
EMPLOYÉ: Merci, madame.
CLIENTE: Il n'y a pas de quoi.°   Il... *Don't mention it.*

Écoutons un peu

Stratégie d'écoute   **Concentrez-vous sur l'essentiel.**

Have a specific purpose in mind for each listening task and listen mainly for information that is essential to meet this purpose.

Your instructor will read an announcement typical of those heard in airports. Imagine that you are Robert Bordas and that you hear this announcement. Answer the questions in English.

1. Are you being paged?
2. What is your airline?
3. What is the destination of your flight?
4. What should you do?

À l'écoute

Au téléphone   *You are making phone calls. Begin each call by saying the statement that is given. Your instructor will reply. Check whether the person you are calling is available or not and tell the class.*

Modèle: You say: Madame Louise Cloutier, s'il vous plaît.
You hear: Je regrette, madame, mais elle n'est pas arrivée.
You check: Pas là *(not there)*
You report: Elle n'est pas là.

	Là	Pas là
1. Je voudrais parler avec Monsieur Duhamel.		✔
2. Madame Ben Yamine est là aujourd'hui ?	✔	
3. Passez-moi Bernard Laroche, s'il vous plaît.		✔
4. Allô, c'est toi, Suzanne ?		✔
5. Allô, c'est bien Mademoiselle Petit ?	✔	

Paroles

Stratégie de lecture   Considérez les familles de mots.

To guess the meaning of a word, consider other words of the same family, in English or in French: for example, *explain, explanation,* and *explanatory.*

Look at the following ads (**petites annonces**) and guess the meanings of the words.

1. un chiropraticien / la chiropractie
2. un numéro / la numérologie
3. un bijou° / une bijouterie
4. un dentiste / dentaire
5. organiser / un organisateur

a jewel

Lire

Petites annonces

Claude MEDARD Boutique
HORLOGERIE
              BIJOUTERIE

17, rue G. Clémenceau
78000 VERSAILLES
☎ 02 39 50 30 09

* CHRISTINE *
Cartes - Tarots
Boule de Cristal
Numérologie
Sur rendez-vous
☎ 02 39 53 23 59

HEURES PRATIQUES
...Chirurgie dentaire esthétique
...Prothèse dentaire
...Implantation

Dr. Roland HASSAN
250 West 57th St. (Suite 1131)
New York, N.Y. 10107
(212) 581-4404

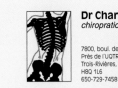

Dr Charles Riopelle
chiropraticien

7800, boul. des Forges
Près de l'UQTR
Trois-Rivières, Qc
H8Q 1L6
650-729-7458

La chiropractie, un choix de santé

OTMANE ALAOUI

Organisateur de 4X4 & De bivouacs (à Dromadaire)

Mobile (00212) 61 98 79 49 / (00212) 68 35 30 77
B.P 187, 52200 Erfoud Maroc
E-mail : otmane.ala@moncourrier.com

Vous avez compris ?

1. Comment s'appelle le spécialiste des colonnes vertébrales ?
2. Qui est spécialiste des diamants ?
3. Christine prédit le futur avec quels instruments ?
4. Otmane Alaoui organise quelles sortes d'excursions ?
5. Qui examine les dents ?

Les mots pour le dire

Présenter quelqu'un

Échange 1 *Dans la rue*

ANDRÉ: Permettez-moi de me présenter : André Rameau.
ISABELLE: Et moi, je suis Isabelle Tournier. Enchantée.
ANDRÉ: Enchanté, mademoiselle.

Échange 2 *Présentations formelles*

ROLAND: Permettez-moi de vous présenter : Jeanine Varon, Jean-Claude Dac.
JEAN-CLAUDE: Enchanté, madame.
JEANINE: Enchantée, monsieur.

Activité 1 Présentations

In groups of three, Person A introduces himself or herself to Person B. Then Person B introduces Person A to Person C.

A: Permettez-moi de me présenter...
B: Permettez-moi de vous présenter...

Demander et dire d'où on est

Échange 3 *Ville d'origine*

A: Ahmed, tu es d'où ?
B: Moi, je suis de Casablanca.
A: Et vous, Marie et Pierre ?
C: Nous sommes de Marseille.
A: De Marseille ? Êtes-vous français ?
C: Ah, oui.

Échange 4 *D'où sont ces personnes ?*

A: D'où sont Anne et Monique ?
B: Elles sont de Trois-Rivières.
A: Et Paul et Brigitte ?
B: Ils sont d'Avignon.
A: Et Marc ? Il est d'où, Marc ?
B: Il est de Bruxelles.

Activité 2 D'où es-tu ?

Circulate among your classmates, introducing yourself, exchanging greetings, and asking questions until you find the person whose hometown is nearest yours.

Observez

1. Look at the questions in **Échange 3.** What differences do you see in how the questions are formed? **(1.6)**

2. In the question **Tu es d'où ?** is the subject + verb order of statements used or is there inversion of the subject and verb? This word order is used because the question word is at the end of the question. What is that question word? **(1.6.c)**

3. In **Échange 4,** when a sentence starts with a question word such as **d'où**, what is the order of the subject and verb? **(1.6.c & d)**

Identifier par nationalité

Il est canadien.

Elle est canadienne.

Il est français.

Elle est française.

Quelques nationalités

Il/Elle est...

français(e)   américain(e)   canadien(ne)   sénégalais(e)

mexicain(e)   haïtien(ne)   japonais(e)   allemand(e)

tunisien(ne)   anglais(e)   espagnol(e)   italien(ne)

Observez

How do the endings of the adjectives differ for men and women? What patterns do you see? **(1.7)**

Activité 3 De quelle nationalité?

Identify the nationalities of these well-known people.

    Modèle: Michel Tremblay. Il est canadien.

1. Umberto Eco
2. Léopold Sédar Senghor
3. Whitney Houston
4. Elizabeth II

5. Wayne Gretzsky
6. Helmut Kohl
7. Juliette Binoche
8. Jean-Bertrand Aristide

Échange 5 *Nationalités*

A: Qui sont ces étudiants?

A: Et qui est cet homme?

B: Ce sont des Tunisiens de Tunis.

B: C'est un Américain de Denver.

Observez

What is the plural of **un, une**? **(1.8.a)**

A: Et cette dame ?

B: C'est une Canadienne de Montréal.

 Activité 4 Les drapeaux et les nationalités

Identify the nationalities and the hometowns of these people.

Modèle: A: Ce sont des Italiens ?

 Chicago

B: Non, ce sont des Américains de Chicago.

1. Ce sont des Anglais ?

 Manchester

2. C'est une Canadienne ?

  San Francisco

3. C'est un Sénégalais ?

 Dakar

4. Ce sont des Haïtiens ?

 Québec

5. C'est une Japonaise ?

  Tokyo

 Demander et dire qui parle quelle langue et où on habite

Échange 6 *Langues parlées*

A: Parles-tu espagnol ?
B: Je parle un peu espagnol. Et Cécile, parle-t-elle espagnol aussi ?
A: Non, pas du tout.

Possibilités

Sujet	Adverbe	Verbe	Adverbes	Langues
je		parle	bien	français
			assez bien	anglais
			un peu	japonais
			mal	espagnol
				allemand
je	ne	parle	pas du tout	italien
			pas	

Activité 5 Trouvez la personne

Choose a name from the chart. Describe the person by saying which language(s) he or she speaks, so that your classmates can guess who the person is.

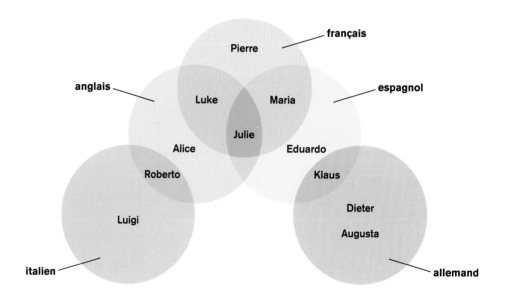

Modèle: A: Cet homme parle espagnol. Il ne parle pas français et il ne parle pas anglais. C'est qui ?

B: Ah, c'est Eduardo.

A: C'est ça.

Observez

Look at the sentences **Où habitez-vous ?** and **J'habite à New York.** How do the verb endings vary according to the subjects? **(1.10)**

Échange 7 *Domicile*

A: Où habitez-vous ?

B: Maintenant, j'habite à New York, mais je suis de Paris.

A: De Paris ? Vous parlez français, alors ?

B: Oui, bien sûr, et anglais assez bien aussi.

Note how these verbs follow the same conjugation pattern.

Verbes en -er				
habiter (*to live*)	j'	habite	nous	habitons
	tu	habites	vous	habitez
	il/elle	habite	ils/elles	habitent
parler (*to speak*)	je	parle	nous	parlons
	tu	parles	vous	parlez
	il/elle	parle	ils/elles	parlent

Activité 6 Profiles

Your instructor will describe the four people in the chart. Fill in the missing information.

Nom	Nationalité	Ville de résidence
1. Denise Duval	française	
2. Amine Barka		Montréal
3. Anne Lévy	américaine	
4. Roland Rimbaud		Québec

Mots nouveaux à apprendre

à	*in, at*
l'allemand (*m*)	*German (language)*
allemand(e)	*German (nationality)*
alors	*so, thus*
américain(e)	*American (nationality)*
l'anglais (*m*)	*English (language)*
anglais(e)	*English (nationality)*
aussi	*also*
bien sûr	*of course*
canadien(ne)	*Canadian (nationality)*
de (d')	*from*
des	*some*
d'où (de + où)	*from where*
l'espagnol (*m*)	*Spanish (language)*
espagnol(e)	*Spanish (nationality)*
le français	*French (language)*
français(e)	*French (nationality)*
habiter	*to live (regular -er verb)*

j'	habite	nous	habitons
tu	habites	vous	habitez
il/elle	habite	ils/elles	habitent

haïtien(ne)	*Haitian (nationality)*
l'italien (*m*)	*Italian (language)*

italien(ne)	*Italian (nationality)*
le japonais	*Japanese (language)*
japonais(e)	*Japanese (nationality)*
maintenant	*now*
mexicain(e)	*Mexican (nationality)*
où	*where*
parler	*to speak (regular -er verb)*

je	parle	nous	parlons
tu	parles	vous	parlez
il/elle	parle	ils/elles	parlent

pas du tout	*not at all*
permettez-moi de me présenter	*allow me to introduce myself*
permettez-moi de vous présenter...	*allow me to introduce you to one another, allow me to introduce . . . to you*
un peu	*a little*
sénégalais(e)	*Senegalese (nationality)*
tunisien(ne)	*Tunisian (nationality)*
un, une	*a(n)*

Comment le dire

Lettres et sons : *i, u, ou*

i: The letter **i** is pronounced [i] as in **Philippe** (unless it is combined with another vowel, as in **j'ai** or **moi**, or followed by **n**, as in **Martin**). The sound of the French [i] is somewhat similar to the vowel sound in English words like *fee* or *sea* but it is pronounced with more tension. To pronounce a good French [i], spread your lips wide and do not move your tongue while saying [i].

Philippe Petit habite à Paris.

u: The letter **u** is pronounced [y] as in **tu** (unless preceded by another vowel, as in **où** or **beau**, or followed by **n** as in **un**). This sound does not exist in English. To make the sound [y], start by saying the sound [i] with your lips fully spread; do not move your tongue but gradually round your lips until they are puckered and you will be saying a French [y].

C'est **u**ne ét**u**diante très occ**u**pée.

ou: The sequence of letters **ou** is pronounced [u], as in **vous**. The French [u] is somewhat similar to the English vowel sound in *moon* or *do* but is pronounced with more tension. To pronounce a good French [u], round your lips, pull the back of your tongue as far back as you can and hold that position without moving your tongue or lips. Note that an accent does not change the sound of **où**.

V**ou**s êtes d'**où**, Amad**ou** ?

Activité 7 Où sont Loulou et Lulu ?

Monsieur Ledoux and Madame Michu have several cats each. First, look at the names of each person's cats and determine what they have in common in terms of vowel sounds. Then, with a partner, take turns randomly calling each cat. Your partner will tell where the cat is.

Modèle: A: Loulou ! Loulou !
　　　　　　 B: Monsieur Ledoux, Loulou est ici° !   *here*

Les chats de Monsieur Ledoux	Les chats de Madame Michu
Loulou	Lulu
Bijou	Uranus
Minouche	Minute
Moune	Prune
Titou	Tutu
Plouf	Gugusse

Discutons un peu

Stratégie de discussion Imaginez votre participation à la conversation.

Before having a conversation, think about what you want to accomplish and rehearse the expressions that you might need.

Complete the chart with expressions you can use to tell about yourself and to ask others about themselves.

	Déclaration	Question
Nom	Je m'appelle	
Prénom		Et votre prénom ?
Domicile		
Nationalité		

À vous la parole

Fiches d'identité
Use these identity cards when doing the following activities.

Nom : BLOCH

Prénom : Jean-Michel

Domicile : 10, rue Saint-Lazare, Paris

Nationalité : française*

Nom : LATIOLAIS

Prénom : Paulette

Domicile : 12, Lafitte St., Baton Rouge, LA

Nationalité : américaine*

Nom : STRAUSS

Prénom : Claudia

Domicile : 6, rue Fontaine, Lorient

Nationalité : allemande*

Nom : BOCOUM

Prénom : Ousmane

Domicile : 8, place Victor Hugo, Dakar

Nationalité : sénégalaise*

1. **Je suis.** Introduce yourself as if you were each of the people named in the identity cards.
2. **Permettez-moi de vous présenter...** Introduce to the class each of the people named in the identity cards as if you knew them.
3. **Accident de voiture.** Imagine that the four people named in the identity cards were involved in a car accident. In groups of five, role-play an interrogation by a police officer who needs to obtain the information on the identity cards from each of the four people.

---

*The nationalities here are in the feminine form to agree with the word **nationalité,** which is feminine. A man would say **je suis français** or **je suis de nationalité française.**

4. **Fiche d'identité.** Ask a classmate questions that will enable you to complete this blank identity card for him or her. Then introduce your classmate to the class.

Nom :	
Prénom :	
Domicile :	
Nationalité :	

Paroles

Dossier 4

In this Dossier, you
will learn about these
grammatical features

■ all present tense forms of
the verbs **avoir** and **aller**

■ possessive adjectives

■ number and gender of nouns

■ **c'est un** and **il est** with
words indicating professions

Stratégie d'écoute **Faites attention aux mots-clés et au ton.**

Key words and the speaker's tone can help you understand the gist of a conversation.
  Your instructor will read four sentences. Listen to the tone and try to identify key
words needed to decide if each sentence conveys good or bad news.

	Key word(s)	Good news	Bad news
1.	disaster		✓
2.	content bonn novelle	✓	
3.	devoirs superb	✓	
4.	fatiguée		✓

Écouter

Bonne ou mauvaise nouvelle ? You will hear three dialogues,
each telling either good news or bad news.

Vous avez compris ?

*Indicate whether each conversation is about good news or bad news and give the reason for
your decision.*

	Bad news	Good news	Reason
1.		✓	A super content extraordinair
2.		✓	
3.	✓		accident, police

succès

Additional materials for this
Dossier:

AUDIO CD
  **Écouter : Bonne ou mau-
  vaise nouvelle ?** (Track 3)

CD-ROM (E1)
  **Mise-en-scène : Écouter :
  Bonne ou mauvaise
  nouvelle ?**
  **Échanges : Ça ne va pas bien,
  Entre deux amis, À une
  réception**
  **Petit jeu : Quelques
  professions**
  **Comment le dire : Prononcia-
  tion des nombres suivis par
  un nom**

VIDEO/VIDEO MANUAL
  Situation 2 : En classe

PAROLES WEB SITE
  Web Activities 2 (**La famille et
  les professions**), 3 (**Phèdre et
  sa famille**), 4 (**Tartuffe et les
  familles**), 5 (**Les professions**),
  6 (**Dépenses**), 7 (**Puzzle de
  maths**)
  Audio Activity: **Écouter :
  Bonne ou mauvaise
  nouvelle ?**

CAHIER (1.4)
  **Activités écrites (et À vous
  d'écrire)**
  Activités de laboratoire

DASHER (E1)
  Paroles : **Activité 5, 6**
  **Cahier : Activités écrites
  2, 3, 4**

Les mots pour le dire

 **Demander des nouvelles : demander et
expliquer ce qui ne va pas**

Échange 1 *Ça ne va pas bien*

ANNE: Salut, Paul. Ça va bien aujourd'hui ?
PAUL: Non, Anne, ça ne va pas !
ANNE: Qu'est-ce que tu as ?
PAUL: J'ai beaucoup de travail et je suis très fatigué.
ANNE: Moi aussi, je suis un peu fatiguée.

être

Quelques problèmes

Il est...

malade   fatigué

Elle est...

très occupée   désagréable

Ils ont des problèmes...

avoir

de santé   d'argent

de famille   de travail

Verbe irrégulier				
avoir *(to have)*	j'	ai	nous	avons
	tu	as	vous	avez
	il/elle	a	ils/elles	ont

Activité 1 Comment ça va ?

Circulate among your classmates and ask how they are. If they say anything less positive than **pas mal,** *ask what's wrong. Be prepared to report your findings to the class.*

Parler de la famille

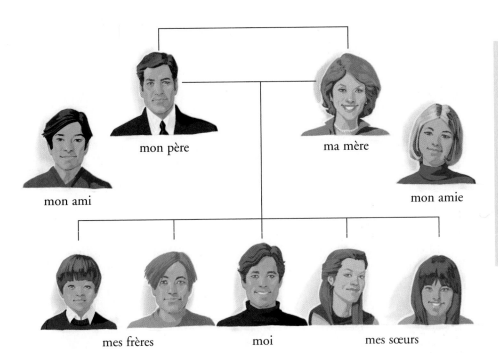

mon père

ma mère

mon ami

mon amie

mes frères

moi

mes sœurs

Échange 2 *Entre deux amis*

A: Et comment va ta famille ?
B: Pas très bien.
A: Ta mère est toujours malade ?
B: Non, non, elle va bien, mais mon père...
A: Qu'est-ce qu'il a, ton père ?
B: Il a des problèmes de travail et il est très, très fatigué.
A: Et comment vont tes frères ?
B: Ils ont des problèmes d'argent et ils sont très désagréables.
A: Et tes sœurs ?
B: Elles ? Pas de problèmes.

Verbe irrégulier				
aller *(to go; used with health expressions)*	je	vais	nous	allons
	tu	vas	vous	allez
	il/elle	va	ils/elles	vont

Activité 2 Précisez

With a partner, take turns describing how people in the pictures are feeling and why they feel this way.

Modèles:

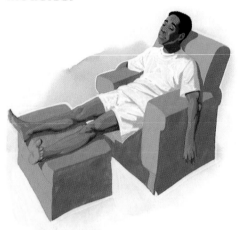

A: Comment va Christian ?
B: Pas très bien.
A: Mais, qu'est-ce qu'il a ?
B: Il est très fatigué.

A: Comment vont les Pelletier ?
B: Assez mal, aujourd'hui.
A: Mais, qu'est-ce qu'ils ont ?
B: Des problèmes de famille.

1.

2.

3.

les Matisse

les Rougon

Madame Cloutier

4.

Amadou

5.

Monsieur Dufour

6.

Ariane

Activité 3 Et ta famille et tes ami(e)s ?

Circulate among your classmates, asking how their family members and friends are doing. If someone is not doing well, ask what is the matter. If you don't have the family member, say **Je n'ai pas de…**

Modèle:
A: Comment va ton père ?
B: Il va mal.
A: Qu'est-ce qu'il a ?
B: Des problèmes de travail.
A: Et ton frère ?
B: Je n'ai pas de frère, mais ma sœur va bien.

Demander et dire la profession

Échange 3 *À la banque°*

bank

A: Quelle est votre profession ?
B: Je suis professeur.

Échange 4   *À une réception*

A: Qu'est-ce que vous faites dans la vie ?
B: Je suis étudiant.
A: Et Marc ?
B: Il est étudiant aussi.

C'est...

Quelques professions

un
ingénieur   un
ingénieur

un
médecin   un
médecin

un professeur

un professeur

un secrétaire

une secrétaire

un fonctionnaire

une fonctionnaire

un journaliste

une journaliste

C'est…

un homme
d'affaires

une femme
d'affaires

un homme
au foyer

une femme
au foyer

un commerçant

une commerçante

O b s e r v e z

1. Which nouns have different masculine and feminine endings? **(1.12)**

2. What different patterns for masculine and feminine endings do you see? **(1.12)**

un
étudiant

une
étudiante

un acteur   une actrice

un agriculteur   une agricultrice

C'est...

un chanteur   une chanteuse   un danseur   une danseuse

Les professions au féminin

Jusqu'à° présent, le vocabulaire des mots indiquant les professions est souvent° au masculin : on dit° « un » professeur et « le » ministre quand° on parle de femmes. Mais en France, il y a maintenant une loi recommandant° l'usage des formes féminines pour les professions traditionnellement masculines. Finies° les expressions bizarres telles que° « Madame le ministre » et « le professeur est enceinte° » ! Et au Québec, on dit souvent « une professeure ».

until
often / says
when
loi... *law recommending*
gone are
telles... *such as / pregnant*

5/21/03 ⟶

Activité 4 Profiles

You will hear descriptions of the following four people. Listen carefully and complete the chart with the missing information.

Il/Elle s'appelle...	est...	habite à...	est...
Marie-Claire Bartel	française	Paris	
Amine Bakechi		Ottawa	danseur/chanteur
Martha Smith	américaine		
Claude Riopelle		Québec	

Next, assume the role of one of the four people and introduce yourself to the class using the information in the chart.

Échange 5 *Identifier par la profession*

A: Qui est cet homme ?
B: C'est un acteur.
A: Et ces femmes, ce sont des actrices aussi ?
B: Mais non, ce sont des journalistes.

Activité 5 Qui est cette personne ?

Identify these people, whom you do not know, by their professions.

Modèle: A: Qui est cette femme ?

B: Je ne sais pas mais c'est une femme d'affaires.

1. Qui est cette femme ?

a.

b.

c.

d.

2. Qui est cet homme ?

a.

b.

c.

d.

3. Qui sont ces femmes et ces hommes ?

a.

b.

c.

d.

Compter par dix

10	dix	40	quarante	70	soixante-dix	100	cent
20	vingt	50	cinquante	80	quatre-vingts		
30	trente	60	soixante	90	quatre-vingt-dix		

Activité 6 Décades de 1920 à 1990

Tell in what decade each event occurred.

> **Modèle:** la victoire du Parti québécois dirigé par René Lévesque
> les années 70

1. l'unification européenne
2. la naissance du rock and roll
3. la vogue du charleston

4. la Deuxième Guerre mondiale
5. la fin du conflit au Viêt Nam
6. le bicentenaire de la Révolution française

Variations of *seventy*, *eighty*, and *ninety*

C'est comme ça !

In certain areas of the Francophone world, the numbers 70, 80, and 90 are different.

	France/Canada	Belgium	Switzerland
70	soixante-dix	septante	septante
80	quatre-vingts	quatre-vingts	huitante/quatre-vingts *(by region)*
90	quatre-vingt-dix	nonante	nonante

Mots nouveaux à apprendre

l'acteur *(m)*/		*actor/*	le/la fonctionnaire	*government*
l'actrice *(f)*		*actress*		*employee*
l'agriculteur *(m)*/			le frère	*brother*
l'agricultrice *(f)*		*farmer*	l'homme *(m)* au foyer	*househusband*
aller		*to go; used also*	l'homme *(m)* d'affaires	*businessman*
		with health	l'ingénieur *(m)*	*engineer*
		expressions	le/la journaliste	*journalist*
je vais	nous allons		ma/mon/mes	*my*
tu vas	vous allez		mais	*but*
il/elle va	ils/elles vont		malade	*sick*
l'ami(e)		*friend*	le médecin	*doctor*
l'argent *(m)*		*money*	la mère	*mother*
avoir		*to have*	occupé(e)	*busy*
j' ai	nous avons		le père	*father*
tu as	vous avez		le problème	*problem*
il/elle a	ils/elles ont		la profession	*profession*
beaucoup (de)		*a lot (of)*	quarante	*forty*
cent		*one hundred*	quatre-vingt-dix	*ninety*
le chanteur/			quatre-vingts	*eighty*
la chanteuse		*singer*	quelle	*what*
cinquante		*fifty*	qu'est-ce que tu as/	*what's wrong*
le commerçant/			qu'est-ce qu'il a ?	*with you/him ?*
la commerçante		*shopkeeper*	qu'est-ce que vous	*what do you do*
dans		*in*	faites dans la vie ?	*for a living ?*
le danseur/			la santé	*health*
la danseuse		*dancer*	le/la secrétaire	*secretary*
désagréable		*unpleasant*	la sœur	*sister*
faites (vous faites)		*you do*	soixante	*sixty*
		(nonfamiliar,	soixante-dix	*seventy*
		plural)	ta/ton/tes	*your (familiar)*
la famille *(f)*		*family*	toujours	*still; always*
fatigué(e)		*tired*	le travail	*work*
la femme au foyer		*housewife*	trente	*thirty*
la femme d'affaires		*businesswoman*	la vie	*life*

Comment le dire

Prononciation des nombres suivis par un nom

Many numbers are always pronounced the same way. Others (for example, 1, 2, 3, [5], 6, 8, 10, 20) have different pronunciations according to the first sound of the word that follows them.

Number alone	Number + word with vowel	Number + word with consonant
un	un‿étudiant [n]	un commerçant
	une étudiante	une commerçante
deux	deux‿étudiants [z]	deux commerçants
trois	trois‿étudiants [z]	trois commerçants
vingt	vingt‿étudiants [t]	vingt commerçants
cinq [k]	cinq‿étudiants [k]	cinq commerçants (option : cinq—[k])
six [s]	six‿étudiants [z]	six commerçants
dix [s]	dix‿étudiants [z]	dix commerçants
huit [t]	huit‿étudiants [t]	huit commerçants

Activité 7 Nombres et liaisons

Work with a partner. Each person covers one column. In the column you have not covered, first cross out silent consonants and indicate **liaison** *(‿). Then, while your partner still has the column you worked with covered, read the column as your partner writes down the numbers he or she hears.*

La personne A

1. un homme et deux femmes
2. deux Anglais et trois Américains
3. six danseurs et dix agriculteurs

La personne B

1. quatre professeurs et huit étudiants
2. vingt acteurs et huit journalistes
3. dix-sept hommes et sept femmes

É c r i v o n s   u n   p e u

Stratégie d'écriture   Faites une liste de mots-clés.

To organize your thoughts and find appropriate vocabulary, list key words that are pertinent to your topic.

You want to design an ad for your professional self ten years from now. List words to describe your future professional self; then, starting with these words, design your ad. (Look at the ads at the beginning of **Dossier 3** for models.)

À vous d'écrire

Moi dans dix ans   Use your ad to write a paragraph about yourself to be published in the alumni newsletter for your high school reunion ten years from now.

Mise au point

Reread your paragraph and consider if you . . .

1. gave enough details about yourself (e.g., where you live, family, profession).
2. made subjects and verbs agree.
3. made possessive adjectives and their nouns agree.

Grammaire 1

1.1 Subject pronouns

Subject pronouns, shown here with the verb *to be* (**être**), function essentially the same way as in English, but be alert to the specifics given in the notes following the chart.

Pronoms sujets					
singular	First person		**je**	suis	*I*
	Second person	familiar	**tu**	es	*you*
		nonfamiliar	**vous**	êtes	*you*
	Third person	masculine	**il**	est	*he/it*
		feminine	**elle**	est	*she/it*
		indefinite	**c'**	est	*it/he/she*
plural	First person		**nous**	sommes	*we*
	Second person		**vous**	êtes	*you*
	Third person	masculine	**ils**	sont	*they*
		feminine	**elles**	sont	*they*
		indefinite	**ce**	sont	*they*

a. **Je** refers to the person who is speaking. Before a verb form beginning with a vowel or **h, je** becomes **j'**, as in **j'ai** *(I have)* or **j'habite** *(I live).*

b. **Tu** and **vous** refer to the person or people addressed.

c. **Il, ils, elle, elles** refer to people or things. The different masculine and feminine forms indicate the gender (physical or grammatical) of the person or thing. When a third person plural pronoun refers to a group of both feminine and masculine nouns, the masculine pronoun **ils** is used.

d. **C'** is used in the expression **c'est** *(it is)*. **C'** can refer to a masculine or a feminine noun and is used to point out or identify a person, object, or idea. It is used only as the subject of a sentence.

> C'est Monique.

C'est can also be used *optionally* to repeat a subject for emphasis.

> Mon prénom, c'est Georges.

When several people or things are identified, you use **ce sont.**

> Ce sont Monsieur et Madame Dupont.

e. **Ça** literally means *it* or *that/this:* **ça va bien?,** or it can be used for emphasis: **ça, c'est Louise Urbain.** However, with the verb **être,** use **ce** instead of **ça.**

1.2 The basic French sentence

a. The basic French sentence is composed of a subject, a verb, and a complement to the verb.

La phrase française		
Sujet +	verbe +	complément
Je	suis	Paul Dupont.
Paris	est	une belle ville.

b. When the sentence is a statement or a question made with intonation only, the word order is the same as in English.

Ordre des mots		
Sujet +	verbe +	complément
Il	s'appelle	Amadou.
Vous	êtes	Madame Curie ?

c. Another way to make questions is to invert the pronoun subject and the verb and connect them with a hyphen. This is explained in more detail later in this **Grammaire** (1.6).

Êtes-vous Mme Colbert ?

Comment vous appelez-vous ?   Comment t'appelles-tu ?

1.3 Stressed pronouns

a. Stressed pronouns **(les pronoms accentués)** are used

1. to emphasize the subject.

    Lui, il s'appelle Pierre.

2. after **c'est** and **ce sont.**

    C'est Anne ? Oui, c'est **elle.**

    Ce sont Monique et Nicole. Oui, ce sont **elles.**

3. after the word **et.**

    Ça va bien, et **toi** ?

4. alone, in a one-word answer.

    Qui est le prof ? **Moi.**

5. with more than one subject. When two people are referred to, the one referred to by a pronoun comes last.

    Jean et **elle** sont étudiants.

    When **moi** is used in a sequence of nouns or pronouns, it also comes last.

    Lui et **moi** sommes américains.

b. Summary of pronouns

Pronoms accentués	Pronoms sujets
moi	je
toi	tu
lui	il
elle	elle
nous	nous
vous	vous
eux	ils
elles	elles

1.4   Demonstrative adjectives

Demonstrative adjectives are used to single out people or things: *this woman* or *that man*. In French they do not distinguish between *this* and *that*, or between *these* and *those*, as do their English equivalents. They agree in number (singular or plural) and gender (masculine or feminine) with the nouns to which they refer.

Qui est **ce** monsieur ?	*Who is this/that man?*
Cette dame s'appelle Leduc.	*This/That woman is named Leduc.*
Quel est le nom de **cet** homme ?	*What is this/that man's name?*
Ces étudiants sont de Montréal.	*These/Those students are from Montreal.*

Les adjectifs démonstratifs			
	Masculine	**Feminine**	
Singular	**ce** before a consonant **cet** before a vowel or **h**	**cette**	*this/that*
Plural	**ces**	**ces**	*these/those*

Note that **cet** and **cette** are pronounced alike.

1.5   Negating a verb

To negate a verb, use two words: **ne** *(verb)* **pas.** Put **ne** after the subject and **pas** after the verb.

Je **ne** parle **pas** français.

Use **n'** before a vowel.

Dick **n'**est **pas** anglais.

Both **ne/n'** and **pas** are neccessary to negate a verb in standard style. However, in conversation, the **ne** may be dropped and the **pas** alone expresses the negation: **C'est pas mal.**

1.6   Question formation

In French, questions can be asked in several ways, including *intonation* and *simple inversion.*

> Vous êtes français ? *(intonation)*
>
> Êtes-vous français ? *(inversion)*

a. **Intonation.** As in English, intonation is an oral feature that allows us to distinguish between different meanings of grammatically similar sentences. The speaker raises the pitch of his or her voice to transform a statement into a question. When an intonation question is written, only the question mark distinguishes it from an assertion.

> Vous êtes professeur ?

b. **Inversion with a pronoun subject.** Inversion involves reversing, or inverting, the order of the subject and the verb in a declarative sentence so that the verb comes before the subject. When the subject is a pronoun, this pronoun is connected to the preceding verb by a hyphen.

> Vous parlez français. → Parlez-vous français ?

With **il** or **elle,** when the verb ends with a vowel, a **t** is inserted with hyphens between the verb and the pronoun.

> Il parle français. → Parle-t-il français ?
>
> Elle habite à Lyon. → Habite-t-elle à Lyon ?

Note, however, that with most verbs inversion is not used when **je** is the subject. In this case, you have to use intonation or another way of forming questions that will be taught later (e.g., **Est-ce que je parle bien français ?**)

c. **Question words.** Some of the more frequent question words are given in the following chart.

Mots interrogatifs		
comment	*what/how*	Comment vous appelez-vous ?
		Comment allez-vous ?
d'où	*from where*	D'où sont vos parents ?
où	*where*	Où habitez-vous ?
qui	*who*	Qui parle français ?

These question words can come at the beginning or end of the question or can stand alone, depending on the type of question, the social context, and the style level. Intonation questions are the most informal, and are therefore usually found only in spoken style.

Position des mots interrogatifs	
Intonation	Vous vous appelez **comment** ?
Inversion	**Comment** vous appelez-vous ?
Alone	**Comment** ? *(What?)*

d. **Question types with pronoun and noun subjects.** In most cases, questions are formed the same way whether the subject is a pronoun or a noun, except that inversion can be used with noun subjects only if there is a question word. In this case, there is no hyphen between the inverted noun subject and verb.

Formation des questions		
	Yes/No questions	Question words
Intonation with pronoun *Intonation with noun*	Vous parlez français ? Jacques parle français ?	Vous habitez où ? Jacques habite où ?
Simple inversion with pronoun *Simple inversion with noun*	Parlez-vous français ? [cannot be used]	Où habitez-vous ? Où habite Jacques ?

1.7   Adjectives

Adjectives qualify nouns. They agree in gender (masculine, feminine) and number (singular, plural) with the nouns they qualify.

Paul est **français** et Paula est **américaine.**

a. To form the feminine adjective, you most frequently add the letter **e** to the masculine form.

> français/français**e**
>
> américain/américain**e**

Because the last letter of a word is usually silent, the spoken masculine form often ends with a vowel sound, and the spoken feminine form often ends with a consonant sound. If the spelling of the masculine form ends in an **e,** the feminine form is the same as the masculine.

> Paul est **agréable** et Paula est **agréable** aussi.

If the spelling of the masculine form ends in **ien,** you write a second **n** before adding the final **e** to make the feminine.

> Elle est **italienne.** Elle est **haïtienne.**

b. To form a plural adjective, you usually add the letter **s,** or less often **x,** unless the singular form already ends with an **s** or **x.** This **s** or **x** is not pronounced.

> Ils sont américain**s** et elles sont française**s.**
>
> Jacques et Anne sont français.
>
> Les Berry sont mes beau**x**-parents.°   *in-laws, step-parents*

c. When an adjective qualifies a group of feminine and masculine nouns, use the masculine plural form.

> Anne et Joseph sont canadien**s.**

d. Adjectives referring to nationality are not capitalized in French, but nouns (with articles) referring to nationality are capitalized.

> Elle est **t**unisienne.   C'est une Tunisienne.

1.8 Indefinite articles

a. An indefinite article *(a(n), some)* presents a noun in a nonspecific way, as in *a Frenchman* (**un Français**) or *some Frenchmen* (**des Français**).

Les articles indéfinis		
	Singular	Plural
masculine	un	des
feminine	une	des

b. A common use of indefinite articles is with professions and nationalities. In this case, they are used only with the expression **c'est/ce sont...**

> C'est une Française.   Ce sont des dentistes.

The choice to use **c'est un Français** or **ce sont des dentistes** instead of **il est français** or **ils sont dentistes** (without indefinite articles) relates to the context. You use **c'est un(e)/ce sont des** in answer to questions that ask you to identify someone.

		Article	Noun
Qui est-ce ?	C'est	un	Français.
Qui sont ces hommes ?	Ce sont	des	acteurs.

Note that when you use **c'est/ce sont...**, the nationality is expressed by a noun. This noun is preceded by an article (**un/une/des**) and is capitalized.

> C'est une Italienne.

You use **il/elle est** or **ils/elles sont** in answer to questions when the person or thing you are talking about has already been identified and mentioned in the conversation:

> Permettez-moi de vous présenter Henri, il est canadien.

Quelle est la nationalité de Marie ?	Elle est française.
Quelle est sa profession ?	Elle est actrice.
Et Jim et Paul ?	Ils sont américains.
Et Jeanne et Renée ?	Elles sont professeurs.

Note that when the expression **il/elle est** or **ils/elles sont** is followed by a word denoting nationality or profession, that word is not capitalized.

c. Other subjects function similarly, that is, an article is not used with words expressing nationality and profession after the verb **être** when the subject is not **ce**.

> Je suis professeur.
>
> Tu es italien.
>
> Paul est canadien.

1.9 Adverbs

Adverbs modify verbs. They specify "how" the action described by a verb is done.

Je parle **bien** français.   *I speak French **well.***

In French, adverbs typically follow the verb, especially when the adverb is short: **bien, assez bien, un peu** *(well, rather well, a little)*. Longer adverbs may also appear at the beginning and end of a sentence.

Remember that for adverbs expressing negation, the word **ne** occurs after the subject in addition to the adverb (for example, **pas du tout,** *not at all*) that comes after the verb.

Je **ne** parle **pas du tout** allemand.   *I don't speak German **at all.***

1.10 Regular -er verbs

a. Most verbs whose infinitives end in **-er** are *regular verbs* that follow the same pattern of conjugation. To conjugate an **-er** verb, drop the **-er** from the infinitive form **(parl-/habit-)** and add the highlighted endings.

	Parler *(to speak)*	Habiter *(to live)*
je (j')	parl**e** *(I speak, I do speak, I am speaking)*	habit**e** *(I live, I do live, I am living)*
tu	parl**es**	habit**es**
il/elle	parl**e**	habit**e**
nous	parl**ons**	habit**ons**
vous	parl**ez**	habit**ez**
ils/elles	parl**ent**	habit**ent**

Note also that English has three ways of expressing actions in the present: *I speak a lot; I am speaking now; I do speak loud enough.* In French, there is only one present tense, **je parle,** that conveys all three types of action in the present. You distinguish among them by context.

b. **S'appeler** is also an **-er** verb, but with a spelling variation involving the letter **l**: a double *l* is used when the following syllable is not pronounced (*-e, -es,* and *-ent*). Also, **s'appeler** always includes a second pronoun between the subject and the verb. (This is explained more fully in **Grammaire 7.**)

je	**m'appelle**	nous	**nou**s appelons
tu	**t'appelles**	vous	**vou**s appelez
il/elle	**s'appelle**	ils/elles	**s'appellent**

1.11 Possessive adjectives

a. A possessive adjective **(adjectif possessif)** indicates that something or someone "belongs" to someone or something.

mon, ma, mes	*my*
ton, ta, tes	*your (when you use the familiar form to address the person who is the possessor)*
votre, vos	*your (when you use the formal form to address the person who is the possessor, or are talking to more than one person as the possessor)*

Unlike in English, the French possessive adjective agrees in gender and number with the person/thing possessed, regardless of the gender of the possessor.

mon père   *my father*

The masculine singular form **mon** is used because **père** is a masculine singular word.

ma mère   *my mother*

The feminine singular form **ma** is used because **mère** is a feminine singular word.

mes parents   *my parents*

The plural form **mes** is used because **parents** is plural. **Mes** is used with both masculine and feminine plural nouns.

b. For feminine singular nouns that begin with a vowel, the masculine singular form is used and **liaison** is made with the **n.**

C'est **mon** amie. C'est **ton** étudiante.

Les adjectifs possessifs			
Singular			**Plural**
masculine	*feminine*		
	before consonant	*before vowel*	
mon père ton père votre père	ma mère ta mère votre mère	mon amie ton amie votre amie	mes parents tes parents vos parents

1.12   Gender and number of nouns

As you know, French nouns have a grammatical gender, for things and abstract concepts (**la patience** = *patience*), as well as people. The grammatical gender of a noun does not necessarily correspond to a physical gender identity. Grammatically, gender is indicated by the article or adjective accompanying a noun.

une belle ville *(feminine gender)*

un village splendide *(masculine gender)*

un ingénieur *(always masculine gender even if a woman)*

un médecin *(always masculine gender even if a woman)*

Occasionally, the gender is also shown by the ending of the noun itself. This is the case for many nouns indicating nationality and profession, where the spelling of the masculine noun tends to end with a consonant and the spelling of the feminine noun often ends with an **e.**

un Français et une Française   un étudiant et une étudiante

Sometimes there are different forms for masculine and feminine, which follow predictable patterns.

homme → femme	un homme d'affaires	une femme d'affaires
-eur → -rice	un agriculteur un acteur	une agricultrice une actrice
-eur → -euse	un chanteur un danseur	une chanteuse une danseuse
-ien → -ienne	un Canadien	une Canadienne

To form the plural of a noun, add **s** or **x** to the noun, except when the word already ends in **s** or **x.** The **s** or **x** is not pronounced, unless with a **liaison.**

Singular	Plural
C'est un médecin.	Ce sont des médecins.
C'est une Anglaise.	Ce sont des Anglaises.
C'est un Japonais.	Ce sont des Japonais.

Note: So far, you do not know any words that form their plurals in **-x.** In **Ensemble 2,** you will learn some of these nouns. Nouns that form their plurals in **-x** often end in **-l** or **-au** in the singular. Here are some examples from **Ensemble 2.**

C'est un animal.	Ce sont des animaux.°	*animals*
C'est un oiseau.	Ce sont des oiseaux.°	*birds*

****

Verbes irréguliers : *aller, avoir* et *être*

Because these three common verbs have irregular forms, they must be memorized individually, although you can note some similarities in their endings, especially for **aller** and **avoir.**

Aller *(to go)*		Avoir *(to have)*		Être *(to be)*	
je	vais *(I go, I am going)*	j'	ai *(I have, I am having)*	je	suis *(I am)*
tu	vas	tu	as	tu	es
il/elle	va	il/elle	a	il/elle/c'	est
nous	allons	nous	avons	nous	sommes
vous	allez	vous	avez	vous	êtes
ils/elles	vont	ils/elles	ont	ils/elles/ce	sont

Ensemble

2

Famille et amis

Un dimanche d'été à la Grande Jatte,
1884, Georges Seurat, French,
1859–91.

- describing family relationships and living arrangements
- describing yourself and others: physical characteristics, appearance, age, personality traits
- giving opinions and indicating preferences about lifestyles, people, activities
- reacting to others' ideas by agreeing, expressing surprise, or contradicting

Dossier ①

Paroles

Stratégie d'écoute   **Faites attention à vos idées préconçues.**

We all make assumptions about the world in which we live. These preconceived ideas may lead us to expect to hear certain things during a conversation. When what is said matches our expectations, we understand the conversation easily and with confidence. However, when what is said doesn't match our presuppositions, we may think we don't understand, or we may hesitate to believe or even reject what is said.

How do most people imagine a traditional family? Write down the members you would expect to find in such a family and compare your list with those of your classmates.

Écouter

Violette Leduc   All Éditions Gallimard

You will hear a conversation taken from an autobiographical text by Violette Leduc (1907–1972). Violette, who just arrived at school, is talking to one of her classmates. Find out how the classmate's assumptions about the family lead her to question what Violette is saying. Violette's classmate begins the conversation.

Vous avez compris ?

1. Check which family members Violette's classmate presumes Violette to have and which family members Violette actually has.

Les idées préconçues du camarade	Réalité de Violette
père _____	_____
mère _____	_____

2. Why does the classmate call Violette **folle°** and **idiote°**?   *crazy / idiotic*
3. What might Violette mean when she insists: **Ma mère, c'est mon père** and **Ma mère, c'est tout ça ?**

Les mots pour le dire

La famille

Dans la famille, il y a...

les grands-parents	le grand-père	la grand-mère
les parents	le père	la mère
les enfants	le fils	la fille

Addressing relatives

Just as in English, French speakers often use familiar terms when referring to parents and grandparents, especially when addressing them directly. The most common terms are **Maman (mère)**, **Papa (père)**, **Mémé (grand-mère)**, and **Pépé (grand-père)**. In Canada, the term **petits cousins** indicates distant relatives, such as second or third cousins.

Fête de famille.

Possibilités

Il y a aussi...

le mari et la femme = les époux

l'ex-mari ; l'ex-femme

l'enfant unique = l'enfant qui n'a pas de frères ou de sœurs

le frère et la sœur = les enfants de mêmes parents

le demi-frère et la demi-sœur

le beau-frère et la belle-sœur

le beau-père et la belle-mère

le petit-fils et la petite-fille = les petits-enfants = les enfants de vos enfants

la tante = la sœur de votre père ou mère

l'oncle = le frère de votre père ou mère

le cousin et la cousine = les enfants de vos oncles et tantes

Observez

1. **Le, la, les** are definite articles. Which form is masculine? feminine? plural? What is the English equivalent for each? **(2.1)**

2. What happens to **le** and **la** before a noun beginning with a vowel? **(2.1)**

3. In English you say *Pierre's daughter* or *Pierre's sister*. How do you express such relationships in French? **(2.2)**

○○ **C'est comme ça !○○○**

| Describing family relationships |

The adjectives **petit(e)** and **grand(e)** literally mean *small* and *big/tall*. When used in hyphenated nouns referring to family members, however, both **grand** and **petit** are equivalent to the English expression *grand*, as in **grand-mère** (*grandmother*) or **petit-fils** (*grandson*). The adjective **beau/belle** literally means *beautiful*. When talking about families, **beau/belle** is used to designate a legal, not biological, relative: **Beau-frère** indicates either *brother-in-law* or *stepbrother*.

Activité 1 La famille de saltimbanques

In groups of four, imagine the family relationships among the six people in the painting, and complete the description, pointing to identify individual people.

Il y a deux hommes, une femme et trois enfants. Cet homme est le...

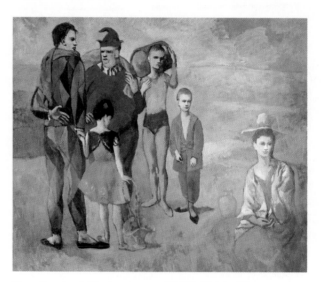

Famille de saltimbanques, 1905, Pablo Picasso, Spanish, 1881–1973.

Parler de la famille

Échange 1 *Frères et sœurs*

A: Combien de frères et sœurs avez-vous?
B: J'ai trois frères et une sœur. Et vous?

ou

Je n'ai pas de frères et je n'ai pas de sœurs : je suis fille/fils unique.

Activité 2 Petite interview

Find out as much as you can about a classmate's family. Then, give three facts about your classmate's family to the class.

Les questions à poser

As-tu un/une/des...?   Comment s'appelle(nt)...?

Combien de ___ as-tu?   Où habite(nt)...?

Observez

1. What does the expression **combien de** mean? **(2.3)**

2. With what other expression in these sentences is **de** used before a noun? **(2.4)**

Échange 2 *Mon oncle et ma tante*

A: Qui est ce monsieur ?
B: C'est mon oncle Marcel.
A: Votre oncle Marcel, c'est le frère de votre mère ?
B: Oui, c'est son frère.
A: Et cette femme ?
B: C'est ma tante Lucie.
A: C'est la sœur de votre père ?
B: Oui, c'est sa sœur.

Activité 3 Rapports familiaux

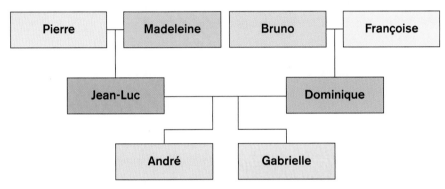

1. *Tell who each person on the family tree is in relation to three other people.*

   Modèle: Bruno est le père de Dominique et le grand-père d'André et de Gabrielle.

2. *Imagine you are one of the members of this family and tell the relationship of each other family member to you.*

   Modèle: Jean-Luc, c'est moi. Dominique est ma femme.

Échange 3 *Grands-parents*

A: Vos grands-parents habitent à Saint-Boniface ?
B: Nos deux grands-pères, oui, et une de nos grands-mères, mais la mère de notre mère est morte.

Activité 4 Ce sont vos parents ?

*With a partner, use the family tree in **Activité 3** and imagine you are André and Gabrielle. Tell who the other people are in relation to the two of you.*

   Modèle: Dominique et Jean-Luc sont nos parents.

Observez

1. Find the possessive adjectives you learned previously. What does each one mean? **(1.11)**

2. In what circumstances do you use each of the two possessive adjectives for *my*? **(1.11, 2.5)**

3. Both **son** and **sa** mean *her, his,* or *its.* How do you know which to use? **(2.5)**

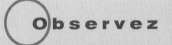

Observez

1. What are the two forms of the possessive adjective meaning *our*? **(2.5)**

2. Which is singular? plural? **(2.5)**

Observez

1. What word means *their*? The noun it qualifies in **Échange 4** is feminine singular. What do you think the masculine singular form is? the plural form? **(2.5)**

Échange 4 *La fille de qui ?*

A: Ah... vous êtes Nicole Grandjean. Vous êtes la fille de Pierre et Monique Grandjean ?

B: Non, je ne suis pas leur fille, monsieur, je suis la sœur de Pierre.

Activité 5 Hommes et femmes célèbres

Here is a list of well-known French, Canadian, and American figures. Tell who they are.

Mots utiles :   acteurs/actrices, chanteurs/chanteuses, poètes, musicien(ne)s, athlètes, hommes/femmes politiques

Modèle 1:   A: Qui est Victor Hugo pour les Français ?
             B: C'est un de leurs poètes.

Modèle 2:   A: Et qui est Barbra Streisand pour nous, les Américains ?
             B: C'est une de nos chanteuses.

Modèle 3:   A: Et qui est Gilles Vigneault pour nous, les Canadiens ?
             B: C'est un de nos chanteurs et poètes.

Les Français	Les Canadiens	Les Américains
Modèle: Victor Hugo	Gilles Vigneault	Barbra Streisand
1. Claude Debussy	4. Céline Dion	7. Martin Luther King
2. Zinedine Zidane	5. Pierre Trudeau	8. Emily Dickinson
3. Isabelle Adjani	6. Patrick Roy	9. George Gershwin

Activité 6 Faire-part

Read these birth and death announcements and fill in the family tree for each family.

1.

CARNET DU **Monde**

Naissances

Henri et Hélène RENAUD,
née° Rigot,
Sandrine et Marie
sont heureux d'annoncer la naissance
d'
Amélie,

le 21 juin 2000.

born as; maiden name

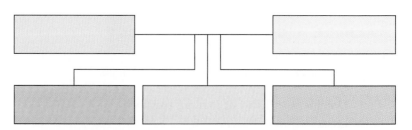

2.

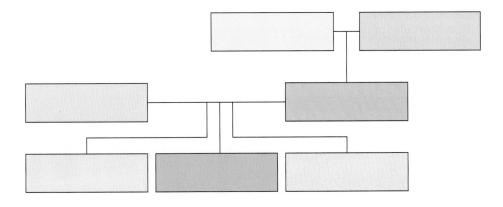

> Décès
> - M. Jacques Poulin,
> son époux,
>   David, Marie et Diego Poulin,
> ses enfants,
>   M. et Mme Richard Cahen,
> ses parents,
>
> ont la douleur de faire part du décès de
>
>   Mme Dominique POULIN,
>   née Cahen,
>
> le mercredi 20 juin 2001, à Paris.

Échange 5 *Où habitez-vous ?*

A: Votre grand-mère habite chez vos parents ?
B: Non, elle habite chez elle, dans sa maison, à Bordeaux.
A: Et vous ? Vous habitez chez vos parents ?
B: Non, pas chez eux. J'habite avec une amie. Nous avons un appartement.

Observez

1. What does the word **chez** mean? **(2.6.a)**

2. What type of pronoun is used after **chez**? **(2.6.a)**

3. What other preposition is used to say you live *with* someone? **(2.6.b)**

Possibilités

Habiter

chez mes parents

avec des amis

dans un appartement

dans une maison

dans une résidence universitaire

Activité 7 Chez qui ?

Work with a classmate. Person A asks whether someone lives in someone else's home. Person B answers according to the information given.

Modèle: A: Paul habite chez M. et Mme Cohen ?
B: Oui, il habite chez eux.

1.

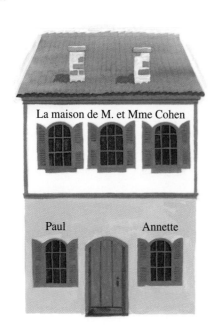

La maison de M. et Mme Cohen

Paul   Annette

3.

La maison de Lise

Sophie   Lionel

2.

La maison d'Henri

Frédérique   Marie-
              Claude

4.

La maison d'Anne et Nicole

Nicolas

Sandrine

Mots nouveaux à apprendre

l'appartement *(m)*	apartment	la fille	daughter	*deux fils*
avec	with	le fils	son	
le beau-frère	stepbrother/	la grand-mère		
(les beaux-frères)	brother-in-law	(les grands-mères)	grandmother	
le beau-père	stepfather/	le grand-père		
(les beaux-pères)	father-in-law	(les grands-pères)	grandfather	
la belle-mère	stepmother/	les grands-parents		
(les belles-mères)	mother-in-law	*(m pl)*	grandparents	
la belle-sœur	stepsister/	il y a	there is/there are	
(les belles-sœurs)	sister-in-law	leur(s)	their	
chez	at/in/to the	la maison	house	
	home, office, or	le mari	husband	
	shop of	même	same	
combien de	how many	mort(e)	dead	
le cousin	male cousin	notre (nos)	our	
la cousine	female cousin	l'oncle *(m)*	uncle	
le demi-frère		les parents *(m pl)*	parents, relatives	
(les demi-frères)	half brother	le petit-fils		
la demi-sœur		(les petits-fils)	grandson	
(les demi-sœurs)	half sister	la petite-fille		
encore	still	(les petites-filles)	granddaughter	
l'enfant (les enfants)	child	les petits-enfants		
un époux/une épouse		*(m pl)*	grandchildren	
(les époux)	spouse	la résidence		
l'ex-femme *(f)*		universitaire	dormitory	
(les ex-femmes)	former wife	sa/son (ses)	his/her	
l'ex-mari *(m)*		la tante	aunt	
(les ex-maris)	former husband	unique	only	
la femme	wife, woman			

une résidence universitaire
toute seule

un appartement
petit appartement = un studio

Comment le dire

Les articles

The French articles **le, la, l', les, un, une, des** indicate gender and number. Therefore, each of them must be pronounced clearly and distinctly. Note that both **un** and **une** contain sounds not found in English. Neither rhymes with *run* in English. **Un** rhymes with **bien**.

The **liaison** *must* be made after **les, des,** and **un** before a vowel.

les enfants   des enfants   un enfant

Activité 8 Attention aux articles

With a partner, practice these dialogues. Be sure to pronounce distinctly the different high-lighted words.

Dialogue 1

A: Comment s'appellent **les** parents de Georges ?
B: **Le** père... je ne sais pas.
A: Et **la** mère ?
B: **La** mère, je sais : c'est Georgette.

Dialogue 2

A: Vous avez **des** enfants ?
B: Oui, oui.
A: Moi aussi : **un** grand fils et **une** petite fille.

B: Moi, j'ai deux filles : **une** mariée et **une** fiancée.
A: Et vous avez **des** fils aussi ?
B: Non, pas **de** fils, mais **un** beau-fils et **un** petit-fils.

Lisons un peu

Stratégie de lecture Utilisez ce que vous savez déjà du sujet d'un texte pour deviner les sens des mots nouveaux.

You can often use what you know about the topic of a text to guess the meaning of new words in it. This article about an event in San Francisco appeared in a 1990 newspaper in Togo, a French-speaking country in West Africa. What newsworthy events come to mind when you think of San Francisco?

À vous de lire

Baby-boom

Baby-boom 9 mois après un séisme

San Francisco — La population n'est pas restée de marbre lorsqu'un séisme a plongé San Francisco dans l'obscurité le 17 octobre dernier, ont constaté les médecins.

Neuf mois après ce violent séisme qui avait atteint la magnitude de 7,1 sur l'échelle de Richter et coupé le courant dans la ville, le centre médical de Seton fait état d'une hausse de 25 pour cent des naissances.

La panne de courant avait duré plusieurs heures, et reste l'explication la plus valable à ce mini baby-boom, ont déclaré les médecins.

Vous avez compris ?

Paragraph 1

1. **Une panne de courant** caused something to happen in San Francisco. Based on an English cognate, what kind of breakdown do you imagine this to be? What word(s) in the first paragraph tell(s) the result of this breakdown?
2. What happened October 17, 1989 in San Francisco?
3. Who is relating this information?

Paragraph 2

4. Can you think of an English word related to **séisme**? What words in this text give clues to the meaning of **séisme**?
5. What caused the lights to go out in San Francisco?
6. How many months after October 17, 1989 did something else happen in San Francisco? What happened?

Paragraph 3

7. How do doctors explain the mini baby boom?

Dossier 2

In this Dossier, you will learn about these grammatical features

- definite articles with abstract nouns

- the irregular verb **vivre**

- questions formed with **est-ce que**

- the conjunction **que**

- the regular **-er** verbs **penser** and **trouver**

Additional materials for this **Dossier:**

CD-ROM (E2)
Échanges : Avec qui vivez-vous ?, Vivre ensemble, Vivre et habiter
C'est comme ça ! : La famille en France : tradition ou transformation ?
Comment le dire : L'égalité syllabique

PAROLES WEB SITE
Web Activities 2 (**Les animaux domestiques**), 3 (**Famille et amis**), 4 (**Le mariage**), 5 (**Préparatifs pour le mariage**)

CAHIER (2.2)
Activités écrites
Activités de laboratoire

DASHER (E2)
Paroles **: Activités 3, 4**
Cahier : Activités écrites 2, 3

Paroles

Stratégie de lecture   Étudiez les tableaux et la typographie avant de lire un texte.

Charts and other visuals often reveal the topic and main focus of a document, as well as highlight important facts. Before reading the text that follows, study the graph and answer the questions.

1. Which words give the topic of the graph?
2. What do the lines on the graph suggest?
3. What numbers show how the family has changed?
4. Given the trends revealed by the graph, what would you expect for the year 2005?
5. What might be some reasons for these changes in family structure?

Évolution des couples en France

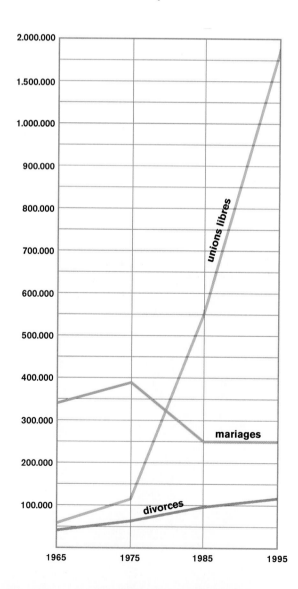

Lire

La famille en France

La tradition

La famille française traditionnelle est composée d'un père, d'une mère et de deux enfants (idéalement un fils et une fille). Aujourd'hui en France, il y a une augmentation dans le nombre de familles recomposées.° En France, la famille est considérée comme la cellule de base de la société : une communauté d'affection, de travail et d'intérêts. En effet, selon certains sondages° en 2000, 80%–90% des Français ont trouvé que la famille est un ingrédient essentiel de la vie.

combined, such as after divorce and remarriage

polls

La famille en évolution

La famille française commence à se transformer progressivement. Avec la diminution du nombre de mariages, l'augmentation du nombre de divorces et le développement de l'union libre, le nombre d'enfants diminue : il est aujourd'hui de 1,7 par femme. Et si on considère l'augmentation du nombre de mères qui travaillent (48% en 1999) et la plus grande indépendance des adolescents, on remarque, en France, une certaine évolution de la cellule familiale et une grande diversité dans les styles de vie familiale.

Un changement récent

En 1999, la France a inauguré un processus pour donner des droits° aux unions des personnes non-mariées : le Pacte civil de solidarité (PACS).

rights

Qu'est-ce que le PACS ?

Le PACS est un contrat conclu entre deux personnes majeures, de sexe différent ou de même sexe, pour organiser leur vie commune. Le PACS est sans effet sur les règles de la filiation et de l'autorité parentale. Il ne vous confère° pas le droit d'adopter ensemble un enfant ou, si vous vivez avec un partenaire de même sexe, de recourir à une procréation médicalement assistée.

give

Qui peut signer un PACS ?

Deux personnes majeures, quel que soit leur sexe, peuvent° signer un PACS.

can

Exception :

Il n'est pas possible de signer un PACS :

1. Entre parents et alliés proches : grands-parents et petits-enfants ; parents et enfants ; frères et sœurs ; tante et neveu, oncle et nièce ; beaux-parents et gendre° ou belle-fille ;
2. Si l'un de vous est déjà marié ;

son-in-law

3. Si l'un de vous a déjà conclu un PACS avec une
   autre personne ;
4. Si l'un de vous est mineur (même émancipé). Si l'un
   de vous est majeur sous tutelle.°   sous... *under guardianship*

Vous avez compris ?

1. In the section **La tradition,** find the words for family members. Then, find
   words that reflect the French "idea" of the family as a social unit. What is the
   main point of this paragraph, besides describing the composition of the family?
2. In the section **La famille en évolution,** find the words for the official or non-
   official status of couples.
3. Based on the section **Un changement récent,** explain what a PACS is and who
   can have one. How might the evolution of the notions of a couple and a family
   have led to France's creation of the PACS concept?

Le PACS

Un couple peut faire un PACS sur simple déclaration commune dans une mairie, et il peut
annuler son PACS de la même manière. Quelques-uns trouvent que le PACS ne va pas assez
loin° parce que c'est sans effet immédiat sur la filiation et le pouvoir paternel. D'autres trou-   *far*
vent que c'est le commencement d'une profonde réforme du code civil.

Observez

In French, both abstract nouns
(le divorce) and concrete
nouns **(un divorcé)** are preceded by articles. What articles
are used with the other abstract nouns shown here? **(2.1)**

Les mots pour le dire

Les rapports de famille

Les personnes	Les rapports officiels	L'état civil
l'homme/la femme	le célibat	un célibataire/une célibataire
le mari/la femme	le mariage	un homme marié/une femme mariée
l'ex-mari/l'ex-femme	le divorce	un divorcé/une divorcée

Activité 1 Statistiques familiales

*In groups of four, ask questions to find out the following information about each person in
the group. Afterward, tabulate the results and report to the class.*

> **Modèle:**   A: Tu es marié(e) ou célibataire ?
> B: Je suis célibataire.
> Dans notre groupe, trois sont célibataires et un(e) est marié(e).

1. Qui est marié, divorcé, célibataire ?
2. Qui a des enfants ? des frères et sœurs ? des parents mariés, divorcés, morts ?

Décrire où et avec qui vous vivez

Échange 1 *Avec qui vivez-vous ?*

A: Est-ce que vous vivez avec vos parents ?
B: Non, je ne vis pas avec eux, j'habite chez des amis.

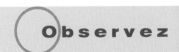

Habiter *and* vivre

French has two verbs for *to live:* **habiter** and **vivre**. **Habiter** refers to living quarters, and, if you say **J'habite avec un(e) camarade,** there is no implication of close friendship or romance. **Vivre** is the verb that corresponds to **la vie** *(life)*. It is used to express not only where you live but also with whom you share your life and what the quality of your life is: **Je vis avec mon (ma) fiancé(e) ; nous vivons bien ensemble.**

It is rarer in France than in North America to share a room or an apartment with someone with whom you are not emotionally involved. The terms **union libre** and **cohabiter** are legal terms to describe a "couple" relationship. You talk about such a relationship by saying: **Je vis avec mon ami(e)/mon (ma) fiancé(e)** or **Nous vivons ensemble.**

C'est comme ça !

Échange 2 *Vivre ensemble*

A: Où est-ce que la fiancée de Paul habite ?
B: Elle vit avec lui.
A: Ah ? Ils vivent ensemble ?
B: Mais oui.

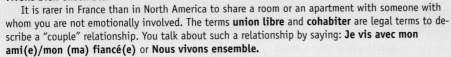

Verbe irrégulier				
vivre *(to live, share one's life)*	je	vis	nous	vivons
	tu	vis	vous	vivez
	il/elle	vit	ils/elles	vivent

Possibilités

habiter		vivre	
	dans un appartement		avec vos parents
	dans une maison		avec votre fiancé(e)
	dans une résidence universitaire		avec un(e) ami(e)
	avec un(e) camarade de chambre		ensemble
	chez quelqu'un		seul(e)
	seul(e)		

Activité 2 Qui vit avec qui ?

In France and in North America today, with whom do you think these people usually live?

> **Modèle:** les grands-parents
> En général, ils vivent seuls ou avec leurs enfants.

Les réponses possibles : ensemble, seul(e)s, avec, chez

1. les femmes mariées
2. les hommes divorcés
3. les célibataires
4. les étudiants
5. les fiancés

Échange 3 *Vivre et habiter*

A: Est-ce que vous êtes française ou canadienne ?
B: Je suis française mais je vis à Montréal avec mon mari.
A: À Montréal ? Où est-ce que vous habitez là-bas ?
B: Nous avons une grande maison et nous vivons bien.

Activité 3 Loto

Circulate among your classmates, asking yes/no *questions with* **est-ce que.** *Find four different people who respond* **oui** *to four items in a line to win this game of* **Loto** *(bingo).*

L	O	T	O
avoir un frère	avoir une sœur	avoir un fils	avoir une fille
parler anglais	parler espagnol	parler français	parler allemand
être marié(e)	être célibataire	vivre seul(e)	vivre en union libre
habiter dans une maison	habiter dans un appartement	habiter dans une résidence	vivre chez les parents

> **Modèle:** A: Est-ce que tu as un frère ?
> B: Oui, j'ai un frère. Il s'appelle Nick.
> A: *(Write B's name in the box* **avoir un frère.***)*

5/21/03

animals

Quelques animaux domestiques

un journal
des journaux

un chien   un chat   un lapin   un poisson   un oiseau   un serpent

---

Animaux domestiques

Les Français possèdent, par habitant, le plus grand nombre d'animaux domestiques du monde. Les animaux les plus communs sont les chiens (souvent appelés « Médor ») et les chats (souvent appelés « Minou »). En français, il y a aussi des expressions comme « Appeler un chat un chat » *(To call a spade a spade)* et « Ils sont comme chien et chat » *(They fight like cats and dogs)*.

Exprimer une opinion personnelle

Échange 4   *Différences d'opinion*

PROFESSEUR: Que pensez-vous des animaux domestiques ?
ÉTUDIANT(E) A: Pour moi, avoir un chat, c'est super.
ÉTUDIANT(E) B: Je ne suis pas d'accord. Les chats sont désagréables.
ÉTUDIANT(E) C: Les lapins sont fantastiques dans la maison.
ÉTUDIANT(E) D: Mais non, les lapins dans la maison, c'est la galère.

Possibilités

Avoir un chat, c'est super.
                agréable.
                facile.

Un serpent dans la maison, c'est désagréable.
                                    difficile.
                                    horrible.
                                    terrible.
                                    la galère.

C'est une idée fantastique.
                    ridicule.
                    idiote.

Je suis d'accord.

Je ne suis pas d'accord.

Activité 4 C'est la galère ou c'est super ?

In groups of three, take turns making statements about the following situations and asking if the other two members of your group agree.

Modèle: A: Pour moi, avoir dix enfants, c'est la galère ! Et pour toi ?
B: Je suis d'accord, c'est la galère.
C: Mais non ! Avoir dix enfants, c'est super.

1. avoir dix enfants/trente lapins
2. être marié(e)/célibataire
3. vivre à Paris/à Dakar/à Toronto
4. vivre avec son fiancé ou sa fiancée/seul(e)
5. habiter dans un appartement/dans une résidence universitaire

Échange 5 *D'accord ou pas d'accord ?*

A: Je pense que les chiens sont des animaux difficiles. Tu es d'accord ?
B: Non, pas du tout. Je trouve qu'avoir un chien, c'est super.

Verbes en *-er (conjugated like* parler*)*
penser *(to think)* trouver *(literally, to find; also, to consider, believe, judge)*

Activité 5 Les animaux, rois de la France ?

Your instructor will ask if the following services for pets exist in France. Say you don't know and then give your opinion of each service.

Les chiens, rois du café.

Modèle: PROFESSEUR: Est-ce qu'il y a des cimetières pour les oiseaux en France ?
ÉTUDIANT(E): Je ne sais pas, mais je trouve que c'est une idée ridicule.

les concerts	les cimetières	les agences matrimoniales
les restaurants	les salons de beauté	les centres de massage
les W.-C. privés	les cinémas	les cliniques
les psychologues	les universités	les taxis

Mots nouveaux à apprendre

agréable	*nice*		idiot(e)		*idiotic*
les animaux			là-bas		*there (over there)*
domestiques *(m pl)*			le lapin		*rabbit*
(sing, animal			libre		*free*
domestique)	*pets*		le mariage		*marriage*
le/la camarade	*friend*		marié(e)		*married*
le/la camarade			l'oiseau *(m)*		
de chambre	*roommate*		(lés oiseaux)		*bird*
le célibat	*single life*		penser		*to think*
le/la célibataire	*single person*		*(conj. like parler)*		
la chambre	*room*		le poisson		*fish*
le chat	*cat*		pour		*for*
le chien	*dog*		que		*that, what*
difficile	*difficult*		quelqu'un		*someone*
le divorce	*divorce*		ridicule		*ridiculous*
divorcé(e)	*divorced*		le serpent		*snake*
un/une divorcé(e)	*divorced man/*		seul(e)		*alone*
	woman		super		*super*
ensemble	*together*		terrible		*terrible*
être d'accord	*to agree*		trouver		*to find/consider*
facile	*easy*		*(conj. like parler)*		
fantastique	*fantastic*		l'union *(f)*		*union*
fiancé(e)	*engaged*		l'union libre *(f)*		*living together*
un/une fiancé(e)	*fiancé(e)*		vivre		*to live*
la galère	*awful (slang)*		je vis	nous vivons	
horrible	*horrible*		tu vis	vous vivez	
l'idée *(f)*	*idea*		il/elle/on vit	ils/elles vivent	

Comment le dire

L'égalité syllabique

1. In English, every word of more than one syllable has at least one "strong" syllable, which is pronounced with more emphasis than the other(s). In French, each syllable of a word is pronounced with about equal emphasis, and none is stressed as strongly as in English. However, the vowel of the last syllable of a French word tends to be a bit longer (but not louder) than the other(s). Compare:

English	**French**
fam-i-ly	fa-**mille**
fan-**tas**-tic	fan-tas-**tique**
in-sti-**tu**-tion	in-sti-tu-**tion**

2. When words are combined in sentences, each English word keeps its stress, but in French only the last syllable of the last word of the sentence is slightly lengthened or stressed. Compare:

My *family is* **su**per.

Ma famille est su**per.**

Activité 6 Votre opinion

First, practice saying the words in the following lists without stressing syllables as you would in English. Then, give your opinion of each institution, using the expressions provided.

Modèle: Pour moi, le mariage, c'est la permanence.
Pour moi, les enfants, c'est l'affection.

Les institutions	**Les personnes**	**Les opinions**
le mariage	les enfants	l'affection
l'union libre	les parents	la liberté
le célibat	les frères et sœurs	la passion
		la sécurité économique
		la permanence
		un scandale
		une nécessité

Discutons un peu

Stratégie de discussion Avant de commencer une conversation, imaginez la situation.

Before entering into a conversation, it helps to imagine what might be said in that situation and the person with whom you will be talking.

Imagine, for example, this situation: Ten years ago, you were neighbors with Madame Barbier. Since then, you have exchanged letters once a year. With a partner, read the letter from Madame Barbier on page 87 and complete the chart below.

Nom des personnes	Ville de résidence	Profession
mère		
père		
enfant		
enfant		

Changements récents dans la famille _____

_____

_____

_____

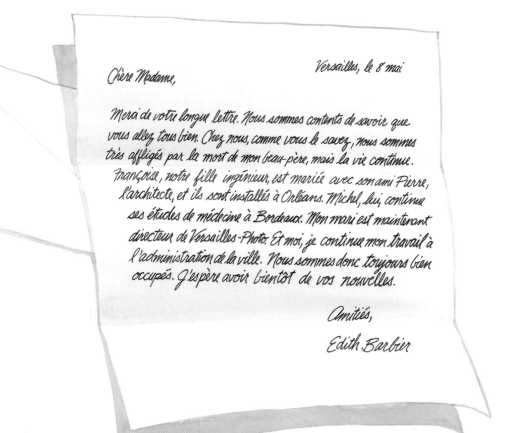

Versailles, le 8 mai

Chère Madame,

Merci de votre longue lettre. Nous sommes contents de savoir que vous allez tous bien. Chez nous, comme vous le savez, nous sommes très affligés par la mort de mon beau-père, mais la vie continue. Françoise, notre fille ingénieur, est mariée avec son ami Pierre, l'architecte, et ils sont installés à Orléans. Michel, lui, continue ses études de médecine à Bordeaux. Mon mari est maintenant directeur de Versailles-Photo. Et moi, je continue mon travail à l'administration de la ville. Nous sommes donc toujours bien occupés. J'espère avoir bientôt de vos nouvelles.

Amitiés,

Edith Barbier

Now, working individually, you and your partner should both fill in your own charts for your imaginary selves and families ten years from now.

Vous et votre famille dans dix ans		
Nom des personnes	**Ville de résidence**	**Profession**
vous		
votre mari/femme		
enfant(s)		
animaux domestiques		
Changements récents dans la famille _____		
_____		
_____		

À vous la parole

<u>**Dans dix ans**</u>   *Talk with your partner to share the information in your chart. Be prepared to act out your conversation for the class.*

Dossier ③

In this Dossier, you will learn about these grammatical features

■ adjectives with new patterns of masculine and feminine forms

■ adjectives that precede the nouns they qualify

■ articles with parts of the body

■ **avoir + ans** to indicate age

■ the regular **-er** verbs **adorer, aimer, détester, chercher**

■ the verb **préférer** with its spelling variations

Additional materials for this **Dossier:**

AUDIO CD
  Écouter : Paul Duménil
  (Track 5)

CD-ROM (E2)
  **Échanges : Quel âge ?,
  Préférences personnelles
  Comment le dire : Lettres
  et sons :** *l*

PAROLES WEB SITE
  Web Activity 6 (**Le logement**)
  Audio Activity : **Écouter :
  Paul Duménil**

CAHIER (2.3)
  **Activités écrites
  Activités de laboratoire**
  (avec cassette à rendre)

DASHER (E2)
  Paroles : **Activité 5**
  **Cahier : Activités écrites
  1, 2, 3, 5, 7**

Paroles

Stratégie d'écoute **Précisez pourquoi vous écoutez.**

To obtain information efficiently from an oral source that gives lots of details, you need to focus primarily on the precise information you need.

You will hear two women talking. One of them, Françoise, is telling the other about her fiancé. Which of her fiancé's physical and personal traits might Françoise describe to her friend? Choose one of the three aspects in the following chart, focus your listening on that aspect, and circle the details mentioned.

Aspects	Détails possibles
taille :	très grand
	plus grand que Françoise
	très petit
traits physiques :	blond avec les yeux bleus
	brun avec une moustache
	blond avec une barbe
traits de caractère :	ambitieux
	intelligent
	charmant

Écouter

Paul Duménil   You will hear a conversation between two women who are discussing Paul Duménil, a man they both know. Listen to the conversation twice, focusing each time on the specific information needed for each **Vous avez compris ?** question.

Vous avez compris ?

1. First listening: Which of the following people is being described?

a.    b.    c.

2. Second listening: What are the two women trying to figure out through their discussion of Paul's appearance? Why does the second woman find Paul attractive? What does the first woman not like about Paul's appearance?

Les mots pour le dire

Décrire la taille

Il est grand
et gros.

Elle est grande
et grosse.

Ils sont de taille
moyenne.

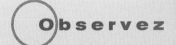

O b s e r v e z

1. Which of the adjectives
here are masculine? feminine?
singular? plural? **(2.9.a)**

2. What noun does the adjective **moyenne** qualify? **(2.9.a)**

Il est petit
et mince.

Elles sont petites
et minces.

Décrire les traits physiques

Elle a...

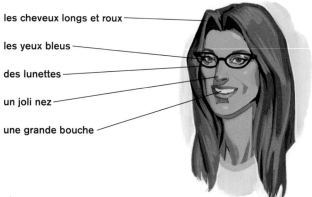

les cheveux longs et roux

les yeux bleus

des lunettes

un joli nez

une grande bouche

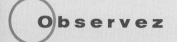

Observez

1. Identify the adjective(s) in each expression. Most adjectives follow the noun. Which adjectives come before the noun? **(2.9.b)**

2. What articles are used with parts of the body in these sentences? When do you use a definite article (**le, la, les**) as opposed to an indefinite article (**un, une, des**)? **(2.10)**

Il a...

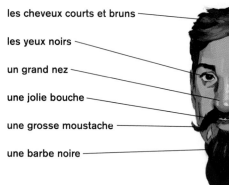

les cheveux courts et bruns

les yeux noirs

un grand nez

une jolie bouche

une grosse moustache

une barbe noire

La conversation familière

Certains gestes de la conversation familière correspondent à des expressions figurées basées sur les parties du corps.

Pour exprimer l'incrédulité

Pour exprimer l'ennui°

boredom

Mon œil !

La barbe !

Activité 1 Jeu du portrait

*Your instructor will think of a student in the class, and you have to guess who it is. Form two teams and take turns asking your instructor questions that can be answered with **oui** or **non**.*

Modèle: C'est un homme ? Il est grand ? Il a les yeux bleus ? Il a les cheveux noirs ?

Exprimer l'âge

Échange 1 *Quel âge ?*

A: Quel âge avez-vous ?
B: Moi, j'ai 25 ans.
A: Et vos frères et sœurs ?
B: Ma grande sœur a 35 ans : elle est vieille ! Ma petite sœur a 11 ans. Et mon frère est très jeune : il a 7 ans.

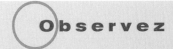

1. What verb is used to express age in French? **(2.11)**
2. What word follows the number when stating age in French? **(2.11)**

Nombres de 21 à 100

21	vingt et un	70	soixante-dix	89	quatre-vingt-neuf
22	vingt-deux	71	soixante et onze	90	quatre-vingt-dix
29	vingt-neuf	72	soixante-douze	91	quatre-vingt-onze
31	trente et un	79	soixante-dix-neuf	92	quatre-vingt-douze
41	quarante et un	80	quatre-vingts	99	quatre-vingt-dix-neuf
51	cinquante et un	81	quatre-vingt-un	100	cent
61	soixante et un	82	quatre-vingt-deux		

Activité 2 Les âges de la vie

Use these expressions to tell what you think about life at each age suggested.

Modèle: A: Pour moi, 40 ans, c'est l'âge de la stabilité. Et pour toi ?
B: Moi, je suis d'accord.

ou

Moi, je pense que 40 ans, c'est l'âge de la passion.

Âges possibles : 40, 93, 19, 68, 74, 13, 3, 21, 35
L'âge de... la tendresse, la richesse, la liberté, l'ignorance, la maturité, la révolution, la passion, la réflexion, l'innocence

Activité 3 Écoutez les descriptions

Work in groups of three. Each student describes a member of his or her family to the others in the group, who take notes on the chart. Be prepared to tell the class what you have learned.

> **Modèle:** J'aime bien mon frère. Il a vingt ans...

	Étudiant(e) 1	Étudiant(e) 2	Étudiant(e) 3
rapport familial			
âge			
taille			
couleur des cheveux			
couleur des yeux			
autres traits physiques			

O b s e r v e z

How does the spelling of the verb **préférer** vary between the infinitive and **je préfère**? **(2.12)** In which four forms do you see this variation in the second accent? Note that it occurs when **é** is not followed by a pronounced syllable. **(2.12)**

Exprimer les préférences et les désirs

Échange 2 *Préférences personnelles*

A: Les femmes préfèrent les blonds.

B: Mais, ce n'est pas vrai! Ma mère n'aime pas les blonds. Ma sœur adore les roux. Et moi, je préfère les bruns, comme Martin ; c'est un bel homme, Martin !

A: Et l'âge, alors ? Est-ce que les femmes préfèrent les jeunes ou les vieux ?

B: Ça, je ne sais pas. Martin n'est pas très jeune mais il est adorable !

A: Martin ? Beau et adorable. C'est lui que tu préfères !

Verbes en -*er* (variations d'orthographe)				
préférer (*to prefer*)	je préfère		nous	préférons
	tu préfères		vous	préférez
	il/elle préfère		ils/elles	préfèrent

O b s e r v e z

1. Note the adjectives in the **Possibilités** list. Where are they placed in relation to the nouns they qualify? **(2.9.b)**

2. Find two adjectives with two masculine singular forms. In what context is each of these singular forms used? **(2.9.c)**

Possibilités

j' adore
  aime
je préfère
  déteste

les beaux hommes	les belles femmes
les bons/mauvais acteurs	les bonnes/mauvaises actrices
les jeunes/vieux hommes	les jeunes/vieilles femmes
les grands/petits enfants	les grandes/petites filles
les gros animaux	les grosses barbes

je cherche

un bel appartement	un beau chien	une belle maison
un vieil appartement	un vieux chien	une vieille maison

Verbes en -*er* (*conjugated like* parler)	
adorer (*to like a lot*)	détester (*to dislike strongly*)
aimer (*to like*)	chercher (*to look for*)

Activité 4 Où habiter ?

Imagine that you are looking for a place of your own to live after graduating from college.
Tell what kind of place you are looking for.

Adjectifs possibles : beau/ordinaire ; petit/grand ; vieux/moderne

Modèle: Je cherche un bel appartement.

Activité 5 Vos préférences

Tell what kind of people you tend to like and dislike, using an element from
three of the columns to express your feelings. Make all necessary agreements.

Modèle: J'aime les enfants agréables.

A	B	C	D
aimer bien	les hommes	beau	agréable
aimer	les femmes	mauvais	désagréable
préférer	les professeurs	jeune	difficile
détester	les enfants	bon	intelligent(e)

Mots nouveaux à apprendre

adorable	*cute*	je ne sais pas	*I don't know*
adorer	*to like a lot, adore*	jeune	*young*
	*(conj. like **parler**)*	joli(e)	*pretty*
l'âge *(m)*	*age*	long(ue)	*long*
aimer	*to like*	les lunettes *(f pl)*	*eyeglasses*
	*(conj. like **parler**)*	mauvais(e)	*bad*
l'an *(m)*	*year*	mince	*slim*
la barbe	*beard* (la barbe !	la moustache	*mustache*
	= exclamation to	moyen(ne)	*average*
	indicate boredom)	le nez	*nose*
beau/bel/belle	*beautiful,*	noir(e)	*black*
(beaux/belles)	*good-looking*	l'œil *(m)*	*eye* (mon œil ! =
bleu(e)	*blue*		*exclamation of*
blond(e)	*blond*		*disbelief)*
bon(ne)	*good*	petit(e)	*small*
la bouche	*mouth*	préférer	*to prefer*
brun(e)	*brown*		*(conj. like **parler***
ça	*that*		*with accent*
chercher	*to look for*		*variations)*
	*(conj. like **parler**)*	quel(le)	*which*
les cheveux *(m pl)*	*hair*	roux/rousse	*red; (as noun)*
comme	*like*		*redheaded person*
court(e)	*short*	la taille	*size*
détester	*to dislike*	vieux/vieil/vieille	
	*(conj. like **parler**)*	(vieux/vieilles)	*old*
grand(e)	*big, tall*	vrai(e)	*true*
gros(se)	*big, fat*	les yeux *(m pl)*	*eyes*

de taille moyenne

Comment le dire

Lettres et sons : *l*

The letter **l** is generally pronounced [l]:

le livre de Liliane

But when two **l**'s are preceded by the letter **i,** the resulting sound is similar to a strong *y* in the English word *yes.*

une **fille** [fij]   une vie**ille** [vjɛj] dame   de ta**ille** [taj] moyenne

Note also that **vieil** is pronounced like **vieille,** despite having only one **l.**

In English, the letter *l* is pronounced differently at the beginning and end of words: Compare *lap* and *pal.* The French [l] always sounds like the letter *l* pronounced at the beginning of English words: with the tip of the tongue touching the back of the front teeth.

Nicole est très be**ll**e.

Activité 6 Attention à vos *l*

Practice this conversation with a partner, paying attention to the pronunciation of the letter l, especially at the end of words.

A: Isabelle ! Isabelle ! Où est Isabelle ?
B: Isabelle, la belle Isabelle ! Elle est chez Nicole ?
A: Elle n'est pas au bal ?
B: Isabelle ? Elle danse mal, et elle déteste les bals.

Écrivons un peu

Stratégie d'écriture Décrivez avec précision.

When you use words to paint a verbal portrait, the descriptive terms you choose create an impression of the person or thing you are describing.

You are going to write a poem to capture the differences between children and adults. First, make a list of adjectives to describe and contrast these two age groups.

Enfants	**Adultes**
1.	1.
2.	2.
3.	3.
4.	4.
5.	5.

À vous d'écrire

Poème   A diamante poem compares and contrasts two nouns that are placed at the top and bottom points of a diamond-shaped arrangement of adjectives. Select from among the adjectives in your list and others to make a diamante poem according to the following format. You do not have to use rhymes.

Enfants

_____ _____

_____ _____ _____

_____ _____ _____

_____ _____

Adultes

Mise au point

Reread your poem and consider if you . . .

1. put contrasting images or messages in opposite halves of the poem.
2. selected words to convey the contrast you wish to make.
3. made adjectives agree with nouns.

Paroles

Stratégie de lecture   Utilisez les familles de mots pour élargir votre vocabulaire.

Many words are related across parts of speech; for instance, the noun **mariage** *(marriage)* and the adjective **marié** *(married)* or the verb **étudier** *(to study)* and the noun **étudiant** *(student).* When you come across an unfamiliar word, you can often use another word of the same family to understand the unknown word.

The following chart summarizes the results of a survey that asked men in Québec which qualities they find attractive in women.

Use these adjectives to understand the nouns listed in the chart.

honnête   déterminé   féminin

intelligent   sensible°   *sensitive*

Les qualités qui attirent le plus les hommes chez une femme

	1er mention	2e mention	Total des mentions
L'intelligence	26 %	24 %	26 %
L'apparence physique	19	23	19
L'honnêteté	18	17	18
La féminité	15	10	13
La sensibilité	9	13	11
La détermination	8	9	8
Un ensemble de qualités	1	–	1
Autres	1	3	3
Ne savent pas/refus	2	–	2

L'ATOUT MAJEUR DES FEMMES

Next to each trait, write the percentage of men who feel that quality is attractive in women.

1. l'intelligence _____%   3. la détermination _____%
2. la sensibilité _____%   4. la féminité _____%

Then say what percentage of men like women with each trait in the chart.

Modèle: Selon° 18 pour cent des Québécois, les hommes aiment les femmes honnêtes.   *According to*

Lire

Annonces personnelles

Read these ads that were published in a Swiss newspaper.

JEANNINE
est médecin. Elle a 42 ans et c'est vraiment une jolie femme. Assez grande, mince, des yeux gris-vert et des cheveux foncés. Intelligente, vive, autonome, mais en même temps simple, naturelle, elle adore s'occuper de son intérieur, adore jardiner, cuisiner, bricoler. Elle est assez sportive, aime le ski, le tennis, l'eau. C'est une bonne vivante, une sensuelle, qui aime toutes les bonnes et belles choses de la vie.

PHILIPPE
est à la recherche de sa « femme idéale ». Il a 26 ans, un physique qui ne passe pas inaperçu, un bon métier, un bon niveau, une nature plutôt gentille, prévenante. Philippe avoue être sensible et un peu rêveur. Il a encore des idéaux, il est positif et optimiste. En même temps un grand sportif, motard, danseur de rock. Il adore les voyages, la cuisine, la nature, la vie de famille, les enfants. Il rêve de partage, de complicité.

SABINE
est une jolie femme de style assez typé. Intelligente, profession libérale, bonne situation, elle ne cherche pas un homme pour se « caser ». Mais plutôt une complicité, un partage, un amour, une amitié très forte. Sabine a 52 ans, elle est divorcée, sans enfants, très disponible, libre. Ses loisirs: les antiquités, les voyages, la gastronomie, la grande musique, le ballet, s'intéresser à tout ce que la vie apporte. Elle aime l'humour, les gens positifs.

RÉTO
a 38 ans. Bel homme, bonne prestance, taille moyenne, moustache. C'est un homme sensible mais viril, sportif, battant. Des responsabilités dans la vie professionnelle, une maison, pas de soucis financier ou autres, il se dit un homme facile à vivre, pas compliqué. Ses loisirs: le ski, le foot, la marche, de temps en temps un ciné, une balade, une bonne bouffe... S'occuper à la maison, bricoler, ne rien faire devant un feu de cheminée.

Vous avez compris?

1. Complétez le schéma par des noms, adjectifs et verbes de la même famille. Un X indique : pas de mot correspondant. Trouvez les mots dans les annonces.

	Adjectifs	Noms	Verbes
	Modèle: sportif	un sport	x
1.		la nature	x
2.		l'optimisme	x
3.		la sensualité	x
4.		la simplicité	x
5.		la vie	vivre
6.	x	la cuisine	
7.	x		voyager
8.	x	le jardin	
9.	x	le bricolage	
10.	x		danser

2. Pour vous, quels sonts les traits de caractère les plus positifs chez Jeannine ? chez Philippe ? chez Sabine ? chez Réto ?
3. Vous avez la possibilité de rencontrer une de ces personnes. Pour vous, quel homme est le plus intéressant ? et quelle femme ? Pourquoi ?

Les mots pour le dire

Décrire les traits de caractère

Elle a l'air sympathique.
        dynamique.
        élégant.

Ellen n'a pas l'air frivole.
        timide.
        fatigué.

Faire une remarque personnelle à quelqu'un

Échange 1 *Tu n'as pas bonne mine.*

A: Salut, mon vieux! Tu as l'air fatigué aujourd'hui.
B: Tu trouves?
A: Mais oui, tu n'as pas bonne mine du tout. Qu'est-ce que tu as?
B: J'ai beaucoup de travail.

Possibilités

Remarque	Réponse
Tu as l'air fatigué.	J'ai beaucoup de travail.
Tu as bonne mine.	Et toi aussi!
Tu es très élégant(e) aujourd'hui.	Tu trouves?
Tiens, tu as les cheveux courts!	Eh oui, tu aimes ça?

Compliments

When greeting a friend in France, it is common to make a brief statement about how the person looks on that day, especially if the person looks particularly well, not well, or different. When the remark is a compliment, the French often simply return the compliment, if appropriate: **Toi/Vous aussi.** Especially if the remark surprises the person, he or she might respond with an expression such as: **Tu aimes/Vous aimez ça?** or **Tu trouves/Vous trouvez?**

Activité 1 Après « bonjour »

*The class is divided into two groups: one seated, one standing. Each person who is standing (A) greets several people who are seated (B). After the usual exchange of **bonjour**, A makes a comment on the appearance of B, and B answers appropriately. Then the two groups switch roles.*

Modèle: A: Bonjour,... Tu as bonne mine aujourd'hui.
B: Tu trouves?

Échange 2 *Aimer*

A: Est-ce que vous aimez bien vos camarades de chambre?
B: Oui, je les aime bien parce qu'ils/elles sont agréables.

Quelques qualités et défauts

aimable	charmant(e)	actif/active	ambitieux/ambitieuse
agréable	impatient(e)	passif/passive	ennuyeux/ennuyeuse
bête	intelligent(e)	sportif/sportive	paresseux/paresseuse
calme	intéressant(e)		sérieux/sérieuse
honnête	patient(e)		
sincère			
sympathique			
timide			

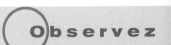

Observez

1. Judging from B's response, what pronoun replaces a plural direct object like **vos camarades de chambre**? **(2.13)**

2. What patterns can you identify concerning the feminine forms of the adjectives given here? **(2.9.a)**

Activité 2 Tu les aimes bien ?

Choose a well-known couple and ask three of your classmates if they like this couple and why or why not. Then report the results of your survey to the class.

Modèle: A: Est-ce que tu aimes bien le président et sa femme ?
    B: Oui, je les aime bien.
                ou
        Non, je ne les aime pas.
    A: Pourquoi ?
                ou
        Pourquoi pas ?
    B: Parce qu'ils sont intelligents.
                ou
        Parce qu'ils ne sont pas sincères.

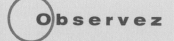

Échange 3   *Aimer et détester*

A: Pourquoi est-ce que tu détestes Pierre et Monique ?
B: Elle, je l'aime bien, je la trouve intéressante. Mais lui... je ne l'aime pas parce que je le trouve bête.

Observez

1. Judging from B's responses, what pronoun replaces a masculine singular direct object like **Pierre**? a feminine singular direct object like **Monique**? (2.13)

2. What singular pronoun is used before a verb beginning with a vowel? (2.13)

Activité 3 Votre idéal

With a partner, take turns asking each other what your ideal is for different types of people. Use at least two adjectives for each person, and pay attention to all words indicating gender.

Personnes : la femme, l'homme, le/la camarade de chambre, le médecin, le/la journaliste, le professeur, l'étudiant(e), le père, la sœur
Qualités : sympathique, sincère, honnête, sérieux, intelligent, charmant, pas paresseux, calme, patient, aimable, dynamique, intéressant

Modèle: A: Comment est-ce que tu imagines le professeur idéal ?
    B: Je l'imagine intelligent et sympathique.

Répondre à un jugement

Échange 4   *Confirmer et contredire*

A: Clara est très timide, tu ne trouves pas ?
B: Oui, tu as raison. Son frère Bruno est timide aussi.
A: Mais non, voyons ! Il est calme, mais pas du tout timide.

Confirmer	**Contredire**
Tu as raison. ⎫ Vous avez raison. ⎭	Mais non, voyons.
Évidemment.	⎰ Tu exagères. ⎱ Vous exagérez.
Je trouve que oui.	Je trouve que non.

Activité 4 Votre réaction

Work with a partner. Each person points to one of the gargoyles from **Notre Dame** *and makes a statement about it. The other person reacts to the statement.*

Modèle: A: Il a l'air timide.
              B: Mais non, voyons!

Demander et donner les préférences : sports et autres activités

Échange 5   *Je préfère*

A: Quel sport préférez-vous?
B: Je préfère le ski.
A: Et quelles autres activités est-ce que vous aimez?
B: J'aime bien voyager.

Possibilités

Observez

1. Quel is an interrogative adjective. How would you translate it into English? What is its feminine form? What are its plural forms? **(2.14)**

2. What two types of words are used in **Échange 5** after the verbs **aimer** and **préférer**? **(2.15)**

le ski ; skier

le patinage ; patiner

le travail ; travailler

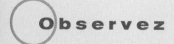

le voyage ; voyager

la natation ; nager

la danse ; danser

le bricolage ; bricoler

Activité 5   Loto

*Circulate among your classmates and ask if they like each activity or situation. Find four different people who respond **Oui** to four items in a line, and then say **Loto**. Ask each student only one question.*

> **Modèle:**   Aimes-tu patiner ?

patiner	nager	skier	travailler
danser	bricoler	voyager	parler français
vivre seul	habiter dans la résidence universitaire	avoir un serpent	avoir un chien
vivre à Paris	vivre en union libre	avoir un lapin	vivre à Dakar

Qualifier la performance et les préférences

Échange 6   *Sports et autres activités*

A: Tu nages bien, Nicole ?

B: Assez bien, mais mon sport, c'est la danse. Je danse très, très bien, et mon mari adore ça. La danse et la natation, ce sont nos activités préférées. Nous dansons et nageons ensemble.

Activité 6   Qui aime quoi ?

Ask several classmates what sports and activities they like and then how well they do those activities.

> **Modèle:**   A: Quelles activités est-ce que tu aimes ?
> B: J'aime skier.
> A: Tu aimes skier ? Est-ce que tu skies bien ?
> B: Oui, assez bien.

Mots nouveaux à apprendre

j'aime

actif/active	*active*	les	*(as direct object pronoun) them*
l'activité *(f)*	*activity*		
aimable	*friendly*	la mine	*appearance*
ambitieux/ambitieuse	*ambitious*		*(bonne mine = healthy look)*
autre	*other*		
avoir l'air	*to have the appearance of, to look*	nager	*to swim (conj. like **parler** with spelling variation **nous nageons**)*
avoir raison	*to be right*		
bête	*stupid, silly*	la natation	*swimming*
le bricolage	*tinkering, handiwork*	parce que	*because*
		paresseux/paresseuse	*lazy*
bricoler	*to do handiwork, to tinker with (conj. like **parler**)*	passif/passive	*passive*
		patient(e)	*patient*
		le patinage	*skating*
calme	*calm*	patiner	*to skate*
charmant(e)	*charming*		*(conj. like **parler**)*
la danse	*dance*	pourquoi	*why*
danser	*to dance (conj. like **parler**)*	sérieux/sérieuse	*serious*
		sincère	*sincere*
dynamique	*dynamic, vivacious*	le ski	*ski*
		skier	*to ski*
élégant(e)	*elegant*		*(conj. like **parler**)*
ennuyeux/ennuyeuse	*boring*	le sport	*sport*
évidemment	*evidently*	sportif/sportive	*athletic*
exagérer	*to exaggerate (conj. like **préférer**)*	sympathique	*nice*
		tiens	*hey (expresses mild surprise)*
frivole	*frivolous*	timide	*shy*
honnête	*honest*	travailler	*to work*
impatient(e)	*impatient*		*(conj. like **parler**)*
intelligent(e)	*intelligent*	le voyage	*voyage, trip*
intéressant(e)	*interesting*	voyager	*to travel*
la (l')	*(as direct object pronoun) her, it*		*(conj. like **nager**, **nous voyageons**)*
le (l')	*(as direct object pronoun) him, it*	voyons !	*come on! let's see now*

Comment le dire

Intonation

You need to control whether and where your voice goes up or down in a sentence, because this intonation pattern is an important part of oral expression. You already know that you can turn a statement into a question just by raising your voice at the end of the sentence. However, when you ask a question with **est-ce que** or with **inversion**, two different intonations are possible: Your voice can go up at the end of the question, or it can go down.

Est-ce que vous aimez les sports ?

Est-ce que vous aimez les sports ?

Pourquoi es-tu fatigué ?

Pourquoi es-tu fatigué ?

Both of these intonations are used frequently. Note that when you raise your voice at the end of these questions you sound more friendly or concerned than when you lower it. And, in French, as in English, a very low pitch at the end of a question may sound curt, whereas a moderately falling intonation sounds more matter-of-fact than a rising intonation in a question.

Activité 7 Attention à l'intonation

With a partner, ask and answer these questions. Practice each exchange several times, varying the content by substituting different expressions from the list of possibilities.

1. A: Est-ce que tu aimes danser ?
   B: Oui, j'aime bien danser.
   ou
   Évidemment.

Possibilités : bricoler, travailler, patiner, nager

2. A: Tu trouves que notre professeur est désagréable ?
   B: Mais non, voyons !

Possibilités : bête, ennuyeux, intéressant, aimable

3. A: Pourquoi es-tu fatigué(e) ?
   B: Je ne suis pas fatigué(e). Je vais bien.

Possibilités : malade, occupé

Écoutons un peu

Stratégie d'écoute Pour bien prendre des notes quand vous écoutez, créez un système pour organiser les éléments que vous voulez comprendre.

When you listen to a detailed description, it is a good idea to make notes of key words and ideas you hear. Organizing these notes in terms of what you need to find out will help you understand what you hear.

You are going to hear someone describe two job candidates for the same position. First, make a grid to compare the two candidates in relation to three attributes.

Candidates: Cécile Dubois and Pierre Laffond

Attributes: **diplôme, expérience, personnalité**

Pierre Laffond

Cécile Dubois

À l'écoute

Les candidats *Now listen to the personnel director of a pharmaceutical firm who reports on the two candidates. As you listen, take notes on your grid.*

Vous avez compris ?

1. De quel point de vue est-ce que les deux candidats se ressemblent ?
2. De quel point de vue sont-ils différents ?
3. Comment est Madame Dubois ?
4. Comment est Monsieur Laffond ?
5. Quel(le) candidat(e) préférez-vous, et pourquoi ?

Grammaire 2

2.1 The definite article

A definite article qualifies a noun in one of two ways: specifically, as in **le professeur parle français** *(the professor speaks French)*, or generally, as in **les femmes préfèrent les blonds** *(women prefer blond men)*. Note that in English, the article is often left out in such general statements or with abstract nouns like *divorce*. In French, there are very few cases where no article is used.

L'article défini			
	Singulier		Pluriel
	+ consonne	*+ voyelle*	
masculin	le	l'	les
féminin	la	l'	les

2.2 Possession with *de* + noun

To express possession or family relationship, you use **de** between two nouns. This is the equivalent of *'s* in English.

C'est le livre **de** Jeanne. *(Jeanne's book)*

C'est la mère **de** mes amis. *(my friends' mother)*

When the noun following **de** begins with a vowel, use **d'.**

le père **d'Annick**

2.3 Expressions of quantity and *de*

Expressions of quantity like **combien** *(how much/how many)* and **beaucoup** *(a lot of)* are followed by **de** before a noun. There is no article. Use **d'** before a noun beginning with a vowel.

Combien **de** sœurs avez-vous?

Elle a beaucoup **d'**amis.

2.4 Negation and *de*

When expressing negation, use only **de** (rather than **un, une, des**) before the noun.

Je **n'**ai **pas de** frères.

Je **n'**ai **pas d'**enfants.

However, **un, une, des** are used in negative expressions after the verb **être.**

La Peugeot n'est pas **une** automobile japonaise.

Mes enfants ne sont pas **des** monstres.

2.5 Possessive adjectives

You have already studied some possessive adjectives. The following chart reviews those forms and adds the rest of the forms of possessive adjectives. Note that a possessive adjective agrees in gender and number with the person or thing it refers to, regardless of the gender of the possessor.

Marc ? **Son** père est français, mais **sa** mère est italienne.

Lise ? **Son** père est français, mais **sa** mère est italienne.

Son père thus can mean either *his* or *her father,* depending on the context.

Les adjectifs possessifs				
		Singulier		Pluriel
	masculin	*féminin*		
		+ *consonne*	+ *voyelle*	
my	mon	ma	mon	mes
your	ton	ta	ton	tes
his/her/its	son	sa	son	ses
our	notre	notre	notre	nos
your	votre	votre	votre	vos
their	leur	leur	leur	leurs

2.6 Prepositions *chez* and *avec*

A preposition (*in, at, to, by, for,* etc.) precedes a noun or a pronoun and defines a relation between various elements of the sentence. For example, in "I have a letter *for* you" the preposition *for* relates the pronoun *you* to the subject-verb group "I have a letter." Few prepositions have straightforward equivalents between languages; thus, it is best to memorize them with examples of their usage.

a. **chez**

meaning *at the home of*

Vous habitez **chez** vos parents ? Non, pas **chez** eux.

meaning *to the office of*

Allez-vous **chez** le médecin aujourd'hui ? Oui, je vais **chez** lui.

Chez is followed by a noun or by a stressed pronoun referring to a person. In spoken French, when the word following **chez** begins with a vowel, the **liaison** must be made: **chez elle.**

Tu vas **chez une** camarade ? Oui, chez Monique, je vais **chez elle.**

b. **avec**

meaning *with*

Vous habitez **avec** une amie ? Non, **avec** ma sœur.

Like **chez, avec** is followed by a noun or a stressed pronoun.

avec mes amis   **avec** eux

2.7 Question formation with *est-ce que*

a. You have already learned that a question can be formed by intonation or inversion. Another way of forming a question is to add the fixed expression **est-ce que** (literally, *is it that*) before a statement.

> **Est-ce que** vous êtes médecin?

> **Est-ce que** tu as une sœur?

Before a vowel, use **qu'.**

> **Est-ce qu'**elle vit avec son fiancé?

When you ask a question using **est-ce que,** the word order in the question is the same as the word order for a statement (*subject + verb*).

b. When **est-ce que** is used in questions beginning with a question word, **est-ce que** is placed after the question word.

> Où **est-ce que** vos parents habitent?

> Combien d'enfants **est-ce qu'**ils ont?

Résumé des questions		
	Réponses *oui/non*	Questions d'information
intonation	Vous êtes acteur?	Vous habitez où?
est-ce que	Est-ce que vous êtes acteur?	Où est-ce que vous habitez?
inversion	Êtes-vous acteur?	Où habitez-vous?

2.8 The conjunction *que*

The conjunction **que** is used to link two clauses (*subject + verb*) in the same complex sentence.

clause 1	**conjunction**	**clause 2**
I think	*that*	you are smart.

In English, the conjunction *that* may be dropped. In French, the conjunction **que** is mandatory when verbs of opinion, such as **penser** and **trouver,** are followed by a clause.

Nous pensons	**que**	les chats sont fantastiques.
Je trouve	**qu'**	André vit bien dans son appartement.

Note that **que** becomes **qu'** before a word beginning with a vowel.

2.9 Adjectives

a. You know that in French, adjectives agree in gender and number with the nouns or pronouns they qualify. Adjectives follow different patterns of distinguishing between masculine and feminine forms, several of which are shown here. The plural forms usually end in **s.** When an adjective ends in **au** or **eau,** the plural is marked by an **x (généraux, beaux).**

Here are six of the most common patterns of adjectives in their masculine/feminine and singular/plural forms. An example adjective for each form is given. Other adjectives that are formed on that model follow.

- There is no difference between the masculine and feminine forms when the masculine form ends in **e**.

masculin singulier	masculin pluriel	féminin singulier	féminin pluriel
mince	**minces**	**mince**	**minces**

Other adjectives of this type: **agréable, aimable, bête, calme, désagréable, honnête, sincère, sympathique, timide.**

- The feminine has a final **e** that is not in the masculine form.

masculin singulier	masculin pluriel	féminin singulier	féminin pluriel
grand	**grands**	**grande**	**grandes**

Other adjectives of this type: **bleu, blond, brun, charmant, court, (im)patient, intelligent, joli, noir, petit.**

- The feminine form ends in **ue** when the masculine form ends in **g**.

masculin singulier	masculin pluriel	féminin singulier	féminin pluriel
long	**longs**	**longue**	**longues**

- The feminine has a double consonant and ends in **e** when the masculine form has a single final consonant.

masculin singulier	masculin pluriel	féminin singulier	féminin pluriel
gros	**gros**	**grosse**	**grosses**
roux	**roux**	**rousse**	**rousses**
moyen	**moyens**	**moyenne**	**moyennes**

- The masculine ends in **if** and the feminine ends in **ive**.

masculin singulier	masculin pluriel	féminin singulier	féminin pluriel
passif	**passifs**	**passive**	**passives**

Other adjectives of this type: **actif, sportif.**

- The masculine ends in **eux** and the feminine ends in **euse**.

masculin singulier	masculin pluriel	féminin singulier	féminin pluriel
sérieux	**sérieux**	**sérieuse**	**sérieuses**

Other adjectives of this type: **ambitieux, ennuyeux, paresseux.**

b. In English, adjectives precede nouns *(an intelligent woman)*. In French, most adjectives follow the noun.

C'est une femme **intelligente.**

However, some frequently used adjectives precede the noun.

C'est une **jeune** femme.

These adjectives that precede the noun relate to

> Beauty: **beau(x)/belle(s); joli(s)/jolie(s)**
> Age: **jeune(s)/jeune(s); vieux/vieille(s)**
> Goodness: **bon(s)/bonne(s); mauvais/mauvaise(s)**
> Size: **grand(s)/grande(s); gros/grosse(s); petit(s)/petite(s)**

However, there are many other adjectives implying these traits that come after the noun (such as **splendide**). Therefore, you need to memorize the relatively small group of prenominal adjectives.

c. Two of these adjectives that precede nouns have two masculine singular forms, one used before nouns starting with a consonant and one used before nouns starting with a vowel. You have already seen this pattern with the demonstrative adjective.

> Qui est **ce** monsieur ?   Qui est **cet** homme ?

Les adjectifs qui précèdent le nom				
Singulier			**Pluriel**	
masculin + consonne	*masculin + voyelle*	*féminin*	*masculin*	*féminin*
beau vieux	bel vieil	belle vieille	beaux vieux	belles vieilles

2.10   Articles with parts of the body

In English, no article is used when referring to a part of someone's body that is "plural" *(He has blue eyes),* and an indefinite article is used with a singular noun *(She has a small nose).* In French, an article is used when referring to both singular and plural body parts, but the choice of the type of article (definite or indefinite) depends on the position of the adjective describing the body part.

■ When the adjective describing the body part is placed *after* the noun, use a *definite article.*

> J'ai **les** cheveux **longs** et **le** nez **court.**

■ When the adjective describing the body part is placed *before* the noun, use an *indefinite article.*

> Il a **une grande** bouche et **des petits** yeux.

2.11   Telling someone's age

In French, you tell age with the verb **avoir** + a number + **ans.** You cannot use the verb **être** as in English *(I am twenty years old),* and you must *always* use the word **ans** after the number, unlike in English *(I am twenty).*

> Quel âge avez-vous ? J'ai vingt ans.

2.12 Verbs like *préférer* with spelling variations

Préférer *(to prefer)* has regular **-er** endings, but also has certain spelling variations involving accents. The first accent is always **é** ; it does not vary from the infinitive form in its conjugated form. The second accent is **è** when its syllable is at the end of the pronounced word, that is, when it is not followed by another pronounced syllable. Note that the accents in the **nous** and **vous** forms are like those in the infinitive because **-ons** and **-ez** constitute pronounced syllables.

je	préfère	nous	préférons
tu	préfères	vous	préférez
il/elle	préfère	ils/elles	préfèrent

2.13 Direct object pronouns

A direct object (**le complément d'objet direct**) is a noun or pronoun that is affected by the action conveyed by the verb. In French, as in English, a noun that is a direct object comes directly *after* the verb.

J'aime bien **tes parents.**

But, in contrast to English, a direct object pronoun comes *before* the verb in French.

Tu aimes **les enfants** ? Oui, je **les** aime.

Vous avez **votre livre** ? Oui, je **l'**ai.

The French third-person direct object pronouns are identical in form to the definite articles (**le, la, l', les**).

Les compléments d'objet direct			
	Singulier		Pluriel
	+ consonne	*+ voyelle*	
masculin	le	l'	les
féminin	la	l'	les

2.14 The interrogative adjective *quel*

Quel, an interrogative adjective, is the equivalent of *which* or *what* in English. It must be followed by a noun, with which it must agree in gender and number.

L'adjectif interrogatif			
masc.	*sing.*	quel	**Quel sport** préfères-tu ?
fém.	*sing.*	quelle	**Quelle danse** aimes-tu ?
masc.	*pl.*	quels	**Quels animaux** aimes-tu ?
fém.	*pl.*	quelles	**Quelles grandes villes** préférez-vous ?

When speaking, make the **liaison** after the plural forms, **quels** and **quelles.**

Quels animaux aimez-vous ?

2.15 Infinitive constructions

Verbs like **aimer, détester,** and **préférer** can take two different types of complements:

1. a noun: **J'aime** *la danse.*
2. a verb, in the infinitive form: **J'aime** *danser.* Note that similar constructions exist in English, but that the infinitive is usually preceded by *to (I prefer to travel alone),* or the second verb is a participle rather than an infinitive *(I prefer traveling alone).* With the French verbs shown here, the infinitive is used with no preposition before it.

2.16 Verbs like *nager* and *voyager* with spelling variations

Verbs that have the letter **g** before the **-er** ending of the infinitive add an **e** before the **ons** in the **nous** form. This is for consistency of pronunciation throughout the verb paradigm. The letter **g** has two pronunciations: [g] as in English *go* before the vowels **a, o,** and **u** and [ʒ] as in French **je** before the vowels **i** and **e.** To maintain the sound [ʒ], an **e** is added in **nous nageons** and **nous voyageons.** The **e** itself is not pronounced.

je	nage/voyage	nous	nageons/voyageons
tu	nages/voyages	vous	nagez/voyagez
il/elle	nage/voyage	ils/elles	nagent/voyagent

****

Verbe irrégulier : *vivre*

Vivre *(to live)*			
je	vis	nous	vivons
tu	vis	vous	vivez
il/elle	vit	ils/elles	vivent

Ensemble

Le temps qui passe, le temps qu'il fait

La pendule à l'aile bleue, 1949,
Marc Chagall, Russian, 1887–1985.

- indicating preferences and stating intentions about leisure activities

- asking about and giving the time of day, the time for events or activities

- indicating where you do certain sports and leisure activities

- extending and responding to invitations

- describing weather conditions, seasons, and daily activities

- giving a conditional response to a suggestion

Dossier 1

In this Dossier, you will learn about these grammatical features

■ more regular -er verbs (regarder, écouter, jouer)

■ the irregular verbs faire and lire

■ contractions of de and à with the definite article

■ adverbs of frequency

■ two more forms of negation (ne... jamais, ne... rien)

■ three ways to talk about your intentions for the future: aller + infinitive, avoir besoin de, avoir envie de

Additional materials for this **Dossier:**

CD-ROM (E3)
 Échanges : J'aime... je n'aime pas, Beaucoup ou rien ?, Projets
 C'est comme ça ! : Journaux et magazines
 Comment le dire : L'accent grave

CAHIER (3.1)
 Activités écrites
 Activités de laboratoire

DASHER (E3)
 Paroles : Activités 1, 2, 4, 5
 Cahier : Activités écrites 1, 3, 4, 6

Paroles

Stratégie de lecture Lisez le titre et les sous-titres pour deviner le sujet et l'organisation du texte.

Prepare to read this article, *Sur Internet jusqu'à overdose,* by using the title and headings in boldface to anticipate its topic and organization. Then answer the pre-reading questions.

1. What is this text about?
2. How is it organized? What does this organization remind you of?
3. Given the title and the organization of the text, do you expect the tone of this article to be serious or humorous?
4. Based on how you and people you know use the Internet, what progression might you expect to find over the eight days?

Circuler dans le cyberspace.

Lire

Sur Internet jusqu'à overdose
—adapté d'un article de Gilbert Charles, *L'Express*

Je reviens° d'une autre planète.   *am coming back*
De cette hallucination électronique collective
qu'on appelle le « cyberspace ». Huit jours enfermé
en face d'un ordinateur.° J'ai pris° une overdose   *computer/J'ai... I took*
d'irréalité virtuelle.

Premier jour

Je désire faire partie des 75 000 Français privilégiés qui circulent dans le cyberspace. Mon véhicule : un portable couleur avec modem intégré. Le billet° : un abonnement° à un serveur et une boîte aux lettres° électronique. « C'est très simple », a dit le spécialiste. « Supersimple »...

ticket
subscription/boîte... *mailbox*

Deuxième jour

Deux jours difficiles pour configurer l'engin... et enfin,° le mot magique... Connecté.

finally

Troisième jour

Le monde réel s'éloigne° de plus en plus. Je vais du bouddhisme zen à la culture des adolescents mutants qui jouent à donjons et dragons à cheval sur° l'Atlantique, des galeries virtuelles du musée du Louvre aux bandes sonores de Pacifica Radio, des catalogues de timbres° de collection au manuel de fonctionnement de la navette° spatiale.

grows distant

à... *straddling*

stamps
shuttle

Quatrième jour

Je ne regarde plus la télé, ne lis plus les journaux, ne réponds plus au téléphone. J'ai l'impression d'être l'esclave° d'un monstre tentaculaire.

slave

Cinquième jour

Je vais au village global, dans les Cafés du Commerce électroniques, où on parle avec les 30 millions d'habitants de cette planète hypothétique.

Sixième jour

Je commence à parler « smileys », le langage codé en signes typographiques : content :=), pas content :=(, étonné° :=o).

astonished

Septième jour

Contrairement à la Tradition, pas de repos aujourd'hui : je continue à écouter aux portes° des forums.

doors

Huitième jour

La paranoïa arrive. Il y a une surprise dans ma boîte aux lettres : une « mail bomb », un message infecté par un programme qui a effacé° tous mes fichiers° de correspondance. Il est temps de respirer et de fermer° l'ordinateur.

erased/*files*
turn off

Vous avez compris?

1. Dans cet article, qu'est-ce que l'usage du terme « overdose » suggère ?
   a. l'auteur est mort à cause d'Internet
   b. huit jours sur Internet c'est excessif
   c. Internet est dangereux
2. Quels jours est-ce que l'auteur semble être content de naviguer sur le Web ? Quels jours sont difficiles pour lui ?
3. Selon l'auteur, quels sont quelques aspects positifs des « autoroutes de l'information » ?
4. Selon l'auteur, quels sont quelques aspects négatifs d'Internet ?
5. Et vous, est-ce que votre opinion d'Internet est positive ou négative ?

Les mots pour le dire

Activités et préférences

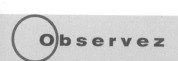

Échange 1   *J'aime... je n'aime pas...*

A: Aimez-vous faire du sport ?
B: Oh non ! Je n'aime pas faire du sport. Je préfère lire. Et vous ?
A: Moi, j'aime faire du jogging.

Possibilités

Faire du sport
  du jogging
  du football
  du tennis
  de la natation
  de l'aérobic
  des courses

Lire un roman
  un poème
  une bande dessinée
  un journal/des journaux
  un magazine

Activité 1   Quelle activité ?

List four activities in French. Then ask several classmates if they like to do these activities.

Modèle: faire du tennis

A: Aimes-tu faire du tennis ?
B: Oui, et j'aime aussi lire des romans.
ou
Non, je préfère lire des romans.

Observez

The verb **faire** is followed by the preposition **de** before nouns referring to sports or other activities. What happens when **de** is combined with the articles **le** and **les**? (3.1.a)

Journaux et magazines

Kiosque à journaux.

Les journaux et les magazines d'actualité français reflètent des opinions politiques et des goûts très différents : la droite, le centre ou la gauche politiques, une préférence pour les nouvelles mondiales ou locales, pour le sport ou la vie intellectuelle. Il y a aussi beaucoup de magazines spécialisés (photographie, automobile, maisons, etc.). Avec 1350 exemplaires vendus pour 1000 habitants en 1999, les Français sont les premiers lecteurs de magazines du monde.

Fréquences

Échange 2 *Beaucoup ou rien ?*

A: En général, qu'est-ce que tu fais le week-end ?
B: Ça dépend. Je regarde souvent la télévision. Et toi ?
A: Moi, je ne fais rien le week-end.
B: Rien ? Mais tu exagères !

Possibilités

je regarde	beaucoup	la télévision (la télé, la TV)
j'écoute	souvent	la radio
je travaille	quelquefois	
je lis	rarement	
je ne fais	jamais	de sport
je ne fais	rien	

Observez

1. Which words indicate how often the activities are done? (3.2)

2. What type of word do they follow? (3.2)

3. The negative expression has two parts. What are they, and where do they go in relation to the verb? (3.3)

Verbes réguliers en -*er* (conj. like *parler*)	
écouter *(to listen to)*	regarder *(to look at)*

Verbes irréguliers				
faire *(to do)*	je	fais	nous	faisons
	tu	fais	vous	faites
	il/elle	fait	ils/elles	font
lire *(to read)*	je	lis	nous	lisons
	tu	lis	vous	lisez
	il/elle	lit	ils/elles	lisent

Activité 2 Souvent ou jamais ?

Tell how often you and your family or friends do each activity.

Modèle: regarder la télévision
Nous ne regardons jamais la télé.

1. regarder des magazines
2. travailler
3. écouter la radio
4. aller au cinéma
5. nager

Activité 3 Qu'est-ce que les Français lisent ?

Use the chart to tell what the French read. Then tell whether you read this type of material.

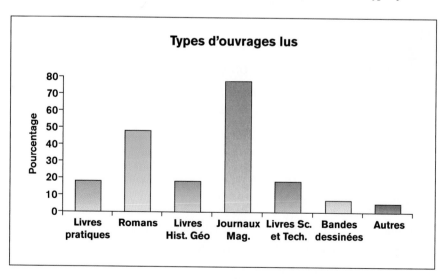

Modèle: Dix-huit pour cent des Français lisent des livres d'histoire et de géographie. Moi, je lis souvent des livres d'histoire, mais je ne lis jamais de livres de géographie.

Activité 4 Rien et jamais !

Take turns role-playing a positive-active person and a negative-passive one. The positive-active person will make an affirmative statement and the negative-passive person will say the opposite using **ne.... rien** *and* **ne... jamais.**

Modèle: *The positive person:* Moi, je lis souvent des journaux, et toi ?
The negative person: Moi, je ne lis jamais de journaux.

Activités et intentions

Échange 3 *Projets*

A: Qu'est-ce que tu vas faire demain ?
B: Je vais aller à la fac, mais je n'ai pas besoin de travailler.
A: J'ai envie de lire un bon roman, et l'après-midi je pense que je vais jouer aux cartes.

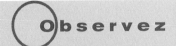

Observez

1. Does this conversation refer to the present, the past, or the future? Which expressions are used to suggest this time frame? (3.4)

2. What is the infinitive of the verb in the expressions j'ai besoin de and j'ai envie de? (3.5)

À la fac

L'université est composée de **facultés** (Faculté de sciences, Faculté de médecine, etc.). Dans la conversation, les étudiants français disent « Je suis **à la fac** de lettres » *(I'm a Humanities student at the university)* ou « Cet après-midi, je vais **à la fac** » *(This afternoon, I'm going to campus)*. En Belgique, en Suisse et au Canada, les étudiants disent « Je vais **à l'université** ».

Possibilités

aujourd'hui/demain

ce matin/cet après-midi/ce soir/ce week-end

Je vais aller à la bibliothèque, à la fac

    au cinéma, au musée

    au match de football

    à l'opéra, à l'église

    à l'université

J'ai envie de jouer aux cartes

        aux échecs

J'ai besoin de travailler

Observez

What happens when à is used with the definite articles le and les? (3.1.b)

Activité 5 Ce week-end

Say what you hope to do this weekend and then ask a classmate what he or she is planning to do.

Modèle: A: Ce week-end, je vais jouer aux cartes. Toi, qu'est-ce que tu vas faire ?

B: Moi (aussi), j'ai envie de jouer aux cartes.

ou

Moi, j'ai envie de lire un roman.

ou

Moi, j'ai besoin de travailler.

Mots nouveaux à apprendre

l'aérobic *(m)*	*aerobics*	
l'après-midi *(m or f)*	*afternoon*	
avoir besoin de	*to need to*	
avoir envie de	*to want to*	
la bande dessinée	*comic strip*	
la bibliothèque	*library*	
ça dépend	*it depends*	
la carte	*card*	
le cinéma	*movies*	
demain	*tomorrow*	
les échecs *(m pl)*	*chess*	
écouter	*to listen to (conj. like **parler**)*	
l'église *(f)*	*church*	
en général	*in general*	
la fac (faculté)	*university (campus)*	
faire	*to do*	
je fais	nous faisons	
tu fais	vous faites	
il/elle fait	ils/elles font	
faire des courses	*to go shopping*	
le film	*film, movie*	
le football	*soccer*	
jamais	*ever*	
ne... jamais	*never*	
le jogging	*jogging*	
jouer	*to play (conj. like **parler**)*	

le journal (les journaux)	*newspaper*	
lire	*to read*	
je lis	nous lisons	
tu lis	vous lisez	
il/elle lit	ils/elles lisent	
le magazine	*magazine*	
le match	*game*	
le matin	*morning*	
le musée	*museum*	
l'opéra *(m)*	*opera*	
le poème	*poem*	
quelquefois	*sometimes*	
qu'est-ce que	*what*	
la radio	*radio*	
rarement	*rarely*	
regarder	*to look at (conj. like **parler**)*	
rien, ne... rien	*nothing*	
le roman	*novel*	
le soir	*evening*	
souvent	*often*	
la télévision (la télé, la TV)	*television, TV*	
le tennis	*tennis*	
l'université *(f)*	*university*	
le week-end	*weekend*	

Comment le dire

L'accent grave

L'accent grave is used with three vowels: **è, à, ù.** On the letter **è,** the grave accent indicates the pronunciation [ɛ], as in **mère.** An **accent grave** on **à** or **ù** does not change the vowel's pronunciation: **a** sounds like **à, ou** sounds like **où.** In these cases, the **accent grave** just distinguishes visually between two words with the same pronunciation but different meanings.

Il **a** un frère qui habite **à** Paris.

Où est Dakar, au Sénégal **ou** au Congo ?

Activité 6 Petite dictée

Work with a partner. Each person dictates three sentences to the other, who writes them down without looking at the book.

1. Marie a son vieux père qui vit seul à Paris.
2. Et a-t-elle des sœurs ou des frères ? Où sont-ils ?
3. Ils vivent à Rome où ils ont une belle maison.
4. Et sa mère, où est-elle ? Est-elle à Paris ou à Rome ?
5. Mais non, sa mère est à Nancy où elle a son fils Henri.
6. Et toi, tu habites où ?

Lisons un peu

Stratégie de lecture   **Pour mieux comprendre une chanson, identifiez le sujet principal du refrain et réfléchissez aux idées associées.**

Before reading this Quebec song, consider the refrain, which is a repetition of the title. From the following list, select words that you associate with each of the two main words in the refrain and title.

Possibilités: le rock, le boulevard, les grands espaces, les blues, le chanteur, le banjo, la route, le voyageur

| Modèle: | Les musiciens | de la | rue° | | | *street* |
| | les blues | | les grands espaces | | | |

1. _____ _____
2. _____ _____
3. _____ _____

À vous de lire

Les musiciens de la rue

Manuel Brault
© Éditions Manuel Brault

Sur les quais des gares°   quais... *train platforms*
Aux portes des métros
À Paris ou à Hambourg
Ils grattent° leurs guitares   *scratch*
Brassent le tempo
Du midi au petit jour
Les musiciens de la rue. (3 fois°)   *times*
Ils chantent pour quelques sous°   *cents*
Un vieil air de Dylan,
Les Beatles ou Donovan
Ils remplacent les oiseaux
Qui ont déserté les rues
Parce qu'on ne les écoutait plus.°   ne... *no longer listened to them*

Tambour et banjo
Basse et clarinette
C'est le New Orléans quartet.
Ragtime, boogie
Mmm... Tutti frutti.
Ils jouent des blues, du rock aussi
Les musiciens de la rue. (3 fois)
Au milieu des gens qui s'entassent°   *crowd*
Ils chantent les grands espaces°   *spaces*
Que tu les écoutes ou non
Il suffit que tu t'arrêtes°   Il... *It's enough that you stop*
Et ils valent bien des vedettes°   ils... *they're as good as the stars*
En restant° simplement comme ils sont.   En... *By staying*

Montréal, Vancouver,
Genève ou New York
C'est pas la ville qui importe.
Ils sont tous les mêmes°   tous... *all the same*
C'est de l'amour qu'ils sèment,°   *sow*
Les troubadours de notre époque,°   *time*
Les musiciens de la rue. (4 fois)

Vous avez compris ?

1. Quelles sortes de musique le poète mentionne-t-il ? Quels instruments ? Quelles villes mentionne-t-il ? Qu'est-ce que cette diversité suggère pour l'identité des musiciens de la rue ?
2. 1ère strophe : Qu'est-ce que ces musiciens remplacent ? Pourquoi ?
3. 2e strophe : Selon le poète, est-ce que ce sont des musiciens de qualité ?
4. 3e strophe : Quelles similarités y a-t-il entre les troubadours des époques passées et les musiciens de la rue aujourd'hui ?

Paroles

Stratégie d'écoute   **Utilisez l'ordre chronologique pour comprendre la suite des actions.**

Prepare to hear a man tell his wife about plans for the day by considering how speakers generally rely on chronological order when talking about a series of events. How many ways can you realistically order the following events?

aller au concert

déjeuner° au restaurant — *have lunch*

rentrer° à la maison — *return*

travailler au bureau

avoir rendez-vous avec un client

Écouter

Une journée chargée   In this conversation, a woman asks her husband whether he expects to have a busy day. As you listen, pay particular attention to what the man is going to do and to the order of his activities.

Vous avez compris ?

1. Qu'est-ce que l'homme va faire
   a. à midi (12 heures) ?
   b. à 3 heures de l'après-midi ?
   c. à 8 heures et demie du soir ?
2. La femme s'intéresse à quel moment de la journée ? Pourquoi ?

Les mots pour le dire

Demander et donner l'heure

Échange 1   *Vous avez l'heure ?*

When you aren't sure the person knows the time

A: Pardon, monsieur, avez-vous l'heure ?
B: Oui, il est une heure.
         ou
     Non, je regrette. Je n'ai pas de montre.

Échange 2   *Quelle heure est-il ?*

When you are certain the person knows the time

A: Il est quelle heure, s'il te plaît ?
         ou
     Quelle heure est-il, s'il vous plaît ?
B: Il est dix heures.

Dossier 2

In this Dossier, you will learn about these grammatical features

■ expressions to tell time

■ the verb partir

■ more regular -er verbs (arriver, commencer, déjeuner, dîner, regretter, rentrer)

Additional materials for this **Dossier:**

AUDIO CD
   Écouter : Une journée chargée (Track 7)
   Écoutons un peu : Où allez-vous ? (Track 8)

CD-ROM (E3)
   Échanges : À quelle heure ?, Départs et arrivées, À quelle heure es-tu libre ?
   Comment le dire : Le son [e]

PAROLES WEB SITE
   Audio Activities: **Écouter : Une journée chargée ; Écoutons un peu : Où allez-vous ?**

CAHIER (3.2)
   Activités écrites
   Activités de laboratoire

DASHER (E3)
   Paroles : **Activités 1, 3, 4, 5, 6, 8**
   Cahier : Activités écrites 1, 2, 3, 4

Observez

1. What is the French equivalent of *o'clock*? **(3.6)**

2. When is this word used in the singular? in the plural? **(3.6)**

Activité 1 Demander l'heure

Work with a classmate. Person A asks the time of Person B, who is the person in the drawing. Person A should use a question appropriate for the circumstances. Person B answers.

Modèle 1:

La personne B

Modèle 2:

La personne B

A: Excusez-moi, madame. Vous avez l'heure?

B: Non, je regrette, je n'ai pas de montre.

A: Excusez-moi, monsieur. Il est quelle heure?

B: Il est trois heures.

A: Trois heures! Merci beaucoup, monsieur.

1. 2. 3.

4. 5.

Donner l'heure de vos activités

Échange 3   *Les heures des repas*

A: À quelle heure est-ce que vous déjeunez ?
B: À midi et demie.

Échange 4   *Moments de l'après-midi*

A: À quelle heure rentres-tu de la fac ?
B: À trois heures et quart de l'après-midi.
A: Et à quelle heure dînes-tu ?
B: À sept heures et demie du soir.

L'heure des repas

Mealtimes vary in different cultures. For example, the midday and evening meals tend to be eaten later in France than in the United States and Canada. The typical names used for meals also vary from one francophone country to another.

	France	Canada
le petit déjeuner	*breakfast*	
le déjeuner	*lunch*	*breakfast*
le dîner	*dinner*	*lunch*
le souper		*dinner*

Échange 5   *Ça commence à quelle heure ?*

A: À quelle heure commence le film ?
B: À neuf heures et quart du soir.

Verbes réguliers (*conj. like* parler)

arriver *(to arrive)*
commencer *(to begin)*, *with spelling variation,* nous commençons
déjeuner *(to eat lunch [in France], breakfast [in Canada])*
dîner *(to eat dinner [in France], lunch [in Canada])*
regretter *(to regret)*
rentrer *(to return home)*

Activité 2 Votre journée

Work with a classmate. Person A tells Person B at what time he or she does each activity listed below. Person B writes down A's schedule. Then switch roles.

arriver à la fac

commencer ses cours°   *classes*

déjeuner

aller à la bibliothèque

rentrer

dîner

Which forms of the verb **partir** *(to leave)* in this **Échange** show that it does not follow the -er conjugation pattern? **(3.7)**

Échange 6 *À quelle heure... ?*

A: À quelle heure est-ce que vous partez de chez vous ?

B: Moi, je pars à huit heures du matin, et mon mari part à neuf heures.

Verbe				
partir (de) *to leave (from)*	je	pars	nous	partons
	tu	pars	vous	partez
	il/elle	part	ils/elles	partent

Activité 3 Moi, je pars !

Work with a classmate. Using the cues, Person A says what he or she is going to do and then asks about someone else. Person B says that the other person is leaving at that time.

> **Modèle:** je / regarder la télévision / 8h / Lise ?
> A: Je vais regarder la télévision à 8h. Et Lise, aussi ?
> B: Non, pas Lise. Elle part à 8h.

1. je / faire de l'aérobic / 9h / Pierre ?
2. Paul / lire le journal / 10h / Anne ?
3. mes amis / faire des courses / 11h / vos amis ?
4. ma sœur et moi, nous / aller au cinéma / 6h / vous deux ?
5. je / travailler / 5h / toi ?

Observez

1. Note the examples of two systems for telling time in **Échange 7**. How does the 24-hour clock differ from conventional time? **(3.6)**

2. Which system is used for official times? **(3.6.b)**

Échange 7 *Départs et arrivées*

A: À quelle heure est-ce que le train part ?

B: À dix-neuf heures. Et il arrive à minuit.

Activité 4 L'heure officielle et l'heure conventionnelle

Work with a classmate. Person A tells the time of an event using official time (24-hour clock). Person B restates the time using conventional time (12-hour clock), and agrees that this time is convenient.

> **Modèle:** A: Le film commence à treize heures.
> B: Bon, à une heure cet après-midi, ça va bien.

1. Le film commence à 14h00 / à 15h15 / à 18h20 / à 19h30 / à 23h05.
2. Le train part à 9h15 / à 12h00 / à 13h15 / à 15h45 / à 0h00.

Activité 5 À quelle heure est le train ?

*Work in pairs and use the **Aller** section of the train schedule. Person A covers the **Départ** column. Person B covers the **Arrivée** column. Take turns asking what time the train leaves from and arrives at various destinations using the 24-hour clock. Write down the times and compare what you wrote with the train schedule.*

Modèle: A: À quelle heure part le train Paris–Hambourg ?
B: Il part à vingt et une heures trente-cinq.
B: Et il arrive à quelle heure ?
A: À sept heures quarante-cinq.

	Aller		Retour	
	Départ	**Arrivée**	**Départ**	**Arrivée**
PARIS–HAMBOURG	21 H 35	7 H 45	22 H 43	8 H 38
PARIS–VINTIMILLE	20 H 30	9 H 24	17 H 30	6 H 25
PARIS–BRIANÇON	21 H 17	8 H 29	19 H 55	6 H 53
METZ–NICE	20 H 48	9 H 23	20 H 07	8 H 21
REIMS–NICE	20 H 39	9 H 43	20 H 07	8 H 41
PARIS–STRASBOURG	0 H 10	6 H 02	0 H 12	6 H 03
PARIS–BREST	22 H 33	6 H 28	22 H 30	6 H 14
PARIS–QUIMPER	22 H 00	6 H 23	22 H 25	6 H 46
PARIS–BORDEAUX	23 H 56	6 H 19	19 H 24	6 H 10

Dire ce que vous faites pendant la journée

Échange 8 *À quelle heure es-tu libre ?*

A: À quelle heure es-tu libre demain ?
B: Une minute, je regarde mon agenda.

11h	cours de français
13h	déjeuner avec Martine
15h	cours d'histoire
16h30	laboratoire de langues
17h45	bibliothèque
20h00	dîner chez les Petit

B: Avant onze heures du matin, je suis libre. J'ai mon cours de français de onze heures à midi et demi, je déjeune entre une heure et deux heures et après, je suis occupé(e). À huit heures, je dîne chez les Petit, et je vais rentrer vers dix heures du soir. Après, je suis libre.

Possibilités

10h	**du matin**	est	**avant**	midi
midi		est	**entre**	11h et 1h
2h	**de l'après-midi**	est	**après**	midi
8h05	**du soir**	est	**vers**	20h00

Activité 6 Quand faites-vous ça ?

Survey your classmates to find out at what times they typically do each of these activities.

> **Modèle:** A: En général, à quelle heure est-ce que tu regardes la télévision ?
> B: Je regarde la télévision après 8h du soir.

1. partir de chez toi
2. faire ton travail de classe
3. dîner
4. travailler
5. écouter la radio
6. déjeuner
7. arriver à la fac
8. rentrer chez toi le soir

Activité 7 Tu es libre ?

Work with a classmate. Each person selects one of the schedules and covers the other one. Find out when you can get together.

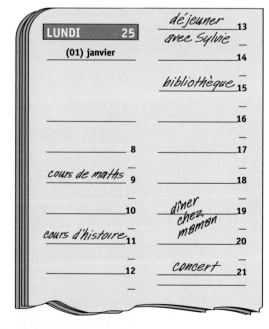

> **Modèle:** A: Tu es libre à trois heures ?
> B: Non, je suis occupé(e) mais je suis libre après, à cinq heures.

Mots nouveaux à apprendre

l'agenda *(m)*	*schedule*	l'histoire *(f)*	*history*
après	*after*	le laboratoire	*laboratory*
arriver	*to arrive (conj. like parler)*	midi *(m)*	*noon*
		minuit *(m)*	*midnight*
avant	*before*	la minute	*minute*
commencer	*to begin (conj. like parler but with spelling variation)*	moins	*minus*
		la montre	*watch*
		partir	*to leave*
le cours	*course, class*	je pars nous partons	
déjeuner	*to have lunch (in France), breakfast (in Canada) (conj. like parler)*	tu pars vous partez	
		il/elle part ils/elles partent	
		quart *(m)*	*quarter (hour)*
		regretter	*to regret, be sorry (conj. like parler)*
demi(e)	*half*		
dîner	*to have dinner (in France), lunch (in Canada) (conj. like parler)*	rentrer	*to return home (conj. like parler)*
		s'il te plaît	*please (familiar)*
		le train	*train*
entre	*between*	vers	*toward, around*
l'heure *(f)*	*hour, time, o'clock*		

Comment le dire

Le son [e]

The French [e] resembles the English vowel in *say* or *gray* but is *not* followed by the slight glide often found in English words. To pronounce the French [e], say [i] with your lips fully spread, then open your mouth slightly, and say [e] without moving your lips and tongue at all.

The French [e] corresponds to the following spellings.

1. The letter **é** with an **accent aigu:** Andr**é**, d**é**sagr**é**able, fatigu**é**
2. The verb endings **-er** and **-ez:** travaill**er**, vous all**ez**
3. The noun and adjective ending **-er:** le dîn**er**, premi**er**
4. The vowel of these words: **chez, et, j'ai, les, mes, c'est**

Activité 8 Bien dire les sigles

Repeat these sayings and names of organizations after your instructor and then give their acronyms by reading the boldfaced letters.

Modèle: Repeat: le **t**rain à **g**rande **v**itesse
Give the acronym: **C'est le TGV.**

Boutique à Québec.

1. la **C**onfédération **g**énérale du **t**ravail
2. un **p**résident-**d**irecteur **g**énéral
3. une **r**éponse **s**'il vous **p**laît
4. la **S**ociéte **n**ationale des **c**hemins de **f**er **f**rançais
5. le **b**on **c**hic **b**on **g**enre

Écoutons un peu

Stratégie d'écoute Créez un schéma pour organiser les renseignements que vous entendez.

Prepare to get information from a radio announcement about activities in Paris by completing the chart's structure to record the type of event (**événement**), its time (**heure**), and its price (**prix**). Four places will be advertised: **Salle Pleyel, Jardin du Luxembourg, Cinéma Médicis, Palais Royal.**

	_____	_____	_____	_____
événement _____				
_____				
_____				

À l'écoute

<u>Où allez-vous ?</u>   Use your chart to take notes as you listen to the announcement.

Vous avez compris ?

1. Vous voulez écouter de la musique classique. Où allez-vous ?
2. Votre budget est limité à 15 francs. Où allez-vous ?
3. Vous avez envie de voir un spectacle amusant. Vous êtes libre après sept heures du soir. Où allez-vous ?
4. Vous êtes libre l'après-midi et le soir et vous avez 300 francs ; à quel spectacle allez-vous et pourquoi ?

Visiter le Palais Royal.

Assister au spectacle Guignol au Jardin du Luxembourg.

Aller au cinéma.

Écouter de la musique classique à la Salle Pleyel.

Dossier **3**

In this Dossier, you will learn about these grammatical features

■ the days of the week to express regular events in your routine (with definite articles) and single, specific events (without definite articles)

■ more direct object pronouns (**me, te, nous, vous**)

■ more regular **-er** verbs (**inviter** and **retrouver**)

■ the irregular verbs **pouvoir** and **vouloir**

■ the pronoun **on**

Additional materials for this **Dossier:**

CD-ROM (E3)
  Échanges : Invitation, Décliner et accepter une invitation, Rendez-vous : quand et où ?
  Petit jeu : Sports et activités
  Comment le dire : Le son [ə] et le [ə] muet

VIDEO/VIDEO MANUAL
  Vignette culturelle : Concerts à Quebec

PAROLES WEB SITE
  Web Activities 1 (**Ce qu'on peut faire au Québec**), 2 (**La routine quotidienne**)

CAHIER (3.3)
  Activités écrites
  Activités de laboratoire (avec cassette à rendre)

DASHER (E3)
  Paroles : **Activité 1**
  Cahier : Activités écrites 2, 3

Paroles

Stratégie de lecture   **Considérez les conventions culturelles.**

You can often anticipate the gist of a text and the content and ordering of its specific elements if you think about what information is typically given in a particular situation. For example, in a letter in which you decline a written invitation, which three elements are you most likely to include?

1. a complaint or reproach
2. a thank you acknowledging the invitation
3. a request for more information
4. a polite refusal with regret
5. an explanation of why you can't accept

In what order would you sequence these three elements?

Lire

Lettre de Madame Sidonie Colette au mari de sa fille, la célèbre romancière Colette (1873–1954)

Colette, *La Naissance du jour*, 1928

Colette, c. 1900.

Monsieur,

　　Vous me demandez de venir° passer une huitaine de jours chez vous, c'est-à-dire auprès de° ma fille que j'adore. Vous qui vivez auprès d'elle, vous savez combien je la vois rarement,° combien sa présence m'enchante, et je suis touchée que vous m'invitiez à venir la voir. Pourtant,° je n'accepterai pas votre aimable invitation, du moins° pas

come
auprès... *close to*

vous... *you know how infrequently I see her*
Nevertheless/du... *at least*

maintenant. Voici pourquoi : mon cactus rose va probablement fleurir.° C'est une plante très rare qui ne fleurit que tous les quatre ans.° Je suis déjà une très vieille femme, et, si° je m'absentais pendant que° mon cactus rose va fleurir, je suis certaine de ne pas le voir refleurir une autre fois....

    Veuillez donc accepter, Monsieur, avec mon remerciement sincère, l'expression de mes sentiments distingués et de mon regret.

bloom
ne... *blooms only*
every four years
if/pendant... *while*

Vous avez compris ?

1. Qu'est-ce que le beau-fils invite sa belle-mère à faire ?
2. Est-ce que Madame Colette accepte ou refuse l'invitation ? Quelle est la raison de sa décision ?
3. Quelles phrases expriment ces éléments : mentionner l'invitation, remercier, accepter ou refuser, expliquer ?
4. Quelle est votre réaction à la décision de Madame Colette ?

Les mots pour le dire

Les jours de la semaine

lundi
mardi
mercredi
jeudi
vendredi
samedi
dimanche

Échange 1 *Quel jour ?*

A: Tu vas aller au théâtre dimanche ?
B: Dimanche... je ne suis jamais libre le dimanche. Mais samedi, c'est possible.

Activité 1 Interview

Find out on what days your classmates do these activities.

    Modèle: avoir des cours
                A: Quels jours est-ce que tu as des cours ?
                B: J'ai des cours le lundi, le mercredi et le vendredi.

1. aller à la bibliothèque
2. faire ton travail de classe
3. faire du sport
4. dîner au restaurant
5. lire le journal
6. travailler

Observez

1. Are days of the week capitalized in French? **(3.8)**

2. What is the difference in meaning between **dimanche** and **le dimanche**? **(3.8)**

Activité 2 À quelle heure est la chaloupe ?

*A ferry (**une chaloupe**) runs back and forth between Gorée, an island off the coast of Senegal, and Dakar, Senegal's capital city. Ask your partner about the ferry's schedule and complete the chart.*

Modèle: A: Le lundi matin, à quelles heures sont les départs de Dakar ?
　　　　　　B: À 6h30, à 7h30, à 10h00 et à 11h00.

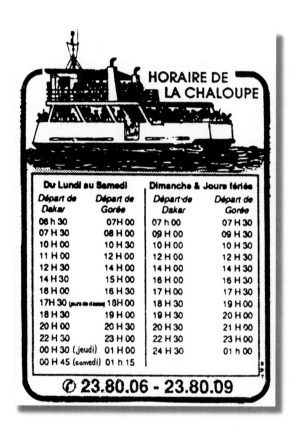

HORAIRE DE LA CHALOUPE

Du Lundi au Samedi		Dimanche & Jours fériés	
Départ de Dakar	Départ de Gorée	Départ de Dakar	Départ de Gorée
06 h 30	07H 00	07 h 00	07 H 30
07 H 30	08 H 00	09 H 00	09 H 30
10 H 00	10 H 30	10 H 00	10 H 30
11 H 00	12 H 00	12 H 00	12 H 30
12 H 30	14 H 00	14 H 00	14 H 30
14 H 30	15 H 00	16 H 00	16 H 30
16 H 00	16 H 30	17 H 00	17 H 30
17H 30 (jours de classe)	18H 00	18 H 30	19 H 00
18 H 30	19 H 00	19 H 30	20 H 00
20 H 00	20 H 30	20 H 30	21 H 00
22 H 30	23 H 00	22 H 30	23 H 00
00 H 30 (jeudi)	01 H 00	24 H 30	01 h 00
00 H 45 (samedi)	01 h 15		

☎ 23.80.06 - 23.80.09

Jour	Départ de Dakar
le lundi matin	6h30, 7h30, 10h00, 11h00
le dimanche matin	
le samedi soir	
l'après-midi des jours fériés°	

jours... *holidays*

Activité 3 Radio Méditerranée

Work with a partner. Person A gives a time and day. Person B identifies the radio program.

Modèle: A: J'écoute la radio le vendredi entre midi et une heure.
　　　　　　B: Vous écoutez *Les Artistes d'ici et de là-bas,* alors ?
　　　　　　A: Oui, j'aime beaucoup ça. C'est très bon.

La Radio des 2 Rives

Du lundi au vendredi :
6h-7h
Anfès assabah (le souffle de l'aube)
7h - 9h
tout infos & chroniques
9h-10h
Petites Annonces
10h-11h
Voix de Femmes
Mercredi 11h-12h
Le Cénacle de la plume
Jeudi 11h-12h
Les Artistes d'ici et de là-bas
Vendredi 12h-15h
Connaissance de l'Islam
Samedi 12h-13h
France Méd. Politique
Dimanche 7h-12h
Musique non stop
Dimanche 12h-14h
Tribune libre

★ ★ ★ ★ ★

RADIO MÉDITERRANÉE
7, Bd d'Algérie - 75019 Paris
tel : 01.40.18.99.50 - Fax : 01.40.18.33.55

Inviter quelqu'un

Échange 2 *Invitation*

A: Je t'invite à aller au concert jeudi soir.
B: Très volontiers.
A: Et mes parents nous invitent à dîner chez eux samedi soir.
B: Je regrette, je suis pris samedi.

Possibilités pour une invitation

Je t'invite à...	déjeuner chez nous
Je vous invite à...	dîner au restaurant
	aller au théâtre/au concert/à l'opéra
	aller danser

Accepter	**Décliner**
Très volontiers.	Je regrette, mais je suis pris(e) vendredi.
Oui, avec plaisir.	Je suis désolé(e), je ne suis jamais libre le vendredi.
Rendez-vous quand et où ?	Dommage, une autre fois, peut-être.

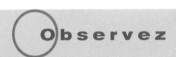

O b s e r v e z

1. What direct object pronouns are used here with the verb inviter? (3.9)

2. Where do you put the direct object pronouns in relation to the verb in a sentence? (3.9)

> ### Qui paie ?
>
> Comme l'expression **je vous invite** ou **je t'invite** implique que c'est vous qui allez payer, on utilise souvent d'autres expressions pour prendre rendez-vous avec des amis : **Tu veux aller au concert ? On va au cinéma ensemble ?** Pour les jeunes en France, il est normal que chaque personne paie sa part pour les sorties en couple ou en groupe.

Activité 4 Je vous invite

Work in groups of three. Person A invites the other two people to do something. Person B accepts; Person C declines. Then switch roles.

Modèle: A: Je vous invite à dîner au restaurant samedi soir.
B: Oui, avec plaisir.
C: Désolé(e), mais je suis pris(e).

Suggérer une activité

Échange 3 *Décliner et accepter une invitation*

SÉBASTIEN: Écoute, tu veux aller à un concert dimanche ?
MONIQUE: Dimanche, je ne suis jamais libre le dimanche. Et lundi, je suis prise. Mardi, c'est possible.
SÉBASTIEN: Mardi, je ne peux pas. Mercredi, alors ?
MONIQUE: Très volontiers !

✱ 6/2/03

Verbes irréguliers				
pouvoir *(to be able)*	je	peux	nous	pouvons
	tu	peux	vous	pouvez
	il/elle	peut	ils/elles	peuvent
vouloir *(to want, wish)*	je	veux	nous	voulons
	tu	veux	vous	voulez
	il/elle	veut	ils/elles	veulent

Activité 5 Veux-tu ?

Work with a partner. Person A suggests an activity. Person B accepts or declines. Then change roles.

Modèle: A: Veux-tu aller dîner au restaurant dimanche soir ?
B: Volontiers !
          ou
Désolé(e), mais je ne peux pas.
A: Bien, et je t'invite.
          ou
Alors, une autre fois peut-être.

Observez

1. What pronoun is the subject in **on fait quelque chose ensemble?** (3.10)

2. To whom does **on** refer? (3.10)

3. What form of the verb is used with **on**? (3.10)

Prendre rendez-vous

Échange 4 *Rendez-vous : quand et où ?*

A: On fait quelque chose ensemble demain après-midi ?
B: Quelle bonne idée ! Qu'est-ce que vous voulez faire ?
A: On peut faire une promenade à la campagne ?
B: Je veux bien. À quelle heure je vous retrouve ?
A: Rendez-vous chez vous à trois heures.
B: Entendu, à demain.

"D'accord

Sports et activités

On va jouer...

au basket(ball)

au tennis

au volley

au foot(ball)

On va faire...

de l'aérobic

une promenade en vélo

de la planche à voile

On va aller...

à la chasse

à la plage

à la pêche

au parc

au lac

à la piscine

à la discothèque/au club

au gymnase

Activité 6 Sondage

Indicate your regular participation in these sports by making a statement to the class. One student will keep a tally and figure the percentages for your class to compare to the percentages of Quebecers aged 15 and older.

Modèle: Je nage, je fais du ski, je joue au tennis et je fais des promenades en vélo, mais je ne vais pas souvent à la pêche et jamais à la chasse.

Les sports	Les camarades de classe	% des camarades	% des Québécois
nager	_____	_____	8 %
faire du ski	_____	_____	15 %
jouer au tennis	_____	_____	2 %
faire une promenade en vélo	_____	_____	16 %
aller à la pêche/chasse	_____	_____	24 %

Activité 7   Veux-tu aller avec moi ?

Ask if your partner wants to do one of the activities pictured. If so, suggest a time to meet.

Modèle:

A: Veux-tu aller à la plage avec moi ?
B: Oui, je veux bien. J'ai envie de nager.
A: Alors, tu me retrouves à la plage à onze heures.

1.

3.

2.

4.

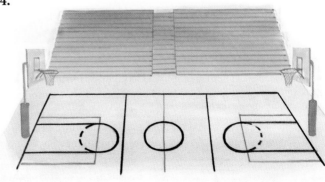

Mots nouveaux à apprendre

le basket(ball)	*basketball*	la piscine	*pool*
la campagne	*country*	la plage	*beach*
la chasse	*hunting*	le plaisir	*pleasure*
le club	*nightclub*	la planche à voile	*sailboard*
le concert	*concert*	possible	*possible*
désolé(e)	*sorry*	pouvoir	*to be able to*
dimanche *(m)*	*Sunday*	je peux	nous pouvons
discothèque *(f)*	*night club*	tu peux	vous pouvez
	for dancing	il/elle/on peut	ils/elles peuvent
dommage, c'est		pris(e)	*busy (literally,*
dommage	*that's too bad*		*taken)*
entendu	*understood*	la promenade	*walk*
la fois	*time (occurrence*	la promenade en vélo	*bike ride*
	in a series)	quand	*when*
le gymnase	*gymnasium*	quelque chose	*something*
inviter (à)	*to invite (to)*	le rendez-vous	*meeting*
	(conj. like	le restaurant	*restaurant*
	parler)	retrouver	*to meet (conj.*
je veux bien	*I would really*		*like **parler**)*
	like to	samedi *(m)*	*Saturday*
jeudi *(m)*	*Thursday*	te	*you (familiar,*
le lac	*lake*		*singular)*
lundi *(m)*	*Monday*	le théâtre	*theater*
mardi *(m)*	*Tuesday*	le vélo	*bike*
me	*me*	vendredi *(m)*	*Friday*
mercredi *(m)*	*Wednesday*	le volley	*volleyball*
nous	*us*	volontiers	*with pleasure*
on	*one/we/you/they*	vouloir	*to want (to)*
le parc	*park*	je veux	nous voulons
la pêche	*fishing*	tu veux	vous voulez
peut-être	*perhaps*	il/elle/on veut	ils/elles veulent

Comment le dire

Le son [ə] et le [ə] muet

The sound [ə] is spelled by an **e** without an accent. It can be pronounced or silent. When pronounced, [ə] resembles the vowel sounds of the English word *put:* **mercredi, je regrette.** Whether the [ə] is pronounced or silent is generally a matter of style: In careful, formal speech, more [ə]s are pronounced than in rapid, familiar speech. Whether or not an [ə] is pronounced also depends on where it occurs in the word or sentence.

1. The [ə] is *always* silent
   a) at the end of a sentence:

   Bonjour, madam¢.   Comptez par quatr¢.

b) when it follows a vowel:

L'ami¢ d'Anni¢ est joli¢.

c) when it is preceded by a single pronounced consonant or a double written consonant:

un¢ bonn¢ phras¢

2. The [ə] is *frequently* silent in words like **ne, le,** and **de,** if the preceding word does not end in a pronounced consonant sound:

Tu l¢ veux ?

pas d¢ sœurs

3. The [ə] is pronounced
   a) in the first syllable of a sentence or clause:

Demain, je travaille.

   b) when it is preceded by two pronounced consonants:

vendredi

quatre jours

4. Also note that these two common words also have the [ə] sound with different spellings:

mOnsieur

nous faisons

Activité 8 Qu'est-ce que tu aimes ?

With a classmate, take turns asking each other's opinion of the people, things, and days listed.

Modèle: ton cours de maths
          A: Est-ce que tu aim¢s ton cours de maths ?
          B: Oh oui ! Je l'aim¢ bien.
                       ou
              Ah non ! Je l¢ détest¢.

1. ton prof de géographi¢   4. le vendredi
2. ton cours de français   5. le sam¢di
3. ton livre d¢ biologi¢   6. le mercredi

É c r i v o n s   u n   p e u

Stratégie d'écriture   **Considérez quelles expressions conviennent à la situation et au message.**

Which of the following expressions might you use in a letter to accept an invitation? Which might you use in a letter of regret? Which would be inappropriate in both letters? in one letter and not the other?

1. Je regrette, mais je ne peux pas accepter votre aimable invitation.
2. J'accepte votre invitation avec plaisir.
3. Je vous trouve désagréable ; je n'ai pas du tout envie de vous voir.
4. Je suis désolé(e), mais cette date n'est pas possible pour moi.
5. Je vais être malade et je ne peux pas accepter votre invitation.

À vous d'écrire

<u>Une belle lettre</u> You have received the following two invitations and can accept only one of them. Write two letters, one to accept the invitation you prefer and the other to send your regrets.

Paris, 9 juin 2001

Cher Monsieur,

   Un mot pour vous inviter à dîner samedi prochain, le 16 juin. Nous serons° en famille, tout simplement, et très heureux de vous avoir avec nous. Voulez-vous venir vers 20 heures ? En attendant le plaisir de vous avoir chez nous, je vous prie de croire, cher monsieur, à nos sentiments bien amicaux.

will be

Françoise Dupuy

Cher *Paul*

Nous donnons une fête pour Anne

le *samedi 16 juin*

de *17 heures*

à *20 heures*

chez *Jacques et Marie*

tu viens ?

réponse s.v.p. *01.40.18.20.10*

Mise au point

Reread your letters and consider if you...

1. put the city and date at the top of the letter.
2. made it clear whether you are accepting or declining the invitation.
3. used appropriate, polite expressions and, where necessary, gave explanations.
4. made verbs agree with their subjects and adjectives with their nouns.
5. ended your letter with an appropriate closing and signed it.

Paroles

Stratégie d'écoute   Utilisez le visuel aussi bien que le contexte pour comprendre le sens des mots nouveaux.

Use the symbols and place names on this weather map for France in February to figure out the meaning of the words in boldface in the written forecast as it is read aloud.

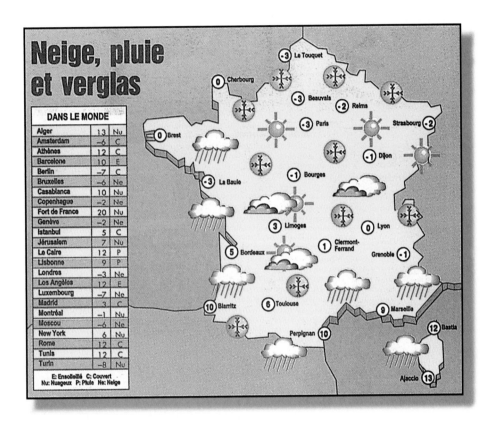

Neige, pluie et verglas

DANS LE MONDE		
Alger	13	Nu
Amsterdam	−6	C
Athènes	12	C
Barcelone	10	E
Berlin	−7	C
Bruxelles	−6	Ne
Casablanca	10	Nu
Copenhague	−2	Ne
Fort de France	20	Nu
Genève	−2	Ne
Istanbul	5	C
Jérusalem	7	Nu
Le Caire	12	P
Lisbonne	9	P
Londres	−3	Ne
Los Angeles	12	E
Luxembourg	−7	Ne
Madrid	3	C
Montréal	−1	Nu
Moscou	−6	Ne
New York	6	Nu
Rome	12	C
Tunis	12	C
Turin	−8	Nu

E: Ensoleillé C: Couvert
Nu: Nuageux P: Pluie Ne: Neige

Bulletin météorologique   Aujourd'hui samedi, le **froid** continue sur la moitié° nord et le centre du territoire, avec de la **neige** dans certaines régions du Nord, du Massif central et des Alpes. Les températures varient de −3 à Paris et au Touquet, −2 à Strasbourg et à Reims, −1 à Grenoble et 1 à Clermont, 0 à Brest et à Lyon. Au sud, températures au-dessus de zéro : 6 à Toulouse, 9 à Marseille, 10 à Biarritz et à Perpignan et 12 en Corse. Il y a du **soleil** ou des belles **éclaircies** dans la région parisienne et au nord-est. Mais, en Bretagne et dans tout le Sud, il y a des **nuages** et de la **pluie**.

half

List meanings in English here.

1. froid _____   3. soleil _____   5. nuages _____
2. neige _____   4. éclaircies _____   6. pluie _____

Dossier 4

In this Dossier, you will learn about these grammatical features

■ expressions to talk about weather conditions and forecasts

■ the impersonal pronoun **il**

■ the use of the definite article and prepositions with months and seasons

■ the verb **sortir**

Additional materials for this **Dossier:**

AUDIO CD
  Écouter : Bulletin météorologique (Track 9)

CD-ROM (E3)
  Échanges : Les saisons et les mois, Sortir ensemble
  Mise-en-scène : Bulletin météorologique
  Comment le dire : La lettre *e* avec ou sans accent

VIDEO/VIDEO MANUAL
  Situation 4 : Au parc

PAROLES WEB SITE
  Web Activities 3 (**Le temps et la météo**), 4 (**Les sports et les loisirs**), 5 (**Les voyages**)
  Audio Activity: **Écouter : Bulletin météorologique**

CAHIER (3.4)
  Activités écrites (et À vous d'écrire)
  Activités de laboratoire

DASHER (E3)
  Paroles : **Activités 2, 6, 7**
  Cahier : Activités écrites 3, 6

Écouter

__Bulletin météorologique__   Listen to the continuation of this weather forecast as it predicts the next day's weather. Draw symbols and write temperatures on the map to illustrate the predictions, and then answer the questions.

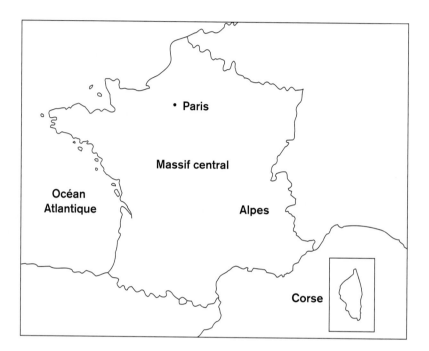

Vous avez compris?

Quel temps va-t-il faire dimanche

1. dans le Nord?
2. dans les Alpes?
3. dans la région parisienne?
4. en Corse?

La météo

Le climat de la France est tempéré, divers et variable, surtout dans les Alpes, les régions de l'Atlantique et la région parisienne.

La météo (le bulletin météorologique) a une place importante à la radio et à la télévision en France. Les Français parlent beaucoup du temps qu'il fait et de la température. Il est fréquent de commencer une conversation par :

Quel beau temps, c'est rare pour la saison !

Quel temps de chien !

Oh là là, il fait froid, hein ? Et quel vent !

Les mots pour le dire

Vocabulaire de la météo

Quel temps fait-il ?

Il y a du soleil.
Il fait beau.

Il y a de la pluie.
Il y a des averses.
Il pleut.
Il fait mauvais.

Il y a de la neige.
Il neige.

Observez

Is the pronoun **il** in the expressions **il fait beau** and **il neige** more like the **il** in **il est huit heures** or in **il aime faire du ski**? (3.11)

Il y a du vent.

Il y a un orage.

Il y a une éclaircie.

Il y a beaucoup de nuages.

Quelle est la température ?

Il fait très froid.
Il fait moins dix degrés.

Il fait froid.
Il fait zéro (degré).
Il gèle.

Il fait frais.
Il fait dix degrés.

Il fait chaud.
Il fait trente degrés.

Activité 1 Le temps en France

Work with a partner. Person A describes the weather in different places on the weather map on page 143, and Person B guesses the city.

Modèle: A: Il pleut et il fait dix degrés.
  B: Alors, tu parles du temps à Biarritz et à Perpignan.

O b s e r v e z

1. Are these statements about the weather talking about the present or the future? **(3.4)**

2. What is the present-tense form corresponding to the future *il va y avoir du vent*? **(3.4)**

Les prévisions météorologiques

Il va faire beau/mauvais.

Il va faire chaud/frais/froid.

Il va neiger/pleuvoir.

Il va y avoir du vent/des averses/des orages/des nuages.

Activité 2 Prévisions pour demain

Use the key words given to predict tomorrow's weather.

Modèle: très beau
Demain, il va faire très beau.

1. froid
2. chaud
3. dix degrés
4. neige
5. pluie
6. nuages, vent

Échange 1 *Les saisons et les mois*

PAPA: Quelle belle promenade !
MAMAN: Ah oui, et il fait beau. Il y a du soleil. J'aime beaucoup l'été, surtout le mois de juillet.

especially ←

Les saisons et les mois

Les saisons	Les mois
l'hiver	janvier, février, mars
le printemps	avril, mai, juin
l'été	juillet, août, septembre
l'automne	octobre, novembre, décembre

O b s e r v e z

1. What preposition is used with all months? **(3.12)**

2. Which season uses a preposition other than *en*? **(3.12)**

En hiver, et surtout en janvier, il neige à Québec.

Au printemps, et surtout en avril, il fait frais à Paris.

En été, et surtout en août, il fait chaud et humide à Fort-de-France.

En automne, et surtout en novembre, il pleut à Bruxelles.

Activité 3 Les beaux paysages

Work with a classmate. Pretend that you are taking a walk in one of the three landscapes on the following page and discuss the weather and temperature. Repeat your conversation for classmates, who will identify the landscape.

Modèle:

A: Il fait frais, hein ?

B: Oui, pour le mois de mai, je trouve.

A: Mais ici, il fait toujours frais au printemps.

B: Et il y a des nuages. Est-ce qu'il va y avoir des averses ?

A: C'est possible ; il pleut souvent au printemps.

Rive de l'Oise, 1878, Camille Pissaro, French, 1830–1903.

1.
Rue de Paris, jour de pluie, 1877, Gustave Caillebotte, French, 1849–93.

2.
Coquelicots, 1873, Claude Monet, French, 1840–1926.

3. *La neige à Louveciennes,* 1878, Alfred Sisley, French, 1839–99.

Donner une réponse conditionnelle à une suggestion

Échange 2 *Conditions*

A: On va faire du ski ce week-end ?

B: S'il ne fait pas trop froid, oui ; mais s'il fait très froid, je préfère aller au cinéma.

Possibilités

Oui, s'il ne fait pas trop froid.

D'accord, si j'ai le temps.

Seulement si tu m'invites.

Ça dépend...

Peut-être...

Activité 4 On va faire du sport ?

Work with a classmate. Person A thinks of a sport, and Person B thinks of a weather condition. A invites B to participate in his or her sport. Based on the weather condition chosen, B accepts or declines and suggests an alternative. Finish the conversation by deciding where to meet.

Modèle 1: La personne B accepte

A: On va nager cet après-midi ?

B: Quelle bonne idée, s'il fait chaud.

A: Alors, rendez-vous où ?

B: Je te retrouve à la piscine, à trois heures.

Modèle 2: La personne B décline

A: On va nager cet après-midi ?

B: Comment ? Nager ! S'il neige, je préfère faire du ski.

A: D'accord. Je te retrouve où ?

B: Chez toi, à une heure.

Échange 3 *Sortir ensemble*

A: On va aller au cinéma ensemble samedi soir ?

B: Peut-être, si je ne sors pas avec mon fiancé.

Verbe				
sortir *(to go out)*	je	sors	nous	sortons
(conjugated like **partir***)*	tu	sors	vous	sortez
	il/elle/on	sort	ils/elles	sortent

Activité 5 Qui sort quand ?

Interview four classmates to find out who goes out often at the times shown in the chart and what they do at each of these times.

Questions :   Sors-tu souvent le vendredi soir ?
Qu'est-ce que tu fais ?

NOM	le vendredi soir	le samedi après-midi	le mardi soir	le jeudi matin
1.				
2.				
3.				
4.				

Mots nouveaux à apprendre

août	*August*	le nuage	*cloud*
l'automne *(m)*	*fall*	octobre	*October*
l'averse *(f)*	*sudden shower*	l'orage *(m)*	*storm*
avril	*April*	pleuvoir	*to rain*
chaud	*hot*	il pleut	*it is raining*
décembre	*December*	la pluie	*rain*
le degré	*degree*	le printemps	*spring*
l'éclaircie *(f)*	*clearing*	la saison	*season*
l'été *(m)*	*summer*	septembre	*September*
février	*February*	seulement	*only*
frais	*cool*	si	*if*
froid	*cold*	le soleil	*sun*
l'hiver *(m)*	*winter*	sortir	*to go outside;*
humide	*humid*		*to go out socially*
il gèle	*it is freezing*		*(with friends*
janvier	*January*		*or dates)*
juillet	*July*	je sors	nous sortons
juin	*June*	tu sors	vous sortez
mai	*May*	il/elle/on sort	ils/elles sortent
mars	*March*	surtout	*especially*
le mois	*month*	la température	*temperature*
la neige	*snow*	le temps	*weather; time*
neiger	*to snow*	trop	*too*
il neige	*it is snowing*	le vent	*wind*
novembre	*November*		

Comment le dire

Récapitulation : la lettre e avec ou sans accent

Proverbe : L'expérience est la mère de la science.

Consider the contrasting pronunciations of these different sounds for the letter **e.** Remember that for [e], as in **été,** your mouth is less open than for [ɛ], as in **mère.** Remember also that the letter **e,** as in **samedi** or **je le sais,** is often silent.

[e]	et	[ɛ]	[e]	et	[ə]	[ɛ]	et	[ə]
mes		mais	Brésil		Bretagne	mais		me
parler		projet	pétition		petit	fête		faisons
Mémé		m'aime	tes		te	mère		monsieur

Activité 6 *Re* ou *ré* ?

Ré [e] *and* **re** [ə] *are prefixes used with verbs to indicate repetition. With a partner, practice the distinction following the model.*

Modèle: dire / redire
A: Tu vas dire ça ?
B: Oui, je vais le dire et le redire.

1. faire / refaire
2. expliquer / réexpliquer
3. lire / relire
4. arranger / réarranger
5. composer / recomposer

Activité 7 Comment répondre ?

With a partner, ask questions and give answers that rhyme and are logical responses.

A	B	
1. Il fait frais ?	a. Non, je suis fauché.°	*broke*
2. Tu pars en juillet ?	b. Très, pour le mois de mai.	
3. Tu vas m'inviter ?	c. Oui, je vais au Touquet.	
4. Où est Brest ?	d. Au restaurant pour déjeuner.	
5. Où veux-tu aller ?	e. Oh, elle n'est pas bête !	
6. Comment est Colette ?	f. C'est à l'ouest.	

Discutons un peu

Stratégie de discussion   Parlez de vous-même pour faire parler les autres.

One way to obtain information from someone in a social situation is to give information about yourself before soliciting comments from the other person. Think of a personal statement and a follow-up question to find out the following information.

Modèle: preferred time of year to travel
Moi, j'aime beaucoup voyager en hiver quand je n'ai pas de travail. Et
toi, quand est-ce que tu voyages ?

1. preferred leisure activities
2. personality traits

À vous la parole

Compagnons de voyage ?

1. You are looking for a travel companion. Write down the following:
   a. when you'd like to travel
   b. the city or cities you'd like to go to
   c. two activities you'd like to do while traveling
   d. your qualities or shortcomings as a traveler
2. Circulate among your classmates and select a travel companion according to the
   information you each have written down.
3. With your travel companion, describe to the class why you are compatible and
   what you want to do on your trip.

Montréal.

Fès.

Fort-de-France.

Marseille.

Grammaire 3

3.1 Contractions of the prepositions *à* and *de* with the definite article

a. The preposition **de** (*of, from*, and with no English equivalent in many idiomatic expressions) combines with the definite articles **le** and **les** to form the contractions shown in the chart. Note that **de** does not contract with **la** or **l'**.

Contractions de la préposition *de* avec l'article défini		
masculin	de + le→**du**	Je fais **du** sport.
féminin	de + la	Je fais de la natation.
devant une voyelle	de + l'	Je fais de l'espagnol.
pluriel	de + les→**des**	Je fais **des** exercices.

Note that after a verb in the negative, you use **de** or **d'** rather than **du, de la, de l'**, or **des**.

Je ne fais pas **de** ski et pas **de** natation.

Vous ne faites pas **d'**espagnol et pas **de** sciences.

However, if the negation relates to a preceding verb rather than to the **de** expression, the **du, de la, de l'**, or **des** is used.

Je n'aime pas faire **du** sport.

b. The preposition **à** *(to, in, at)* contracts in the same circumstances as **de**.

Contractions de la préposition *à* avec l'article défini		
masculin	à + le→**au**	Je vais **au** cinéma.
féminin	à + la	Je travaille à la fac.
devant une voyelle	à + l'	Nous allons à l'opéra.
pluriel	à + les→**aux**	Vous jouez **aux** cartes ?

These same forms are also used after a verb in the negative.

Je ne joue pas aux cartes. Je ne vais pas à la fac.

3.2 Adverbs of frequency

Adverbs are used to indicate when, how often, in what manner, or where the action expressed by the verb is done. The following adverbs of frequency indicate how often. They come directly after the verb.

Adverbes de fréquence	
souvent (often)	Je lis **souvent** le journal.
quelquefois (sometimes)	Je vais **quelquefois** à Montréal.
rarement (rarely)	J'écoute **rarement** la radio.

3.3 The negative expressions *ne... jamais* and *ne... rien*

You already know the basic negative adverb **ne... pas.** The following chart shows other negative expressions that go in the same position in sentences: *subject* + **ne** + *verb* + *negative expression.* Remember that with negative expressions, **du, de la, de l', des→de.** Compare:

Je fais **du** sport.

Je ne fais pas **de** sport.

Expressions négatives	
pas (not)	Je **ne** fais **pas de** sport.
	(I don't do any sports.)
jamais (never)	Je **ne** fais **jamais de** sport.
	(I never do sports.)
rien (nothing)	Je **ne** fais rien.
	(I do nothing.)

Some negative adverbs can be used without **ne** or a verb when they stand alone as responses.

	Réponses négatives
Qu'est-ce que tu veux faire ?	**Rien.**
Quand regardez-vous la télévision ?	**Jamais.**

3.4 The immediate future

The **futur proche** is one way of conveying future time. It is commonly used to express an intention, as in English: *I am going to do something.* The **futur proche** is formed by using the conjugated form of **aller** (**je vais, tu vas,** etc.) followed by an infinitive. In negative sentences and questions, you negate or invert the conjugated form of **aller.**

Le futur proche	
phrase affirmative	Nous allons travailler demain.
phrase négative	Nous n'allons pas travailler demain.
question avec inversion	Allons-nous travailler demain ?

When there is a direct object pronoun (**le, la, les**) in the sentence, it goes immediately before the infinitive.

Vas-tu voir ce film ? Oui, je vais **le** voir demain.

Vas-tu faire ces exercices ? Non, je ne vais pas **les** faire.

3.5 Idiomatic expressions with *avoir*

Like the expression **avoir l'air** *(to appear)*, which you already know, the expressions **avoir envie de** *(to want to)* and **avoir besoin de** *(to need to)* are based on the verb **avoir,** which is conjugated to go with the subject. These latter two expressions both include the preposition **de** and are followed by an infinitive.

Expressions avec *avoir*				
sujet	+	expression	+	adjectif
Il		a l'air		intelligent.
sujet	+	expression	+	*de* + infinitif
Nous		avons besoin		de travailler.
Vous		avez envie		d'aller au musée ?

Remember that when you use these expressions, you conjugate the verb **avoir.**

Affirmative sentence: **Ils ont l'air fatigué.**

Negative sentence: **Je n'ai pas envie de lire ce journal.**

Question: **Avez-vous besoin de lire ce journal ?**

3.6 How to tell time

The French word **heure,** which literally means *hour,* is the equivalent of the English terms *time* (**à quelle heure**) and *o'clock* (**à une heure**). It is used in the plural for numbers greater than one (**à deux heures**). There are two systems for telling time in French: one for conventional time, the other for official time.

a. **Conventional time.** The time of day is expressed according to the following formulas. Note how minutes are given by using the appropriate fixed expression.

		Nombre	Heure(s)		
Il est	+	une	heure		1:00
		trois	heures	cinq	3:05
				et quart	3:15
				et demie	3:30
		quatre	heures	moins vingt-cinq	3:35
				moins le quart	3:45

There are two exceptions.

Il est   midi *(noon).*

Il est   minuit *(midnight).*

With these two times, you add the minutes as with any other time.

Il est   midi   et quart.

Il est   minuit   et demie.

b. **Official time.** Official time is used when referring to schedules and is based on a 24-hour clock and a 60-minute hour. Note that the expressions with **et** and **moins** are not used with official time.

L'heure conventionnelle	**L'heure officielle**
il est six heures (du matin)	il est six heures
il est midi	il est douze heures
il est trois heures (de l'après-midi)	il est quinze heures
il est huit heures moins le quart (du soir)	il est dix-neuf heures quarante-cinq
il est minuit	il est zéro heure

3.7   Regular *-ir* verbs like *partir* and *sortir*

There are two groups of regular verbs whose infinitives end in **-ir.** In this **Ensemble,** you are working with one type, verbs that are conjugated like **partir.**

Verbe				
partir *(to leave)*	je	pars	nous	partons
	tu	pars	vous	partez
	il/elle	part	ils/elles	partent
sortir *(to go out)*	je	sors	nous	sortons
	tu	sors	vous	sortez
	il/elle	sort	ils/elles	sortent

Because final consonants are generally not pronounced in French, the three singular forms of these verbs sound alike. In the plural forms, you hear the pronounced **t** of the stem (**nous sor*t*ons, ils sor*t*ent**), also found in the infinitive. Thus, **il part, il sort** and **ils partent, ils sortent** are distinguished in spoken French by the absence or presence of the pronounced **t.**

3.8   Days of the week and times of day

The definite article **le** is used with a day of the week or times of day to indicate that you habitually do an activity at this time: **le vendredi** *(on Fridays);* **le soir** *(in the evening).* In contrast, to indicate a specific time period, use the demonstrative adjective **ce** before the noun indicating the time of day. With days of the week, **ce** is optional.

Activités habituelles

Je travaille **le** soir.	*(evenings, in the evening)*
Je travaille **le** samedi.	*(on Saturdays)*

Activités uniques

Je travaille **ce** soir.	*(this evening)*
Je travaille **(ce)** samedi.	*(this Saturday)*

In either case, the days of the week are not capitalized unless they begin a sentence.

3.9 Direct object pronouns

You have already studied the direct object pronouns **le, la, les** (2.13). The following chart gives more direct object pronouns.

Pronoms compléments d'objets directs			
me (m')	*me*	nous	*us*
te (t')	*you*	vous	*you*
le (l')	*him, her, it*	les	*them*
la (l')	*him, her, it*		

All direct object pronouns have the same position in the sentence: They come before the verb for which they are the complement. In practice, this most always means:

- Before the conjugated verb for single verbs

    Il **me** regarde. *He sees me.*

- Before the infinitive if there is one

    Je vais **vous** inviter. *I am going to invite you.*

    Elle a envie de **t'**inviter. *She wants to invite you.*

Position des compléments d'objet direct	
au présent	
phrase affirmative	Tu m'aimes.
phrase négative	Tu ne m'aimes pas.
question avec inversion	M'aimes-tu ?
au futur proche	
phrase affirmative	Tu vas m'aimer.
phrase négative	Tu ne vas jamais m'aimer.
question avec inversion	Vas-tu m'aimer ?

3.10 The pronoun *on*

On is an indefinite personal subject pronoun that is sometimes collective in meaning, but always singular grammatically. It corresponds to the English usage of *one* in generalizations, although in English this idea is often conveyed with *they* or *you*.

On dit cela en France. *One says that in France.*

Unlike English usage, however, **on** also means *we* and is often used to make suggestions.

On va au cinéma ce soir ? *How about going to the movies tonight?*

Regardless of its implied collective subject, the verb accompanying **on** is always conjugated in the third-person singular, while any accompanying adjective shows agreement.

On ne **va** pas à la plage en hiver.

On est fatigué(e)(s).

3.11 *Il* as an impersonal pronoun

You already know **il** as a personal pronoun when it refers to a specific masculine noun: **Il a trois sœurs.** There is also an impersonal pronoun **il,** which does not refer to a specific masculine noun. Rather, it is a grammatical term meaning *it.*

> **Il** fait frais. **Il** pleut. **Il** neige. **Il** fait beau.
>
> **Il** est quelle heure ? **Il** est dix heures. **Il** est minuit.

As with the personal pronoun **il,** the impersonal pronoun **il** is always used as the subject of a verb in the third-person singular form.

3.12 Articles and prepositions with seasons and months

Remember the following rules about seasons and months:

a. They are all masculine.

b. Use a definite article (**le, l'**) with seasons but not with months.

> Je n'aime pas **l'**hiver, surtout pas janvier.

c. To say *in,* use **en** with all months and with seasons except for **au printemps** (the only season beginning with a consonant).

> Je fais de la natation en été, surtout en juillet.
>
> Au printemps, surtout en mai, je vais souvent à la pêche.

d. Neither the seasons nor the months of the year are capitalized in French except as the first word of a sentence.

****

Verbes irréguliers : *faire, lire, pouvoir* et *vouloir*

faire *(to do)*		lire *(to read)*		pouvoir *(to be able to)*		vouloir *(to want, wish)*	
je	fais	je	lis	je	peux	je	veux
tu	fais	tu	lis	tu	peux	tu	veux
il/elle/on	fait	il/elle/on	lit	il/elle/on	peut	il/elle/on	veut
nous	faisons	nous	lisons	nous	pouvons	nous	voulons
vous	faites	vous	lisez	vous	pouvez	vous	voulez
ils/elles	font	ils/elles	lisent	ils/elles	peuvent	ils/elles	veulent

○○○○○○○○ Ouverture culturelle

La France métropolitaine et les Français

Les Champs-Élysées à Paris (après le triomphe de l'équipe de France dans la Coupe du monde en juillet 1998).

La vendange en Bourgogne.

Le téléphérique à Grenoble.

Activité 1 Carte d'identité de la France

*Use the following information to answer in English the questions in the **Vous avez compris ?** section.*

Population   60 millions d'habitants (comparés aux 6 milliards° dans
le monde,° 250 millions aux États-Unis et 30 millions au Canada)

billions
world

Superficie   550 000 km² (comparés aux 9 679 245 km² des
États-Unis et 9 970 610 km² du Canada)

Gouvernement   république constitutionnelle, gouvernée par un
président, un premier ministre et autres ministres divers, une
assemblée nationale et un sénat

Présence mondiale   un des sept pays les plus industrialisés du
monde, membre de l'Union européenne, participation active à
l'aide au Tiers Monde, droit de véto à l'ONU

Emblème national   le drapeau tricolore : bleu, blanc, rouge

Additional materials for this
Ouverture culturelle:

CD-ROM
WWW: **La France**

VIDEO/VIDEO MANUAL
**Vignette culturelle : Images
du monde francophone**

Symbole de la République française   une jeune femme qu'on appelle
Marianne, inventée vers 1880, souvent représentée sur les timbres-poste,
présente sous forme de statue dans les 36 000 mairies° de France

town halls

Devise nationale   Liberté, Égalité, Fraternité

Vous avez compris ?

1. What do the population and land surface figures tell you about the number of inhabitants per square kilometer in France as compared to the United States and Canada?
2. How is France governed? Who shares the executive power with the **président de la République**?
3. What is the place of France in world economy and politics?
4. What are the colors of France, and in what order do they appear on the French flag?
5. What does the figure of Marianne represent? Where is she portrayed? Does she have an American equivalent?
6. What is the motto of the French nation? Do you know when and in what circumstances this motto was adopted?

Activité 2 Une géographie diverse

Regardez la carte de France et la situation géographique de chaque endroit numéroté (1–6). Associez chaque photo (A–F) avec un de ces endroits.

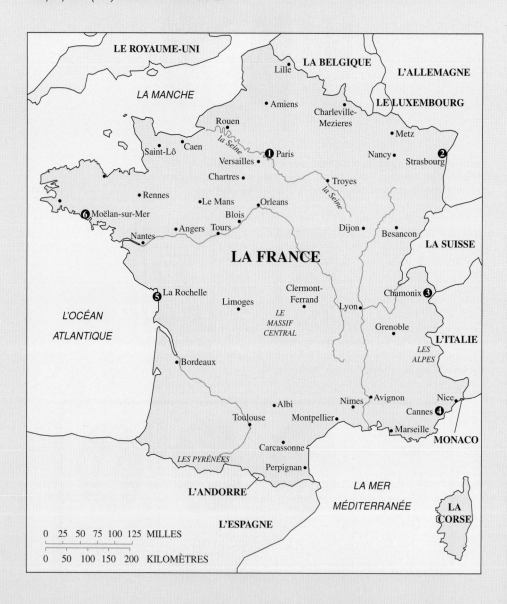

La France métropolitaine et les Français

A.

B.

C.

D.

E.

F.

Activité 3 Comment sont les Français ?

First, make a list of six traits commonly attributed to French people.

1. _____   4. _____
2. _____   5. _____
3. _____   6. _____

Next, consider the following characteristics, circling those that match traits from your list.

Caractéristiques

a. l'amabilité

b. la diversité et l'individualisme

c. la rationalité

d. la clarté

e. l'art de bien parler

f. la vanité

g. la confiance et la persévérance

Now, scan the following remarks made by various French writers or politicians, matching each remark with the characteristic on the list it best suggests.

Citations

1. « Comment gouverner un pays° qui produit 365 sortes de fromage° ? » Charles de Gaulle (1890–1970), général et président de la République.

2. « Impossible n'est pas français. » Napoléon Bonaparte (1769–1821), général et empereur.

3. « Le peuple° français est aimable, léger, facile. » Gabriel Sénac de Meilhan (1736–1803), écrivain.°

4. « Ce qui n'est pas clair n'est pas français. » Antoine de Rivarol (1753–1801), journaliste et écrivain.

5. « On pardonne aux Français un peu de folie en faveur de leur raison. » Pierre-Augustin Caron de Beaumarchais (1732–1799), auteur dramatique.

6. « Ce qu'on appelle l'art de la parole° est éminemment le talent des Français. » Joseph de Maistre (1753–1821), philosophe et écrivain.

7. « En France, ce qu'il y a de plus national, c'est la vanité. » Honoré de Balzac (1799–1850), écrivain.

country
cheese

people
writer

speech

To conclude, discuss how your own image of the French corresponds with what these French people have said about their compatriots, keeping in mind that most statements about national character are generalizations that must be taken with a grain of salt.

Activité 4 C'est ça, la France ?

1. Quelles images associez-vous avec la France ? Donnez trois exemples.
2. Quand vous pensez aux Français, à quelles caractéristiques physiques pensez-vous ?
3. D'où viennent vos idées ?
4. Maintenant, regardez chaque photo et devinez si cette photo montre la France ou des Français, ou un autre pays et ses habitants.

Modèle: La photo est prise° en France.
La photo n'est pas prise en France.

taken

1.

2.

3.

4.

5.

6.

5. Quelles photos de la question 4 correspondent à vos impressions données à la question 1 ? Comment est-ce que les photos de la question 4 vous amènent° à modifier vos impressions ?

vous... *lead you*

Activité 5 Explorons la France sur Internet

*Visit a Web page for France by using the **Paroles** CD-ROM Internet site or by typing **France diplomatie** in the box marked **recherche** (search) of a search engine like Yahoo.fr, Nomade.fr, or Altavista (French). Next, choose a category like **Voici la France** on the site shown here, click on a heading like **Le pays**, then a subheading like **Un relief diversifié** or **Une vieille terre d'immigration,** and note three observations that seem interesting to you.*

Internet address (URL)_____

Observations _____

_____

_____

Ensemble

Histoires et histoire

Une classe au Sénégal.

- describing what you have done and telling stories in past time
- making excuses to explain things that happened at school or at home
- indicating dates, prices, and other information relating to numbers
- telling about your courses and explaining your academic strengths and weaknesses
- giving your opinion about TV shows, films, and your courses and asking others' opinions

Dossier 1

In this Dossier, you will learn about these grammatical features

■ more adverbs of time

■ the **passé composé** to express past time in the affirmative, in the negative, and in questions

■ past participles for regular **-er** verbs and for the irregular verbs **être, avoir, faire,** and **lire**

■ two more prenominal adjectives, **nouveau** and **ancien**

Additional materials for this **Dossier:**

AUDIO CD
Écoutons un peu : Le Petit Chaperon rouge (Track 10)

CD-ROM (E4)
Échanges : Hier et avant, Les bonnes excuses
Comment le dire : Les voyelles nasales ; La voyelle nasale [3]
Mise-en-scène : Le Petit Chaperon rouge

PAROLES WEB SITE
Web Activity 1 (**Les Peuls**)

CAHIER (E4.1)
Activités écrites
Activités de laboratoire

DASHER (E4)
Paroles : **Activités 1, 3, 4, 6**
Cahier : Activités écrites 1, 4

Paroles

Stratégie de lecture   Pour bien comprendre une histoire, commencez par identifier les personnages et le conflit.

Traditional narratives share basic elements: a hero or heroine, an opponent, and a conflict. When first reading such a narrative, identify the main characters and the nature of their conflict before you concentrate on the details of what happens in the story. Guess who is likely to triumph.

Read the **C'est comme ça !** Then read the beginning of the African folktale from Mali, "L'Hyène et le Peul," and answer the questions that follow it.

Les Peuls

La République du Mali est une ancienne colonie française (Soudan français) qui a conservé le français comme langue officielle. Les Peuls sont un peuple africain semi-nomade. Ils vivent dans des régions rurales du Mali et du Niger. Ils sont souvent spécialistes de l'élevage des animaux. L'histoire de la famille Hyène est typique de la tradition orale peule.

Commencer à lire

L'Hyène et le Peul

Un jour, l'Hyène, toujours à la recherche de quelque chose à manger,° a rencontré le Peul, avec son gros bâton° bien solide. L'Hyène, qui préférait les cadavres aux vivants, a eu très peur° et a demandé stupidement :

— « Hé Peul, quand vas-tu être mort ? »

— « Je vais être mort vendredi » a répondu le Peul. « Viens chez moi vendredi si tu veux mon cadavre. »

L'Hyène a dit à sa famille :

— « Le Peul va être mort vendredi, nous allons aller le manger. »

eat / stick

a... got very frightened

Questions de première lecture

1. Qui sont les deux personnages ?
2. Qu'est-ce que l'animal désire ?
3. Qu'est-ce que l'homme suggère ?
4. Quel personnage semble plus intelligent que l'autre ?

Continuer à lire

Now read the rest of the story.

Vendredi, Monsieur Hyène, sa femme et ses enfants ont trouvé le Peul dans son lit,° immobile et les yeux fermés, avec son gros bâton.   *bed*

— « Ah bon, il est bien mort » a dit le père Hyène. « Femme, qu'est-ce que nous allons faire ? »

— « Je ne sais pas mais j'ai peur ! » a dit la femme.

— « Attachez le Peul sur mon dos° » a dit le père Hyène, « nous allons le manger chez nous. »   *back*

La mère Hyène et les enfants ont attaché le Peul sur le dos du père Hyène, qui a commencé à courir.° Alors le Peul a ouvert les yeux et les enfants Hyène ont dit :   *run*

— « Papa ! Papa ! Il n'est pas mort ! Il n'est pas mort ! »

— « Impossible ! » a dit l'Hyène. « Je vous assure qu'il est bien mort. »

Alors le Peul a commencé à taper le père Hyène avec son gros bâton. Il l'a tapé et tapé et, finalement, la mère et les petits Hyène lui ont rendu sa liberté.

Samedi matin, le Peul, toujours avec son gros bâton, a fait une visite à Monsieur Hyène, pour lui demander comment il allait.° L'Hyène a encore eu peur et a supplié° le Peul :   *comment... how he was*
begged

— « S'il te plaît, ne me tape plus. S'il te plaît, ne recommence pas avec ton bâton. »

Le Peul a répondu :

— « Alors, tu ne vas plus jamais manger de Peul... »

— « Non, je le promets,° jamais, jamais ! Je ne vais plus jamais manger de Peul. »   *promise*

C'est pourquoi, aujourd'hui, l'Hyène ne mange jamais de Peul et le Peul n'a jamais peur de l'Hyène.

Vous avez compris ?

1. Qu'est-ce que l'Hyène pense quand il observe le Peul qui a les yeux fermés ?
2. Qu'est-ce que les enfants Hyène observent à propos du Peul quand le Peul est sur le dos de leur père ?
3. Qu'est-ce que le Peul fait quand il est sur le dos de l'Hyène ?
4. Quelle est la conclusion de ce conte ? Qu'est-ce qu'elle suggère sur les rapports entre les humains et les animaux ?

Observez

1. Le passé composé is a tense used to recount events in the past. It has two parts: a conjugated form of an auxiliary verb and a past participle. What is the auxiliary verb? **(4.1.a)**

2. How do the past participles for **-er** verbs end? **(4.1.b)**

3. Where do the adjectives **nouveau** and **ancien** go in relation to the noun? Which of these two adjectives likely uses a different masculine singular form with nouns beginning with vowels? **(4.2)**

4. Which expressions indicate time frames in the past? **(4.3.a)**

Les mots pour le dire

Pour décrire ce que vous avez fait

Échange 1   *Hier et avant*

A: Qu'est-ce que tu as fait hier soir ?
B: J'ai mangé chez mes parents.

Possibilités

hier soir ?	J'ai regardé la télé.
le week-end dernier ?	J'ai mangé dans un bon restaurant.
la semaine dernière ?	J'ai trouvé un nouveau job.
l'année dernière ?	J'ai commencé mes études à la fac.
l'été dernier ?	J'ai rencontré un ancien ami à la plage.

Activité 1   **La dernière fois**

Survey your classmates to find out when they last did each of these activities.

Modèle: A: Quand est-ce que tu as regardé un film à la télé ?
B: Moi ? J'ai regardé un film la semaine dernière.

1. manger dans un restaurant
2. travailler le week-end
3. dîner dans un bon restaurant
4. rencontrer un ancien ami
5. trouver un nouvel appartement
6. commencer un nouveau job

Pour rapporter une série d'actions

Observez

Which words indicate the order in which the actions occurred? **(4.3.b)**

Échange 2   *D'abord, ensuite, enfin*

A: Qu'est-ce que l'Hyène a fait ?
B: D'abord, il a rencontré le Peul. Ensuite, il a demandé au Peul : « Quand vas-tu être mort ? » Après, il a attaché le Peul sur son dos. Enfin, il a libéré le Peul.

Activité 2 **Dans quel ordre ?**

Think of a day in which you did all the things in the following list. Indicate the order in which you did these activities. Use number 1 for the item you did first.

_____	regardé le journal	_____	parlé avec un(e) ami(e)
_____	écouté la radio	_____	mangé mon petit déjeuner

*Now, tell the class about this series of events using **d'abord, ensuite, après, enfin.***

Échange 3   *Jamais*

A: Est-ce que tu as écouté la nouvelle chanson de Renaud ?

B: Non, je n'ai jamais écouté cette chanson.

Activité 3   Oui, bien sûr ! *ou* Non, jamais !

Work with a classmate. Take turns asking questions to find out which of these activities your partner has done and what he or she thought of them.

Modèle 1:   A: As-tu visité la France ?

              B: Oui, bien sûr, j'ai visité la France l'été dernier.

              A: Et comment tu as trouvé ça ?

              B: J'ai trouvé ça super/bien/médiocre/horrible.

Modèle 2:   A: As-tu visité la France ?

              B: Non, je n'ai jamais visité la France.

1. manger chez Maxime à Paris
2. travailler dans un restaurant
3. parler avec une hyène
4. trouver 20 dollars
5. visiter l'Afrique
6. regarder un film français

Pour donner une excuse

Échange 4   *Les bonnes excuses*

PROFESSEUR: Pourquoi avez-vous été en retard ce matin ?

ÉLÈVE 1:   Excusez-moi, madame, mais mon réveil n'a pas sonné.

ÉLÈVE 2:   Euh… j'ai eu un accident de bicyclette.

ÉLÈVE 3:   Désolé(e), madame, mais je n'ai pas été en retard.

PROFESSEUR: Et vous n'avez pas fait vos exercices !

ÉLÈVE 1:   Excusez-moi, madame, mais je n'ai pas eu le temps.

ÉLÈVE 2:   Euh… j'ai oublié. Mais j'ai lu les questions !

ÉLÈVE 3:   Moi, j'ai fait mes exercices, madame, et j'ai été malade !

Possibilités

mon réveil n'a pas sonné

je n'ai pas regardé l'heure

j'ai eu un accident de voiture/de bicyclette

je n'ai pas été en retard

je n'ai pas eu le temps

je n'ai pas eu envie

je n'ai pas lu le texte/les questions

je n'ai pas fait mes exercices

j'ai oublié

j'ai été malade

vous n'avez pas demandé notre travail

In the **passé composé**, where do the two parts of the negation go in relation to the form of **avoir**? (4.1.c)

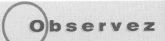

1. What are the past participles of **être, avoir, faire,** and **lire**? (4.1.b)

2. When asking a question with inversion in the **passé composé**, where is the subject pronoun in relation to the two parts of the verb? (4.1.d)

Activité 4 Qu'est-ce qu'ils ont fait ?

Work with a classmate. Take turns asking what occupation each person had. To respond, choose from the list that follows. If you don't know, ask your classmate.

Modèle: A: Qu'est-ce que Charles de Gaulle a fait ?
                    B: De Gaulle ? Il a été président de la France.
                                              ou
                         De Gaulle ? Je ne sais pas. Qu'est-ce qu'il a fait ?

Personnes

1. Christophe Colomb
2. Claude Debussy
3. Amelia Earhart
4. Jacques Prévert
5. Marilyn Monroe
6. Marie Curie

Professions

a. aviateur/aviatrice
b. acteur/actrice
c. explorateur/exploratrice
d. musicien/musicienne
e. professeur à la Sorbonne
f. poète

Activité 5 Excusez-moi mais...

Work with a classmate and take turns playing the role of the person who asks the question and the person who gives an excuse.

Modèle: Votre mère vous demande pourquoi vous êtes en retard pour le dîner.

                    MÈRE: Pourquoi es-tu en retard ?
                    VOUS: Excuse-moi, mais je n'ai pas regardé l'heure.

1. Votre ami(e) vous demande pourquoi vous avez été absent(e) hier.
2. Votre père vous demande pourquoi vous ne travaillez pas.
3. Votre mère vous demande pourquoi vous avez eu un F en maths.
4. Votre professeur vous demande pourquoi vous n'avez pas fait vos exercices.
5. Votre mari/femme vous demande pourquoi vous êtes toujours en retard.

Activité 6 L'emploi du temps de Monsieur Laffont

Use Monsieur Laffont's pocket calendar to imagine a conversation in which Madame Laffont asks her husband about his plans for the day. The conversation takes place at breakfast on Thursday.

Modèle: MME: Tu vas chez le dentiste cet après-midi ?
                    M.:   Mais non, j'ai été chez le dentiste mardi.
                    MME: Tu vas visiter le studio FR3 ?
                    M.:   Ah non, j'ai visité le studio hier.

mardi 11 octobre	mercredi 12 octobre	jeudi 13 octobre
8h 20 dentiste	9h 30 voir directeur publicité	8h commencer projet Crédit Mutuel
12 h déjeuner	13h déjeuner maison	13h déjeuner Mme Brissy
15h compléter projet Peugeot	16h 30 visiter studio FR3	17h tennis André

Mots nouveaux à apprendre

l'accident (m)	accident	libérer	to liberate (conj. like **préférer**)
ancien(ne)	former, long-time		
l'année (f)	year	manger	to eat
attacher	to attach (conj. like **parler**)		(conj. like **nager**)
la bicyclette	bicycle	nouveau(x), nouvel, nouvelle(s)	new
la chanson	song	oublier	to forget
d'abord	first		(conj. like **parler**)
demander	to ask (conj. like **parler**)	le Peul	Peul (a member of a semi-nomadic African people)
dernier/dernière	last		
le dos	back	la question	question
en retard	late	rencontrer	to meet
enfin	finally		unexpectedly
ensuite	then		(conj. like **parler**)
les études (f pl)	studies	le réveil	alarm clock
euh...	um . . .	la semaine	week
excuse-moi/		sonner	to ring
excusez-moi	excuse me		(conj. like **parler**)
l'exercice (m)	exercise	sur	on
hier	yesterday	le texte	text
l'hyène (f)	hyena	la voiture	car
le job	job		

Comment le dire

Les voyelles nasales

One of the distinguishing features of the French sound system is a set of three nasal vowels, [ɔ̃], [ɛ̃], [ɑ̃], whose pronunciation involves air passing through the nasal cavity.

Nasal vowels correspond to the following spellings:

a. a vowel + **n** or **m** at the end of a word

    bon [ɔ̃]   **vin** [ɛ̃]   **an** [ɑ̃]

b. a vowel + **n** or **m** + a consonant other than **n** or **m**

    combien [ɔ̃]   **vin**gt [ɛ̃]   **en**fan**ts** [ɑ̃] [ɑ̃]

La voyelle nasale [ɔ̃]

Proverbe Les bons comptes° font les bons amis.   *accounts*

The spelling of [ɔ̃] is always **on** or **om,** at the end of a word or immediately followed by a consonant other than **n** or **m.**

    m**on**, **on**cle, **com**bien

Note that the **on** in **monsieur** is an exception. As you know, it is pronounced [ə] as in **le vendredi.**

Activité 7 Poème

Before practicing reading this poem aloud, circle the sequences of letters to be pronounced as nasal [ʒ].

> Quel jour sommes-nous ?
> Nous sommes tous les jours
>   Mon amie
> Nous sommes toute la vie
>   Mon amour
> Nous nous aimons et nous vivons
> Nous vivons et nous nous aimons [...]

Jacques Prévert, « Chanson », *Œuvres complètes,* Éditions Gallimard

Écoutons un peu

Stratégie d'écoute   Pensez aux éléments qui caractérisent les contes traditionnels pour anticiper l'intrigue.

When listening to a folktale, you can anticipate much of the plot by keeping in mind the traditional elements of these narratives. There is a hero or heroine, an opponent, and a conflict; usually the hero or heroine wins.

Before listening to Charles Perrault's "Le Petit Chaperon rouge," look at the picture, think about the plot of the story as you know it, and answer the following questions.

1. Comment s'appelle « Le Petit Chaperon rouge » en anglais ?
2. Mettez ces actions principales dans l'ordre du conte.
   a. Dans la forêt, la petite fille rencontre le loup.°   *wolf*
   b. La maman dit à sa petite fille d'aller chez sa grand-mère.
   c. La petite fille parle avec le loup déguisé en grand-mère.
   d. Le loup dévore la grand-mère.
3. Qui est l'héroïne ? le personnage dangereux ? la ou les victime(s) ?

Now listen to the tale and see if what you predicted based on your knowledge of the tale holds true for the French version.

À l'écoute

Le Petit Chaperon rouge —d'après Charles Perrault

Vous avez compris ?

1. Mettez ces citations dans leur ordre dans le conte et indiquez qui a dit chaque phrase et à qui.
   a. « Grand-mère, vous avez des grands yeux ! »
   b. « Entre ! »
   c. « Ta grand-mère est malade, va la voir... »
   d. « C'est pour mieux te manger. »

Citations dans l'ordre du conte

1. _____
   Qui parle ? _____
   À qui ? _____

2. _____
   Qui parle ? _____
   À qui ? _____

3. _____
   Qui parle ? _____
   À qui ? _____

4. _____
   Qui parle ? _____
   À qui ? _____

2. Est-ce que la conclusion de Perrault est différente de la conclusion que vous avez anticipée ?
3. Aimez-vous la version française ? Pourquoi ou pourquoi pas ?

La ville de Saumur, avec son château de conte de fées.

Dossier (2)

Paroles

Stratégie d'écoute   Dégagez d'abord les faits principaux et ensuite concentrez-vous sur les détails.

When listening to a presentation that conveys a lot of information, you need to understand the main facts before you can relate them to details.

You will hear twice a short presentation about **Jeanne d'Arc,** a famous soldier and heroine of French history. On the first listening, concentrate on the main points raised in these questions.

Jeanne d'Arc, Huldon Getty Images.

1. À quelle période historique est-ce que Jeanne d'Arc a vécu°?   *lived*
   a. au 14ᵉ siècle
   b. au 15ᵉ siècle
   c. au 16ᵉ siècle
2. Qu'est-ce qu'elle a fait de remarquable ?
   a. Elle a été religieuse.
   b. Elle a travaillé à la campagne.
   c. Elle a libéré la ville d'Orléans.
3. Comment est-elle morte ?
   a. Elle a été brûlée.°   *burned*
   b. Elle a été tuée° dans une bataille.   *killed*
   c. Elle a été pendue.°   *hanged*
4. Comment célèbre-t-on Jeanne d'Arc aujourd'hui ?
   a. comme héroïne nationale et comme sainte
   b. comme chef d'état et comme héroïne nationale
   c. comme sainte et comme chef d'état

Écouter

Jeanne d'Arc   Now listen again to the story about **Jeanne d'Arc** and concentrate on the details that expand on the main points. Make notes on each point listed.

Date de naissance° _____   *birth*
Date de décès _____
Quel ennemi ? _____
Quelle ville libérée ? _____
Quelle église l'a honorée ? _____
Jour de sa fête _____

Vous avez compris ?

1. Période historique : Pendant quelle guerre° est-ce que Jeanne d'Arc *war*
   a été héroïque ? En quelle année est-ce que Jeanne est née ?
2. Actions remarquables : Comment est-ce que Jeanne d'Arc a eu l'idée
   d'aller faire la guerre ? Quels ennemis est-ce qu'elle a combattus ? Quelle
   ville a-t-elle libérée ?
3. Sa mort : Pourquoi est-ce que le tribunal ecclésiastique a condamné
   Jeanne à mort ? À quel âge est-ce qu'elle est morte ?
4. Héroïne nationale et sainte : Pourquoi Jeanne d'Arc est-elle une héroïne
   nationale ? Quelle église l'a honorée ? Quel est le jour de la fête de
   Jeanne d'Arc ?

Les mots pour le dire

Raconter une vie

Léopold Sédar Senghor

Gabrielle Roy

Il est né en 1906. Il a d'abord fait des études à Dakar. Puis, en 1928, il est allé en France pour étudier les lettres classiques. Ensuite, il a été professeur et il a commencé à écrire de la poésie. Après la Deuxième Guerre mondiale, il est rentré au Sénégal. En 1960, il est devenu le premier président du Sénégal et il est resté président pendant vingt ans. Senghor a été un homme politique remarquable. C'est aussi un très grand poète.

Elle est née en 1909. Elle a fait ses études au Manitoba, et elle est devenue institutrice. Puis, en 1937, elle est partie pour l'Europe et elle a commencé à écrire en France. Ensuite, elle est rentrée au Canada et, en 1945, elle a publié son premier roman. En 1950, elle est retournée en Europe et elle a continué à écrire des romans. Gabrielle Roy est morte à Québec en 1983. Elle a eu une vie discrète et calme. C'est une très grande romancière.

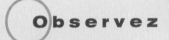

Observez

1. Some verbs take an auxiliary verb other than **avoir** in the **passé composé.** What is this auxiliary? **(4.4.a)**

2. What is the past participle of the verb **partir**? **(4.4.b)**

3. What letter is added to the past participle of verbs conjugated with **être** when the subject is feminine singular? How do you think the past participle is spelled when the verb has a masculine plural noun as subject? a feminine plural noun? **(4.4.c)**

4. What preposition comes between the verb **commencer** and an infinitive and between **continuer** and an infinitive? **(4.5)**

Possibilités

Verbes qui prennent *être* comme auxiliaire au passé composé

Activité 1 Racontez une vie

Select from among the following cues to retell the lives of Léopold Senghor and Gabrielle Roy, and then to tell the story of someone you admire.

Il/Elle est né(e) en...

Il/Elle a fait des études à...

À l'âge de... il/elle a commencé à...

Il/Elle est devenu(e)...

Il/Elle a publié/joué/chanté/inventé...

Il/Elle a continué à...

Il/Elle a eu une vie...

Il/Elle est mort(e) en...

Activité 2 À quelle heure ?

Ask your classmate at what time he or she generally does each of these things and then the precise time he or she did them yesterday.

Modèle: A: En général, à quelle heure pars-tu de chez toi ?
B: Vers huit heures.
A: Et hier, tu es parti(e) à huit heures ?
B: Hier, je suis parti(e) à huit heures dix.
ou
Hier, je suis resté(e) à la maison le matin.

1. aller à la fac
2. arriver à la classe de français
3. sortir de la classe de français
4. aller à la bibliothèque
5. partir de la fac
6. rentrer chez toi le soir

Faire des projets

Échange 1 *Venir* et *devenir*

A: Viens-tu chez moi dimanche ?
B: Je regrette, mais je vais être à l'hôpital. Si je veux devenir médecin, j'ai besoin de travailler et, bien sûr, d'étudier mes gros livres.

Verbes		
venir *(to come)*	**devenir** *(to become)*	**revenir** *(to come back)*
je viens nous venons	je deviens nous devenons	je reviens nous revenons
tu viens vous venez	tu deviens vous devenez	tu reviens vous revenez
il/elle/on vient ils/elles viennent	il/elle/on devient ils/elles deviennent	il/elle/on revient ils/elles reviennent
je suis venu(e)	je suis devenu(e)	je suis revenu(e)

Activité 3 Origines et professions

Circulate and ask four classmates where they are from and what they would like to become professionally. Report to the class.

Questions : D'où viens-tu ? Que veux-tu devenir ?

Observez

1. What are the English equivalents for the words **cent**, **mille**, and **million**? (4.6.a)

2. When does **cent** take a plural **s**? and **mille**? and **million**? (4.6.a)

3. What punctuation is used for numbers 1000 and higher? (4.6.a)

4. What word follows **million** before a noun, but does not follow **cent** or **mille** before a noun? (4.6.b)

Combien ça coûte?

Échange 2 *Les prix*

A: Combien coûte ce livre ?
B: Il coûte cent un euros.

Nombres

100	cent	500	cinq cents
101	cent un	501	cinq cent un
102	cent deux	502	cinq cent deux

Combien de francs ?

100€	cent euros
1.000€	mille euros
1.500€	mille cinq cents euros
2.000€	deux mille euros
2.510€	deux mille cinq cent dix euros
1.100.000€	un million cent mille euros
3.000.000€	trois millions d'euros

La transition à l'euro

Le 1ᵉʳ janvier 1999, l'euro est devenu la monnaie officielle de la France et de dix autres pays d'Europe (300 millions d'habitants). À cette date, sa valeur en francs a été définitivement fixée : 6,55957FF. Entre le 1ᵉʳ janvier 1999 et le 1ᵉʳ janvier 2002, la France aura vécu° trois années de transition. À partir du° 1ᵉʳ janvier 2002, toutes les sommes (prix, salaires, etc.) sont en euros. Il y a des pièces° de 1 et 2 euros et de 1, 2, 5, 10, 20 et 50 centimes (centième d'euro). Il y a aussi sept billets,° de couleurs et de tailles différentes : 5 euros (gris°), 10 euros (rouge°), 20 euros (bleu), 50 euros (orange), 100 euros (vert°), 200 euros (brun), 500 euros (pourpre°). Les images montrent des styles architecturaux caractéristiques de différentes époques de l'histoire européenne. Les billets et les pièces ont une face européenne commune et une face nationale.

La création de l'euro est l'élément visible de l'intégration monétaire et économique de l'Europe.

aura... will have lived through
À... From
coins

bills
gray / red
green / crimson

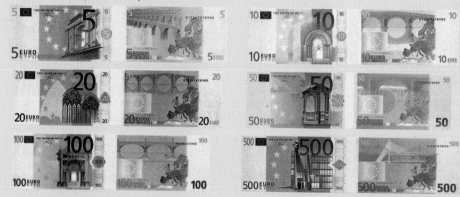

Activité 4 Faire des courses en euros

Work with a partner. Person A reads aloud the price in euros. Person B guesses which item in the "Product" column can be purchased for that price.

Prix en euros	Produits	
3,12 euros	3 cassettes vidéo	
10,68 euros	cognac Rochebois	
12,37 euros	automobile de luxe	
277,15 euros	café moulu°	*ground*
46.450,41 euros	appartement à Paris	
309.669,43 euros	téléviseur	

Activité 5 Tour de France

Work with a partner. One person refers to the Tour de France bicycle route for July 14; the other refers to the route for July 15. Each person gives an elevation from where he or she is on the route and his or her partner says how many kilometers that person has completed.

Modèle: A: (14 juillet) : C'est une élévation de 350 m.
  B: Tu as fait 44,5 kilomètres, alors.

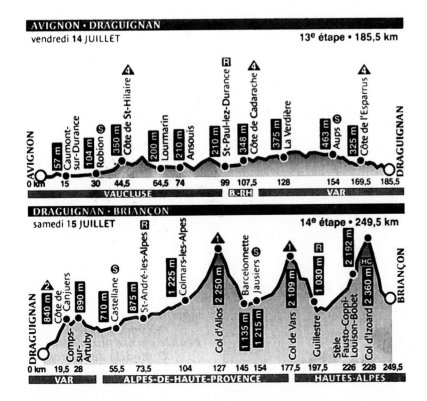

1. In a date, what comes first, the day or the month? **(4.7.a)**

2. Are dates given with a cardinal (23) or ordinal (23rd) number? Note that **premier** (1st) is an exception. **(4.7.a)**

3. What article precedes the day of the week or the date? **(4.7.b)**

Dates

Échange 3   *Dates de naissance*

AGENT DE POLICE: Quand êtes-vous nés ?

JEUNE HOMME: Je suis né le dimanche 23 mars 1980 (le dimanche vingt-trois mars mille neuf cent quatre-vingts/dix-neuf cent quatre-vingts).

JEUNE FEMME: Moi, je suis née le 15 avril 1979.

JEUNE FILLE: Et moi, je suis née le premier décembre 1992.

Activité 6   Biographies

Work with a classmate. After reading these biographies, take turns playing the roles of these famous people and a journalist doing an interview about significant events in their lives.

Modèle:

JOURNALISTE: Madame/Monsieur, permettez-moi quelques petites questions...
Quand êtes-vous né(e) ?
Où êtes-vous né(e) ?
Vous avez eu quelle profession ?
Qu'est-ce que vous avez fait de remarquable ?

1. CÉSAR, Jules (Rome, 101–44 avant Jésus Christ). Général et homme politique romain, a été le premier empereur romain, a fait la conquête d'une partie de l'Europe.
2. CURIE, Marie (Varsovie, 1867–Sallanches, 1934). Physicienne française d'origine polonaise, a isolé le radium et le polonium avec son mari, Pierre Curie, a eu le prix Nobel de physique en 1903 et le prix Nobel de chimie en 1911.
3. CARTIER, Jacques (Saint-Malo, 1491–1557). Explorateur français, est allé en Amérique du Nord, a pris possession du Canada au nom du roi François 1er (24 juillet 1534), a exploré la région du Saint-Laurent.
4. MACARTHUR, Douglas (Fort Little Rock, 1880–Washington, D.C., 1964). Général américain, a fait ses études à West Point, a été commandant en chef dans le Pacifique (1944–1945) et a commandé les forces de l'ONU en Corée (1950–1951).

Échange 4   *Les anniversaires*

A: Quand est ton anniversaire ?
B: C'est le 1er mai (le premier mai).

Échange 5   *Le jour et la date*

A: Quelle est la date aujourd'hui ?
B: C'est le trois avril.
A: Et quel jour sommes-nous aujourd'hui ?
B: Nous sommes mardi.

Saints' Days and the Calendar

French calendars list one saint for each day. Many French and Quebecers, especially those of Catholic background, celebrate a person's saint day (the saint for whom the person is named) with flowers and often a card that says **Bonne fête !** On some French TV channels, the weather announcer gives the date and adds: **C'est aujourd'hui la Saint-Jean** ou **la Sainte-Sophie (la = la fête de)**. Many churches and streets are named after saints: **la cathédrale Saint-Étienne** and **la rue Sainte-Catherine** in Montreal, **la rue Saint-Honoré** in Paris. Thus by their presence in daily life, saints' names provide evidence of the deep cultural impact of Catholic traditions in France and Quebec, even among people who are neither churchgoers nor believers.

1996 / 1997

SEPTEMBRE	OCTOBRE	NOVEMBRE	DÉCEMBRE	JANVIER	FÉVRIER
5 h 09 à 18 h 31	5 h 52 à 17 h 28	6 h 39 à 16 h 29	7 h 25 à 15 h 55	7 h 46 à 16 h 03	7 h 22 à 16 h 47
1 D S. Gilles	1 M Sᵗᵉ Th. de l'E.-J.	1 V TOUSSAINT	1 D Avent	1 M JOUR DE L'AN	1 S Sᵗᵉ Ella
2 L Sᵗᵉ Ingrid 36	2 M S. Léger	2 S Défunts	2 L Sᵗᵉ Viviane 49	2 J S. Basile	2 D Présentation
3 M S. Grégoire	3 J S. Gérard	3 D S. Hubert	3 M S. Xavier	3 V Sᵗᵉ Geneviève	3 L S. Blaise 6
4 M Sᵗᵉ Rosalie	4 V S. Fr. d'Assise 45	4 L S. Charles 45	4 M Sᵗᵉ Barbara	4 S. Odilon	4 M Sᵗᵉ Véronique
5 J Sᵗᵉ Raïssa	5 S Sᵗᵉ Fleur	5 M Sᵗᵉ Sylvie	5 J S. Gérald	5 D Epiphanie	5 M Sᵗᵉ Agathe
6 V S. Bertrand	6 D S. Bruno	6 M Sᵗᵉ Bertille	6 V S. Nicolas	6 L S. Mélaine 2	6 J S. Gaston
7 S Sᵗᵉ Reine	7 L S. Serge 41	7 J Sᵗᵉ Carine	7 S S. Ambroise	7 M S. Raymond	7 V Sᵗᵉ Eugénie
8 D Nativité N.-D.	8 M Sᵗᵉ Pélagie	8 V S. Geoffroy	8 D Sᵗᵉ Elfried	8 M S. Lucien	8 S Sᵗᵉ Jacqueline
9 L S. Alain 37	9 M S. Denis	9 S S. Théodore	9 L Imm. Concept. 50	9 J S. Alix	9 D Sᵗᵉ Apolline
10 M Sᵗᵉ Inès	10 J S. Ghislain	10 D S. Léon	10 M S. Romaric	10 V S. Guillaume	10 L S. Arnaud 7
11 M Sᵗᵉ Adelphe	11 V S. Firmin	11 L ARMIST. 1918	11 M S. Daniel	11 S S. Paulin	11 M Mardi-Gras
12 J Sᵗᵉ Apollinaire	12 S S. Wilfried	12 M S. Christian 46	12 J S. J.-F. Chantal	12 D Sᵗᵉ Tatiana	12 M Cendres
13 V S. Aimé	13 D S. Géraud	13 M S. Brice	13 V Sᵗᵉ Lucie	13 L Sᵗᵉ Yvette 3	13 J Sᵗᵉ Béatrice
14 S La Sainte-Croix	14 L S. Juste 42	14 J S. Sidoine	14 S Sᵗᵉ Odile	14 M Sᵗᵉ Nina	14 V S. Valentin
15 D S. Roland	15 M Sᵗᵉ Th. d'Avila	15 V S. Albert	15 D Sᵗᵉ Ninon	15 M S. Rémi	15 S S. Claude
16 L Sᵗᵉ Edith 38	16 M Sᵗᵉ Edwige	16 S Sᵗᵉ Marguerite	16 L Sᵗᵉ Alice 51	16 J S. Marcel	16 D Carême
17 M S. Renaud	17 J S. Baudouin	17 D Sᵗᵉ Elisabeth	17 M S. Gaël	17 V Sᵗᵉ Roseline	17 L S. Alexis 8
18 M Sᵗᵉ Nadège	18 V S. Luc	18 L Sᵗᵉ Aude	18 M Sᵗᵉ Gatien	18 S Sᵗᵉ Prisca	18 M Sᵗᵉ Bernadette
19 J Sᵗᵉ Emilie	19 S S. René	19 M S. Tanguy 47	19 J S. Urbain	19 D S. Manus	19 M S. Gabin
20 V S. Davy	20 D Sᵗᵉ Adeline	20 M S. Edmond	20 V S. Abraham	20 L S. Sébastien 4	20 J Sᵗᵉ Aimée
21 S S. Matthieu	21 L Sᵗᵉ Céline 43	21 J Prés. Marie	21 S HIVER	21 M Sᵗᵉ Agnès	21 V S. P.-Damien
22 D AUTOMNE	22 M Sᵗᵉ Elodie	22 V Sᵗᵉ Cécile	22 D Sᵗᵉ Fr.-Xavière	22 M S. Vincent	22 S Sᵗᵉ Isabelle
23 L S. Constant 39	23 M S. Jean de C.	23 S S. Clément	23 L S. Armand 52	23 J S. Barnard	23 D S. Lazare
24 M Sᵗᵉ Thècle	24 J S. Florentin	24 D Sᵗᵉ Flora	24 M Sᵗᵉ Adèle	24 V S. Fr. de Sales	24 L S. Modeste 9
25 M S. Hermann	25 V S. Crépin	25 L Sᵗᵉ Catherine L.	25 M NOËL	25 S Conv. S. Paul	25 M S. Roméo
26 J S. Vincent de P.	26 S S. Dimitri	26 M Sᵗᵉ Delphine 48	26 J S. Etienne	26 D Sᵗᵉ Paule	26 M S. Nestor
27 V S. Venceslas	27 D Sᵗᵉ Emeline	27 M S. Séverin	27 V S. Jean	27 L Sᵗᵉ Angèle 5	27 J Sᵗᵉ Honorine
28 S S. Venceslas	28 L SS. Simon, Jude 44	28 J S. Jacques de la M.	28 S SS. Innocents	28 M S. Th. d'Aquin	28 V S. Romain
29 D S. Michel	29 M S. Narcisse	29 V S. Saturnin	29 D S. David	29 M S. Gildas	
30 L S. Jérôme 40	30 M Sᵗᵉ Bienvenue	30 S S. André	30 L S. Roger 1	30 J Sᵗᵉ Martine	
	31 J S. Quentin		31 M S. Sylvestre	31 V Sᵗᵉ Marcelle	

MARS	AVRIL	MAI	JUIN	JUILLET	AOÛT
6 h 34 à 17 h 33	5 h 30 à 18 h 20	4 h 32 à 19 h 04	3 h 54 à 19 h 44	3 h 53 à 19 h 56	4 h 25 à 19 h 28
1 S S. Aubin	1 M S. Hugues 14	1 J FÊTE DU TRAVAIL	1 D Fête-Dieu	1 M S. Thierry	1 V S. Alphonse
2 D S. Charles le B.	2 M Sᵗᵉ Sandrine	2 V S. Boris	2 L Sᵗᵉ Blandine 23	2 M S. Martinien	2 S S. Julien-Eymard
3 L S. Guénolé 10	3 J S. Richard	3 S SS. Phil., Jacques	3 M S. Kévin	3 J S. Thomas	3 D Sᵗᵉ Lydie
4 M S. Casimir	4 V S. Isidore	4 D S. Sylvain	4 M Sᵗᵉ Clotilde	4 V S. Florent	4 L S. J.-M. Vianney 32
5 M S. Olive	5 S Sᵗᵉ Irène	5 L Sᵗᵉ Judith 19	5 J S. Igor	5 S S. Antoine	5 M S. Abel
6 J Sᵗᵉ Colette	6 D Annonciation	6 M Sᵗᵉ Prudence	6 V S. Norbert	6 D Sᵗᵉ Mariette	6 M Transfiguration
7 V Sᵗᵉ Félicité	7 L S. J. B. d. l. Salle	7 M Sᵗᵉ Gisèle	7 S S. Gilbert	7 L S. Raoul 28	7 J S. Gaétan
8 S S. Jean de Dieu	8 M Sᵗᵉ Julie 15	8 J ASCENSION VICT. 45	8 D S. Médard	8 M S. Thibaut	8 V S. Dominique
9 D Sᵗᵉ Françoise	9 M S. Gautier	9 V S. Pacôme	9 L Sᵗᵉ Diane 24	9 M Sᵗᵉ Amandine	9 S S. Amour
10 L S. Vivien 11	10 J S. Fulbert	10 S Sᵗᵉ Solange	10 M S. Landry	10 J S. Ulrich	10 D S. Laurent
11 M Sᵗᵉ Rosine	11 V S. Stanislas	11 D F. Jeanne d'Arc	11 M S. Barnabé	11 V S. Benoît	11 L Sᵗᵉ Claire
12 M Sᵗᵉ Justine	12 S S. Jules	12 L Sᵗᵉ Achille 20	12 J S. Guy	12 S S. Olivier	12 M Sᵗᵉ Clarisse 33
13 J S. Rodrigue	13 D Sᵗᵉ Ida	13 M Sᵗᵉ Rolande	13 V S. Antoine de P.	13 D SS. Henri, Joël	13 M S. Hippolyte
14 V Sᵗᵉ Mathilde	14 L S. Maxime	14 M S. Matthias	14 S S. Elisée	14 L FÊTE NATIONALE	14 J S. Evrard
15 S Sᵗᵉ Louise	15 M S. Paterne 16	15 J Sᵗᵉ Denise	15 D Sᵗᵉ Germaine	15 M S. Donald 29	15 V ASSOMPTION
16 D Sᵗᵉ Bénédicte	16 M S. Benoît-Joseph	16 V S. Honoré	16 L S. J.-F. Régis 25	16 M N.-D. Mt-Carmel	16 S S. Armel
17 L S. Patrice 12	17 J S. Anicet	17 S S. Pascal	17 M S. Hervé	17 J Sᵗᵉ Charlotte	17 D S. Hyacinthe
18 M S. Cyrille	18 V S. Parfait	18 D PENTECÔTE	18 M S. Léonce	18 V S. Frédéric	18 L Sᵗᵉ Hélène
19 M S. Joseph	19 S Sᵗᵉ Emma	19 L S. Yves 21	19 J S. Romuald	19 S Sᵗᵉ Arsène	19 M S. Jean-Eudes 34
20 J PRINTEMPS	20 D Sᵗᵉ Odette	20 M S. Bernardin	20 V S. Silvère	20 D Sᵗᵉ Marina	20 M S. Bernard
21 V S. Clémence	21 L S. Anselme 17	21 M S. Constantin	21 S ÉTÉ	21 L S. Victor 30	21 J S. Christophe
22 S Sᵗᵉ Léa	22 M S. Alexandre	22 J S. Emile	22 D S. Alban	22 M Sᵗᵉ M.-Madeleine	22 V S. Fabrice
23 S Rameaux	23 M S. Georges	23 V S. Didier	23 L Sᵗᵉ Audrey 26	23 M Sᵗᵉ Brigitte	23 S Sᵗᵉ Rose de Lima
24 D Sᵗᵉ Cath. de Su.	24 J S. Fidèle	24 S S. Donatien	24 M S. Jean-Baptiste	24 J Sᵗᵉ Christine	24 D S. Barthélemy
25 L S. Humbert 13	25 V S. Marc	25 D Fête des Mères	25 M S. Prosper	25 V S. Jacques	25 L S. Louis
26 M Sᵗᵉ Larissa	26 S Sᵗᵉ Alida	26 L S. Bérenger 22	26 J S. Anthelme	26 S SS. Anne, Joach.	26 M Sᵗᵉ Natacha 35
27 J S. Habib	27 D Jour du Souvenir	27 M S. Augustin	27 V S. Fernand	27 D Sᵗᵉ Nathalie	27 M Sᵗᵉ Monique
28 V S. Gontran	28 L Sᵗᵉ Valérie 18	28 M S. Germain	28 S Sᵗᵉ Irénée	28 L S. Samson 31	28 J S. Augustin
29 S Sᵗᵉ Gwladys	29 M Sᵗᵉ Cath. de Si.	29 J S. Aymar	29 D SS. Pierre, Paul	29 M Sᵗᵉ Marthe	29 V Sᵗᵉ Sabine
30 S PÂQUES	30 M S. Robert	30 V S. Ferdinand	30 L S. Martial 27	30 M Sᵗᵉ Juliette	30 S S. Fiacre
31 L S. Benjamin		31 S Visitation		31 J S. Ignace de L.	31 D S. Aristide

Activité 7 Quelles fêtes célébrez-vous ?

For the holidays you celebrate, give the date on which each is celebrated.

Modèle: le nouvel an
Le nouvel an, c'est toujours le premier janvier.
Pâques° *Easter*
Pâques, c'est en mars ou en avril. Cette année, c'est le _____.

1. Noël
2. Yom Kippour
3. la fête des Mères
4. la fête nationale
5. votre anniversaire
6. la fête du travail

de STRASBOURG

NEUDORF

Meilleurs Vœux

pour la Nouvelle Année

À Noël... tout est possible!

Mots nouveaux à apprendre

l'anniversaire *(m)*	*birthday*	né(e)	*(past participle*
le Canada	*Canada*		*of* ***naître****) born*
continuer à *(+ inf.)*	*to continue*	passer	*to pass,*
	(conj. like ***parler****)*		*to spend time*
coûter	*to cost*		*(conj. like* ***parler****)*
	(conj. like ***parler****)*	pendant	*for, during*
la date	*date*	la poésie	*poetry*
descendu	*(past participle*	le poète	*poet*
	of ***descendre,***	premier/première	*first*
	to go down)	le président	*president*
deuxième	*second*	publier	*to publish*
devenir	*to become*		*(conj. like* ***parler****)*
	(conj. like ***venir****)*	puis	*then*
discret/discrète	*discreet, private*	remarquable	*remarkable*
écrire	*to write*	rester	*to remain*
entrer	*to enter*		*(conj. like* ***parler,***
	(conj. like ***parler,***		***je suis resté(e)***
	je suis entré(e))	retourner	*to return*
étudier	*to study*		*(conj. like* ***parler,***
	(conj. like ***parler****)*		***je suis retourné(e)***
l'euro	*euro*	revenir	*to come back*
l'Europe *(f)*	*Europe*		*(conj. like* ***venir****)*
la France	*France*	la romancière,	
la guerre	*war*	le romancier	*novelist*
l'homme politique *(m)*	*politician*	le Sénégal	*Senegal*
l'hôpital *(m)*	*hospital*	tomber	*to fall*
l'institutrice *(f),*	*grade school*		*(conj. like* ***parler,***
l'instituteur *(m)*	*teacher*		***je suis tombé(e))***
le jour	*day*	venir	*to come*
les lettres classiques	*classics*		
(f pl)			
le Manitoba	*Manitoba*		
mille	*thousand*		
un million	*million*		
mondial(e)	*world*		
monter	*to go up*		
	(conj. like ***parler,***		
	je suis monté(e))		

venir   *to come*

je	viens	nous	venons
tu	viens	vous	venez
il/elle/on	vient	ils/elles	viennent
je suis venu(e)			

Comment le dire

La voyelle nasale [ɑ̃]

Proverbe   Qui se rep**ent** est presque innoc**ent**.

The French nasal vowel [ɑ̃] has no exact equivalent in American English, but the British English pronunciation of the letters *an* in *can't* is very close to the French [ɑ̃] sound.

The sound [ɑ̃] has several different spellings. Note that in all cases, the [ɑ̃] corresponds to the vowel **e** or **a** or the combination **ea**, followed by **n, m,** plus another consonant that is not **n** or **m** or by the end of the word.

en/em	**en** France, t**em**ps, impati**en**t
an/am	**en**fant, l**am**pe, extravag**ant**
ean	J**ean**

Note that in **examen, en** is pronounced [ɛ̃]. Note that the spelling **ent** in third-person plural verb endings is not pronounced at all: **elles parlent** is pronounced like **elle parle.**

Activité 8   Qu'en pensez-vous ?

In pairs, ask each other's opinion about each of the following subjects.

Modèle: les enfants

A: Qu'est-ce que tu penses des enfants en général ?
B: Les enfants, moi, je pense que c'est fantastique.

Adjectifs possibles: terrifiant, choquant, extravagant, permanent, charmant, amusant

1. les accidents
2. les polluants
3. les éléphants
4. la politique du gouvernement
5. les problèmes d'environnement
6. être adolescent

Lisons un peu

Stratégie de lecture   Distinguez les événements des descriptions et commentaires qui les accompagnent.

To understand a narrative, you need to distinguish between the series of events that are reported in the text (actions, reactions, changes) and the parts of the text that contain commentaries or background information on settings and circumstances.

Think about what happened in your French class on the first day of this semester and answer the following questions.

Events	**Circumstances or Comments**
What happened?	Who was there?
What did various people do or say?	How did you feel?

À vous de lire

<u>Autobiographie</u>   As you read this excerpt from an autobiographical text by
Gabrielle Roy, be alert to the distinction between events and background information.
Ask yourself the question **Qu'est-ce qui est arrivé ?** *(What happened?)* to find the parts
of the text that relate events. Note that the **passé composé** is used to relate these events.
Ask yourself also the question **Comment c'était ?** *(What was it like?)*. The present tense
and another past tense that you will learn in **Ensemble 8, l'imparfait,** are used to relate
this background information.

Rue Deschambault
—Gabrielle Roy, 1955

Il n'y avait pas° beaucoup d'enfants, ce premier jour de classe : presque
uniquement des petits. J'ai commencé par la géographie. Il me semble
que cela va tout seul, la géographie, qu'il n'y a pas moyen de se tromper
en enseignant° cette matière si intéressante à cause des grandes cartes°
peut-être, des couleurs différentes pour chaque pays.° Et puis ce n'est pas
comme l'histoire. Dans la géographie, on n'a pas à juger les peuples ; il n'est
pas question de guerres ; on n'a pas à prendre parti.° J'ai parlé des cultures°
dans les divers coins du monde,° d'où viennent le sorgho, le tapioca, les
bananes, les oranges, le sucre, la mélasse... Les enfants ont eu l'air très
heureux d'apprendre d'où proviennent les choses que justement ils aimaient
le mieux manger. Et je leur° ai dit qu'eux aussi en un sens travaillaient au
bonheur° des autres, puisque notre blé° canadien était connu° presque
partout° dans le monde, et très nécessaire à la vie.

Quand je suis revenue, vers midi, Mme Toupin m'a questionnée avidement :
—Alors ? Ils ne vous ont pas dévorée ? [...] Votre misère va commencer
quand les grands viendront° à l'école. Pour le moment, ils aident leurs parents aux battages,° aux labours d'automne. Mais vers le mois d'octobre,
vous allez voir arriver les *tough*. Je vous plains,° ma pauvre petite fille !

Il... There weren't

*se... to go wrong in
teaching/maps/country*

*prendre... take sides/crops
world*

*to them
happiness/wheat/était...
was known/everywhere*

*will come
threshing
Je... I pity you*

Vous avez compris ?

1. Quelle est la profession de la narratrice (la personne qui dit « je ») ?
2. Dans ce texte, il y a deux « scènes ». Où se passe la première scène et qui sont
   les personnages ? Où se passe la deuxième scène et qui sont les personnages ?
3. Par quelle matière est-ce que la classe a commencé ? Qu'est-ce que la narratrice a
   expliqué aux enfants ?
4. Qu'est-ce que Mme Toupin pense des grands enfants de l'école ? Quelle prédiction fait-elle pour le mois d'octobre ?
5. Faites une liste des cinq premiers verbes au passé composé pour résumer les
   événements dans cette partie du texte.

Verbes au passé composé   **Infinitifs**

a. _____J'ai commencé_____   _____

b. _____   _____

c. _____   _____dire_____

d. _____   _____

e. _____   _____

Dossier 3

Paroles

Stratégie de lecture   Utilisez autant de stratégies que possible.

You can increase your understanding of a text by applying many reading strategies to it. Read the excerpt from a French TV guide on page 187 to identify different types of programs. In the chart that follows, indicate all the reading strategies you used to figure out the meaning of each new French word listed in the left column.

Stratégies				
	mots comme en anglais	mots français de la même famille	contexte du mot	votre connaissance du sujet
le journal				
la série				
la rediffusion				
le jeu				
le magazine				
le documentaire				
le débat				

Now give the English equivalent or definition of each word.

1. le journal   _____

2. la série   _____

3. la rediffusion   _____

4. le jeu   _____

5. le magazine   _____

6. le documentaire   _____

7. le débat   _____

Journée 2e partie

Samedi 29 mars

TF1	France 2	France 3	Canal+	La 5e	M6
13.00 Journal *18287*	**13.00** Journal *61287*	**11.40** Journal *3834707*	**12.30** L'hebdo de Michel Field En clair. Rediffusion : jeudi 3 à 15.05. *56504*	**13.00** Philosophies *4349*	**12.20** Madame est servie Série américaine. Ta grand-mère est une poule. *8645233*
13.15 Reportages Le bonheur des dames. Rediffusion : mardi 1er vers 0.35. *893165* Voir texte ci-dessous	**13.35 Consomag** *5145097*	**13.00 Couleur pays** Programmes régionaux. *66981*	**13.30 Cyberculture** En clair. L'Etat et la souris. *4691*	**13.30 Marie de La Soudière** *7436* TT Voir texte page 107	**12.55 55 pour Vatoo** Jeu. *682610*
13.55 MacGyver Série américaine. Avec Richard Dean Anderson, Dana Elcar, Steven Keats. Le gang anti-drogue. *8239829*	**13.40 Les grandes énigmes de la science** Une énigme nommée Jésus. ST. Rediffusion : dimanche 30 vers 2.00. *4437207* Voir texte ci-dessous	**14.00 Keno** *24523*	**14.00 Rugby** Championnat de France. 15e journée. Bègles/Perpignan. A Bègles. En direct. *884707*	**14.00 Fête des bébés** *8165*	**13.25 Manimal** Série américaine. La nuit du scorpion. *907726*
14.55 K 2000 Série américaine. Avec David Hasselhoff. Le retour de K.A.R.R. *6342875*	**14.55 Les géants tranquilles** Documentaire de Rick Rosenthal. *1442875*	**14.10 Montagne** T Magazine proposé par Pierre Ostian et Jean-Pierre Locatelli. Tinée : chronique d'une menace annoncée. Rediffusion : lundi 31 vers 16.10. *637423* Voir texte ci-contre	**16.00 Surprises** *41252*	**14.30 Les fronts de la tolérance Le sens de l'Histoire** TT L'apartheid. *4718504* Voir texte page 107	**14.20 Robocop** Série américaine. Les fantômes. *346691*
15.50 Savannah Série américaine. ST. Avec Robyn Lively. Vengeances. *1109542*	**15.45 Samedi sport** *5168417*	**14.40 Couleur pays** Programmes régionaux. *25160875*	**16.05 Le journal du cinéma** *625610*	**15.10 Les fronts de la tolérance** Débat Présidé par Elie Wiesel. Invités : Yehudi Menuhin et Jorge Semprun. *9467964*	**15.15 Surfers détectives** Série américaine. Petite fille modèle. *3167243*
16.40 Vidéo gag *9168320*	**15.50 Tiercé** En direct de Vincennes. *4071639*	**18.10 Expression directe** UDF. *6808542*	**16.30 Alien, l'univers des insectes** Documentaire de Steve Nicolls et Rupert Barrington. Les armes de la survie. Rediffusion : mercredi 2 à 14.30. *1440436*	**16.00 Mélanie, enfant du sida** T Documentaire. *1829* Voir texte page 107	**16.10 Les Têtes brûlées** Série américaine. Le massacre de Fort Apache. *5725829*
16.50 Football T Coupe de France. Quart de finale. Bordeaux/Montpellier. Au Parc Lescure, à Bordeaux. En direct. *58390374* Voir texte ci-dessous	**16.10 Cyclisme** Critérium international de la route. 1re étape : Blaye-Les-Mines - Rabastens (188 km). En direct. *2512720*	**18.20 Questions pour un champion** Jeu. Présentation : Julien Lepers. *67233*	**17.05 Les superstars du catch** En clair. *815469*	**16.30 Le plein des sens** *8146* Voir texte page 107	**17.00 Chapeau melon et bottes de cuir** Série britannique. L'oiseau qui en savait trop. *86928*
Suite ▶ **19.00 Beverly Hills**	**17.40 La fête à la maison** Série américaine. Amis pour la vie. *19766*	**18.50 Un livre, un jour** T Magazine. Présentation : Olivier Barrot. *New York années 30,* de Samuel Fuller (Hazan/Lumières). *7093788*	**17.55 Fundole** En clair. Funboard. Fundole Euro Tour 1997. A Lyon. *7713287*	**17.00 L'enfant hors taxes** *9875* Voir texte page 107	**18.00 Amicalement vôtre** Série britannique. Des secrets plein la tête. *86964*
	18.10 Urgences T Série américaine. Dans la chaleur de Chicago. *2299558* Suite ▶ **19.00 Télé qua non**	**Suite ▶** **18.55 19/20**	**18.50 Flash infos** En clair. *6981829* **Suite ▶** **19.00 T.V.+** En clair.	**17.30 Peut-on tout tolérer ? Etat des lieux** *9823875* **18.20 Peut-on tout tolérer ?** Débat *31320* **Suite ▶** **19.00 Arte**	**Suite ▶** **19.00 Turbo**

Lire

Qu'est-ce qu'il y a à la télévision ?

Reread the TV guide and answer the following questions.

Vous avez compris ?

1. Est-ce qu'il y a des émissions que vous avez déjà vues chez vous ? Quelles émissions ? Aimez-vous ces émissions ?
2. Quelles émissions sont destinées à des enfants de cinq ans ? à des adolescents de quinze ans ? aux grands-parents ?
3. Quelle émission préférez-vous ? Pourquoi ?

Les mots pour le dire

La télévision ou les cassettes vidéo ?

Échange 1 *Télévision ou cassette vidéo ?*

TF1

5.55	**Série.** Les aventures de Tintin
6.23	**Météo.**
6.30	**Feuilleton.** Le destin du docteur Calvet
7.30	**Magazine.** Notre Seine
8.15	**Télé-Shopping.**
11.25	**Jeu.** Le juste prix
12.25	**Journal.**
13.05	**Dessins animés.** Les Stroumpf

A: Tu viens regarder la télévision chez moi ce soir ?

B: Mais non, il n'y a jamais de bonnes émissions le jeudi. Regarde le programme, il n'y a rien pour moi. Tu vois, il n'y a pas de sports !

A: Alors, on loue une cassette ?

B: Bien, mais, quelle sorte de film ? Il y a beaucoup de films au magasin vidéo.

A: Voyons... Moi, je veux voir un documentaire.

Verbe irrégulier					
voir *(to see)*	je	vois	nous	voyons	
	tu	vois	vous	voyez	
	il/elle/on	voit	ils/elles	voient	
	j'ai vu				

La télévision en France

La télévision et les cassettes vidéo jouent un rôle important dans les loisirs° des Français. En France, la télévision a des chaînes publiques, subventionnées° par le gouvernement, des chaînes privées et des chaînes sur câble. Beaucoup de Français ont des antennes paraboliques pour recevoir des émissions par satellite. Certains Français trouvent regrettable la fréquence des feuilletons et des films américains à la télévision en France, mais d'autres les aiment beaucoup.

leisure time
subsidized

Activité 1 Les émissions préférées

Look at the following personal schedules of six friends and at the partial TV schedule. Say what type of program each person prefers and what channel that person is likely to watch given his or her personal schedule.

Modèle: Paul aime regarder les jeux à la télévision et il est libre de onze heures à midi. Alors, il va regarder TF1 ou A2 (Antenne 2).

personne	genre d'émission préféré	heures libres	chaîne(s)
1. Paul	les jeux	11h–12h	
2. Georges	les feuilletons	6h–7h	
3. Sophie	les séries américaines	13h45–15h	
4. Brigitte	les documentaires	14h30–15h30	
5. Christine	les sports	14h30–17h	

6   *Lundi 9 juillet*

TF1

5.55 Série : Mésaventures.
6.23 Météo et Journal (et à 6.58, 8.13).
6.30 Feuilleton : Le destin du docteur Calvet.
7.20 Série : Intrigues.
7.50 Série : Passions.
8.15 Télé-shopping.
8.50 Club Dorothée vacances.
11.25 Jeu : Jeopardy !
11.55 Jeu : Tournez... manège.
12.25 Jeu : Le juste prix.
12.55 Météo des plages.
13.00 Journal et Bourse.
13.35 Feuilleton : Les feux de l'amour.
14.25 Série : Tribunal.
14.55 Club Dorothée vacances. Jem et les holo-grammes ; Pas de pitié pour les croissants ; Jayce ; Les chevaliers du zodiaque ; Série : Salut les mus-clés ; Le clip Top jeune ; Les jeux.

A2

6.30 Télématin.
8.30 Feuilleton : Amoureusement vôtre.
8.55 Eric et toi et moi.
Avec le journal à 7.00, 7.30, 8.00.
Bouli ; La Panthère rose ; Les ratons-laveurs ; Bécébégé ; Le club des cinq ; COPS.
10.55 Série : Les deux font la loi.
11.25 Jeu : Motus.
11.55 Jeu : Bonne question, merci de l'avoir posée. Animé par Lionel Cassan.
12.25 Jeu : Les mariés de l'A 2. Animé par Patrice Laffont.
13.00 Journal et Météo.
13.45 Série : Falcon Crest.
14.10 Série : Larry et Balki.
14.45 Sport : Cyclisme.
Tour de France : 8ᵉ étape.

FR 3

8.00 Eurojournal. L'info en v.o.
9.00 Samdynamite.
Inspecteur Gadget ; Chobin ; Boumbo ; Il était une fois l'homme ; K. Kachi le petit champion de base-ball ; Denver ; Les contes de Grimm ; Ravioli ; Les entrechats ; Ulysse 31.
12.00 Flash d'informations.
12.05 Magazine : Estivales.
En direct du Festival de jazz à Vienne.
12.45 Journal.
13.00 Feuilleton : La dynastie des Forsyte.
13.30 Magazine : Regards de femmes.
14.00 Magazine : Thalassa (rediff.).
14.30 Documentaire :
Boulevard du vingtième siècle.
Avenue Edouard-Herriot.
15.00 Série : Lady Blue.

Échange 2   *Quelle sorte de film ?*

SÉBASTIEN: Quelle sorte de film préfères-tu ?
KARINE: Moi, je préfère les comédies.
SÉBASTIEN: Ah, d'accord. Y a-t-il une comédie que tu veux voir ce soir ?
KARINE: Peut-être *Bogus*. C'est très amusant.

Possibilités

un drame	un film d'horreur
un documentaire	un film d'aventures
un western	un film de guerre
un dessin animé	un film de science-fiction
une comédie	un film policier
un conte	un conte de fées

Observez

What is the purpose of the second noun in the constructions using a noun + **de** + a noun? **(4.8)**

Activité 2 Quelle sorte de film est-ce que tu aimes ?

*Circulate among your classmates to find someone who likes each type of film or program and ask why. Write the student's name below the film or program type. Announce to the class when you get **LOTO.***

L	**O**	**T**	**O**
drame	comédie	western	documentaire
dessin animé	film d'horreur	film de guerre	télé-shopping
film d'aventures	feuilleton	météo	jeu
sports	magazine	film policier	journal

Donner votre opinion

Échange 3 *Déjà vu ? Déjà écouté ?*

A: Avez-vous vu le dernier film de Denys Archand ?
B: Oui, je l'ai vu samedi soir. C'est super.
A: Et avez-vous écouté les dernières chansons de Richard Séguin ?
B: Oui, mais vous voyez, je ne les ai pas trouvées très bonnes.

Possibilités

+	-
excellent(e)	médiocre
passionnant(e)	bête
amusant(e)	sans intérêt
génial(e), géniaux	moche (argot)
super (argot)	nul(le)

Observez

1. To which nouns in the questions do the direct object pronouns in the answers refer?

2. Where is the direct object pronoun placed in relation to the two parts of the verb in the **passé composé**? (4.1.e)

3. How does the spelling of the past participle vary according to the direct object pronoun? (4.1.e)

Activité 3 Qu'est-ce que tu as fait ?

With a classmate, take turns asking and answering the questions following the model. If you answer affirmatively, make a comment after your answer.

Modèle: A: As-tu regardé le journal télévisé ce matin ?
B: Oui, je l'ai regardé. Je l'ai trouvé sans intérêt.
ou
Non, je ne l'ai pas regardé.

1. As-tu regardé les dessins animés dimanche ?
2. As-tu loué ces cassettes vidéo hier soir ?
3. As-tu aimé le film *Casablanca* ?
4. As-tu lu le roman *Notre Dame de Paris* ?
5. As-tu vu la nouvelle comédie avec Gérard Depardieu ?

Demander l'opinion de quelqu'un

Échange 4   *Opinions différentes*

A: Quel film as-tu vu récemment ?

B: Voyons... moi ? J'ai vu *La Belle et la Bête* avec mes petits cousins.

A: Comment l'as-tu trouvé ?

B: Je l'ai trouvé médiocre. Tu l'as vu ?

A: Oui, et je ne suis pas du tout d'accord avec toi. L'histoire est belle et la musique est formidable.

Possibilités

J'ai raison, non ?	Non, pas du tout, tu as tort.
Tu es d'accord ?	Oui, tout à fait d'accord.
	Non, je ne suis pas d'accord.
Tu ne trouves pas ?	Tu as raison.

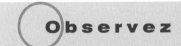

What would be the equivalent English expression for the two expressions in the **Possibilités** that use the verb **avoir**? (4.9)

Activité 4   Il est bon, ce film ?

Circulate among your classmates and find someone who saw the same film you did. Discuss what you both thought of the film.

Mots nouveaux à apprendre

amusant(e)	*funny*	louer	*to rent*
avoir tort	*to be wrong*		*(conj. like **parler**)*
la cassette	*video-*	le magasin	*store*
	or audiocassette	le magazine	*documentary-type*
la comédie	*comedy*		*program*
le conte	*tale*	médiocre	*mediocre*
le conte de fées	*fairytale*	la météo	*weather forecast*
le dessin animé	*cartoon*	moche	*awful (argot)*
le documentaire	*documentary*	la musique	*music*
le drame	*drama*	nul(le)	*extremely bad*
l'émission *(f)*	*TV show*	passionnant(e)	*gripping*
excellent(e)	*excellent*	le programme	*TV schedule, program*
le feuilleton	*series, soap opera*	récemment	*recently*
le film	*film*	sans intérêt	*without interest*
d'aventures	*adventure film*	la série	*series*
d'horreur	*horror film*	la sorte	*sort, type*
de guerre	*war film*	le télé-shopping	*shopping channel*
de science-fiction	*science fiction*	tout à fait	*completely*
	film	la vidéo	*video*
policier	*detective film*	voir	*to see*
formidable	*wonderful*		
génial(e)(es),			
(géniaux)	*fun, amusing*		
l'histoire *(f)*	*story, history*		
le jeu (les jeux)	*game*		
le journal	*news show*		

je vois	nous voyons
tu vois	vous voyez
il/elle/on voit	ils/elles voient

j'ai vu	
voyons	*let's see*
le western	*western*

Comment le dire

La voyelle nasale [ɛ̃]

Proverbe   Qui n'a ri**en**, ne cr**ain**t° rien.   *fears*

The pronunciation of the nasal vowel [ɛ̃] resembles—but is not quite identical to—that of the vowel sound in American words like *hand* or *lamp*, but without the sound of the **n** or **m** after the vowel.

The sound [ɛ̃] corresponds to different spellings.

un, um	**un**	comm**un**	parf**um**
in, im	fémin**in**	Mart**in**	**im**portant
ain, aim	améric**ain**	mexic**ain**	f**aim**
yn, ym	**syn**thèse	**syn**taxe	**sym**pathique
oin	p**oin**t	**loin** (preceded by [w] as in *way*)	
ien, yen	b**ien**	mo**yen** (preceded by [j] as in *yes*)	

Activité 5   Comment trouvez-vous ça ?

Work with a classmate. Take turns making the following statements, then contradicting them by using the antonym provided.

Modèle: C'est une opinion partiale. (**im**partiale)

   A: C'est une opinion partiale.
   B: Voyons... Moi, je la trouve **im**partiale.

1. C'est une lettre personnelle. (**im**personnelle)
2. C'est un homme poli. (**im**poli)
3. C'est une décision juste. (**in**juste)
4. C'est une solution pratique. (**im**praticable)
5. C'est un travail possible. (**im**possible)

Discutons un peu

Stratégie de discussion   Pour arriver à une décision de groupe, isolez des éléments qui sont importants pour vous et demandez aux autres leurs opinions.

To make a group decision, identify what you consider important and then consult your group.

   In groups of three or four, consider the film *Gladiator* and decide which criteria might lead you to select that film.

Critères	Exemple
Titre	Je préfère voir *Gladiator*.
Sujet	C'est l'histoire d'un homme et de ses aventures.
Sorte de film	C'est un film historique et un film de guerre.
Réalisateur/trice	C'est un film de Ridley Scott. Il a fait des films excellents.
Acteurs/actrices	J'aime Russell Crowe. Je trouve que c'est un acteur de talent.
Impression	Ce film a l'air sérieux et dramatique. Je veux le voir.

À vous la parole

Choisir un film   With your group, consider these ads. Imagine what the films might be about and decide which film you want to see. Note that all ads do not give information for each criteria. Explain your selection in at least four sentences.

Dossier

In this Dossier, you will learn about these grammatical features

■ the irregular verbs **suivre** (*to take a course; to follow*) and **comprendre** (*to understand*)

■ the use of articles in naming fields of study

■ the distinction between the adjectives **bon(ne)** and **mauvais(e)** and the adverbs **bien** and **mal**

Additional materials for this **Dossier:**

AUDIO CD
   Écouter : Le bac annulé, pas possible (Track 12)

CD-ROM (E4)
   Échanges : Les cours, Explication, Bonnes et mauvaises notes
   Comment le dire : Récapitulation des voyelles nasales

VIDEO/VIDEO MANUAL
   Situation 6 : Au magasin vidéo

PAROLES WEB SITE
   Web Activities 6 (**Le système d'éducation et le bac**), 7 (**Études**)
   Audio Activity: **Écouter : Le bac annulé** (2 = Pré-Écoute ; 3 = Écoute)

CAHIER (4.4)
   Activités écrites (et À vous d'écrire)
   Activités de laboratoire

DASHER (E4)
   Paroles : **Activités 4, 6**
   Cahier : Activités écrites 1, 2, 6

 Paroles

Stratégie d'écoute   En écoutant le compte rendu d'un événement, cherchez le résultat avant de vous concentrer sur les détails.

When listening to someone recount something that has happened, it is useful to remember that people often start with a summary statement about the event, and then fill in the details according to their listener's needs and interests.

Listen to the beginning of a telephone conversation between Philippe and his grandmother (Mémé). As soon as you can answer any one of the three questions that follow, raise your hand.

1. Are Philippe and Mémé calm or excited, pleased or upset?
2. What are they talking about?
3. What happened that is unusual?

Écouter

Le bac annulé, pas possible !   Now listen to the complete telephone conversation and focus on the information that you need to understand in order to answer the following questions.

Vous avez compris ?

1. Philippe s'est préparé à passer quel examen ?
2. Pourquoi est-ce qu'il n'y a pas eu d'examen ce matin ?
3. À quelle heure est-ce que Philippe est arrivé dans la salle d'examen et à quelle heure est-il parti ?
4. Qui est le voleur° ? Qu'est-ce qu'il a fait avec les questions ?   *thief*
5. Quand est-ce que Philippe va avoir son examen ? Est-ce que Philippe est content d'attendre° ?   *to wait*

être... *to pass*

Le bac

En France, le système d'éducation comprend l'école maternelle, cinq ans d'école primaire, quatre ans de collège, trois ans de lycée et ensuite les études universitaires. Le baccalauréat (le bac) est un examen national à la fin des études de lycée. Chaque année, il y a environ 800.000 candidats au bac. Les questions diffèrent selon l'année. Il faut être reçu à° cet examen pour entrer à l'université : 75 %–78 % des candidats sont reçus. Pour les lycéens qui ne sont pas reçus au bac, c'est un drame personnel et familial, mais ils ont la possibilité de repasser l'examen l'année suivante. Le bac est vraiment un événement national : en juin, la presse discute les questions et les résultats. La conversation entre Philippe et sa grand-mère est basée sur un cas de fraude rapporté dans la presse en 1991.

Les mots pour le dire

Les matières du bac

Il y a deux sortes de bac, *le bac général* et *le bac technologique*. Il y a aussi plusieurs séries d'examens différents.

Matières obligatoires

le français   la philosophie

Matières obligatoires pour la majorité des séries

les mathématiques

l'histoire et la géographie

une, deux ou trois langues étrangères (l'anglais, l'allemand, l'espagnol, l'italien, le latin, le grec)

le sport

Autres matières possibles

la chimie   l'électricité

la physique   la mécanique

la biologie   la sociologie

l'économie et le droit   la technologie industrielle

Et après le bac... à la fac.

Pour décrire vos études à la fac

Échange 1 *Les cours*

A: Quelle sorte d'études faites-vous ?

B: Je suis étudiant(e) en lettres.

A: Quels cours suivez-vous ce semestre/trimestre ?

B: Je suis des cours de littérature.

Verbe irrégulier					
suivre *(to take a course; to follow)*	je	suis	nous	suivons	
	tu	suis	vous	suivez	
	il/elle/on	suit	ils/elles	suivent	
	j'ai suivi				

Possibilités

les lettres   l'informatique

les sciences   l'art

les sciences humaines la musique

les mathématiques

Activité 1   Quelles études ?

Circulate among your classmates and find out what they are studying.

Modèle: A: Quelle sorte d'études fais-tu ?
B: Je suis étudiant(e) en sciences.
A: Alors, tu fais de la biologie ?
B: Oui, et de la chimie.

Échange 2   *Explication*

A: Pourquoi faites-vous des maths ?
B: Parce que j'aime les maths.

Possibilités

Parce que j'aime les maths.

je suis bon(ne) en chimie.

je suis mauvais(e) en histoire.

je veux être médecin.

c'est obligatoire pour mon diplôme.

c'est utile/facile/intéressant.

Activité 2   Pourquoi ce cours ?

With a classmate, discuss the courses you are taking, why you are taking them, and what you think of them.

Questions possibles

Quels cours suis-tu ce semestre ?

Pourquoi fais-tu du/de la/de l'/des… ?

Aimes-tu le/la/l'/les… ?

Comment trouves-tu ton cours de… ?

Comment trouves-tu ton professeur de… ?

Observez

1. To talk about courses, with what verb are the articles **le, la, l',** and **les** used before the course? **(4.10.a)**

2. To talk about courses, with what verb are **du, de la, de l',** and **des** used before the course? **(4.10.b)**

3. With what expressions is the preposition **en** used before the name of the course? Is there an article when **en** is used? **(4.10.d)**

Pour expliquer les notes

Échange 3 *Bonnes et mauvaises notes*

MÈRE: Félicitations, Marguerite. Tu as eu « très bien » en histoire. Je suis fière de toi.

MARGUERITE: Merci, Maman. Cette fois, tu vois, j'ai bien préparé mes leçons. Mais... en maths, c'est une autre histoire.

MÈRE: Comment ça ? Tu comprends bien les maths.

MARGUERITE: C'est que j'ai mal révisé avant l'examen et j'ai eu une mauvaise note.

Possibilités

J'ai eu une bonne note parce que...

    je suis toujours allé(e) à mes cours.

    j'ai bien préparé mes devoirs.

    j'ai bien étudié mes leçons.

    j'ai bien révisé avant l'examen.

    j'ai bien participé en classe.

    j'ai bien compris la leçon.

J'ai eu une mauvaise note parce que...

    j'ai souvent manqué des classes.

    j'ai mal fait mes devoirs.

    je n'ai pas étudié les textes.

    j'ai triché à un contrôle.

    je n'ai jamais parlé en classe.

    je n'ai pas compris les questions.

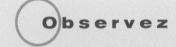

1. What are the adjective equivalents of **bien** and **mal**? **(4.11.a)**

2. In the phrases **j'ai bien préparé mes leçons** and **j'ai mal révisé,** what type of word do **bien** and **mal** qualify? **(4.11.b)**

3. Where do **bien** and **mal** go in relation to the verb in the **passé composé**? **(4.11.b)**

Verbe irrégulier				
comprendre *(to understand)*	je	comprends	nous	comprenons
	tu	comprends	vous	comprenez
	il/elle/on	comprend	ils/elles	comprennent
	j'ai compris			

Activité 3 Bon ou mauvais ?

With a classmate, discuss your performance in different subject matters.

Modèle 1:

A: Tu es bon(ne) en français ?

B: Oui, bien sûr.

A: Comment tu fais pour être bon(ne)?

B: J'étudie bien mes leçons.

Modèle 2:

A: Tu es bon(ne) en français ?

B: Oh non, je suis mauvais(e).

A: Oh, pourquoi ?

B: Je fais mal mes devoirs.

Activité 4 Quelle note ?

Imagine it's the end of the term. Working with a classmate, use an item from the list to tell what you did in a particular course. Your partner will deduce whether you will get a good or bad grade.

Modèle: toujours participer aux discussions

    A: En histoire, j'ai toujours participé aux discussions.

    B: Alors, tu vas avoir une bonne note en histoire.

1. bien faire mes devoirs
2. manquer trois ou quatre contrôles
3. tricher à l'examen

4. bien réviser avant l'examen
5. ne pas étudier les textes obligatoires
6. ne pas comprendre les questions

Activité 5 Les bonnes excuses

Your instructor will criticize your work or behavior in class. Make excuses in response.

Modèle: PROFESSEUR: Vous êtes arrivé(e) à 10 heures mais le cours commence à 9h50.

ÉTUDIANT(E): Excusez-moi mais... euh... mon réveil n'a pas sonné.

1. Vous n'avez pas fait vos exercices de grammaire?
2. Un D à ce petit contrôle, mais voyons!
3. Vous avez manqué la classe hier, pourquoi?
4. Regardez ces réponses. Est-ce que vous avez triché?
5. Je ne vois pas votre devoir pour aujourd'hui.

Mots nouveaux à apprendre

l'art *(m)*	*art*
le bac	*baccalaureat exam in France*
la biologie	*biology*
la chimie	*chemistry*
la classe	*class*
comprendre	*to understand*
je comprends nous comprenons	
tu comprends vous comprenez	
il/elle/on comprend ils/elles comprennent	
j'ai compris	
le contrôle	*quiz*
les devoirs *(m pl)*	*assignments, homework*
différent(e)	*different*
le diplôme	*diploma*
le droit	*law*
l'économie *(f)*	*economics*
l'électricité *(f)*	*electricity*
l'examen *(m)*	*test*
félicitations	*congratulations*
fier/fière	*proud*
général(e)	*general*
la géographie	*geography*
le grec	*Greek*
l'informatique *(f)*	*computer science*
la langue étrangère	*foreign language*
le latin	*Latin*
la leçon	*lesson*
les lettres *(f pl)*	*letters, arts*
la littérature	*literature*
la majorité	*majority*
manquer	*to miss* (conj. like **parler**)

les mathématiques, les maths *(f pl)*	*math*
la matière	*subject matter*
la mécanique	*mechanics*
la musique	*music*
la note	*grade*
obligatoire	*obligatory, required*
participer	*to participate* (conj. like **parler**)
la philosophie	*philosophy*
la physique	*physics*
plusieurs	*several*
préparer	*to prepare* (conj. like **parler**)
réviser	*to review* (conj. like **parler**)
les sciences *(f pl)*	*science*
les sciences humaines	*social sciences*
le semestre	*semester*
la sociologie	*sociology*
suivre	*to take a course; to follow*
je suis nous suivons	
tu suis vous suivez	
il/elle/on suit ils/elles suivent	
j'ai suivi	
la technologie industrielle	*industrial technology*
technologique	*technological*
tricher	*to cheat* (conj. like **parler**)
le trimestre	*quarter*
utile	*useful*

Comment le dire

Récapitulation des voyelles nasales

Expression figurée   C'est **long** comme **un** jour s**ans** p**ain**.

It's as long as a day without bread (i.e., very long).

The three French nasal vowels [ɔ̃], [ɑ̃], and [ɛ̃] are pronounced like the equivalent oral vowels, but with the air coming through the nose. Remember that the written **n** or **m** is *not* pronounced after nasal vowels, except with a few rare **liaisons** such as **un** followed by a word beginning with a vowel.

[ɔ̃] **bon:** lips fully rounded, mouth almost closed, tongue pulled toward the back of the mouth as for [o] **beau.**

[ɑ̃] **Jean:** lips neither rounded nor spread, mouth fully open, tongue flat in mouth as for [a] **Jeanne.**

[ɛ̃] **fin:** lips spread, mouth mid-open, tongue bunched toward the front of the mouth as for [ɛ] **fais.**

Activité 6 Ne confondez pas

With a classmate, practice reading the following series of words aloud, paying particular attention to your lip position as you pronounce the nasal vowels.

[ɔ̃]	[ɑ̃]	[ɛ̃]

Key vowel: o	**Key vowels: a, e**	**Key vowels: i, u**
1. bon	banc	bain
2. font	enfant	fin
3. allons	l'an	l'Inde
4. avons	le vent	le vin
5. comble	semble	humble

Activité 7 Tant pis pour toi !

Practice saying this conversation with a classmate. Pay attention to the nasal vowels.

A: C'est qu**and ton con**trôle d'économie ?
B: Dem**ain** mat**in**, à **on**ze heures.
A: Tu as b**ien** préparé ?
B: Pas très b**ien**, **enfin**... pas assez b**ien**.
A: Pourquoi ?
B: Pas eu le t**em**ps !
A: Mais tu as **en**core **un** jour pour réviser.
B: Pas **en**vie, m**on** vieux, pas **en**vie...
A: Alors, b**on**jour la mauvaise note !

Écrivons un peu

Stratégie d'écriture **Pensez à l'effet des sons répétés dans la poésie.**

Words that sound alike (rhyme, alliteration) often produce a powerful effect. The following words were written on the walls of the Sorbonne (**Université de Paris III**) during student uprisings in May 1968 which led to a general strike of students and workers in all of France. As a result of this strike, there was a major university reform.

Manifestation des lycéens en 1998.

> Je suis venu
>
> J'ai vu
>
> J'ai cru *(I believed)*

This graffiti from the Sorbonne is based on the famous words that Julius Caesar said after conquering the Gauls in what would become France (50 BC).

> veni *(I came)*
>
> vidi *(I saw)*
>
> vici *(I conquered)*

As in the original Latin version, the French declaration derives part of its impact from its rhymes. What is the effect of the repeated sounds in these French and Latin texts?

Beyond the short text, the reader can imagine a complete version.

> Je suis venu à la Sorbonne.
>
> J'ai vu tous les étudiants rassemblés.
>
> J'ai cru à la Révolution.

What is the effect of the rhymes in the middle of the lines of this longer version?

Now, in groups of three, write your own longer versions of the Sorbonne graffiti with each member of the group expanding on one line. Then read your texts to the class.

À vous d'écrire

Petit poème   Use the following three steps to compose a short poem and then write the fuller version of its message.

1. Choose two of the three rhyme patterns for past participles, and from them, three verbs each.

   [e]: aimer / aller / chercher / danser / détester / être / inviter / jouer / manger / manquer / penser / regarder / rentrer / rester / travailler / tricher / trouver / voyager
   [y]: avoir / devenir / lire / venir / vivre / voir / vouloir
   [i]: comprendre / partir / sortir / suivre

2. Construct a short poem in the **passé composé** by placing the verbs in an order that suggests a story or a message. You can use one rhyme throughout each stanza or alternate rhymes within a stanza.

3. After you have completed your poem, write a longer prose version of your story or message by completing each sentence.

Mise au point

Reread your poem and consider if you…

1. created a logical flow of ideas to make a statement or tell a story.
2. ended each line with past participles that rhyme.
3. made any necessary agreements of past participles.

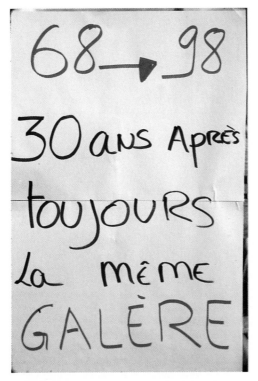

Une pancarte pour la manif des lycéens en 1998.

Grammaire 4

4.1 Past tense with *avoir*

a. **Formation.** The **passé composé** is a tense used in French to report actions or events that took place in the past. As its name indicates, the **passé composé** (compound past) is composed of two parts.

Passé composé	
forme conjuguée d'*avoir* +	participe passé
J'**ai**	**parlé** avec le professeur.
Tu **as**	**invité** nos amis.
Il/Elle/On **a**	**regardé** la télé.
Nous **avons**	**écouté** la radio.
Vous **avez**	**dîné** à huit heures.
Ils **ont**	**joué** aux cartes.

b. **Past participles.** The forms of past participles vary according to verb type. The past participle of regular **-er** verbs is formed by adding **é** to the infinitive's stem (the infinitive without the final **er**).

Participes passés des verbes réguliers en -*er*	
infinitif	participe passé
travailler	travaillé
parler	parlé
rencontrer	rencontré

Irregular verbs tend to have irregular past participles.

Participes passés des verbes irréguliers	
avoir	eu
comprendre	compris
être	été
faire	fait
lire	lu
pleuvoir	plu
pouvoir	pu
suivre	suivi
vivre	vécu
voir	vu
vouloir	voulu

c. **Negation in the *passé composé*.** To negate a verb in the **passé composé**, place **ne** before the conjugated auxiliary verb and **pas, jamais,** or **rien** after the conjugated auxiliary verb. Therefore, **pas, jamais,** or **rien** is placed before the past participle.

La négation aux temps différents		
passé composé	présent	futur proche
je **n**'ai **pas** parlé	je **ne** parle **pas**	je **ne** vais **pas** parler
tu **n**'as **jamais** nagé	tu **ne** nages **jamais**	tu **ne** vas **jamais** nager
il **n**'a **rien** fait	il **ne** fait **rien**	il **ne** va **rien** faire

d. **Questions in the *passé composé*.** Questions are formed in the **passé composé** in the same three ways as in the present tense.

Questions au passé composé	
Intonation	**Tu as parlé** avec tes amis hier soir ?
Est-ce que	**Est-ce que tu as parlé** avec tes amis hier soir ?
Inversion	**As-tu parlé** avec tes amis hier soir ?

In inversion, the auxiliary verb (conjugated form of **avoir**) and subject pronoun are inverted, and the past participle follows. In the written form, a hyphen is placed between the conjugated form of **avoir** and the subject pronoun. In the third-person singular forms of the verb, where the inversion would result in two vowels pronounced in succession, such as with combinations **a + il, a + elle,** and **a + on,** a **-t-** is inserted between the auxiliary verb and the subject pronoun. This **t** is pronounced.

A-**t**-il visité l'Europe l'été dernier ?

A-**t**-on fait le travail ?

e. **Object pronouns in the *passé composé*.** As in the present tense, direct object pronouns come before the conjugated verb in the **passé composé,** that is, they come before the form of **avoir.** The distinction between **le** and **la** is not shown before a vowel: **l'** is used to replace both masculine and feminine nouns.

As-tu vu ce film avec Anne ? Non, je **l'**ai vu avec Paul.

As-tu lu ces livres ? Oui je **les** ai lus.

When a direct object precedes the past participle, the past participle agrees in gender and number with that preceding direct object. There is thus always agreement of the past participle with direct object pronouns in the **passé composé**— because direct object pronouns always come before the verb—and also with direct object nouns whenever they come before the verb in the **passé composé.**

J'ai lu les poèmes de Senghor. Je **les** ai trouv**és** très bons.

Quels **films** avez-vous vu**s** ?

Accord du participe passé avec le complément d'objet direct	
Pronom	Ces chansons ? Oui, nous **les** avons chant**ées** ensemble. Le professeur **nous** a invit**és** au restaurant. As-tu fait la dictée ? Je l'ai fait**e.**
Nom	**Quelle émission** as-tu regard**ée** ? **Quels livres** avez-vous l**us** ?

Only in cases where an **e** is added to a past participle ending with a consonant (e.g., **tu** *l'***as faite ?**) does the addition of **e(s)** to the past participle affect how that word is pronounced.

f. **Position of adverbs in the** *passé composé.* Adverbs of frequency, like **souvent** and **toujours**, and adverbs of manner, like **bien** and **mal,** follow the conjugated auxiliary verb (**avoir**) and precede the past participle.

J'ai **souvent** dîné chez mes parents l'année dernière.

J'ai **bien** préparé mon examen de français.

In contrast, adverbs indicating a *precise* moment of time, like **hier** and **aujour-d'hui,** are placed at the beginning or end of clauses. They are never placed between the auxiliary verb and the past participle.

Hier, j'ai regardé la télévision.

J'ai regardé la télévision **hier.**

4.2   More prenominal adjectives

Here is a summary of the prenominal adjectives you already know along with the new ones introduced in this **Ensemble.** Note that **nouveau** means *new* to the speaker but not necessarily *brand new;* **ancien** means *former,* in contrast to **vieux,** which means *aged.*

Adjectifs qui précèdent le nom				
masc. sing.		masc. pl.	fém. sing.	fém. pl.
+ consonne	*+ voyelle*			
nouveau	nouvel	nouveaux	nouvelle	nouvelles
beau	bel	beaux	belle	belles
vieux	vieil	vieux	vieille	vieilles
ancien		anciens	ancienne	anciennes
bon		bons	bonne	bonnes
petit		petits	petite	petites
jeune		jeunes	jeune	jeunes
gros		gros	grosse	grosses

4.3   Adverbs and adverbial expressions

a. **To indicate time frame.** As in English, certain adverbs in French are generally associated with certain time frames. Time frames can also be expressed by noun/adjective expressions that function as adverbs.

Adverbes et noms qui indiquent le temps		
passé	présent	futur
hier	aujourd'hui	demain
hier matin/soir	ce matin/soir	demain matin/soir
le week-end dernier	ce week-end	le week-end prochain
la semaine dernière	cette semaine	la semaine prochaine
l'année dernière	cette année	l'année prochaine

Note that in these expressions, the adjectives **dernier/dernière** and **prochain(e)** have different masculine or feminine forms depending on the gender of the noun they modify (**le week-end dernier** vs. **la semaine dernière**).

b. **To indicate order or sequence.** As in English, adverbs can be used to indicate chronological order. Some common adverbs used to show order follow.

d'abord	*first*
ensuite/puis	*next, then*
après	*after, following*
enfin	*finally*

These adverbs can be placed at the beginning or at the end of a sentence or clause. They are also found in typical adverb position: right after the verb.

D'abord je prépare le déjeuner et **après** je le mange.

On va **d'abord** au labo, et on fait **ensuite** les exercices écrits.

Tu vas à la bibliothèque maintenant ? Qu'est-ce que tu fais **après** ?

4.4 Past tense with *être*

a. There is a small group of verbs that are conjugated with **être** instead of **avoir** as the auxiliary verb in the **passé composé:** They are shown in the **maison d'être** in **Dossier 2.** You need to memorize these verbs because there is no "logical" rule to differentiate between them and verbs that take the auxiliary **avoir.** However, it may help to realize that many of these **être** verbs indicate "motion to" or "motion away from."

The word order in affirmative and negative statements and questions is the same with verbs that use **être** and verbs that use **avoir** in the **passé composé.**

Passé composé avec *être*	Passé composé avec *avoir*
Phrase affirmative	
Je **suis allé(e)** au club hier.	J'**ai dansé** jusqu'à minuit.
Phrase négative	
Je **ne suis pas né(e)** en France.	Je **n'ai pas travaillé** en France.
Questions avec inversion	
Es-tu né(e) en France ?	**As-tu travaillé** en France ?

b. The past participle of verbs like **partir** is formed by adding **i** to the infinitive's stem.

Participes passés des verbes comme *partir*	
infinitif	**participe passé**
partir	parti
sortir	sorti

c. The past participle of verbs whose auxiliary is **être** always agrees in gender and number with the subject of the verb.

Accord du participe passé avec *être*	
Je suis parti(**e**) de Paris.	Nous sommes rentré(**e**)**s** chez nous.
Tu es revenu(**e**) en Amérique.	Vous êtes arrivé(**e**)(**s**) avec eux.
Il est retourné au Canada.	Ils sont retourné**s** à Paris.
Elle est rest**e** en Afrique.	Elles sont sorti**es** ensemble.

When the past participle ends in a vowel, the agreement does not change its pronunciation. However, when the past participle ends in a consonant, adding an **e** results in the final consonant being pronounced.

Il est mort.   Elle est mor**te.**

4.5 Verbs that take *à* before an infinitive

Certain verbs require the preposition **à** when they are followed by an infinitive, others require the preposition **de,** and still others require no preposition before an infinitive. As you learn each verb, therefore, you must memorize whether a preposition is required and, if so, whether it is **à** or **de.**

Verbe + *à* + infinitif	Verbe + *de* + infinitif	Verbe + infinitif
je **commence** à parler	je **regrette** d'être en retard	je **vais** dîner
je **continue** à lire	j'**ai envie** de partir	j'**aime** lire

4.6 Numbers over 100

a. In French, numbers over a hundred are easy to say and understand because they are formed by combining smaller numbers, much as in English. An exception is that *one* is not used before *hundred* or *thousand*. The number **un** is, however, used before **million.**

Nombres après 100

150€	cent cinquante euros
1.500€	mille cinq cents euros
1.550€	mille cinq cent cinquante euros
1.000.000€	un million d'euros

In spelling numbers over a hundred, you need to remember the following details.

1. **Cent** takes an **s** in the plural only when it is the last word of a number.

    500   cinq cent**s**   550   cinq cent cinquante

2. **Mille** never takes an **s.**

    5.000   cinq mille   5.050   cinq mille cinquante

3. **Million** takes an **s** whenever it is plural.

    2.000.000   deux million**s**

    2.300.000   deux million**s** trois cent mille

4. The use of commas and periods in French numbers is the opposite of English usage.

French		**English**	
quinze virgule six	15,6	fifteen point six	15.6
mille	1.000	one thousand	1,000
mille virgule un	1.000,1	one thousand point one	1,000.1

Often, however, a space is used instead of a period: 1 000.

b. All numbers, except **million,** are followed directly by the items being counted. When counting in round millions, use the preposition **de** before the items being counted.

quatre cents livres

sept mille automobiles

trois millions **d'**euros ; cinq millions **d'**enfants

However, when **million(s)** is followed by another number, **de** is not used.

2.500.000€   deux millions cinq cent mille euros

4.7   Dates

a. The French system of giving dates uses the same components as the North American system, but in a different order.

Dates			
jour de la semaine	jour	mois	année
le dimanche	15	avril	1990
le mardi	31	janvier	1995
le vendredi	1er	mai	2020

Thus, in French, the abbreviation **5/3/01** indicates **le 5 mars 2001.** Note also that in giving dates in French, the cardinal number (2, 3, 4) is used as opposed to the ordinal number (2nd, 3rd, 4th). The exception is the first of each month, which is always called **le premier** and abbreviated as **le 1er** or **1/3/01 : le premier mars 2001.**

b. The definite article **le** is used with dates and precedes the day of the week. If the day is not given, **le** precedes the date itself. In saying dates, there is no elision between **le** and **onze** or **huit.**

> C'est **le** vendredi 19 juillet.
>
> C'est **le** onze novembre.
>
> Je suis né **le** huit juin.

4.8   The preposition *de* to indicate relationship

You know that to indicate possession and family relationships, you use the following construction.

article	+ noun	+ *de*	+ noun	
le	livre	**de**	Pierre	*Pierre's book*

This construction is also used to indicate another type of relationship. In this relationship, the meaning of the first noun is generally modified or made more precise by the second noun, and there is never an article before the second noun.

quelle sorte **de** film	*what type of film*
un film **d'**aventures	*an adventure film*
un cours **de** mathématiques	*a math course*
un livre **de** chimie	*a chemistry book*

4.9   Idiomatic expressions with *avoir*

There are a number of French idiomatic expressions that use **avoir** where the equivalent English expression uses *to be.* Two of these expressions follow.

avoir raison   *to be right (which you learned in **Ensemble 2, Dossier 4**)*

> J'ai toujours raison.
>
> Nous avons eu raison.

avoir tort   *to be wrong*

> As-tu eu tort?
>
> Ils n'ont jamais tort.

4.10   The use of articles in naming fields of study

a. You already know that in French, you use an article in some cases where you would not use one in English, such as with abstract nouns.

Le mariage est la base de **la** société.	*Marriage is the basis of society.*
J'aime **les** sciences et **la** chimie.	*I like science and chemistry.*

b. This rule also applies to nouns that follow the expression **faire de.**

Je fais **de la** biologie et **du** français.	*I'm studying biology and French.*

c. You also know that an article is not used after **de** before a noun used to modify another noun.

un cours **de** littérature   un livre **d'**histoire

d. Another case in which you use no article before a noun is after the preposition **en.**

Je suis étudiant(e) **en** lettres et vous **en** sciences.

Je suis bon(ne) **en** maths et mauvais(e) **en** histoire.

4.11 The adjectives *bon/mauvais* and the adverbs *bien/mal*

a. The words **bon** and **mauvais** are adjectives, and they qualify nouns.

J'ai eu une **bonne** note.   *I had a good grade.*

C'est une **mauvaise** raison.   *That's a bad reason.*

b. The words **bien** and **mal** are adverbs, and they qualify verbs.

Je fais **bien** mes exercices.   *I do my exercises well.*

Il prépare **mal** ses devoirs.   *He prepares his homework poorly.*

When the verb is in the **passé composé, bien** and **mal** are placed immediately after the conjugated auxiliary verb **avoir** or **être**—that is, before the past participle.

J'ai **mal** étudié mes leçons.

Nos amis sont **bien** arrivés à Paris.

****

Verbes irréguliers : *comprendre, devenir, revenir, venir, suivre et voir*

comprendre *(to understand)*			
je	comprends	nous	comprenons
tu	comprends	vous	comprenez
il/elle/on	comprend	ils/elles	comprennent
j'ai compris			

Notice the similarities in the conjugations of **devenir, revenir,** and **venir.**

---

devenir *(to become)*

je	deviens	nous	devenons
tu	deviens	vous	devenez
il/elle/on	devient	ils/elles	deviennent

je suis devenu(e)

---

revenir *(to come back)*

je	reviens	nous	revenons
tu	reviens	vous	revenez
il/elle/on	revient	ils/elles	reviennent

je suis revenu(e)

---

venir *(to come)*

je	viens	nous	venons
tu	viens	vous	venez
il/elle/on	vient	ils/elles	viennent

je suis venu(e)

---

suivre *(to take a course, to follow)*

je	suis	nous	suivons
tu	suis	vous	suivez
il/elle/on	suit	ils/elles	suivent

j'ai suivi

---

voir *(to see)*

je	vois	nous	voyons
tu	vois	vous	voyez
il/elle/on	voit	ils/elles	voient

j'ai vu

5

Ensemble

Invitation au voyage

- telling why, where, and how you travel
- asking for information
- making choices based on advantages and disadvantages
- making arrangements for travel and lodging
- complaining and expressing satisfaction
- asking for and giving directions about locations

La Lune habitée, 1964, Préfète Duffaut, Haitian, 1923–Present.

Dossier

In this Dossier, you will learn about these grammatical features

- definite articles and prepositions with names of countries

- the locative pronoun **y**

- the preposition **pour** with nouns and infinitives

- prepositions with modes of transportation

Additional materials for this **Dossier:**

CD-ROM (E5)
Échanges : Quels pays ?, Les voyages passés et futurs, À l'agence de tourisme
Petit jeu : Moyens de transport
Comment le dire : Ne vous arrêtez pas entre les mots

VIDEO/VIDEO MANUAL
Vignette culturelle : La maison de Monet à Giverny

PAROLES WEB SITE
Web Activities 1 (**Les voyages**), 2 (**Les transports**)

CAHIER (E5.1)
Activités écrites
Activités de laboratoire

DASHER (E5)
Paroles : **Activités 3, 5**
Cahier : Activités écrites 1, 2, 3, 4, 5

Paroles

Stratégie de lecture   Cherchez l'élément commun à plusieurs textes pour comprendre leur rapport.

Looking for common elements in different texts will help you to understand each text and the relationship among them. Consider the following proverbs and quotations. What common theme or topic do they treat?

a. La vie est un voyage. (chanson traditionnelle)

b. Partir, c'est mourir un peu. (proverbe)

c. La grande erreur, c'est de croire° qu'on voyage quand on regarde une carte de géographie. (René Daumal)   *to believe*

Lire

Quelques proverbes et citations   *Examinez ces phrases par rapport aux thèmes suivants : éducation, expérience, changement, nouveauté, plaisir.*

1. Les voyages forment la jeunesse. (proverbe français)

2. Si tu n'as pas voyagé, étudie. (proverbe camerounais)

3. Mais les vrais voyageurs sont ceux-là° seuls qui partent pour partir... (Charles Baudelaire)   *those*

4. Le plus souvent, je voyage pour mon plaisir. (Michel de Montaigne)

5. L'homme complet est celui qui° a beaucoup voyagé, qui a changé vingt fois la forme de sa pensée et de sa vie. (Alphonse de Lamartine)   *celui... he who*

6. La perception commence au changement de sensation : d'où la nécessité du voyage. (André Gide)

Vous avez compris ?

1. Classez les six textes selon les trois thèmes suivants. Expliquez vos choix.

Thèmes	Textes
1. voyager = apprendre° *to learn*	_____
2. voyager = changer	_____
3. voyager = s'amuser	_____

2. Quel texte représente le mieux° vos idées sur le voyage en général ? Pourquoi ?   *le... the best*

3. Écrivez un proverbe qui représente vos idées sur le voyage.

Les mots pour le dire

Où aller ?

O b s e r v e z

1. Names of countries are nearly always preceded by a definite article in French. Which country listed here is an exception? **(5.1.a)**

2. Which pattern can you see for gender of the article in names of countries? **(5.1.a)**

3. Which country is an exception to the pattern? **(5.1.a)**

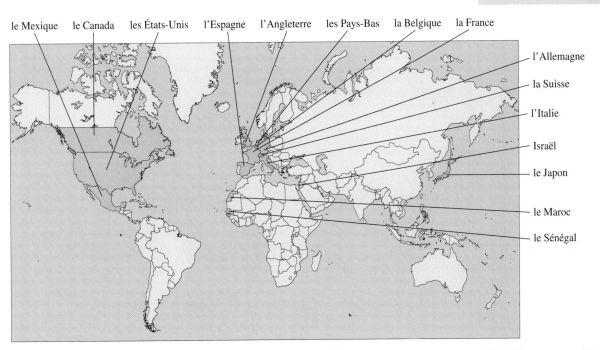

le Mexique · le Canada · les États-Unis · l'Espagne · l'Angleterre · les Pays-Bas · la Belgique · la France

l'Allemagne
la Suisse
l'Italie
Israël
le Japon
le Maroc
le Sénégal

O b s e r v e z

In **Échange 1,** note the prepositions used after **aller** with countries. Which preposition is used with countries:

1. with a masculine name beginning with a vowel? **(5.1.b)**

2. with a masculine name beginning with a consonant? **(5.1.b)**

3. with a plural name? **(5.1.b)**

Échange 1 *Quels pays ?*

PROFESSEUR: Quels pays avez-vous visités ?
ÉLÈVE 1: J'ai visité l'Allemagne, le Sénégal et les Pays-Bas.
ÉLÈVE 2: Moi, j'ai vu l'Espagne, la France et le Japon.
ÉLÈVE 3: Et moi, je suis allé(e) en France, en Israël, au Japon et aux Pays-Bas.

L'Union européenne d'aujourd'hui représente le résultat de longues années de travail diplomatique. En 1946 Winston Churchill a voulu faire une fédération européenne pour lutter contre la menace de Staline. Le résultat de ses efforts a été le Conseil de l'Europe. À partir des années 50, l'effort a visé surtout une intégration économique. D'autres pays sont entrés, petit à petit, dans cette nouvelle entreprise européenne. En 1991, la petite ville de Maastricht aux Pays-Bas est devenue célèbre car le traité de l'Union européenne y a été signé avec les accords sur l'intégration économique, l'énergie atomique, la coopération dans les domaines de la Justice et des Affaires intérieures et une Politique étrangère et une Sécurité communes. Aujourd'hui, on pense à une Europe de la Justice, de l'Éducation et de la Défense. Une première étape à être réalisée à partir de janvier 2002 est la monnaie unique, l'euro.

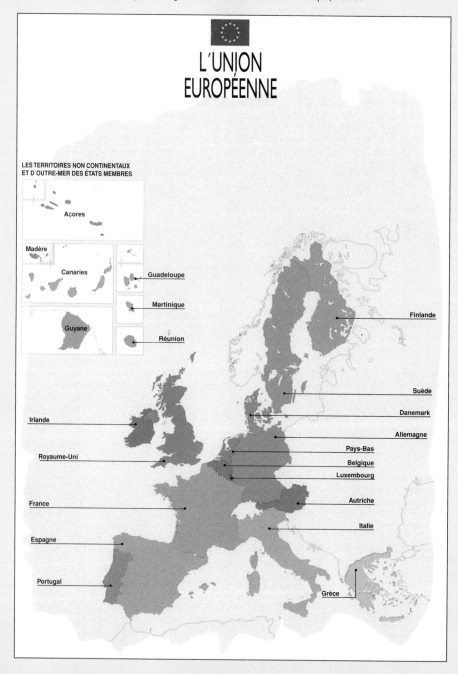

L'Union européenne en 2000.

Activité 1 Comparez vos voyages

*Choisissez un cercle et imaginez que vous êtes allé(e) dans ces
pays. Choisissez un(e) camarade de classe et ne regardez pas
son cercle. Posez des questions pour découvrir quels pays vous
avez visités tous les deux.°*

tous... *both*

le Maroc
le Sénégal
l'Angleterre
le Mexique
les États-Unis
le Canada
la France

l'Italie
l'Allemagne
les Pays-Bas
le Sénégal
la France
les États-Unis
l'Espagne

Modèle: A: As-tu visité le Maroc ?
         B: Moi, non, mais j'ai vu le Sénégal. Et toi ?
         A: Moi aussi. As-tu vu... ?

Échange 2 *Les voyages passés et futurs*

L'ITALIENNE: Vous êtes déjà allée en France, madame ?
L'AMÉRICAINE: Non, je n'y suis jamais allée, mais j'ai visité l'Espagne l'année
          dernière. Et vous ?
L'ITALIENNE: Moi, j'ai déjà été en France deux fois, mais j'y retourne toujours avec
          plaisir. Et cette fois, je vais aussi aller au Maroc.

Observez

1. In **je n'y suis jamais allée**
and in **j'y retourne,** what does
the pronoun **y** refer to? **(5.2.a)**

2. Where does **y** go in relation
to the verb in these sentences?
(5.2.b)

Activité 2 Vos voyages passés

*Demandez à un(e) camarade de classe quels voyages il/elle a faits. Écoutez sa réponse et
ensuite continuez la conversation d'après le modèle.*

Modèle: A: Quels pays as-tu visités ?
         B: J'ai visité...
         A: Ah... Qu'est-ce que tu y as fait ?
         B: ...

Échange 3 *Pourquoi voyager ?*

FILS: J'ai décidé. L'année prochaine, je vais voyager, rencontrer des gens, voir le
     monde.
PÈRE: Mais pourquoi voyager ?
FILS: Voyager, c'est génial. J'ai envie de voir d'autres paysages et de visiter des belles
     villes.
PÈRE: Ah oui, et de dépenser beaucoup d'argent...

O b s e r v e z

The preposition **pour** is followed by which two types of words? **(5.3)**

Possibilités

On voyage pour...
   des raisons de famille
   le plaisir
   ses affaires, son travail
   rencontrer des gens
   explorer le monde
   voir ou faire autre chose

On a envie de...
   voir   d'autres paysages
       la mer
       la campagne
       la montagne
   visiter des monuments
       des châteaux
       des cathédrales
       des musées
       des belles villes

Les Français et le voyage

Autrefois,° les Français avaient la réputation de ne pas aimer voyager. Mais à partir des° années 60, avec la prospérité de la société de consommation et le développement des transports modernes, les Français voyagent souvent, pour leur travail et pour leur plaisir. Ils voyagent individuellement, en famille ou en groupe (les voyages organisés), et les agences de voyages sont prospères. En 1999, neuf vacanciers sur dix sont restés en France, où il y a beaucoup de sites touristiques et des paysages variés.

Mais les Français aiment aussi voyager à l'étranger. Ils veulent voir les gratte-ciel° à New York, les cow-boys au Texas, la tour CN à Toronto, les plages à Tahiti, le Fuji Yama au Japon, les pyramides en Égypte, les Botticelli à Florence. Ils aiment visiter les monuments historiques et les musées, et ils ne sont pas contents quand ils trouvent qu' « on ne mange pas bien ici ».

In former times

à... starting from

skyscrapers

Voyage organisé au Mont-St-Michel en Normandie.

Activité 3 Pourquoi y es-tu allé(e) ?

Circulez parmi vos camarades de classe. Demandez s'ils (si elles) sont déjà allé(e)s dans les pays donnés. Quand vous trouvez une personne qui est allée dans un certain pays, demandez pourquoi votre camarade y est allé(e) et ce qu'il/elle y a fait.

1. la France
2. le Sénégal
3. Israël
4. l'Italie
5. les Pays-Bas
6. le Mexique

Modèles:

A: Tu es déjà allé(e) au Sénégal ?
B: Oui, en...
A: Pour quelles raisons ?
B: Pour...
A: Et qu'est-ce que tu y as fait ?
B: Je (J')...

A: Tu es déjà allé(e) au Sénégal ?
B: Non, je n'y suis jamais allé(e).

Activité 4 Pourquoi y aller ?

Dites pourquoi vous avez envie (ou n'avez pas envie) de visiter ces pays. Donnez au moins trois raisons pour chaque pays.

1. la France
2. le Japon
3. la Suisse
4. le Maroc
5. l'Angleterre
6. Israël

Modèle: J'ai envie d'aller en France parce qu'il y a des musées intéressants. Je veux surtout voir les musées d'art moderne, pour le plaisir et aussi pour mes études. Je suis étudiant(e) en beaux arts.

Comment y aller ?

Échange 4   *À l'agence de tourisme*

CLIENT: Comment est-ce que je peux aller à Giverny ?
EMPLOYÉ: Ah, vous voulez visiter le musée Monet ! Il n'y a pas de trains pour Giverny, mais vous pouvez y aller en car.

Les jardins de Monet à Giverny.

Possibilités

Moyens de transport

On va...

en vélo

en train

à pied

en avion

en voiture

en car

en bus

Observez

1. In the clause **vous pouvez y aller**, where is the pronoun **y** placed in relation to the conjugated verb? to the infinitive? **(5.2.b)**

2. Does **y** thus follow the same placement rules as the object pronouns **le, la, les? (5.2.b)**

Observez

What prepositions are used with each mode of transportation? **(5.4)**

Activité 5 Je ne veux pas. Je ne peux pas.

Travaillez avec un(e) camarade de classe. La personne A invite la personne B à sortir. La personne B refuse et explique pourquoi.

Modèle: au musée Picasso

A: Tu veux aller au musée Picasso ce soir ?
B: Non, je ne veux pas y aller. Je n'aime pas Picasso.
ou
Je regrette. Je ne peux pas y aller. Je vais... ce soir.

1. au cinéma
2. à la piscine
3. chez des amis
4. au théâtre
5. à la bibliothèque

Activité 6 En train ou en avion ?

Vous êtes à Paris et vous voulez aller dans une autre ville de France. Demandez à un agent de voyages comment vous pouvez y aller. Avec un(e) camarade de classe, jouez les rôles du/de la touriste et de l'agent de voyages.

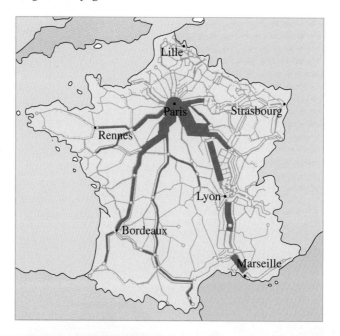

Temps moyens de parcours Paris–Province		
	En train **de gare à gare**	**En avion** **d'aéroport à aéroport**
Rennes	2h57	40mn
Bordeaux	3h54	1h
Lyon	2h (TGV)	1h
Marseille	3h40 (TGV)	1h15
Strasbourg	3h48	55mn
Lille	1h59	35mn

Modèle:

TOURISTE: Bonjour, monsieur. Comment est-ce que je peux aller de Paris à Rennes?

AGENT DE VOYAGES: Vous pouvez prendre le train ou l'avion.

TOURISTE: Et c'est un voyage de combien d'heures en train?

AGENT: En train, ça fait un voyage de deux heures cinquante-sept minutes.

TOURISTE: Et en avion?

AGENT: En avion, ça fait un voyage de quarante minutes.

TOURISTE: Je vais prendre l'avion, merci, monsieur.

Mots nouveaux à apprendre

les affaires *(f pl)*	*business*	les gens *(m pl)*	*people*
l'Allemagne *(f)*	*Germany*	Israël *(m)*	*Israel*
l'Angleterre *(f)*	*England*	l'Italie *(f)*	*Italy*
autre chose	*something else*	le Japon	*Japan*
l'avion *(m)*	*plane*	le Maroc	*Morocco*
la Belgique	*Belgium*	la mer	*sea*
le bus	*bus for travel within a city*	le Mexique	*Mexico*
		le monde	*world*
le car	*interurban bus*	la montagne	*mountain*
la cathédrale	*cathedral*	le monument	*monument*
le château		le pays	*country*
(les châteaux)	*castle*	le paysage	*landscape*
décider *(f)*	*to decide*	les Pays-Bas *(m pl)*	*Netherlands*
	*(conj. like **parler**)*	le pied	*foot*
déjà	*already*	à pied	*on foot*
dépenser *(f)*	*to spend*	la raison	*reason*
	*(conj. like **parler**)*	la Suisse	*Switzerland*
l'Espagne *(f)*	*Spain*	visiter	*to visit*
les États-Unis			*(conj. like **parler**)*
(m pl)	*United States*	y	*there*

Comment le dire

Ne vous arrêtez pas entre les mots

You already know that in French, you should not stop between words within a sentence or clause. In fact, one of the distinguishing features of spoken French is that words are linked together so that each sentence or clause sounds like one long word.

Jevoyagepourmesaffaires / etjeprendssouventletrain.

One way to be sure you link words smoothly is to make appropriate **liaisons.**

Vous êtes déjà allé en Allemagne ?

Remember that when a word ends with a pronounced consonant (*CaReFuL*) and the following word begins with a vowel sound, you pronounce the final consonant of the first word as if it were the first consonant of the following word.

Marc a son billet pour Atlanta.

And when a word ends with a silent **e** preceded by a pronounced consonant, you do the same thing.

Je retourne en France avec plaisir.

Activité 7 Différences

Dans les échanges suivants, indiquez les liaisons (⌣) et les lettres finales qui ne sont pas prononcées (/). Comparez vos indications avec celles d'un(e) camarade de classe, et faites ensemble les échanges. Faites attention à ne pas vous arrêter entre les mots.

Modèle: A: Moi, je voyage uniquement pour le plaisir.

B: Moi, je voyage uniquement pour les affaires.

1. A: Quand j'ai le temps, je visite un musée.
   B: Moi, je préfère aller au cinéma.
2. A: En général, je voyage en avion.
   B: Et moi, je voyage en voiture, en général.
3. A: Je trouve que voyager, c'est agréable.
   B: Pour moi, c'est désagréable et difficile.

Lisons un peu

Stratégie de lecture   Cherchez les synonymes.

Especially in songs, the main message is often announced by a key word in the title, which is then nuanced or developed by synonyms throughout the song. The key word in this song is **voyager.** Where do you find it in the song? What synonymous expressions can you locate in the refrain? in the two stanzas?

	Synonyms in refrain	Synonyms in stanza 1	Synonyms in stanza 2
Key word **voyager**	_____	_____	_____
	_____	_____	_____

À vous de lire

Voyager

Les Nubians

Refrain

Partir loin et découvrir
Quel air l'humanité respire
Comment nos contemporains vivent
Sous d'autres lumières.°   *lights*
Voyager

Stanza 1

Voyager, rien ne m'est plus essentiel
Plier° bagages, en quête° d'autres images plus réelles   *fold/en... in search*
Que celles des vitrines° actuelles,   *windows*
Miroirs° d'ignorance et de suffisances extrêmes.   *mirrors*
Je me déclare citoyenne° universelle,   *citizen*
Je m'offre le passeport de Terrienne,
Décide que toute terre° est mienne.   *land, earth*
Rio, Yaoundé, Paris c'est la même.
Chacun° son karma, le mien° d'être nubienne.   *each one/mine*

Refrain

Partir loin et découvrir
Quel air l'humanité respire
Comment nos contemporains vivent
Sous d'autres lumières.
Voyager

Stanza 2

Voyager.
Aller loin, aller toujours plus loin.

Vous avez compris ?

1. Stanza 1 : Quels reflets de l'humanité voit-on quand on voyage ?
2. Stanza 1 : La chanson suggère que le voyage donne une nouvelle identité au voyageur. Quels mots décrivent cette identité ?
3. Stanza 2 : Quel est le critère le plus important d'un bon voyage ? (Citez un verbe et un adverbe.)
4. Refrain : Pourquoi voyager, selon cette chanson ?

Dossier ②

In this Dossier, you will learn about these grammatical features

■ superlative adjectives

■ the indirect object pronouns **me, te, nous, vous**

■ **suggérer** and **répéter** (other **-er** verbs with accent variations)

■ the irregular verb **prendre**

■ **tout** as a pronoun and an adjective

Additional materials for this **Dossier:**

AUDIO CD
Écouter : Exercices de conversation (Track 13)
Écoutons un peu : Deux publicités (Track 14)

CD-ROM (E5)
Échanges : Dans une agence de voyages, Au guichet de la gare, Problèmes de voyage Comment le dire : La lettre *r*

PAROLES WEB SITE
Web Activities 3 (**La France et son système de transports**), 4 (**Voyager en avion**)
Audio Activity : **Écouter : Exercices de conversation Écoutons un peu : Deux publicités**

CAHIER (5.2)
Activités écrites
Activités de laboratoire

DASHER (E5)
Cahier : Activités écrites 8

Paroles

Stratégie d'écoute **Trouvez le comique dans l'inattendu.**

Humor often stems from unexpected occurrences in seemingly predictable circumstances. Therefore, part of the listener's appreciation of comic effects comes from his or her knowledge of what ought to occur in certain situations.

Imagine you are at a travel agency and want to purchase a train ticket. Listen to a series of statements and questions from the travel agent. Indicate which of the travel agent's remarks are expected (**attendues**) and which are unexpected (**inattendues**) and therefore potentially humorous.

remarques attendues	remarques inattendues
1. _____	_____
2. _____	_____
3. _____	_____
4. _____	_____
5. _____	_____

Écouter

Exercices de conversation   –Eugène Ionesco (All Éditions Gallimard)

Eugène Ionesco est un des auteurs dramatiques français les plus célèbres. Les *Exercices de conversation et de diction françaises pour étudiants américains* (1969) sont des parodies de leçons de français qui présentent comiquement des situations banales. Cette conversation entre un employé, un client et sa femme est située dans une agence de voyages à Paris.

Vous avez compris ?

1. Qu'est-ce que le client veut au commencement ?
2. Qu'est-ce qui ne va pas ?
3. Qu'est-ce que le client veut à la fin ?
4. Pourquoi est-ce que cette scène est comique ?

Les mots pour le dire

Faire un choix

Échange 1 *Dans une agence de voyages*

CLIENT: Qu'est-ce que vous me suggérez pour aller à Bruxelles ?
AGENT: Ça dépend, monsieur, si vous êtes pressé ou non.
CLIENT: Je voudrais le moyen de transport le plus rapide et le moins cher.
AGENT: Alors, je vous suggère de prendre le train.

Quelques avantages

le train est...

    rapide

    confortable

    pratique

le train part...

    presque toujours à l'heure

le train arrive...

    quelquefois en avance

Quelques désavantages

le car est...

    lent

l'avion est...

    cher

l'avion part/arrive...

    souvent en retard

Observez

1. Which adjectives in **Échange 1** on p. 222 express a superlative opinion (*the most . . ./the least . . .*)? Which words are used before the adjective to indicate *the most*? *the least*? **(5.5)**

2. In the expression **je vous suggère,** what is the function of the pronoun **vous**? **(5.6)**

3. Look at the accents in the expressions **vous me suggérez** and **je vous suggère**. What other verb that you know has similar accent variations? **(5.7)**

Le système de transports

La France a un excellent système de transports publics et des très bonnes routes et autoroutes. Comme les distances entre les villes et les pays ne sont pas très grandes en Europe de l'ouest—en comparaison avec l'Amérique—les Français prennent relativement peu l'avion, excepté pour les affaires. Par contre, ils voyagent beaucoup en train. La SNCF (Société nationale des chemins de fer français) a une bonne réputation de rapidité, de ponctualité et de sécurité. Les trains sont propres, rapides, confortables, fréquents et vont dans presque toutes les villes, même les petites villes.

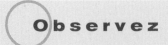

Un TGV dans une gare de Paris.

Activité 1 Superlatifs

Lisez ces réflexions écrites sur un poster au Québec.

Le plus beau jour... AUJOURD'HUI

Le plus grand défaut... L'ÉGOÏSME

Les meilleurs professeurs... LES ENFANTS

Le plus grand besoin... LE BON SENS

Le plus grand moment... LA MORT

La plus belle chose au monde... L'AMOUR

Ensuite, écrivez un mot différent pour chaque superlatif (« le plus beau jour... le dimanche »). Après, en groupes de trois, comparez et expliquez vos réflexions.

Activité 2 Choix difficiles

Vous avez le choix entre deux possibilités. Demandez des conseils à un(e) camarade de classe.

Modèle: aller en France cet été ou suivre des cours à la fac

    A: Je ne sais pas que faire. Cet été, je peux aller en France ou suivre des cours ici à la fac. Qu'est-ce que tu penses ?

    B: Ça dépend. Est-ce que tu aimes voyager ?

    A: Oui, quelquefois, mais je déteste les avions.

    B: Alors, je te suggère de suivre des cours ici cet été.

1. lire un roman pour mon cours d'anglais ou sortir avec mes amis
2. louer un appartement ou vivre chez mes parents
3. avoir un job ou avoir un(e) camarade de chambre
4. passer un mois au Maroc ou quinze jours en Italie
5. voyager en Europe en train ou en car

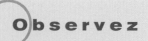

O b s e r v e z

1. In the expression **pourriez-vous me donner un billet,** the direct object is **un billet.** What word is the indirect object (*to someone*)? (5.6)

2. What other indirect object occurs in this **Échange**? (5.6)

3. The infinitive of **je répète** is **répéter.** What other verbs that you know have similar accent variations? (5.7)

Échange 2 *Au guichet de la gare*

VOYAGEUR: Pourriez-vous me donner un billet pour Troyes, s'il vous plaît ?

    AGENT: Un billet, oui, monsieur, mais où voudriez-vous aller ?

VOYAGEUR: À Troyes. Je vous répète : je veux un billet pour Troyes, et en première classe.

    AGENT: Pour trois, bien, monsieur, mais chaque voyageur a besoin de son billet, et je ne peux pas faire un billet pour trois sans destination, même en première classe !

Possibilités

Prendre le train

On peut voyager en première ou en deuxième classe
dans une voiture fumeurs ou non-fumeurs

On peut prendre un aller et retour ou un aller (simple)
un TGV (train à grande vitesse) ou un rapide

Politesse

Pourriez-vous/Pouvez-vous me donner un billet ?

Voudriez-vous/Voulez-vous prendre un aller et retour ?

Je voudrais/Je veux voyager en première classe.

La politesse

Je veux (*I want*), **je voudrais** (*I would like*), and **voudriez-vous** (*would you like?*) are all forms of **vouloir**. **Pouvez-vous** (*can you?*) and **pourriez-vous** (*could you?*) are both forms of **pouvoir**. The choice of which form to use relates to the degree of politeness required by the situation. For example, **je veux** is abrupt, and **pouvez-vous** can seem abrupt also in many situations where the English equivalent would be acceptable.

Activité 3 Pardon, je ne vous comprends pas

Vous demandez un billet mais l'employé(e) ne vous comprend pas. Avec un(e) camarade de classe, jouez les rôles de l'employé(e) et du/de la client(e).

Expressions à utiliser : *Pourriez-vous me donner/Pouvez-vous me donner/Je voudrais/J'ai besoin de/Je veux*

Modèle: A: Monsieur/Madame, pourriez-vous me donner un billet pour Sète,° s'il vous plaît ?

a town in southern France

           B: Pardon, monsieur/madame, mais je ne vous comprends pas.

           A: (Continuez en employant des expressions de moins en moins polies.)

O b s e r v e z

1. Tout and its various forms can be an adjective or a pronoun. Find an example of each. **(5.8)**

2. What would you expect the feminine form of the adjective to be? **(5.8)**

Échange 3 *Problèmes de voyage*

CLIENT: Avez-vous deux places pour Milan pour le 8 août, le vol du soir ?

AGENT: Je regrette, il n'y a plus de places pour le 8.

CLIENT: Pour le 9 alors ?

AGENT: Pour le 9, tous les vols sont complets le 9 aussi. Et tout est pris le 7. Mais pour le 6, je peux vous donner deux places dans l'avion de 18h35.

CLIENT: Le 6 mai à 18h35, ça va. On prend deux places, alors.

Verbe				
prendre	je	prends	nous	prenons
(*to take, conj. like*	tu	prends	vous	prenez
comprendre)	il/elle/on	prend	ils/elles	prennent
	j'ai pris			

Possibilités

Prendre l'avion

Je vais vérifier l'heure du départ du vol

l'heure d'arrivée du vol

le prix du billet

s'il y a des places

Je regrette mais...

il n'y a plus de places

tout est pris

le vol est complet

il n'y a jamais de vol le matin

Dans un aéroport à Paris.

Activité 4 À l'agence de voyages

Avec un(e) camarade de classe, jouez les rôles d'un agent d'Air France et d'un(e) client(e). Le/La client(e) demande des renseignements sur les vols Avignon–Paris ; l'agent répond en utilisant l'horaire. Enfin, le/la client(e) choisit un vol.

Départ de Avignon					Retour vers Avignon			
Vers Paris					**De Paris**			
1 - - - 5 - -	0720	0830	W	AF7471	1 2 3 4 5 - -	0855 W	1005	AF7470
1 - - - - - -	0720	0830	W	AF7471	- - - - - 6 -	0940 W	1050	AF7472
- 2 3 4 5 - -	0720	0830	W	AF7471	- - - - 5 - -	1330 W	1440	AF7474
- - - - - 6 -	0750	0900	W	AF7473	1 2 3 4 5 - 7	1750 W	1900	AF7476

1 = lundi ; 2 = mardi, etc.; W = L'aéroport Orly Ouest à Paris.

Modèle:
CLIENT: Y a-t-il un vol pour Paris le mardi matin ?
AGENT: Oui, monsieur, à 7h20. Il arrive à Orly Ouest à 8h30.
CLIENT: C'est bon. Deux places, s'il vous plaît, pour le mardi 4 novembre.

Activité 5 Désolé(e)

Faites ce jeu de rôle avec un(e) camarade de classe. Le/La client(e) téléphone à une agence de voyages le 2 décembre pour un voyage à Noël. Le/La client(e) commence par une demande très précise, mais sa demande devient de moins en moins précise quand l'employé(e) explique qu'il n'y a plus rien.

Activité 6 N'exagérez pas !

Utilisez un mot de chaque colonne pour dire une généralisation exagérée. Un(e) camarade de classe dit s'il (si elle) est d'accord ou pas d'accord et explique son point de vue.

choses	**attributs**
la première classe	terrible(s)
la voiture non-fumeurs	lent(e)(s)
les agences de voyages	cher(s)/chère(s)
les voyages organisés	rapide(s)
les vols transatlantiques	pratique(s)
les trains français	confortable(s)

Modèle:
A: Tous les trains français sont rapides.
B: C'est vrai. Tu as raison. En fait, j'ai pris plusieurs trains rapides l'été dernier.

ou

N'exagère pas ! Il y a des trains français lents.

Mots nouveaux à apprendre

à l'heure	*on time*	pressé(e)	*in a hurry*
un aller (simple)	*a one-way ticket*	le prix	*price*
un aller et retour	*a round-trip ticket*	rapide	*fast*
alors	*then, so, thus*	le rapide	*express train*
l'arrivée *(f)*	*arrival*	répéter	*to repeat*
le billet	*ticket*		*(conj. like **préférer**)*
chaque	*each*	réserver	*to reserve*
cher/chère	*expensive*		*(conj. like **parler**)*
complet/complète	*full*	sans	*without*
confortable	*comfortable*	suggérer	*to suggest*
le départ	*departure*		*(conj. like **préférer**)*
la destination	*destination*	le TGV (train à	
donner	*to give*	grande vitesse)	*high-speed train*
	*(conj. like **parler**)*	tout, toute,	*all, each, every,*
en avance	*early*	tous, toutes	*entire, everything*
l'endroit *(m)*	*place*	vérifier	*to verify*
lent(e)	*slow*		*(conj. like **parler**)*
même	*even; same*	la voiture	*train car*
le moins	*the least*	la voiture	
le moyen	*means, way*	fumeurs	*smoking car*
ne... plus	*no longer*	la voiture	
la place	*seat*	non-fumeurs	*nonsmoking car*
le plus	*the most*	le vol	*flight*
pourriez-vous	*could you*	voudrais (je) /	
pratique	*practical*	voudriez (vous)	*would like*
prendre	*to take*	le voyageur,	
	*(conj. like **comprendre**)*	la voyageuse	*traveler*
presque	*almost*		

Comment le dire

La lettre *r*

The letter **r** in French is almost never silent, even at the end of a word. The only exceptions are with the combination **er,** which is pronounced [e] when it is the ending for an infinitive verb form (**arriver, donner**), an adjective ending in **-ier** (**premier, dernier**), or a noun (**romancier, papier**).

To pronounce a good French [R], keep the tip of your tongue down near your lower front teeth, raise the back of your tongue as when you say [u], and blow the air softly through the passage between the back of your tongue and the back of the roof of your mouth. The slight friction noise you produce is the French [R].

Practice by first saying [gu gu gu] and feel where your tongue touches your palate when you make your [g]. Then say [gu Ru gu Ru], with a very slight friction for your [R]s. Now try [ga ga ga] and [ga Ra ga Ra]. Make sure you keep the tip of your tongue down against your lower front teeth for each [R].

Activité 7 Le TGV

Practice reading aloud this description of the TGV. Pay attention to pronouncing good French [R]s.

Le TGV est un tRain extRêmement Rapide :

il peut faiRe plus de tRois cents kilomètRes à l'heuRe.

AloRs, c'est tRès pRatique pouR les gRands voyages et pouR les gens pRessés.

C'est aussi un tRain tRès confoRtable.

Bien sûR, c'est un peu plus cheR,

mais pas vRaiment tRès cheR.

É c o u t o n s   u n   p e u

Stratégie d'écoute Utilisez le genre du texte, son sujet et le contexte pour deviner le sens des mots nouveaux.

Especially when you listen, you can use your knowledge of particular types of texts and the subject matter to deduce the meaning of new words.

Read these short sales pitches about vacation packages and figure out the meaning of the words in italics.

1. Vous voulez aller au Canada ? Vous *rêvez* du vieux Québec et des *chutes* du Niagara ? Essayez donc nos *voyages organisés.*
2. Vous voulez des *vacances* tranquilles ? Essayez un *séjour* dans une *ferme,* chez des agriculteurs. Nous vous garantissons du repos à la campagne et vous serez *accueillis* comme des amis.

  ## À l'écoute

Deux publicités : Circuits au Canada et Accueil à la ferme *Écoutez deux descriptions des vacances idéales proposées par des agences de voyages, et répondez aux questions.*

Vous avez compris ?

Circuits au Canada

1. « Organitours », qu'est-ce que c'est ?
2. Est-ce qu'on propose des voyages individuels ?
3. Quels sont les moyens de transport ?
4. À quels plaisirs est-ce que cette publicité veut faire rêver le public ?

Accueil à la ferme

1. Quelle expression dans le texte fait référence au mot « accueil » dans le titre ?
2. À quelle sorte de public est-ce que cette publicité s'adresse particulièrement ?
3. Quelles images pourraient accompagner cette publicité à la télévision ?
4. Quelle suggestion est donnée à la fin ?

Dossier 3

In this Dossier, you will learn about these grammatical features

■ the irregular verbs **connaître** (*to know, to be familiar with*), **savoir** (*to know*), and **dire** (*to say, to tell*)

■ ordinal numbers (*1st, 2nd, 3rd,* etc.)

■ the complements of **dire**

Additional materials for this **Dossier**:

CD-ROM (E5)
   Échanges : Pour choisir un hôtel, Quel étage ?, À la réception d'un hôtel
   C'est comme ça ! : Pour choisir un hôtel
   Comment le dire : Revenons au [R]

VIDEO/VIDEO MANUAL
   Situation 7 : À l'agence de voyages, Situation 8 : À l'hôtel
   Vignette culturelle : L'île de la Martinique

PAROLES WEB SITE
   Web Activities 5 (**La Martinique et le logement**), 6 (**Visiter Paris**)

CAHIER (5.3)
   Activités écrites
   Activités de laboratoire
   (avec cassette à rendre)

DASHER (E5)
   Paroles : Activités 3 (variation), 4, 6
   Cahier : Activités écrites 1, 2

Paroles

Stratégie de lecture   Utilisez les titres et sous-titres pour anticiper le message.

In formula pieces, like commercial ads, you can often predict what information will be covered under different subheads. The words in the left-hand column are subheads from a resort ad; the words in the right-hand column are selling points for the resort. Draw a line matching each selling point with the appropriate subhead.

1. Situation   piscine, plage

2. Qualités générales   à 2 kilomètres de l'aéroport

3. Chambres   ski nautique, promenades en bateau

4. Loisirs et sports gratuits°   moderne, plusieurs restaurants, boutiques   *free*

5. Sports avec participation°   avec balcon et vue, air climatisé   *fee*

Lire

Now read the ad on the next page and answer the following questions.

Vous avez compris ?

1. Répondez vrai° ou faux° :   *true/false*
   a. Cet hôtel est situé en Europe.   V   F
   b. C'est un très petit hôtel en ville.   V   F
   c. C'est un hôtel moderne.   V   F
   d. Cet hôtel est idéal pour les gens
      qui aiment les sports d'hiver.   V   F

2. Est-ce que vous voudriez passer une semaine à cet hôtel ? Pourquoi ou pourquoi pas ?

MARTINIQUE

SEJOUR

FORT-DE-FRANCE

Fort-de-France, capitale très animée de la Martinique, n'est qu'à deux kilomètres de la Batelière.
Vous apprécierez ses marchés, boutiques, restaurants, promenades en bord de mer, parc tropical de la Place de la Savane, point de départ des navettes-bateaux pour la Pointe du Bout et l'Anse à l'Ane.

9 jours PARIS/PARIS à partir de 945 €

LA BATELIÈRE ☺☺☺

Situation
A Schœlcher, au lieu-dit La Batelière, à 10 km de l'aéroport et 2 km de Fort-de-France, au milieu d'un jardin de 6 hectares surplombant la mer.

Portrait
Bel établissement de 3 étages, comportant 200 chambres,
• plusieurs restaurants, dont l'un au bord de la piscine, bar intérieur, snack bar de plage,
• boutiques, salon de coiffure, service location de voitures, bureau d'excursions, service de secrétariat, télex et télécopie.

Les chambres
Confortables, toutes avec balcon et vue sur mer,
• climatisation, téléphone international direct, télévision couleur et vidéo, émissions américaines par satellite,
• salle de bains et W.C.

Loisirs et sports gratuits
• petite plage de sable aménagée, belle piscine d'eau douce, initiation à la plongée en piscine,
• tennis le jour (6 courts),
• planches à voile.

Sports avec participation
• tennis le soir,
• ski nautique, plongée, promenades en mer.

Prix du voyage de 9 jours (7 nuits sur place) sur vols AIR FRANCE, au départ de Paris, Bordeaux*, Lyon*, Marseille*, Mulhouse*, Toulouse*, Lille* et Nantes. Supplément aérien pour départ Mulhouse samedi : 34 €.

Observez

Which two words in this conversation correspond to the English word *know*? What other English expression might you use as an equivalent for **connais** in the sentence **je connais bien les propriétaires**? (5.9)

Les mots pour le dire

Pour choisir son hôtel

Échange 1   *Pour choisir un hôtel*

ANNE: Tu connais un petit hôtel à Paris ?

PAUL: Je connais l'Hôtel Saint-Christophe. C'est pas mal. Les chambres sont moyennes mais confortables.

ANNE: Tu sais les prix, à peu près ?

PAUL: Je ne sais pas exactement, mais je connais bien les propriétaires. Je peux te donner leur adresse et leur numéro de téléphone.

Verbes				
connaître (*to know, to be familiar/acquainted with*)	je	connais	nous	connaissons
	tu	connais	vous	connaissez
	il/elle/on	connaît	ils/elles	connaissent
	j'ai connu			
savoir (*to know*)	je	sais	nous	savons
	tu	sais	vous	savez
	il/elle/on	sait	ils/elles	savent
	j'ai su			

Possibilités

les chambres sont grandes	avec des grands lits	les prix sont raisonnables
moyennes	petits lits	modérés
minuscules	salles de bains	moyens
confortables	belles vues	trop élevés

Activité 1   Renseignements complémentaires

Votre camarade de classe et vous avez des renseignements différents sur le même hôtel. Ne regardez pas les renseignements de votre camarade de classe. Posez des questions pour compléter votre liste.

	La personne A sait	**La personne B sait**
nom de l'hôtel	Hôtel de la gare	_____
adresse	_____	115, avenue des Pins
numéro de téléphone	_____	03.88.63.44.05
prix des chambres	60€ pour une personne	_____

Pour choisir un hôtel

Pour choisir un hôtel en France ou dans d'autres pays francophones et réserver des chambres, vous pouvez aller dans une agence, consulter un guide touristique (ex: le *Guide Michelin* ou le *Guide du Routard*) ou surfer sur le Web. En France, les hôtels désignés « une étoile » n'ont pas toujours de salle de bains privée. Les hôtels désignés « deux étoiles » ou plus ont toujours une salle de bains privée.

Pour choisir son étage

Échange 2 *Quel étage ?*

ANNE:	J'ai réservé au nom de Jourdan. Une chambre pour une personne, avec une douche, si c'est possible.
LA RÉCEPTIONNISTE:	Oui, mademoiselle. Vous avez la chambre 11 au premier étage.
ANNE:	Y a-t-il un ascenseur ?
LA RÉCEPTIONNISTE:	Oui, mademoiselle.
ANNE:	Alors, je préfère une chambre au deuxième ou au troisième, s'il vous plaît.
LA RÉCEPTIONNISTE:	Bien, mademoiselle, et vous restez jusqu'à quand ?
ANNE:	Jusqu'au 10. Trois nuits.

Possibilités

Y a-t-il... ?

un ascenseur

une baignoire

une douche

des chambres
non-fumeurs

des chambres accessibles
aux handicapés

l'air conditionné
la climatisation

| | **Quel étage ?** |

En France et dans la plupart des pays francophones, on dit « le rez-de-chaussée » (littéralement « au niveau de la rue ») pour ce que les habitants des États-Unis appellent *the first floor*. Il faut monter un étage pour aller au premier, deux étages pour aller au deuxième, etc. On peut dire « au premier » ou « au premier étage ».

10	Chambres 1001 à 1037
9	Chambres 901 à 937
8	Chambres 801 à 837
7	Chambres 701 à 737
6	Chambres 601 à 637
5	Chambres 501 à 537 Local de Repassage
4	Chambres 401 à 437
3	Chambres 301 à 337
2	Chambres 201 à 237
1	Chambres 101 à 137
0	Réception, Restaurant, Petit-Déjeuner,
-1	Salles de Réunion

Activité 2 Réservez une chambre

Jouez les rôles d'un(e) touriste et d'un(e) employé(e) d'hôtel. Le/La touriste demande une chambre pour les dates et avec les détails indiqués. L'employé(e) répond qu'il y a une chambre pour ces dates, mais pas exactement ce que le/la touriste a demandé. Le/La touriste décide de prendre la chambre ou non.

Modèle: 4 personnes, avec une baignoire et une douche, 8–13 juin

TOURISTE: Avez-vous une chambre pour quatre personnes, avec une baignoire et une douche du 8 au 13 juin ?

EMPLOYÉ(E): J'ai une chambre du 8 au 13 juin, mais elle n'a pas de douche.

TOURISTE: Pas de douche. Je ne la prends pas.

ou

Pas de douche. Ça va. Je la prends.

1. 4 personnes, avec l'air conditionné, au 1er ou au 2e étage, 19–23 août
2. 1 personne, non-fumeur, avec une baignoire, 2 septembre
3. 2 personnes, grande chambre au rez-de-chaussée, 10–15 mars
4. 6 personnes, prix modéré, accessible aux handicapés, 30 avril–2 mai

Activité 3 Le baseball américain et canadien

Donnez le rang de chaque équipe, le nombre de matchs gagnés° et le nombre de matchs perdus.°

won / lost

CLASSEMENT (saison de 162 matchs)
(Match à San Diego non compris)

#-meilleur deuxième

DIVISION EST

	G	P	Moy.	Diff.	Série	Domicile	Étranger	Américaine	10 der.
ATLANTA	60	39	,606	—	1g	30 - 16	30 - 23	11 - 7	7 - 3
NEW YORK	53	44	,546	6,0	1p	29 - 17	24 - 27	9 - 9	5 - 5
MONTRÉAL	**47**	**48**	**,495**	**11,0**	**4g**	**28 - 22**	**19 - 26**	**7 - 11**	**5 - 5**
FLORIDE	48	50	,490	11,5	3p	28 - 25	20 - 25	8 - 9	3 - 7
PHILADELPHIE	44	53	,454	15,0	1g	21 - 24	23 - 29	9 - 9	4 - 6

DIVISION CENTRALE

	G	P	Moy.	Diff.	Série	Domicile	Étranger	Américaine	10 der.
ST. LOUIS	55	43	,561	—	2p	29 - 19	26 - 24	7 - 8	3 - 7
CINCINNATI	50	49	,505	5,5	1p	26 - 24	24 - 25	7 - 8	5 - 5
CHICAGO	43	54	,443	11,5	3g	26 - 25	17 - 29	8 - 7	8 - 2
PITTSBURGH	42	55	,433	12,5	1p	25 - 24	17 - 31	6 - 9	4 - 6
MILWAUKEE	40	59	,404	15,5	4p	22 - 27	18 - 32	6 - 9	2 - 8
HOUSTON	36	63	,364	19,5	3g	18 - 30	18 - 33	6 - 9	5 - 5

DIVISION OUEST

	G	P	Moy.	Diff.	Série	Domicile	Étranger	Américaine	10 der.
ARIZONA	56	43	,566	—	2p	35 - 19	21 - 24	6 - 9	5 - 5
#-SAN FRANCISCO	53	43	,552	1,5	1p	33 - 17	20 - 26	8 - 7	6 - 4
LOS ANGELES	52	46	,531	3,5	2g	26 - 23	26 - 23	6 - 9	7 - 3
COLORADO	48	49	,495	7,0	2p	31 - 16	17 - 33	6 - 6	3 - 7
SAN DIEGO	44	54	,449	11,5	1g	24 - 23	20 - 31	5 - 10	5 - 5

Modèle: Dans la Ligue Nationale, Division Est, Atlanta est au premier rang avec 60 matchs gagnés et 39 matchs perdus.

Activité 4 Pas d'ascenseur !

Jouez les rôles d'un(e) employé(e) d'hôtel qui offre une chambre et d'un(e) touriste qui décide de la prendre ou de ne pas la prendre.

Modèle: la chambre 52 au 5^e

EMPLOYÉ(E): Je peux vous donner la chambre 52 au cinquième.

TOURISTE: Y a-t-il un ascenseur ?

EMPLOYÉ(E): Non, je regrette, c'est un vieil hôtel, monsieur/madame.

TOURISTE: Pas d'ascenseur ! Cinq étages à monter ! Ça non, donnez-moi une chambre au premier.

ou

Ça va. J'ai besoin d'exercice.

1. la chambre 23 au 2^e
2. la chambre 136 au 13^e
3. la chambre 202 au 20^e
4. la chambre 64 au 6^e
5. la chambre 145 au 14^e

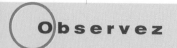

Observez

What word is used after the verb **dire** when it is followed by a sentence or clause (a subject and verb)? **(5.11.a)**

Pour exprimer son mécontentement ou sa satisfaction

Échange 3   *À la réception d'un hôtel*

PAUL: Mais, c'est inexcusable! Nous avons réservé deux mois à l'avance et quand nous arrivons, vous n'avez pas notre réservation et l'hôtel est complet!

LA RÉCEPTIONNISTE: Je peux vous dire que nous sommes vraiment désolés.

PAUL: Et moi, madame, je vous dis que nous, nous sommes furieux!

Verbe				
dire (*to say, to tell*)	je	dis	nous	disons
	tu	dis	vous	dites
	il/elle/on	dit	ils/elles	disent
	j'ai dit			

Possibilités

C'est inexcusable

    bien ennuyeux

    très gênant

Je suis furieux/furieuse

    bien ennuyé(e)

    très déçu(e)

Tout a été très bien.

Je suis satisfait(e) de cet hôtel.

Activité 5   Qu'est-ce que tu dis?

Travaillez avec un(e) camarade de classe. La personne A dit une exagération. La personne B demande une clarification et exprime sa réaction.

Modèle: Tous les Français ont une moustache.

    A: Tous les Français ont une moustache.
    B: Qu'est-ce que tu dis?
    A: Je dis que tous les Français ont une moustache.
    B: Voyons, tu exagères un peu!

1. Il neige toujours à Honolulu.
2. Il y a 53 musées à Cicely en Alaska.
3. Toutes les plages sont belles.

4. J'ai lu trois gros livres hier soir.
5. Ma Cadillac a 150 ans.
6. Tous les Japonais parlent anglais.

Activité 6 Dites que vous n'êtes pas satisfait(e)

Travaillez avec un(e) camarade de classe. Une personne rapporte ce qu'une autre personne dit. L'autre exprime sa dissatisfaction.

Modèle: ta sœur : tu es idiot(e)

     A: Ta sœur dit que tu es idiot(e).

     B: C'est inexcusable, ça !

1. le prof : vous avez un F
2. l'agent : tout est pris
3. l'employé(e) : le train est déjà parti
4. ton/ta camarade de chambre : tu ne veux plus habiter avec lui/elle
5. le président : il va augmenter les taxes d'importation

Mots nouveaux à apprendre

à l'avance	*in advance*	exactement	*exactly*
à peu près	*approximately*	furieux/furieuse	*furious*
accessible	*accessible*	gênant(e)	*upsetting,*
l'adresse *(f)*	*address*		*irritating*
l'air *(m)*		les handicapés *(m pl)*	*handicapped*
conditionné	*air conditioning*		*people*
l'ascenseur *(m)*	*elevator*	l'hôtel *(m)*	*hotel*
la baignoire	*bathtub*	inexcusable	*inexcusable*
la climatisation *(f)*	*air conditioning*	jusqu'à	*until, up to*
connaître	*to know, to be*	le lit	*bed*
	familiar/	minuscule	*tiny*
	acquainted with	modéré(e)	*moderate*
je connais nous connaissons		la nuit	*night*
tu connais vous connaissez		le numéro	*number*
il/elle/on connaît ils/elles connaissent		le/la propriétaire	*owner*
j'ai connu		raisonnable	*reasonable*
		la réservation	*reservation*
déçu(e)	*disappointed*	la salle de bains	*bathroom*
dire	*to say, to tell*	satisfait(e)	*satisfied*
je dis nous disons		savoir	*to know*
tu dis vous dites		je sais nous savons	
il/elle/on dit ils/elles disent		tu sais vous savez	
j'ai dit		il/elle/on sait ils/elles savent	
la douche	*shower*	j'ai su	
élevé(e)	*high*		
ennuyé(e)	*annoyed*	le téléphone	*telephone*
ennuyeux/ennuyeuse	*annoying*	vraiment	*really*
l'étage *(m)*	*floor*	la vue	*view*

Comment le dire

Revenons au [R]

The French [R] varies slightly according to its position in a word or sentence.

1. When [R] comes before a vowel or between two vowels, it should be pronounced with very light friction.

   Robert   Revenez   gaRage   suggéRer

2. When [R] comes before another consonant, it should have as much friction as a final [R].

   meR-ci   paR-tons   soR-tez   paR-lez   leuR sœuR

3. When [R] follows a vowel at the end of a word, you must be careful to give it enough friction. Keep the tip of your tongue down: If you raise the tip of your tongue, that will change the quality of the preceding vowel.

   ma sœuR   une heuRe   il soRt   il est moRt   un baR   il paRt

Activité 7 « Le grand voyageur »

Read this poem, paying attention to your [R]s. Do not stop between words.

> Je suis le voyageur suprême,
> En train, en car, bateau et même°   *even*
> À pied.
> Haute montagne et bord de mer,
> J'ai bien fait le tour de la terre°   *earth*
> Trois fois.
> Et pour hôtel, le firmament !
> Mais le Plaza, une fois par an
> Tout° seul.   *all, entirely*

Discutons un peu

Stratégie de discussion Pour vous préparer à persuader quelqu'un de faire quelque chose, identifiez d'abord vos arguments et ensuite organisez vos arguments selon leur importance relative.

When trying to persuade someone to make a particular choice, it is useful to identify and then rank by relative importance the various "selling points" that you think are relevant.

With the other students in your group, imagine that you are travel agents promoting one of the following four hotels on pages 239–40. Identify its most appealing features, consider their relative importance, and then promote your hotel.

Aix-en-Provence

Château de la Pioline

Dans un parc de 4 ha

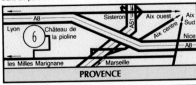

PROVENCE

13290 Les Milles
Tél. : 04.42.20.07.81
Télécopie : 04.42.64.04.74

P.D.G. : J. ARMAND
Directeur : A. CHARPENTIER
Fermeture annuelle : février
18 chambres de 108 € à 170 € (TTC). 3 appartements à partir de 200 € (TTC)
Petit déjeuner : 12 € TTC
Menus : 33 €, 53 € + carte 45 € à 70 €
1/2 pension : de 102 € à 130 €
Pension : de 135 € à 165 €

Au cœur de la région Provence Côte d'Azur, classé monument historique du XVI, XVII, XVIIIᵉ siècles, le château de la Pioline est situé à 3 km d'Aix en Provence en direction de Marseille. Point de chute idéal pour sillonner les Alpilles, le Lubéron et la Camargue. Hôtel et restaurant 4 étoiles, réceptions, séminaires, TV, mini-bar, coffre individuel.

oui	non	1 km
oui	oui	oui
oui	oui	2 km
oui	oui	2 km

Château de Rosay

Rosay-sur-Lieure

27790 Rosay-sur-Lieure
Tél. : 02.32.49.66.51 (sur place)
Télécopie : 02.32.49.70.77

M. Norbert Castellane
Ouvert toute l'année
23 chambres dont 4 suites de 50 € à 120 € (S.T.C.)
Petit déjeuner : 6 €

Séminaires, réceptions et manifestations culturelles. Edifié au début du XVIIᵉ siècle, ce château privé est au cœur d'une région riche en témoins d'un passé historique et artistique. Les souvenirs de Michelet, Flaubert, Maupassant y sont toujours familiers. A 100 km de Paris, découvrez un monde qui vit autrement, dans un cadre forestier et une ambiance romantique.

non	non	4 km
non	oui	oui
non	oui	4 km
oui	oui	25 km

Demeure historique en forêt de Lyons

NORMANDIE

Gouvieux Château de Montvillargenne

Avenue François Mathet, 60270 Gouvieux
Téléphone : 03.44.57.05.14 - 03.44.57.59.04
Télécopie : 03.44.57.28.97 - Télex : 150 212 F

M. Salas, directeur. Mme Guay, direc. com.
Ouvert toute l'année
180 chambres 65 €. (S.T.C)
Petit déjeuner : 7 €
Menus : 22 €, 40 € à la carte
1/2 pension 87 €, pension 105 €.

Château Hôtel Restaurant gastronomique, 180 chambres équipées avec bain, toilettes privées, téléphone direct. Télévision avec 13 chaînes internationales. Tennis, piscine couverte, sauna, parc de 6 ha, piano bar cocktail, salle de culture physique.

A proximité de la forêt de Chantilly

	oui		non		oui
	oui		oui		oui
	oui		oui		oui
	oui		oui		oui

86

Les Ursulines

Autun

14, rue de Rivault
71400 Autun
Tél. : 03.85.86.58.58
Fax : 03.85.86.23.07
Michel Grellet

Ouvert toute l'année
35 chambres
53.36 €/89.94 €
8 appts/suites
80.80 €/125.01 €
Petit déj. 9.15 €
Menu(s)
14.48 €/60.22 €
Carte 51.83 €
1/2 pension
73.94 €/139.49 €

XVIIe

TV oui	P oui	1 ch.	8 ch.
oui	1 ch.	1 km	1 km

E n plein cœur de la vieille ville, la grâce d'un couvent du XVIIe avec ses jardins à la française dominant les remparts romains. Chambres calmes, restaurant gastronomique, petit déjeuner servi dans l'ancienne chapelle. Vue imprenable sur les monts du Morvan. Lieu propice à l'écriture et à la réflexion.

email : ursulines@chateauxhotels.com

www.chateauxhotels.com/ursulines

À vous la parole

Quel hôtel ? *With the other groups in your class, take turns playing the roles of travel agents promoting a particular hotel and tourists trying to choose a hotel.*

Paroles

Stratégie d'écoute **Utilisez les images pour vous aider à suivre une conversation.**

Visual images such as maps can help you follow a conversation about a place or the relationship between places. French city maps are quite easy to understand because many words used on maps are English cognates. Look at this map of Vichy, a city in France well known for its spas, and answer the following questions.

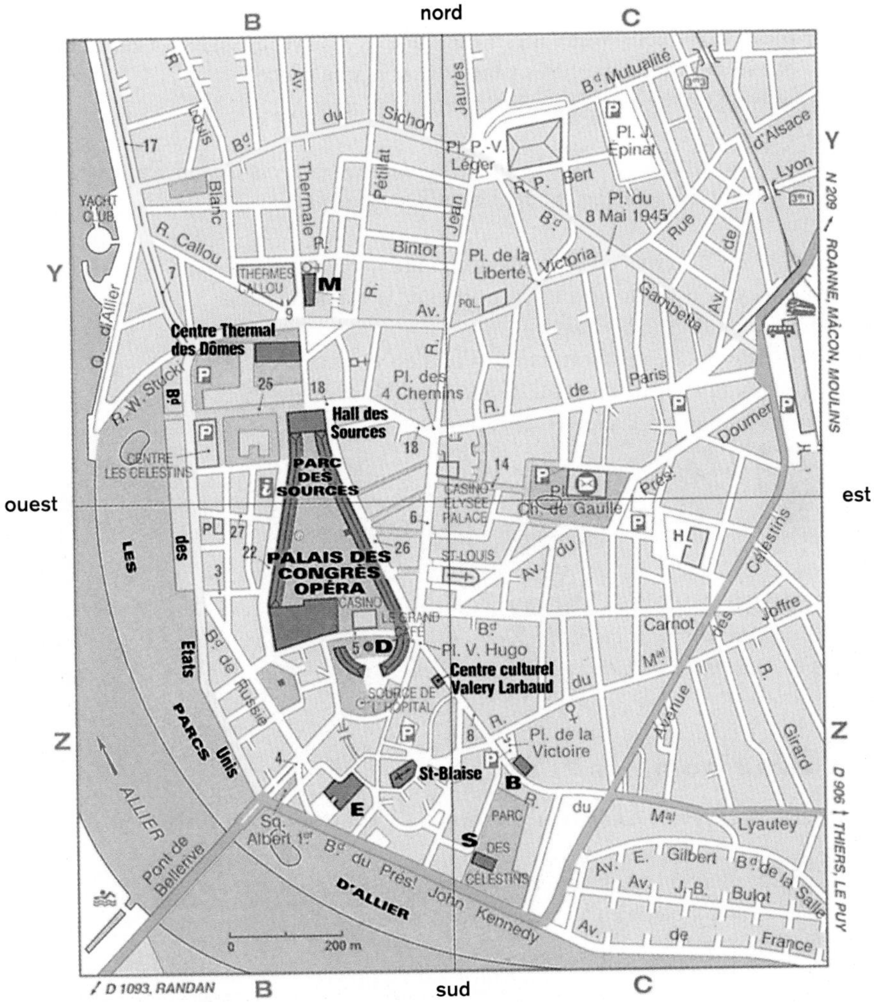

Bibliothèque de Valéry Larbaud .... CZ **B**	Maison de Madame de Sévigné .... BZ **E**
Centre culturel Valéry Larbaud, musée municipal .... BCZ	Maison du Missionnaire .... BY **M**
Centre Thermal des Dômes .... BY	Palais des Congrès-Opéra, Grand Casino-Théâtre .... BZ
Église St-Blaise .... BZ	Parc des Sources .... BY
Hall des sources .... BY	Parcs d'Allier (les) .... BZ
Kiosque à musique .... BZ **D**	Source des Célestins .... CZ **S**

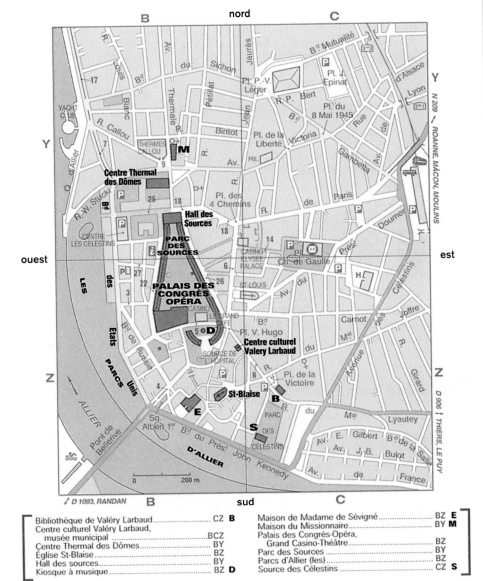

Map © Michelin, d'après *Guides Verts Bretagne & Auvergne*, édition 2000. Autorisation No. 9801015.

Dossier 4

In this Dossier, you will learn about these grammatical features

- compound prepositions expressing location and relationships between places
- the second-person forms of verbs in the imperative
- the use of **de** to link the verb **dire** with an infinitive
- **il faut** followed by a noun or an infinitive

Additional materials for this **Dossier**:

AUDIO CD
Écouter : Connaissez-vous Vichy ? : (Track 15)

CD-ROM (E5)
Mise-en-scène : Connaissez-vous Vichy ?
Échanges : Dans la rue, Dans quelle direction ?, Quelle rue ?
Comment le dire : L'intonation pour faire une suggestion ou donner un ordre

PAROLES WEB SITE
Web Activity 7 **(Villes de province)**
Audio Activity 3: **Connaissez-vous Vichy ?**

CAHIER (5.4)
Activités écrites (et À vous d'écrire)
Activités de laboratoire

DASHER (E5)
***Paroles* : Activité 5**
Cahier : Activités écrites 1, 3, 5

1. Identify three words that name different types of thoroughfares, their abbreviations, and their English equivalents.

	Thoroughfare	Abbreviation	English equivalent
1.			
2.			
3.			

2. Look at the area referred to as **Pl. Charles de Gaulle.** This abbreviation stands for **place** in French, which is not the same as *a place* in English. According to the shape and location of this **place,** what is **une place**?
3. What words correspond to *north, south, east, west*?

*Now listen to your instructor read the following statements as you look at the map on page 241. Indicate whether they are true (**vrai**) or false (**faux**).*

1. Le pont de Bellerive est au nord de la ville.   V   F
2. Vous êtes au nord de la ville. Vous prenez la rue Jean-Jaurès
   pour aller à l'église St-Blaise.   V   F
3. L'avenue des Célestins traverse la ville d'est en ouest. V   F
4. Vous êtes au Centre Thermal des Dômes. Vous suivez l'avenue
   Thermale pour aller au parc des Sources.   V   F

    Écouter

Connaissez-vous Vichy ?   *You will hear a series of conversations that take place between different people in Vichy. Look again at the preceding map, listen to each conversation, and indicate whether each statement is true or false.*

Vous avez compris ?

Indiquez si chaque phrase est vraie ou fausse.

1. This conversation takes place in front of **le Grand Casino.**
   a. L'homme connaît bien Vichy.   V   F
   b. La femme explique où est l'établissement thermal.   V   F
2. Two women meet on the **rue du Maréchal Lyautey.**
   a. La première femme demande la direction de la place de la Victoire.   V   F
   b. La deuxième femme habite dans le quartier du parc des Célestins.   V   F
3. The speakers are near the train station in the northeast section of the city.
   a. L'homme qui pose les questions est en voiture.   V   F
   b. Quand l'homme va être sur le boulevard Kennedy, il va tourner à
      droite pour passer le pont.   V   F
   c. La ville de Clermont est immédiatement après le pont de Bellerive.   V   F

Les mots pour le dire

Pour situer les endroits

Échange 1 *Dans la rue*

A: Excusez-moi, madame. Je cherche la poste.
B: La poste est sur l'avenue de l'Europe, à côté de la banque.
A: Mais je ne sais pas où est la banque. Pouvez-vous me montrer la banque sur le plan ?

Endroits

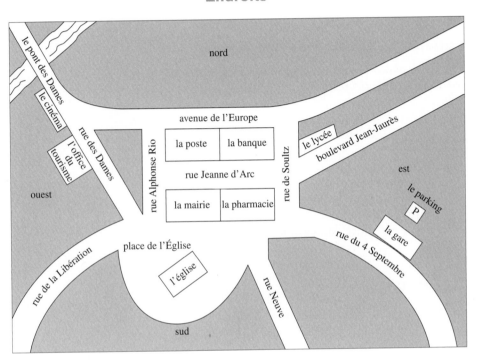

Pour les situer

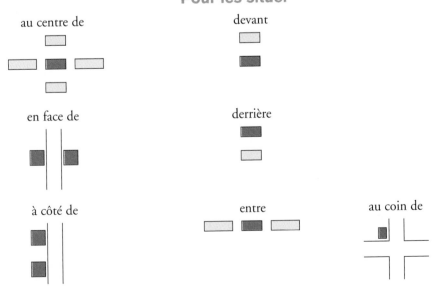

au centre de

devant

en face de

derrière

à côté de

entre

au coin de

Observez

1. Which expressions that situate a location include **de** and which do not? **(5.12)**

2. What do you think happens when one of these expressions that includes **de** is followed by the definite article **le** or **les**? **(5.12)**

Plan de ville

La majorité des petites villes de province en France ont un plan similaire : une grande place au centre, en général la place de l'Église, avec la mairie et la poste tout près.° *nearby* Les rues sont réparties de façon irrégulière. Les rues ont souvent des noms en souvenir° d'événements historiques (par exemple, la libération de la France à la fin de *memory* la Deuxième Guerre mondiale) ou des noms de personnes célèbres au niveau national (Jeanne d'Arc) ou local (Alphonse Rio). En France, il n'y a pas de rues, ou d'avenues ou de boulevards avec un numéro au lieu° d'un nom. *au... instead*

Activité 1 Situez des bâtiments

Regardez le plan à la page 243 et expliquez la situation respective des endroits° indiqués. *places*

> **Modèle:** la poste/la mairie
> La poste est en face de la mairie.

1. l'église/la place
2. la banque/la pharmacie
3. le lycée/la rue de Soultz et le boulevard Jean-Jaurès
4. la gare/le parking
5. le cinéma/l'office du tourisme et le pont des Dames

Échange 2 *Dans quelle direction ?*

A: S'il vous plaît, dites-moi où est la rue Neuve.
B: Allez tout droit. À la première rue, tournez à droite.

Possibilités

Où est la rue Neuve ?
　　　　l'avenue de l'Europe ?
　　　　le boulevard Jean-Jaurès ?
　　　　la place de l'Église ?
Allez tout droit jusqu'à l'église.
　　　　　　jusqu'à la place.
　　　　　　jusqu'au parking.
Tournez à gauche.
　　　　droite.
Passez le pont.
C'est tout droit.
　　　tout de suite après le pont.
　　　là, à votre gauche/droite.
Ce n'est pas par ici, c'est par là.

Observez

1. Look at the verbs **dites** and **allez**. Are there subject pronouns stated with these verbs? These verbs are in a form called the imperative. **(5.13.a)**

2. How do you know if the people speaking here are on a **tu** or **vous** basis? **(5.13.a)**

3. What pronoun is used after **dites** to express the idea *tell me*? **(5.13.b)**

Ordre ou suggestion ?

It is a common misconception that the imperative mood always expresses a command or order. This is not always the case. For example, if you say **Tournez à gauche** or **Va jusqu'à l'église** to someone, you are actually explaining and suggesting where to go. You can also explain, suggest, or advise by using a declarative sentence with the subject pronoun **vous** or **tu**:

Vous tournez à gauche. Tu vas jusqu'à l'église.

When you need to give a polite but real order, you can, in French as in English, use a question with a rising intonation:

Vous voulez me suivre ? Tu peux me donner ton livre ?

Activité 2 Signalisation routière

En Europe et en Afrique francophone, la circulation des véhicules est réglée par une série de panneaux. Regardez chaque panneau et dites ce qu'il indique.

Verbes utiles : *faire attention à,° tourner, aller*

faire... pay attention to

Modèle: Allez lentement.

1.

3.

5.

2.

4.

6.

Pour indiquer la distance

Échange 3   *Près ou loin ?*

A: La gare, c'est loin d'ici ?
B: Non, c'est tout près, il faut trois minutes à pied.

Possibilités

C'est assez loin ; ça prend dix minutes en bus.

Ce n'est pas trop loin ; il faut quelques minutes en vélo.

C'est tout près ; il faut deux minutes à pied.

C'est à cent mètres, près de la poste.

C'est à deux kilomètres.

O b s e r v e z

1. Note the expression **il faut.** What type of word follows it here? **(5.14)**

2. What does **il faut** mean? **(5.14)**

Le système métrique a été institué en France en 1840 et est devenu obligatoire en 1846. Il est utilisé dans le monde entier sauf aux États-Unis et dans les îles britanniques. L'avantage du système métrique est que c'est un système décimal. Pour indiquer les dimensions et les distances :

1 mètre = à peu près 3 pieds américains

1 000 mètres = 1 kilomètre = 5/8 du mile américain (1,609 m)

Activité 3 C'est près d'ici ?

Regardez ce plan de Québec. Vous êtes au coin de la rue St-Louis et de la rue d'Auteuil (au centre du plan où il y a une calèche). Demandez si vous êtes près des bâtiments indiqués. Votre camarade de classe regarde le plan et répond.

Modèle: le restaurant la Petite Italie (nº 9)

A: Pardon, monsieur, pouvez-vous me dire si le restaurant la Petite Italie est près d'ici ?

B: Oui, oui. C'est tout près, rue St-Louis, en face du Bureau Tourisme.

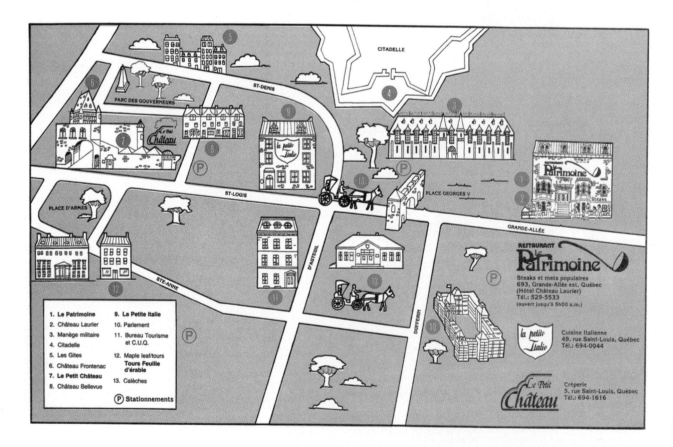

1. la Citadelle (nº 4)
2. le Manège militaire (nº 3)
3. le Château Frontenac (nº 6)
4. le Château Bellevue (nº 8)
5. les Tours Feuille d'érable (nº 12)
6. le Parlement (nº 10)

Pour donner un itinéraire

Échange 4   *Quelle rue ?*

ADOLESCENT: Pardon, monsieur. Comment est-ce que je peux aller au lycée d'ici ?
Quelle rue est-ce que je prends ?

HOMME: C'est très facile : suivez la rue de la Libération, traversez la place de
l'Église, prenez la rue de Soultz à gauche, et puis tournez à droite sur
le boulevard Jean-Jaurès.

ADOLESCENT: Vous m'avez dit de tourner à gauche sur le boulevard Jean-Jaurès ?

HOMME: Non, non, à droite.

ADOLESCENT: Merci, monsieur.

Possibilités

Il faut prendre/suivre la rue...

le boulevard...

l'avenue...

Il faut traverser la place.

passer le pont.

tourner à droite/à gauche sur l'avenue...

sur le boulevard...

dans la rue...

aller tout droit, il ne faut pas tourner.

> **Observez**
>
> **1.** Look at the expressions **suivez la rue...** , **traversez la place...** , **prenez la rue...** , **tournez à droite.** What is the purpose of these expressions here? **(5.13)**
>
> **2.** When **dire** is followed by an infinitive, what word goes before the infinitive? **(5.11.b)**
>
> **3.** Note the expressions in the **Possibilités** using **il faut**. What form of the verb follows it? **(5.14)**

Activité 4 Trouvez le restaurant

Regardez le plan de Québec à la page 246. Vous êtes au numéro 11 (Bureau Tourisme dans la rue d'Auteuil), et vous demandez où on peut trouver un bon restaurant. Écoutez les indications que votre professeur va lire et suivez-les sur la carte. À quel restaurant arrivez-vous ?

Activité 5 Ton camarade te dit de faire quelque chose !

En groupes de trois, la personne A donne un ordre à la personne C. Ensuite, la personne B répète cet ordre à la personne C et la personne C répond. Répétez l'exercice à tour de rôle.

Modèle: aller / à / le tableau noir°   tableau... *blackboard*

A (à C): Va au tableau noir.

B (à C): A te dit d'aller au tableau noir. Alors, il faut aller au
tableau noir.

C (à A et B): J'y vais.

ou

Non, je ne veux pas y aller.

1.	rester	en face de	le tableau noir
2.	aller	à côté de	la porte°
3.	aller	devant	les étudiants
4.	aller	derrière	le professeur
5.	rester	entre... et...	le tableau noir et la porte

door

Mots nouveaux à apprendre

à côté de	*beside, next to*	nord	*north*
à droite (de)	*to the right (of)*	l'office *(m)* du tourisme	*tourist bureau*
à gauche (de)	*to the left (of)*	ouest	*west*
au centre (de)	*in the middle (of)*	par ici, par là	*this way,*
au coin (de)	*on the corner (of)*		*that way*
l'avenue *(f)*	*avenue*	le parking	*parking lot*
la banque	*bank*	passer	*to pass by*
le boulevard	*boulevard*		*(conj. like **parler,***
le cinéma	*movie theater*		***je suis passé(e)))***
derrière	*behind*	la pharmacie	*pharmacy*
devant	*in front of*	la place	*city square*
en face de	*across from*	le plan	*map*
est	*east*	le pont	*bridge*
la gare	*train station*	la poste	*post office*
ici	*here*	près (de)	*near (to)*
il faut	*it is necessary*	la rue	*street*
le kilomètre	*kilometer*	sud	*south*
là	*there*	tourner	*to turn*
loin (de)	*far (from)*		*(conj. like **parler**)*
le lycée	*high school*	tout de suite	*right away*
la mairie	*town hall*	tout droit	*straight ahead*
le mètre	*meter*	tout près	*very close, nearby*
montrer	*to show*	traverser	*to cross*
	*(conj. like **parler**)*		*(conj. like **parler**)*

Comment le dire

L'intonation pour faire une suggestion ou donner un ordre

A sentence with a verb in the imperative form has a falling intonation, with the last syllable being quite low. In fact, the lower you go, the more curt and imperative you sound.

Tournez à gauche.   Donne-moi ton livre.

When you use the nonimperative form of the verb (with the pronoun **tu** or **vous**) to advise or suggest, you also use a falling intonation.

Vous traversez le parc.   Tu me téléphones ce soir.

Activité 6 Questions et suggestions

*Faites cette conversation avec un(e) camarade de classe. Faites attention à votre intonation
pour distinguer les questions et les suggestions.*

A: Le parc des sports, c'est par où ?

B: Allez tout droit, madame/monsieur.

A: Il ne faut pas tourner ?

B: Vous ne tournez pas, vous allez tout droit, tout droit.

A: Il faut traverser le pont ?

B: Oui, traversez le pont et restez à gauche. Vous allez voir le parc des sports à cent
mètres après le pont.

Activité 7 Suggérer où passer des vacances

*En groupes de trois, discutez la possibilité de passer vos vacances ensemble à chacune de ces
villes. Faites des suggestions, et faites attention à votre intonation. Quelle ville préférez-vous
visiter et pourquoi ?*

Faire du patinage à Québec.

Explorer le musée d'Orsay
à Paris.

Aller à la plage en Guadeloupe, à Ste-Anne.

Visiter la ville de Tunis.

Écrivons un peu

Stratégie d'écriture Pour décrire une scène de façon intéressante et cohérente, commencez par vous poser des questions sur les détails de votre sujet.

To make the description of a scene come alive, you need to include a certain number of details about the people and objects present. Look at the scene in the following image from the perspective of one of the people shown. Ask yourself the questions listed and answer them as if you were that person.

L'Omnibus, Honoré Daumier, French, 1808–79.

1. Où suis-je?
2. Qui est avec moi?
3. Comment sont ces personnes?
4. Quels sont mes sentiments et réactions à ce moment-là?

À vous d'écrire

Mon voyage *Imagine that you are the traveler whose perspective you adopted in noting the details of the scene. Write a paragraph describing your surroundings, your fellow travelers, and your thoughts about the omnibus ride.*

Mise au point

Reread your paragraph and consider if you . . .

1. set the scene by indicating where you are and with whom.
2. described your fellow travelers' physical and emotional states using a variety of descriptive expressions.
3. included reasons why you and the others feel the way you do to give depth to your description.
4. made agreements where appropriate (adjectives with nouns and verbs with subjects).

Grammaire 5

5.1 Names of countries: articles, genders, and prepositions

a. **Articles and genders with names of countries.** In English, an article is seldom used with the name of a country (*I visited France*); the name *the United States* is a notable exception. In French, however, the definite article is nearly always used (**j'ai visité la France**), except for the country **Israël,** with islands that are also countries, and with some prepositions, such as **en,** which are used with verbs such as **aller: Je vais en France.**

The gender of names of countries follows predictable patterns:

1. Country names ending in **e** are generally feminine (**la France, l'Espagne**). **Le Mexique** is an exception.
2. Country names with endings other than **e** are masculine (**le Sénégal, Israël**).
3. Country names ending in **s** are plural (**les États-Unis, les Pays-Bas**).

b. **Prepositions with names of countries.** To indicate which country you are going *to* or what is happening *in* a particular country, you use the preposition **en** or **à.** In this context, **en** and **à** mean both *to* and *in.* You decide which to use according to the gender of the country and whether the name of the country begins with a vowel or a consonant. Remember that **à** contracts with the definite articles **le** and **les** that follow it: **à + le → au; à + les → aux.**

Prépositions avec les noms de pays			
nom de pays	féminin	masculin	pluriel (m & f)
qui commence par une voyelle	en Amérique	en Israël	aux États-Unis
qui commence par une consonne	en France	au Canada	aux Pays-Bas

5.2 The pronoun y

a. **Use and form.** You already know that a verb can have a direct object complement:

Je vais visiter **le Canada.**

You have also learned (**Grammaire 3.9**) that to avoid repetition, you can use a pronoun complement instead of a noun:

Je vais **le** visiter.

In this **Ensemble,** you are working with verbs that have a complement indicating destination or location. You can use the pronoun **y** instead of the preposition + place.

Je vais **au Canada.** → J'**y** vais.

Unlike the direct object pronouns, which have four forms (**l', le, la, les**), **y** has only one form, whatever the gender or number of the noun it refers to.

Le pronom *y*	
Je vais **au Canada.**	J'**y** vais.
Je vais **en Espagne.**	J'**y** vais.
Je vais **chez Pauline.**	J'**y** vais.
Je vais **dans le magasin.**	J'**y** vais.

b. **Placement.** The placement of the pronoun **y** follows the same rules as the direct object (see **Grammaire 3.9** and **4.1.e**).

Position des compléments		
	complément d'objet direct	*y*
présent		
affirmatif	Je **le** vois.	J'**y** vais.
négatif	Je ne **le** vois pas.	Je n'**y** vais pas.
passé composé		
affirmatif	Je **l'**ai vu(e).	J'**y** suis allé(e).
négatif	Je ne **l'**ai pas vu(e).	Je n'**y** suis pas allé(e).
avec infinitif	Je vais **le** voir.	Je vais **y** aller.

Because **y** is a vowel, **je** becomes **j'** and **ne** becomes **n'** before it.

Also, unlike with direct object pronouns, there is no agreement between **y** and the past participle in the **passé composé,** even if the noun **y** refers to is feminine or plural.

Paul a visité la France. → Il l'a visit**e**.

Paul est allé en France. → Il y est allé.

5.3 The preposition *pour*

a. *Pour + noun.* The preposition **pour** is used before a noun or pronoun to express destination, anticipated duration, or purpose.

Elle est partie **pour** Paris.

Ce livre est **pour** toi.

Il va partir **pour** trois jours.

Il part **pour** ses affaires.

In all these cases, **pour** conveys much the same meaning as *for* in English.

b. *Pour + infinitive.* Unlike *for* in English, **pour** is also used before an infinitive to express a goal or an intention.

Il voyage **pour** voir le monde.

In this case, **pour** conveys the same meaning as *in order to*.

5.4 Prepositions with modes of transportation

Most words expressing modes of transportation (**train, car, avion, voiture, vélo**) are usually used with the preposition **en.** The expression **à pied,** *on foot,* is an exception.

Some of the modes of transportation that use **en** can also use other prepositions: **par le train, à vélo.** These are older, less common usages that are being replaced today by a generalized use of **en.**

Prépositions et transport	
J'y vais en car	
en avion	
en voiture	
en train	par le train
en vélo	à vélo
à pied	

5.5 Superlative forms with adjectives

When you want to state that a person, thing, or idea is *the most* or *the least* among several people, things, or ideas, you use a superlative form with an adjective.

a. **Form.** As in English, the superlative is formed in French by using a definite article with a comparative term plus an adjective. The adjective must agree with the noun it describes.

Le superlatif des adjectifs				
article défini +	comparatif + (invariable)	adjectif + (accord)	nom	
en anglais *the*	*most/least*	*beautiful*	*train*	
en français le	plus/moins	beau	train	
la	plus/moins	belle	ville	
les	plus/moins	beaux	enfants	

b. **Placement.** As you know, in French, some adjectives precede the noun (**C'est une vieille femme**), but most adjectives follow the noun (**C'est une femme intelligente**). The superlative form goes wherever the adjective is normally placed. When the adjective follows the noun, the definite article appears twice, once before the noun and once before the comparative term.

Position des adjectifs au superlatif
adjectif avant le nom
article défini + comparatif + adjectif + nom la plus grande ville
adjectif après le nom
article + nom + article + comparatif + adjectif la ville la plus intéressante

c. **An irregular superlative.** The adjective **bon** has an irregular form for *best* but not for *worst*.

Meilleur/Moins bon		
	anglais *best*	anglais *worst*
masculin	le meilleur livre	le moins bon livre
féminin	la meilleure maison	la moins bonne maison
pluriel	les meilleur(e)s ami(e)s	les moins bon(ne)s ami(e)s

5.6   The indirect object pronouns *me, te, nous, vous*

Indirect object pronouns are often used with verbs of communication, such as **demander** and **suggérer,** and with verbs of exchange, such as **donner.** These are verbs that are followed by **à** before the noun naming the person or people involved in the communication or exchange.

Je vais demander la réponse **à Michelle.**

Je vais suggérer **à mon ami** de prendre le train.

Indirect objects indicate *of whom, from whom,* or *to whom* someone is asking for or suggesting information, or *to whom* something is given.

a. **Form.** The indirect object pronouns for the first and second persons, singular and plural, are identical to the direct object pronouns.

Résumé des pronoms		
sujet	complément d'objet direct	complément d'objet indirect
je	me	me
tu	te	te
nous	nous	nous
vous	vous	vous
il	le	*taught in* **Ensemble 6**
elle	la	*taught in* **Ensemble 6**
ils	les	*taught in* **Ensemble 6**
elles	les	*taught in* **Ensemble 6**

b. **Placement.** Indirect object pronouns take the same position in relation to the verb as direct object pronouns.

Résumé des positions des pronoms compléments d'objet		
	objet direct	objet indirect
présent		
affirmatif	il **me** voit	il **me** parle
négatif	il ne **me** voit pas	il ne **me** parle pas
passé composé		
affirmatif	il **m'**a vu(e)	il **m'**a parlé
négatif	il ne **m'**a pas vu(e)	il ne **m'**a pas parlé
avec infinitif	il va **me** voir	il va **me** parler

With the **passé composé,** the past participle does not agree with the indirect object pronoun, even if the pronoun refers to a woman or several people.

5.7 Accents in *-er* verbs

Like **préférer, suggérer** and **répéter** are **-er** verbs with an **e accent aigu** ([e]) in the syllable before the **er** of the infinitive. When a conjugated form of the verb has an unpronounced ending (such as the third person plural verb ending **-ent**), the next to the last **e** is spelled with an **accent grave** and is pronounced [ε], as in **mère.**

Les accents des verbes *suggérer, répéter* et *préférer*					
	suggérer		répéter		préférer
présent	je	suggère	je	répète	je	préfère
	tu	suggères	tu	répètes	tu	préfères
	il/elle/on	suggère	il/elle/on	répète	il/elle/on	préfère
	nous	suggérons	nous	répétons	nous	préférons
	vous	suggérez	vous	répétez	vous	préférez
	ils/elles	suggèrent	ils/elles	répètent	ils/elles	préfèrent
passé composé	j'ai suggéré		j'ai répété		j'ai préféré

5.8 *Tout* as adjective and pronoun

Tout is a word that can mean *all, each, entire, every,* or *everything,* depending on the context. It is used in the idiomatic expression **tout le monde** (*everyone;* literally, *all the world*). Grammatically, it can function as an adjective and as a pronoun.

a. ***Tout* as adjective.** As an adjective, **tout** agrees in gender and number with the noun. It must be followed by an article, a possessive adjective, or a demonstrative adjective before the noun it qualifies.

> Est-ce que **tout le** monde parle anglais ?
>
> J'ai mangé **tout un** paquet de chocolat.
>
> J'ai visité **toute la** ville.
>
> **Tous ces** médecins sont riches.
>
> J'ai rencontré **toutes ses** sœurs.

Tout comme adjectif					
	tout	+	article	+	nom	
masculin singulier	tout		le		livre	(*the entire book*)
féminin singulier	toute		la		France	(*all of France*)
masculin pluriel	tous		les		garçons	(*all of the boys*)
féminin pluriel	toutes		les		places	(*all of the seats*)

b. *Tout* **as pronoun.** When used as a masculine singular pronoun, **tout** is the equivalent of *everything* and does not require a specific noun antecedent. It can be either the subject or the complement of the verb. Its form never varies.

Tout comme pronom		
sujet	Tout est pris.	*(Everything is taken.)*
objet direct	Il sait tout.	*(He knows everything.)*

5.9 *Savoir* and *connaître*

French has two words with different meanings to express the various meanings covered by the single English verb *to know*.

■ **Connaître** expresses *familiarity or acquaintance* with someone or something. It *must* be used with a direct object noun or pronoun.

Je connais Monsieur Leblanc.

Je connais la France.

The **i** in **connaître** has an **accent circonflexe** when followed by a **t.**

■ **Savoir** expresses *intellectual or practical knowledge.*

Je sais le français.

Je sais la date de la Révolution française.

Unlike **connaître, savoir** can also take an infinitive or a clause (subject + verb) as its complement.

Je sais jouer aux cartes.

Je sais que Paris est la capitale de la France.

Savoir can also be used without a complement, whereas, except for a few colloquial expressions, **connaître** cannot.

Je ne sais pas !

Résumé des usages de *savoir* et de *connaître*				
	+ nom/pronom	+ *que* + sujet + verbe	+ infinitif	sans complément
connaître	x			
savoir	x	x	x	x

5.10 Ordinal numbers

Like English, French has two types of numbers. Cardinal numbers (**les nombres cardinaux**) express a quantity (**Cet hôtel a *cinq* étages**). Ordinal numbers (**les nombres ordinaux**) express ranking within an ordered series (**C'est le *cinquième* étage**).

Except for **premier(s)/première(s),** all ordinal numbers are formed by adding **–ième(s)** to the cardinal number. Note, however, that:

1. the final **e** is deleted in **quatre, trente,** etc: **quatrième**
2. a **u** is added to **cinq: cinquième**
3. **f** becomes **v** in **neuf: neuvième**

Nombres cardinaux	Nombres ordinaux
un	premier/première
deux	deuxième
trois	troisième
quatre	quatrième
cinq	cinquième
neuf	neuvième
dix	dixième
vingt et un	vingt et unième
trente	trentième

5.11 Complements of *dire*

As a communication verb, **dire** can be followed by four types of words.

1. a direct object:

   Il a dit **son opinion.**

2. an indirect object:

   Il a dit « oui » **à Marie.**

3. an infinitive preceded by **de:**

   Elle m'a dit **de venir.**

4. a clause (subject + verb) preceded by **que:**

   On m'a dit **que tu es malade.**

a. *Dire + de + infinitive.* **Dire** can also be followed by an infinitive, in which case the preposition **de** must be used between **dire** and the infinitive.

Le verbe *dire* suivi de la préposition *de* + infinitif		
dire	préposition *de*	infinitif
Je vous dis	de	faire ces exercices.
Il m'a dit	de	réserver à l'avance.

b. *Dire + que + clause.* When a sentence with **dire** is followed by another sentence (subject + verb) reporting what is said, the two sentences (called *clauses*) must be joined by the conjunction (joining word) **que** to form a complex sentence.

Le verbe *dire* suivi de *que* + sujet + verbe		
dire	conjonction *que*	sujet + verbe
On dit	que	vous voulez partir.
Je vous dis	que	je suis malade !

Note that the conjunction **que** is required in French, whereas the conjunction *that* is often omitted in English: *He tells me (that) he is sick.*

5.12 Compound prepositions with *de*

The following are compound prepositions of location that end with **de:**

au centre de

en face de

au coin de

à gauche de

à droite de

à côté de

In these expressions, like other uses of the preposition **de, de** combines with the definite articles **le** and **les.**

de + le→du	Le lycée est à côté **du** cinéma.
de + les→des	Le professeur est en face **des** étudiants.
but	
de la	C'est à côté **de la** gare.
de l'	C'est à côté **de l'**église.

5.13 The imperative

a. **Affirmative and negative forms.** One way to tell someone what to do is to use the imperative. Just as in English, the imperative is formed by using the *you* form of the present tense of the verb, without the subject pronoun (*you make a right turn → make a right turn*).

Because there are two forms of *you* in French, **vous** and **tu,** the imperative can be formed with either. However, note that all **-er** verbs and **avoir** do not have the final **s** in the **tu** form of the imperative.

Les verbes à l'impératif		
verbes en *-er*		
parler	parle !	ne parle pas !
	parlez lentement !	ne parlez pas lentement !
aller	va !	ne va pas !
	allez !	n'allez pas !
autres verbes		
sortir	sors !	ne sors pas !
	sortez !	ne sortez pas !
avoir	aie de la patience !	n'aie pas peur !
	ayez pitié de moi !	n'ayez pas pitié de moi !
être	sois calme !	ne sois pas agité(e) !
	soyez patients !	ne soyez pas impatients !

b. **Used with object pronouns.**

Negative: With a negative imperative, the object pronoun (direct object, indirect object, or **y**) is in its normal place in the sentence in front of the verb.

La télé... **ne la regarde pas** ce soir, il n'y a rien d'intéressant.

Au restaurant « Poisson rouge » .... mais **n'y va pas,** ça n'est pas bon.

Affirmative: With an affirmative imperative, the object pronoun (direct object, indirect object, or **y**) comes after the verb and is connected to it by a hyphen.

> Le roman de Zola, mais oui, **lis-le**!

> Tu peux aller en Europe cet été... alors, **vas-y**!

Note that the final **s** of the **tu** form of **aller** is used here because it is followed by **y**.

The object pronouns **moi** and **toi** are used instead of **me** and **te** respectively in the affirmative imperative.

> **Dites-moi** que vous allez venir!

> Je n'aime pas mon nom : **appelle-moi** Michel.

5.14 *Il faut*

Il faut expresses the notions of *it is necessary, one must, you have to.* It can be followed by either a noun or an infinitive. Its subject is always **il.** The **il** of **il faut** is impersonal, as in **il neige, il fait beau.**

> Il faut dix minutes à pied pour aller à la bibliothèque.
> *It takes ten minutes on foot to go to the library. (You have to give yourself ten minutes to go to the library on foot.)*

> Il faut tourner à droite au coin.
> *You have to turn right at the corner.*

In the negative, **il ne faut pas** expresses an interdiction: *don't, you must not.* It does not mean *it's not necessary* or *you do not have to.*

> Il ne faut pas manquer les cours.
> *One must not miss class.*

****

Verbes irréguliers : *connaître, dire* et *savoir*

connaître *(to know, to be familiar/acquainted with)*			
je	connais	nous	connaissons
tu	connais	vous	connaissez
il/elle/on	connaît	ils/elles	connaissent
j'ai connu			

savoir *(to know)*			
je	sais	nous	savons
tu	sais	vous	savez
il/elle/on	sait	ils/elles	savent
j'ai su			

dire *(to say / tell)*			
je	dis	nous	disons
tu	dis	vous	dites
il/elle/on	dit	ils/elles	disent
j'ai dit			

○○○○○○○○ Ouverture culturelle

Paris et les Régions

La pyramide du Louvre, Paris.

La Corse.

Le Château des Ducs de Bretagne, à Josselin.

Paris et les Régions

Autrefois° on opposait un Paris vivant et innovateur à une province somnolente° et traditionaliste. On reconnaît° aujourd'hui la vitalité économique et culturelle des régions, grâce à° une réelle décentralisation administrative par rapport à la France « Paris-centrique » d'hier. Si on peut dire de Paris que c'est « le cœur » de la France, situé au centre du corps° en Île-de-France, ce sont bien les régions de province qui produisent « le sang° » qui circule pour nourrir le pays. Chaque région a ses propres traditions et ses spécialités de cuisine. La diversité des régions contribue à la grande beauté de la France.

In the past
sleepy / recognizes
grâce... thanks to

heart
body
blood

Additional materials for this
Ouverture culturelle:

CD-ROM
WWW: **Les Régions**

VIDEO/VIDEO MANUAL
Vignette culturelle :
  L'Europe francophone

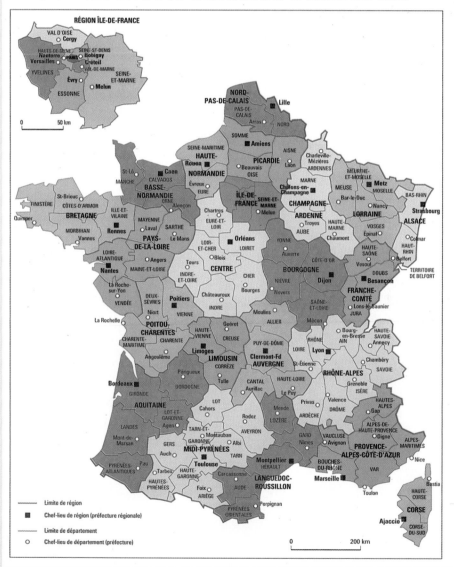

LES 22 RÉGIONS MÉTROPOLITAINES

« GÉOGRAPHIE » classe de 1ère Édition, 1997 Collection Jean-Robert PITTE © Nathan, Paris 1997.

Activité 1 Que savez-vous déjà de Paris et des Régions de la France ?

1. Quels monuments parisiens connaissez-vous ?
2. Nommez quelques peintres° « impressionnistes » de la vie parisienne.
3. Quelles autres villes françaises connaissez-vous ? Montrez-les sur la carte, si possible.
4. Quels paysages et quels produits associez-vous avec la France ? Dans quelle(s) région(s) est-ce que ces paysages se trouvent ? De quelle(s) région(s) viennent ces produits ?

painters

Activité 2 Carte d'identité de Paris

Lisez le tableau suivant avant de répondre aux questions à la page 263.

Population la ville de Paris : 2 150 000 ; la région parisienne : 11 000 000

Superficie la ville de Paris : 104 km² ; la région parisienne : 12 000 km²

Gouvernement La ville est divisée en vingt arrondissements° administratifs, mais il y a aussi des quartiers, chacun° avec son caractère particulier, tels que° le quartier Latin, fréquenté par les étudiants, le quartier Saint-Germain, avec ses cafés fréquentés par les intellectuels, et Montmartre, avec ses boîtes de nuit° et ses peintres.

districts
each
tels... such as

boîtes... nightclubs

Une rue du quartier Latin.

Le Pont Neuf, Paris

Monuments et sites historiques   On peut tracer l'histoire de Paris à travers° ses monuments les plus célèbres : l'île de la Cité, site des premiers occupants plusieurs siècles° avant Jésus-Christ, où se trouvent la cathédrale Notre-Dame (la plus ancienne de Paris, 1250) et le Pont Neuf (le plus vieux pont, terminé en 1604) ; la place de la Bastille, où une colonne évoque la liberté en souvenir de l'ancienne prison prise par les révolutionnaires le 14 juillet 1789 ; le Panthéon, où sont les tombes des héros de la nation ; l'Arc de Triomphe, commencé par Napoléon en 1806 ; la Tour Eiffel (première grande structure en métal, de 300 mètres, construite en 1889) ; le Centre Georges Pompidou (Beaubourg), avec sa bibliothèque publique et son musée d'art moderne.

à... *through*
centuries

Musées d'art   le Louvre (ancien palais royal où se trouvent des collections d'art depuis° l'antiquité jusqu'au 19ᵉ siècle) ; le musée national d'art moderne (dans le très moderne Centre Georges Pompidou) ; le musée d'Orsay (dans une ancienne gare qui abrite des collections d'art du 19ᵉ siècle y compris des tableaux impressionnistes, qui montrent le paysage parisien).

from

Vous avez compris ?

1. Nommez un quartier de Paris et indiquez son caractère particulier.
2. Nommez quatre monuments à Paris et les dates de leur construction.
3. Si vous allez à Paris, quel musée ou monument allez-vous visiter ?

Activité 3 Trois tableaux de Paris

Regardez attentivement ces tableaux° et répondez aux questions.   *paintings*

Femme et enfant au balcon, 1872,
Berthe Morisot, French, 1841–1895.

La Place du Théâtre Français, 1895,
Camille Pissarro, French, 1830–1903.

Bal au Moulin de la Galette, 1876,
Pierre-Auguste Renoir, French, 1841–1919.

1. Quel temps fait-il dans chaque tableau ?
2. Dans quel(s) tableau(x) est-ce que le point de vue du spectateur est situé près de la scène ?
   loin de la scène ?
3. Par conséquent, dans quel tableau est-ce qu'on voit mieux° les Parisiens ?   *better*
   la ville de Paris ?
4. Quels sont les aspects de la vie parisienne montrés dans chaque tableau ?
5. Quelle est l'impression générale de chaque tableau ? des trois ensemble ?

Activité 4 Explorons les musées de Paris

1. D'après la Carte des Monuments & Musées de Paris, *trouvez les trois musées suivants, indiquez dans quel arrondissement chaque musée se trouve et nommez deux monuments près de chaque musée.*

Musée	Arrondissement	Monuments
Musée du Louvre		
Musée national d'art moderne		
Musée d'Orsay		

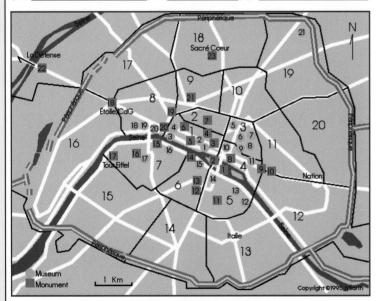

Carte des Monuments & Musées de Paris

Cette carte est interactive; "cliquez" sur les points d'interet. (Carte en plus petit / English Version)

Pour la schéma numérique voir en bas (Autres Plans de Paris).

● Musées :
1. Musée du Louvre , 2. Musée des Arts Décoratifs / Musée des Arts de la Mode et du Textile , 3. Musée de l'Orangerie , 4. Galerie Nationale du Jeu de Paume , 5. Musées National des Techniques et des Arts et Métiers , 6. Musée de la Chasse et de la Nature , 7. Musée National Picasso , 8. Musée de la Serrurerie / Musée Bricard , 9. Musée Carnavalet , 10. Musée national d'Art moderne - Centre Georges Pompidou , 11. Maison de Victor Hugo , 12. Muséum National d'Histoire Naturelle , 13. L'Institut du Monde Arabe , 14. Musée National du Moyen-Age : Thermes de Cluny , 15. Musée de la Monnaie , 16. Musée d'Orsay , 17. Musée Auguste Rodin , 18. Palais de la Découverte , 19. Galeries Nationales du Grand Palais , 20. Musée du Petit Palais , 21. Cité des Sciences et de l'Industrie

■ Monuments :
1. Notre Dame , 2. Conciergerie , 3. Palais Royal , 4. St. Eustache , 5. Arc de Triomphe de la Carrousel , 6. Place Vendôme , 7. Bourse , 8. Hôtel de Ville , 9. Place de la Bastille , 10. Opéra de la Bastille , 11. Panthéon , 12. Palais de Luxembourg , 13. Sénat , 14. L'Institut de France , 15. Assemblée Nationale , 16. Hôtel National des Invalides , 17. Tour Eiffel , 18. Arc de Triomphe , 19. La Madeleine , 20. Place de la Concorde , 21. Opéra Garnier , 22. La Grande Arche de la Défense , 23. Basilique du Sacré Coeur

2. Maintenant, « visitez » le musée que vous préférez sur le Web, et répondez aux questions suivantes :

Quelle est l'adresse de votre site ? _____

Quel tableau ou objet d'art vous a particulièrement intéressé(e) ? _____

Pourquoi ? _____

Les Régions

Selon l'Encylcopédie Hachette, une Région est une zone « dont° la délimitation et l'unité tiennent à des causes géographiques, *whose*
humaines, historiques, administratives ou économiques ». Il y a vingt-deux Régions en France métropolitaine et quatre Régions
d'Outre-mer. Les Régions sont souvent des unités historiques (par exemple, l'Alsace) ; elles peuvent aussi correspondre à la zone
d'influence d'une grande ville (par exemple, Grenoble dans la Région Rhône-Alpes). Chacune de ces Régions a sa propre identité,
composée de sa topographie, son climat, son histoire, sa culture, ses traditions, sa cuisine et, bien sûr, ses habitants, qui ont le
sentiment d'appartenir à leur territoire. Aujourd'hui, cette identité régionale constitue parfois un contre-pouvoir par rapport aux
systèmes politiques centralisés, non seulement de la France mais aussi de l'Union européenne, qui réduit les barrières entre les États.

Activité 5 Les Régions

Regardez la carte de la France. Sur la carte, huit des vingt-deux Régions métropolitaines sont indiquées.
Utilisez le nom des Régions et l'information donnée dans les légendes des photos pour associer chaque
image avec une Région.

1.

L'Armor : le pays de la mer. La pointe du Raz.
Région _____
Pourquoi situez-vous cette image ici ?

2.

Strasbourg, ville d'influence allemande.
Région _____
Pourquoi situez-vous cette image ici ?

3.

Les plages du Débarquement pendant la 2ème guerre mondiale.
Région _____
Pourquoi situez-vous cette image ici ?

6.

Ville de Montbonnot et le massif de la Chartreuse.
Région _____
Pourquoi situez-vous cette image ici ?

4.

La plage à St. Raphael.
Région _____
Pourquoi situez-vous cette image ici ?

7.

Le Château Latour et ses vignobles près de Bordeaux.
Région _____
Pourquoi situez-vous cette image ici ?

5.

Chenonceaux, un des beaux châteaux dans la vallée de la Loire.
Région _____
Pourquoi situez-vous cette image ici ?

8.

Ajaccio, ville natale de Napoléon 1er.
Région _____
Pourquoi situez-vous cette image ici ?

Activité 6   La France à travers l'histoire

Regardez ces quatre édifices très anciens qui se trouvent en France. Selon vos connaissances de l'histoire, indiquez l'ordre chronologique du commencement de leur construction.

1.

L'arène à Arles, Région Provence-Alpes-Côte d'Azur.

3.
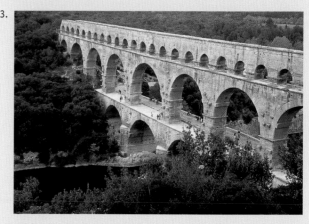

Le Pont du Gard, pont-aqueduc, Région Languedoc-Roussillon.

2.

La cité de Carcassone, Région Languedoc-Roussillon.

4.

Le Palais des Papes à Avignon, Région Provence-Alpes-Côte d'Azur.

Activité 7 Explorons une Région de la France sur Internet

Visitez le site Web d'une Région de France en utilisant notre site Web pour le CD-ROM ou bien en tapant le nom d'une Région dans la boîte marquée « recherche » d'un moteur de recherche comme Yahoo.fr, Nomade.fr ou Altavista (French). Nous suggérons les Régions suivantes : l'Alsace, la Bourgogne, la Bretagne, la Franche-Comté, le Pays-de-la-Loire ou la Provence.

Ensuite, choisissez une partie du site Web qui vous intéresse et notez trois observations qui vous semblent intéressantes.

Région _____

Adresse Internet _____

Observations

1. _____

2. _____

3. _____

Guíde Web

PROVENCE

Le guide du tourisme en Provence

Présentation
Présentation, géographie, histoire de la Provence...

Villes, Villages et Pays
Le Luberon, le Verdon Vaison-la-Romaine...

Hébergement
Hôtels, chambres d'hôtes, campings, gîtes...

Produits régionaux
Vin, olive, truffe, plantes aromatiques...

Artisanat provençal
Poterie, santons, bois d'olivier, tissus...

Culture et Patrimoine
Musées, curiosités, monuments, expositions

Sports et loisirs
Stages, excursions, séjours à thèmes...

Circuits touristiques
Les routes des vins, de l'olivier, de la lavande...

Infos pratiques
Météo, cartes, plans, offices de tourisme...

Immobilier
Annonces et agences immobilières...

Le parfum de Lavande, le chant des cigales, la luminosité exceptionnelle, le climat méditerranéen et sa douceur de vivre font de la Provence la région de France la plus célèbre au monde.

Nous allons au travers de ce site, vous faire découvrir notre région, mais surtout vous présenter une autre Provence... une Provence encore authentique, sauvage, traditionnelle avec des régions comme les Baronnies, le Tricastin, le Pays de Sault, les Voconces ou des villes comme Grignan, Montélimar, Nyons, Buis-les-Baronnies, Sault...

Bienvenue en Provence

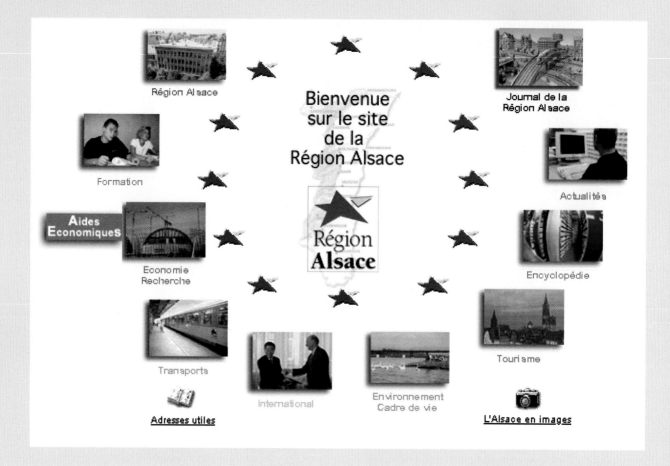

Bienvenue
sur le site
de la
Région Alsace

Région Alsace

Région Alsace

Journal de la
Région Alsace

Formation

Actualités

Aides
Economiques

Economie
Recherche

Encyclopédie

Transports

Tourisme

Adresses utiles

International

Environnement
Cadre de vie

L'Alsace en images

Normandie
Flânez de surprises en gourmandises

- Généralités
- Carte interactive
- Sites touristiques
- Hôtels & Hébergements
- Transports
- Adresses utiles

- Musées
- Eglises & Abbayes
- Châteaux
- Sites et Monuments
- Espace Historique
- Visites techniques
- Réservé aux Voyagistes

- Circuits
- Parcs & Jardins
- Sports & Loisirs
- Gastronomie
- Fêtes & Manifestations
- Sites Web de Normandie

Ensemble

Manger et boire

Album Vilmorin, 1879.

- describing what people eat and drink at various meals

- offering, accepting, and refusing food and drink

- reading a menu, ordering in a restaurant, negotiating means of payment

- expressing dietary constraints and preferences

- comparing people's actions and appearance

- choosing where to buy food; asking for different quantities

Dossier

In this Dossier, you will learn about these grammatical features

■ the irregular verb **boire**

■ the partitive article: **du, de la, de l'**

■ the use of the prepositions **à** and **de** to specify flavors and ingredients

■ the absence of articles with expressions of quantity

Additional materials for this **Dossier:**

CD-ROM (E6)
  Échanges : À table, À table en famille, Repas avec un invité
  Petit jeu : Possibilités (Le menu)
  Comment le dire : Lettres et sons : *s*

VIDEO/VIDEO MANUAL
  Vignette culturelle : Le petit déjeuner typique

PAROLES WEB SITE
  Web Activity 1 **(Recettes)**

CAHIER (6.1)
  Activités écrites
  Activités de laboratoire

DASHER (E6)
  Paroles **: Activités 2, 3, 4, 5**
  Cahier : Activités écrites 1, 3, 4, 5

Paroles

Stratégie de lecture Reconnaissez les présupposés culturels.

To understand a text, you need to look for the underlying cultural assumptions and recognize that they may be different from your own. Which of the following statements reflect your own assumptions about French cooking (**la cuisine française**)?

1. C'est très cher. _____ C'est bon marché. _____
2. On mange beaucoup. _____ Les portions sont petites. _____
3. La préparation est compliquée. _____ C'est très simple à préparer. _____
4. C'est bon pour la santé. _____ C'est mauvais pour la santé. _____
5. C'est un travail d'homme. _____ C'est l'affaire des femmes. _____

Compare your assumptions to those of a classmate and explain what influenced your assumptions (**un voyage en France, des films, des restaurants français aux États-Unis, le journal, l'opinion d'autres personnes,** etc.).

Lire

« Préface »

—*Le nouveau livre de cuisine*, Blanche Caramel

Ce livre traditionnel est connu pour ses recettes classiques.

« Bien manger », « Savoir boire » constituent un art éminemment français. Dans tous les pays du monde, les cuisiniers formés dans nos écoles font apprécier° la saveur et la diversité de nos préparations culinaires. De plus, les jugements de nos gastronomes font autorité dans un domaine où la France a un prestige incontestable. Il faut cependant reconnaître que les maîtresses de maison ont également contribué à établir la réputation de la cuisine française.

font... *make one appreciate*

Nos provinces offrent des trésors de recettes qui varient selon les produits régionaux, les saisons, les goûts et les habitudes des familles. La cuisine familiale des différentes régions de France est une cuisine honnête, simple, qui ne demande pas d'ingrédients rares et coûteux mais des produits de qualité, frais et judicieusement associés.° C'est une cuisine savoureuse et gaie, qui associe harmonieusement les couleurs, les consistances, les goûts et les arômes. C'est une cuisine qui donne de l'appétit, satisfait l'estomac et répond aux exigences du corps et de l'esprit.

combined

Les recettes de ce livre sont des recettes de cuisine familiale. Elles ne sont ni compliquées, ni difficiles

à exécuter. Nous voudrions qu'elles vous aident
dans la préparation de vos repas familiaux et que ces
plats choisis et préparés par vous donnent à tous vos
convives° du plaisir et de la joie.

guests

Vous avez compris ?

1. Quels aspects de la cuisine française sont mentionnés au premier paragraphe ?
2. Quels groupes de personnes contribuent à la réputation de cette cuisine ?
3. Au deuxième paragraphe, quels adjectifs décrivent la cuisine familiale ?
4. Au troisième paragraphe, qu'est-ce que l'auteur dit à propos des recettes dans ce livre ?
5. Quels aspects de la cuisine française sont valorisés dans ce texte ? Comparez-les avec vos présupposés.

Un chef et son associé dans un grand restaurant.

Une maîtresse de maison dans sa cuisine.

Les mots pour le dire

Ce qu'on mange aux différents repas

Échange 1 *À table !*

FEMME: Le dîner est prêt, à table !
MARI: J'arrive ! Qu'est-ce qu'on mange aujourd'hui ?
FEMME: Un poulet rôti avec des haricots verts.
MARI: Bon, alors on va boire du vin rouge ?

Observez

Manger is an -er verb with a spelling variation in the **nous** form. Based on what you know about the verbs **nager** and **voyager,** how would the **nous** form of **manger** be spelled? **(2.16)**

Verbe				
boire *(to drink)*	je	bois	nous	buvons
	tu	bois	vous	buvez
	il/elle/on	boit	ils/elles	boivent
	j'ai bu			

Possibilités

En France
le petit déjeuner

Au Canada
le déjeuner

un croissant ou du pain avec du beurre et/ou de la confiture

des céréales

du lait et/ou du jus d'orange

des œufs au jambon avec des rôties

du café

du café au lait ou du thé

Observez

1. Which articles are used here to express the idea of *one* or *several*? Which are used to express the idea of *some, a portion or helping of*? **(6.1.a, b, c)**

2. What two prepositions are used to specify the flavor or ingredients of a food item? **(6.2)**

du vin rouge ou blanc et/ou de l'eau minérale

de la tarte aux pommes

du coca-cola ou de la bière

de la glace à la vanille

du fromage

des crudités

des petits pois

des chips

du poulet rôti avec des frites

un sandwich au poulet

En France
le déjeuner

Au Canada
le dîner

En France
le dîner

du vin et/ou
de l'eau

Au Canada
le souper

des fruits

du gâteau au
chocolat

du vin ou
du café ou
du thé

du
fromage

des haricots
verts

de la
salade verte

de la salade de
tomates

une omelette aux
pommes de terre

de la soupe de légumes

du poisson avec du riz

Des épices

Des bûches de Noël et une tarte aux
abricots

Parler de ce qu'on mange

Les termes « la nourriture » et « un aliment » ont un usage particulier qui ne correspond pas exactement au mot *food* en anglais. Ce sont plutôt des termes scientifiques ou même médicaux (« les aliments pour les enfants »). Le mot « nourriture » est aussi plus employé pour les animaux (« la nourriture pour les chats ») que pour les humains. Pour exprimer l'équivalent de *the food was good* en français, on dit « on a bien mangé » ; pour dire *I like food*, on dit « j'aime manger ».

○○**C'est**
comme
ça !○○○

Activité 1 Qu'est-ce qu'on mange ce soir ?

Travaillez avec un(e) camarade de classe. La personne A couvre le dessin B ; la personne B couvre le dessin A. À tour de rôle, demandez ce qu'on mange ou ce qu'on boit ce soir. Répondez d'après votre dessin.

A.

B.

Activité 2 À chacun ses préférences

Travaillez avec un(e) camarade de classe. La personne A demande à la personne B si elle veut manger ou boire la chose indiquée. La personne B répond en donnant une raison pour sa réponse. Puis, changez de rôle.

Modèle: un sandwich au jambon
      A: Veux-tu un sandwich au jambon ?
      B: Oui, s'il te plaît. J'aime bien le jambon.
ou
      Non. Je n'aime pas le jambon. Je préfère un sandwich au poulet.

1. une omelette aux pommes de terre
2. de la glace à la vanille
3. du jus de tomate
4. de la soupe de poisson
5. une salade de haricots verts
6. de la tarte au fruit de la passion

Les repas en famille

Le « Français moyen » passe deux heures par jour à table et les repas sont des moments importants dans la vie familiale. On mange généralement avec les autres membres de la famille, à heures régulières et à une table où chaque personne a « sa place ». La majorité des Français rentre déjeuner à la maison, mais les gens qui travaillent en ville ont de plus en plus tendance à déjeuner au restaurant (30 % en 1995). Dans certaines familles (31 %), on regarde la télévision pendant le dîner. Cependant, la majorité considère les repas en famille comme des moments privilégiés pour échanger les nouvelles de la journée, discuter de choses frivoles ou sérieuses, prendre des décisions et, de temps en temps,... se quereller. Quelles ressemblances et différences voyez-vous entre les repas chez vous et les repas à la française ?

Une famille française à table.

Faire passer quelque chose

Échange 2 *À table en famille*

PÈRE: J'ai très faim ! Nicole, passe-moi le pain.

MÈRE: Et moi, j'ai soif. Nicole, passe-moi la carafe d'eau, s'il te plaît. Et puis prends de la viande et passe le plat à ton père.

[*UN PEU PLUS TARD*]

NICOLE: Maman, je peux prendre du fromage ?

MÈRE: Mais oui. Et toi, papa, tu veux du dessert ?

PÈRE: Non merci, pas de dessert pour moi.

Possibilités

Passe-moi...

- la bouteille de vin
- la carafe d'eau
- ton verre
- le plat de viande
- ton assiette

1. In the sentence **Prends de la viande et passe le plat,** why is **viande** preceded by **de la** and **plat** by **le**? **(6.1.d)**

2. You already know that the indefinite article becomes **de** in a negative sentence. What happens to the partitive article in a negative sentence? **(6.1.e)**

Activité 3 Maman, Papa, j'ai faim !

Avec un(e) camarade de classe et à tour de rôle, jouez cette scène entre une mère/un père et son enfant. Attention aux articles.

Modèle: sandwich/gâteau

> ENFANT: Maman/Papa, j'ai faim. Qu'est-ce que je peux manger ?
> MÈRE/PÈRE: Un sandwich.
> ENFANT: Mais, je ne veux pas de sandwich. Il y a du gâteau ?
> MÈRE/PÈRE: Pas de gâteau entre les repas !

1. pomme/glace
2. pain/frites
3. céréales/chips
4. fruit/confiture
5. fromage/tarte

Activité 4 Tu aimes... ?

Circulez parmi vos camarades de classe et demandez si chaque camarade aime certaines choses à manger ou à boire. Vos camarades vont répondre en indiquant s'ils prennent souvent cet aliment ou cette boisson et pourquoi.

Modèle: A: Est-ce que tu aimes le jus d'orange ?
> B: Oui, je prends souvent du jus d'orange. J'aime bien ça.
>
> *ou*
>
> Non, je ne prends jamais de jus d'orange. Je préfère le jus de tomate.

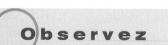

Observez

What preposition is used after an expression of quantity like **un peu**? Is an article used before the following noun? **(6.3)**

Offrir à manger / Accepter ou refuser

Échange 3 *Repas avec un invité*

> MAÎTRESSE DE MAISON: Je vous donne un peu de sauce ?
> INVITÉ: Avec plaisir. Votre sauce est vraiment délicieuse.
> *[UN PEU PLUS TARD]*
> MAÎTRESSE DE MAISON: Encore un peu de gâteau ?
> INVITÉ: Merci, cette fois je suis obligé de refuser.

Possibilités

offrir

Je vous donne...
Voulez-vous du/de la/des... ?
Encore un peu de... ?
Vous reprenez du/de la/des... ?

accepter

Avec plaisir. C'est vraiment délicieux.
Volontiers, c'est très bon.
(Oui), s'il vous plaît.

refuser

Merci, pas pour l'instant.
Non merci, je n'ai vraiment plus faim.
Merci, cette fois je suis obligé(e) de refuser.

Accepter ou refuser à table

À table, la réponse « merci » ou « non merci » avec une intonation descendante signifie qu'on ne veut pas prendre ou reprendre quelque chose à boire ou à manger. Et quand on refuse, il est fréquent d'ajouter un compliment ou une explication. Pour accepter, on ne dit pas « oui merci », mais on confirme son « oui » en ajoutant « s'il vous plaît », « volontiers », « avec plaisir », « c'est très bon », etc. Pour indiquer que vous ne voulez plus manger, dites « j'ai bien mangé ».

Activité 5 Tu veux... ?

Avec un(e) camarade de classe, jouez cette scène entre deux personnes à table. Variez les expressions que vous utilisez pour accepter ou pour refuser.

Modèle: viande/sauce
>   A: Tu veux encore de la viande ?
>   B: Volontiers, c'est très bon.
>   A: Avec de la sauce ?
>   B: Merci, pas pour l'instant.

1. pain/beurre
2. gâteau/glace
3. fromage/fruits
4. viande/pommes de terre
5. riz/sauce
6. croissant/confiture

Mots nouveaux à apprendre

à table !	*come and eat!*
l'assiette *(f)*	*plate*
avoir faim	*to be hungry*
avoir soif	*to be thirsty*
le beurre	*butter*
la bière	*beer*
blanc(he)	*white*
boire	*to drink*
je bois nous buvons	
tu bois vous buvez	
il/elle/on boit ils/elles boivent	
j'ai bu	
la bouteille	*bottle*
le café	*coffee*
la carafe	*carafe*
les céréales *(f pl)*	*cereal*
les chips *(f pl)*	*potato chips*

le chocolat	*chocolate*
le coca-cola	*Coca-Cola*
la confiture	*jam*
le croissant	*croissant (roll)*
les crudités *(f pl)*	*cut-up raw vegetables*
le déjeuner	*lunch (France), breakfast (Canada)*
délicieux/délicieuse	*delicious*
le dessert	*dessert*
le dîner	*dinner (France), lunch (Canada)*
l'eau (minérale) *(f)*	*(mineral) water*
encore un peu de...	*a little more (of) . . .*
les frites *(f pl)*	*French fries*

Continued on page 280

Continued from page 279

le fromage	*cheese*	refuser	*to refuse (conj.*
le fruit	*fruit*		*like **parler**)*
le gâteau	*cake*	reprendre	*to take more of*
la glace	*ice cream*		*(conj. like*
les haricots *(m pl)* verts	*green beans*		***prendre**)*
le jambon	*ham*	le riz	*rice*
le jus	*juice*	rôti(e)	*roast(ed)*
le lait	*milk*	la rôtie	*thick-cut toast*
le légume	*vegetable*		*common in*
obligé(e)	*obliged*		*Quebec*
l'œuf *(m)*	*egg*	rouge	*red*
l'omelette *(f)*	*omelette*	la salade	*salad*
l'orange *(f)*	*orange*	le sandwich	*sandwich*
le pain	*bread*	la sauce	*sauce, gravy*
pas pour l'instant	*not for the*	la soupe	*soup*
	moment	le souper	*supper (evening*
le petit déjeuner	*breakfast*		*meal in Quebec)*
	(France)	la tarte	*pie*
les petits pois *(m pl)*	*peas*	le thé	*tea*
un peu (de)	*a little (bit of)*	la tomate	*tomato*
le plat	*platter, dish or*	la vanille	*vanilla*
	type of food	le verre	*glass*
la pomme	*apple*	vert(e)	*green*
la pomme de terre	*potato*	la viande	*meat*
le poulet	*chicken*	le vin	*wine*
prêt(e)	*ready*		

Comment le dire

Lettres et sons : s

The French letter **s** is pronounced either [s] (**salade, passé**) or [z] (**cuisine**), depending on the position of the **s** in the word and whether the word is spelled with one **s** or two.

1. **ss** is always [s]:

   poisson, aussi, croissant

2. **s** is always [s] at the beginning of a word:

   sauce, soupe, sandwich

3. **s** is usually [s] between a written consonant and a vowel or between a vowel and a written consonant:

   danse, personne, poste, valse

4. **s** is usually [z] between two vowels:

   plaisir, refuser, chose

5. **s** is generally silent at the end of a word:

   repas, petits pois, jus

6. When you make a **liaison,** however, the **s** is always [z]:

   des œufs

7. There are a few words where a final **s** is pronounced [s]:

   un bus, un fils

Activité 6 Ne confondez pas [s] et [z]

D'abord, répétez les paires de mots après votre professeur.

	[s]	[z]
1.	un dessert	un désert
2.	deux sœurs	deux heures
3.	du poisson	du poison
4.	ils sont fins	ils ont faim

Ensuite, avec un(e) camarade de classe et tour à tour, posez les questions et répondez logiquement avec un de ces mots.

Modèle: A: La crème au chocolat, c'est un fromage ?
         B: Non, c'est un dessert.

1. Le filet de sole, c'est du poulet ?
2. On va manger à dix heures ?
3. Est-ce que les enfants veulent manger ?
4. L'arsenic, c'est bon à manger ?
5. Comment sont ces fromages ?
6. Le Sahara, c'est un lac ?

Lisons un peu

Stratégie de lecture **Parcourez un texte scientifique pour trouver les mots familiers.**

Because scientific terms are often similar in French and English, you can understand many familiar words. Scan the following short text for "scientific" terms.

L'analyse des risques pour la santé et l'environnement est l'élément fondamental et préalable à toute autorisation de mise sur le marché d'OGM.° Elle est fondée sur des éléments scientifiques pertinents et pluridisciplinaires et est confiée à des comités d'experts indépendants.

Organisme Génétiquement Modifié

1. Entourez les mots qui ressemblent à des mots anglais.
2. Soulignez les mots que vous ne comprenez pas. Ensuite, discutez de ces mots avec un(e) camarade de classe. Essayez de deviner leur sens.
3. Selon le texte, qui va faire l'analyse des risques des OGM ?

À vous de lire

Comment est évalué un OGM avant sa mise sur le marché

En France, l'analyse des risques liés à la dissémination d'un OGM dans l'environnement est réalisée° par la Commission du Génie Biomoléculaire (CGB) pour les questions environnementales et par l'Agence Française de Sécurité Sanitaire des Aliments (AFSSA) pour les aspects alimentaires (alimentation humaine et animale). L'évaluation est effectuée au cas par cas et tient compte° de nombreux éléments dont° la nature du transgène, de la construction génétique, de l'espèce et la variété, des conditions et de la zone d'utilisation de l'OGM, et de l'usage qui en sera fait° (alimentaire, industriel ou autre).

carried out

tient... *takes into account including*

qui... *which will be made of them*

En fonction de ces éléments, sont évalués différents types de risques :

■ la description et la stabilité de la construction génétique et de l'événement de transformation ;

■ le risque toxique : par exemple évaluer la toxicité des nouvelles protéines présentes dans la plante du fait de la modification génétique ;

■ le risque alimentaire pour l'homme et l'animal : par exemple évaluer l'équivalence en substance de l'OGM avec le produit de référence traditionnel (vérification des quantités des nutriments caractéristiques, toxiques naturels, composés anti-nutritionnels déjà présents) ;

■ le risque allergique : par exemple comparaison des
nouvelles protéines avec les allergènes connus
(similitudes structurales), tests sur des cellules isolées
d'individus sensibles° ;   *sensitive*

■ le risque écologique : par exemple évaluer le potentiel
de prolifération dans l'écosystème de l'OGM et ses
conséquences éventuelles, y compris au niveau des
pratiques° agricoles, l'effet sur l'équilibre des populations   *practices*
d'insectes, le transfert d'ADN° entre espèces végétales   *DNA*
voisines ou entre végétaux et bactéries du sol° et ses   *soil*
conséquences.

Vous avez compris ?

1. Ce texte parle de deux groupes responsables pour l'analyse des risques
   des OGM en ce qui concerne la santé et l'environnement. Quel groupe
   considère les questions alimentaires ? Quel groupe fait l'évaluation des cas
   environnementaux ?
2. Quelles sont les différentes sortes de risques qui sont évaluées ?
3. Selon le texte, quels sont les deux risques qu'une nouvelle protéine résultant de
   la modification génétique d'une plante peut poser pour les gens ?
4. À votre avis, quel est le risque, discuté dans ce texte, qui est le plus grave ?
   Pourquoi ?

Manifestion au Québec contre les OGM.

Dossier 2

In this Dossier, you will learn about these grammatical features

■ the first-person plural form of the imperative

■ the conjugation of **-ir/-iss** verbs

Additional materials for this
Dossier:

AUDIO CD
  Écouter : L'omelette
    (Track 16)
  Écoutons un peu : À la cantine (Track 17)
CD-ROM (E6)
  Échanges : Allons au restaurant, Choisir ce qu'on mange, Payer au restaurant
  C'est comme ça ! : Web activity: **Pour choisir un restaurant**
  Comment le dire : Lettres et sons : *j* et *g*
  Mise-en-scène : Écoutons un peu : À la cantine
VIDEO/VIDEO MANUAL
  Situation 9 : Au restaurant
PAROLES WEB SITE
  Web Activities 2 **(Restaurants/carte),** 3 **(Restaurants/commentaire)**
  Audio Activities: **Écouter : L'omelette ; Écoutons un peu : À la cantine**
CAHIER (6.2)
  Activités écrites
  Activités de laboratoire
DASHER (E6)
  Cahier : Activités écrites 2, 4, 5

Paroles

Stratégie d'écoute Utilisez les mots que vous comprenez pour deviner le sens d'un mot que vous ne comprenez pas.

You can often guess the meaning of unfamiliar words and expressions based on clues in the text provided by other words that you already know. Listen as your instructor reads the following pairs of sentences and figure out the meaning of the word in bold. Then circle the words that helped you determine the meaning of each word.

1. **se cache :** Le criminel ne veut pas que la police le trouve. Alors il **se cache** à la campagne.
2. **lard :** Vous voulez du **lard** dans votre omelette ? Non, merci, je ne mange jamais de porc.
3. **inconnu :** La jeune femme ne connaît pas l'homme. Elle est troublée par cet **inconnu.**

Écouter

L'omelette   –d'après Colette

Vous avez compris ?

Première écoute

Devinez le sens des trois mots suivants à partir de leur contexte.

Mots inconnus	Mots du contexte	Équivalents anglais
1. l'argent	prix, payer	_____
2. sale	désordre, barbe de trois jours	_____
3. les gendarmes	police	_____

Deuxième écoute

1. Décrivez Pierre Lagnier.
2. Qu'est-ce que la femme lui propose d'abord ?
3. Qu'est-ce qu'il demande ensuite ?
4. Pourquoi est-ce que la femme est surprise ?
5. Pourquoi est-ce que Pierre n'a pas mangé son omelette ?

Les mots pour le dire

Se mettre d'accord

Échange 1   *Allons au restaurant*

MARIE: Qu'est-ce que nous mangeons ce soir ?
PIERRE: Euh... Il n'y a rien au frigo et je n'ai pas envie de faire la cuisine. On va au restaurant ?

MARIE: Oui, mais où ? Au MacDo ?
PIERRE: Tu sais bien que je n'aime pas les fast-foods. Allons plutôt au bistro du coin.
J'ai envie de manger un bifteck et des frites.
MARIE: D'accord, allons-y.

Possibilités

un café	un fast-food
un bistro	un resto-U
une brasserie	un restaurant italien/marocain/vietnamien
une crêperie	

Un fast-food à Rouen.

Un bistro à Paris.

Activité 1 Où allez-vous dîner ?

Travaillez avec un(e) camarade de classe. D'abord, discutez des avantages et des désavantages des différentes sortes de restaurants. Ensuite, choisissez le type de restaurant que vous préférez pour les occasions indiquées.

1. Vous sortez avec des amis un samedi soir, après un match de football.
2. Vous fêtez° votre anniversaire.   *celebrate*
3. Vous déjeunez entre deux cours.
4. Vous dînez avec des amis avant d'aller au cinéma un vendredi soir.
5. Vous dînez avec votre petit(e) ami(e)° le 14 février.   *petit(e)... boy/girlfriend*

Les cafés, souvent avec une terrasse et toujours avec un bar, jouent un rôle important dans le monde francophone. Simples ou luxueux, ce sont traditionnellement des lieux fréquentés par des gens de tous les milieux sociaux. On va au café pour boire quelque chose, discuter, lire le journal, faire des affaires ou des rencontres. On peut aussi y manger des sandwichs, des salades et des gâteaux. Aujourd'hui les fast-foods de style américain font concurrence aux cafés pour les repas rapides, particulièrement pour les jeunes, mais ils ne peuvent pas égaler l'atmosphère particulière de chaque café. Pour un repas plus abondant, on va au bistro ou au restaurant. Les bistros et les restaurants varient énormément selon leur ambiance, la sorte de cuisine qu'ils offrent, la qualité de leurs plats et leurs prix. Bref, chacun trouve quelque chose à son goût et à son budget.

Un fast-food à Paris.

Terrasse d'un café à Paris.

Un restaurant marocain à Tanger.

Choisir quand on est au restaurant

Échange 2 *Un menu ou à la carte ?*

A: Tu as regardé le menu ?
B: Oui, nous avons un beau choix. Qu'est-ce que tu veux ?
A: Moi, j'ai envie de prendre le menu à 20 euros. Et toi ?
B: Ça ne me dit rien. Je vais prendre quelque chose à la carte.

Possibilités

Ça me convient.   Ça ne me dit pas grand-chose.

Ça me plaît.   Ça ne me dit rien.

Activité 2 Ça te plaît ?

Travaillez en groupes de trois. Une personne suggère un plat et les deux autres disent si cela leur plaît ou pas.

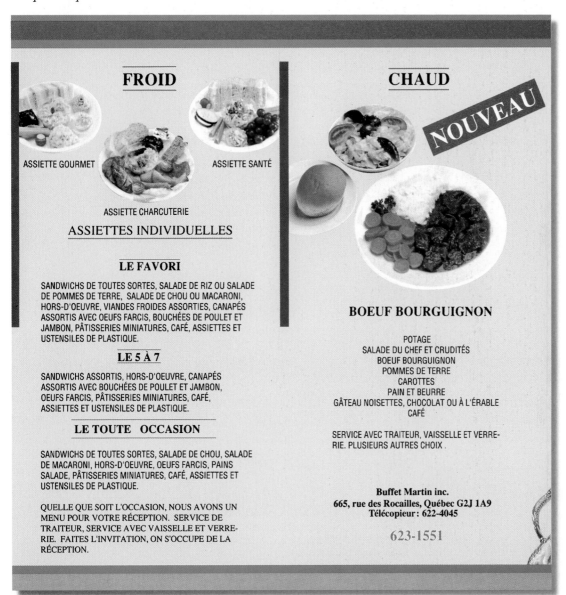

FROID

ASSIETTE GOURMET

ASSIETTE SANTÉ

ASSIETTE CHARCUTERIE

ASSIETTES INDIVIDUELLES

LE FAVORI

SANDWICHS DE TOUTES SORTES, SALADE DE RIZ OU SALADE DE POMMES DE TERRE, SALADE DE CHOU OU MACARONI, HORS-D'OEUVRE, VIANDES FROIDES ASSORTIES, CANAPÉS ASSORTIS AVEC OEUFS FARCIS, BOUCHÉES DE POULET ET JAMBON, PÂTISSERIES MINIATURES, CAFÉ, ASSIETTES ET USTENSILES DE PLASTIQUE.

LE 5 À 7

SANDWICHS ASSORTIS, HORS-D'OEUVRE, CANAPÉS ASSORTIS AVEC BOUCHÉES DE POULET ET JAMBON, OEUFS FARCIS, PÂTISSERIES MINIATURES, CAFÉ, ASSIETTES ET USTENSILES DE PLASTIQUE.

LE TOUTE OCCASION

SANDWICHS DE TOUTES SORTES, SALADE DE CHOU, SALADE DE MACARONI, HORS-D'OEUVRE, OEUFS FARCIS, PAINS SALADE, PÂTISSERIES MINIATURES, CAFÉ, ASSIETTES ET USTENSILES DE PLASTIQUE.

QUELLE QUE SOIT L'OCCASION, NOUS AVONS UN MENU POUR VOTRE RÉCEPTION. SERVICE DE TRAITEUR, SERVICE AVEC VAISSELLE ET VERRE-RIE. FAITES L'INVITATION, ON S'OCCUPE DE LA RÉCEPTION.

CHAUD

NOUVEAU

BOEUF BOURGUIGNON

POTAGE
SALADE DU CHEF ET CRUDITÉS
BOEUF BOURGUIGNON
POMMES DE TERRE
CAROTTES
PAIN ET BEURRE
GÂTEAU NOISETTES, CHOCOLAT OU À L'ÉRABLE
CAFÉ

SERVICE AVEC TRAITEUR, VAISSELLE ET VERRE-RIE. PLUSIEURS AUTRES CHOIX .

Buffet Martin inc.
665, rue des Rocailles, Québec G2J 1A9
Télécopieur : 622-4045

623-1551

En France, les restaurants offrent des repas complets à différents prix qu'on appelle des « menus ». Si vous prenez un menu, vous choisissez un plat dans chaque catégorie (entrée, plat principal, etc.). Les menus ont en général des prix avantageux. Si vous ne voulez pas un des menus, vous commandez « à la carte » (c'est un peu plus cher) et vous choisissez librement sur une liste de plats variés. Dans les deux cas, les prix sont toujours « service compris » dans la France métropolitaine. Il n'est donc pas nécessaire de laisser un pourboire,° mais on donne quelques francs au serveur ou à la serveuse quand on a été satisfait du service.

tip

Commander un repas

Menu à 20 euros

Nos entrées
crudités
ou assiette de charcuterie

Nos plats du jour
poulet à la crème
ou rôti de bœuf
avec frites ou haricots verts

Nos fromages
Nos desserts
mousse au chocolat
ou tarte aux pommes

service compris 15%

O b s e r v e z

1. Why is the definite article used instead of the partitive when the woman gives her order? **(6.1.d)**

2. What other verbs do you know with past participles like **choisi**? **(6.5)** Note that **partir** and **sortir** follow a different conjugation pattern than **choisir**.

Échange 3 *Choisir ce qu'on mange*

SERVEUR:	Vous avez choisi ?
LUI:	Oui, deux menus à 20.
SERVEUR:	Comme entrée pour madame ?
ELLE:	Les crudités, s'il vous plaît.
SERVEUR:	Comme plat principal ?
ELLE:	Le poulet... avec les frites, s'il vous plaît.

Verbe				
choisir *(to choose)*	je	choisis	nous	choisissons
	tu	choisis	vous	choisissez
	il/elle/on	choisit	ils/elles	choisissent
	j'ai choisi			

Activité 3 Que choisir ?

Travaillez en groupes de trois et jouez des rôles : le serveur ou la serveuse dans un restaurant et deux client(e)s. Chaque client(e) choisit un des deux menus et le serveur/la serveuse demande à l'un(e) et à l'autre de préciser chaque plat.

Menu à 25 euros

Nos entrées	crudités assiette de charcuterie
Nos plats du jour	poulet rôti bifteck avec frites ou petits pois
Nos fromages	camembert brie
Nos desserts	glace au chocolat tarte aux pommes

service compris 15 %

Menu à 30 euros

Nos entrées	pâté de foie gras jambon et melon
Nos plats du jour	rôti de bœuf saumon avec purée de pomme de terre et haricots verts
Nos fromages	camembert chèvre
Nos desserts	pâtisseries mousse au chocolat

service compris 15 %

Donner une appréciation

Échange 4   *C'est bon ?*

A: Le rôti est bon ?
B: Je le trouve un peu trop cuit. Et ton poulet ?
A: Très bon et la sauce est parfaite.

Possibilités

le vin est médiocre/très bon

les viande est trop cuite/tendre

les hors-d'œuvre sont trop salés/savoureux

la sauce est trop épicée/parfaite

le poisson a mauvais goût/bon goût

le service est mauvais/excellent

Activité 4 Êtes-vous satisfait(e) ?

Dites comment vous avez trouvé votre repas à ce restaurant St.-Hubert au Québec. D'abord complétez la carte commentaires, et ensuite basez vos remarques sur votre évaluation.

CARTE COMMENTAIRES
VOTRE SATISFACTION EST NOTRE PREMIÈRE PRÉOCCUPATION.
COCHEZ (✓) LE OU LES CERCLE(S) QUE VOUS DÉSIREZ COMMENTER.

N° DE RÔTISSERIE:

PRODUIT	GOÛT EXCELLENT	GOÛT MAUVAIS	CUISSON BIEN CUIT	CUISSON PAS ASSEZ CUIT	CUISSON TROP CUIT	TEMPÉRATURE CHAUD	TEMPÉRATURE TIÈDE	TEMPÉRATURE FROID	PORTION BONNE	PORTION PETITE	FRAÎCHEUR EXCELLENT	FRAÎCHEUR MAUVAIS
POULET	1	2	3	4	5	6	7	8	9	10		
CÔTES LEVÉES	11	12	13	14	15	16	17	18	19	20		
FILETS DE POITRINE	21	22	23	24	25	26	27	28	29	30		
BROCHETTE	31	32	33	34	35	36	37	38	39	40		
AUTRE PRODUIT (Lequel?)	41	42	43	44	45	46	47	48	49	50		
FRITES	51	52	53	54	55	56	57	58	59	60		
SAUCE BARBECUE	61	62				63	64	65	66	67		
SALADE DE CHOU	68	69							70	71	72	73
DESSERT	74	75							76	77	78	79

SERVICE	ACCUEIL EXCELLENT	ACCUEIL MAUVAIS	PROPRETÉ EXCELLENT	PROPRETÉ MAUVAIS	EFFICACITÉ EXCELLENT	EFFICACITÉ MAUVAIS	COURTOISIE EXCELLENT	COURTOISIE MAUVAIS	DATE ET HEURE:
N° FACTURE	80	81	82	83	84	85	86	87	__/__/__ h.

COMMENTAIRES: _____

MERCI ET À BIENTÔT!
© Copyright, tous droits de reproduction et de traduction réservés — Canada 1988 — Les Rôtisseries St-Hubert Ltée, Laval, P.Q., Canada

PÉRIODE NO. _____

160030

Modèle: A: Comment avez-vous trouvé le poulet ?
              B: Je l'ai trouvé excellent, bien cuit et chaud, et j'ai trouvé la portion assez bonne.

Le discours des Français sur « La table »

Les Français ont la réputation d'aimer bien manger. Ils ont aussi l'habitude de parler de ce qu'ils aiment manger, de ce qu'ils vont manger, de ce qu'ils mangent et de ce qu'ils ont mangé. La table (« le boire et le manger ») est donc un sujet de conversation fréquent et passionné pour les Français, particulièrement quand ils sont à table.

Observez

In the expression **vous prenez les chèques personnels ?** is the definite article used to indicate a specific item or a general category? **(6.1.d)**

Demander l'addition

Échange 5 *Payer au restaurant*

CLIENT: L'addition, s'il vous plaît.
SERVEUR: Voici, monsieur.
CLIENT: Vous prenez les chèques personnels ?
SERVEUR: Non, désolé, monsieur. Nous acceptons seulement les cartes de crédit et, bien sûr, le paiement en espèces.

Possibilités

Vous prenez les cartes de crédit ?

les chèques de voyage ?

les chèques personnels ?

les dollars ?

Nous préférons le paiement en espèces.

Vous avez la monnaie de 100 euros ?

a.

b.

c.  **d.**

Activité 5 L'addition, s'il vous plaît

Avec un(e) camarade de classe, jouez une scène entre un(e) client(e) et un serveur/une serveuse. Le client/La cliente regarde seulement la colonne de gauche et propose un mode de paiement. Le serveur/La serveuse regarde seulement la colonne de droite et indique les modes de paiement possibles.

Modes de paiement proposés	**Modes de paiement possibles**
Modèle: cartes de crédit chèques de voyage	chèques de voyage paiement en espèces

CLIENT: L'addition, s'il vous plaît.

SERVEUR: Voici, monsieur.

CLIENT: Vous prenez les cartes de crédit ?

SERVEUR: Je regrette, monsieur. Nous prenons seulement le paiement en espèces ou les chèques de voyage.

CLIENT: Ah bon. J'ai des chèques de voyage.

Modes de paiement proposés	**Modes de paiement possibles**
1. carte VISA dollars	1. carte VISA chèques de voyage
2. chèques de voyage en dollars cartes de crédit	2. cartes de crédit chèques de voyage en euros
3. chèques de voyage chèques personnels	3. chèques de voyage cartes de crédit
4. chèques personnels chèques de l'American Express	4. paiement en espèces carte American Express

Mots nouveaux à apprendre

accepter	*to accept (conj. like **parler**)*
l'addition *(f)*	*check, bill (in a restaurant)*
avoir bon/mauvais goût	*to taste good/bad*
le bifteck	*steak*
le bistro	*café, small restaurant*
la brasserie	*bar-restaurant*
ça me convient	*that suits me fine*
ça me plaît	*I like that*
ça ne me dit pas grand-chose	*that doesn't do much for me*
ça ne me dit rien	*that does nothing for me*
le café	*café*
la carte	*menu*
la carte de crédit	*credit card*
la charcuterie	*cooked pork products*
le chèque (de voyage)	*(traveler's) check*
choisir	*to choose*
je choisis nous choisissons	
tu choisis vous choisissez	
il/elle/on choisit ils/elles choisissent	
j'ai choisi	
le choix	*choice*
comme	*as*
la crème	*cream*
la crêperie	*restaurant specializing in crêpes*
cuit(e)	*cooked*
le dollar	*dollar*
l'entrée *(f)*	*first course*
épicé(e)	*spicy*
faire la cuisine	*to cook*
le fast-food	*fast-food restaurant*
le frigo	*refrigerator*
les hors-d'œuvre *(m pl)*	*appetizers*
le menu	*set menu with limited choices, fixed-price meal*
la monnaie	*change*
la mousse	*mousse*
le paiement en espèces	*payment in cash*
parfait(e)	*perfect*
personnel(le)	*personal*
plutôt	*rather*
le resto-U	*university cafeteria*
le rôti (de bœuf)	*roast (beef)*
salé(e)	*salty*
savoureux/savoureuse	*tasty*
service compris	*tip included*
tendre	*tender*
vietnamien(ne)	*Vietnamese*
voici	*here is/are*

Comment le dire

Lettres et sons : *j* et *g*

1. **The letter *j*.** In French, **j** is always pronounced [ʒ]:

   je, jus, jouer, jamais, déjà

   The French [ʒ] sounds like the middle consonant in the English words *pleasure* and *measure;* it is different from the English *j* in words like *jam* or *jog.*

2. **The letter *g*.** In French, **g** can be pronounced [g] (**élégant**) or [ʒ] (**géologie**), depending on which vowel follows.

   ■ **g** is always [g] before **a, o,** and **u:**

   gâteau, frigo, légume, guide

   ■ **g** is always [ʒ] before **e, i,** and **y:**

   mangeons, girafe, gymnase

Activité 6 Comment dit-on... ?

Avec un(e) camarade de classe et tour à tour, demandez l'équivalent français de chaque mot anglais. Dans vos réponses, épelez lettre par lettre les mots français.

Modèle: (anglais) *garage* / (français) garage
          A: Comment dit-on *garage* en français ?
          B: On dit « garage » : G A R A G E

1. *George*/Georges   3. *pajamas*/pyjama   5. *margarine*/margarine
2. *judgment*/jugement   4. *origin*/origine   6. *geology*/géologie

  Écoutons un peu

Stratégie d'écoute   Utilisez les mots qui riment pour comprendre une chanson.

In all languages, songs are often difficult to understand. Use the rhyme scheme to guess how key words are spelled, and then use that spelling hint to help figure out the meaning through context.

1. Listen to the following lines from a song, and, based on what you know about rhyme schemes and French spelling, write in the missing word.

   Je n'aime pas manger à la cantine,

   Parce que la cuisine n'y est pas _____.

2. If you were an adolescent eating in the school cafeteria (**la cantine**), which of the following would you expect to find?

	Oui	Non
1. une atmosphère relaxe et agréable avec vos camarades	____	____
2. du bifteck tendre et de haute qualité	____	____
3. de la margarine à la place du beurre	____	____
4. des manières de table très raffinées	____	____
5. des batailles avec la confiture	____	____

À l'écoute

<u>À la cantine</u>   Comme la cafétéria dans les écoles en Amérique du Nord, la cantine en France a été le sujet de plusieurs chansons comiques et de pastiches (imitations de ces chansons), comme celui-ci. Vous allez écouter les paroles de cette chanson plusieurs fois. La première fois, écrivez dans les blancs les mots que vous entendez. La deuxième fois, devinez le sens des mots que vous avez écrits. La troisième fois, répondez aux questions.

À la cantine

Nous aimons manger à la cantine.
Même si c'est de la mauvaise _____,
On voit les copains et les copines,
Et on peut faire de belles combines.°   *pranks*

Si on nous sert de la _____,
On en met sur tous les murs,
Pour faire de très jolies _____.
Oui, on s'amuse à coup sûr.

Nous aimons surtout le poulet,
Avec des frites ça nous _____ ;
On les met dans les oreilles,
Et parfois même dans le _____.

À la cantine même si on a _____,
On fait des boules avec le pain,
Et on les lance° vers les _____,   *throws*
Qui trouvent ça très bien.

Et si on apporte des tartines,°   *slices of bread with spread*
On les lance vers les _____,
Qui font toujours de mauvaises _____ ;
Oui, on s'amuse à la cantine.

Vous avez compris ?

1. Comment est-ce qu'on mange dans cette cantine ? Donnez des exemples.
2. Comment est la discipline dans cette cantine ? Donnez des exemples.
3. Pourquoi est-ce que l'adolescent aime manger à la cantine ?

Paroles

Dossier **3**

In this Dossier, you will learn about these grammatical features

■ the indirect object pronouns **lui** and **leur**

■ the use of the prepositions **sans** and **avec**

■ the comparison of adjectives, adverbs, verbs, and nouns

■ the conjugation of **-re** verbs

Stratégie de lecture   Trouvez les oppositions pour comprendre les effets comiques.

Comic texts often derive their humor from the misunderstandings that result when people have differing points of view. You are going to read a text in which the relative merits of various types of food are put into question. Before beginning, explore your own point of view about certain foods.

1. Que pensez-vous? (Mettez des X dans ce schéma.)

	rôti de bœuf	salade	fruit	fromage	gâteau
a très bon goût					
a peu de goût					
est riche en calories					
est pauvre en calories					

2. Quels aliments° recommandez-vous à quelqu'un qui a des troubles digestifs? à quelqu'un qui a besoin de grossir°?

foods
gain weight

Lire

Quel régime pour un malade imaginaire?

–d'après Molière

Molière (1622–1673) est célèbre pour ses comédies où il satirise souvent les médecins et la médecine. Dans « Le Malade imaginaire » (1673), Argan est un homme qui pense qu'il est très malade. Sa servante, Toinette, est fatiguée de l'entendre se plaindre de sa santé.° Un jour, elle se déguise en médecin et lui donne une consultation.

se... complain about his health

TOINETTE: Que vous ordonne votre médecin pour votre nourriture?

ARGAN: Il m'ordonne de la soupe de légumes.

TOINETTE: Ignorant!

ARGAN: Du poulet.

TOINETTE: Ignorant!

ARGAN: Du veau.°

veal

TOINETTE: Ignorant!

ARGAN: De la salade verte.

TOINETTE: Ignorant!

ARGAN: Des œufs frais.

TOINETTE: Ignorant!

ARGAN: Et le soir des petits pruneaux.°

prunes

TOINETTE: Ignorant!

Additional materials for this **Dossier:**

CD-ROM (E6)
Échanges : Pas de viande pour le fils Chamberland, Attention à la ligne, Christian a maigri
Comment le dire : Lettres et sons : c et ç

PAROLES WEB SITE
Web Activities 4 (**Régimes**), 5 (**Vin et eau minérale**)

CAHIER (6.3)
Activités écrites
Activités de laboratoire (avec cassette à rendre)

DASHER (E6)
Paroles : **Activités 2, 3, 6**
Cahier : Activités écrites 1, 2, 5, 6

ARGAN: Et aussi de boire mon vin avec de l'eau.

TOINETTE: Ignorant! Ignorant! Ignorant! Il faut boire votre vin pur ; et pour votre santé, il faut manger du bon gros bœuf, du bon gros porc, du bon fromage de Hollande, du riz bien gras et des gâteaux. Votre médecin est une bête. Je vais revenir vous voir de temps en temps, quand je passerai dans° votre ville.

ARGAN: Je vous remercie infiniment.

passerai... *pass through*

Vous avez compris ?

1. D'après le titre de cette comédie, Argan est-il vraiment malade ?
2. Quelle sorte de régime alimentaire est-ce que son vrai médecin a donné à Argan ?
3. Dressez deux listes : les aliments suggérés par le médecin et les aliments suggérés par Toinette. Quelles différences trouvez-vous entre les deux régimes ?

Observez

1. To whom is the woman planning to serve steak? To whom is she going to serve an omelette? **(6.6)**

2. Do the pronouns **lui** and **leur** indicate direct or indirect objects? Which is singular? plural? **(6.6)**

Les mots pour le dire

Quelques contraintes de régime

Échange 1 *Pas de viande pour le fils Chamberland*

MARI: Qu'est-ce que tu fais pour les Chamberland ce soir ?

FEMME: Je vais leur donner des petits biftecks.

MARI: Mais leur fils est végétarien !

FEMME: Je sais bien, et je vais lui donner une omelette. J'ai téléphoné à Madame Chamberland et elle m'a dit qu'il adore ça.

Possibilités

être végétarien(ne)	avoir du cholestérol
être diabétique	avoir besoin de maigrir ou de grossir
être allergique (à...)	

Activité 1 Que faire pour les invités ?

Vous avez invité des amis à dîner. Ils ont tous des contraintes de régime ou des goûts particuliers. Suivez le modèle pour dire ce que vous allez leur préparer.

Modèle: Anne / être végétarienne
Anne est végétarienne. Je vais lui faire une omelette au fromage.

1. les Rocher / suivre un régime pour maigrir
2. les enfants Sorel / détester le poisson
3. Madame Deguy / ne pas manger de viande
4. Paul / avoir du cholestérol
5. Martine / être diabétique

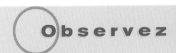

Régime pour maigrir

Vous avez pris 10 kilos et vous voulez maigrir :

Il faut choisir les viandes sans sauce et boire le café sans sucre.

Il faut choisir le fromage et le yaourt allégés ou maigres.

Il faut boire de l'eau minérale et il ne faut pas boire d'alcools.

Il faut manger beaucoup de fruits.

> plus de légumes verts et de salades.

> moins de viande grasse.

> peu de pain.

Il ne faut pas manger trop de charcuterie, de crème ou de pâtisserie.

Observez

1. Is there an article after the preposition **sans**? **(6.7)**

2. In the sentence **Il ne faut pas boire d'alcools**, why is **de** used? **(6.1.e)**

3. In addition to the partitive, what expressions are used to express quantity? **(6.3)**

Activité 2 Qui boit le plus de café ?

Comparez la consommation de café dans ces différents pays.

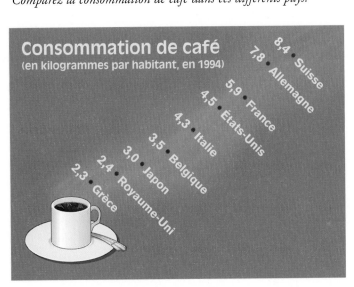

Consommation de café
(en kilogrammes par habitant, en 1994)

8,4 • Suisse
7,8 • Allemagne
5,9 • France
4,5 • États-Unis
4,3 • Italie
3,5 • Belgique
3,0 • Japon
2,4 • Royaume-Uni
2,3 • Grèce

Modèle: Japon / Royaume-Uni
On boit plus de café au Japon.

1. Suisse / Grèce
2. États-Unis/Allemagne
3. Italie / Royaume-Uni

4. France / Suisse
5. Belgique / Italie

La nouvelle cuisine et les produits allégés

Les Français aiment bien manger, mais ils veulent aussi « être en forme » et « avoir la ligne ». Aujourd'hui la nouvelle cuisine, plus légère, moins riche en beurre, sauces et calories que la cuisine traditionnelle, a fait des adeptes dans les familles et les restaurants. On trouve dans les magasins des produits allégés en graisse et sucre (on dit aussi « light »), particulièrement des boissons et des produits laitiers : sodas, beurre, fromages, yaourts.

Observez

1. What expressions are used here to make comparisons? **(6.8.a, b)**

2. In the comparisons here, what does the word **que** mean? **(6.8.a)**

3. What type of pronoun follows que in a comparison? **(6.8.c)**

Avoir la ligne

Échange 2 *Attention à la ligne*

MADAME BERTRAND: Tu es mince, toi, tu as la ligne. Tu suis un régime ?

MADAME ROLAND: Non, mais je mange peut-être moins que toi et je fais plus de sport.

MADAME BERTRAND: Oh, je ne mange pas plus que toi et je fais autant de sport. Pourtant, je suis plus grosse.

MADAME ROLAND: C'est peut-être parce que je suis un peu plus jeune que toi. À cinquante ans, je vais être aussi ronde que toi, tu vas voir.

Possibilités

avoir la ligne

être mince/maigre

être gros(se)/rond(e)

Activité 3 Évolution des aliments consommés

Comparez les quantités d'aliments consommées par personne et par an en France en 1970 et en 1995.

	1970	1995
pain	80,6 kg	59,5 kg
œufs	11,5 kg	15,5 kg
légumes frais	70,4 kg	89,9 kg
bœuf	15,6 kg	16,7 kg
poulet	14,2 kg	22,6 kg
pommes de terre	95,6 kg	64,1 kg
sucre	20,4 kg	8,9 kg

Modèle: Les Français mangent moins de pain maintenant qu'avant.
Les Français mangent plus d'œufs maintenant qu'avant.

Activité 4 Modifiez les recettes

Vous avez les contraintes de régime indiquées. Comment faut-il modifier ces recettes ?

Pouding au riz (recette de La Nouvelle-Orléans)

1 tasse (250 ml.) de riz
3 tasses (750 ml.) de crème
2 tasses (500 ml.) de lait
2 c. à thé (10 ml.) de vanille
5 jaunes d'œufs
¼ c. à thé (2,5 g.) de sel

Couscous Simple (recette sénégalaise)	
viande: 600g	manioc°: 300g
couscous: 500g	pommes de terre: 300g
oignons verts: 100g	carottes: 220g
tomates: 250g	concentré de tomate: 100g
choux°: 400g	huile: 4 c. à soupe
navets°: 300g	eau: 1 litre
courgettes°: 300g	

cassava

cabbage
turnips
zucchini

Modèle: Vous avez besoin de maigrir.

Il faut faire le pouding au riz avec seulement deux ou trois œufs et du lait ou de la crème allégée.

Il faut faire le couscous avec du poulet et moins d'huile. Pour les légumes, pas de problème.

1. Vous avez besoin de grossir.
2. Vous avez du cholestérol.
3. Vous êtes allergique aux tomates et au lait.
4. Vous êtes végétarien(ne).
5. Vous êtes diabétique.

Activité 5 Comparaisons

Travaillez avec un(e) camarade de classe. Pour chaque paire de noms, faites quatre types de comparaison où le mot comparé est (A) un adjectif, (B) un adverbe, (C) un verbe et (D) un nom.

Modèle: les enfants / les adolescents

A: Les enfants sont **moins âgés que** les adolescents.

B: Les enfants mangent **moins rapidement que** les adolescents.

C: Les adolescents **lisent plus que** les enfants.

D: Les adolescents boivent **plus de coca-cola que** les enfants.

1. les Français / les Américains
2. les chats / les chiens
3. les hommes / les femmes

Échange 3 *Christian a maigri*

ANDRÉ: Eh dis donc, Christian, tu as maigri, toi.

CHRISTIAN: Eh oui, j'ai perdu dix livres.

ANDRÉ: Et moi, j'ai grossi. J'ai pris quinze livres. Qu'est-ce que tu as fait pour maigrir ?

CHRISTIAN: J'ai changé de régime : je mange moins qu'avant et je fais plus d'exercice !

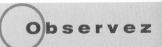

Observez

1. Note that the verbs **maigrir** and **grossir** are conjugated like **choisir**. How would you say *They are getting thin?* **(6.5)**

2. Would you expect the infinitive form of **j'ai perdu** to have the same ending as **maigrir** and **grossir**? Why or why not? **(6.9)**

Verbe					
perdre *(to lose)*	je	perds	nous	perdons
	tu	perds	vous	perdez
	il/elle/on	perd	ils/elles	perdent
	j'ai perdu			

Activité 6 Gardez la ligne !

Complétez les phrases suivantes. Donnez plusieurs possibilités pour chaque phrase.

Modèle: Si on ne mange pas assez...

> on maigrit.
> on perd des kilos.

1. Si on boit beaucoup de bière...

2. Quand nous mangeons beaucoup de desserts...

3. Quand les enfants ne boivent pas de lait...

4. Si tu as des problèmes digestifs...

5. Quand vous ne faites pas d'exercice...

6. Quand je voyage...

Le vin et les autres boissons

Les Français sont les plus gros consommateurs de vin du monde, après les Italiens et les Portugais, et le vin joue un rôle important dans l'économie et la culture françaises. En France, dans l'imaginaire collectif, le vin—et surtout le vin rouge—est « bon pour la santé » : ne dit-on pas « À votre santé » quand on trinque° avec quelqu'un ? Le vin a la réputation d'aider la digestion et de donner de la force quand on est fatigué et du calme quand on est nerveux, à condition bien sûr de le boire avec modération. En réalité, 50,7 % des Français d'aujourd'hui ne boivent pas de vin, excepté pour les repas de fête. Les Français boivent aussi beaucoup d'eau minérale : 44 % en boivent tous les jours. Quant à la bière, elle est rarement sur la table et seulement 3,2 % des Français en prennent avec leurs repas. Et les Français ne prennent pas de café avec leur déjeuner ou dîner, mais ils en prennent après.

clinks glasses

Chez un marchand de vin, en Alsace.

Mots nouveaux à apprendre

l'alcool *(m)*	*alcohol, drink consisting of or containing hard liquor*	maigrir	*to lose weight (conj. like* **choisir***)*
allégé(e)	*light (low-calorie)*	moins (de)	*less, fewer*
allergique	*allergic*	la pâtisserie	*pastry*
aussi	*as*	perdre	*to lose*
autant (de)	*as much, as many*	je perds nous perdons	
avoir du cholestérol	*to have high cholesterol*	tu perds vous perdez	
		il/elle/on perd ils/elles perdent	
avoir la ligne	*to have a good figure*	j'ai perdu	
		pourtant	*nevertheless*
changer (de)	*to change (conj. like* **nager***)*	prendre... kilos/livres	*to gain . . . kilos/ pounds*
diabétique	*diabetic*	le régime	*diet*
gras(se)	*fatty*	rond(e)	*round, plump*
grossir	*to gain weight (conj. like* **choisir***)*	le sucre	*sugar*
		suivre un régime	*to be on a diet*
le kilo	*kilogram*	téléphoner (à)	*to phone (conj. like* **parler***)*
la livre	*pound (Canada), half kilogram (France)*	trop (de)	*too much, too many*
		le/la végétarien(ne)	*vegetarian*
maigre	*skinny, low-calorie (food)*	le yaourt	*yogurt*

Comment le dire

Lettres et sons : c et ç

1. At the beginning or in the middle of a word, the letter **c** can be pronounced [k] as in **café** or [s] as in **cinéma,** depending on the letter that follows it.

   a. **c** is always [k] before a consonant other than **h:**

      climat, crème

      Exception: **ch** is pronounced [ʃ] as in **chanson** and **chercher.**

   b. **c** is always [k] before **a, o, u:**

      carte, confiture, cuisine

      Exception: The **c** in **second(e)** is pronounced [g].

   c. **c** is always [s] before **e, i,** and **y:**

      céréales, ici, bicyclette

   d. **ç** is always [s] and is used only before **a, o,** and **u:**

      ça, leçon, déçu

2. At the end of a word, the letter **c,** like the other consonants in the word **"CaReFuL,"** is generally pronounced:

> parc, choc, chic

In these cases, it is pronounced [k].

Exception: In some words, the final **c** is silent.

> porc, estomac, blanc

3. The French sound [k] is not followed by a puff of air like the English sound [k].

Activité 7 N'aspirez pas vos [k]

Avec un(e) camarade de classe, faites des petites conversations en utilisant les questions et les réponses suggérées entre parenthèses.

> Modèle: Je pars en voyage. (quand ? / à quatre heures)
> A: Je pars en voyage.
> B: Quand ?
> A: Aujourd'hui à quatre heures.
> B: Quand ? ? ?

1. J'ai rencontré un vieil ami. (qui ? / Confucius)
2. Je vais aller au Cameroun. (comment ? / en car)
3. Je voudrais de la confiture. (de quoi ? / de carottes)
4. Peux-tu me donner quelques dollars ? (combien ? / quatre cents)
5. Je n'ai pas fini mes devoirs. (pourquoi ? / pas compris les questions)

Écrivons un peu

Stratégie d'écriture **Construisez des phrases à partir d'une liste de mots.**

Before writing on a topic, it is useful to brainstorm a list of key words. These words can then be used in complete sentences, which can themselves be organized into coherent paragraphs.

In the following text, adapted from a story by the French Renaissance writer Rabelais (1494–1553), one of the main characters, Panurge, arrives at a convent and asks Brother Fredon what the women in this convent eat. Fredon can give only one-word answers. First read the text, then complete the chart that follows, putting an "X" next to each item the women eat or drink.

PANURGE: Comment les nourrissez-vous ?	FREDON: Bien.	
PANURGE: Que mangent-elles ?	FREDON: Pain.	
PANURGE: Et quoi d'autre ?	FREDON: Viande.	
PANURGE: Viande comment ?	FREDON: Rôtie.	
PANURGE: Ne mangent-elles pas de soupe ?	FREDON: Pas.	
PANURGE: Et des pâtisseries ?	FREDON: Beaucoup.	
PANURGE: Ne mangent-elles pas de poisson ?	FREDON: Si.°	*Yes*
PANURGE: Comment ?	FREDON: Froid.	
PANURGE: Et quoi encore ?	FREDON: Œufs.	
PANURGE: Et comment ?	FREDON: Cuits.	
PANURGE: Je demande cuits comment ?	FREDON: Durs.	
PANURGE: Est-ce tout leur repas ?	FREDON: Non.	

PANURGE: Qu'ont-elles encore ?
PANURGE: Et encore ?
PANURGE: Et des fruits ?
PANURGE: Et comment boivent-elles ?
PANURGE: Quoi ?
PANURGE: Quel ?

FREDON: Riz.
FREDON: Pois.
FREDON: Bons.
FREDON: Net.
FREDON: Vin.
FREDON: Blanc.

–d'après Rabelais, *Le Cinquième Livre*

pain			œufs	
viande			riz	
soupe			pois	
pâtisseries			fruits	
poisson			vin	

Now make a list of what the women eat and drink, adding the appropriate article or expression of quantity before each noun.

Elles mangent....   Elles boivent....

À vous d'écrire

Le régime des femmes au couvent   Working with a partner, write a paragraph describing the eating habits of the convent women as if Fredon were expressing his ideas in a narrative form, not in a dialogue. Start with your list of words and use them to construct complete sentences. Arrange your sentences in a logical order to create a coherent monologue.

Mise au point

Reread your paragraph and consider if you...

1. arranged your sentences in a logical order.
2. included appropriate articles and expressions of quantity.
3. started with a sentence to introduce the topic and ended with a clear concluding sentence.

Le restaurant « Chez Rabelais, » à Québec.

Dossier 4

In this Dossier, you
will learn about these
grammatical features

■ the use of **si** to give affirmative answers to negative
questions

■ the object pronoun **en**

Additional materials for this
Dossier:

AUDIO CD
   Écouter : Le riz et l'herbe
   (Track 18)
CD-ROM (E6)
   **Échanges : Qu'est-ce qu'il
   faut ?, Chez la marchande
   de légumes, Chez la
   boulangère**
   **Comment le dire : Lettres et
   sons :** *x*
VIDEO/VIDEO MANUAL
   **Situation 10 : Faire les
   courses**
   **Vignette culturelle : Le
   marché de la rue
   Mouffetard**
PAROLES WEB SITE
   Web Activities 6 (**Ingrédients/
   magasins**), 7 (**Supermarché
   virtuel**)
CAHIER (6.4)
   **Activités écrites (et À vous
   d'écrire)**
   Activités de laboratoire
DASHER
   Paroles **: Activités 1, 2, 3, 4**
   **Cahier : Activités écrites
   1, 2, 3**

Paroles

Stratégie d'écoute Utilisez la séquence des événements pour comprendre
la structure d'une histoire.

Many stories are structured in a conventional manner. For example, when listening to a
folktale, you can often rely on words indicating sequence in order to follow the plot. In
the following Vietnamese tale, several key words are used to frame the tale's structure:

un jour	après cela
d'abord	mais
puis	voilà° pourquoi
enfin	

that's

1. Which of these words might signal the beginning of the main part of the story?
2. Which word might introduce an unexpected or problematic action?
3. Which expression might introduce the results of that action?

Écouter

Le riz et l'herbe° (conte folklorique du Viêt Nam)

grass

Le Viêt Nam a été une colonie de la France de 1887 jusqu'en
1954. À cette époque, le Viêt Nam s'appelait l'Indochine. Il y a aujourd'hui
beaucoup d'immigrés vietnamiens en France, surtout dans les grandes villes.

Vous avez compris ?

1. Dans quel ordre est-ce que Ngoc Hoang a faite ces actions ?

   _____ Il a envoyé son officier sur la terre.

   _____ Il a créé le riz et l'herbe.

   _____ Il a fait les animaux et les hommes.

   _____ Il a puni son officier.

2. Quelle grave erreur a faite l'officier ?
3. Quel problème de nourriture est posé dans ce conte ?
4. D'après cette histoire, quel est l'aliment de base au Viêt Nam ? D'après vous, y
   a-t-il un aliment de base en France ? aux États-Unis ?

Les mots pour le dire

Faire les courses

Échange 1 *Qu'est-ce qu'il faut ?*

FEMME: Tu peux aller faire les courses ce matin ?
MARI: Mais oui, qu'est-ce qu'il faut ?
FEMME: Va chez le marchand de vin et prends deux bouteilles de vin rouge et une
bouteille de vin blanc.
MARI: C'est tout ?
FEMME: Non, va aussi à la charcuterie et prends du jambon.

Possibilités

Va...

à la boulangerie   à la boucherie   à l'épicerie

à la pâtisserie   à la charcuterie   au supermarché

au marché

chez le/la marchand(e) de fruits/de légumes

chez le/la marchand(e) de vin

Une boulangerie à Paris.

Une charcuterie en Bretagne.

Un marché à Annecy.

Les magasins d'alimentation

Les Français font de plus en plus leurs courses dans les magasins libre-service : épiceries libre-service, qu'on appelle aussi superettes, supermarchés et hypermarchés. Les chaînes de supermarchés les plus fréquentées sont Leclerc, Carrefour et Intermarché. Mais beaucoup de gens continuent à préférer « leur » charcuterie ou « leur » épicerie parce qu'ils y sont « bien servis » et ils ont plaisir à aller chez des commerçants qui les connaissent. Finalement, les marchés en plein air, avec leurs fleurs, leurs fruits et légumes et autres produits alimentaires, ont toujours beaucoup de clients. Dans les petites villes, le jour du marché (une fois par semaine) est l'occasion de se rencontrer et d'échanger les dernières nouvelles.

°° **C'est comme ça !**°°°

Activité 1 Où faire les courses ?

Vous avez besoin des produits indiqués. À tour de rôle, demandez à un(e) camarade de classe le nom d'un bon magasin pour chaque aliment donné.

Modèle: gâteaux / La Brioche
  A: Connais-tu une bonne pâtisserie ?
  B: Moi, je prends mes gâteaux à La Brioche.
  A: Ah, mais c'est cher.

1. fruits / La Belle Pomme
2. pain / La Croûte d'Or
3. légumes / La Belle Saison
4. charcuterie / Le Pied de Cochon
5. tartes / Les Délices
6. vin / Le Bouchon° Noble

cork

Activité 2 Je ne sais pas où c'est !

À tour de rôle, demandez à un(e) camarade de classe d'aller prendre quelque chose dans un de ces magasins. Votre camarade de classe va vous demander où est le magasin.

Modèle: rôti

A: Va à la boucherie et prends un rôti pour ce soir.
B: Je ne sais pas où c'est.
A: C'est à côté de la boulangerie.

1. pain
2. bifteck
3. sucre
4. jambon
5. gâteau au chocolat
6. café
7. petits pois
8. croissants
9. bouteille de vin rouge

Échange 2   *À l'épicerie*

MARCHANDE: Bonjour, Madame Duplessis, qu'est-ce qu'il vous faut ?
DAME: Un kilo de pommes, une livre de haricots, deux boîtes de petits pois, un paquet de café et quatre tranches de jambon.
MARCHANDE: Vous ne voulez pas de lait aujourd'hui ?
DAME: Si, un litre, s'il vous plaît.

Possibilités

un kilo de...   une bouteille de...   une douzaine de...

une livre de...   un paquet de...   une tranche de...

un litre de...   une boîte de...   200 grammes de...

Observez

1. What preposition is used with expressions of quantity? Is there an article used with the noun that follows? (6.3)

2. What word is used in this conversation instead of **oui** to indicate *yes*? Is the preceding question affirmative or negative? (6.10)

Échange 3   *À la boulangerie-pâtisserie*

CLIENT: Une baguette, s'il vous plaît.
BOULANGÈRE: Désolée, je n'en ai plus.
CLIENT: Alors donnez-moi un pain et huit croissants.
BOULANGÈRE: Je regrette, il y en a seulement six.
CLIENT: Ça ne fait rien, je les prends. Et des tartes aux fraises.
BOULANGÈRE: Vous venez trop tard, monsieur, il n'y en a plus.

Observez

1. What pronoun is used to replace a noun preceded by an indefinite article or a number? (6.11.a)

2. Where in the sentence is this pronoun located? (6.11.b)

Activité 3 Il n'y en a plus !

*Avec un(e) camarade de classe, jouez cette scène dans une épicerie. Le/La client(e)
demande des ingrédients pour faire des plats différents. Le/La marchand(e) n'a
plus de ces produits.*

Modèle: une salade de fruits

CLIENT(E): Avez-vous des pommes aujourd'hui ?
J'ai des invités° et je voudrais faire une salade de fruits.   *guests*
MARCHAND(E): Des pommes ? Je regrette, madame/monsieur ; il n'y en a plus.
CLIENT(E): Plus de pommes ? Alors, avez-vous...

1. une salade de fruits
2. une soupe de légumes
3. des sandwichs
4. une omelette
5. une quiche
6. un couscous

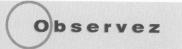

In the expression **j'en veux un
kilo,** to what does the pronoun
en refer? **(6.11.a)**

Échange 4 *Chez la marchande de fruits et légumes*

CLIENT: Vous avez des fraises ?
MARCHANDE: Il y en a là-bas avec les surgelés.
CLIENT: Ma femme n'aime pas les surgelés. Donnez-moi des oranges.
MARCHANDE: Vous en voulez combien ?
CLIENT: J'en veux un kilo.
MARCHANDE: Et quoi d'autre ?
CLIENT: C'est tout, merci.

Les surgelés

En France, la tradition culinaire donne beaucoup d'importance à la fraîcheur des produits
alimentaires. Par exemple, la majorité des
Français va à la boulangerie tous les jours
pour avoir du pain frais. Beaucoup de Français
hésitent à acheter des produits surgelés parce
qu'ils pensent que « Ça n'a goût de rien ! ».
Ces produits ont cependant du succès, particulièrement les légumes, le poisson et les
plats préparés (les pizzas, quiches et tartes),
et 84 % des personnes en consomment de
temps en temps. « C'est très bon et très pratique » disent les gens qui en mangent au
moins une fois par semaine.

Activité 4 Mais tu exagères !

Avec un(e) camarade de classe, discutez de ce que vous mangez. Exagérez un peu en indiquant les quantités. Enfin, dites le résultat de votre régime.

Produits	Quantités
pommes de terre	... tranche(s) de
œufs	... paquet(s) de
beurre	... boîte(s) de
jambon	... douzaine(s) de
fromage	... kilo(s) de
petits pois	... livre(s) de

Modèle:
A: Tu aimes les pommes de terre ?
B: Mais oui, j'en mange un kilo tous les jours.
A: Tu manges un kilo de pommes de terre tous les jours ? C'est pas vrai !
B: Si, si, c'est vrai. Et j'ai toujours la ligne !

Activité 5 Vous en voulez combien ?

Avec un(e) camarade de classe, jouez les rôles d'un(e) marchand(e) et d'un(e) client(e) à l'épicerie. Précisez le produit, le nombre désiré, la quantité désirée, et demandez le prix.

3,80€
BANANIA
La boîte de 1,3 kg
Le kg : 2,90€

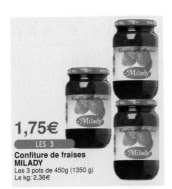

1,75€
LES 3
Confiture de fraises
MILADY
Les 3 pots de 450g (1350 g)
Le kg: 2,36€

6,50€
+ 1 GRATUIT
Café moulu REGAL Jacques VABRE
Les 3 paquets de 250 g
+ 1 paquet gratuit (1000 g)
Le kg: 8,60€ 6,50€

3,50€
Camembert BRIDEL 45% M.G.
Le lot de 2 camemberts de 250 g (500 g)
Origine France - Le kg : 7€

5,60€
Yaourts aux fruits
YOPLAIT
Le 16 pots de 125 g
Origine France - Le kg : 2,80€

3,70€
LES 48
48 œufs frais moyens
Origine France

1,60€

Vin de table français*
Duc de Chantecroix
rouge 12% vol. ou
blanc 11,5% vol.
La bouteille de 75 cl
Le litre : 2,13€

3,10€ *Casino*

LES 6

Lait UHT demi-écrémé
Les 6 bouteilles de 1 litre
Origine France
Le litre : 0,52€

3,60€

LES 3

**Pur jus d'orange
BAHIA**
Les 3 bocaux de 1 litre
Le litre : 1,20€

2,12€ Le kg

**Quart avant avec épaule,
côtes échines**
Porcs issus de l'élevage français

Mots nouveaux à apprendre

la baguette	*loaf of French bread*
la boîte	*can, box*
la boucherie	*butcher shop*
la boulangerie	*bakery*
ça ne fait rien	*that doesn't matter*
la charcuterie	*pork butcher's shop, delicatessen*
la douzaine	*dozen*
l'épicerie (f)	*grocery store*
la fraise	*strawberry*
le gramme	*gram*
la laitue	*lettuce*
le litre	*liter*
le/la marchand(e) de fruits/de légumes	*fruit/vegetable merchant*
le/la marchand(e) de vin	*wine merchant*
le marché	*market (esp. open air market)*
le paquet	*packet, package*
la pâtisserie	*pastry shop*
qu'est-ce qu'il faut ?	*what's needed?*
qu'est-ce qu'il vous faut ?	*what do you need?*
quoi d'autre ?	*what else?*
si	*yes (after a negative remark)*
le supermarché	*supermarket*
les surgelés (m pl)	*frozen foods*
tard	*late*
la tranche	*slice*

Comment le dire

Lettres et sons : *x*

The letter **x** in French can be pronounced [ks] as in **taxi** or [gz] as in **examen,** depending on its position in the word.

1. **x** is [gz] in words beginning with **ex** followed by a vowel:

   exercice, exact, exubérant

2. **x** is [ks] in most other cases:

   expliquer, excellent, Alexandre

3. **x** is usually silent at the end of a word:

   prix, voix, ambitieux

   Exceptions:

   a. There are a few technical terms in which **x** is pronounced [ks] at the end of a word:

      télex, fax, index

   b. Note that **x** is [s] in **six** and **dix** when these words are not followed by a noun or another number:

      Six et six font douze.

      J'en ai dix.

   c. Remember that **x** is [z] when you make a **liaison:**

      deux heures, six œufs, beaux enfants

Activité 6 Attention à vos *x*

Travaillez avec un(e) camarade de classe. Une personne pose les questions ; l'autre répond en utilisant les suggestions entre parenthèses.

Modèle: Combien font 6 et 10 ? (16)
A: Combien font six et dix ?
B: Six et dix font seize.

1. Qui est Alexandre ? (boxeur extraordinaire)
2. Pourquoi es-tu vexé(e), exactement ? (un D à mon examen)
3. Quel est le prix d'un taxi pour aller à Saint-Prix ? (26 euros)
4. Elles sont bonnes, tes fraises ? (excellentes)
5. Vous voulez combien d'œufs ? (36)
6. Pourquoi n'êtes-vous pas satisfait(e) ? (très exigeant[e]°)   *demanding*

Discutons un peu

Stratégie de discussion Choisissez vos critères.

In a discussion involving group decision-making, it is important to agree on criteria for making the decision. In groups of four, rate the following criteria for choosing a restaurant from 1 (most important) to 7 (least important):

la sorte de cuisine : classique, régionale, internationale, exotique _____

le prix _____   l'ambiance _____

le service _____   la qualité de la cuisine _____

les vins _____   la publicité _____

À vous la parole

Choisir un restaurant
Toujours en groupes de quatre, discutez des restaurants suivants selon vos critères. Choisissez le restaurant où vous voulez aller dîner ensemble.

LE WESTERN

Le plus américain des restaurants parisiens

Dans un décor Far West avec un véritable shérif pour maître d'hôtel, Le Western propose une cuisine au goût de l'Amérique. Parmi les classiques du lieu, la célèbre côte de boeuf, les T-bone et sirloin steacks, les spare ribs, sans oublier du côté de l'océan, les gambas grillées. Un choix d'entrées variées, guacamole, beignets de crabe et un chariot de desserts appétissants parmi lesquels les fameux cheesecake, brownies et apple pie complètent la carte du Western.

ヒルトンホテル内。ウエスタン調のデコレーションの中でアメリカ的な料理が味わえる。

The most American restaurant in Paris, Le Western is the reference for lovers of the American south-west cuisine. T-bone and sirloin steaks, spare ribs and grilled gambas are among the suggestions as well as guacamole and a tasteful dessert wagon with cheesecake, brownies and apple pie.

Hôtel Paris Hilton — 18, av. de Suffren, 15ᵉ — 01 42 73 92 00 — Ouvert tous les jours / open daily from : 12h à 15h et de 19h à 23h

LA CRÉOLE cuisine antillaise

Une des meilleures adresses de Paris pour découvrir la vraie cuisine Antillaise. Superbe décor exotique, musique insulaire, et jolies serveuses en tenues locales. Punchs, accras, boudins, langoustes et crabes farcis.

パリのアンチル料理店の中でも屈指。店内は異国情緒たっぷり。コース120フラン。アラカルト250フラン。年中無休。CB AE DC

One of the best places in Paris to discover the real cooking of the Caribbean. Superb exotic decoration, pretty waitresses with local dresses, and warm music. Here you can be sure to have a good time!

122, bd. du Montparnasse, 14e — 01 43 20 62 12 — Last service 23h — Ouvert tous les jours. Opened every day — Menu 20 euros - Carte 40 euros — CB AE DC

L'EMBELLIE

Exceptionnel décor du XVe. Dîner aux chandelles. "J'ai volontairement choisi ce lieu historique propice au calme et à la gastronomie, pour vous proposer une cuisine française traditionnelle et vous faire découvrir mes dernières créations culinaires."   Eric Fischer

15世紀の内装。フランス伝統料理。コース189フラン。アラカルト300フラン。CB AE DC

A superb decoration of the 15th for an excellent traditional French gastronomic diner with candles.

19, rue des Ursins, 4e — Parking Notre-Dame — 01 46 33 26 29 — Last service 23h — Closed : dimanche/Sunday — Menu déj. 15 euros /Menu 30 euros (apéritif et verre de vin compris) — Carte 45 euros — Repas d'affaires pour 40 pers. — CB., AE., DC., VISA

KIM VEN

Cuisine authentique thaïlandaise et Vietnamienne. Ambiance chaleureuse et conviviale. Un restaurant à découvrir. Service attentionné.

Authentic thaï and vietnamese cooking. Warm atmosphere. Recommended restaurant.

本格派タイ・ベトナム料理。温かいおもてなし。昼コース78フラン。アラカルト150/200フラン。土昼・日休。空調完備。CB AE

1 bis, rue Jean Mermoz, 8e — 01 42 56 34 35 — Last service midnight — Formule déjeuner 12 euros — Carte 25/30 euros — Closed samedi midi et dimanche/Saturday noon and Sunday · CB AE — Air Conditioned

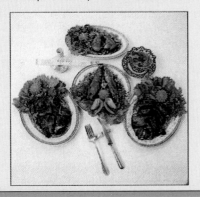

LE JARDIN

Restaurant d'un genre nouveau à Paris, où la cuisine est élaborée par un nutritioniste qui n'utilise que des produits frais pour restituer toute la saveur naturelle des aliments. Excellent rapport qualité/prix.

静かなレストラン。内装もきれい。低カロリー
料理。コース68/96フランの二種。日休。**CB**

New style restaurant in Paris where the cuisine is elaborated by a nutritionist, and made with only fresh products. Very good value for money.

100 rue du Bac, 7ème (Bac-St.Geramin. — 01 42 22 81 56 — Last service 21h30 — Fermé le dimanche/ Closed on sunday — Menus 10 et 15 euros — **CB**

RESTAURANT MUSICAL ET GASTRONOMIQUE

Restaurant musical, dans un décor rayonnant et typique du vieux Montmartre. Cuisine traditionnelle dans une ambiance très chaleureuse où France REYNAC, chante et anime chaque soir le dîner spectacle.

OUVERT LE SOIR UNIQUEMENT

夜のみ営業の音楽レストラン。伝統的フランス
料理。ディナーショー有り。コース140フラン。
アラカルト300フラン。**CB DC AE**

Musical restaurant in a typical setting of Montmartre. Traditional cooking in a warm atmosphere where France REYNAC sings and takes care every night of the diner show.

OPEN AT NIGHT ONLY

88, rue Lepic, 18ᵉ — 01 42 58 50 72 — Closed mardi/tuesday — Menu gastronomique 22 euros — Carte 45 euros — AE, CB, EC.

LA CRÊPERIE DES ÉTOILES

Tout près du Palais des Congrès, des hôtels Méridien et Concorde Lafayette, le restaurant de crêpes le plus réputé de Paris. Décor de fresques géantes de la vie du cinéma et du music'hall. Un repas complet dans une galette de sarrazin pour un prix moyen de 10 €.

パリで最も評判のよいクレープレストラン。き
ちんとした食事が70フランで食べられる。夜7時
30分開店。年中無休。**CB**

Nearby the Palais des Congrès, the Meridien hotel and the Concorde Lafayette hotel, the most famous restaurant of pancakes in Paris.
A full meal in a pancake for about 10 euros!!

20, rue du Débardère, 17ème — 01 45 72 59 39 — Last service 2h du matin — 7/7 — CB

PANCHO VILLA TAQUERIA RESTAURANT

SPÉCIALITÉS
MEXICAINES AUTHENTIQUES
MUSICIENS LE WEEK-END

9, Rue Marcadet, 18ème — 01 42 23 87 98
Service : de 19H à 24H — Métro : Marx-Dormoy
Carte : 30 euros — Closed : lundi/Monday

N'HÉSITEZ PAS À REJOINDRE NOS HOMARDS À LA NAGE...!

PROMOTION FRUITS DE MER 6 PLATEAUX de 15€ à 40€

MENUS et FORMULES RAPIDES
20€ - 25€

LA CHAMPAGNE
GRANDE BRASSERIE DE LA MER
Spécialité de bar flambé
10 bis, place Clichy - 75009 Paris
Tél. 01 48 74 44 78 - Fax 01 42 80 63 10

CHEZ HANSI
GRANDE BRASSERIE ALSACIENNE
Face à la Tour Montparnasse
3, place du 18-Juin-1940 - 75006 Paris
Tél. 01 45 48 96 42 - Fax 01 45 44 55 48

$$\boxed{\textbf{Grammaire 6}}$$

6.1 The partitive article

a. **Basic meaning:** *a certain amount of/some.* As its name suggests, the partitive article in French is used to specify a "part" of something. It can be used to talk about concrete objects (**du vin, de la confiture**) as well as about concepts or ideas (**du courage, de la beauté**).

The English equivalents, *some* or *a certain amount of,* are optional and are frequently not used. In similar contexts in French, however, the partitive article must be used.

I'll have (some) wine.	Je vais prendre **du** vin.
One must have (some) courage.	Il faut avoir **du** courage.

b. **Forms.** The partitive word **de** combines with the definite articles **le, la, l'** to form the partitive articles. Note that partitive articles resemble the forms of the preposition **de** + the definite articles.

Les articles partitifs	
de + le → du	Je vais prendre **du** pain.
de + la → de la	Il veut **de la** confiture.
de + l' → de l'	Je peux te donner **de l'**eau minérale ?

Note that there is no plural partitive article. The plural indefinite article **des** is, however, often translated as *some* (**Je veux des oranges** / *I want some oranges*), but in this case *some* is the equivalent of *several.*

c. **Indefinite vs. partitive article.** The indefinite article (**un/une/des**) is used with nouns referring to things that can be counted.

un croissant/**des** croissants	*a croissant/several croissants*
une orange/**des** oranges	*an orange/several oranges*
un sandwich/**des** sandwichs	*a sandwich/several sandwiches*

The partitive article is used with singular nouns that refer to things that cannot be counted. Such nouns are called "mass nouns."

du beurre	*some butter*
de la confiture	*some jam*
du poulet	*some chicken*

Some nouns can be used as both countable and mass nouns.

un pain *(a loaf of bread)* vs. du pain *(some bread)*

un camembert *(a whole cheese)* vs. du camembert *(some camembert cheese)*

un café *(a coffee)* vs. du café *(some coffee)*

une salade *(a salad)* vs. de la salade *(some salad)*

d. **Definite vs. partitive article**

L'article défini vs. l'article partitif			
l'article défini (sens général)	J'aime *I like*	la	salade. *salad.*
l'article défini (sens spécifique)	Passe-moi *Pass me*	la *the*	salade. *salad.*
l'article partitif	Je mange *I eat*	de la *(some)*	salade tous les jours. *salad every day.*

■ The definite article can be used to talk about something in a general sense.

J'aime le poulet.   *I like chicken (in general).*

Je n'aime pas les légumes et les fruits.   *I don't like fruits and vegetables.*

This contrasts with the partitive, which expresses the notion of a portion.

Je mange souvent du poulet.   *I often eat (some/a certain amount of) chicken.*

Donnez-moi du bœuf avec   *Give me (some) beef with (some) gravy please.*
de la sauce, s'il vous plaît.

■ The definite article can also refer to a specific thing.

Passe-moi **la** viande.   *Pass me the meat.*

This contrasts with the partitive, which refers to "some" of the thing in question.

Donne-moi **de la** viande.   *Give me some meat.*

■ When ordering in a restaurant, use the definite article to refer to the specific item on the menu.

Je vais prendre **le** poulet rôti.

Nous allons prendre **le** poisson et **les** haricots verts.

When eating at home, use the definite article if you want someone to pass you all of something (i.e., the whole plate or serving dish), and use the partitive if you want someone to pass you some of something.

Passez-moi **le** pain.   *Pass the loaf (or basket) of bread.*

Passez-moi **du** pain.   *Pass some (or a piece of) bread.*

e. **Negation of a partitive article.** You already know that after a negative expression, **de** is used instead of the indefinite articles **un, une, des.** This is also true of the partitive articles.

Je bois souvent **de l'**eau. Il ne boit jamais **d'**eau.

Je vais prendre **du** coca-cola parce qu'il n'y a plus **de** lait.

Donnez-moi **de la** confiture, mais je ne veux pas **de** beurre.

6.2 Prepositions *de* and *à* to specify flavor and ingredients

When talking about food and drink, the prepositions **à** and **de** are used to specify a type of food or beverage by its ingredients or flavor. The choice of preposition depends on whether an ingredient is principal or secondary to the food item. To understand the difference between principal ingredient and nonprincipal ingredient, consider these two dishes:

une salade **de** tomates *(a salad consisting of sliced tomatoes only)*

une salade **aux** tomates *(a green salad garnished with tomatoes)*

a. You use **de** to specify a food item in terms of its main or only ingredient. As with other **nom** + *de* + **nom** structures, the second noun is used without an article.

la soupe **de** légumes

La préposition *de* pour indiquer l'ingrédient principal
Je n'aime pas la soupe **de** poulet, je préfère la soupe **de** légumes. Est-ce que tu préfères le jus **d'**orange ou le jus **de** tomate ?

b. You use **à** to indicate one ingredient among others. Note that the preposition **à** combines with the **le, la, les** preceding the ingredient to become **au, à la, aux.**

La préposition *à* pour indiquer l(es) ingrédient(s) secondaire(s)
Je vais manger une omelette **aux** pommes de terre. Nous voulons des sandwichs **au** fromage. Il adore la glace **à la** vanille.

c. Sometimes both **de** and **à** can be used in the same expression if you want to indicate both the main ingredient and other ingredients/flavorings.

une soupe **de** poisson **au** safran *(fish soup flavored with saffron)*

une salade **de** fruits **au** cognac *(fruit salad with some cognac in it)*

6.3 Expressions of quantity

You already know that a noun following **beaucoup de** is used without an article: **Il boit beaucoup de lait.** This is true with many expressions that indicate quantity or that specify the "amount" of an item by its container. Note that all of these expressions contain the preposition **de.**

Les expressions de quantité	
trop de *(too much)*	un gramme de *(a gram)*
plus de *(more)*	un kilo de *(a kilogram)*
beaucoup de *(much, a lot)*	une livre de *(a pound, a half kilo)*
autant de *(as much)*	une tranche de *(a slice)*
moins de *(less)*	un paquet de *(a package)*
un peu de *(a little)*	une boîte de *(a box, a can)*
peu de *(few)*	une douzaine de *(a dozen)*
	une carafe de *(a carafe)*
	une bouteille de *(a bottle)*
	un litre de *(a liter)*

6.4 Imperatives corresponding to the *nous* form

a. You already know how to use the imperative to tell one (**tu/vous**) or several (**vous**) people to do something.

> Bois ton lait !

> Allez à la boulangerie et prenez du pain !

The **nous** form of the imperative is the same as the **nous** form of the present tense, but no subject pronoun is used. It is often used to suggest that you and someone else do something together.

L'impératif à la forme « nous »	
Dînons au restaurant ce soir.	*Let's eat in a restaurant tonight.*
Prenons un café ensemble.	*Let's have a coffee together.*
Allons au café à midi.	*Let's go to the café at noon.*
Allons-y !	*Let's get going!*

b. Note that the imperative forms of **être** and **avoir** are irregular.

> **Soyons** patients.

> **Ayons** un peu de courage.

c. To suggest that you and someone else not do something together, use the negative imperative.

> **N'allons pas** au restaurant italien : je n'aime pas les tomates.

6.5 Verbs in *-ir/-iss*

You already know the pattern of present forms for verbs like **sortir** and **partir.** The verbs **choisir** *(to choose),* **maigrir** *(to lose weight),* and **grossir** *(to gain weight)* belong to another group of regular **-ir** verbs called **-ir/-iss** verbs because **-iss** is part of the ending in the present plural forms.

Les verbes *-ir/-iss*		vs. *-ir*	
choisir (maigrir, grossir) *stem:* chois-		*partir (sortir)* *stem:* par-	
je chois**is**	nous chois**issons**	je par**s**	nous par**tons**
tu chois**is**	vous chois**issez**	tu par**s**	vous par**tez**
il/elle/on chois**it**	ils/elles chois**issent**	il/elle/on par**t**	ils/elles par**tent**

The past participle of **-ir/-iss** verbs is formed by dropping the **r** from the infinitive.

choisir → choisi	Il a choisi le menu à 25 euros.
grossir → grossi	Ont-ils grossi ?
maigrir → maigri	Elle a bien maigri.

6.6 Third-person indirect object pronouns

a. Indirect object pronouns replace the preposition **à** + *noun* referring to people.

Les pronoms indirects à la troisième personne
Jean-Pierre est riche. Tu peux **lui** demander de l'argent (= tu peux demander de l'argent **à Jean-Pierre**).
Quand mes parents dînent chez moi, je **leur** donne des biftecks (= je donne des biftecks **à mes parents**).

When the pronoun refers to one or several *things,* you use **y.** Compare:

Vous répondez **au professeur.** → Vous **lui** répondez. (*person*)

Vous répondez **à la lettre.** → Vous **y** répondez. (*thing*)

b. You cannot count on similarity with English to tell you when a verb takes an indirect object, because in English the indirect marker *(to)* is not obligatory.

I gave a book to her. / I gave her a book.

Verbs that often have indirect objects in French are **parler à, téléphoner à, donner à, demander à,** and **répondre à.**

c. Indirect object pronouns also replace the preposition **pour** + a proper noun or a noun referring to a person or persons.

Je vais faire une omelette **pour ma sœur.** → Je vais **lui** faire une omelette.

d. No distinction is made between feminine and masculine; the context implies the gender.

Marie est végétarienne. Je **lui** donne toujours de la salade.

Daniel aime les œufs. Je **lui** fais souvent une omelette.

e. Note the distinction between singular (**lui:** *to him/her*) and plural (**leur:** *to them*).

Sylvie a du cholestérol : je ne **lui** donne jamais de beurre.

Sylvie et Alice ont du cholestérol : je ne **leur** donne jamais de beurre.

f. **Lui** and **leur** have the same position with regard to verbs as other indirect object pronouns, direct object pronouns, and the pronoun **y.**

Je **lui** téléphone. (Je ne **lui** téléphone pas.)

Je **lui** ai téléphoné. (Je ne **lui** ai pas téléphoné.)

Je vais **lui** téléphoner. (Je ne vais pas **lui** téléphoner.)

g. Remember that unlike with direct object pronouns, there is no agreement of the past participle with indirect object pronouns in the **passé composé.**

Je **les** ai vu**es** et je **leur** ai parlé.

You now know all the indirect object pronouns, as well as all the direct object pronouns. They are summarized in the following chart. Note that four forms (**me, te, nous, vous**) are the same for both direct and indirect object pronouns.

Les pronoms directs et indirects		
direct et indirect	seulement direct	seulement indirect
me		
te		
	le, la	lui
nous		
vous		
	les	leur

6.7 The use of articles with the prepositions *sans* and *avec*

No partitive article is used with a mass noun preceded by the preposition **sans.**

> Je voudrais du pain **sans** beurre.

> Il va manger son poulet **sans** sauce.

In contrast, after the preposition **avec,** partitive and indefinite articles are used with nouns.

> Je voudrais du pain **avec de la** confiture.

> Elle va manger un sandwich **avec des** chips.

6.8 Comparisons

A comparison involves two things, people, or groups, in contrast to the superlative, which ranks one or several things or people above or below all the others. A comparative sentence always contains **que** before the second element compared.

> a. **Comparisons indicating *more* or *less.*** You use **plus... que** to convey the idea of *more than* and **moins... que** to convey the idea of *less than,* regardless of how a comparison is made: through adjectives, adverbs, or nouns.

Les comparaisons avec *plus/moins*	
adjectif (qualité)	Thérèse est **plus grande** que Marie.
adverbe (manière)	Tu parles **moins rapidement** que moi.
nom (quantité)	Les Américains boivent **plus de lait** que les Français.

When making a comparison based on an adjective, remember that the adjective must agree in number and gender with the noun it modifies.

> **La tarte** est plus **cuite** que le gâteau.

> **Les frites** sont plus **salées** que le riz.

As with the superlative, the adjective **bon** has an irregular form, **meilleur,** for the positive comparative. Because **meilleur** is an adjective, it agrees in number and gender with the noun it modifies.

> Les surgelés sont bons mais les légumes frais sont **meilleurs.**

> La mousse au chocolat est **meilleure** que la glace.

Two types of comparisons can be made through adverbs. In one type, the comparative adverb (**plus** or **moins**) modifies an adverb of manner.

> Un train va **plus rapidement** qu'un car.

In the other type, the comparative adverb modifies the verb directly.

> Je travaille **moins** que lui.

The adverb **bien** has an irregular form for the positive comparative. Because **mieux** is an adverb, it has only one form.

> Jacques chante bien, mais vous chantez **mieux** que lui.

When the comparison involves a noun, the preposition **de** follows **plus** and **moins** and no article is used with the noun that follows.

> Les Japonais mangent **plus de** riz **que** les Anglais.
>
> Les enfants ont **moins de** patience **que** les adultes.

b. **Comparisons to show similarity rather than difference.** When making a comparison that shows how two things are the same, you use different expressions according to the criteria on which the comparison is made.

Comparisons expressed through adjectives or adverbs of manner use the expression **aussi... que** to convey the idea of *as*. Comparisons expressed through nouns or through adverbs modifying a verb directly use the expression **autant... que** to convey the idea of *as much as*. Remember that the preposition **de** follows **autant** when the comparison involves a noun and that no article is used with the noun that follows **autant de**.

Les comparaisons avec *aussi/autant*	
adjectif	Les frites sont **aussi salées que** les chips.
adverbe	Les cars vont **aussi rapidement que** les voitures.
verbe	Les filles **mangent autant que** les garçons.
nom	Nous mangeons **autant de légumes que** nos amis.

c. **Use of stressed pronouns in comparisons.** The word **que** in a comparison can be followed by a noun or a pronoun. If it is followed by a pronoun, you use a stressed pronoun.

> Je suis plus ronde que **toi.**
>
> Ils mangent moins rapidement que **nous.**
>
> Nous mangeons moins qu'**eux.**

6.9 Verbs ending in *-re*

The verb **perdre** belongs to a group of verbs whose infinitives end in **-re** and that follow a regular pattern of conjugation. The verb **répondre** is also part of this group.

Je perds tout.   **Je réponds** à sa lettre.

Vous perdez des kilos?   **Répondez** à la question.

Les verbes en *-re*			
perdre *(to lose)*		**répondre** *(to answer)*	
je perds nous perdons		je réponds nous répondons	
tu perds vous perdez		tu réponds vous répondez	
il/elle/on perd ils/elles perdent		il/elle/on répond ils/elles répondent	

The past participle of **-re** verbs is formed by dropping the final **re** from the infinitive and adding **u.**

perdre → perdu	Elles ont perdu des kilos.
répondre → répondu	Il a répondu à la question.

6.10   Affirmative *si*

To say *yes* in response to a negative question or statement, **si** is used rather than **oui.** Because **si** expresses a contradiction, it is often preceded by **mais** for emphasis.

A: Vous n'avez pas de fraises aujourd'hui ?

B: **Si,** nous avons des fraises.

6.11   The pronoun *en*

a. **Usage.** The object pronoun **en** indicates quantity. In English, the equivalent of **en** (*of them* or *of it*) is often not expressed. In French **en** cannot be omitted.

J'**en** voudrais trois.   *I'd like three (of them).*

En replaces nouns in two basic contexts:

1. When nouns are preceded by numbers (**un, deux, trois...**) or indefinite articles (**un, une, des**).

    A: Vous avez **trois frères** ?   A: Je voudrais **une baguette.**

    B: Oui, j'**en** ai **trois.**   B: Je regrette, il n'y **en** a plus.

2. When nouns are preceded by partitive articles (**du, de la, de l'**) or by expressions of quantity. When an expression of quantity is used in a sentence with **en,** there is no **de** after the expression.

    A: Tu veux **du pain** ?   A: Vous voulez **un kilo** de fraises ?

    B: Merci, j'**en** ai déjà pris.   B: Non, j'**en** veux une livre.

b. **Position.** The pronoun **en** goes in the same location in a sentence as other types of object pronouns in all tenses.

La place du pronom *en*	
le présent	Elle n'**en** veut pas.
le passé composé	J'**en** ai bu.
l'impératif	Bois-**en.** N'**en** buvez pas.
avec un infinitif	Il va **en** prendre.

Note that in an affirmative imperative sentence, there is an **s** at the end of the second person singular form of the verb when the verb is followed by **en.**

Donne-lui du pain.

Donne**s**-en à ton frère.

c. **Agreement.** In the **passé composé,** there is no agreement of the past participle with **en.**

Elle a mangé trois baguettes. → Elle **en** a **mangé** trois.

d. **Summary of object pronouns.** The following examples summarize what various object pronouns refer to.

- **Direct objects:** a person or thing when there is no preposition between the verb and the noun

  J'aime **ce roman.** → Je **l'**aime.

- **Indirect objects: à** + a noun referring to a person

  J'ai parlé **à mon frère.** → Je **lui** ai parlé.

- **The pronoun *y*: à** or another preposition of location + a noun referring to a place.

  Je vais **à la plage** tous les jours. → J'**y** vais tous les jours.

- **The pronoun *en*:** a noun expressing a number or quantity

  Il a pris **des petits pois.** → Il **en** a pris.

  Il a **trois sœurs.** → Il **en** a trois.

All object pronouns are located in the same position with respect to the verb.

Position des pronoms compléments		
	affirmatif	*négatif*
présent	Je l'ecoute.	Je ne l'ecoute pas.
passé composé	Elles **en** ont mangé.	Elles n'**en** ont pas mangé.
impératif	Prends-**en.**	N'**en** prends pas.
avec infinitif	Nous allons **lui** parler.	Nous n'allons pas **lui** parler.

****

Verbe irrégulier : *boire*

boire *(to drink)*			
je	bois	nous	buvons
tu	bois	vous	buvez
il/elle/on	boit	ils/elles	boivent
j'ai bu			

Ensemble

7

Corps et santé

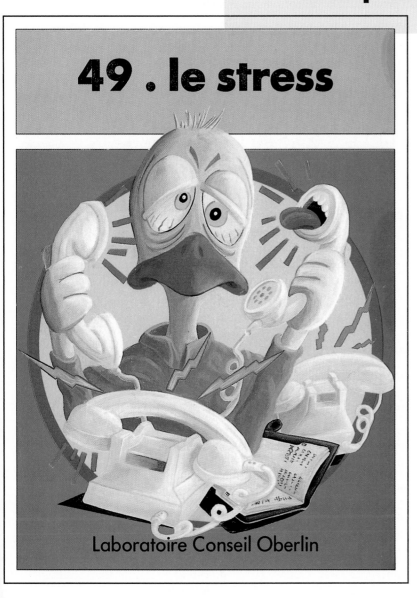

49 . le stress

Laboratoire Conseil Oberlin

- talking about health, sickness, symptoms, diagnosis, and treatment
- identifying parts of the body and principal organs
- describing daily activities and grooming products
- expressing pain, fear, sympathy, and reassurance
- telling what happened to someone

Fiche santé, réalisée par le Laboratoire Conseil Oberlin, laboratoire de médicaments familiaux.

Dossier ①

In this Dossier, you
will learn about these
grammatical features

■ the use of **depuis/depuis
que** to talk about ongoing actions or states

■ reflexive pronouns

■ pronominal verbs used in
the present tense, the imperative, and infinitive constructions

■ the irregular verb **mettre**

■ spelling variations in verbs
like **lever**

Additional materials for this
Dossier:

AUDIO CD (Track 19)
**Écouter : Leçon de français
en Angleterre**

CD-ROM (E7)
**Mise en scène : Leçon de
français en Angleterre
Échanges : La forme ou pas
la forme, Insomnie, Pour
prendre une photo
Petit jeu : Les parties du corps
Comment le dire : La détente
des consonnes finales**

VIDEO/VIDEO MANUAL
**Situation 11 : Promenade
en vélo**

PAROLES WEB SITE
Web Activity 1 (Paris Match)
Audio Activity: **Écouter :
Leçon de français en
Angleterre**

CAHIER (7.1)
**Activités écrites
Activités de laboratoire**

DASHER (E7)
Paroles : **Activités 1, 2, 7**
**Cahier : Activités écrites
1, 2, 4, 5**

Paroles

Stratégie d'écoute Faites attention aux mots anglais prononcés avec
l'accent français.

When we speak a foreign language, we tend to use sounds from our native language to
approximate sounds in the other language. A good example of how speakers approximate the pronunciation of foreign words is what happens when words are permanently
"borrowed" from one language by another.

1. Listen as your instructor says the following French words that have been "borrowed" by English. Then say the English words that correspond. How does the
English pronunciation differ from the French?

   a. migraine   b. garage   c. exploit   d. raisins   e. déjà vu

2. Listen as your instructor says the following French words that have been "borrowed" from English. How does the French pronunciation of these words differ
from the English?

   a. le stress   b. un hot-dog   c. les cow-boys   d. un look

Écouter

Leçon de français en Angleterre William Shakespeare's play
King Henry V (1600) revolves around Henry's victory over the French at the battle of
Agincourt, in northern France (1415), and his subsequent marriage to Katharine de
Valois, daughter of French king Charles VI. The scene you will hear (excerpted from Act
III, Scene IV) is written in French in the original play. In this scene, Katharine speaks
with Alice, her lady-in-waiting, who is also French.

Vous avez compris ?

Première écoute

1. Qui pose les questions ? Pourquoi ?

2. À quoi est-ce que tous les mots anglais font référence ?
   a. aux choses à manger   c. aux moyens de transport
   b. aux parties du corps   d. aux animaux

3. Quel autre titre pouvez-vous donner à cette scène ?

Deuxième écoute

4. Écrivez les mots anglais mentionnés par Alice à côté de leur équivalent français.

   a. la main _____   d. le bras _____
   b. les doigts _____   e. le coude _____
   c. les ongles _____   f. le cou _____

Les mots pour le dire

Parler de sa santé

Échange 1 *La forme ou pas la forme*

PIERRE: Salut, Lucie. Tu vas bien ?

LUCIE: Ça va, merci, je suis en pleine forme depuis que je fais du jogging tous les jours. Et toi ?

PIERRE: Moi, je n'ai pas d'énergie depuis une semaine.

Possibilités

Je suis en pleine forme.
Je suis en forme.

Je suis crevé(e). (*argot*)
Je n'ai pas d'énergie.

Activité 1 Depuis combien de temps ?

Terminez ces phrases pour indiquer depuis combien de temps vous vous trouvez dans cet état.

> Modèle: je suis fatigué(e)
> Je suis fatigué depuis trois jours.

1. je suis en pleine forme
2. je suis crevé(e)

3. je vais mieux
4. je n'ai pas d'énergie

Échange 2 *Insomnie*

FATIMA: Ahmed, tu n'as pas l'air en forme. Tu te sens mal ?

AHMED: Oui, je dors mal depuis quelques jours. Quand je me couche, je ne peux pas m'endormir. Et si je m'endors, je me réveille cinq minutes après. Et alors, le matin je me réveille avec difficulté parce que je suis toujours très fatigué.

FATIMA: Moi, j'ai de la chance. Je m'endors toujours facilement.

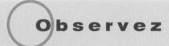

1. The word **depuis** is used to express the time of an action or state that began in the past and continues at the time the person is speaking. What verb tense is used in the sentences with **depuis**? **(7.1)**

2. What word follows **depuis** before a clause (subject + conjugated verb)? **(7.1)**

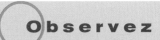

1. In expressions like **je m'appelle,** the subject pronoun and object pronoun refer to the same person. Find four verb phrases in **Échange 2** that have a similar structure. **(7.2.a)**

2. In these verb phrases, the object pronoun is called a reflexive pronoun. Where does it go in relation to the verb? **(7.2.b)**

3. Note that **se sentir (tu te sens), dormir (je dors),** and **s'endormir (je m'endors)** are conjugated like **partir. (3.7)**

Possibilités

Je me sens mal.

Je dors mal.

Je me couche.

Je m'endors.

Je me réveille.

Activité 2 Dormir ou pas ?

Choisissez un élément de chaque colonne pour faire des phrases logiques.

Modèle: Je me couche après minuit quand j'ai un examen.

se réveiller à six heures du matin	avoir un examen
s'endormir facilement	boire beaucoup de café
se coucher à huit heures du soir	sortir avec des amis
se réveiller après midi	avoir beaucoup de travail
s'endormir avec difficulté	faire chaud
se coucher après minuit	pleuvoir

Activité 3 Loto

*Circulez parmi vos camarades de classe et posez-leur des questions selon les indications don-
nées. Quand quelqu'un répond « oui », écrivez son nom sur la ligne. L'étudiant(e) qui est
le premier/la première à avoir au moins un nom sur quatre lignes (horizontalement, verticalement ou en diagonale) est le/la champion(ne).*

Trouvez quelqu'un qui...

L	**O**	**T**	**O**
dort souvent en classe	boit du lait chaud pour s'endormir	s'endort avec difficulté	se réveille après midi le samedi
_____	_____	_____	_____
est à la fac depuis 4 ans	a beaucoup d'énergie	se réveille toujours à la même heure	dort mal quand il fait chaud
_____	_____	_____	_____
lit pour s'endormir	dort bien en général	regarde la télévision pour s'endormir	est crevé(e) aujourd'hui
_____	_____	_____	_____
se sent bien aujourd'hui	se réveille avant 7 heures le samedi	dort mal depuis qu'il/elle est à la fac	boit du café pour se réveiller
_____	_____	_____	_____

Les parties du corps

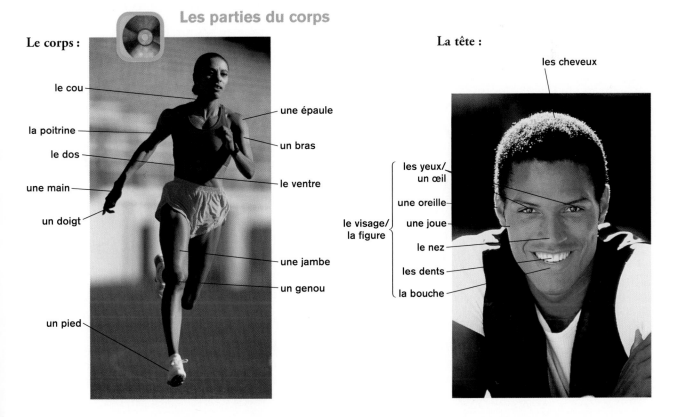

Le corps :

- le cou
- la poitrine
- le dos
- une main
- un doigt
- un pied
- une épaule
- un bras
- le ventre
- une jambe
- un genou

La tête :

- les cheveux
- les yeux/ un œil
- une oreille
- le visage/ la figure
- une joue
- le nez
- les dents
- la bouche

| À la mesure du corps humain |

Le philosophe grec Protagoras a dit : « L'homme est la mesure de toutes choses ». En français moderne, le corps humain sert encore de mesure ; on dit d'un petit objet : « Ça n'est pas plus gros que mon petit doigt » et d'un objet plus grand : « C'est long comme le bras ». Quand on compare deux personnes de tailles différentes on peut dire : « Elle a une tête de plus que lui », ce qui ne veut pas dire qu'elle a deux têtes et lui une seule...

Les parties du corps humain sont aussi utilisées dans beaucoup d'expressions figurées. Certaines expressions ressemblent à des expressions en anglais :
— avoir bon nez *(to have a keen sense of smell; to be shrewd)*
— perdre la tête *(to lose one's head, to panic)*
D'autres n'existent pas en anglais mais sont faciles à comprendre :
— dormir sur ses deux oreilles *(to sleep peacefully)*
— avoir bon dos *(to not mind taking responsibilities)*
Et d'autres enfin ont un sens différent de l'expression anglaise qui leur ressemble :
— avoir les dents longues *(être ambitieux)*
— en avoir par dessus° la tête *(to be totally fed up)*

par... *above*

Activité 4 Décrivez les personnages

Le « test du bonhomme » permet aux psychologues de suivre le développement mental d'un enfant. Voici plusieurs personnages dessinés par des enfants entre l'âge de trois et dix ans. Avec un(e) camarade de classe, décrivez tour à tour ces bonshommes en disant ce que chaque dessin inclut ou n'inclut pas. Si possible, dites si le bonhomme est une fille ou un garçon.

Modèle: À cinq ans, l'enfant a fait un bonhomme unisexe avec une tête, un ventre et des jambes mais sans oreilles, sans cheveux, sans cou et sans bras.

1. 3 ans   **2.** 4 ans   **3.** 5 ans   **4.** 6 ans   **5.** 8 ans   **6.** 10 ans

Activité 5 Créatures extraterrestres

Travaillez en groupes de trois. D'abord, chaque personne dessine une créature extraterrestre sans montrer son dessin aux autres. Ensuite, à tour de rôle, chaque personne décrit sa créature aux autres membres du groupe, qui essaient de la dessiner d'après la description. Enfin, comparez les trois dessins de chaque créature.

Quelques gestes bien français

Les Français ont la réputation de faire beaucoup de gestes avec les mains. Ce n'est pas le cas de tous les Français, et en général les hommes ont tendance à faire des gestes plus larges que les femmes. Les gestes suivants sont fréquents.

1. Tu es fou/folle !

2. Quelle catastrophe !

3. Attention !

 ## Pour prendre une photo

Observez

1. In affirmative commands, where does the reflexive pronoun go in relation to the verb? in negative commands? **(7.2.c)**

2. What is the reflexive pronoun for the subject **tu** in an affirmative imperative sentence? **(7.2.c)**

3. Where does the reflexive pronoun go in relation to the verb in an infinitive construction such as the **futur proche**? **(7.2.d)**

Je vais faire une photo de vous trois. Amélie, lève-toi. Tu vas te mettre entre Paul et Jean. Jean, mets ton bras sur l'épaule d'Amélie. Paul, ne te mets pas si loin des autres et tourne-toi un peu vers Amélie. Ça va comme ça. Attention ! Ne bougez pas !

Verbe				
mettre *(to put)*	je	mets	nous	mettons
	tu	mets	vous	mettez
	il/elle/on	met	ils/elles	mettent
	j'ai mis			

Possibilités

se mettre	se lever	rester assis(e)
mettre le bras...	lever le bras gauche/droit	changer de place
se mettre debout	se tourner	bouger

Activité 6 Pour faire une photo

Travaillez en groupes de quatre. À tour de rôle, arrangez les trois autres pour une photo.

Mots nouveaux à apprendre

assis(e)	*seated*
attention !	*look out!,*
	listen up!
avoir de la chance	*to be lucky*
bouger	*to move*
	*(conj. like **nager**)*
le bras	*arm*
changer de place	*to change places,*
	to move
	*(conj. like **nager**)*
le corps	*body*
le cou	*neck*
se coucher	*to go to bed*

je me couche nous nous couchons
tu te couches vous vous couchez
il/elle/on se couche ils/elles se couchent
je me suis couché(e)

crevé(e)	*(argot) exhausted*
la dent	*tooth*
depuis (que)	*since*
la difficulté	*difficulty*
le doigt	*finger*
dormir	*to sleep*
	*(conj. like **partir**)*
droit(e)	*right*
en forme	*in shape*
en pleine forme	*in great shape*
s'endormir	*to fall asleep*

je m'endors nous nous endormons
tu t'endors vous vous endormez
il/elle/on s'endort ils/elles s'endorment
je me suis endormi(e)

l'énergie *(f)*	*energy*
l'épaule *(f)*	*shoulder*
facilement	*easily*
faire une photo	*to take a photo*

la figure	*face*
le genou	*knee*
la jambe	*leg*
la joue	*cheek*
lever	*to raise*

je lève nous levons
tu lèves vous levez
il/elle/on lève ils/elles lèvent
j'ai levé

se lever	*to get up*
la main	*hand*
mettre	*to put (in)*

je mets nous mettons
tu mets vous mettez
il/elle/on met ils/elles mettent
j'ai mis

se mettre	*to put oneself*
	somewhere
se mettre debout	*to stand up*
l'oreille *(f)*	*ear*
la poitrine	*chest*
quelques	*a few*
se réveiller	*to wake oneself up*
	(conj. like
	***se coucher**)*
se sentir	*to feel*
	(conj. like
	***s'endormir**)*
si	*so*
la tête	*head*
se tourner	*to turn oneself*
	(conj. like
	***se coucher**)*
le ventre	*stomach*
le visage	*face*

Comment le dire

La détente des consonnes finales

In French, pronounced consonants at the end of a sentence or clause (that is, before a pause in the speech chain) are released forcefully. In English, you can say *Give me your cup* without releasing the final *p* (that is, without parting your lips once you have closed them for the beginning of your *p*). In French, however, pronounced consonants before a pause must be fully released. To do so, open your mouth and let the air flow out with a slight mute **e** sound ([ə]), even if the word is not spelled with a final **e.**

Tu es en for**me**? Ils sor**t**ent. Elle se sent ma**l.**

Activité 7 Attention aux consonnes

Avec un(e) camarade de classe et à tour de rôle, posez des questions et donnez des réponses en utilisant les expressions données. Articulez bien vos consonnes en fin de phrase.

Modèle: Tu vas bien ce soir? (se sentir mal)

A: Tu vas bien ce soir?
B: Non, je me sens mal.

1. Tu veux sortir? (dormir)
2. Tu te couches? (se lever)
3. Tu es malade? (en pleine forme)
4. Tes amis restent? (partir)
5. Je me tourne vers Paul? (vers Émile)
6. Les enfants se réveillent? (s'endormir)

Lisons un peu

Stratégie de lecture Considérez les associations figurées liées aux mots.

Words can suggest associations that go far beyond their literal meanings. Parts of the body, for example, are often used to describe more than someone's physical attributes. The word *heart,* for instance, names an organ in the chest that pumps blood, but it also can suggest both *courage* and *affection.* It is important to go beyond literal meanings and think of possible associations in order to understand the full message the text conveys.

1. In your opinion, what associations are suggested by the following body parts?

   les mains _____

   le bras _____

   les yeux _____

2. What does **le sang**° symbolize for you?   *blood*

   _____

3. How would you interpret the following French expressions involving **le sang**?

garder son sang froid _____

avoir du sang sur les mains _____

être de sang royal _____

un cheval pur-sang _____

nous sommes du même sang _____

À vous de lire

Un jour, tu apprendras

—Francis Bebey

à Marcel Bebey-Eyidi, Jr.

Un jour, tu apprendras°	*will learn*
Que tu as la peau° noire, et les dents blanches,	*skin*
Et des mains à la paume blanche,	
et la langue° rose	*tongue*
Et les cheveux aussi crépus°	*frizzy*
Que les lianes° de la forêt vierge.	*vines*
Ne dis rien.	
Mais si jamais tu apprends	
Que tu as du sang rouge dans les veines,	
Alors, éclate de rire,°	éclate... *burst out laughing*
Frappe tes mains l'une contre l'autre,	
Montre-toi fou° de joie	*crazy*
À cette nouvelle inattendue.°	nouvelle... *unexpected news*
Puis cet instant de gaîté feinte° passé,	*feigned*
Prends ton air sérieux	
Et demande autour de toi :	
« Du sang rouge dans mes veines,	
Cela vous suffit-il pour vous faire croire°	*believe*
Que je suis un homme ?	
La chèvre° de mon père a, elle aussi,	*goat*
Du sang rouge dans ses veines. »	
Et puis, dis-leur que tu t'en moques.°	tu... *you couldn't care less*
Car° tu sais, ils n'ont rien compris	*Because*
À la farce créatrice qui donna°	*gave*
Du sang rouge à l'animal et à l'homme,	
Mais oublia° totalement de donner	*forgot*
Une tête d'homme à la chèvre de ton père.	
Vis et travaille.	
Alors, tu seras° un homme.	*will be*

Vous avez compris ?

1. Quel semble être le rapport entre le narrateur (la personne qui parle au début du poème) et la personne à qui il parle ?
2. Quelles choses est-ce que le « tu » va apprendre au sujet de son corps ? Selon le narrateur, est-ce que ces choses sont importantes ?
3. Le poème suggère quelle(s) association(s) pour le sang ? pour la tête ?
4. Trouvez deux verbes qui expriment, selon le narrateur, ce qui est le plus important dans l'identité d'un homme. Êtes-vous d'accord ? Voudriez-vous suggérer d'autres verbes ?

Francis Bebey en concert à New York.

Dossier 2

In this Dossier, you will learn about these grammatical features

■ the use of pronominal verbs in the **passé composé**

■ more expressions with **avoir**

■ the use of pronominal verbs when talking about parts of the body

■ the construction **mettre du temps à** + infinitive

Additional materials for this **Dossier:**

AUDIO CD (Track 20)
Écoutons un peu : Produits de beauté

CD-ROM (E7)
Échanges : J'ai fait un cauchemar, Mains sales, Dépêche-toi !
Comment le dire : Le rythme et les syllabes

PAROLES WEB SITE
Web Activities: 2 (**3 Suisses ; Clinique**) et 3 (**Les sports ; Thermalisme thérapeutique**)
Audio Activity: **Écoutons un peu : Produits de beauté**

CAHIER (7.2)
Activités écrites
Activités de laboratoire

DASHER (E7)
Paroles : **Activités 1, 2, 6**
Cahier : **Activités écrites 1, 2, 3, 5, 6, 7, 8, 9**

Paroles

Stratégie de lecture Utilisez le format du texte pour anticiper le sens des mots nouveaux.

Certain types of texts follow predictable formats and patterns. Recognizing the format can help you guess words you do not know. In "pop psychology" personality tests, for example, each question offers answers in the same content area, but with variations.
Consider the following test from the magazine *Réponse à tout : Santé*.

1. Look at the word **marmotte** in question 1, choice "c." Because **chien** appears in choice "a" and **hamster** in "b," would you guess that **marmotte** refers to an animal, a vegetable, or a mineral?
2. According to the verbs and adverbs in the answers to question 1, would you predict that a **marmotte** is a better sleeper than a hamster? than a dog?

Lire

TEST
En avoir ou pas
STRESS

1. Pour le sommeil, vous êtes un(e)...
a) chien : vous êtes réveillé(e) par un tout petit bruit°
b) hamster : vous tournez en rond toute la nuit, ou presque
c) marmotte : vous dormez bien « sur vos deux oreilles »

2. Votre loisir préféré c'est...
a) un sport de compétition
b) la musique hard-rock
c) le yoga, la lecture ou la peinture

3. Vous faites des repas...
a) à toute vitesse
b) de café et de cigarettes
c) diététiques et réguliers

4. Il vous arrive de prendre des médicaments anti-stress...
a) aux moments difficiles : divorce, perte de travail, échec à un examen
b) tous les jours depuis plusieurs semaines, mois ou années
c) jamais

5. Vous avez déjà eu...
a) quelques problèmes d'estomac
b) un ulcère authentifié
c) rien de tout cela : votre estomac est « en béton° »

6. Votre activité professionnelle est...
a) un travail prenant° et surprenant
b) un travail de nuit
c) un travail de fonctionnaire

noise

concrete

engrossing

7. Pour vous reconnaître, ce n'est pas difficile...
   a) vous êtes noyé(e)° dans une tasse de café bien noir
   b) vous êtes caché(e) dans un nuage de fumée de cigarette
   c) vous chantez à mi-voix du matin au soir

    drowned

8. Votre agenda est...
   a) chargé°
   b) débordé
   c) organisé

    full

STOP : C'est l'heure de vérité

Comptez vos « a », vos « b » et vos « c »

Vous avez un maximum de « a »

Attention : sans être un parfait candidat aux maladies du stress, vous devez améliorer° votre hygiène de vie : organisez-vous mieux afin de profiter de quelques moments de détente° (repas réguliers, activité en plein air) ; et, dans tous les cas, n'hésitez pas à rendre une petite visite à votre médecin afin de faire vérifier votre tension artérielle,° par exemple.

    to improve

    relaxation

    tension… blood pressure

Vous avez un maximum de « b »

OUÏE !!! Vous cumulez les facteurs de risque et votre mode de vie n'a rien d'idéal pour vos artères. Il est certainement possible d'améliorer votre qualité de vie (moins de cigarettes, moins de médicaments anti-stress, par exemple). Parlez-en à votre médecin.

Vous avez un maximum de « c »

Bravo, votre mode de vie est un exemple ou presque ! Vous vous accommodez très bien de la vie moderne, ce qui ne doit pas vous empêcher° de rendre une petite visite annuelle à votre médecin préféré.

    to prevent

Vous avez compris ?

1. Utilisez le contexte des questions du test pour deviner le sens des mots suivants.

question	mot	sens probable (en anglais)
2	loisir	_____
4	échec	_____
8	débordé	_____

2. Quelle réponse (a, b ou c) indique le maximum de stress ? le minimum de stress ?

3. Selon les résultats de ce test, souffrez-vous du stress ?

4. Qu'est-ce que le texte suggère pour réduire le stress ? Que pensez-vous de ces suggestions ?

Observez

1. Which auxiliary verb is used with pronominal verbs conjugated in the **passé composé**? **(7.2.e)**

2. What distinguishes the past participle when the subject of the verb is a woman? **(7.2.e)**

3. What is the infinitive of the verb in the expression **j'ai encore sommeil** *(I'm still sleepy)*? How does this contrast with English? **(7.4.a)**

Les mots pour le dire

Parler de son sommeil

Échange 1 *J'ai fait un cauchemar*

MARI: Tu as bien dormi?

FEMME: Pas très bien. J'ai fait un cauchemar et je me suis réveillée au milieu de la nuit. Et toi?

MARI: Moi, je ne me suis pas réveillé, mais j'ai encore sommeil.

Possibilités

J'ai trop chaud.

J'ai froid.

J'ai sommeil.

J'ai fait un cauchemar.

J'ai fait un beau rêve.

Faire sa toilette

Sandrine, lave-toi les mains et viens manger.

Elles sont propres?

Mais oui! Tous les jours la même histoire!

Observez

When a pronominal verb is used to describe doing something to a part of the body, what type of word is used before the noun designating the body part? **(7.2f)**

Possibilités

je fais ma toilette

je prends un bain/une douche

je me coiffe

je me rase

je me lave la tête/les mains/la figure

je me fais un shampooing

je me brosse les dents

Activité 1 Les choses de la vie quotidienne

Faites des phrases logiques en utilisant un élément de chaque colonne.

Modèle: Je me rase tous les jours.

se coucher à trois heures du matin	plus d'une fois par° jour	*per*
se laver les dents	tous les jours	
se faire un shampooing	deux fois par semaine	
prendre une douche	une fois par mois	
se raser	tous les six mois	
se brosser la moustache	une fois par an	
prendre un bain	jamais	

Échange 2 *Mains sales*

MAMAN: Tu t'es lavé les mains ?

LUC: Ah.... oui, maman.

MAMAN: Fais voir... Fais voir. Mais non, tu as les mains sales !

LUC: Mais maman, il n'y a plus de savon...

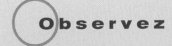

O b s e r v e z

What is the direct object of the sentence **tu t'es lavé les mains**? **(7.2e)**

Possibilités

Les articles de toilette

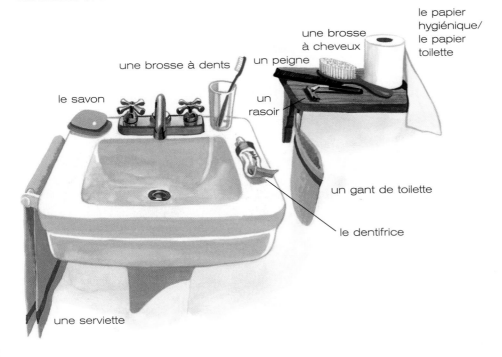

le papier hygiénique/
le papier toilette

une brosse
à cheveux

un peigne

une brosse à dents

le savon

un rasoir

un gant de toilette

le dentifrice

une serviette

Activité 2 Articles de toilette

Identifiez l'article de toilette associé avec chaque marque et dites ce que vous faites avec cet article de toilette.

Modèle: Dial
Dial, c'est un savon. Je me lave la figure avec le savon Dial.

1. Crest
2. Gillette
3. Oral B
4. Pert Plus
5. Safeguard

Activité 3 Fais ta toilette !

Travaillez avec un(e) camarade de classe. La personne A choisit une des images suivantes et pose une question appropriée. La personne B dit qu'elle n'a pas l'article de toilette nécessaire.

Modèle: A: Tu t'es lavé la figure ?
B: Mais non, je n'ai pas de savon.

1.

2.

3.

4.

Échange 3   *Dépêche-toi !*

FEMME: Combien de temps vas-tu mettre à faire ta toilette ?
MARI: Une demi-heure.
FEMME: Dépêche-toi un peu ! Je suis pressée, moi !

O b s e r v e z

1. What verb is used to express the amount of time spent doing something? **(7.5)**

2. What preposition is used before the infinitive indicating what is being done? **(7.5)**

Possibilités

Je mets une seconde   à me coiffer

une minute   à me laver les dents

une demi-heure   à prendre un bain

trois quarts d'heure   à faire ma toilette

Activité 4   Combien de temps ?

À tour de rôle, dites combien de temps vous mettez d'habitude à faire une partie de votre toilette. La personne A commence. La personne B se compare avec la personne A et ensuite dit combien de temps elle met à faire une autre partie de sa toilette. La personne C se compare avec la personne B et continue la conversation de la même manière, et ainsi de suite.

Modèle: A: Je mets une demi-heure à me faire un shampooing.

B: Je mets moins de temps que ça à me faire un shampooing. Et je mets trois minutes à me brosser les dents.

C: Moi aussi, je mets trois minutes à me brosser les dents. Et je mets...

Activité 5   Questions/réponses

Travaillez avec un(e) camarade de classe. La personne A pose une question à partir d'un des verbes de la liste de la colonne A ; la personne B répond d'une façon logique à partir d'une des indications de la colonne B.

Modèle: se réveiller / à sept heures

A: Tu t'es réveillé(e) à quelle heure ce matin ?

B: Je me suis réveillé(e) à sept heures.

A	**B**
se réveiller	avant minuit
se coucher	trop de café
s'endormir	à sept heures
bien dormir	une demi-heure
mettre à faire sa toilette	un nouveau dentifrice
se brosser les dents	un cauchemar

Faire sa toilette et aller aux toilettes

« Faire sa toilette » veut dire « se laver, se coiffer, se préparer ». « Aller aux toilettes » veut dire autre chose. Ne confondez pas non plus « la salle de bains » et « les toilettes », qu'on appelle aussi « les cabinets » ou « les W.-C. ». Dans la majorité des maisons françaises, les cabinets ne sont pas dans la salle de bains mais dans une petite pièce séparée. En famille, on dit en général « les cabinets ». Les mots « toilettes » et « W.-C. » (on prononce « W-C » ou « V-C ») sont surtout utilisés pour parler des cabinets publics, indiqués par « Hommes (Messieurs) » ou « Femmes (Dames) ». Mais attention : en France dans les petits cafés et restaurants, les hommes et les femmes utilisent les mêmes W.-C.

Mots nouveaux à apprendre

au milieu de	*in the middle of*	fais voir	*let me see*
avoir chaud	*to be hot*	le gant de toilette	*washcloth*
avoir froid	*to be cold*	se laver	*to wash oneself*
avoir sommeil	*to be sleepy*		*(conj. like*
le bain	*bath*		***se coucher****)*
la brosse	*brush*	se laver...	*to wash one's . . .*
la brosse à cheveux	*hairbrush*	mettre du temps à	*to spend time*
la brosse à dents	*toothbrush*	faire quelque chose	*doing something*
se brosser...	*to brush one's . . .*	le papier hygiénique/	
	(conj. like	le papier toilette	*toilet paper*
	se coucher*)*	le peigne	*comb*
le cauchemar	*nightmare*	propre	*clean*
se coiffer	*to do one's hair*	le quart d'heure	*quarter of an*
	(conj. like		*hour*
	se coucher*)*	se raser	*to shave*
la demi-heure	*half hour*		*(conj. like*
le dentifrice	*toothpaste*		***se coucher****)*
se dépêcher	*to hurry (conj.*	le rasoir	*razor*
	*like **se coucher**)*	le rêve	*dream*
faire sa toilette	*to get washed*	sale	*dirty*
	and groomed	le savon	*soap*
faire un cauchemar/	*to have a*	la seconde	*second*
un rêve	*nightmare/*	la serviette	*towel*
	a dream	le shampooing	*shampoo*
se faire un shampooing	*to shampoo*	trois quarts *(m pl)*	*three quarters*
	one's hair	d'heure	*of an hour*

Comment le dire

Le rythme et les syllabes

1. You already know that the rhythm of a French sentence differs from the rhythm of an English sentence because in French you do not stop between words, except at the end of a clause or sentence. Another difference is that the speech chain is divided into syllables in a different way in French and English. To understand the different ways of dividing the speech chain, you need to understand the difference between open and closed syllables.

2. A syllable is composed of one single vowel sound. When a syllable ends with a vowel sound it is called an *open syllable* (**syllabe ouverte**), because the mouth is more or less open. When a syllable ends with a consonant sound, it is called a *closed syllable* (**syllabe fermée**), because the mouth is more closed than for an open syllable.

   The following sentence has ten syllables. The open syllables are in boldface.

   Cet̸t̸ḛ statu̸ḛ a de̸s épaul̸ḛ̸s magnifiqu̸ḛ̸s.

   Cet̸t̸ḛ-**sta-tu̸ḛ-a-de̸-sé**-paul̸ḛ̸s-**ma-gni**-fiqu̸ḛ̸s.

   Because of silent final consonants and **liaisons,** a syllable can be open even if it ends with one or several written consonants. For example, the following sentence has only open syllables:

   Mes amis ont froid.

   [me-za-mi-ɔ̃-frwa]

3. English tends to have a majority of closed syllables and French a majority of open syllables because, in French, syllable breaks come before consonants, not after. Compare the syllable breaks in these English and French words.

cous-in	**cou-sin**
pol-i-tics	**po-li-tique**
vis-ible	**vi-sible**

4. In French, when one pronounced consonant follows another, the syllable break is between them.

   par-tir   res-ter

Activité 6 Exagérez vos coupes syllabiques

D'abord, trouvez les divisions syllabiques dans ces questions et réponses. Ensuite, trouvez la réponse qui convient à chaque question. Puis, travaillez avec un(e) camarade de classe et tour à tour, posez les questions et répondez-y en exagérant vos divisions syllabiques.

Modèle: Qui est-ce que tu as rencontré ?   Qui-e-sque-tu-as-ren-con-tré ?
       Ton ami martiniquais.   To-na-mi-mar-ti-ni-quais.

1. Qu'est-ce que tu as perdu ?   a. Vraiment excellent.
2. Avez-vous fini votre toilette ?   b. Oui, terrible et horrible.
3. Comment est ce shampooing ?   c. Mon dentifrice.
4. Où est ma brosse à dents ?   d. Encore une minute.
5. Tu as fait un cauchemar ?   e. Toi et tes histoires de brosses !

É c o u t o n s   u n   p e u

Stratégie d'écoute   **Devinez le sens des mots nouveaux à partir du contexte.**

In familiar contexts you can rely on words you already understand to guess the meaning of new words. For example, use what you know about grooming and beauty products to guess the English equivalents of the underlined words in the following excerpts of ads.

1. Les produits Ambre Solaire protègent votre <u>peau</u> des mauvais effets du soleil.
2. Pour mettre en valeur la beauté de votre bouche, le rouge à <u>lèvres</u> Lancôme vous propose une nouvelle gamme de couleurs.
3. La lotion <u>hydratante</u> Hydrix préserve la jeunesse de votre visage.

À l'écoute

Produits de beauté   *You will hear four radio commercials for different beauty, health, or grooming products. Guess the meaning of unfamiliar words based on the context, and remember that you do not need to understand every word to answer the questions. Use the chart to take notes (in English or in French) as you listen.*

	Partie du corps	Public	Type de produit	Effets du produit
1				
2				
3				
4				

Vous avez compris ?

1. Quelle partie du corps est mentionnée dans chaque publicité ?
2. Quels produits sont destinés aux femmes, aux hommes ou aux deux sexes ?
3. Quel type de produit est-ce que chaque publicité propose ?
4. Quel(s) effet(s) de chaque produit est-ce que chaque publicité présente ?

Paroles

Stratégie d'écoute   Utilisez vos connaissances des maladies et du vocabulaire médical en anglais pour comprendre le discours médical en français.

Use your knowledge of medical terms and of illnesses to understand conversations involving health problems. In the following lists, circle the most likely symptoms and treatments for each case. You may mark more than one possibility per item.

1. Vous avez trop mangé et avez une petite indigestion :
   Symptômes : mal à l'estomac
   vomissements
   paralysie
   Traitement : aspirine
   bicarbonate de soude
   hospitalisation

2. Vous avez une pneumonie :
   Symptômes : fièvre
   congestion pulmonaire
   diarrhée
   Traitement : antibiotique
   antihistaminique
   vaccin

Écouter

Radio Santé   *You will hear two people calling in to a radio program to obtain medical advice. Listen to the callers' questions and the doctor's advice. You will hear each conversation twice.*

Vous avez compris ?

Première écoute

Quel est le problème ?

1. Première conversation _____
   _____

2. Deuxième conversation _____
   _____

Deuxième écoute

Quels sont les conseils° du docteur ?   *advice*

3. Première conversation _____
   _____

4. Deuxième conversation _____
   _____

Dossier **3**

In this Dossier, you will learn about these grammatical features

■ more expressions with **avoir**

■ the irregular verb **devoir**

■ the interrogative expressions **qu'est-ce qui** and **qu'est-ce que**

■ the conjugation of verbs like **ouvrir**

Additional materials for this **Dossier:**

AUDIO CD (Track 21)
  Écouter : Radio Santé

VIDEO/VIDEO MANUAL
  Situation 12 : Chez le médecin

CD-ROM (E7)
  Échanges : Chez le médecin, La grippe, Mal à la gorge
  C'est comme ça ! : Web activity: **Santé et médecine alternative**
  Comment le dire : Les graphies pour les sons [ø] et [œ]

PAROLES WEB SITE
  Web Activity 4 (**Les médicaments ; Les crises de foie**)
  Audio Activity: **Écouter : Radio Santé**

CAHIER (7.3)
  Activités écrites
  Activités de laboratoire (avec cassette à rendre)

DASHER (E7)
  Paroles : **Activités 1, 2, 3, 6**
  Cahier : **Activités écrites 1, 2, 4, 6**

Which two expressions using **avoir** occur in this exchange? Can you guess what each expression means? **(7.4)**

Les mots pour le dire

Exprimer la douleur et la peur

Échange 1 *Mal aux dents*

JACQUES: Salut, Marie. Ça va ?

MARIE: Non, pas du tout. J'ai mal aux dents.

JACQUES: Oh, ma pauvre. Tu es allée chez le dentiste ?

MARIE: Je dois y aller demain. Et j'ai peur d'y aller.

JACQUES: Moi aussi, j'ai peur du dentiste. Mais toi, tu dois y aller !

Verbe					
devoir *(to have to/to plan to)*	je	dois	nous	devons	
	tu	dois	vous	devez	
	il/elle/on	doit	ils/elles	doivent	
	j'ai dû				

Activité 1   Obligations et projets

Circulez parmi vos camarades de classe en leur posant des questions sur ce qu'ils doivent faire.

Modèle: se coucher avant minuit ce soir

A: Dois-tu te coucher avant minuit ce soir ?

B: Oui, je dois me coucher avant minuit ce soir.

ou

Non, je n'ai pas besoin de me coucher avant minuit ce soir.

1. préparer un examen
2. boire du café pour se réveiller
3. aller à la bibliothèque ce soir
4. se lever avant huit heures demain matin
5. travailler pendant le week-end
6. aller chez le dentiste avant la fin° du mois   *end*

Les organes principaux

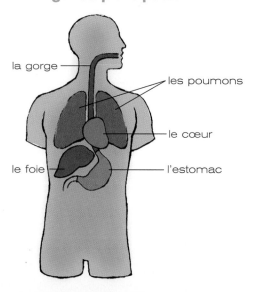

la gorge

les poumons

le cœur

le foie

l'estomac

> ### Le cœur
>
> Ne confondez pas « j'ai mal au cœur » (= j'ai la nausée / j'ai envie de vomir) et « j'ai une douleur au cœur / j'ai une maladie de cœur » (= des problèmes cardiaques qui peuvent être graves).
>   En français comme en anglais, le cœur est considéré non simplement comme un organe mais aussi comme le centre des sentiments. Par exemple, le philosophe Blaise Pascal (1623–1662) a dit : « Le cœur a ses raisons, que la raison ne connaît pas ». Il y a plusieurs expressions figurées basées sur le cœur :
>
> avoir bon cœur (être généreux, sensible°)   *sensitive*
>
> avoir le cœur sur la main (être très généreux)
>
> avoir un cœur d'artichaut (tomber amoureux° facilement)   tomber... *fall in love*
>
> apprendre par cœur (mémoriser)
>
> savoir par cœur (savoir parfaitement)

Échange 2   *Chez le médecin*

DOCTEUR: Eh bien, monsieur, qu'est-ce qui ne va pas ?
PATIENT: J'ai mal à la gorge et j'ai du mal à avaler.

Symptômes

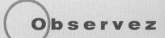

j'ai mal à la gorge	j'ai du mal à avaler
à la tête	à marcher
au cœur	à dormir
à l'estomac	à respirer
j'ai une douleur au cou	j'ai la diarrhée
au cœur	j'ai de la fièvre / de la température
à la poitrine	j'ai une toux / je tousse
aux poumons	

Activité 2 J'ai du mal à...

Faites des phrases logiques en utilisant un élément de chaque colonne.

Modèle: avoir du mal à manger / avoir mal au cœur
              J'ai du mal à manger quand j'ai mal au cœur.

avoir du mal à dormir	avoir mal au pied
avoir du mal à marcher	avoir mal à la gorge
avoir du mal à manger	avoir mal à la tête
avoir du mal à parler	avoir mal aux yeux
avoir du mal à lire	avoir mal aux dents

Observez

1. What interrogative expression is used to ask *what* is wrong? (7.6)

2. What is the difference in meaning between the two expressions **avoir mal à** and **avoir du mal à**? (7.4.b)

Observez

1. What interrogative expression is used here to ask what illness M. Fortin had? Why is it used instead of **qu'est-ce qui**, which you saw in **Échange 2**? **(7.6)**

2. What variation in spelling do you see between the conjugated form **j'espère** and the infinitive **espérer**? What other verbs do you know that have similar spelling variations? **(2.12)**

Parler de ses maladies

Échange 3 *La grippe*

M. MARTIN: Ah, bonjour, Monsieur Fortin. Vous allez mieux ?
M. FORTIN: Oui, merci, un peu mieux.
M. MARTIN: Mais qu'est-ce que vous avez eu comme maladie ?
M. FORTIN: J'ai eu la grippe.
M. MARTIN: J'espère que vous allez être vite guéri.

Possibilités

J'ai...

une crise de foie	un gros rhume	une bronchite
une intoxication alimentaire	la grippe	une angine
une hépatite	une infection	

Les crises de foie

La « crise de foie » donne l'impression d'être la maladie nationale en France. Les Français ont-ils tous le foie fragile ? Pas nécessairement. En réalité, une crise de foie est une indigestion plus ou moins grave—en général quand on a trop mangé ou trop bu—qui implique surtout l'estomac. Par contre, l'hépatite et la cyrrhose sont des vraies maladies du foie.

Activité 3 Symptômes

Trouvez les états physiques ou psychologiques (colonne A) qui correspondent à certains symptômes (colonne B).

Modèle: avoir peur / trembler
Quand on a peur, on tremble.

A	B
avoir une angine	avoir une petite douleur à l'estomac
être fatigué	avoir du mal à respirer
avoir un gros rhume	avoir envie de se coucher
avoir une bronchite	avoir mal à la gorge
avoir une crise de foie	tousser

Pour faire un diagnostic et donner un traitement

Échange 4 *Mal à la gorge*

ANDRÉ: J'ai mal à la gorge ; j'ai du mal à avaler. Je souffre depuis trois jours.

LE DOCTEUR: Vous avez mal à la gorge ? Ouvrez la bouche et dites « ah... » C'est très rouge. Vous avez peut-être une infection. Je vais vous faire une analyse et, avant, je vais vous donner tout de suite des médicaments pour calmer la douleur.

Verbe				
souffrir *(to suffer)*	je	souffre	nous	souffrons
	tu	souffres	vous	souffrez
	il/elle/on	souffre	ils/elles	souffrent
	j'ai souffert			

Verbe				
ouvrir *(to open)*	j'	ouvre	nous	ouvrons
	tu	ouvres	vous	ouvrez
	il/elle/on	ouvre	ils/elles	ouvrent
	j'ai ouvert			

Observez

The verbs **souffrir** and **ouvrir** have infinitives that end in **-ir**. How are their conjugations different from those of **partir** and **maigrir**? **(7.7)**

Possibilités

diagnostic

le médecin vous fait un examen général

une analyse de sang

vous passez une radio

un examen général

traitement

le médecin vous donne un médicament

un antibiotique

le médecin vous fait une piqûre

vous allez prendre un somnifère

un antihistaminique

de l'aspirine

Activité 4 Remèdes

Dites ce que vous faites quand vous souffrez des problèmes de santé suivants.

Modèle: avoir du mal à marcher
Quand j'ai du mal à marcher, je reste assis(e).

1. avoir mal à la tête
2. avoir de la température
3. ne pas pouvoir dormir
4. souffrir d'une maladie inconnue° *unknown*
5. avoir mal aux dents
6. avoir mal à la gorge

Activité 5 Proposer un traitement

Avec un(e) camarade de classe, jouez les rôles d'un(e) malade et d'un médecin. Le médecin pose trois ou quatre questions avant de proposer un traitement.

Modèle: ne pas bien dormir

> MALADE: Je ne dors pas bien. Qu'est-ce que je dois faire?
> MÉDECIN: Souffrez-vous de stress? *(Le/La malade répond.)*
> Prenez-vous des antihistaminiques? *(Le/La malade répond.)*
> Avez-vous mal quelque part? *(Le/La malade répond.)*
> Alors, dans ce cas... *(Le médecin propose un traitement.)*

1. ne pas digérer° les choses grasses   *to digest*
2. avoir souvent mal au cœur
3. avoir des douleurs à la poitrine
4. oublier souvent des choses importantes
5. avoir très peu d'énergie

La santé et la médecine alternative

La santé préoccupe beaucoup les Français. En France, il existe un système très avancé de médecine traditionnelle couvert par les assurances maladie de la sécurité sociale. Un Français sur trois opte aussi pour une forme de médecine parallèle appelée « alternative », « douce » ou « naturelle », qui se présente sous des formes variées (ex. l'homéopathie, l'acuponcture, etc.). Fondée à la fois sur des remèdes populaires et des innovations internationales, la médecine alternative est également remboursée, en partie, par les assurances maladie du système de la sécurité sociale.

Mots nouveaux à apprendre

l'analyse *(f)*	*test*	avoir peur (de)	*to be afraid (of)*
l'angine *(f)*	*strep throat (France), angina (Canada)*	la bronchite	*bronchitis*
		calmer	*to calm (conj. like **parler**)*
l'antibiotique *(m)*	*antibiotic*	le cœur	*heart*
l'antihistaminique *(m)*	*antihistamine*	la crise de foie	*liver or*
l'aspirine *(f)*	*aspirin*		*stomach ailment*
avaler	*to swallow (conj. like **parler**)*	le dentiste	*dentist*
		devoir	*to have to*
avoir du mal à...	*to have trouble . . .*	je dois nous devons	
avoir mal à...	*to have a pain in one's . . . , to have an ache*	tu dois vous devez	
		il/elle/on doit ils/elles doivent	
		j'ai dû	
avoir mal au cœur	*to be nauseated*	la diarrhée	*diarrhea*

la douleur	*pain*	ouvrir		*to open*
espérer	*to hope*	j' ouvre	nous	ouvrons
	(conj. like	tu ouvres	vous	ouvrez
	préférer)	il/elle/on ouvre	ils/elles	ouvrent
l'estomac *(m)*	*stomach*	j'ai ouvert		
l'examen *(m)* général	*checkup*	passer une radio		*to have an X-ray*
faire une analyse/	*to give a*			*(conj. like **parler**)*
un examen	*medical test/*	la piqûre		*shot*
	checkup	les poumons *(m pl)*		*lungs*
la fièvre	*fever*	pour		*in order to*
le foie	*liver*	qu'est-ce qui		*what*
la gorge	*throat*	qu'est-ce qui ne va pas ?		*what's wrong?*
la grippe	*flu*	la radio		*X-ray*
guéri(e)	*cured*	respirer		*to breathe*
l'hépatite *(f)*	*hepatitis*			*(conj. like **parler**)*
l'infection *(f)*	*infection*	le rhume		*cold*
l'intoxication		le sang		*blood*
(f) alimentaire	*food poisoning*	le somnifère		*sleeping pill*
la maladie	*illness*	souffrir		*to suffer*
ma/mon pauvre	*you poor thing*			*(conj. like **ouvrir**)*
marcher	*to walk*	tousser		*to cough*
	(conj. like			*(conj. like **parler**)*
	***parler**)*	la toux		*cough*
le médicament	*medication*	vite		*quickly*

 Comment le dire

Les graphies *eu* et *œu* pour les sons [ø] et [œ]

The sequences of letters **eu** and **œu** can both represent two slightly different vowel sounds depending on whether they occur in an open or closed syllable. Remember that open syllables end in pronounced vowels and closed syllables end in pronounced consonants.

1. [ø] in an open syllable:

    un p**eu,** elle p**eut,** d**eu**x, des **œu**fs, h**eu**-r**eu**x

    [ø] has no equivalent in English. To make this sound, put your tongue near the bottom of your front teeth and round your lips.

    Be careful not to confuse this sound with [u] or [y]:

    veux = [vø]   vous = [vu]   vu = [vy]

    Exception: the past participle of **avoir** (**j'ai eu**) is always pronounced [y] like the letter **u,** as in **tu.**

2. [œ] in a closed syllable:

   elles p**eu**vent, s**eul, jeun**e, un **œu**f, le c**œu**r, la s**œu**r

The sound [œ] is quite close to the vowel sound in the English words *but* and *luck*. To make this vowel sound, start from the position for [ø], keep your lips rounded, and open your mouth a bit more.

Exceptions:

a. **eu** is pronounced [ø] in a syllable closed by the letter **s** pronounced as [z]:

   il est h**eu**-r**eu**x [ø-Rø], elle est h**eu**-r**eu**se [ø-Røz]

b. Although **œil** is not spelled with the letters **eu,** it is pronounced [œj].

Activité 6 Questions et réponses

Travaillez avec un(e) camarade de classe. Une personne pose les questions ; l'autre répond en utilisant les suggestions entre parenthèses. Attention à la prononciation des sons [œ] et [ø].

Modèle: Tes frères veulent venir ? (Oui, mais ma sœur ne...)

A: Tes frères veulent venir ?
B: Oui, mais ma sœur ne veut pas.

1. Ta sœur peut nager ? (Oui, mais mes frères ne...)
2. Tu veux deux œufs ? (Euh, je préfère un seul...)
3. Vous avez mal aux yeux ? (À l'... gauche seulement)
4. Dominique Pia, c'est un chanteur ? (Non, c'est une...)
5. Madame Jussieu est docteur ? (Oui, et c'est un excellent...)

É c r i v o n s   u n   p e u

Stratégie d'écriture   **Distinguez le sens littéral du sens figuré.**

In writing, as in reading, it is important to determine whether a word is to be understood literally (when it appears with its usual meaning) or figuratively (when it is used with a different meaning). Authors often use words figuratively to create associations or to express certain opinions indirectly. Read the following cartoon from the famous Parisian cartoonist Wolinski, noting how he juxtaposes literal and figurative language. Then answer the questions.

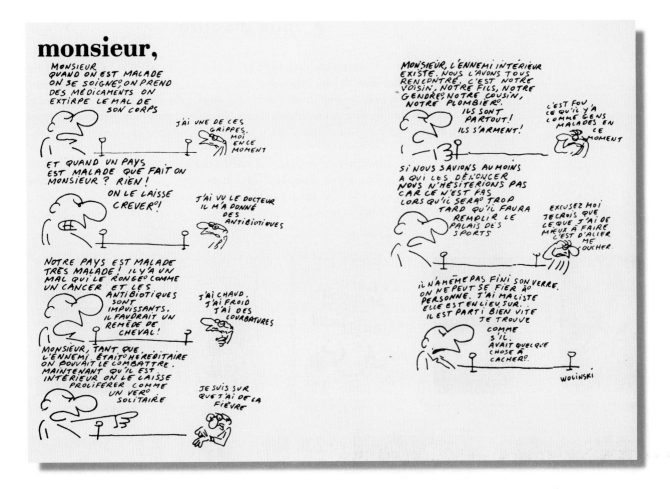

se soigne *takes care of oneself*

le laisse crever *lets it croak*

ronge *gnaws at*

était *was*

ver *worm*

gendre *son-in-law*

plombier *plumber*

sera *will be*

se fier à *trust*

cacher *hide*

1. Quelle sorte de vocabulaire est-ce que les deux hommes ont en commun ?

2. Quel homme (le grand ou le petit) utilise ce vocabulaire littéralement, dans un contexte personnel ?

3. L'autre homme utilise ce vocabulaire différemment. Dans quel contexte ?

4. Maintenant, expliquez ce que ces expressions figurées concernant la santé d'un pays pourraient suggérer au sujet de son économie, de sa structure sociale, des rapports entre ses habitants, etc.

   a. Au sens figuré, qu'est-ce que ça suggère quand un pays a...

   mal au dos ? *Il y a trop de taxes, trop de travail.*

   mal à la tête ? _____

   une crise de foie ? _____

   une douleur au cœur ? _____

   b. Au sens figuré, qu'est-ce que ça suggère quand un pays a...

   le dos solide ? *Tout le monde est en forme, on travaille ensemble.*

   la tête lucide ? _____

   une bonne digestion ? _____

   le cœur solide ? _____

À vous d'écrire

Mon pays : malade ou en pleine forme?

Écrivez un paragraphe de cinquante mots où vous indiquez si votre pays est « malade » ou « en pleine forme ». Si vous voulez, regardez les timbres-poste pour vous donner des idées. Utilisez des expressions que vous avez étudiées dans ce dossier dans un sens figuré pour parler des maladies, des symptômes, des diagnostics et des traitements. Votre pays va-t-il « mourir » ou « guérir » ?

Modèle: Mon pays est malade. Il a mal au dos parce qu'il y a trop d'impôts.° Tout le monde doit travailler beaucoup et on n'a pas assez de temps libre...

taxes

Mise au point

Reread your paragraph and consider if you . . .

1. used expressions relating to sickness and health in a figurative way.
2. gave specific examples.
3. started with a sentence to introduce the topic and ended with a clear concluding sentence.

Paroles

Stratégie de lecture Utilisez la similarité des mots scientifiques en français et en anglais pour comprendre un texte scientifique en français.

Because scientific terms are often similar in French and English, you can frequently guess the meaning of French words in scientific texts by referring to their English equivalents. Consider, for example, the following biographical statement about a French medical researcher.

> *Luc Montagnier. 60 ans. A découvert le virus du sida° en 1983.*   *AIDS*
> *A publié de nombreuses communications sur la réplication des virus. Dirige*
> *actuellement le département « Sida et rétrovirus » de l'Institut Pasteur.*

Now write the English word that you think corresponds to each of these French words from the statement.

French word	English word
a découvert	_____
le virus	_____
l'institut	_____
la réplication	_____
la recherche	_____

As you read the following interview with Luc Montagnier about the history of diseases, circle the French scientific terms that resemble their English equivalents. Use these similarities to understand the general sense of the text.

Lire

Après le sida, quoi ?

Le Nouvel Observateur: Il y a un siècle, on mourait de tuberculose, il y a six siècles, de la peste.° Aujourd'hui, on meurt du cancer, des maladies cardio-vasculaires ou du sida. Qu'est-ce qui fait qu'une maladie naît, vit et meurt ?   *plague*

Luc Montagnier: Quand une maladie disparaît, une autre apparaît. C'est la théorie de la pathocénose : des maladies nouvelles peuvent venir remplacer celles° qui ont disparu.   *those*

N.O: On peut donc imaginer que d'autres épidémies nous guettent°...   *nous... are waiting to get us*

L.M: Oui... Mais il faut le répéter : le danger ne vient pas toujours de nouveaux adversaires. Il peut venir des variantes de virus connus, qui peuvent brusquement devenir pathogènes. Et il y a le problème posé par l'irruption de germes résistants aux antibiotiques. On voit ainsi apparaître chez les malades du sida des bacilles de la tuberculose résistants à tous les antibiotiques connus. Cela est particulièrement alarmant.

Dossier 4

In this Dossier, you will learn about these grammatical features

■ more pronominal verbs and their use in the **passé composé**

■ the construction **avant de + infinitif**

Additional materials for this **Dossier:**

CD-ROM (E7)
  Échanges : Aïe ! Aïe !, Accident de bicyclette, Chez le docteur (=À la pharmacie)
  Comment le dire : Encore [ø] et [œ]

PAROLES WEB SITE
  Web Activities 5 (**Les pharmacies**) et 6 (**Les hôpitaux ; Le SIDA**)

CAHIER (7.4)
  Activités écrites (et À vous d'écrire)
  Activités de laboratoire

DASHER (E7)
  Paroles **: Activités 4, 5, 6**
  Cahier : Activités écrites 1, 2, 6

N.O: Revenons à nos mutants. Quel est l'avenir° du sida ?

the future

L.M: Il dépend de nous. C'est une maladie qui pose beaucoup de problèmes, non seulement à la science mais à la société. Elle nous oblige à réfléchir à notre mode de vie, à notre sexualité, etc. Du strict point de vue médical, je pense qu'on peut être modérément optimiste. On trouvera des solutions...

N.O: Il y a l'espoir du vaccin...

L.M: Certes, mais même quand il sera au point,° comment le donner à tous les gens qui en auront besoin° ? Il faudrait créer des structures et changer les mentalités.

au... *perfected*
en... *will need it*

N.O: On a pourtant réussi à éradiquer la variole,° grâce au vaccin...

smallpox

L.M: Oui, c'est un succès. Mais pour le sida, il faudra un effort bien supérieur. Contre la variole on est vacciné une fois pour la vie. Contre le sida, je crains qu'il ne faille° répéter la vaccination, peut-être tous les ans... On se heurte° à un problème quasiment insoluble : comment mettre toute la population de la planète au même niveau médical ? C'est peut-être possible pour un milliard d'individus, mais pour dix milliards ? Pour vaincre° le sida, de même que° le choléra ou la tuberculose, dans les pays pauvres, et même chez nous, dans le quart monde° de nos villes modernes, il faudra d'abord avoir vaincu les conditions économiques, démographiques et sanitaires qui favorisent leur propagation.

je... *I fear it will be necessary*
se... *comes up against*

conquer
de... *as well as*
le... *the fourth world*

Vous avez compris ?

1. À partir des ressemblances entre les deux langues, donnez l'équivalent anglais de ces termes français.

la théorie _____   une épidémie _____

pathogène _____   le vaccin _____

infectieuse _____   sanitaire _____

2. Trouvez cinq ou six autres mots dans le texte qui sont similaires à des mots anglais. _____

_____

3. Selon Luc Montagnier, peut-on imaginer des nouvelles épidémies ?
4. En ce qui concerne le sida, quelle est la solution médicale envisagée par Montagnier ?
5. Même si on trouve une solution médicale au sida, quels sont les autres problèmes à surmonter ?

Les mots pour le dire

Pour exprimer la douleur

Échange 1   *Aïe ! Aïe !*

MAMAN: Qu'est-ce que tu as, Maryse ? Qu'est-ce qui s'est passé ?

MARYSE: Je suis tombée et je me suis blessée. Je saigne ! Aïe ! Aïe ! Ça fait mal !

Observez

What auxiliary verb is used with **se blesser** in the **passé composé**? With what does its past participle agree? (7.2.e)

Possibilités

Aïe !	Je me suis blessé(e).	Je saigne.
Ouïe !	Je me suis brûlé(e).	
Ça (me) fait mal !	Je me suis coupé(e).	

Pour exprimer la sympathie

Échange 2   *C'est horrible !*

MADAME GARNIER: Mon fils a eu un accident de voiture hier. Il s'est cassé la jambe droite et le bras gauche.

MADAME LAPARRA: Mon Dieu ! Quelle horreur !

Possibilités

Mon Dieu !	Pauvre ami(e) !	Je suis désolé(e) pour vous.
Quelle horreur !	Mon pauvre enfant !	Vous avez toute ma sympathie.

Activité 1   Ouïe, ouïe !

Travaillez avec un(e) camarade de classe. La personne A pose une question qui convient à la situation donnée. La personne B répond, et ensuite la personne A offre un commentaire.

Modèles: une analyse de sang

A: Qu'est-ce que le médecin t'a fait ?
B: Il m'a fait une analyse de sang. Ça ne m'a pas fait mal.
A: Tu as l'air en bonne forme.

un accident de travail

A: Qu'est-ce qui s'est passé ?
B: J'ai eu un accident de travail. Je me suis blessé(e).
A: Ouïe, ouïe ! Mon pauvre ami(e)!

1. une radio
2. un accident de voiture
3. une piqûre
4. un accident de bicyclette
5. un examen général
6. un accident à la piscine

Activité 2 Faits divers

Lisez ces rapports d'accident extraits de journaux français. Pour chaque rapport, indiquez la cause de l'accident et les effets sur la victime. Ensuite, exprimez votre sympathie pour la victime ou sa famille.

Modèle: Un jeune cycliste domicilié à Coray, Jean Bozec, quatorze ans, est entré en collision avec une automobile devant l'église de Roudouallec. Le jeune homme a subi une fracture de la jambe droite.

cause: accident de bicyclette

effet(s): Il s'est cassé la jambe.

sympathie: Il a toute ma sympathie.

1. Un Parisien de 34 ans, M. Pierre Leconte, est tombé au cours d'une escalade dans le massif du Mont Blanc. Une équipe de secours, aidée par un hélicoptère, a pu le trouver et le transporter immédiatement à l'hôpital de Chamonix où il est encore sous observation. M. Leconte a des fractures aux deux jambes et une au bras droit. Les médecins ont déclaré qu'il avait eu de la chance de ne pas avoir été plus gravement blessé par sa chute en montagne.

   cause:

   effet(s):

   sympathie:

2. Une Marseillaise en vacances à Saint-Tropez, Mme Grimaud, a été piquée par des insectes et est tombée dans le coma. À son arrivée au service d'urgence de l'hôpital Pasteur, les médecins ont pu diagnostiquer une allergie aux guêpes.° *wasps*
   Mme Grimaud est sortie de son coma mais elle est toujours à l'hôpital pour un traitement anti-histaminique.

   cause:

   effet(s):

   sympathie:

3. Victime d'une crise cardiaque pendant un concert à Aix-en-Provence, M. Georges Delarue a subi une intervention chirurgicale° pour lui placer un pace *intervention... operation*
   maker. Les médecins estiment que leur patient, âgé de 87 ans, va aussi bien que possible.

   cause:

   effet(s):

   sympathie:

Pour rassurer quelqu'un

Échange 3 *Accident de bicyclette*

DANIEL: Maman, je suis tombé de ma bicyclette et je suis sûr que je me suis cassé le bras. Aïe! Ça fait mal! Je dois aller à l'hôpital?

MAMAN: Ne t'inquiète pas, mon petit. Ça n'a pas l'air grave. On va aller à la pharmacie.

Possibilités

Ne t'inquiète pas.   Ça va passer.
Rassure-toi.   Ça n'a pas l'air grave.
Reste calme.

Observez

1. What is the direct object of the sentence **je me suis cassé le bras**? Would the spelling of the past participle be different if the subject of the sentence were a woman? **(7.2.e)**

2. The verb in the expression **ne t'inquiète pas** is conjugated like **préférer**. How would you expect its infinitive to be spelled? **(2.12)**

La pharmacie

En France et en Europe continentale en général, les pharmacies sont bien différentes des drug-stores américains. La pharmacie est un petit magasin indépendant où on trouve principalement des médicaments, et aussi des produits de beauté ou pour la santé. N'allez donc pas à la pharmacie si vous voulez un journal, du papier à lettres ou du coca-cola.

Le rôle du pharmacien ou de la pharmacienne (il y a autant de femmes docteurs en pharmacie que d'hommes) est différent aussi. On va à la pharmacie demander un conseil pour des choses qui ne sont pas graves—mal de tête, indigestion, petites blessures, brûlures, « bobos »—et les pharmaciens sont autorisés à donner des petits soins° comme désinfecter et panser.° Ils peuvent aussi faire des prises de sang et des piqûres. La pharmacie joue donc un grand rôle dans la vie des Français et on y va souvent avant de consulter un docteur. Les pharmaciens sont les commerçants et les conseillers médicaux les plus aimés en France.

petits... *minor first aid*
to bandage

Une pharmacienne.

Une pharmacie en Alsace.

Activité 3 Rassurez-vous

Travaillez avec un(e) camarade de classe. La personne A demande à la personne B ce qu'elle a ; la personne B dit comment elle s'est fait mal et ce qu'elle a ; la personne A la rassure. Variez vos réponses et faites attention aux temps des verbes.

Modèle: se couper / saigner

A: Qu'est-ce que tu as ?
B: Je me suis coupé le doigt et je saigne.
A: Ne t'inquiète pas. Ça n'a pas l'air grave.

1. avoir un accident de travail / avoir mal au dos
2. tomber de sa bicyclette / se casser le bras
3. boire du café chaud / se brûler la bouche
4. tomber dans la rue / saigner
5. tousser beaucoup / avoir mal à la poitrine
6. avoir un gros rhume / avoir du mal à respirer

O b s e r v e z

What expression is used before an infinitive to indicate that one action happens before another? **(7.8)**

Pour acheter ce qu'il faut

Échange 4   *À la pharmacie*

CLIENTE: Je voudrais une crème antiseptique parce que ma fille s'est coupé le doigt. Et j'ai aussi cette ordonnance.
PHARMACIEN: Voici la crème et vos médicaments. Prenez deux de ces pilules bleues avec chaque repas et prenez un de ces petits comprimés blancs tous les soirs avant de vous coucher. Désirez-vous autre chose ?
CLIENTE: Oui, un rouge à lèvres, s'il vous plaît.

Possibilités

avec ordonnance	sans ordonnance
les pilules	les produits de beauté
les comprimés	le rouge à lèvres
	la crème antiseptique
	la crème solaire

Activité 4 La journée de Mathieu

Regardez l'ordre chronologique des différentes activités de Mathieu. Dites tout ce qu'il a fait en utilisant l'expression **avant de.**

Modèle: 8h00   avoir un examen médical
9h00   faire de l'aérobic

Mathieu a eu un examen médical avant de faire de l'aérobic.

9h25   se laver les cheveux
9h40   aller à la fac
10h00   passer une heure au laboratoire de langues

13h30   déjeuner à la cantine

15h00   lire le journal

16h00   jouer au foot avec des amis

19h30   tomber de sa bicyclette et se casser la jambe

Activité 5 Chez le pharmacien

*Vous êtes le/la pharmacien(ne). Dites au/à la malade ce qu'il/elle doit faire
selon ces ordonnances.*

Modèle: 1 comp. ch. jour 2h av. dîner
Prenez un comprimé chaque jour, deux heures avant de dîner.

1. 2 comp. avec ch. repas
2. laver ch. h. et mettre cr. antisept.
3. 1 pil. ts ls matins av. manger
4. antihist. au bes. ; 3 comp./jour au max.
5. somnifère au bes. 1 pil. av. se coucher
6. antibiotique 3 comp./jour 10 jrs.

Mots nouveaux à apprendre

aïe	*ouch*	grave	*serious*
avant de (+ *infinitif*)	*before (doing something)*	s'inquiéter	*to worry (conj. like se coucher with accent variations)*
se blesser	*to hurt oneself, hurt one's . . . (conj. like se coucher)*	mon Dieu	*my God, Oh dear God*
se brûler	*to burn oneself, burn one's . . . (conj. like se coucher)*	l'ordonnance (f)	*prescription*
		ouïe	*ouch*
		se passer	*to happen (conj. like se coucher)*
ça fait mal	*that/it hurts*	pauvre	*poor, unfortunate*
ça va passer	*it will go away*	la pilule	*pill*
se casser	*to break one's . . . (conj. like se coucher)*	le produit de beauté	*beauty product*
		quelle horreur	*how awful*
		se rassurer	*to put one's mind at ease (conj. like se coucher)*
le comprimé	*tablet*		
se couper	*to cut oneself, to cut one's . . . (conj. like se coucher)*	le repas	*meal*
		le rouge à lèvres	*lipstick*
		saigner	*to bleed (conj. like parler)*
la crème antiseptique	*antiseptic cream*	sûr(e)	*sure*
la crème solaire	*suntan lotion*	la sympathie	*sympathy*
désirer	*to want (conj. like parler)*		

Comment le dire

Encore [ø] et [œ]

1. Do not confuse [ø] and [y]. For both of these sounds, round your lips and bring your tongue forward. But for [y], keep your tongue high and your mouth fairly closed, whereas for [ø], lower your jaw and put the tip of your tongue close to the bottom of your front teeth.

   eu/œu = [ø] des j**eu**x, il pl**eu**t, c'est vi**eu**x

   u = [y] d**u** j**u**s, il a pl**u**, c'est v**u**

2. Pay special attention when you pronounce [œ] before [R]. The tip of your tongue must be forward for [œ], but the back of your tongue is toward the back of your mouth for [R]. Because the tip of your tongue must be near your bottom teeth for both sounds, it will help if you practice saying words like **beurre, leur, cœur,** with the tip of your tongue actually resting on your bottom teeth.

3. When pronouncing [œ] before [j] in words such as **œil** and **feuille** (*leaf*), keep your tongue forward to avoid saying [ɔj] (as in *boy*) instead of [œj].

Activité 6 Devinettes

Avec un(e) camarade de classe, trouvez les réponses aux devinettes suivantes. Pour vous aider : tous les mots que vous devez deviner se terminent par [ø], [y], [œR] ou [œj].

Modèle: Ils sont longs ou courts, bruns ou blonds.
           Les cheveux.

1. Le cyclope en a un seul.
2. Les oiseaux en font, les mammifères n'en font pas.
3. Le contraire de « moins ».
4. Ils jouent dans les pièces de théâtre et les films.
5. Plus que « bien » dans une comparaison.
6. Le contraire de « jeune ».

Discutons un peu

Stratégie de discussion Établissez des catégories pour vous aider à organiser vos idées.

To make a clear oral presentation or to have a good discussion or a successful role play, it is useful to divide your topic into categories. These categories will help you focus and organize your thoughts.

With a partner, brainstorm some expressions you might use to talk about the flu and a strep throat, dividing your topic into the following categories:

	la grippe	**une angine**
causes	_____	_____
symptômes	_____	_____
durée	_____	_____
diagnostic	_____	_____
traitement	_____	_____

À vous la parole

Chez le médecin *Avec un(e) camarade de classe, jouez les rôles du/de la malade et du médecin. Le/La malade annonce ses symptômes, leur durée et des causes probables. Le médecin pose des questions, propose des examens pour diagnostiquer la maladie et prescrit un traitement. Ensuite, changez de rôles et répétez l'activité en parlant de l'autre maladie.*

Centre médical à Québec.

Grammaire 7

7.1 Present-tense verbs with *depuis* and *depuis que*

To express the time of an action begun in the past but continuing into the present, French uses **depuis** or **depuis que** followed by a verb in the present tense.

- **Depuis** is a preposition, followed by a time expression.

Je suis en pleine forme **depuis deux semaines.**

- **Depuis que** is a conjunction, followed by a clause (part of a sentence having a subject and a conjugated verb).

Je suis en pleine forme **depuis que je suis ce régime.**

Note that to express such a notion of time in English, one uses a past tense (*I have been sick for three days* or *Paul has had a lot of energy since he has been jogging*).

L'emploi de *depuis* et *depuis que*
proposition principale au présent + *depuis* + expression de temps
Je suis en forme **depuis** quelques mois.   *I have been in shape for several months.*
proposition principale au présent + *depuis que* + proposition au présent
Elle **a** beaucoup d'énergie **depuis qu'**elle **fait** de la natation.   *She has had lots of energy since she has been swimming.*

7.2 Pronominal verbs

a. **Basic meaning.** With a pronominal verb, both the subject pronoun (or noun) and the object pronoun (in this case, called a reflexive pronoun) refer to the same grammatical person.

Je me couche à six heures.	**Nous nous** couchons à six heures.
(I go to bed at six o'clock.)	
Tu te couches à six heures.	**Vous vous** couchez à six heures.
Il/Elle/On se couche à six heures.	**Ils/Elles se** couchent à six heures.

The reflexive structure exists in English in expressions like *He puts himself to bed* or *I see myself in the mirror.* However, in English this reflexive relationship is often unstated, as in *He goes to bed* or *I wash (myself) in the sink* or *We get (ourselves) up at 5 in the morning.* In French, the reflexive pronoun cannot be omitted when referring to a reflexive action or state.

Now, contrast the use of the verb **laver** with its pronominal form **se laver.**

Renée lave sa voiture. (Renée la lave.)

Renée se lave.

In the first case, Renée is the subject doing the action; her car receives the action. In the second case, Renée both performs and receives the action.

b. **Reflexive pronouns.** Unlike English, where the reflexive pronoun goes after the verb (*I saw myself*), in French, the reflexive pronoun goes directly before the verb.

> Je **me** couche avant minuit.
>
> Nous **nous** réveillons avant huit heures.
>
> Ils ne **s'**endorment jamais avant minuit.

Reflexive pronouns are identical in form to direct and indirect object pronouns except in the third person, singular and plural.

Les pronoms objets			
sujet	objet réfléchi	objet direct	objet indirect
je	me	me	me
tu	te	te	te
il/elle/on	se	le/la	lui
nous	nous	nous	nous
vous	vous	vous	vous
ils/elles	se	les	leur

c. **The imperative form with pronominal verbs.** As you know, the imperative form is used to give a command or make a suggestion; it consists of the **tu, nous,** or **vous** present-tense form of the verb used without an expressed subject pronoun. Note, however, that the reflexive pronoun is not absent in the imperative. For an affirmative imperative, the reflexive pronoun is placed after the verb. If the reflexive pronoun refers to **tu,** the form **toi** is used after the verb.

> Levons-**nous.**
>
> Mettez-**vous** ici.
>
> Couche-**toi.**

In a negative imperative, however, the reflexive pronoun remains directly before the verb.

> Ne **vous** inquiétez pas.
>
> Ne **te** couche pas maintenant.

La forme et la position des pronoms réfléchis		
l'indicatif	l'impératif affirmatif	l'impératif négatif
Tu **te** lèves.	Lève-**toi** !	Ne **te** lève pas !
Vous **vous** levez.	Levez-**vous** !	Ne **vous** levez pas !
Nous **nous** levons.	Levons-**nous.**	Ne **nous** levons pas !

d. **The infinitive of pronominal verbs.** When a sentence has a pronominal verb in the infinitive, the reflexive pronoun refers to the same person as the subject of the conjugated verb and goes directly before the infinitive.

> **Tu** dois **te** laver les mains.
>
> **Nous** allons **nous** coucher maintenant.

In a dictionary the infinitive of a pronominal verb is always listed with **se: se lever, s'endormir** but alphabetized according to the first letter of the verb.

e. **The *passé composé* of pronominal verbs.** In the **passé composé,** all pronominal verbs are conjugated with **être.** The past participle of a pronominal verb agrees in number and gender with a preceding direct object, which, in most cases, is the reflexive pronoun that corresponds to the subject.

Quelques verbes pronominaux au passé composé	
Je me **suis** levé(e).	Je **ne** me suis **pas** levé(e).
Tu t'**es** couché(e).	Tu **ne** t'es **pas** couché(e).
Il s'**est** endormi.	Il **ne** s'est **pas** endormi.
Elle s'**est** lavée.	Elle **ne** s'est **pas** lavée.
Nous nous **sommes** réveillé(e)s.	Nous **ne** nous sommes **pas** réveillé(e)s.
Vous vous **êtes** coiffé(e)(s).	Vous **ne** vous êtes **pas** coiffé(e)(s).
Ils se **sont** couchés.	Ils **ne** se sont **pas** couchés.
Elles se **sont** endormies.	Elles **ne** se sont **pas** endormies.

In some cases, however, the direct object is not the reflexive pronoun but rather a noun following the verb. In these cases, there is no agreement between the noun object and the past participle.

Quand le pronom réfléchi n'est pas le complément d'objet direct
Janine s'est brossé **les dents.**
Pierre et Bruno se sont lavé **les mains.**

f. **Parts of the body with pronominal verbs.** In French, many actions involving parts of the body are expressed with reflexive verbs such as **se laver** and **se casser.** In such cases, the noun denoting the body part is preceded by a definite article. This differs from English, which uses possessive adjectives when talking about actions involving parts of the body: *Wash your hands!* or *She washed her face.*

L'article défini avec les parties du corps
Elles se sont lavé **les** mains.
Je me suis coupé **le** doigt.
Il s'est cassé **la** jambe.

7.3 Spelling variations in verbs conjugated like *lever*

You already know that for verbs like **préférer,** the spelling of the stem varies depending on whether or not there is an unpronounced ending that follows: The **é** of the infinitive is **è** in the **je, tu, il/elle/on,** and **ils/elles** forms.

je	préf**è**re	nous	préférons
tu	préf**è**res	vous	préférez
il/elle/on	préf**è**re	ils/elles	préf**è**rent

Verbs like **lever (se lever)** have similar spelling variations when the stem is followed by an unpronounced ending. These verbs have no accent in the infinitive, but when a conjugated form ends in an unpronounced syllable, the next to the last **e** is spelled with an **accent grave.**

Variations d'orthographe pour les verbes comme *se lever*	
l'infinitif	se lever
le présent	je me lève
	tu te lèves
	il/elle/on se lève
	nous nous levons
	vous vous levez
	ils/elles se lèvent
l'impératif	lève-toi!
	levez-vous!
	levons-nous!
le participe passé	levé

7.4 More expressions with *avoir*

a. The expressions **avoir sommeil** (*to be sleepy*), **avoir chaud** (*to be hot*), **avoir froid** (*to be cold*), and **avoir peur de** (*to be afraid of*) contrast with English in which the verb *to be* is used to express these various sensations. Note that **avoir peur de** can be used with either a noun or an infinitive.

D'autres expressions avec *avoir*	
Il a trop chaud.	*He is too hot.*
J'ai vraiment froid.	*I'm really cold.*
Ils ont sommeil.	*They are sleepy.*
J'ai peur du médecin.	*I'm afraid of the doctor.*
J'ai peur de sortir la nuit.	*I'm afraid to go out at night.*

b. The expression **avoir mal à** is used with a noun designating a part of the body to express physical pain. The expression **avoir du mal à** is used with an infinitive to express difficulty in doing something.

Avoir mal à / Avoir du mal à
avoir mal + *à* + nom (partie du corps) = la douleur
J'ai mal au ventre. *I have a pain in the stomach/a stomachache.*
avoir du mal + *à* + infinitif = la difficulté
J'ai du mal à respirer. *I'm having trouble breathing.*

7.5 *Mettre du temps à* + the infinitive

In English, we often say that it *takes* a certain amount of time to do something, that we *spend* a certain amount of time doing something, or that we *put* a certain amount of time into doing something. In French, these ideas are expressed with the verb **mettre**.

Mettre du temps à + l'infinitif					
sujet	+ *mettre*	+ période du temps	+ *à*	+ l'infinitif	
On	met	deux heures	à	déjeuner.	
Tu	as mis	une demi-heure	à	faire ta toilette.	
Il	va mettre	cinq minutes	à	prendre sa douche.	

7.6   Questions with *qu'est-ce qui* and *qu'est-ce que*

When you want to ask *what* is happening or *what* someone is doing, you can formulate your question with **qu'est-ce qui** or **qu'est-ce que.**

- **Qu'est-ce qui** is used as the subject of a sentence, as in **Qu'est-ce qui ne va pas?** (*What is wrong?*). It is followed by a verb in the third-person singular.

- **Qu'est-ce que** is used as the direct object when the sentence already has a subject, as in **Qu'est-ce que tu as mangé?** (*What did you eat?*). It is followed by a noun or pronoun subject.

Les questions avec *qu'est-ce qui* et *qu'est-ce que*	
Qu'est-ce qui + verbe	
Qu'est-ce qui **donne des cauchemars**?	*What causes nightmares?*
Qu'est-ce qui **s'est passé**?	*What happened?*
Qu'est-ce que + sujet + verbe	
Qu'est-ce qu'**il a mangé**?	*What did he eat?*
Qu'est-ce que **nous allons faire**?	*What are we going to do?*

7.7   *-ir* verbs like *ouvrir*

You have already learned the forms of two types of **-ir** verbs: those conjugated like **partir** and those conjugated like **choisir.** Verbs like **ouvrir** and **souffrir** are conjugated in a third way, with endings in the present tense like those of **-er** verbs.

Je **souffre** de la gorge.

Ouvrez la bouche.

To form the past participle of verbs like **ouvrir** and **souffrir**, drop the **-rir** and add **-ert.**

Il a beaucoup **souffert.**

Elle a **ouvert** le livre.

Les trois groupes de verbes en *-ir*					
infinitif	ouvrir		partir		choisir
présent	j' ouvre		je pars		je choisis
	tu ouvres		tu pars		tu choisis
	il ouvre		elle part		on choisit
	nous ouvrons		nous partons		nous choisissons
	vous ouvrez		vous partez		vous choisissez
	ils ouvrent		elles partent		ils choisissent
passé composé	j'ai ouvert		je suis parti(e)		j'ai choisi

7.8 *Avant de* + the infinitive

The compound preposition **avant de** is used to indicate that one action happens or should happen before another action. Although **avant** and **avant de** both mean *before*, they are not interchangeable. **Avant** is always followed by a noun or stressed pronoun; **avant de** is always followed by an infinitive, which may be preceded by an object pronoun.

Avant vs. *avant de*		
proposition principale + *avant* **+ nom/pronom**		
Je me suis réveillé(e)	**avant**	cinq heures.
Elle est rentrée	**avant**	moi.
proposition principale + *avant de* **(+ pronom) + infinitif**		
J'ai bu une bière	**avant de**	manger.
J'ai pris mes pilules	**avant de**	me coucher.

****

Verbes irréguliers : *devoir* et *mettre*

devoir *(to have to/to plan to)*				mettre *(to put)*			
je	dois	nous	devons	je	mets	nous	mettons
tu	dois	vous	devez	tu	mets	vous	mettez
il/elle/on	doit	ils/elles	doivent	il/elle/on	met	ils/elles	mettent
j'ai dû				j'ai mis			

○○○○○○○○ Ouverture culturelle

Le français en Amérique du Nord

La rue du Trésor, à Québec.

Le Château Laurier, à Ottawa.

Un bayou en Louisiane.

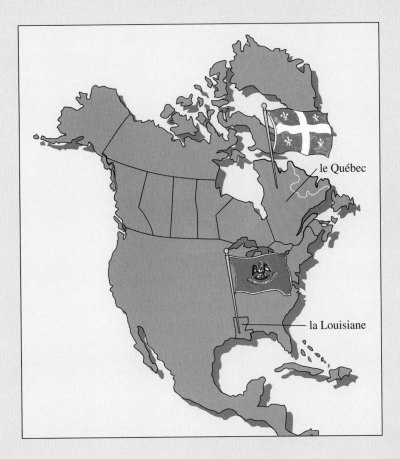

le Québec

la Louisiane

Additional material for this
Ouverture culturelle:

CD-ROM
WWW: **L'Amérique**

VIDEO/VIDEO MANUAL
**Vignette culturelle : Visite à
la ville de Québec**
**Vignette culturelle : Le fes-
tival d'été de Québec**
**Vignette culturelle :
Concerts à Québec**

Activité 1 Qu'est-ce que vous savez du français en Amérique du Nord ?

*La présence française est considérable en Amérique du Nord. Au Canada, par exemple, il y a
8 000 000 d'habitants d'origine française dont° 5 500 000 au Québec, 1 500 000 en Ontario
et plus de 300 000 au Nouveau-Brunswick. De même, il y a de nombreux francophones aux
États-Unis, surtout dans la Nouvelle-Angleterre et en Louisiane. Avant d'examiner deux régions francophones de l'Amérique du Nord, indiquez ce que vous en savez déjà en marquant
V (vrai) ou F (faux).*   *of which*

1. _____ Le mot « cajun » vient du mot français « cage », qui signifie une prison.
2. _____ Les membres de l'équipe de hockey des Canadiens de Montréal s'appellent les « habs »
   parce qu'ils représentent les « habitants » d'origine française au Canada.
3. _____ L'état de « Louisiana » a été nommé en l'honneur de Louis XIV, roi de France de 1643
   à 1715.
4. _____ En termes de population, Montréal est la cinquième ville francophone du monde.
5. _____ Le « cadjin » *(cajun)* et le créole sont identiques.
6. _____ En Louisiane, il y a deux millions de personnes qui parlent français en famille.

Activité 2 Carte d'identité du Québec

Lisez le tableau suivant avant de répondre aux questions à la page 373.

Population   6 896 000 habitants (comparé à 60 millions pour la France), dont plus de 5 500 000
francophones

Superficie   1 567 200 km^2 (comparé à 550 000 km^2 en France)

Capitale   Québec (645 000 habitants). Fondée par le colonisateur français Samuel de Champlain en 1608, la ville de Québec a la plus vieille rue et la plus vieille église de l'Amérique du Nord, aussi bien que le Château Frontenac, célèbre hôtel de luxe.

Le Château Frontenac à Québec.

Autres villes principales   Montréal (3 100 000 habitants, deuxième ville francophone du monde), Hull, Trois-Rivières

La Place Jacques Cartier à Montréal.

Langue officielle   le français

Gouvernement   Le Québec fait partie de la Confédération canadienne depuis 1867 mais reste indépendant dans son gouvernement provincial, avec une assemblée nationale et un Premier ministre responsable de l'administration des lois.

Économie   PIB (produit intérieur brut) 10 527 euros ($9395) par habitant ; la qualité de vie au Québec est la neuvième de tous les pays du monde grâce aux ressources naturelles de cette province.

Le Québec : Pays riche en ressources naturelles.

Plats traditionnels   la tourtière,° les fèves au lard,° la tarte au sucre d'érable°

meat pie / fèves... baked beans/maple

Fête   la Saint-Jean, le 24 juin (on danse dans les rues le soir et allume des feux de joie°)

feux... bonfires

Devise   Je me souviens.°

Je... I remember

Héritage français   Découvert par Jacques Cartier en 1534, le Québec est un territoire français jusqu'à la défaite du général Montcalm par les armées anglaises du général Wolfe à la bataille des plaines d'Abraham, tout près de la ville de Québec, en 1759. Par le Traité de Paris de 1763, la France cède le Canada à l'Angleterre, mais les Québécois français, « les habitants », gardent certains droits, tels que l'emploi de leur langue, assurés par l'Acte de Québec signé en 1774. Quand les Québécois disent « Je me souviens » ils pensent à leur héritage, leur histoire, leur langue, leur lutte contre la majorité anglophone.

Vous avez compris ?

1. Comparez la population et la superficie du Québec avec celles de la France. Où est-ce qu'il y a la plus grande densité de population ?
2. Qui a découvert la province du Québec ? Qui a fondé la ville de Québec ?
3. Qu'est-ce que les renseignements fournis dans ce tableau indiquent au sujet du mode de vie et de l'héritage culturel des Québécois ?
4. Que signifie la devise du Québec ? Quels souvenirs sont importants ?
5. D'après ce que vous avez lu et ce que vous savez en général, comment peut-on décrire le rapport entre le Québec et le reste du Canada ? entre les Canadiens francophones et anglophones ?

Paysage québécois : Le rocher perché en Gaspésie.

Activité 3   La « parlure » québécoise

Essayez de lier le mot québécois à son équivalent en français de France.

au Québec

1. _____ parlure
2. _____ bienvenue
3. _____ faire du pouce
4. _____ avoir du fun
5. _____ magasiner
6. _____ la fin de semaine
7. _____ arrêt
8. _____ bonjour

en France

a. le week-end
b. au revoir ou bonjour
c. bien s'amuser
d. de rien
e. faire de l'auto-stop°
f. façon de parler
g. faire les achats°
h. stop

hitchhiking

purchases

Activité 4 Une chanson québécoise

Lisez cet extrait tiré d'une chanson du chanteur et poète québécois Gilles Vigneault (1928–   ) et répondez aux questions.

Le pays de ces gens

Les gens de ce pays	
Ce sont gens d'aventure	
Gens de papier, de bois°	*wood(s)*
Et gens d'imprimerie°	*printing*
Gens de mer, et de vent	
Et gens de pêcheries	
Gens de danse, et de chants	
Et de dire et d'écrire	
Et faiseurs de musique	
Gens de jeux, gens de sports	
Usant de leurs saisons	
Gens d'accueil,° bras ouverts	*welcome*
Venus d'ailleurs° eux-mêmes	*elsewhere*
Dans les bateaux° du temps	*boats*
Les gens de ce pays	
Ce sont gens de bâtir°	*building*
Ce sont gens d'aujourd'hui	
À fabriquer demain.	

1. *Regardez la liste suivante. Trouvez trois adjectifs qui s'appliquent aux Québécois dépeints par Vigneault. Ensuite, trouvez trois adjectifs qui ne s'appliquent pas aux Québécois selon Vigneault. Citez les vers précis pour justifier vos réponses.*

   actif, aimable, ambitieux, amusant, calme, charmant, désagréable, dynamique, élégant, ennuyeux, frivole, impatient, intelligent, intéressant, modéré, paresseux, passif, passionnant, patient, raisonnable, remarquable, ridicule, sérieux, sincère, sportif, sympathique, timide

2. *Faites le portrait général des Québécois d'après ce poème.*

Activité 5 Carte d'identité de la Louisiane

Lisez le tableau suivant avant de répondre aux questions à la page 376.

Population   4 295 477 habitants, dont plus de 250 000 francophones

Superficie   125 674 km^2

Capitale   Bâton Rouge (220 394 habitants)

Autres villes principales   La Nouvelle-Orléans (557 927), Lafayette

Langues parlées   l'anglais et le français (bilinguisme officiel depuis 1968)

Économie   PIB (produit intérieur brut) 6700 euros ($5980) par habitant

Le Vieux Carré à la Nouvelle-Orléans.

Plats traditionnels   l'étouffée,° le gombo,° le jambalaya,° le boudin,° les crêpes

La musique   Connue pour ses chansons folkloriques, ses ballades et son rythme (la Zydeco), la musique « acadienne » exprime à la fois la marginalisation et la joie de vivre (« laisser les bons temps rouler »).

steamed dish / soup or stew with okra / spicy rice dish with shrimp, oysters, ham, or chicken / spicy sausage

Rockin' Doopsie et les Zydeco Twisters, à La Nouvelle-Orléans.

Fête   le Mardi gras (grand défilé, bals masqués et dîners pour fêter le jour avant le commencement du Carême°)

Lent

Défilé du Mardi gras à Eunice, Louisiane.

Enseigne à
St. Martinville, Louisiane.

Héritage français Occupée au nom de la France par Robert
Cavelier de la Salle en 1682, et baptisée en l'honneur de Louis XIV,
la Louisiane a été vendue aux États-Unis par Napoléon Bonaparte en
1803. Elle est peuplée de Français, de créoles—des noirs, des blancs
et des métis venus d'Afrique et de Saint-Domingue (Haïti)—et
surtout d'Acadiens ou « Cadjins »—réfugiés français de l'Acadie,° qui
ont fui° la répression britannique en 1767.

*Nova Scotia
ont... fled*

Devise Les francophones essaient° de ne pas perdre leur héritage
français menacé par la majorité anglophone en se disant « Lâche pas
la patate » (N'abandonne pas ton héritage culturel, littéralement
« *Don't drop the potato* »).

are trying

Vous avez compris ?

1. Calculez la densité de population de la Louisiane et comparez-la avec celle du Québec.
2. Quel est le pourcentage de francophones parmi les habitants de la Louisiane ?
3. Que savez-vous de la musique de la Louisiane ?
4. Comment est-ce que les Louisianais célèbrent le Mardi gras ?
5. Quelles sont les origines des différents habitants francophones de la Louisiane ?
6. Quelle est la signification de la devise de la Louisiane ?

Activité 6 Le « cadjin »

Essayez de trouver le sens en anglais de ces mots « cadjins ».

mot « cadjin »	équivalent en anglais
1. la patate	a. *marshy, sluggish body of water*
2. la pirogue	b. *spicy sausage*
3. le bourbon	c. *spicy rice dish*
4. le bayou	d. *soup or stew made with okra*
5. l'étouffée	e. *whiskey named for French royal family*
6. le Mardi gras	f. *steamed dish*
7. le gombo	g. *Shrove Tuesday, literally "fat" Tuesday*
8. le jambalaya	h. *narrow, flat boat*
9. la Zydeco	i. *potato*
10. le boudin	j. *type of music, from* **haricots**

Activité 7 Les Français de Louisiane

Lisez le texte suivant écrit par le Louisianais Émile DesMarais et répondez aux questions.

Apologie° du peuple français de Louisiane

Oui, il y a des Français d'Amérique. Il y en aura toujours. Et nous, Français de Louisiane, nous sommes une branche de cet arbre. Nous sommes de cette race qui ne sait pas mourir.

Quel est donc le mystère de ce peuple que nous sommes, ce peuple issu de maints° endroits si différents et si dissemblables ?... Mais Noirs et Blancs, riches et pauvres, maîtres et esclaves,° nobles et paysans, nous sommes venus et nous sommes restés.

À pied, à cheval, à bord de grands vaisseaux° ou de frêles barques,° traversant la mer ou descendant le Mississippi, nous sommes venus.

Colon°, coureur de bois,° habitant, aventurier, pêcheur, homme de ville, homme de campagne, nous sommes venus.

Des terres gigantesques du nord aux hivers interminables de neige et de froidure, chassés de l'Acadie qui n'était plus nôtre, nous sommes venus.

De la douce France déchirée par des révolutions sanglantes, fuyant l'ombre° de la guillotine, nous sommes venus.

De l'Afrique, enchaînés, accablés de chagrin,° nous sommes venus. Des mers chaudes du sud, des Antilles, de l'île Saint-Domingue, fuyant la révolution et la mort, nous sommes venus.

Quittant l'oppression du vieux monde pour une nouvelle vie d'espoir° et de liberté, nous sommes venus et nous sommes restés.

Français, Créoles, Acadiens, Noirs, quelles privations n'avons-nous pas endurées pour atteindre° cette terre promise ?

Ici, ensemble, devant la majesté du continent, nous avons engendré un nouveau peuple prenant possession d'un nouveau pays.

Defense

many
slaves

boats
small boats

colonist / coureur... trapper

fuyant... fleeing the shadow
accablés... burdened by grief

hope

reach

1. De quelles régions différentes est-ce que les gens qui ont peuplé la Louisiane sont venus ?
2. Citez les phrases qui parlent
   a. des ancêtres acadiens _____
   b. des ancêtres français _____
   c. des ancêtres africains _____
3. En quoi cette histoire de la Louisiane est-elle unique ? En quoi est-ce qu'elle correspond à l'histoire des États-Unis en général ?
4. Voyez-vous des parallèles qui existent aujourd'hui entre la Louisiane et l'ensemble des États-Unis ? Lesquels ?

« Laissez les bons temps rouler » au « Rendez-vous des Cajuns », émission de radio et de télévision.

Activité 8 Explorons une région francophone d'Amérique sur Internet

Visitez le site Web d'une région d'Amérique du Nord en utilisant notre site Web pour le CD-ROM ou bien en tapant le nom d'une région dans la boîte marquée « recherche » d'un moteur de recherche comme Yahoo.fr, Nomade.fr ou Altavista (French). Nous suggérons les régions suivantes : le Manitoba, le Nouveau-Brunswick, l'Ontario, le Québec ou Saint-Pierre-et-Miquelon.

Ensuite, choisissez une catégorie comme « attractions spéciales » sur le site Web de l'Ontario qui est présenté ici, cliquez sur une rubrique comme « sports et loisirs », et notez trois observations qui vous semblent intéressantes.

Région _____

Adresse Internet _____

Observations _____

_____

_____

**ONTARIO**   **aperçu de l'Ontario**

| site principal | commentaires | recherche | plan du site | english |

| **QUOI DE NEUF?** | **SITES DU GOUVERNEMENT DE L'ONTARIO** | **LIENS D'AFFAIRES** | **LIENS VOYAGE ET TOURISME** | **FAQ** |

Où suis-je? Page d'accueil du gouvernement de l'Ontario > aperçu de l'Ontario

En 1641, le père Louis Hennepin mentionne pour la première fois le nom «Ontario» dans un journal de voyageurs nord-américains. On pense que ce nom provient de l'iroquois.

L'honorable Hilary M. Weston,
Lieutenante-gouverneure de l'Ontario

L'Assemblée législative de l'Ontario

L'honorable Mike Harris, premier ministre et président
du Conseil exécutif

APERÇU DE L'ONTARIO s'adresse aux touristes et aux résidents qui désirent obtenir des données générales sur la province.

- Attractions spéciales
- Emblèmes et symboles
- Histoire
- Population et culture

- Carte de l'Ontario
- Géographie
- Images de l'Ontario
- Premiers ministres depuis 1867
- Villes et agglomérations

- Économie de l'Ontario
- Gouvernements de l'Ontario et du Canada
- Lieutenants-gouverneurs de l'Ontario
- Richesses naturelles

| site principal | commentaires | recherche | plan du site | english |
| quoi de neuf? | sites du gouvernement de l'Ontario | liens d'affaires | liens voyage et tourisme | faq |

Ontario
Ce site est mis à jour par le gouvernement de l'Ontario, Canada.

8

Ensemble

Mémoire et souvenirs

Tirée du livre *Le chandail de hockey* © 1984, Sheldon Cohen : illustration publiée aux Livres Toundra.

- reading and telling stories
- describing people, places, and situations in the past
- recounting events and habitual actions in the past
- making suggestions
- expressing impatience, surprise, and doubt
- stating causes and results

Dossier 1

Paroles

Stratégie de lecture   Faites des associations pour mieux comprendre le contexte et les thèmes d'un conte.

In this **Ensemble,** you will read a complete short story, one part at the beginning of each of the four **Dossiers.**

Before beginning the story, which is about a recollection of a childhood event, ask yourself what the title suggests. Think about your associations with the key words in the subtitle: **feuille d'érable** *(maple leaf),* **abominable,** and **la glace** *(ice)* in order to dig out the essential information about the story's themes and underlying cultural context.

Associations

feuille d'érable _____

abominable _____

la glace _____

Put your various associations together and try to predict what the subject of the story might be.

sujet du conte : _____

Lire

Le chandail° de hockey (I)   *jersey*
L'histoire d'une abominable feuille d'érable sur la glace
–Roch Carrier, 1979

Les hivers de mon enfance étaient des saisons longues,
longues. Nous vivions en trois lieux° : l'école, l'église   *places*
et la patinoire° ; mais la vraie vie était sur la patinoire.   *skating rink*
Les vrais combats se gagnaient° sur la patinoire. La vraie   *se… were won*
force apparaissait° sur la patinoire. Les vrais chefs se   *appeared*
manifestaient sur la patinoire. L'école était une sorte de
punition.° Les parents ont toujours envie de punir les   *punishment*
enfants et l'école était leur façon la plus naturelle de nous
punir. De plus, l'école était un endroit° tranquille où l'on   *place*
pouvait préparer les prochaines parties de hockey, dessiner
les prochaines stratégies. Quant à° l'église, nous trouvions   Quant… *As for*
là le repos de Dieu : on y oubliait l'école et l'on rêvait à° la   rêvait… *dreamed about*
prochaine partie de hockey. À travers nos rêveries, il nous
arrivait de réciter une prière : c'était pour demander à Dieu
de nous aider° à jouer aussi bien que Maurice Richard.   *to help*

Tous, nous portions le même costume que lui, ce
costume rouge, blanc, bleu des Canadiens de Montréal,
la meilleure équipe de hockey au monde ; tous, nous
peignions nos cheveux à la manière de Maurice Richard et,
pour les tenir° en place, nous utilisions une sorte de colle,°   *to hold / glue (fig.)*
beaucoup de colle. Nous lacions nos patins à la manière
de Maurice Richard, nous mettions le ruban gommé°   ruban… *sticky tape*
sur nos bâtons° à la manière de Maurice Richard. Nous   *hockey sticks*

découpions dans les journaux toutes ses photographies.
Vraiment nous savions tout à son sujet.

Sur la glace, au coup de sifflet° de l'arbitre,° les deux   *whistle / referee*
équipes s'élançaient sur° le disque de caoutchouc° ; nous   *s'élançaient... rushed at /*
étions cinq Maurice Richard contre cinq autres Maurice   *rubber*
Richard à qui nous arrachions° le disque ; nous étions dix   *snatched*
joueurs qui portions, avec le même brûlant enthousiasme,
l'uniforme des Canadiens de Montréal. Tous nous arborions°   *displayed*
au dos le très célèbre numéro 9.

Vous avez compris ?

1. Quand est-ce que l'action est située : à quel moment de l'année ? à quel moment de la vie du narrateur ? (quand il est enfant ? adulte ?)
2. Où est-ce que l'histoire est située : dans quel pays ? Comment le savez-vous ?
3. Le narrateur appartient à un groupe. Quelle est la préoccupation principale de ce groupe ? Qui est leur héros ? Pouvez-vous penser à un équivalent dans la vie américaine ?

Maurice Richard, le héros du hockey

Le hockey sur glace est le sport par excellence au Canada, et le plus grand joueur de hockey entre 1942 et 1960 était certainement Maurice Richard, aussi connu sous le nom de « Rocket ». Né à Montréal en 1921, Maurice « Rocket » Richard a été et est toujours le héros des joueurs canadiens de Montréal. Il a gagné huit coupes Stanley et est membre du Temple de la Renommée depuis 1961. Un musée lui est consacré à Montréal, près du Stade Olympique, où on peut voir de nombreux chandails, photos et trophées de Maurice Richard. Ce musée, appelé « Univers Maurice Rocket Richard », montre aussi un joli dessin animé du conte *Le chandail de Hockey,* de Roch Carrier. Même après avoir cessé de jouer, Richard est resté un personnage important dans le monde du sport. Un des grands journaux de Montréal, *La Presse,* a publié régulièrement des brefs commentaires de Richard sur des questions politiques et sociales du Québec d'aujourd'hui. Il est mort le 27 mai 2000 à l'âge de 78 ans. À sa mort, plus de 115 000 admirateurs sont venus lui rendre hommage au Centre Molson, et lors de ses funérailles, 2 600 personnes ont rempli la basilique Notre-Dame à Montréal, tandis qu'une grande foule restait dehors, tant il était admiré et aimé.

Les mots pour le dire

Pour décrire quelqu'un au passé

Échange 1 *Quand j'étais petit*

FILS: Dis-moi, maman, j'étais comment quand j'étais petit ?
MÈRE: Toi ? Tu étais sage comme tout... un enfant facile.

Possibilités

Dans mon enfance...
Dans ma jeunesse...
Quand j'étais petit(e)...
    enfant...
    adolescent(e)...
    (plus) jeune...
    moins vieux/vieille...
    moins âgé(e)...

j'étais heureux/heureuse.
    malheureux/malheureuse.
    sage.
    méchant(e).
j'étais un(e) enfant facile.
    un(e) adolescent(e) difficile.

Observez

1. The verb **être** is used here in a tense called *the imperfect.* Does the imperfect refer to the present, the future, or the past? **(8.1)**

2. Is the imperfect used here to recount an event or to describe a state? **(8.1)**

Enfance et jeunesse

Certains mots qui se ressemblent en français et en anglais n'ont pas exactement le même sens et usage, par exemple « jeune » et *young*. En français, on fait clairement la distinction entre « la jeunesse » et « l'enfance ». On ne dit pas « quand j'étais jeune » pour parler de son enfance, on dit « quand j'étais enfant », ou « quand j'étais petit(e) ». De même, « une jeune fille » fait référence à une adolescente ou à une jeune femme pas mariée, mais ne s'emploie pas pour parler d'une « petite fille », expression qui est réservée pour une enfant. Finalement, l'âge est une chose relative, et beaucoup de gens se considèrent comme « jeunes » quand ils ont cinquante ans et plus. Donc, si vous êtes un(e) adulte plus ou moins jeune, quand vous parlez d'une période de votre vie passée, vous dites « quand j'étais plus jeune », ce qui implique que vous ne vous considérez pas encore comme « une personne âgée ».

Activité 1 Quand nous étions plus jeunes

Travaillez avec un(e) camarade de classe. Imaginez que votre camarade et vous avez cinquante ans. La personne A demande à la personne B comment elle était à différents moments de sa vie. Ensuite, changez de rôles.

Moments de la vie : petit(e), enfant, adolescent(e), jeune, moins âgé(e)

Modèle: A: Étais-tu sage quand tu étais petit(e) ?
          B: Oui, j'étais toujours très sage.

Pour parler des situations habituelles et des actions répétées dans le passé

Échange 2 *Souvenirs d'école*

ANNE: Tu te souviens de Monsieur Pernod, notre instituteur ?

MONIQUE: Oui ! Je me souviens de lui ! Il était vraiment sévère, Monsieur Pernod, il nous grondait souvent.

ANNE: Et il se mettait en colère quand nous ne savions pas nos leçons. Il fallait être très sage dans sa classe ! Tu te souviens de ses lunettes ?

MONIQUE: Non. Tu t'en souviens, toi ? Tu as une bonne mémoire...

O b s e r v e z

1. What ending is used with verb forms in the imperfect whose subject is **il**? with verb forms whose subject is **nous**? (8.1.a)

2. When referring to a person, would you say **je m'en souviens** or **je me souviens d'elle**? (8.2)

La devise du Québec en fleurs devant le Manège militaire à Québec.

Possibilités

Ce cours, je m'en souviens bien.

Mon instituteur/institutrice, je me souviens bien de lui/d'elle

j'ai un bon/mauvais souvenir de lui/d'elle

il/elle était sévère/indulgent(e)

austère/drôle

autoritaire/doux (douce)

désagréable/gentil(le)

vache (*argot*)/super sympa (*argot*)

nerveux (nerveuse)/tranquille

il/elle nous grondait

punissait

se mettait en colère

Nous ne savions pas toujours nos leçons.

Nous faisions des fautes/erreurs de grammaire.

Institutrice au Québec.

Les faux amis

Quand les mots passent d'une langue à une autre, souvent le sens de ces mots change. Par exemple, le mot « rouge » en français réfère à la couleur des choses qui sont rouges, indépendamment de leur substance. Par contre, en anglais, le mot *rouge* fait seulement référence à un produit cosmétique qu'on se met sur les joues. Autre exemple : les mots anglais *memory* et *souvenir* viennent du français, mais on les utilise différemment dans les deux langues, comme l'indique ce tableau.

	capacité mentale	image mentale	objet concret
français	la mémoire	un souvenir des souvenirs	un souvenir des souvenirs
anglais	*memory*	*a memory* *memories*	*a souvenir* *souvenirs*

Des paires de mots comme « la mémoire » / *memory* sont appelés « faux amis » parce qu'ils se ressemblent mais n'ont pas exactement le même sens.

Activité 2 Quand j'étais enfant

Décrivez-vous à l'âge de dix ans : vos traits de caractère, vos traits physiques, vos préférences, vos habitudes.

Expressions utiles : j'étais/j'aimais/je faisais/j'allais souvent/je pensais que...

Activité 3 À l'âge de treize ans

Circulez parmi vos camarades de classe et posez-leur des questions selon les indications données. Quand quelqu'un répond « oui », écrivez son nom sur la ligne. L'étudiant(e) qui est le premier/la première à avoir des noms sur quatre lignes (horizontalement, verticalement ou en diagonale) est le/la champion(ne).

Trouvez quelqu'un qui, à l'âge de treize ans, ...

L	O	T	O
avait un chien	était heureux	sortait tous les soirs	buvait du café
_____	_____	_____	_____
était sage	parlait français	habitait aux USA	jouait au hockey
_____	_____	_____	_____
aimait le lait	dormait bien	allait souvent au cinéma	se mettait facilement en colère
_____	_____	_____	_____
savait nager	détestait les légumes	suivait un régime	se réveillait à 6h le samedi
_____	_____	_____	_____

Activité 4 Souvenirs

Travaillez avec un(e) camarade de classe. À tour de rôle, posez-vous des questions au sujet de quelques souvenirs. Dans vos réponses, élaborez avec un bref commentaire.

Modèles:
A: Tu te souviens de ta première institutrice ?
B: Mais oui, je me souviens bien d'elle. Elle s'appelait Madame Spencer et elle était gentille, mais autoritaire.

A: Tu te souviens de ton cinquième anniversaire ?
B: Non, je ne m'en souviens pas du tout.

1. votre premier/première instituteur/institutrice
2. votre premier/première ami(e)
3. votre premier/première héros/héroïne
4. votre dix-huitième anniversaire
5. votre dernier jour au lycée
6. votre premier jour à la fac

Les belles vacances

Quand nous étions enfants, nous passions toujours nos vacances à la campagne, dans un village qui est près du Saguenay. Mes grands-parents y avaient une maison que nous aimions beaucoup. Il y avait un grand jardin où nous jouions avec nos cousins. Et il y avait Grand-mère qui nous racontait des histoires. Et quelles histoires! Nous riions, nous pleurions. C'étaient des histoires que je sais encore par cœur aujourd'hui. Quelles belles vacances!

 **Observez**

1. The words **qui, que, où** are used here as relative pronouns, to link two parts (clauses) of a sentence. Which is used as the subject of a clause? **(8.3)**

2. You already know that the adjective **quel** can be used when asking a question: **Quel film avez-vous vu hier ?** What is its function here? **(8.4)**

Verbe				
rire *(to laugh)*	je	ris	nous	rions
	tu	ris	vous	riez
	il/elle/on	rit	ils/elles	rient
	j'ai ri			

Une ferme au Québec.

Possibilités
À la campagne

une forêt

une colline

un arbre

une ferme

une vallée

un jardin

un champ

une rivière

une fleur

de l'herbe

Activité 5 Devinez le nom de la ville

*Choisissez une de ces villes et décrivez-la en trois phrases. Utilisez des propositions relatives qui commencent par **qui, que** et **où.** Ensuite demandez à vos camarades de deviner le nom de la ville que vous avez décrite.*

Modèle: New York
C'est une ville qui a beaucoup de théâtres.
C'est la ville américaine que les Français préfèrent.
C'est la ville où il y a la statue de la Liberté.

1. La Nouvelle-Orléans
2. Washington D.C.
3. Nashville
4. Paris
5. Toronto
6. Rome

Activité 6 Souvenirs de vacances

*Imaginez que vous êtes une des personnes dans ces images. Décrivez l'endroit et les vacances
que vous y passiez pendant votre jeunesse.*

Modèle: Nous passions nos vacances à la campagne, chez mon oncle qui
avait une ferme. Il y avait des champs où nous jouions et beaucoup
d'animaux. Je n'aimais pas les serpents qu'on trouvait dans la forêt.

1.

2.

3.

Mots nouveaux à apprendre

l'adolescent(e) *(m, f)*	*teenager*	l'enfance *(f)*	*childhood*
âgé(e)	*old*	l'erreur *(f)*	*error*
l'arbre *(m)*	*tree*	la faute	*error*
austère	*stern, somber*	la ferme	*farm*
autoritaire	*authoritarian*	la fleur	*flower*
le champ	*field*	la forêt	*forest*
la colline	*hill*	gentil(le)	*nice*
comme tout	*as can/could be*	la grammaire	*grammar*
doux/douce	*pleasant*	gronder	*to scold (conj.*
drôle	*funny*		*like **parler**)*

Continued on page 388

Continued from page 387

l'herbe *(f)*	*grass*	rire		*to laugh*
heureux/heureuse	*happy*	je ris	nous	rions
il fallait	*it was necessary*	tu ris	vous	riez
indulgent(e)	*lenient*	il/elle/on rit	ils/elles	rient
le jardin	*garden*	j'ai ri		
la jeunesse	*youth*	la rivière		*river*
malheureux/malheureuse	*unhappy*	sage		*wise, well-behaved*
méchant(e)	*mean*	savoir par cœur		*to know by heart*
la mémoire	*memory (the capacity to remember)*	sévère		*strict*
		le souvenir		*memory (something remembered)*
se mettre en colère	*to get angry*	se souvenir de		*to remember (conj. like **venir**)*
nerveux/nerveuse	*nervous*			
pleurer	*to cry (conj. like **parler**)*	sympa *(argot)*		*nice*
		tranquille		*calm*
punir	*to punish (conj. like **choisir**)*	les vacances *(f pl)*		*vacation*
		vache *(argot)*		*nasty*
raconter	*to tell (conj. like **parler**)*	la vallée		*valley*
		le village		*village*

Comment le dire

L'intonation des phrases exclamatives avec *Quel... !*

You know that in declarative sentences, your voice goes down at the end of the sentence.

J'ai passé des vacances très agréables.

When you have an exclamation beginning with **quel,** you always start your sentence with a high pitch on **quel;** then your voice either goes up or down depending on the placement of adjectives in the sentence and whether you want to imply admiration, or criticism or distress.

1. When the noun following **quel** is preceded by an adjective, your voice goes further up on the first syllable of the adjective and then goes down.

   Quelles belles vacances !

   Quelle jolie maison !

2. When the noun after **quel** is followed by an adjective, your voice gradually goes down after **quel** but goes up again on the last syllable of the adjective.

   Quelles vacances agréables !

   Quel film idiot !

3. When there is no adjective to qualify the noun that follows **quel,** your voice goes up on the last syllable of the noun when your exclamation expresses admiration.

   Quelle idée !   Quel courage !   Quel professeur !

However, your voice goes down on the last syllable of the noun when your exclamation expresses criticism or distress.

Quelle idée ! (bizarre !)   Quelle horreur !

Activité 7 Exclamez-vous !

Avec un(e) camarade de classe et à tour de rôle, dites les phrases suivantes et répondez par l'exclamation qui convient le mieux.

<table>
<tr><th>La personne A</th><th>La personne B</th></tr>
<tr><td>1. Un de mes amis est mort dans un accident.</td><td>a. Quelle énergie !</td></tr>
<tr><td>2. Tu as visité le musée du Louvre ?</td><td>b. Ah, quel livre passionnant !</td></tr>
<tr><td>3. Je lis le roman Guerre et Paix.</td><td>c. Ah, quelle ville agréable !</td></tr>
<tr><td>4. Nous sommes allés à San Francisco.</td><td>d. Oui, quel beau musée !</td></tr>
<tr><td>5. Mes frères n'acceptent pas mes arguments.</td><td>e. Quelle horreur !</td></tr>
<tr><td>6. Je vais monter la Tour Eiffel à pied.</td><td>f. Quels imbéciles !</td></tr>
</table>

Écoutons un peu

Stratégie d'écoute   Pour comprendre le sens et le message d'une chanson, concentrez-vous sur les mots-clés et leurs associations.

Vous allez entendre les paroles d'une chanson de Georges Moustaki, chanteur français, intitulée *Il y avait un jardin*. Voici quelques mots-clés de cette chanson. Quelles associations est-ce qu'elles évoquent pour vous ?

1. un jardin   _____   3. un fruit défendu°   _____   *forbidden*
2. la planète
   Terre°   _____   4. les grands-parents   _____   *Earth*

À l'écoute

Il y avait un jardin

–Georges Moustaki

Vous avez compris ?

Première écoute

Écoutez la chanson strophe par strophe. Après chaque strophe, répondez à la question.

Strophe 1: Qu'est-ce que c'était que ce jardin ?
Strophe 2: Trouvez deux mots qui suggèrent la présence des êtres humains.
Strophe 3: Qu'est-ce que ce jardin produisait ?
Strophe 4: Qui habitait ce jardin ?
Strophe 5: Comment étaient les portes° de la maison ?   *doors*

Deuxième et troisième écoutes

1. Quel jardin particulier est-ce que les mots « paradis » et « fruit défendu » évoquent ?
2. Décrivez l'apparence du jardin dans la chanson.
3. Comment savez-vous que le jardin n'est pas accessible au narrateur ?

Dossier 2

In this Dossier, you will learn about these grammatical features

■ differences in usage between the **imparfait** and the **passé composé**

■ verbs that do and that do not take prepositions before noun complements

■ the reciprocal use of pronominal verbs

■ the irregular verb **plaire**

Additional materials for this **Dossier:**

AUDIO CD (Track 23)
Écoutons un peu : Contes de fées

CD-ROM (E8)
Échanges : Raconter une histoire, Rupture
Comment le dire : La semi-voyelle [j]
Écoutons un peu : Contes de fées

VIDEO/VIDEO MANUAL
Situation 13 : Les bons souvenirs

PAROLES WEB SITE
Web Activities 3 (**Quebec motto/Quebec tourism**) and 4 (**Une bouteille sur la mer/Paris Match faits divers/Le Petit Poucet**)
Audio Activity: **Écoutons un peu : Contes de fées**

CAHIER (8.2)
Activités écrites
Activités de laboratoire

DASHER (E8)
Paroles : Activités 1, 7
Cahier : Activités écrites 1, 2, 3, 4, 5, 6

Paroles

Stratégie de lecture   Imaginez des oppositions possibles pour anticiper les conflits dans un conte.

Short stories often depict conflicts between certain people, places, ideas, or ways of doing things. Recognizing the opposing elements that might create these conflicts can help you to anticipate the story's development.

Think about the framework established at the beginning of **Le chandail de hockey** *and imagine what oppositions the author might introduce.*

	Éléments établis au début	vs. Oppositions possibles
Modèle:	l'église, l'école, la patinoire	vs. *la maison*
	un groupe de jeunes garçons	vs. _____
	la langue française	vs. _____
	l'uniforme des Canadiens de Montréal	vs. _____

As you read the second part of this story, compare the oppositions you imagined with those that appear in the tale.

Lire

Le chandail de hockey (II)

Un jour, mon chandail des Canadiens de Montréal était devenu° trop étroit° ; puis il était déchiré° ici et là, troué. Ma mère me dit : « Avec ce vieux chandail, tu vas nous faire passer pour pauvres ! » Elle fit° ce qu'elle faisait chaque fois que nous avions besoin de vêtements.° Elle commença à feuilleter° le catalogue que la compagnie Eaton nous envoyait° par la poste chaque année. Ma mère était fière.° Elle n'a jamais voulu nous habiller° au magasin général ; seule pouvait nous convenir° la dernière mode du catalogue Eaton. Ma mère n'aimait pas les formules de commande° incluses dans le catalogue ; elles étaient écrites en anglais et elle n'y comprenait rien. Pour commander mon chandail de hockey, elle fit ce qu'elle faisait d'habitude ; elle prit° son papier à lettres et elle écrivit de sa douce calligraphie d'institutrice : « Cher Monsieur Eaton, auriez-vous l'amabilité° de m'envoyer un chandail de hockey des Canadiens pour mon garçon qui a dix ans et qui est un peu trop grand pour son âge, et que le docteur Robitaille trouve un peu trop maigre ? Je vous envoie trois piastres° et retournez-moi le reste s'il en reste.° J'espère que votre emballage° va être mieux fait que la dernière fois. »

était... had become / tight / torn
did
clothing
to leaf through
used to send
proud / to dress
to suit

formules... order forms

took

kindness

dollars (Can.) / s'il...
if any is left / packing

Monsieur Eaton répondit rapidement à la lettre de ma mère. Deux semaines plus tard, nous recevions° le chandail. Ce jour-là, j'eus° l'une des plus grandes déceptions° de ma vie ! Je peux dire que j'ai, ce jour-là, connu une très grande tristesse. Au lieu du° chandail bleu, blanc, rouge des Canadiens de Montréal, M. Eaton nous avait envoyé un chandail bleu et blanc, avec la feuille d'érable au devant, le chandail des Maple Leafs de Toronto. J'avais toujours porté le chandail bleu, blanc, rouge des Canadiens de Montréal ; tous mes amis portaient le chandail bleu, blanc, rouge ; jamais, dans mon village, quelqu'un n'avait porté le chandail de Toronto, jamais on n'y avait vu un chandail des Maple Leafs de Toronto. De plus, l'équipe de Toronto se faisait terrasser° régulièrement par les triomphants Canadiens.

received
had / disappointments

Au... Instead of the

se... got trounced

Vous avez compris ?

1. Quelles oppositions sont introduites dans cette partie du conte ?
2. Faites le portrait de la mère du narrateur. (Est-elle traditionnelle ou moderne ? indépendante ou conformiste ? fière ou humble ?)
3. Comment est-ce que la personnalité et les habitudes de la mère contribuent aux problèmes du narrateur ?
4. Quels mots du titre (« Le chandail de hockey ») et du sous-titre (« L'histoire d'une abominable feuille d'érable sur la glace ») deviennent évidents dans cette partie du conte ?
5. Avez-vous jamais eu une déception comme la déception qui est racontée par le narrateur ? Dans quelles circonstances ?

Les mots pour le dire

Raconter une histoire : Premier amour

Comment c'était

Barbara... elle s'appelait Barbara.

Elle me plaisait et

J'attendais Barbara tous les jours après les cours et nous allions nous promener ensemble. Nous nous tenions la main et nous nous regardions tendrement.

Ce qui s'est passé

Nous nous sommes rencontrés au lycée, dans un cours de chimie.

je suis tout de suite tombé amoureux d'elle.

Une fois, au cinéma, j'ai voulu l'embrasser mais elle a refusé. Et puis, deux jours plus tard elle m'a dit : « Mes parents m'ont défendu de sortir avec toi. » Alors, nous nous sommes séparés. J'ai été désespéré pendant trois jours, et le quatrième, j'ai trouvé une autre petite amie. Mais je n'ai jamais oublié Barbara...

Observez

1. Which tense is used here to set the scene and create the background? to tell what happened? **(8.1.b)**

2. Look at the verb phrase **j'attendais Barbara** and think of its English equivalent. Is English a reliable indication of whether or not this French verb is followed by a preposition? **(8.5)**

3. **Nous nous regardions** is an example of a pronominal verb used reciprocally rather than reflexively. What do you think it means? **(8.6)**

Verbe				
plaire *(to please)*	je	plais	nous	plaisons
	tu	plais	vous	plaisez
	il/elle/on	plaît	ils/elles	plaisent
	j'ai plu			

Possibilités

l'amitié

rencontrer quelqu'un
s'entendre bien avec quelqu'un
devenir ami(e)s
sortir avec quelqu'un/avec des amis
flirter avec quelqu'un

l'amour

tomber amoureux/amoureuse de quelqu'un
se tenir la main
se regarder tendrement
s'embrasser
s'aimer
se fiancer
se marier

la dispute

se disputer
se séparer
oublier/s'oublier
se réconcilier

Elles s'entendent bien.

Ils s'embrassent.

Ils se disputent.

Pour préciser une période de temps

à cette époque-là   un jour

à ce moment-là   une fois

ce jour-là   pendant trois jours

cette fois-là   pendant ce temps-là

après cela

Activité 1 Aventure de jeunesse

Travaillez avec un(e) camarade de classe. D'abord, mettez chaque verbe entre parenthèses au temps du passé qui convient. Ensuite, complétez l'histoire.

D'habitude, nous _____ (passer) nos vacances chez mes grands-
parents à Montréal. Mais une fois nous _____ (passer) nos
vacances au bord du lac des Deux Montagnes. Je me souviens encore
de l'odeur du matin sur le lac cet été. L'air _____ (être) frais,
tout _____ (sentir°) bon, et tout me _____ (plaire).   *smell*
Un matin, je _____ (se réveiller) avant le reste de la famille,
et je _____ (sortir) seul(e) et...

Activité 2 Alibi : jeu de rôles

Travaillez avec un(e) camarade de classe. La personne A joue le rôle d'un commissaire de police ; à partir des questions dans la colonne A, elle imagine les détails d'un crime (sans les révéler à la personne B). La personne B joue le rôle d'un(e) suspect(e) et prépare un alibi à partir des questions dans la colonne B. Ensuite, le policier interroge le/la suspect(e) pour évaluer son alibi.

A: Imaginez le crime

C'était à quelle heure ?
C'était où ?
Qu'est-ce qui s'est passé ?
Y avait-il des témoins° ?
Qu'est-ce qu'ils ont vu/entendu° ?

B: Préparez un alibi

Où étiez-vous hier soir ?
De quelle heure à quelle heure ?
Comment était cet endroit ?
Qui était avec vous ?   *witnesses*
Qu'est-ce que vous avez   *heard*
fait/vu/entendu ?

Activité 3 Histoires imaginaires

Travaillez avec un(e) camarade de classe. Chaque personne écrit une brève histoire au présent. Il faut raconter les actions et événements et décrire la situation et les personnages. Ensuite, échangez vos histoires et récrivez l'histoire de votre camarade de classe au passé en utilisant le passé composé et l'imparfait.

Pour exprimer ses réactions
à un moment précis

Échange 1 *Rupture*

FRANÇOIS: Tu ne sors plus avec Jean-Luc ?
ISABELLE: Non, et il sort maintenant avec Sylvie.
FRANÇOIS: Tu n'as pas l'air triste !
ISABELLE: Oh, le jour où nous nous sommes séparés j'ai été déçue, mais maintenant
je fréquente Marc et il me plaît encore plus.

Why does Isabelle say **j'ai été déçue** rather than **j'étais déçue**? (8.1.b)

Possibilités

j'ai été déçu(e)/ravi(e)

triste/joyeux (joyeuse)

furieux (furieuse)/content(e)

désespéré(e)/consolé(e)

En français, il n'y a pas d'équivalent exact pour les expressions américaines *to date someone, to go on a date* et *my date*. On dit : « Avoir rendez-vous avec quelqu'un », « sortir avec quelqu'un », « fréquenter quelqu'un », et on réfère à la personne avec qui on sort en disant « la personne avec qui je sors », « mon ami(e) », « mon/ma petit(e) ami(e) », « mon copain/ma copine ». Par contre, il y a, en français comme en anglais, beaucoup de mots tendres pour s'adresser directement à une personne qu'on aime, par exemple: « mon/ma chéri(e) », « mon amour ».

Activité 4 Imaginez les circonstances

Ce poème de Jacques Prévert est un récit qui présente une série d'actions. Lisez-le et soulignez tous les verbes au passé composé. Ensuite, à partir de la liste de questions, décidez quels commentaires vous voulez ajouter pour expliquer les circonstances ou pour donner plus de détails. Mettez à l'imparfait tous les verbes que vous utilisez pour expliquer les circonstances. Finalement, racontez à la classe votre version en prose de cette histoire.

	Déjeuner du matin	**Questions à considérer**	
1	Il a mis le café	1. Vous êtes le « je » du poème.	
2	Dans la tasse°	Qui est le « il » ? Où étiez-	*cup*
3	Il a mis le lait	vous ensemble ce matin-là ?	
4	Dans la tasse de café		
5	Il a mis le sucre	2. Pourquoi a-t-il mis du sucre	
6	Dans le café au lait	dans son café ?	
7	Avec la petite cuiller°		*spoon*
8	Il a tourné		
9	Il a bu le café au lait		
10	Et il a reposé la tasse		
11	Sans me parler		
12	Il a allumé		
13	Une cigarette	3. Est-ce que la fumée vous	
14	Il a fait des ronds	irritait ?	
15	Avec la fumée		
16	Il a mis les cendres°		*ashes*
17	Dans le cendrier		
18	Sans me parler		
19	Sans me regarder	4. Est-ce que vous le regardiez ?	
20	Il s'est levé		
21	Il a mis		
22	Son chapeau° sur sa tête		*hat*
23	Il a mis		
24	Son manteau° de pluie		*coat*
25	Parce qu'il pleuvait		
26	Et il est parti	5. Pourquoi est-il parti ?	
27	Sous la pluie		
28	Sans une parole		
29	Sans me regarder		
30	Et moi j'ai pris		
31	Ma tête dans ma main		
32	Et j'ai pleuré.	6. Pourquoi avez-vous pleuré ?	

—All Éditions Gallimard

Activité 5 Histoires personnelles

Interviewez un(e) camarade de classe pour connaître « son histoire ». Choisissez un des sujets suivants et posez les questions suggérées à votre camarade. Ensuite, racontez l'histoire de votre camarade à la classe.

Sujets possibles

une grande peur
une grande déception
une petite aventure comique

Questions possibles

Comment étais-tu à cette époque-là ?
Où étais-tu à ce moment-là ?
Qu'est-ce qui s'est passé ? Et après ?
Quelles ont été tes réactions ?
Finalement, comment ça a fini ?

Mots nouveaux à apprendre

attendre	*to wait (for) (conj. like **perdre**)*	se marier	*to get married (conj. like **se coucher**)*
ce (jour)-là	*that (day)*	le moment	*moment*
cela	*that*	le/la petit(e) ami(e)	*boyfriend/ girlfriend*
consolé(e)	*consoled*		
content(e)	*happy*	plaire (à)	*to please*
défendre	*to forbid (conj. like **perdre**)*	je plais	nous plaisons
		tu plais	vous plaisez
		il/elle/on plaît	ils/elles plaisent
désespéré(e)	*in despair*	j'ai plu	
se disputer	*to argue (conj. like **se coucher**)*	se promener	*to go for a walk (conj. like **se lever**)*
(s')embrasser	*to kiss (conj. like **se coucher**)*	ravi(e)	*thrilled*
s'entendre (avec)	*to get along (with)*	(se) réconcilier	*to be reconciled (conj. like **se coucher**)*
je m'entends nous nous entendons			
tu t'entends vous vous entendez		(se) rencontrer	*to meet (conj. like **se coucher**)*
il/elle/on s'entend ils/elles s'entendent			
je me suis entendu(e)		se séparer	*to break up (conj. like **se coucher**)*
l'époque *(f)*	*(time) period*		
se fiancer	*to get engaged (conj. like **se coucher** but with spelling variation like **commencer**)*	tendrement	*tenderly*
		tenir	*to hold*
		je tiens	nous tenons
		tu tiens	vous tenez
		il/elle/on tient	ils/elles tiennent
		j'ai tenu	
flirter	*to flirt (conj. like **parler**)*	tomber amoureux/ amoureuse (de)	*to fall in love (with) (conj. like **parler**, but with **être**)*
fréquenter	*to go (out) with (conj. like **parler**)*		
joyeux/joyeuse	*joyful, joyous*	triste	*sad*

Comment le dire

La semi-voyelle [j]

The French sound [j] resembles the first sound in English words like *you* and *yellow.*

les **y**eux, b**i**en, nous ét**i**ons, f**ill**e

The sound [j] corresponds to the following spellings.

1. **i** followed by a vowel:

    pass**i**onné, h**i**er, vous aim**i**ez

2. **il** preceded by a vowel (end of word only):

    trav**ail**, sol**eil**, **œil**

3. **ill** followed by a vowel:

    trav**aill**ons, f**ill**e, gent**ill**e

    Exceptions: **ill** = [il] in v**ill**e, v**ill**age, m**ill**e, tranqu**ill**e

4. **y** followed by a vowel or between two vowels:

    les **y**eux, v**o**y**a**ge, p**a**y**er

Activité 6 Quand nous étions enfants et maintenant

Avec un(e) camarade de classe, dites tour à tour les phrases suggérées et les réponses. Employez le sujet « nous » comme dans le modèle.

Modèle: à cinq ans... aller au cirque / aller au théâtre
              A: À cinq ans, nous allions au cirque.
              B: Oui, et maintenant, nous allons au théâtre.

1. l'année dernière... jouer au football / tennis
2. il y a deux ans... manger à la cantine du lycée / chez McDonald
3. à vingt ans... faire du sport / regarder la télé
4. hier soir... être en colère / se sentir calmes
5. à quinze ans... dire « Super ! » / dire « Excellent ! »
6. à treize ans... aimer les feuilletons / aimer le journal télévisé

Écoutons un peu

Stratégie d'écoute   Identifiez le temps des verbes pour savoir à quel moment l'action commence dans un conte.

Fairy tales, and many other types of stories, generally set the scene and give a certain amount of background about the situation and the characters before the action begins. Knowing the differences in usage between the **imparfait** and the **passé composé** can help you recognize when the action starts.

*Read the beginning of **Le Petit Poucet**.°*   Le... *Tom Thumb*

Il était une fois° un homme et une femme qui avaient   Il... *Once upon a time*
sept enfants, sept garçons. Ces gens étaient si pauvres qu'ils
ne pouvaient plus nourrir leurs enfants. Un jour, le plus jeune
des garçons, qui était très, très petit, a entendu ses parents
dire qu'ils étaient obligés de se séparer de leurs enfants, qu'ils
allaient les emmener° dans la forêt et les y abandonner...   *to take*

*What event starts the adventure of **Le Petit Poucet**? What verb tense is used to announce this action? What is the tense of the other verbs? Why are they in that tense?*

À l'écoute

Contes de fées
Vous allez entendre le commencement de trois contes de fées que vous connaissez bien.

Vous avez compris ?

1. Complétez le schéma suivant.

Personnages	Arrière plan/ situation initiale	Première action/ premier événement
Conte 1		
Conte 2		
Conte 3		

2. Quel est le titre anglais de chacun de ces trois contes ?

   1. _____   2. _____   3. _____

Dossier 3

In this Dossier, you will learn about these grammatical features

■ the use of **si** + the imperfect to make a suggestion

■ the use of the **passé composé** and the **imparfait** to distinguish between ongoing and intervening actions in the past

■ the negative expressions **ne... rien** and **ne... personne**

Additional materials for this **Dossier:**

CD-ROM (E8)
   **Échanges : Que faire ce soir ? Dire ce qui s'est passé, Réunion inutile
   Comment le dire : Révisons le son [e] fermé et le son [ɛ] ouvert**

CAHIER (8.3)
   **Activités écrites
   Activités de laboratoire** (avec cassette à rendre)

DASHER (E8)
   Paroles : **Activités 1, 3, 4, 5
   Cahier : Activités écrites 1, 2, 3, 5, 6**

Paroles

Stratégie de lecture   Pensez à ce que vous savez de la personnalité et des valeurs d'un personnage pour anticiper ses réactions.

When reading a story, it is important to keep in mind what you know about a character's personality and values to help anticipate what that character's reactions might be to certain events or statements.

In the third part of **Le chandail de hockey** *a conflict between the young narrator and his mother is dramatized in a dialogue. Based on what you know about these two characters, imagine how the mother might react to the following statements by her son.*

LE GARÇON: Je ne vais jamais porter cet uniforme-là !
LA MÈRE: _____

LE GARÇON: Mes amis vont se moquer de° moi !   *se... make fun of*
LA MÈRE: _____

LE GARÇON: Maurice Richard ne voudrait jamais porter ça !
LA MÈRE: _____

Lire

Le chandail de hockey (III)

Les larmes° aux yeux, je trouvai assez de force pour   *tears*
dire :
   — J'porterai jamais° cet uniforme-là.   *J'porterai... I'll never wear*
   — Mon garçon, tu vas d'abord l'essayer° ! Si tu te fais   *to try*
une idée sur les choses avant de les essayer, mon garçon,
tu n'iras pas° loin dans la vie...   *n'iras... won't go*
   Ma mère m'avait enfoncé° sur les épaules le chandail   *avait... had pulled*
bleu et blanc des Maples Leafs de Toronto et, déjà, j'avais
les bras enfilés° dans les manches. Elle tira° le chandail sur   *stuck / pulled*
moi et s'appliqua à aplatir° tous les plis° de cette abomi-   *to smooth down / creases*
nable feuille d'érable sur laquelle, en pleine poitrine,
étaient écrits les mots « Toronto Maple Leafs ». Je pleurais.
   — J'pourrai jamais° porter ça.   *J'pourrai... I'll never be able*
   — Pourquoi ? Ce chandail-là te va bien... Comme un
gant°...   *glove*
   — Maurice Richard se mettrait jamais° ça sur le dos...   *se... would never put*
   — T'es pas Maurice Richard. Puis, c'est pas ce qu'on
se met sur le dos qui compte, c'est ce qu'on se met dans
la tête...
   — Vous me mettrez pas dans la tête de porter le
chandail des Maple Leafs de Toronto.
   Ma mère eut un gros soupir° désespéré et elle m'expliqua :   *eut... gave a big sigh*
   — Si tu gardes pas ce chandail qui te fait bien, il va
falloir° que j'écrive à M. Eaton pour lui expliquer que tu   *to be necessary*
veux pas porter le chandail de Toronto. M. Eaton, c'est un
Anglais ; il va être insulté parce que lui, il aime les Maple
Leafs de Toronto. S'il est insulté, penses-tu qu'il va nous

répondre très vite ? Le printemps va arriver et tu auras pas joué° une seule partie parce que tu auras pas voulu° porter le beau chandail bleu que tu as sur le dos.

auras... won't have played /
auras... won't have wanted

Vous avez compris ?

1. Pourquoi est-ce que le garçon ne veut pas porter le chandail ?
2. Relisez les quatre réponses de la mère. Trouvez trois exemples des différentes « stratégies » qu'elle emploie pour influencer son fils (la flatterie, les menaces, les clichés, le raisonnement, la prédiction, etc.).
3. Qu'est-ce que l'attitude de chaque personnage par rapport au chandail reflète de ses valeurs ?

Les mots pour le dire

Pour faire une suggestion

Échange 1 *Que faire ce soir ?*

MONIQUE: Je suis libre ce soir. Toi aussi ?
SÉBASTIEN: Oui, pourquoi ?
MONIQUE: Si nous allions au cinéma ?
SÉBASTIEN: Oui. Mais... je n'ai pas assez d'argent.
MONIQUE: Dans ce cas-là, je t'invite !
SÉBASTIEN: D'accord, on y va !

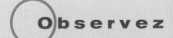

Observez

What verb tense is used after *si* to make a suggestion? **(8.1.c)**

Activité 1 Situations et suggestions

Réfléchissez à ces situations et faites autant de suggestions que possible aux personnes indiquées.

Modèle: Votre ami n'a pas beaucoup d'argent et veut sortir avec sa petite amie.
            Vous lui dites : Si vous faisiez une promenade ?
                            Si tu lui suggérais de t'inviter chez elle ?

1. Votre copain a une heure de libre et vous lui proposez de faire quelque chose ensemble.
2. Votre père vient vous voir et veut visiter la ville.
3. Votre camarade de chambre a un examen demain et il/elle n'a pas encore commencé à se préparer.
4. Vous avez insulté votre femme/mari et maintenant vous voulez vous excuser.
5. Votre ami(e) veut perdre des kilos et vous demande vos suggestions.

Pour exprimer l'impatience

Échange 2 *Question de confort*

PASCALE: J'ai très froid. Si on fermait la fenêtre ?
SERGE: Mais non... on a besoin d'air frais pour bien dormir. L'air frais purifie les poumons. L'air frais aide la digestion. L'air frais...
PASCALE: Arrête... tu m'embêtes avec tes histoires d'air frais. Il fait froid et je vais fermer la fenêtre !

Possibilités

j'en ai assez	tu m'ennuies	Arrête !
j'en ai marre *(argot)*	tu m'embêtes *(familier)*	Laisse-moi tranquille !
j'en ai ras le bol *(argot)*	tu me casses les pieds *(argot)*	Fiche-moi la paix ! *(argot)*

Gestes qui expriment des sentiments

On dit que quand les Français parlent ils sont plus animés que les Américains et qu'ils expriment plus facilement leurs sentiments, en particulier quand ils sont irrités ou pas d'accord. C'est en partie vrai. Comme supplément aux mots, on peut exprimer ses sentiments par ses expressions faciales et par son ton de voix : voix plus forte que d'habitude, exclamations, articulation et intonation exagérées. On peut aussi renforcer ce qu'on dit par des gestes.

Pour exprimer son autorité : « Croyez-moi, j'ai raison ! »

Pour exprimer son impatience : « J'en ai ras le bol ! »

Pour exprimer son indifférence : « Je m'en moque totalement ! »

Pour calmer quelqu'un : « Mais voyons, calme-toi un peu. »

Activité 2 Que répondre ?

Exprimez votre impatience selon chaque situation indiquée. Variez les expressions que vous utilisez.

1. Votre camarade de chambre écoute la même chanson depuis des heures.
2. Votre sœur pense toujours à elle et seulement à elle.
3. Votre petit frère vous pose constamment la question « pourquoi ? ».
4. Quelqu'un que vous ne connaissez pas vous suit dans la rue pour vous demander 25 euros.
5. Un(e) camarade de classe pense toujours que vous avez tort.
6. Votre camarade de chambre a perdu votre livre de français.

Dire ce qui s'est passé

Hier soir, je me suis disputé avec mon camarade de chambre. Il regardait la télévision quand je suis rentré. Moi, j'avais du travail à faire, alors je lui ai demandé de baisser le son : il a refusé. Je lui ai dit « Égoïste ! » et il m'a appelé « Imbécile ! ». Nous nous sommes insultés et menacés pendant cinq minutes et nous nous sommes presque battus. À la fin, j'ai gagné : il est sorti et j'ai pu travailler tranquillement !

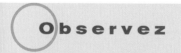

1. In the second sentence, which verb tense is used for an ongoing action and which tense is used for the new action that intervenes? **(8.1.b)**

2. Is the expression **nous nous sommes insultés** reflexive or reciprocal? **(8.6)**

Activité 3 Une journée difficile !

Imaginez l'histoire d'une journée difficile à partir des circonstances et des événements suggérés. Utilisez les temps du passé qui conviennent pour bien raconter chaque incident : le signe --- indique l'imparfait.

L'histoire commence : J'ai eu une journée très difficile.

Vous continuez...

Modèle: Ce matin, au moment où -------- je / traverser° la rue   *to cross*
            Peyronnet, --------
          je / avoir un petit accident de voiture.
          Ce matin, au moment où je traversais la rue Peyronnet,
          j'ai eu un petit accident de voiture.

1. ---------------- le téléphone / sonner° déjà -----------------   *to ring*
            quand je / arriver au bureau°   *office*

2. Pendant que ---------------- je / parler au client ----------------
                Madame Lemoine / entrer dans mon bureau

3.   elle / dire que
   ---------------- elle / m'attendre depuis 8 heures ----------------

4. --------------- je / être nerveux ----------------
   quand elle / me demander d'aller voir Monsieur Béluc

5.   je / entrer dans le bureau de Monsieur Béluc
           et je / voir que
   --------------- il / ne pas avoir l'air content ----------------

6. --------------- je / être déjà en retard dans mon travail ----------------
   mais il / me donner 50 dossiers à lire

Conclusion : Alors, voilà pourquoi je suis crevé ce soir.

Activité 4 Dispute

Choisissez six verbes de la liste et mettez-les dans un ordre logique pour raconter une dispute (réelle ou imaginaire) entre vous et une autre personne. Utilisez le passé composé.

Modèle: se séparer
              Nous nous sommes séparés.

s'insulter	se parler	s'embrasser
se menacer	se téléphoner	se regarder
se battre	se disputer	se séparer

Pour indiquer que rien ne s'est passé
Échange 3 *Réunion inutile*

A: Jacques m'a dit que tu es allé(e) à la réunion des Verts hier. Qu'est-ce qui s'est passé ?
B: Rien ne s'est passé. Nous n'avons rien décidé.
A: Zut alors ! Et il y avait des gens que tu connaissais ?
B: Non, je n'ai reconnu personne. J'ai vraiment perdu mon temps à cette réunion.

Possibilités

Qu'est-ce qui s'est passé ?
Il s'est passé quelque chose ?

Qu'est-ce que vous avez fait ?
Vous avez fait quelque chose ?

Qui a proposé une solution ?
Quelqu'un a proposé une solution ?

Qui est-ce que tu as vu ?
Tu as vu quelqu'un ?

Rien ne s'est passé.
Non, rien ne s'est passé.

Nous n'avons rien fait.
Non, nous n'avons rien fait.

Personne n'a proposé de solution.
Non, personne n'a proposé de solution.

Je n'ai vu personne.
Non, je n'ai vu personne.

Observez

1. Which expression refers to a person: **quelque chose** or **quelqu'un**? **(8.7)**

2. Which expression is the negative equivalent of **quelqu'un**? of **quelque chose**? **(8.7)**

3. Do the expressions **rien** and **personne** always occur in the same place in relation to the verb of a sentence? **(8.7)**

Activité 5 Une journée trop tranquille

Jouez les rôles suivants avec un(e) camarade de classe : un homme/une femme d'affaires interroge son/sa secrétaire sur ce qui s'est passé au bureau pendant son absence et le/la secrétaire répond avec « rien » ou « personne ».

Modèle: téléphoner
HOMME/FEMME D'AFFAIRES: Qui a téléphoné ?
SECRÉTAIRE: Personne n'a téléphoné.

1. venir dans mon bureau
2. voir
3. faire
4. lire
5. se passer

Activité 6 Crime, rue des Fontaines

Par groupes de quatre, faites le récit de cette scène de photo-roman. Donnez une identité à ces deux personnes, puis expliquez la nature de leur rapport et les circonstances de cette scène.

Vocabulaire utile

le sac *(purse)*
le revolver *(gun)*
tirer sur quelqu'un *(to shoot someone)*
tuer quelqu'un *(to kill someone)*

1.

3.

5.

2.

4.

6.

Mots nouveaux à apprendre

aider	to help (conj. like ***parler***)
l'air (m)	air
appeler	to call (conj. like ***s'appeler*** but not pronominal)
arrêter	to stop
assez	enough
baisser	to lower (conj. like ***parler***)
(se) battre	to fight (one another)

je	bats	nous	battons
tu	bats	vous	battez
il/elle/on	bat	ils/elles	battent
j'ai battu			
je me suis battu(e)			

dans ce cas-là	in that case
la digestion	digestion
égoïste	egotistical, selfish
en avoir assez	to have had enough
en avoir marre (argot)	to have had it
en avoir ras le bol (argot)	to be fed up
la fenêtre	window
fermer	to close (conj. like ***parler***)
fiche-moi la paix (argot)	get lost
la fin	the end
frais/fraîche	fresh
gagner	to win (conj. like ***parler***)

imbécile	idiotic, idiot
(s')insulter	to insult (one another) (conj. like ***parler*** but also pronominal)
laisse-moi tranquille	leave me alone
(se) menacer	to threaten (one another) (conj. like ***commencer*** but also pronominal)
ne... personne	no one
proposer	to propose (conj. like ***parler***)
purifier	to purify (conj. like ***parler***)
reconnaître	to recognize (conj. like ***connaître***)
la réunion	meeting
la solution	solution
le son	sound
tranquillement	calmly
tu me casses les pieds (argot)	you are a pain in the neck
tu m'embêtes (familier)	you are bugging me
tu m'ennuies	you are bothering me
zut	darn

Comment le dire

Révisons [e] fermé et [ɛ] ouvert

1. As you learned in **Ensemble 3**, the spellings **é** and **ez** correspond to the sound [e] **fermé**. The spelling **é** occurs at the end of the past participle of **-er** verbs in the **passé composé**.

Je l'ai regard**é** et je lui ai demand**é** son nom.

The spelling **ez** occurs at the end of the **vous** forms of all verbs in the **imparfait** and of most in the **présent**.

Vous avi**ez** bien raison.

Vous av**ez** bien raison.

To pronounce a good [e] **fermé,** keep your mouth fairly closed.

2. You also know that the letter combination **ai,** found in the **imparfait** endings **ais, ait,** and **aient,** corresponds to the sound [ɛ] **ouvert.** These spellings occur at the end of all singular forms of the **imparfait** and in the **ils/elles** plural forms.

j'all**ais,** tu ven**ais,** elle parl**ait,** ils mange**aient**

To pronounce a good [ɛ] **ouvert,** open your mouth a bit more than for [e].

3. For both [e] **fermé** and [ɛ] **ouvert,** keep your tongue and lips in a fixed position in order to avoid gliding as you might do in English in words like *say, alley,* or *Dorothy.*

Activité 7 Imparfait et passé composé

Avec un(e) camarade de classe et à tour de rôle, posez-vous les questions suivantes. Utilisez les expressions entre parenthèses dans vos réponses. Faites bien attention à la différence de prononciation entre [e] et [ɛ].

Modèle: Tu es allé(e) au cinéma hier, comment c'était ? (intéressant / y avoir beaucoup de monde)
A: Tu es allé(e) au cin**é**ma hier, comment c'**était** ?
B: C'**était** int**é**ressant et il y av**ait** beaucoup de monde.

1. Quel temps faisait-il ce matin ? (pleuvoir quand / arriver à la fac)
2. Pourquoi as-tu mangé tout mon pain ? (parce que / avoir faim)
3. Qu'est-ce que vous avez fait en classe ? (rien / prof être absent)
4. Qu'est-ce que vous avez fait dimanche dernier ? (visiter un musée parce que / neiger)
5. Qui as-tu rencontré à la réunion ? (ne pas aller à la réunion / être malade)

La boutique « Marché de souvenirs » à Montréal.

Écrivons un peu

Stratégie d'écriture Pour organiser votre texte, posez-vous des questions avant d'écrire.

Before writing on any topic, it is useful to organize your thoughts by formulating the relevant questions that your written work should address.

Imagine an ending for **Le chandail de hockey** *by asking yourself the following questions.*

1. **Qui** sont les personnages que vous allez mettre en scène ?
   (le jeune narrateur ? la mère ? les autres garçons ? M. Eaton ?
   Maurice Richard ? un nouveau personnage ?)
2. **Quand** situez-vous l'action ? (ce jour-là ? le jour après ?
   au printemps ? quelques années plus tard ?)
3. **Où** situez-vous l'action ? (à l'école ? à l'église ? à la patinoire ?
   chez le jeune garçon ? autre part° ?)   autre... *elsewhere*
4. **Qu'est-ce qui** s'est passé ? (Imaginez ce que les personnages
   ont fait et dit.)
5. **Pourquoi ?** (Trouvez des raisons pour les actions des personnages.)
6. **Avec quel résultat ?**

À vous d'écrire

Le chandail de hockey : Votre conclusion

Based on your answers to the preceding questions, write your own ending for **Le chandail de hockey : L'histoire d'une abominable feuille d'érable sur la glace,** paying attention to how you use the **passé composé** and the **imparfait.**

Mise au point

Reread your ending for the story and consider if you . . .

1. answered the questions in the pre-writing activity.
2. started with a sentence that links your ending to the rest of the story and ended with a sentence that clearly indicates the story is finished.
3. used the **passé composé** to tell about things that happened and the **imparfait** for descriptions.

Paroles

Stratégie de lecture Pour anticiper la fin d'un conte, souvenez-vous des éléments introduits au début.

In a good short story, even a "surprise" ending usually stems from elements introduced earlier in the story.

In **Le chandail de hockey : L'histoire d'une abominable feuille d'érable sur la glace,** *the traces of the ending are present from the very outset. With a partner, try to predict the setting(s) of the final part of the story by focusing on details from the title and the opening of the tale.*

1. In the story's opening paragraph, what are the three places where the narrator and his friends "live"?
2. In part two of the story, which words from the title and subtitle are mentioned?
3. In part three, which other word from the title or subtitle is brought in?
4. Which words from the title and subtitle have not yet been mentioned in the story? To which of the three places do they refer?
5. Which setting(s) do you predict for the final part of the story?

As you read the final part of the story, try to link what you learn about the various characters, objects, settings, and events with what you have already read.

Lire

Le chandail de hockey (IV)

Je fus° donc obligé de porter le chandail des Maple Leafs. Quand j'arrivai à la patinoire avec ce chandail, tous les Maurice Richard en bleu, blanc, rouge s'approchèrent un à un pour regarder ça. Au coup de sifflet de l'arbitre,° je partis prendre mon poste habituel. Le chef d'équipe vint me prévenir° que je ferais plutôt partie de la deuxième ligne d'attaque. Quelques minutes plus tard, la deuxième ligne fut appelée ; je sautai° sur la glace. Le chandail des Maple Leafs pesait° sur mes épaules comme une montagne. Le chef d'équipe vint° me dire d'attendre ; il aurait besoin de moi à la défense, plus tard. À la troisième période, je n'avais pas encore joué ; un des joueurs de défense reçut° un coup de bâton sur le nez, il saignait ; je sautai sur la glace : mon heure était venue ! L'arbitre siffla ; il m'infligea° une punition. Il prétendait° que j'avais sauté sur la glace quand il y avait encore cinq joueurs. C'en était trop ! C'était trop injuste !

C'est de la persécution ! C'est à cause de mon chandail bleu ! Je frappai° mon bâton sur la glace si fort qu'il se brisa.° Soulagé,° je me penchai° pour ramasser les débris. Me relevant, je vis le jeune vicaire,° en patins, devant moi :

—Mon enfant, ce n'est pas parce que tu as un petit chandail neuf des Maple Leafs de Toronto, au contraire des

was

Au... When the referee's whistle blew
to inform

jumped
was weighing
came

received

imposed
claimed

hit / se... broke
Relieved / me... bent over
priest

Dossier 4

In this Dossier, you will learn about these grammatical features

■ the irregular verb **croire**

■ various ways of expressing causality

■ spelling variations with verbs like **jeter** and **essayer**

Additional materials for this **Dossier:**

CD-ROM (E8)
Échanges : Deux points de vue différents, Vrai ou pas vrai
C'est comme ça ! : Web activity: **L'écologie et les Verts**
Comment le dire : Les liaisons obligatoires et les liaisons interdites

PAROLES WEB SITE
Web Activities 5 (**Les Verts**) and 6 (**Parc de la Gaspésie/ Une maison empoisonnée**)

CAHIER (8.4)
Activités écrites (et À vous d'écrire)
Activités de laboratoire

DASHER (E8)
Cahier : Activités écrites 1, 2, 4, 5, 6

autres, que tu vas nous faire la loi.° Un bon jeune homme ne se met pas en colère.° Enlève° tes patins et va à l'église demander pardon à Dieu.

faire... *lay down the law*
ne... *doesn't get angry /*
Take off

Avec mon chandail des Maple Leafs de Toronto, je me rendis° à l'église, je priai Dieu ; je lui demandai qu'il envoie au plus vite des mites° qui viendraient dévorer mon chandail des Maple Leafs de Toronto.

me... *went*
moths

Vous avez compris ?

1. Comment est-ce que le narrateur est exclu du groupe ?
2. Au début du conte, le narrateur dit que « l'école était une sorte de punition ». Quand le thème de la punition revient, avec quel(s) lieu(x) est-il associé ?
3. Le jeune vicaire voit que le narrateur est en colère. Quelle explication donne-t-il à cette colère ? A-t-il raison ?
4. Quelle est la source du problème selon le narrateur ? Quelle solution envisage-t-il à la fin ?

Les mots pour le dire

 Pour exprimer les causes et les conséquences

Échange 1 *Deux points de vue différents*

Observez

1. Which two expressions are used in **Échange 1** to express causality? **(8.8.a)**

2. Which is used to present the cause of a positive outcome? Which is used to introduce things in a more negative light? **(8.8.a)**

M. L'OPTIMISTE: Moi, je crois que le monde a fait des progrès.

M. LE PESSIMISTE: Le monde a changé, c'est vrai. Mais est-ce que nous vivons mieux aujourd'hui ?

M. L'OPTIMISTE: Oui, bien sûr. Autrefois, les gens ne vivaient pas vieux, il fallait des semaines pour faire le voyage de Paris à New York et il n'y avait pas d'ordinateurs. Grâce à la science et la technologie, la vie aujourd'hui est plus sûre et plus facile.

M. LE PESSIMISTE: Mais dans le temps, les gens étaient plus relaxes parce que la vie était plus simple. Et puis, aujourd'hui tout est pollué à cause des déchets industriels.

Verbe				
croire *(to believe)*	je	crois	nous	croyons
	tu	crois	vous	croyez
	il/elle/on	croit	ils/elles	croient
	j'ai cru			

Possibilités

Grâce à la technologie... le monde a fait des progrès.

nous pouvons recycler les bouteilles en plastique.

À cause de la pollution... l'air n'est plus pur.

nous ne pouvons pas nager dans certaines rivières.

Circulation intense sur l'avenue des Champs-Élysées à Paris.

Boîte de recyclage à Bruxelles.

Il y a de la pollution... à cause des déchets industriels.

des fertilisants agricoles.

du gaz carbonique produit par les autos.

de la pluie acide.

parce qu'on jette des tonnes d'ordures.

on gaspille le papier.

on ne respecte plus l'environnement.

Observez

1. Which two expressions here are used to express causality? **(8.8.b)**

2. Which of these expressions is followed by a noun? by a clause (subject + verb)? **(8.8.b)**

3. The infinitive of the verbal expression **on jette** is **jeter**. What spelling variation do you see between the infinitive and the conjugated form? **(8.9.a)**

Usines au Québec.

Panneau d'affichage en France.

Observez

1. In these sentences, which clause expresses the cause? the consequence? **(8.8.c)**

2. The infinitive of the verbal expression **on essaie** is **essayer.** What spelling variation do you see between the infinitive and the conjugated form? **(8.9.b)**

Puisque les champs sont moins fertiles, on doit utiliser des fertilisants.

nous avons des ordinateurs, notre travail est moins difficile.

Comme nous gaspillons le papier, nous sommes obligés de couper trop d'arbres.

on essaie de recycler, il y a moins de déchets.

| L'écologie et les Verts |

Les questions d'écologie et de dégradation de l'environnement préoccupent beaucoup les Français. En effet, certaines rivières et plages sont polluées, l'air n'est plus pur dans les grandes villes et les gens sont sensibles à la pollution par le bruit° causé par la circulation automobile. Cependant, depuis quelques années, la France a fait des progrès en matière d'écologie. L'écologie joue aussi un rôle important dans la vie politique, et les questions d'environnement sont présentes dans les programmes de tous les partis. Il y a plusieurs partis politiques pour qui l'écologie est la principale préoccupation : par exemple, les Verts et Génération Écologie. Aux élections européennes de 1999, les Verts ont eu 9,7 % des votes.

noise

Affiches anti-pollution.

Activité 1 Pourquoi ?

Une personne pose une question avec « pourquoi » et les autres proposent autant de raisons que possible.

Modèle: il y a de la pollution
A: Pourquoi y a-t-il de la pollution ?
B: Parce que nous gaspillons tout.
C: À cause de nos déchets.

1. il y a moins de forêts
2. l'air est pollué
3. l'eau n'est plus pure

4. le travail est plus facile
5. on vit mieux aujourd'hui

Activité 2 Causes et conséquences

En chaîne, expliquez les causes et les conséquences de ces problèmes contemporains. La première personne commence par la conséquence suggérée et en explique la cause. Ensuite, la deuxième personne utilise cette même cause pour le début d'une autre phrase, qui donne une conséquence différente, et ainsi de suite.

Modèle: La terre est polluée.

Conséquence 1 + Cause 1
La terre est polluée parce que nous gaspillons le papier.

Cause 1 + Conséquence 2
Et puisque nous gaspillons le papier, il y a moins de forêts.

1. L'air n'est plus pur.
2. Il y a moins de poissons dans la mer.
3. La pluie acide est un problème sérieux.
4. Nos rivières sont en danger.
5. On a du mal à respirer dans les grandes villes.

Activité 3 Autrefois et aujourd'hui

Comparez la vie de vos parents ou vos grands-parents et votre vie aujourd'hui, en considérant les éléments suivants.

Modèle:

Mon père a vécu à l'époque où il comptait sur ses doigts à l'école...

1. les moyens de transport
2. l'environnement
3. les modes de communication

4. la médecine
5. la vie de tous les jours

Pour rapporter un événement et donner sa réaction

Échange 2 *Vrai ou pas vrai ?*

A: On m'a dit que tu ne travaillais plus chez Renault. C'est vrai ?

B: C'est entièrement faux... au moins pour le moment. Mais tu sais, j'ai entendu dire qu'on allait fermer l'usine de Nantes.

A: C'est incroyable ça....

Possibilités

J'ai entendu dire que tu ne travaillais plus dans cette usine.

qu'il y avait trop de pollution dans cette région.

On m'a dit qu'on allait fermer cette usine.

que toutes les rivières dans cette région étaient polluées.

C'est entièrement faux.	J'ai du mal à te croire.
Ce n'est pas tout à fait exact.	C'est incroyable.
C'est pas vrai. *(familier)*	Oui, c'est vrai.

Activité 4 Surprise et doute

Travaillez avec un(e) camarade de classe. La personne A rapporte les faits suivants en disant comment elle les a appris. La personne B exprime sa réaction à cette nouvelle. Variez les expressions que vous utilisez.

> Modèle: On allait avoir un contrôle ce vendredi.
> A: On m'a dit qu'on allait avoir un contrôle ce vendredi.
> B: J'ai du mal à te croire. Nous avons eu un contrôle mardi.

1. Le chien du prof savait parler français.
2. Tu jouais au tennis quand tu avais deux ans.
3. Le travail était plus facile quand il n'y avait pas d'ordinateurs.
4. On allait fermer la fac de lettres.
5. L'air était pur à Paris.

Activité 5 Titres de faits divers

Les titres suivants sont tirés de la rubrique « faits divers » dans des journaux français. Choisissez un des titres et rapportez ce qui s'est passé à la classe.

1. Grand-mère formidable et femme d'affaires
2. Accident tragique sur l'autoroute A7
3. Divorce à Hollywood
4. Les parents avaient raison
5. Le fiancé était jaloux°

jealous

Mots nouveaux à apprendre

à cause de	*because (of)*
acide	*acid*
agricole	*agricultural*
au moins	*at least*
l'auto *(f)*	*car*
autrefois	*formerly*
certain(e)	*certain*
comme	*since, considering that*
croire	*to believe*

je	crois	nous	croyons
tu	crois	vous	croyez
il/elle/on	croit	ils/elles	croient
j'ai cru			

dans le temps	*in the old days*
le déchet	*waste*
entièrement	*entirely*
l'environnement *(m)*	*environment*
essayer	*to try (to)*

j'	essaie	nous	essayons
tu	essaies	vous	essayez
il/elle/on	essaie	ils/elles	essaient
j'ai essayé			

exact(e)	*exact, correct*
faire des progrès	*to make progress*
faux/fausse	*false*
fertile	*fertile*
le fertilisant	*fertilizer*
gaspiller	*to waste (conj. like **parler**)*
le gaz carbonique	*carbon dioxide*

grâce à	*thanks to*
incroyable	*unbelievable*
industriel(le)	*industrial*
j'ai entendu dire	*I('ve) heard (it said)*
jeter	*to throw (out)*

je	jette	nous	jetons
tu	jettes	vous	jetez
il/elle/on	jette	ils/elles	jettent
j'ai jeté			

l'ordinateur *(m)*	*computer*
l'ordure *(f)*	*garbage*
le papier	*paper*
le plastique	*plastic*
la pollution	*pollution*
produit(e)	*produced*
puisque	*since*
pur(e)	*pure*
recycler	*to recycle (conj. like **parler**)*
la région	*region*
relaxe *(familier)*	*relaxed*
respecter	*to respect (conj. like **parler**)*
simple	*simple*
sûr(e)	*safe*
la technologie	*technology*
la tonne	*ton*
l'usine *(f)*	*factory*
utiliser	*to use (conj. like **parler**)*

Comment le dire

Les liaisons obligatoires et les liaisons interdites

According to the linguistic environment, **liaison** is either required, optional, or forbidden. When used, **liaison** consonants are pronounced as follows:

s, z → [z]   **n** → [n]   **t, d** → [t]

des étudiants   un ami   un grand enfant

1. **Liaisons obligatoires. Liaison** must be made in the following cases.

   a. between an article or a possessive or demonstrative adjective and the noun that follows

   les **au**tres   mon **en**fant   ces **hô**tels
   z   n   z

   b. between a descriptive adjective and the noun that follows

   un peti**t a**ccident   un gran**d a**rbre   des jolie**s a**ctrices
   t   t   z

   c. between a subject or object pronoun and the verb that follows

   nou**s a**vons   vou**s é**tiez   elle**s a**rrivent   on le**s é**coute
   z   z   z   z

   d. after prepositions and adverbs

   en **A**sie   dan**s un** mois   che**z e**lle   trè**s a**gréable   moin**s heu**reux
   n   z   z   z   z

   e. between an auxiliary verb and the past participle that follows

   nous somme**s a**llés   ils son**t a**rrivés   elle es**t e**ntrée
   z   t   t

2. **Liaisons interdites.** There are also cases where **liaisons** should never be made.

   a. after the conjunction **et**

   Je suis sortie avec Paul **et** un de ses amis.

   Les trains doivent partir **et** arriver à l'heure.

   b. between a singular noun and the verb that follows it

   Mon **chat** est gentil.

   Ce **vin** était délicieux.

   c. after a singular noun when the final consonant of the noun is not pronounced when the word occurs on its own

   mont orange   **champ** énorme

   d. between an inverted pronoun (**ils, elles**) and a following verb

   Ont-**ils** étudié ?

   Vont-**elles** arriver ?

   e. before words beginning with **h aspiré**

   Il croit que mon chien a mangé ses **haricots** !

Activité 6   Ne faites pas les liaisons interdites

Regardez ce poème et notez les liaisons interdites qui sont indiquées en caractères gras. Ensuite, lisez le poème à haute voix. Faites attention à ne pas vous arrêter entre les voyelles contiguës.

Regarde ce jar**din** étrange

Avec un seul arbre **et u**ne seule fleur.

Regarde ce cham**p i**mmense

Où le printem**ps est** toujours présent.

Regarde ce pommi**er en** fleur

Et où il y a aussi trois fruits.

Regarde ce mon**t o**range à l'horizon

Et apprends qu'il suffit de regarder.

Discutons un peu

Stratégie de discussion Associez les causes et les conséquences pour construire un argument logique.

When constructing an argument, it is useful to demonstrate cause and effect to illustrate your point of view.

Imagine that you are trying to convince someone that he or she is polluting the environment at the beach. For each of the following causes of pollution, indicate an effect.

Causes de la pollution	**Effets**	
Modèle: les crèmes solaires	pollution du sable° et de la mer	*sand*

1. les cigarettes
2. la musique
3. les chiens

Maintenant, considérez cette bande dessinée.

Permettez-moi de vous dire, monsieur, que vous polluez l'air avec votre cigarette.

Avez-vous bien cité les mêmes causes et les mêmes effets de la pollution que l'auteur de cette bande dessinée ?

À vous la parole

La pollution   *Avec un(e) camarade de classe, jouez une ou deux des scènes suivantes. Avant de commencer, notez les causes et les conséquences que vous pouvez citer dans votre argument.*

1. Au restaurant, la personne A est assise à côté de la personne B qui fume sans cesse.
2. Les personnes A et B habitent ensemble. La personne A joue toujours sa musique très fort, et la personne B ne peut pas bien dormir.
3. La personne A, qui représente les familles de son quartier, se plaint à la personne B, le directeur d'une usine qui, selon les gens du quartier, contribue à la pollution de la ville.

Grammaire 8

8.1 The imperfect tense

You have already learned one past tense in French, the **passé composé** (4.1 and 4.4), which is used to report an action or sequence of actions. Another past tense in French is the **imparfait,** which is typically used for descriptions and to express habitual states and/or behavior in the past.

a. **Form.** To find the **imparfait** stem, drop the **-ons** ending from the **nous** form of the present tense of the verb.

> parlons → parl-   choisissons → choisiss-   avons → av-

The only exception is **être,** for which the stem is **ét-**. All verbs use the same endings in the **imparfait.**

	Les verbes à l'imparfait					
	parler	partir	choisir	perdre	avoir	être
	parl(ons)	part(ons)	choisiss(ons)	perd(ons)	av(ons)	
je	parl**ais**	part**ais**	choisiss**ais**	perd**ais**	av**ais**	ét**ais**
tu	parl**ais**	part**ais**	choisiss**ais**	perd**ais**	av**ais**	ét**ais**
il/elle/on	parl**ait**	part**ait**	choisiss**ait**	perd**ait**	av**ait**	ét**ait**
nous	parl**ions**	part**ions**	choisiss**ions**	perd**ions**	av**ions**	ét**ions**
vous	parl**iez**	part**iez**	choisiss**iez**	perd**iez**	av**iez**	ét**iez**
ils/elles	parl**aient**	part**aient**	choisiss**aient**	perd**aient**	av**aient**	ét**aient**

You will recall that for pronunciation reasons, verbs like **nager** and **commencer** have spelling variations in the present tense because of the **o** in the ending of the **nous** form:

> nager   nous nag**e**ons
>
> commencer   nous commen**ç**ons

These spelling variations also occur in the **imparfait** in forms whose ending begins with **a.**

Les variations d'orthographe à l'imparfait			
verbes comme *nager*		verbes comme *commencer*	
je	nag**e**ais	je	commen**ç**ais
tu	nag**e**ais	tu	commen**ç**ais
il/elle/on	nag**e**ait	il/elle/on	commen**ç**ait
nous	nagions	nous	commencions
vous	nagiez	vous	commenciez
ils/elles	nag**e**aient	ils/elles	commen**ç**aient

b. *L'imparfait* **versus** *le passé composé.* Both the **passé composé** and the **imparfait** refer to the past, but they each express a different view of the past. The **passé composé** indicates specifically that an event that happened in the past has been completed. In a story or report, the **passé composé** is used to relate changes, usually individual actions or events or a series of happenings, that carry the narration forward. In other words, the **passé composé** tells what took place: It answers the question **Qu'est-ce qui s'est passé?** *(What happened?)*.

Hier, je suis sortie à midi et suis arrivée à la fac à midi vingt.

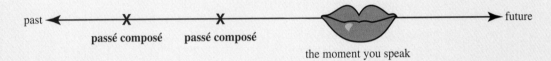

In contrast, the **imparfait** is used to relate background elements: It answers the question **Comment c'était?** *(How was it? What was going on?)*.

Il neigeait et il y avait du vent quand je suis sorti.

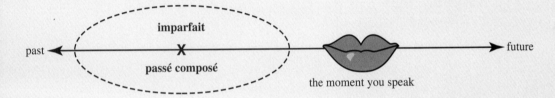

Another way of conceiving the difference between the **passé composé** and the **imparfait** is to consider events related in the **passé composé** as the *foreground* or main events of a story, whereas the **imparfait** provides information on the *background*. Consider this photo.

What's happening in the foreground? What is in the background? Imagine you are one of the two people and want to tell about your first kiss in Paris. You would say something like this:

Nous **étions** en vacances à Paris. Un soir, nous **regardions** le soleil qui se **couchait** sur la ville. Il **faisait** frais. Le ciel **était** rose à l'horizon et nous nous **sentions** heureux. Soudain, nous nous **sommes regardés** et nous nous **sommes embrassés**.

The point of this anecdote is to tell about the kiss, thus the action leading up to the kiss (**nous nous sommes regardés**) and the kiss itself (**nous nous sommes embrassés**) are in the **passé composé**. The rest is background information and mood setting, and, therefore, is in the **imparfait**.

Sometimes two actions in the past are sequential and both carry the narration forward; this is the case with the actions **nous nous sommes regardés** and **nous nous sommes embrassés** in the preceding anecdote. In other cases, one action serves as background to another action that intervenes and carries the narration forward. In such a case, the background action is expressed with the **imparfait** and the intervening action with the **passé composé**.

Sylvie regardait la télévision quand Paul a téléphoné.

Here the action that carries the narration forward is Paul's telephoning; the fact that Sylvie was watching television at the time is mere background, explaining what was going on.

Actions or states expressed by the **passé composé** are assumed to have occurred at a specific point of time in the past and to have been of a particular duration, even if that duration is fairly long.

Nous **avons visité** la Suisse en 1988.

Ce matin, il **a neigé**.

J'**ai habité** à Trois-Rivières pendant vingt ans.

Elle **a été** désespérée pendant trois semaines.

Actions or states expressed by the **imparfait** are not necessarily linked to a specific moment in the past and do not imply a marked beginning or end.

Nous **visitions** la Suisse tous les étés.

Il **neigeait** ce jour-là et nous avons décidé de rester chez nous.

J'**habitais** un petit studio.

Elle **était** vraiment désespérée.

J'ai entendu dire qu'il **était** amoureux.

Imparfait	Passé composé
1. Background information	Foreground happening(s)
Il pleuvait	quand je suis sorti(e).
Je lisais	quand tu as téléphoné.
2. Habitual action/state with duration not indicated	One or several actions/states that happened at a particular time
D'habitude, notre professeur était toujours à l'heure,	mais ce matin, il est arrivé en retard.
En général, elle était très joyeuse,	mais ce jour-là, elle a été très triste.

c. *Si* **with a verb in the** *imparfait.*

Si on **allait** au café à midi ?

Si tu **venais** chez moi ?

The **imparfait** preceded by **si** can be used to express a suggestion or wish. This construction is equivalent to English expressions that begin with *What if . . . ?* or *How about . . . ?*

8.2 The verb *se souvenir de*

The verb **se souvenir de** means *to remember.*

Je me souviens de ce prof.	*I remember this prof.*
Nous nous souvenons de ce cours.	*We remember this course.*

The verb **se souvenir** is always followed by the preposition **de,** which contracts with the definite articles **le** (→ **du**) and **les** (→ **des**).

Je ne me souviens pas **du** nom de mon premier instituteur.

Je me souviens **des** vacances à la plage.

To use a pronoun instead of a noun object with **se souvenir de,** use **en** if the noun refers to things, ideas, events, or facts. If the noun refers to a person or persons, use a stressed pronoun (**moi, toi, lui, elle, nous, vous, eux, elles**) after **de.**

Les pronoms avec *se souvenir de*
se souvenir de + chose/idée/événement/fait
Elle se souvient de ce jour. → Elle s'**en** souvient. Je ne me souviens pas de son nom. → Je ne m'**en** souviens pas.
se souvenir de + personne
Tu te souviens bien de tes amis d'enfance. → Tu te souviens bien **d'eux.** Je ne me souviens pas d'Alice Bouriant. → Je ne me souviens pas **d'elle.**

8.3 Relative clauses and relative pronouns

Nouns can be qualified by an adjective; they can also be qualified by a relative clause, which contains a complete sentence.

C'est un restaurant **japonais.** *(adjective)*

C'est un restaurant **que nous aimons beaucoup.** *(relative clause)*

A relative clause begins with a relative pronoun, which refers to a noun stated previously. A relative pronoun thus *relates* and *links* a relative clause to a noun or pronoun in the main clause, allowing you to avoid both repetition and overly simple sentences.

J'avais **une bicyclette.**	**Cette bicyclette** était rouge.
J'avais **une bicyclette**	**qui** était rouge.

a. **Qui.** The relative pronoun **qui** is used as the *subject* of a relative clause, whether the noun it refers to is a person or a thing, masculine or feminine, singular or plural. The verb that follows **qui** must agree in number with the noun or pronoun **qui** refers to.

Il a des cousines **qui** parlent allemand.

Elles habitent un appartement **qui** est près de la poste.

C'est vous **qui** avez préparé ce repas ?

b. **Que.** The relative pronoun **que** is used as the *direct object* of the relative clause, whether the noun it refers to is a person or a thing, masculine or feminine, singular or plural. In English, you can omit the relative pronoun when it is the object in a relative clause: *I received the sweater (that) I ordered.* In French, however, the relative pronoun must always be used. Note that if the verb in the relative clause is in the **passé composé,** the past participle must agree in gender and number with the noun **que** refers to, because **que** is a preceding direct object.

> Nous avons un oncle **que** nous ne voyons pas souvent.
>
> Tu n'aimes pas les **fromages** que j'ai choisis ?

c. **Où.** The relative pronoun **où** is used to refer to a noun that indicates a place or a time. Note that when **où** is used to indicate a place, there is an implied preposition.

> Voici un jardin.
>
> Nous avons joué **dans** ce jardin. → Voici un jardin **où** nous avons joué.
>
> C'était le moment.
>
> Nous avons eu l'accident. → C'était le moment **où** nous avons eu l'accident.

Note also that whereas in English you can omit the relative pronoun and say *the day (that/when) I arrived in Paris,* in French you must say **le jour *où* je suis arrivé à Paris.**

Les pronoms relatifs *qui, que, où*
Qui est le sujet de la proposition relative Je connais les enfants **qui** jouent dans le jardin. Ils avaient une maison **qui** était près de la rivière.
Que est l'objet direct de la proposition relative Vous avez des amis **que** je ne connais pas. Tu te souviens de l'histoire **que** Marc a racontée hier ?
Où est utilisé pour parler d'un lieu ou d'un moment Voici le village **où** j'habitais. Je me souviens de l'année **où** tu es né.

8.4 The exclamatory adjective *quel*

You have already learned that **quel** can be used as an interrogative adjective to ask for the precise identity or nature of something or someone.

> **Quel** film avez-vous vu hier soir ?
>
> **Quels** sports préférez-vous ?

Quel can also be used in an exclamation, much as we use *what (a)* in English. **Quel,** however, is never followed by an article.

What beautiful children!	Quels beaux enfants !
What a game!	Quel match !

Remember that **quel** must agree in gender and number with the noun it qualifies.

L'adjectif exclamatif *quel*		
	singulier	pluriel
masculin	Quel grand champ !	Quels jolis jardins !
féminin	Quelle grande forêt !	Quelles jolies fleurs !

When speaking, if the word (noun or adjective) following **quels/quelles** begins with a vowel or a silent **h,** you must make the **liaison.**

Quelle**s** **a**ventures !
z

Quel**s** **ho**rribles accidents !
z

8.5 Verbs and the use of prepositions before noun complements

In English, some verbs take prepositions before noun complements *(I was waiting for someone),* whereas others do not *(I was expecting someone).* The same is true in French. However, verbs that have similar meanings in English and French may not be similarly followed by prepositions. Therefore, you must learn the use of prepositions as you learn the verbs.

The memory aid REDCAP can help you remember six common French verbs that, unlike their English equivalents, do not have prepositions before their noun objects.

R: je **regarde** *(look at)* la télé

E: j'**écoute** *(listen to)* la radio

D: je **demande** *(ask for)* l'addition

C: je **cherche** *(look for)* mon chien

A: j'**attends** *(wait for)* le bus

P: je **paie** *(pay for)* ton billet

8.6 Reciprocal pronominal verbs

In the plural, some pronominal verbs involve reciprocal actions, where two or more parties act on each other. This structure is equivalent to the English form *We . . . each other.* This meaning differs from reflexive actions, where two or more parties each receive the effect of their own action(s). Generally, the context makes it clear whether the action is reciprocal or reflexive.

Verbes pronominaux au pluriel : Sens réciproque vs. sens réfléchi	
sens réciproque	sens réfléchi
Ils se sont rencontrés. *They met each other.*	Ils se sont réveillés. *They woke up.*
Ils se regardaient. *They were looking at each other.*	Ils se regardaient dans la glace. *They were looking at themselves in the mirror.*

As you already know, in the **passé composé,** the past participle of a pronominal verb agrees in gender and number with the object pronoun when it is a direct object. When the object pronoun is an indirect object (relating to a verb that uses **à** before its object, as with **parler**), there is no agreement of the past participle with the object pronoun.

Les accords des verbes réciproques au passé composé	
objet direct	Elles se sont menac**ées** et puis elles se sont batt**ues**. (menacer quelqu'un, battre quelqu'un)
objet indirect	Ils se sont parlé. (parler à quelqu'un)

8.7 Negations with *ne... rien* and *ne... personne*

The negative expressions **ne... rien** and **ne... personne** are equivalent to the English *nothing* and *no one*, respectively.

Les expressions *ne... rien* et *ne... personne*	
affirmatif	négatif
quelque chose *(something)* tout *(all, everything)*	ne... rien *(nothing)*
quelqu'un *(someone)* tout le monde *(everyone)*	ne... personne *(no one)*

As with other pronouns, **rien** and **personne** can be the subject, direct object, or object of a preposition. When **rien** or **personne** is a subject, the verb is always in the singular. Like other negations in French (**ne... pas, ne... jamais,** etc.) the **ne** goes before the verb.

Les négations avec *ne... rien* et *ne... personne*		
	rien	personne
sujet	**Rien ne** me plaît.	**Personne ne** me parle.
objet direct	Je **ne** dis **rien.**	Je **ne** vois **personne.**
objet de préposition	Je **ne** pense à **rien.**	Je **n'**ai besoin de **personne.**

The position of **rien** and **personne** varies according to their function. When they are subjects, they are at the beginning of the sentence and precede the word **ne.** When they are direct objects, they follow the verb. Note that in the **passé composé** when **rien** is a direct object, it comes between the auxiliary verb and the past participle, but when **personne** is a direct object, it comes after the past participle; when **rien** and **personne** are objects of a preposition, they follow the preposition.

Ne... rien et *ne... personne* au passé composé		
	rien	personne
sujet	**Rien ne** s'est passé.	**Personne n'**a parlé.
objet direct	Je **n'**ai **rien** vu.	Je **n'**ai vu **personne.**
objet de préposition	Je **n'**ai pensé à **rien.**	Je **n'**ai pensé à **personne.**

8.8 Expressions of causality

a. The prepositions **grâce à** and **à cause de** are both used to express causality. However, **grâce à** is used only for positive consequences, whereas **à cause de** is used to express negative consequences. Note that when a noun following **grâce à** or **à cause de** is preceded by the definite article **le** or **les,** the **à** and the **de** contract with the article.

Grâce à et à cause de
Grâce à la technologie, il y a moins de pollution.   **Grâce aux** ordinateurs, le travail est plus facile.   **À cause de la** pollution, l'air n'est plus pur.   **À cause du** gaz carbonique produit par les autos, l'air est pollué.

b. The conjunction **parce que** is also used to express causality. It can be used to express both negative and positive consequences. **Parce que** is followed by a dependent clause (with subject and verb), whereas **à cause de** and **grâce à** are followed by a noun or a pronoun.

Parce que vs. *à cause de/grâce à*
parce que + sujet + verbe
Je dois rester chez moi **parce que** j'ai un gros rhume.
à cause de/grâce à + nom
Je dois rester chez moi **à cause de** mon gros rhume. Je peux rester chez moi **grâce à** mon ordinateur.

c. To express the cause first and the consequence after it, use the conjunction **puisque** or **comme,** followed by a clause, or the preposition **à cause de** or **grâce à,** followed by a noun or pronoun. Note, however, that **parce que** is never used at the beginning of a sentence; in a sentence with **parce que,** the consequence is always expressed before the cause.

La position des expressions de causalité
Puisqu'il fait beau aujourd'hui, nous allons aller à la plage. **Comme** il pleuvait, nous n'avons pas voulu sortir. **À cause de** la pluie, nous ne sommes pas sortis. **Grâce au** beau temps, nous avons pu aller à la plage. Nous ne sommes pas sortis, **parce qu'**il pleuvait.

8.9 Spelling variations with verbs like *jeter* and *essayer*

a. **Verbs like *jeter*.** Verbs that end in **-eter** double the **t** in the last pronounced syllable. Note that **s'appeler** follows a similar pattern, doubling the **l** when not followed by a pronounced syllable.

Les variations d'orthographe pour les verbes comme *jeter*			
jeter	*(to throw)*	s'appeler	*(to be called)*
je	jette	je	m'appelle
tu	jettes	tu	t'appelles
il/elle/on	jette	il/elle/on	s'appelle
nous	jetons	nous nous	appelons
vous	jetez	vous vous	appelez
ils/elles	jettent	ils/elles	s'appellent
j'ai	jeté	je me	suis appelé(e)
je	jetais	je	m'appelais

b. **Verbs like *essayer.*** Verbs that end in **-yer** have an **i** instead of a **y** before the ending whenever that ending does not constitute a pronounced syllable.

Les variations d'orthographe pour les verbes comme *essayer*			
j'	essaie	nous	essayons
tu	essaies	vous	essayez
il/elle/on	essaie	ils/elles	essaient
j'ai essayé			
j'essayais			

****

Verbes irréguliers : *(se) battre, croire, plaire, rire et tenir*

(se) battre *(to fight (one another))*			
je	(me) bats	nous	(nous) battons
tu	(te) bats	vous	(vous) battez
il/elle/on	(se) bat	ils/elles	(se) battent
j'ai battu			
je me suis battu(e)			

rire *(to laugh)*			
je	ris	nous	rions
tu	ris	vous	riez
il/elle/on	rit	ils/elles	rient
j'ai ri			

croire *(to believe)*			
je	crois	nous	croyons
tu	crois	vous	croyez
il/elle/on	croit	ils/elles	croient
j'ai cru			

tenir *(to hold)*			
je	tiens	nous	tenons
tu	tiens	vous	tenez
il/elle/on	tient	ils/elles	tiennent
j'ai tenu			

plaire *(to please)*			
je	plais	nous	plaisons
tu	plais	vous	plaisez
il/elle/on	plaît	ils/elles	plaisent
j'ai plu			

Ensemble

Modes et vêtements

- naming and describing articles of clothing

- talking about fads and fashions

- pointing out and distinguishing between people and objects

- expressing hesitation, indifference, and dissatisfaction

- making a complaint and asking for a refund or exchange

- giving and responding to compliments

- stating the results of fulfilling certain conditions

- analyzing and discussing an ad

Défilé de mode dans une maison de haute couture.

Dossier 1

Paroles

Stratégie de lecture Consultez le dictionnaire pour bien comprendre le sens d'un mot et son usage.

A detailed dictionary such as ***Petit Robert…*** , from which the following entry is taken, tells you much more about a word than one basic meaning. Consider the following dictionary abbreviations, as examples of the kinds of information dictionaries offer.

1. Match each abbreviation or symbol with its meaning.

Abbreviations/Symbols

____ 1. v.
____ 2. cour.
____ 3. fig.
____ 4. didact.
____ 5. n.m.
____ 6. ⇒
____ 7. fam.

Meanings

a. sens figuré : le sens concret est transféré dans un autre domaine

b. nom masculin

c. didactique : mot de la langue savante ou technique

d. verbe

e. courant : un sens connu et employé par tout le monde

f. voir : renvoie à un autre mot qui est synonyme ou presque

g. familier : usage de la langue de tous les jours qui pourrait être considéré comme inapproprié dans certaines relations sociales ou dans les textes écrits sérieux

2. Find four of the preceding abbreviations/symbols in the following dictionary entry and underline them.

Lire

Le mot « vêtement », son sens et ses usages

VÊTEMENT [vɛtmɑ̃] n. m. — *vestiment* xiᵉ: de *vêtir*, d'apr. lat. *vestimentum* **A. 1.** DIDACT. LE VÊTEMENT : objets fabriqués pour couvrir le corps humain, le cacher, le protéger, le parer (coiffure, chaussures, linge, habits et accessoires). ⇒ **garde-robe.** « *une petite robe de laine, un tablier, une brassière de futaine, un jupon, un fichu, des bas de laine, des souliers, un vêtement complet pour une fille de huit ans* » (Hugo). **2.** COUR. LES VÊTEMENTS : ensemble des objets servant à couvrir le corps humain ; habillement (comprenant le linge mais non les chaussures) ; SPÉCIALT les vêtements de dessus (opposé à *sous-vêtements*). ⇒ **ajustement, costume, habillement, habit, mise, tenue, toilette** ; FAM. **fringues, frusques, nippe.** **3. sape.** Les vêtements de qqn. ⇒ **affaires, effets, garde-robe.** *Vêtements d'homme, de femme, unisexes. Vêtements ridicules* (⇒ **accoutrement, affublement**). *Vêtements civils, militaires* (⇒ **uniforme**). *Laver, nettoyer, raccommoder des vêtements.* « *Elle aimait les vêtements de coupe sobre* » (Mart. du G.). *Deux petits garçons* « *empêtrés dans leurs vêtements raides* » (Camus). *Vêtements neufs, usés, en loques* (⇒ **guenille, haillon**). *Vêtements de tous les jours, du dimanche.*

Vêtements habillés, de ville, de sport, de ski (⇒ **tenue**). *Des vêtements légers, chauds, d'hiver, d'été. Vêtements à la mode, démodés. Mettre ses vêtements.* ⇒ **s'habiller, se vêtir.** « *Il nous est aussi nécessaire de cacher notre pensée que de porter des vêtements* » (France). *Vêtements d'occasion.* ⇒ FAM. **fripe.** *Placard, armoire à vêtements.* ⇒ **penderie ; vestiaire.** *Principaux vêtements :* bas, blouse, blouson, body, bustier, caleçon, cape, caraco, châle, chandail, chapeau, chaussettes, chemise, chemisier, collant, combinaison, corsage, corset, culotte, déshabillé, écharpe, fourrure, gant, gilet, imperméable, jaquette, jogging, jupe*, jupe-culotte, kilt, liquette, maillot, manteau*, paletot, pantalon*, pardessus, parka, peignoir, polo, porte-jarretelles, pull-over, pyjama, robe, salopette, short, slip, socquettes, soutien-gorge, survêtement, sweat-shirt, tablier, tee-shirt, tricot, veste*, veston. *Vêtements assortis.* ⇒ **1. complet, 2. ensemble, habit, tailleur.** *Vêtements de bébé.* ⇒ **layette.** — *Vêtements portés dans d'autres pays.* ⇒ **boubou, burnous, djellaba, gandoura, haïk, kimono, obi, pagne, paréo, poncho, sari.** *Vêtements sacerdotaux.* ⇒ **2. aube, chasuble, soutane, surplis.** ◊ LE VÊTEMENT (sing. collect.) : les vêtements. *Fabrication, industrie, commerce du vêtement* (⇒ **bonneterie, confection, couture, 1. mode ; tailleur...**). *Il travaille dans le vêtement.* **3.** UN VÊTEMENT : une pièce de l'habillement de dessus (SPÉCIALT *manteau, veste*). *Un vêtement de demi-saison. Je vais chercher un vêtement et je sors avec vous. Donnez-moi votre vêtement. Vêtement de mascarade* (⇒ **déguisement**), *de travail* (⇒ **bleu**), *de soirée* (⇒

habit, smoking). **B.** FIG. Ce qui couvre, cache, pare, protège. ⇒ **enveloppe, manteau, parure**. « *La forme n'est pas une sorte de* [...] *vêtement plastique d'une pensée* » (R. Huyghe). « *La grâce est le vêtement naturel de la beauté* » (Joubert).

*–Nouveau Petit Robert
de la langue française 1996*

Vous avez compris ?

1. À quelle catégorie grammaticale appartient le mot « vêtement » ? À quel genre ?
2. Comment est-ce que ce mot se prononce ? Rime-t-il avec « temps », « lente » ou « mon » ?
3. Donnez un synonyme du mot « vêtement » que vous pouvez utiliser en français avec vos camarades, mais que vous n'utiliseriez pas dans un style élevé.
4. Suivez les modèles offerts par le dictionnaire pour combiner le nom « vêtement » et les noms et les adjectifs suivants.

   Modèle :   vêtement + ski = vêtement de ski
   vêtement + chaud = vêtement chaud

   a. été   b. ridicule   c. sport   d. élégant

5. Regardez les noms de vêtements spécifiques dans la partie A.2 de l'extrait du dictionnaire : beaucoup de ces mots ressemblent aux mots anglais. Qu'est-ce que vous portez d'habitude...
   a. quand il fait froid ?   c. pour dormir ?
   b. quand il fait chaud ?   d. avec un jean ?

Les mots pour le dire

Les vêtements unisexes

On porte...

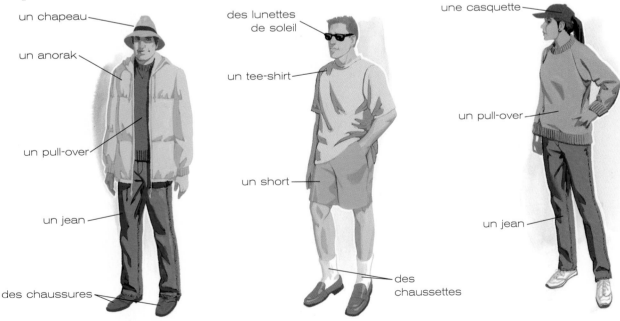

un chapeau

un anorak

un pull-over

un jean

des chaussures

des lunettes de soleil

un tee-shirt

un short

des chaussettes

une casquette

un pull-over

un jean

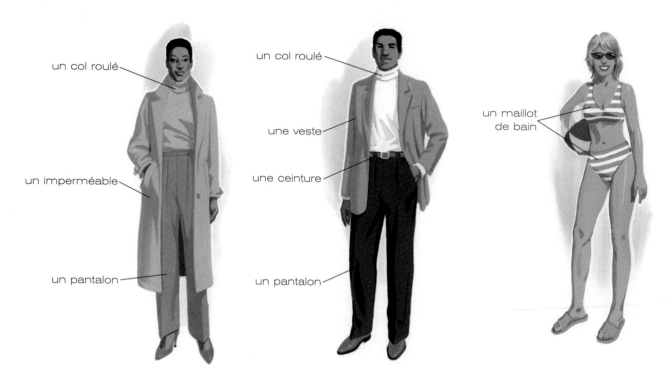

un col roulé

un col roulé

un maillot de bain

une veste

un imperméable

une ceinture

un pantalon

un pantalon

Les vêtements de femme

Elle porte...

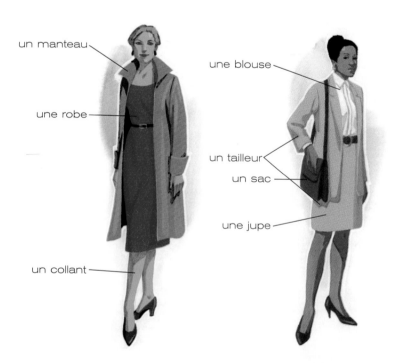

un manteau

une blouse

une robe

un tailleur

un sac

une jupe

un collant

Les vêtements d'homme

Il porte...

une cravate

un veston

une chemise

un costume

Échange 1 *La mode des jeunes*

MADAME LEROI: Vous savez, je n'aime pas vraiment la mode des jeunes aujourd'hui. Tout le monde porte des vêtements noirs.

MADAME LEPAGE: Ah, mais c'est le look. Ça ne fait pas original, mais c'est pratique.

Possibilités

ça fait soigné/négligé   c'est confortable/gênant

     classique/branché *(argot)*   pratique/pas pratique

     original/ordinaire

     mode/vieux jeu

Activité 1 Le gap des générations

Avec un(e) camarade de classe, créez une conversation entre une mère/un père et sa fille/son fils. À partir des images suivantes, ils/elles discutent de ce que l'adolescent(e) doit porter dans les circonstances données.

1. pour dîner chez les grands-parents
2. pour aller au concert
3. pour aller à la fac
4. pour aller à une soirée chez le patron° de la mère/du père   *boss*
5. pour passer une semaine au club Med en Martinique

La mère/Le père propose les vêtements suivants : Tu dois porter...

La fille/Le fils propose les vêtements suivants : Je préfère porter...

Activité 2 Votre look

Décrivez votre look en suivant le modèle.

Modèle: Je porte souvent un costume avec une cravate. Mon look est classique et soigné.

La mode

« La mode » représente les goûts collectifs d'une société à un certain moment : goûts vestimentaires,° culinaires, artistiques, intellectuels, linguistiques. Dans tous ces domaines, les modes changent avec le temps. Aujourd'hui, la mode vestimentaire en France est très variée et offre beaucoup de choix : on peut choisir ses vêtements selon ses préférences et son budget. On voit donc, à Paris par exemple, des hommes et des femmes très élégants, très « à la mode », très BCBG (bon chic, bon genre) et d'autres, les jeunes en particulier, qui sont moins conventionnels, plus décontractés, ou qui préfèrent le confort à l'élégance.

clothing-related

Laquelle is an interrogative pronoun. To what noun does it refer? **(9.1)**

Échange 2 *Qu'est-ce que tu vas mettre ?*

MIREILLE: Qu'est-ce que tu vas mettre pour aller au concert ce soir ?
ANNICK: Une robe... mais je ne sais pas laquelle.
MIREILLE: Ta robe rouge, elle fait très classique.
ANNICK: Et toi, qu'est-ce que tu vas mettre ?
MIREILLE: D'habitude, pour sortir je porte une robe, mais je crois que je vais mettre un pantalon ce soir.

Activité 3 À votre avis

Travaillez avec un(e) camarade de classe pour parler de vos opinions et préférences.

1. Quels acteurs aimez-vous ? À votre avis, lequel est le plus beau ?
2. Quelles chanteuses aimez-vous ? À votre avis, laquelle a le plus de talent ?
3. Quels cours suivez-vous ce semestre ? Lesquels sont les plus intéressants ?
4. Quelles maladies avez-vous eues ? Lesquelles étaient les plus graves ?

Activité 4   Lequel préfères-tu ?

Regardez cette page du catalogue La Redoute. *Ensuite, avec un(e) camarade de classe, discutez des chapeaux et dites lesquels vous préférez, en suivant le modèle.*

Modèle: A: J'ai besoin d'un nouveau chapeau. Lequel est-ce que tu préfères ?

B: Ça dépend. Tu penses le mettre pour aller où ?

A: C'est pour aller à un bal masqué.°   bal... *costume party*

B: Dans ce cas, je préfère le chapka. C'est très original !

le bandeau

combinaison de ski p.742

Bandeau serre-tête en maille grattée 100 % acrylique. Dessin géométrique.
blanc/bleu 862.6294   vert/parme 862.6316
rose/marine 862.6308

Chapka trappeur imitation fourrure 63 % acrylique, 37 % coton. 2 modèles enfant, 1 modèle adulte.
Pour adulte. T. de tête 55/57 cm.
877.2908
Pour enfant
877.2762
5/7 ans, 8/12 ans

Bonnet transformable en cagoule, large revers à rabattre. Visière renforcée 100 % acrylique.
marine 860.7753   rouge 860.7761
ciel 860.7745

Casquette femme 65 % polyester, 35 % coton. Cache-oreilles rabattables doublées imitation fourrure acrylique. Fermeture par lacet
gris 862.2787   vert 862.2809
tour de tête (cm)
56, 58

Chaude et bien enveloppante, la **cagoule femme** en tricot 100 % acrylique. 3 coloris au choix.
blanc 860.4495   noir 860.4517
violet 860.4509

Casquette avec cache-oreilles rabattables maintenus par pressions. 65 % polyester, 35 % coton, doublure coton gratté, intérieur polyester.
noir 860.7796   marine 860.7770
T. de tête (en cm)
58, 60

Bonnet rayures multicolores. 100 % acrylique.

Tailles	enfant	adulte
marine	860.7702	860.7710
bleu	860.7680	860.7699
blanc	860.7664	860.7672
rouge	860.7729	860.7737

Observez

1. What preposition is used here to ask about or indicate possession? **(9.2)**

2. The verb in the expression **Tu ne voudrais pas...** *(Wouldn't you like)* is in the conditional. Which other verbs appear to be in the conditional? The endings in the conditional are the same as the endings in which tense that you already know? **(9.3.a)**

3. When you use the conditional for a suggestion or request, are you being more or less polite than when you use the present indicative or the imperative form? **(9.3.b)**

Échange 3 *Qui emprunte doit rendre*

OLIVIER: À qui est cette chemise ?
JULIEN: À moi.
OLIVIER: Tu ne voudrais pas me prêter ta chemise ?
JULIEN: Si, mais... il faudrait la rendre vite et... propre !
OLIVIER: Je te rends toujours les vêtements que je t'emprunte.
JULIEN: Pas toujours. Et puis, tu devrais avoir au moins une chemise à toi.

Activité 5 Conditions pour réussir

Indiquez ce que ces gens devraient faire pour réussir dans chaque situation.

> **Modèle:** dans la classe de français / les étudiants
> Pour réussir dans la classe de français, les étudiants devraient faire leurs devoirs à la maison, aller voir des films français et lire des journaux français.

1. dans un cours de maths / on
2. dans votre vie personnelle / vous
3. dans une compétition / les athlètes
4. dans la vie en général / je
5. en politique / un candidat

Activité 6 Tu pourrais me prêter ça ?

À tour de rôle, demandez à un(e) camarade de classe de vous prêter quelque chose d'utile pour chaque situation. Développez vos conversations par des commentaires sur la situation (la personne A) et des réactions (la personne B).

> **Modèle:** Il pleut.
>
> A: Il pleut ! Tu ne voudrais pas me prêter ton imperméable ?
> B: Si, mais il faudrait le rendre avant ce week-end...
> *ou*
> Non, pas cette fois. Tu m'as déjà emprunté un manteau.

1. Vous êtes en retard pour votre cours.
2. Vous avez perdu votre chapeau.
3. Vous avez besoin d'un pull-over.
4. Vous allez jouer au volley.
5. Vous avez invité des amis à déjeuner chez vous.

Mots nouveaux à apprendre

à la mode	*in style*	la casquette	*cap*
l'anorak *(m)*	*parka*	la ceinture	*belt*
la blouse	*blouse*	le chapeau	*hat*
branché(e) *(argot)*	*with it*	les chaussettes *(f pl)*	*socks*
ça fait...	*that's . . .*	les chaussures *(f pl)*	*shoes*

la chemise	*shirt*	négligé(e)	*casual, sloppy*
classique	*classic*	original(e)	*original*
le col roulé	*turtleneck shirt*	le pantalon	*pants*
le collant	*tights, pantyhose*	porter	*to wear*
le costume	*man's suit*		*(conj. like **parler**)*
la cravate	*tie*	prêter	*to lend*
d'habitude	*usually*		*(conj. like **parler**)*
emprunter	*to borrow*	le pull(-over)	*pullover sweater*
	*(conj. like **parler**)*	rendre	*to return*
gênant(e)	*uncomfortable,*		*(a purchase)*
	constricting		*(conj. like **perdre**)*
l'imperméable *(m)*	*raincoat*	la robe	*dress*
le jean	*jeans*	le sac	*purse*
la jupe	*skirt*	le short	*shorts*
le look	*look (external*	soigné(e)	*neat,*
	appearance)		*well-groomed*
les lunettes *(f pl)*		le sweat-shirt	*sweatshirt*
de soleil	*sunglasses*	le tailleur	*woman's suit*
le maillot de bain	*bathing suit*	le tee-shirt	*T-shirt*
le manteau	*coat*	tout le monde	*everyone*
mettre	*to wear, put*	la veste	*jacket*
	on (clothing)	le veston	*suit jacket*
mode	*fashionable*	les vêtements *(m pl)*	*clothing*
la mode	*fashion*	vieux jeu *(invariable)*	*old-fashioned*

Comment le dire

L'intonation des énumérations

When you enumerate several items in a series—nouns, adjectives, verbs, numbers, etc.—you have, in French as in English, two possible intonations. The two intonations are interchangeable, but the first is more common.

1. Your voice goes up on the last syllable of each item, except for the last item of the list, for which your voice goes slightly up on the beginning of the word and then down quite low on the last syllable. This intonation is accompanied by a slight pause after each item.

   Je vais mettre un pull-o**ver,** / un ano**rak** / et une cas**quette.**

   Les jeans sont pra**tiques,** confor**tables** et très négli**gés.**

2. Your voice goes down on the last syllable of each item, in which case each final syllable is a bit lower than the one in the preceding item, the last one being the very lowest. You also make a slight pause after each item.

   Je vais mettre un pull-o**ver,** / un ano**rak** / et une cas**quette.**

   Les jeans sont pra**tiques,** confor**tables** et très négli**gés.**

Activité 7 Petites listes

Avec un(e) camarade de classe et tour à tour, posez les questions et répondez avec une énumération d'au moins trois éléments.

1. Qu'est-ce que tu as fait ce matin avant de venir à la fac ?
2. Quels vêtements portais-tu hier soir ?
3. Comment trouves-tu la mode des adolescents aujourd'hui ?
4. Qu'est-ce que tu manges d'habitude au petit déjeuner ?
5. Qu'est-ce que tu vas encore m'emprunter aujourd'hui ?

Lisons un peu

Stratégie de lecture Identifiez l'idée centrale de chaque paragraphe pour bien suivre l'argument d'un texte.

To follow the argument being made in a text, it is helpful to identify the main idea of each paragraph. Read the following opening paragraph from a book on fashion and identify its main idea.

Prétendant° influencer l'art, la politique, le design, le cinéma, les mœurs,° la musique, l'idéologie et bien sûr l'habillement, toutes les « modes de jeunes » ne sont pas des mouvements dont° l'innovation est seulement musicale ou vestimentaire.

Claiming to
customs

whose

Choisissez la phrase qui exprime le mieux l'idée principale de ce paragraphe.

a. La mode n'est pas importante pour les jeunes.
b. Le concept de « la mode » n'est pas limité au domaine des vêtements.
c. La mode des jeunes n'a pas d'influence.

Maintenant, continuez votre lecture de ce texte.

À vous de lire

Les mouvements de mode

1. Autrefois, un jeune devenait Hippie par réaction contre ses parents mais, l'accélération des mouvements de mode devient telle que° les générations de jeunes ne durent plus qu'une ou deux années. Alors, la traditionnelle réaction contre les parents tend à disparaître devant le besoin imminent de se démarquer de ses aînés : la mode est le moyen par lequel les adolescents voulaient montrer non seulement à leurs parents mais aussi à leurs grands frères qu'ils sont plus « malins° » qu'eux.

telle... such that

clever

2. En raison du « baby boom » de l'après-guerre,° de la
   libération des mœurs familiales, de la naissance d'un
   puissant milieu étudiant, de la diffusion populaire des
   postes de radio, etc., l'adolescent a progressivement
   joué, sur le plan économique, le rôle d'un individu à
   part. Les moins de vingt-cinq ans ont alors constitué
   une toute nouvelle clientèle sur le marché du disque,
   de la presse, du cinéma, du vêtement et même de
   l'alimentation. C'est ainsi que les modes de jeunes
   sont nées.

   postwar

3. La mode n'est dictée par personne. Un publicitaire,
   un groupe de rock, un styliste ou une entreprise
   commerciale ne font que° « lancer » une idée qui
   « marchera° » ou « ne marchera pas ». La mode est
   créée par ceux° qui la suivent. À l'inverse de l'Art, c'est
   une création de la masse.

   ne... *do no more than*
   will do well
   those

   —adapté de la préface du livre *Les Mouvements de mode* d'Hector Obalk,
   Alain Sorel et Alexandre Pasche

Vous avez compris ?

1. Écrivez la lettre de la phrase qui exprime le mieux l'idée principale de chaque
   paragraphe.

   Paragraphe 1 _____   a. La mode est influencée aujourd'hui par les jeunes.

   Paragraphe 2 _____   b. La mode n'est pas créée par des individus.

   Paragraphe 3 _____   c. La mode est une réaction contre la génération
                             précédente.

2. Faites une liste des différents domaines influencés par la mode et citez un exemple concret, basé sur votre expérience, pour deux de ces domaines.

   _____

   _____

   _____

3. Selon l'article, pourquoi est-ce que la mode est dominée en partie par les jeunes
   aujourd'hui ?

   _____

4. Selon les auteurs, quelles sont les origines de la mode ?

   _____

5. Et vous, comment définissez-vous la mode ? Quels sont ses plaisirs ?
   ses problèmes ?

   _____

   _____

   _____

   _____

   _____

   _____

   _____

Dossier 2

In this Dossier, you will learn about these grammatical features

■ the use of articles and prepositions with color words

■ the suffixes **-ci** and **-là**

■ demonstrative pronouns

■ the preposition **en** used to tell what something is made of

■ **si** *(if)* + present tense to make generalizations

■ the use of **de** before adjectives preceded by **quelque chose** and **rien**

Additional materials for this **Dossier:**

AUDIO CD
  Écouter : Une chemise lilas (Track 24)
  Écoutons un peu : Le sac (Track 25)

CD-ROM (E9)
  Mise-en-scène : Écouter : Une chemise lilas
  Échanges : Dans un magasin de vêtements pour femmes, Dans un magasin de vêtements pour hommes, Chez le marchand de chaussures
  Comment le dire : Les lettres *o* et *ô* et les sons [o] et [ɔ]

PAROLES WEB SITE
  Web Activities 2 (**Catalogue Cyrillus /Catalogue La Redoute**), 3 (**Chaussures Kickers/Vêtements Gartner**), 4 (**Palais des Chaussures/ Louis Vuitton/Charles Jourdan**)
  Audio Activities: **Écouter : Une chemise lilas ; Écoutons un peu : Le sac**

CAHIER (9.2)
  Activités écrites
  Activités de laboratoire

Paroles

Stratégie d'écoute   **Pour comprendre une blague, pensez à la différence entre le sens littéral et le sens figuré des mots.**

In many cultures, jokes (**les blagues**) often follow the same general pattern: an anecdote with an unexpected twist at the end. This twist is often based on one word used or interpreted figuratively, in an unexpectedly playful way. Read the following joke and circle the word that is the basis for the humor. Which speaker interprets and uses the word figuratively?

PIERRE: As-tu pris un bain ?
  PAUL: Non, mais pourquoi ? Il en manque un ?°   *Il... Is one missing?*

Écouter

Une chemise lilas   You will now hear a joke based on the word **lilas.**° What color do you associate with lilacs?   *lilac*

Vous avez compris ?

1. Qu'est-ce que la dame veut ?
2. Pourquoi est-ce que la dame refuse les chemises que le vendeur lui propose ?
3. Quelle idée est-ce que le vendeur a de la couleur lilas ?
4. Qu'est-ce que la dame veut vraiment ?
5. Expliquez pourquoi la dame a partiellement raison. Et d'où vient l'humour de cette blague ?

Les mots pour le dire

Les couleurs

Les couleurs parlent

En français comme en anglais, les couleurs prennent parfois une valeur symbolique. Si on a eu des grandes difficultés on dit : « J'en ai vu de toutes les couleurs ! » L'expression « voir rouge » exprime la colère. On dit « être vert de peur » pour exprimer une grande peur. On utilise l'expression « ça fait fleur bleue » pour indiquer un style littéraire joliment sentimental. Et on dit « avoir le blues » quand on est triste ou déprimé. Et finalement, pouvez-vous deviner le sens de l'expression « Je vois la vie en rose » ?

DASHER (E9)
  Paroles : **Les adjectifs de couleur, Identifiez ces couleurs, Les pronoms démonstratifs, Activité 1**
  Cahier : **Activités écrites 1, 2, 4, 5**

Observez

1. When the customer in **Échange 1** says **la bleue** to what is she referring? When the salesclerk says **le bordeaux,** to what is she referring? **(9.4.a, d)**

2. What word is used to indicate something is available or desired in a certain color? **(9.4.b)**

Montrer un objet, distinguer un objet d'un autre

Échange 1 *Dans un magasin de vêtements pour femmes*

VENDEUSE: Vous désirez, madame ?
CLIENTE: Je voudrais voir la jupe que vous avez en vitrine.
VENDEUSE: Laquelle, madame ?
CLIENTE: Celle-là. La bleue, la bleue, là.
VENDEUSE: En quelle taille, madame ?
CLIENTE: Je fais du 40. Vous avez la même jupe en bordeaux ?
VENDEUSE: Mais oui, madame, le bordeaux est à la mode cette année.

Observez

1. If you were talking about two items, one right next to you and one across the room, which suffix, **-ci** or **-là,** would you use to indicate the one closest to you? **(9.5)**

2. What pronoun would you use to represent **ce** + noun in the expression **ce pantalon-ci**? What English expression is the equivalent of that word? **(9.6)**

Possibilités

Je voudrais voir...

ce pull-ci	cette jupe-là
celui-ci	celle-là
ces chapeaux-ci	ces chaussures-là
ceux-ci	celles-là

Activité 1   Les goûts et les couleurs

Travaillez avec un(e) camarade de classe. À tour de rôle, indiquez la couleur que vous préférez pour chaque objet. Ensuite, si vous avez maintenant ou si autrefois vous aviez un de ces objets, indiquez la couleur de l'objet que vous possédez ou que vous possédiez.

Modèle: bicyclette
Pour une bicyclette, je préfère le bleu. Maintenant j'ai une bicyclette verte. Ma première bicyclette était jaune.

1. une voiture
2. une maison
3. un sac
4. une cravate
5. une casquette
6. un imperméable

Activité 2 Lequel ?

Travaillez avec un(e) camarade de classe. La personne A demande à la personne B lequel des deux vêtements montrés elle préférerait avoir. La personne B indique son choix en donnant ses raisons.

Modèle:

A: Regarde ces chaussures. Lesquelles voudrais-tu avoir ?

B: Je préférerais celles-là *(en indiquant les chaussures du doigt).* Elles sont à la mode.

1.

3.

2.

4.

 Pour dire qu'on n'est pas satisfait

Échange 2 *Dans un magasin de vêtements pour hommes*

LA VENDEUSE: Vous voulez essayer ce veston, monsieur ?

CHRISTIAN: Oui, s'il vous plaît... Merci.

LA VENDEUSE: Alors, est-ce qu'il vous va ?

CHRISTIAN: Je trouve que les épaules sont un peu larges. Et les manches un peu trop courtes. Non, ça ne me va pas du tout. Vous n'auriez pas un autre modèle à me montrer ?

Possibilités

Le pantalon...

La chemise...

Il est trop long.   Il est trop court.   Elle est trop large.   Elle est trop étroite.

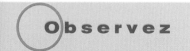

Observez

What preposition is used to indicate the fabric something is made of? **(9.7)**

Ça ne me va pas du tout.
C'est pas ça. (*familier*)

Je préférerais une autre couleur.
    un autre tissu.
    quelque chose en laine.
      en coton.

    une robe à manches courtes/longues.
      sans manches.

Je n'aime pas le col.
    les boutons.
    les épaules.

Vous n'auriez pas un autre modèle à me montrer ?

Vous avez le même modèle en 40 ?

Les tailles des vêtements

	Femmes			Hommes	
	France	USA		France	USA
robes, pulls	38	8	costumes	38	36
	40	10		42	38
	44	14		46	40

Activité 3 Ça ne me va pas du tout !

Avec un(e) camarade de classe, jouez les rôles d'un(e) client(e) qui essaie les vêtements montrés dans les images et du vendeur/de la vendeuse qui essaie de convaincre le/la client(e).

Modèle: VENDEUR/VENDEUSE: Cette robe vous va très bien, madame.
CLIENTE: Mais, non, elle ne me va pas du tout. Je trouve qu'elle est trop courte et je n'aime pas le tissu.

1.   2.   3.   4.

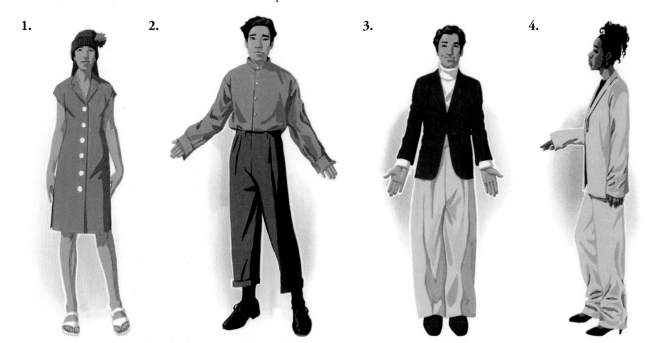

Les chaussures

des baskets

Soldes

des mocassins

des chaussures plates

des bottes

des pantoufles

des tennis

des sandales

des chaussures à talon

O b s e r v e z

1. The statement **si vous voulez quelque chose d'un peu habillé, il faut un peu de talon** expresses a generalization. What tenses are used for the verbs in this sentence? **(9.8)**

2. When the pronouns **quelque chose** and **rien** are modified by an adjective, what word precedes the adjective? What form of the adjective is used? **(9.9)**

Pour indiquer son hésitation

Échange 3 *Chez le marchand de chaussures*

VENDEUR: Et pour madame?
CLIENTE: Des chaussures noires en cuir. Ce modèle-là, s'il vous plaît.
VENDEUR: Quelle pointure?
CLIENTE: Du 38.
[UN PEU PLUS TARD]
CLIENTE: Ah, le talon est trop haut. Je ne pourrais pas marcher avec ça. Vous n'avez rien de plus confortable?
VENDEUR: Si vous voulez quelque chose d'un peu habillé, il faut un peu de talon, madame.
CLIENTE: Je vais réfléchir. Merci, monsieur.

Possibilités

Je vais réfléchir.

J'ai besoin de réfléchir un peu.

Je n'arrive pas à me décider.

Je vais revenir un peu plus tard.

Vous avez quelque chose de plus...

Vous n'avez rien de...

Les pointures des chaussures

	Femmes		Hommes	
	France	USA	France	USA
chaussures	37	6	40	7
	38	7	42	9
	39	8	44	11

Activité 4 Vous n'avez rien d'autre ?

Avec un(e) camarade de classe, jouez ces rôles : un(e) vendeur/vendeuse montre des chaussures à un(e) client(e). Le/La client(e) dit qu'il/elle n'est pas satisfait(e) : problème de mode, de confort, de couleur, de prix.

Activité 5 Au magasin

À tour de rôle avec un(e) camarade de classe, jouez les rôles d'un(e) vendeur/vendeuse et d'un(e) client(e). Précisez le vêtement, le style, la couleur, la taille et le prix.

Le/La client(e) cherche...

1. quelque chose d'habillé pour un grand bal
2. quelque chose de pratique, en laine, pour mettre tous les jours
3. quelque chose de confortable pour les vacances
4. une robe d'été, à manches courtes, en coton
5. les vêtements qu'il faut pour faire du ski

Mots nouveaux à apprendre

les baskets *(f pl)*	*basketball shoes*	foncé(e)	*dark*
beige	*beige*	gris(e)	*gray*
bordeaux *(invariable)*	*maroon, burgundy*	habillé(e)	*dressy*
		haut(e)	*high*
les bottes *(f pl)*	*boots*	jaune	*yellow*
le bouton	*button*	je fais du...	*I take a size . . .*
ça/il/elle te/me va très bien	*that looks good on you/me*	je n'arrive pas à me décider	*I can't make up my mind*
les chaussures *(f pl)* à talon	*high-heeled shoes*	la laine	*wool*
		large	*wide*
les chaussures *(f pl)* plates	*flats*	la manche	*sleeve*
		marine *(invariable)*	*navy*
clair(e)	*light*	marron *(invariable)*	*brown*
le col	*collar*	les mocassins *(m pl)*	*loafers*
le coton	*cotton*	le modèle	*design (style)*
la couleur	*color*	les pantoufles *(f pl)*	*slippers*
le cuir	*leather*	parme *(invariable)*	*violet*
se décider	*to make up one's mind (conj. like **se coucher**)*	la pointure	*(shoe) size*
		réfléchir	*to think (conj. like **choisir**)*
écru(e)	*eggshell, off-white*	les sandales *(f pl)*	*sandals*
		le style	*style*
en	*in*	la taille	*(clothing) size*
en vitrine	*in the window*	le talon	*heel*
essayer	*to try (on)*	les tennis *(m pl)*	*tennis shoes*
étroit(e)	*narrow, tight*	le tissu	*fabric*

Comment le dire

Les lettres o et ô et les sons [o] et [ɔ]

1. Phonetically, the difference between [o] and [ɔ] depends on how much you open your mouth.

   a. The French [o] is different from the English [o], which tends to be followed by a glide (slight [w] sound) as in *toe, grow, also.* In French, the [o] is never glided. To pronounce a French [o], keep your mouth fairly closed, fully round your lips, and be careful not to move your tongue and lips.

   Quel est ce m**o**t ?   C'est tr**o**p gr**o**s.

b. To pronounce [ɔ], start from the [o] position and open your mouth more than for [o].

Votre robe est très à la mode.   Simone dort encore.

2. The pronunciation of the letter **o** varies according to the type of syllable in which it occurs.

a. When the letter **o** occurs in a one-syllable word, or in the last syllable of a word, it is [o] in an open syllable (one that ends with a vowel sound)

mot, trop, gros

and [ɔ] in a closed syllable (one that ends with a consonant sound).

robe, mode, catalogue

b. When the letter **o** occurs in a syllable other than the last one in a word, it is pronounced [ɔ] regardless of whether the syllable is open or closed.

comment   important   ordinaire

Exceptions:

The letter **o** is pronounced [o] in any type of syllable when it is followed by the sound [z] (the letter **s** between vowels).

une chose   c'est rose   Joseph   composé

The word **grosse,** the feminine form of **gros** [gro], is pronounced [gros] despite the closed syllable.

The letter **o** with a circumflex accent (**ô**) is always pronounced [o].

à côté   un hôtel   c'est drôle

Activité 6 Donnez votre opinion

Avec un(e) camarade de classe, indiquez les [o] et les [ɔ] dans les phrases et expressions suivantes. Ensuite, la personne A lit les phrases dans la colonne A et la personne B réagit d'après les mots suggérés dans la colonne B.

Modèle: **A**   **B**

Je vais mettre une robe ce soir.   pas possible
                    [ɔ]   [ɔ]

A: Je vais mettre une robe ce soir.
B: C'est pas possible !

A	**B**
1. Je voudrais un short violet et orange. [ ] [ ] [ ]	original [ ]
2. J'adore les gros pulls en coton. [ ] [ ] [ ]	à col roulé [ ]
3. J'admire tes grosses bottes. [ ] [ ]	confortables [ ]
4. Tu ne portes jamais de cravate ? [ ]	horreur de ça [ ]
5. J'ai horreur du rose ! [ ] [ ]	à la mode [ ]

Écoutons un peu

Stratégie d'écoute Pour comprendre une conversation dans un contexte commercial, pensez aux différents aspects du produit.

Many commercial transactions involve a series of decisions determined by the various aspects of the product. Paying attention to these variables will help you follow the transaction as it develops.

Imagine that you are in a department store, looking for a new purse for your mother. For each aspect of the product, which of the possibilities suggested would you choose?

1. _____ Vous voulez un sac en quelle matière : plastique ? tissu ? cuir ?
2. _____ Vous voulez un sac de quel style : sport ? élégant ? pratique ?
3. _____ Est-ce que le prix est un facteur important pour vous ? Quelle est votre limite ?
4. _____ Vous voulez un sac pour aller avec les chaussures de votre mère. De quelle couleur sont ses chaussures ? Quelle couleur de sac voulez-vous ?

À l'écoute

Le sac

—adapté de *Mademoiselle s'il vous plaît* de Claude Sarraute

Écoutez cette conversation entre une cliente et une vendeuse dans un grand magasin parisien.

Première écoute

Encadrez les détails mentionnés dans chacune des trois premières étapes de la conversation.

Première étape	couleur	matière	modèle	prix
Deuxième étape	couleur	matière	modèle	prix
Troisième étape	couleur	matière	modèle	prix

Deuxième écoute

Vous avez compris ?

1. Quelle est la matière du sac que la cliente regarde au début ?
   a. Il est en cuir.
   b. Il est en plastique.
   c. Il est en tissu.
2. Pourquoi est-ce que la cliente est surprise quand elle apprend le prix ?
3. Quelles sont les deux couleurs que la cliente confond ? Quelle est vraiment la couleur du sac qu'elle regarde ? Pourquoi veut-elle un sac de cette couleur-là ?
4. Quelles autres couleurs est-ce que la cliente considère ? Y a-t-il des sacs de ces couleurs ?
5. Finalement, qu'est-ce que la cliente décide ?
6. Que pensez-vous du comportement de la cliente ?

Paroles

Stratégie de lecture   Pour comprendre les pronoms, il faut identifier leurs antécédents.

It is important to look carefully at all pronouns in a text and identify the nouns to which they refer, because misinterpreting a pronoun might cause you to misunderstand the text. Remember that in French, the same personal pronouns are used for things as well as for people. This is true for subject pronouns (**il, elle, ils, elles**) and for object pronouns (**le, la, les**).

Read the following two sentences excerpted from Marguerite Duras's autobiographical novel *L'Amant* and write down the nouns referred to by the pronouns in boldfaced type.

Je porte une robe de soie° naturelle, **elle** est usée, presque transparente. Avant, **elle** a été une robe de ma mère, un jour **elle** ne l'a plus mise parce qu'elle la trouvait trop claire, elle me l'a donnée.   *silk*

1. **elle** est usée _____
2. **elle** a été _____
3. un jour **elle** _____
4. ne **l'**a plus mise _____

As you continue to read, make sure that you can identify the antecedent of each pronoun.

Lire

Marguerite Duras (1914–1996) est un des écrivains français les plus connus. Dans son roman autobiographique L'Amant *(1984), qui a reçu un grand prix littéraire et a été adapté pour le cinéma, il s'agit d'une jeune Française de quinze ans qui vit son premier amour en Indochine. Dans le passage que vous allez lire, la jeune fille se souvient de son look le jour où elle a rencontré l'homme qu'elle allait aimer. Remarquez que la narratrice parle d'elle-même en disant « je » mais aussi « la petite ».*

L'Amant

–Marguerite Duras

Je porte une robe de soie naturelle, elle est usée, presque transparente. Avant, elle a été une robe de ma mère, un jour elle ne l'a plus mise parce qu'elle la trouvait trop claire, elle me l'a donnée. Cette robe est sans manches, très décolletée.° Elle est de ce bistre° que prend la soie naturelle à l'usage. C'est une robe dont° je me souviens. Je trouve qu'elle me va bien. J'ai mis une ceinture de cuir à la taille,° peut-être une ceinture de mes frères. Je ne me souviens pas des chaussures que je portais ces années-là mais seulement de certaines robes. La plupart du temps je suis pieds nus° en sandales de toile.° Je parle du temps qui a précédé le collège de Saigon. À partir de là bien sûr j'ai toujours mis des chaussures. Ce jour-là je dois porter cette fameuse paire de talons hauts en lamé or.° Je ne vois rien d'autre que je   *low-cut / yellowish brown*   *which, that*   *waist*   *pieds... barefoot*   *canvas*   *lamé... gold lamé*

Additional materials for this **Dossier:**

CD-ROM (E9)
Échanges : Dilemme, Entre femmes
C'est comme ça ! : La mode et la haute couture
Comment le dire : Les séquences de lettres *au* **et** *eau* **et le son** [o]

VIDEO/VIDEO MANUAL
Situation 14 : Questions de style
Vignette culturelle : Christian Lacroix

PAROLES **WEB SITE**
Web Activity 5 (**Cartier/ Boucheron/Yves St. Laurent/Chanel/Christian Dior**)

CAHIER (9.3)
Activités écrites
Activités de laboratoire (avec cassette à rendre)

DASHER (E9)
Paroles **: Activités 1, 2, 7**
Cahier : Activités écrites 1, 2, 4, 5

Dossier 3

In this Dossier, you will learn about these grammatical features

■ hypothetical sentences using *si* + **imparfait**

■ the use of the conditional to express hypothetical results

pourrais porter ce jour-là, alors je les porte. Soldes soldés° que ma mère m'a achetés. Je porte ces lamés or pour aller au lycée. Je vais au lycée en chaussures du soir ornées de petits motifs en strass. C'est ma volonté. Je ne me supporte qu'avec° cette paire de chaussures-là et encore maintenant je me veux comme ça, ces talons hauts sont les premiers de ma vie, ils sont beaux, ils ont éclipsé toutes les chaussures qui les ont précédés, celles pour courir et jouer, plates, de toile blanche.

    Ce ne sont pas les chaussures qui font ce qu'il y a d'insolite,° d'inouï,° ce jour-là, dans la tenue de la petite. Ce qu'il y a ce jour-là c'est que la petite porte sur la tête un chapeau d'homme aux bords plats, un feutre° souple couleur bois de rose° au large ruban noir.

    L'ambiguïté déterminante de l'image, elle est dans ce chapeau.

Soldes... Marked-down sale items

ne... can stand myself only

unusual / unheard of

felt
bois... rosewood

Vous avez compris ?

1. Décrivez la robe que la jeune fille porte. D'où vient cette robe ?
2. Quelle sorte de chaussures est-ce que la jeune fille portait d'habitude ? Quelle sorte de chaussures est-ce qu'elle porte « ce jour-là » ?
3. Quelle sorte de chapeau est-ce que la petite porte « ce jour-là » ? Pourquoi est-il surprenant ?
4. Quel « look » est-ce que la jeune fille cherche à se donner ?
5. Avez-vous jamais eu un vêtement ou un accessoire qui, pour vous, caractérisait votre « look » ? lequel ? Quel effet cherchiez-vous à produire ?

Les mots pour le dire

Pour exprimer une hypothèse

Échange 1 *Dilemme*

MARC: Qu'est-ce que je vais mettre pour aller à cette interview ?
JACQUES: Si j'étais toi, je mettrais un costume.
MARC: Bien sûr, mais tu n'aurais pas de costume, si tu étais moi !
JACQUES: Alors, si je n'avais pas de costume, j'en emprunterais un !

Observez

1. Which clauses indicate conditions? results? Do these clauses always come in the same order in the sentence? **(9.3.b.2)**

2. What word always occurs in the clauses indicating conditions? **(9.3.b.2)**

3. Which verb form is used in the clauses indicating conditions? results? **(9.3.b.2)**

Activité 1 Vous avez le choix ?

Qu'est-ce que vous feriez dans les situations suivantes ?

Modèle: Si vous étiez invité(e) à une réception à la Maison-Blanche...
Si j'étais invitée à une réception à la Maison-Blanche, je porterais une robe noire et des chaussures à talon.

1. Si vous passiez un seul jour à Paris et vous aviez envie de visiter le Louvre et Versailles...

2. Si votre petit(e) ami(e) vous demandait de vous marier avec lui/elle...
3. Si vous aviez le choix d'habiter dans une résidence avec vos amis ou seul(e) dans un appartement...
4. Si vous aviez seulement deux billets pour un concert et que deux de vos ami(e)s voulaient vous y accompagner...
5. Si un(e) camarade vous suggérait de tricher à un contrôle...

Activité 2 Si nous faisions plus attention à l'environnement

Dites ce qui arriverait dans les circonstances suivantes. Essayez de suggérer plus d'un « résultat » possible.

Modèle: Si nous respections plus l'environnement...
Si nous respections plus l'environnement, notre pays serait moins sale et moins pollué.

1. Si nous recyclions plus de bouteilles en plastique...
2. Si nous ne jetions pas autant d'ordures...
3. Si nous utilisions moins de fertilisants agricoles...
4. Si personne ne fumait...
5. S'il y avait moins de voitures dans les villes...
6. Si nous gaspillions moins de papier...

Pour faire un compliment / Pour répondre à un compliment

Échange 2   *Entre femmes*

SYLVIE: Vous avez une très jolie robe.
MARTHE: Oh, c'est une petite robe très simple.
SYLVIE: Mais qui vous va très bien. Vous pourriez me dire où vous l'avez achetée ?
MARTHE: J'achète tous mes vêtements aux Galeries Lafayette.

Possibilités

Compliments	Réactions
J'aime bien votre chapeau.	Vous trouvez ?
Vous avez une belle jupe.	Oh vraiment ?
Il te va bien, ce pantalon.	Il n'est pas neuf, tu sais.
Elle vous va bien, cette robe.	Elle n'est pas neuve, vous savez.
Quel beau chapeau !	C'est un chapeau de l'année dernière.
Quelle belle chemise !	C'est une chemise très simple.
Quelle élégance !	Vous êtes très gentil(le) de me dire ça.

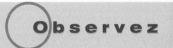

O b s e r v e z

1. What spelling variation do you notice between the present tense form **achète** and the past participle **achetée** that isn't explained by the difference in tense? What other verbs do you know that have a similar spelling variation? **(7.3)**

2. In the expression **vous pourriez me dire...**, is the conditional used to explain the result of a hypothesis or to be polite? **(9.3.b)**

Activité 3 Les compliments

Travaillez avec un(e) camarade de classe. La personne A est la personne qui figure sur les photos ; la personne B est son ami(e). La personne B indique du doigt une photo et fait des compliments à la personne A sur ce qu'elle porte dans cette photo. La personne A répond aux compliments.

Échange 3 *Où acheter une robe ?*

Monsieur Dupuy: Demain c'est l'anniversaire de ma femme, et je voudrais lui acheter une nouvelle robe. Tu connais une bonne boutique, pas trop chère ?

Monsieur Turcat: Une boutique ? Je n'en connais pas. Ma femme choisit toujours ses robes dans un catalogue.

Possibilités

Elle achète ses robes dans un grand magasin.

dans une boutique de la rue Saint-Honoré.

Elle choisit ses robes dans un catalogue.

Elle a vu cette robe en vitrine.

Où acheter ses vêtements ?

La société de consommation a fait fleurir l'industrie et le commerce vestimentaire et, à Paris comme en province, les magasins de vêtements sont nombreux et divers en prix et en qualité. On peut donc acheter ses vêtements dans un grand magasin comme les Galeries Lafayette, où on trouve de tout et à tous les prix, y compris des modèles de grands couturiers° comme Dior, Saint Laurent, Chanel. Ou on peut faire son shopping dans des « boutiques » qui sont plus spécialisées : vêtements pour hommes, femmes, enfants, vêtements de sport, lingerie, chaussures, etc. Une boutique est souvent associée avec un style particulier ou une marque.° Notez qu'en français le mot « boutique » ne veut pas nécessairement dire un magasin de luxe. Il y a bien sûr des boutiques de luxe mais aussi d'autres qui vendent des vêtements ordinaires et à des prix modestes. Et le terme « boutique » n'est pas unique au commerce des vêtements : il y a des boutiques de vins, de fleurs, de fromages, etc.

designers

brand

Les Galeries Lafayette à Paris.

La boutique Guy Laroche à Paris.

Activité 4 Où achetez-vous ça ?

Travaillez avec un(e) camarade de classe. À tour de rôle, dites où vous préférez acheter les choses suivantes et pourquoi.

1. vos tee-shirts
2. vos robes ou costumes
3. vos tennis/baskets
4. vos jeans
5. vos chapeaux

Pour exprimer l'indifférence

Échange 4 *Question de style*

MME DUPONT: Je trouve que Madame de Méry est toujours très chic, très élégante. Elle s'habille chez les grands couturiers, vous savez.

MME DURAND: Ah, la mode... moi, je m'en moque. Et puis, je préfère quand même le style décontracté.

Possibilités

Je m'en moque. / Je m'en fiche. *(argot)*

Ça m'est égal.

Je n'y fais pas attention.

Je ne m'intéresse pas à ce genre de chose. / Ça ne m'intéresse pas beaucoup.

La mode et la haute couture

Paris est considéré comme la capitale de la mode dans plusieurs domaines. En ce qui concerne les vêtements, sa grande réputation est évidente dans le domaine de la haute couture. Le nombre des grandes maisons de couture parisiennes, ou « maisons de rêve », est limité actuellement, par la loi, à dix-huit. On y crée des collections originales présentées chaque saison (printemps-été et automne-hiver) dans des grands défilés de mode qui fascinent une clientèle internationale.

Activité 5 Ça m'est égal

Travaillez avec un(e) camarade de classe. Partagez vos opinions sur les sujets suivants. Si votre camarade de classe n'a pas la même opinion que vous, essayez de le/la convaincre que vous avez raison.

Modèle: la sculpture

A: La sculpture... je n'y fais pas attention.
B: Mais moi, je trouve que c'est un art très important.

1. l'écologie
2. la mode
3. le sport (comme spectateur/spectatrice)
4. le sport (comme participant[e])
5. le cinéma
6. la politique

Échange 5 *Justification*

ANTOINE: Je n'ai rien à me mettre.

PÈRE: Mais si, tu as beaucoup de belles chemises.

ANTOINE: Oui, mais elles sont toutes tachées ou déchirées.

Possibilités

Je ne peux pas mettre cette robe. Elle est tachée.

Elle est démodée.

Je ne veux pas porter ce pantalon. Il est usé.

Il est déchiré.

Activité 6 Je n'ai rien à me mettre !

Expliquez pourquoi vous ne voudriez pas porter les vêtements que vous voyez dans les images.

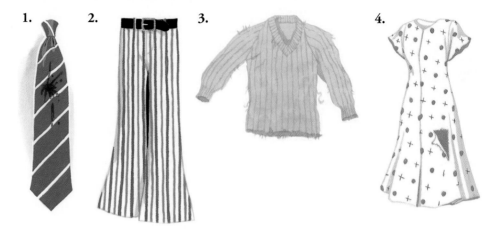

1.   2.   3.   4.

Mots nouveaux à apprendre

acheter	*to buy*	s'habiller	*to dress oneself*
	*(conj. like **lever**)*		*(like **se coucher**)*
la boutique	*shop, boutique*	intéresser	*to interest*
ça m'est égal	*it doesn't*		*(conj. like **parler**)*
	matter to me	s'intéresser à	*to be interested*
le catalogue	*catalogue*		*in (conj. like*
chic *(invariable)*	*stylish*		***se coucher**)*
le couturier	*fashion designer*	l'interview *(f)*	*interview*
déchiré(e)	*torn*	je m'en fiche *(argot)*	*I couldn't*
décontracté(e)	*relaxed*		*care less*
démodé(e)	*old-fashioned,*	je m'en moque	*I don't give*
	out-of-date		*a hoot*
l'élégance *(f)*	*elegance*	neuf/neuve	*brand new*
faire attention (à)	*to pay*	quand même	*anyway*
	attention (to)	taché(e)	*stained*
le genre	*type*	usé(e)	*worn (out)*

Comment le dire

Les séquences de lettres *au* et *eau* et le son [o]

The sequences **au** and **eau** are pronounced [o] in all positions within a word.

eau   chap**eau**   journ**au**x   j**au**ne   **au**tomne   cha**u**ssures

Exception: The name **Paul** is pronounced [pɔl].

Activité 7 Qu'est-ce que je mets avec... ?

Travaillez avec un(e) camarade de classe. À tour de rôle, posez-vous des questions et répondez-y, d'après le modèle. Distinguez bien les [o] des [ɔ].

Modèle: chemise mauve / cravate rose

   A: Quelle cravate je mets avec ma chemise mauve ?
   B: Tu devrais mettre ta cravate rose.

1. baskets jaunes / chaussettes violettes
2. pantalon olive / chaussures mauves
3. costume bordeaux / chemise violette

4. manteau orange / chapeau jaune
5. chapeau abricot / anorak rose

Discutons un peu

Stratégie de discussion   Recherchez un sujet pour vous aider à formuler ou à soutenir vos propres idées.

Encyclopedic dictionaries such as ***Le Petit Larousse*** provide basic, concise information on a wide range of topics. Such information is useful when you are looking for information to support your opinions about a topic.

Read the following entries to learn about several important French fashion designers. Then work with two classmates. Each person will summarize what he/she learned about one of the designers. Next, share your reactions to what you have read by discussing these questions.

1. Parmi les styles de ces couturiers, lequel préférez-vous et pourquoi ?
2. Si vous aviez l'occasion de parler à un de ces couturiers, quelles questions lui poseriez-vous ? Faites une liste de deux ou trois questions.

Saint Laurent, Yves   Couturier français (Oran, Algérie, 1936).
Merveilleux coloriste, il a donné une interprétation originale du vêtement quotidien en créant des vêtements faciles à porter qu'on peut « sophistiquer » d'un bijou. Il est connu surtout pour son manteau court, son tailleur-pantalon et son smoking° pour les femmes.

tuxedo

Yves Saint Laurent.

Tailleur-pantalon Yves Saint Laurent.

Chanel, Gabrielle Chasnel, dite Coco
Couturière française (Saumur 1883 – Paris 1971). Elle a donné à la mode un tour nouveau en prenant pour règle de l'élégance une extrême simplicité. C'est elle qui a inventé le tailleur Chanel, vêtement rendu populaire aux États-Unis par Jacqueline Kennedy.

Coco Chanel.

Tailleur Chanel.

Dior, Christian
Couturier français (Granville 1905 – Montecatini, Italie, 1957). En 1947, il a connu un succès immédiat avec le style « new look », en réaction contre les restrictions imposées par la guerre. Il est connu pour ses robes longues et amples et la fluidité des lignes de ses vêtements. La maison Dior est une des plus prestigieuses au monde.

Christian Dior.

Robe longue Dior.

À vous la parole

Défilé de mode   *Vous allez créer une présentation des collections. Travaillez en groupes de quatre ; chaque personne choisit un des rôles suivants :*

a. le couturier/la couturière
b. un(e) journaliste ou plusieurs journalistes
c. le commentateur/la commentatrice qui présente la collection
d. un mannequin° ou plusieurs mannequins   *model*

1. Préparation : Les journalistes posent des questions aux couturiers/couturières sur leurs collections.

   Questions à considérer :

   Comment caractériseriez-vous votre collection ?

   Pour quelle clientèle faites-vous vos vêtements ?

   D'où viennent vos idées ?

   Quels projets avez-vous pour l'avenir ?

   Les commentateurs/commentatrices et les mannequins imaginent des vêtements à présenter et créent des descriptions pour accompagner leurs présentations.

   Aspects à considérer :

   Description du vêtement (style, tissu, couleur, détails)

   Qui porterait ce vêtement ? quand ? où ?

   Quelle impression ferait ce vêtement ?

2. Présentation : Montez un spectacle qui présente la collection de votre couturier/couturière à la classe. Après la présentation des vêtements, présentez une interview avec le couturier/la couturière.

Dossier 4

Paroles

Stratégie d'écoute   **Considérez le contexte pour comprendre les expressions figurées.**

You have already seen how the names for various parts of the body are used figuratively in many common expressions. In French, as in English, there are also numerous figurative expressions based on the names of articles of clothing. The context in which you hear such expressions will help you guess their meaning.

Read the following paragraph, and then choose the best definition for the figurative expression **marcher à côté de ses pompes.**°

shoes (slang)

Je suis sorti avec Madeleine hier soir. Quelle histoire ! Nous devions nous rencontrer devant le théâtre à 7h45. Quand le concert a commencé à 8h... pas de Madeleine. J'ai dû l'attendre parce qu'elle avait les billets. Enfin elle est arrivée—presqu'une heure en retard. Pendant le concert, elle a parlé constamment ; les gens assis près de nous ont été très irrités. Enfin, elle a perdu son sac, soit dans le théâtre, soit° dans le café où nous sommes allés après le concert. Voilà une femme qui marche à côté de ses pompes.

soit... soit... either . . . or

« Marcher à côté de ses pompes » signifie :

   a. avoir beaucoup d'influence

   b. être distrait, ne pas savoir ce qu'on fait

   c. avoir beaucoup d'énergie

   d. être agréable

Écouter

Expressions figurées   Vous allez entendre trois mini-conversations. Devinez le sens de l'expression figurée qui termine chaque conversation.

Vous avez compris ?

1. A. Qu'est-ce que l'homme a dit à sa belle-mère ?
   B. L'expression « Tu as mis les pieds dans le plat » veut dire :
      1. Tu as des mauvaises manières à table.
      2. Tu as fait un faux pas.°

faux... social blunder

      3. Tu as utilisé une expression vulgaire.
2. A. Qu'est-ce que l'homme demande d'abord ? Et ensuite ? Et finalement ? Est-ce que la femme accepte de tout faire ?
   B. L'expression « C'est une autre paire de manches » veut dire :
      1. Relève tes manches pour mieux travailler.
      2. Il s'agit d'une chose très différente.
      3. Je suis capable de faire des choses difficiles.

3. A. Pourquoi la femme est-elle contente ?
   B. L'expression « Chapeau ! » veut dire :
      1. C'est impossible !
      2. Quelle bonne idée !
      3. Bravo ! Compliments !

Les mots pour le dire

Pour faire une réclamation

Échange 1 *Dans un magasin de vêtements pour hommes*

CLIENT: Madame, les chemises que vous vendez ne sont pas de bonne qualité. Ma femme les a lavées et elles ont rétréci !

VENDEUSE: Je regrette, monsieur. Si vous voulez les rendre, on va vous rembourser.

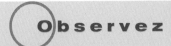

1. What word is the direct object of **vous vendez?** (9.10)

2. What is the subject of **ne sont pas?** (9.10)

Possibilités

J'ai une réclamation à faire.

Ce(t)/cette... n'est pas de bonne qualité.

      a un défaut.

      a rétréci.

Je voudrais rendre ce(t)/cette/ces...

Est-ce que je peux échanger ce(t)/cette/ces... ?

Pouvez-vous me rembourser ?

Activité 1 Réclamations

Avec un(e) camarade de classe, jouez les rôles des personnes indiquées. La personne A fait une réclamation à la personne B qui s'excuse et/ou offre une solution.

Modèle: A = une cliente ; B = un vendeur
     La cliente n'aime pas la montre qu'elle a achetée.

     A: Monsieur, cette montre n'est pas de bonne qualité. Je l'ai depuis deux jours et elle n'est plus à l'heure !
     B: Ne vous inquiétez pas, madame. Nous pouvons l'échanger.

1. A = une cliente ; B = une vendeuse
   La cliente a lavé son tee-shirt en coton et il a rétréci.
2. A = un client ; B = un vendeur
   Le client a découvert que son pantalon neuf est taché.
3. A = une cliente ; B = le patron du bistro du coin
   La cliente n'aime pas son poisson.
4. A = un client ; B = le maître d'hôtel dans un grand restaurant
   Le client trouve que le vin n'est pas bon.
5. A = un passager ; B = un employé d'Air France
   Le passager est furieux parce que l'avion ne va pas partir à l'heure.

Pour parler de changements

Échange 2 *Que mettre ce soir ?*

DOMINIQUE: Tu vas te changer pour aller chez les Martin ce soir ?
PAUL: Je vais mettre une chemise propre et changer de chaussures. Et toi ?
DOMINIQUE: Je vais me changer entièrement. Il fait plus froid que ce matin, et je vais mettre quelque chose de plus chaud.

Un verbe qui change grammaticalement

Vous savez déjà que certains mots qui sont similaires en anglais et en français peuvent avoir des sens différents dans les deux langues. Ces mots sont considérés comme des *faux amis*. Il y a aussi des mots qui sont similaires dans les deux langues—même forme, même sens—mais qui varient grammaticalement selon le contexte de la phrase. Le verbe *changer* est un de ces cas de variation grammaticale.

1. Pour exprimer un changement général, *changer* est utilisé sans complément.

La mode change tous les ans.

2. Pour indiquer un changement spécifique, *changer* est suivi de la préposition *de* et d'un complément.

J'ai envie de changer d'appartement.

3. Pour exprimer un changement de vêtements, *changer* est utilisé comme un verbe pronominal.

Attends une minute, je vais me changer.

Activité 2 Se changer ou pas ?

Dites si ces personnes devraient se changer (et si « oui » , comment) selon les activités indiquées.

Modèle: Marc porte un sweat-shirt et un pantalon déchiré. Il va dîner dans un restaurant avec sa grand-mère.
Il devrait se changer. Il devrait changer de pantalon.

1. Marie porte un maillot de bain. Elle va faire du ski.
2. Sylvie porte une jupe orange et une blouse rouge. Elle va à une interview.
3. Daniel porte une cravate tachée. Il sort avec sa nouvelle petite amie.
4. Bruno porte un jean et des bottes. Il va à la plage.
5. Karine porte une robe longue et des chaussures à talon. Elle va à la fac.

Les bijoux

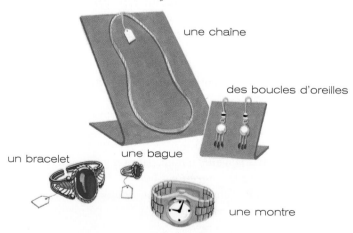

une chaîne

des boucles d'oreilles

un bracelet

une bague

une montre

Échange 3 *Dans une bijouterie*

CLIENTE: Je veux faire un cadeau d'anniversaire à mon mari. Cette
montre-là, elle est en quoi ?

BIJOUTIER: En acier inoxydable, c'est un très beau modèle.

CLIENTE: Vous n'avez pas le même modèle en or ?

BIJOUTIER: Ah non, madame, je regrette.

Possibilités

C'est un bijou en acier inoxydable (en inox).

en or.

en argent.

en diamant.

en cuir.

J'ai acheté un bijou précieux.

de valeur.

de fantaisie.

sans valeur.

en toc.

> **Observez**
>
> What preposition is used to indicate the substance a piece of jewelry or any object is made of? **(9.7)**

Activité 3 C'est quoi ça ?

*Posez des devinettes à vos camarades de classe. Chaque objet à deviner doit être un bijou,
un accessoire ou un vêtement. Faites référence aux caractéristiques suivantes :*

où et quand on le porte

la matière (le tissu ou le métal)

la partie du corps sur laquelle on le porte

les détails de cet objet (ex. chaussures/talons ; chemises/cols)

Modèle: A: C'est utile pour savoir l'heure. On porte cet objet sur son bras.
C'est en or.

B: C'est une montre.

Activité 4 Si j'étais...

*Faites ce jeu en chaîne. Chaque personne reprend la deuxième partie de la phrase de la per-
sonne précédente et la complète.*

Modèle: A: Si j'allais à la fac, je porterais une montre.

B: Si je portais une montre, je saurais l'heure.

C: Si je savais l'heure, je...

Activité 5 À chaque époque son style

Choisissez un des styles suivants et décrivez les vêtements, bijoux et accessoires montrés dans l'image. Avec quelle époque est-ce que vous associez ce style ? Avez-vous jamais porté ce style de vêtement ? Portez-vous ce style de vêtement aujourd'hui ? Pourquoi ou pourquoi pas ?

1.

3.

2.

4.

Pour analyser une publicité

la publicité

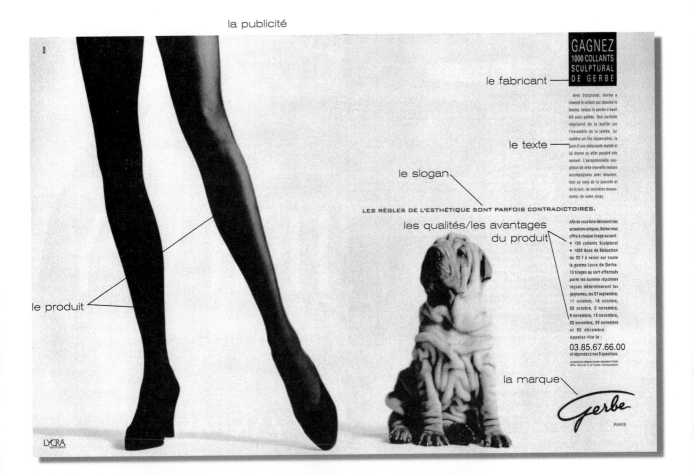

le fabricant

le texte

le slogan

les qualités/les avantages du produit

le produit

la marque

Pour situer des objets dans l'espace

Dans cette publicité, l'image du produit est à gauche et le texte est à droite. L'image du chien est entre le texte et l'image du produit. Le slogan est au centre de la publicité et le nom du fabricant est en bas.

Possibilités

ici / là

devant / derrière

au premier plan / à l'arrière plan

à droite / à gauche

en haut / en bas

entre

au centre

Activité 6   Qu'est-ce qui est vendu ?

Décrivez les publicités suivantes : le contexte pour la présentation du produit, le produit, la marque, le langage utilisé pour présenter le produit, le slogan, la mise en page (où les différents éléments de la publicité sont situés), les couleurs.

Mots nouveaux à apprendre

l'acier *(m)* inoxydable (inox)	*stainless steel*	le diamant	*diamond*
l'argent *(m)*	*silver*	échanger	*to exchange (conj. like **nager**)*
l'arrière plan *(m)*	*background*	en bas	*below*
l'avantage *(m)*	*advantage*	en haut	*above*
la bague	*ring*	le fabricant	*manufacturer*
le bijou	*jewel, piece of jewelry*	l'image *(f)*	*picture, image*
		la marque	*brand*
le bijou de fantaisie	*novelty jewelry*	l'or *(m)*	*gold*
		précieux/précieuse	*precious*
le bijou de valeur	*valuable jewelry*	le premier plan	*foreground*
le bijou en toc *(argot)*	*imitation jewelry*	le produit	*product*
		la publicité	*ad*
les boucles *(f pl)* d'oreilles	*earrings*	la qualité	*quality*
		la réclamation	*complaint*
le bracelet	*bracelet*	rembourser	*to reimburse (conj. like **parler**)*
le cadeau	*gift*		
la chaîne	*chain*	rétrécir	*to shrink (conj. like **choisir**)*
changer (de)	*to change (conj. like **nager**)*	le slogan	*slogan*
se changer	*to change one's clothes*	la valeur	*value*
		vendre	*to sell (conj. like **perdre**)*
le défaut	*defect*		

Comment le dire

Ne vous arrêtez pas entre un nom et la proposition relative qui le qualifie

The function of a relative clause is similar to that of an adjective: to qualify a noun. In speaking, just as you do not stop between a noun and the adjective that qualifies it, do not stop between a noun and the relative clause that follows it.

C'est un manteau **élégant.**

Regardez le manteau **que j'ai acheté.**

When the relative clause is embedded within a sentence (as opposed to being at the end of the sentence), let your intonation go up slightly at the end of the relative clause and make a slight pause between the relative clause and the rest of the sentence.

Le manteau **que vous portez** / me plaît beaucoup.

Les gens **qui suivent la mode** / ne sont pas toujours élégants.

Activité 7 Tout est relatif

Complétez les phrases par les pronoms relatifs qui conviennent et, avec un(e) camarade de classe, dites ces phrases à tour de rôle.

1. Je n'aime pas les gens _____ parlent trop.
2. Les chaussures _____ vous m'avez vendues me font mal aux pieds.
3. J'ai vu une publicité _____ avait un slogan génial.
4. Pour mes chemises, la marque _____ je préfère, c'est Dior.
5. La cravate _____ vous portez est très élégante.

É c r i v o n s   u n   p e u

Stratégie d'écriture   Pour créer une publicité, trouvez d'abord la qualité ou l'attribut que vous voulez « vendre ».

Many advertising campaigns are based on the implication that when people purchase a product they acquire not only the product but the qualities that product represents or suggests. For example, certain ads for breakfast cereal suggest that if you eat a particular cereal, not only will you have a tasty or nutritious morning meal, you will also be as strong as the tiger or the athlete featured in the ad.

Look again at the ads in **Activité 6,** pages 466–67, and decide which quality or qualities from the following list each ad is selling.

la qualité	la tradition	
le luxe	l'innocence	
le confort	le succès°	*success*
la prudence	l'efficacité°	*efficiency*
le prestige	l'amitié	
l'élégance	l'amour	
la durabilité	l'exotisme	
l'aventure	le mystère	

1. le cognac Courvoisier _____

   _____

2. Levi's jeans 518 _____

   _____

3. parfums Paloma Picasso _____

   _____

À vous d'écrire

Composez une publicité   Choisissez une des photos suivantes et utilisez-la comme l'image d'une publicité que vous allez composer pour vendre un vêtement. Décidez quel attribut de la liste précédente vous voulez mettre en valeur et à quel groupe (jeunes/personnes âgées ; hommes/femmes ; sportifs/intellectuels, etc.) vous voulez vendre votre produit. Écrivez d'abord un slogan et puis un texte pour décrire les vêtements dans l'image et pour convaincre le public de les acheter. Vous pouvez aussi inventer un nom de marque.

attribut que vous voulez mettre en valeur : _____

groupe auquel vous voulez vendre le produit : _____

_____

slogan : _____

_____

texte : _____

_____

_____

nom de marque : _____

Mise au point

Reread your ad and consider if you . . .

1. included a slogan, a text, and the brand name of the product.
2. focused attention on the quality or attribute your ad associates with the product.
3. directed your ad toward the buying public you specified in the pre-activity.

Grammaire 9

9.1 The interrogative pronoun *lequel*

Lequel is an interrogative pronoun that is used to distinguish between two or more items of the same type; it corresponds to the English *which (one)*. **Lequel** is used instead of the adjective **quel** and a noun.

Tu as vu ces deux films?	**Quel film** est le plus comique?
Tu as vu ces deux films?	**Lequel** est le plus comique?

Lequel agrees in number and gender with the noun it represents.

Le pronom interrogatif *lequel*		
	masculin	féminin
singulier	lequel	laquelle
pluriel	lesquels	lesquelles

9.2 The expression *être à*

You already know how to indicate possession by using the preposition **de: Tu connais le mari *de* Janine?** and by using possessive adjectives: **Où est *ton* sac?**

You can also indicate possession by using the expression **être à** followed by a noun or a stressed pronoun.

Ce sac **est à** Danielle.

Ces chaussures **sont à** lui.

To ask to whom something belongs, use the expression **à qui** + **être.**

À qui est cette robe?

À qui sont ces chaussettes?

9.3 The conditional

a. **Form.** To conjugate the present conditional of most verbs, use the infinitive as the stem and add the endings used to conjugate the imperfect. Note that for **-re** verbs, you drop the **e** at the end of the infinitive before adding the endings.

Le présent du conditionnel des verbes réguliers					
parler		choisir		perdre	
je	parlerais	je	choisirais	je	perdrais
tu	parlerais	tu	choisirais	tu	perdrais
il/elle/on	parlerait	il/elle/on	choisirait	il/elle/on	perdrait
nous	parlerions	nous	choisirions	nous	perdrions
vous	parleriez	vous	choisiriez	vous	perdriez
ils/elles	parleraient	ils/elles	choisiraient	ils/elles	perdraient

A few verbs have *irregular stems* but regular endings in the conditional.

Le présent du conditionnel des verbes irréguliers			
aller	j'**ir**ais	pouvoir	je **pourr**ais
avoir	j'**aur**ais	savoir	je **saur**ais
devoir	je **devr**ais	venir	je **viendr**ais
être	je **ser**ais	voir	je **verr**ais
faire	je **fer**ais	vouloir	je **voudr**ais
falloir	il **faudr**ait		

Note that there are also spelling variations in the conditional involving accents, double consonants, and two stems.

Les variations d'orthographe au conditionnel			
	avec accent	avec consonne double	avec deux possibilités
je	me lèverais	jetterais	essaierais/essayerais
tu	te lèverais	jetterais	essaierais/essayerais
il/elle/on	se lèverait	jetterait	essaierait/essayerait
nous	nous lèverions	jetterions	essaierions/essayerions
vous	vous lèveriez	jetteriez	essaieriez/essayeriez
ils/elles	se lèveraient	jetteraient	essaieraient/essayeraient

Unlike in the present indicative, in the present conditional there is no variation for verbs like **préférer;** all forms keep the acute accent that is in the infinitive.

b. **Use.**

1. The conditional is sometimes used as a mark of politeness—as a way of softening a request or of making an indirect command.

> **Pourriez**-vous me montrer ces chaussures en noir? *(Could you . . .?)*
>
> Je **voudrais** voir ce pull vert. *(I would like . . .)*
>
> Tu **devrais** essayer une autre robe. *(You should . . .)*

2. The conditional is also used in certain sentences expressing hypothetical conditions and results. Such sentences have two clauses: a condition clause (**si** + subject + verb in the imperfect) and a result clause (subject + verb in the conditional). Note that either clause can go first.

> J'**irais** voir ce film, si j'avais le temps.
>
> Si j'avais le temps, j'**irais** voir ce film.
>
> Si elle savait ton numéro, elle te **téléphonerait**.
>
> Elle te **téléphonerait**, si elle savait ton numéro.

9.4 Colors: adjectives and nouns

a. When you use a noun to express color, it is always a masculine noun.

> Je n'aime pas **le vert.**
>
> **Le bleu** est très à la mode.

b. To indicate that something is available or desired in a certain color, use the preposition **en** and the color noun. There is no article before the noun.

> Avez-vous cette robe **en** noir ?

c. When you use an adjective to express color, it generally agrees in gender and number with the noun it qualifies.

> un pantalon **blanc**   une chemise **bleue**
>
> des chapeaux **noirs**   des jupes **rouges**

However, when a color adjective has been derived from the name of a thing or a place (**orange, chocolat, marron, marine, bordeaux, parme**), it does not vary in gender or number.

> un pantalon **chocolat**   une chemise **marron**   des jupes **orange**

In addition, when any color adjective is modified by the expression **clair** *(light)* or **foncé** *(dark),* it does not vary in gender or number.

> un pantalon **bleu clair**   une robe **bleu clair**   des jupes **bleu foncé**

d. When the noun that the color adjective modifies has been previously identified, sometimes the noun can be dropped, in which case the article is retained and the adjective follows the rules of agreement as if the noun were there.

> Tu préfères quel pantalon ? **Le blanc.**
>
> Tu aimes quelle chemise ? **La bleue.**
>
> Tu vas porter quelles chaussures ? **Les noires.**

This use of the definite article + color adjective is equivalent to English expressions such as *the white one* and *the black ones.*

9.5   The suffixes *-ci* and *-là*

To distinguish between two or more items of the same type qualified by demonstrative adjectives (**ce, cet, cette, ces**), you can add the suffixes **-ci** and **-là** to the nouns that name the items. The suffix **-ci** (which comes from **ici**) indicates that an item is relatively near to the speaker. The suffix **-là** (which comes from the adverb **là**) indicates that something is farther away. These suffixes can accompany any noun, singular or plural, masculine or feminine, and are always attached to the noun by a hyphen. They are not obligatory and are used only in situations when you point something out.

> Cette chemise-**ci** est trop grande pour moi.
>
> Je n'aime pas ce veston-**là.**

9.6   Demonstrative pronouns

A demonstrative pronoun is used to replace a noun modified by a demonstrative adjective.

> Je ne veux pas **cette jupe-là,** je vais prendre **celle-ci.**   *I don't want that skirt, I'm going to take this one.*

Demonstrative pronouns reflect the gender and number of the nouns they represent.

Les pronoms démonstratifs				
	masculin		féminin	
	adjectif	pronom	adjectif	pronom
singulier	**ce** pantalon-ci	**celui-ci**	**cette** robe-là	**celle-là**
pluriel	**ces** chapeaux-là	**ceux-là**	**ces** jupes-ci	**celles-ci**

A demonstrative pronoun is often used as the answer to a question formed with the interrogative pronoun **lequel** (9.1).

> **Lequel** est-ce que tu préfères ? —Je préfère **celui-ci.**
>
> **Lesquelles** est-ce que tu vas prendre ? —**Celles-là.**

Demonstrative pronouns are equivalent to the English pronouns *this (one)* or *that (one)*, *these (ones)* or *those (ones)*.

celui-ci/celle-ci	*this (one)*	ceux-ci/celles-ci	*these (ones)*
celui-là/celle-là	*that (one)*	ceux-là/celles-là	*those (ones)*

9.7 The preposition *en* with nouns of substance

To tell what substance something is made of, you use the preposition **en.** Note that there is no article before the noun indicating substance when it follows **en.**

> J'aime bien cette jupe **en laine.**
>
> Vous cherchez une montre **en inox** ou **en argent** ?

9.8 *Si* (If) + the present tense in sentences expressing generalizations

In sentences with **si** *(if)* that express commonplace truths or generalizations rather than true hypothetical conditions and results, you use the present tense in both clauses.

> Si vous voulez quelque chose d'élégant, il faut un peu de talon.
>
> Si on porte du noir, ça fait classique mais un peu triste.

9.9 *Quelque chose* and *rien* qualified by an adjective

When the pronouns **quelque chose** and **rien** are followed by an adjective that modifies them, the masculine singular form of the adjective is always used. The preposition **de** must precede the adjective.

> Elle cherche **quelque chose de pratique.**
>
> Je voudrais **quelque chose de confortable.**
>
> Nous n'avons **rien** fait **d'intéressant** ce week-end.
>
> Je n'ai **rien** vu **de beau** dans ce magasin.

If the adjective is modified by an adverb such as **très** or **moins,** the **de** precedes the adverb.

> Ils ont vu **quelque chose de très comique.**
>
> Je voudrais **quelque chose de plus classique.**
>
> Vous n'avez **rien de moins cher** ?
>
> Il n'a **rien de très pratique.**

9.10 An embedded relative clause

You have already studied relative clauses that come at the end of a sentence.

Je voudrais voir la jupe **que vous avez en vitrine.**

Essayez le pantalon **qui est sur la table.**

In these cases, the relative clause follows the main clause because the noun that the relative clause qualifies comes at the end of the main clause.

However, when the relative clause describes a noun that comes earlier in the main clause, it must still come directly after that noun. The relative clause is thus embedded within the main clause.

Les <u>chaussures</u> **que je préfère** <u>coûtent</u> trop cher pour moi.

Les <u>pantalons</u> **qui sont très larges** <u>ne me plaisent pas.</u>

Remember that even though the subject and verb of the main clause are separated by the relative clause, they must still agree.

Ouverture ○○○○○○○○

culturelle

Un marché aux fleurs, Dakar, Sénégal.

Au pied des dunes de l'erg Chebbi, dans le Sahara marocain.

Ouverture culturelle

Additional materials for this
Ouverture culturelle:

CD-ROM
WWW: **L'Afrique**

VIDEO/VIDEO MANUAL
Vignette culturelle :
L'Afrique francophone

L'Afrique

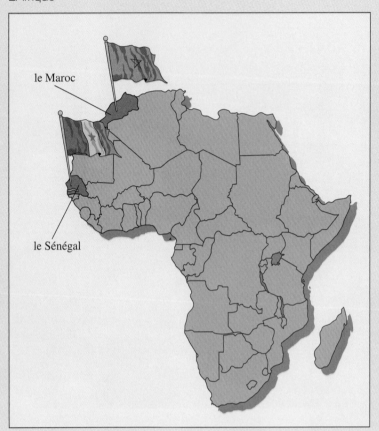

le Maroc

le Sénégal

Activité 1   Qu'est-ce que vous savez des pays francophones de l'Afrique ?

À partir du 19ᵉ siècle, la France a eu des vastes colonies en Afrique. Malgré l'indépendance des anciennes colonies françaises réalisée dans les années 1960, il y a toujours une présence française marquée en Afrique : une vingtaine de pays où la langue française continue à jouer un rôle important et qui restent liés à la France par des échanges économiques et des rapports diplomatiques. Les plus grandes régions francophones sont en Afrique du Nord (le Maghreb), où est situé le Maroc, et en Afrique occidentale (l'Afrique « noire »), où se trouve le Sénégal. Avant d'examiner ces deux pays, indiquez ce que vous en savez déjà en marquant V (vrai) ou F (faux).

1. Casablanca, site du célèbre film de Bogart, est une ville du Maroc. _____
2. Le Sénégal est une démocratie. _____
3. Le Maroc est un pays chrétien.° _____   *Christian*
4. Le Sénégal est un des plus riches pays du monde. _____
5. « La négritude » est une forme d'esclavage.°_____   *slavery*

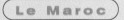
Le Maroc

Activité 2   Carte d'identité du Maroc

Lisez le tableau suivant avant de répondre aux questions.

Population   26 073 593 habitants (comparée à 60 000 000 pour la
France), dont° 4 130 000 francophones   *including*

Superficie   710 850 km² (comparée à 550 000 km² pour la France)

Capitale   Rabat (1 400 000 habitants)

Autres villes principales   Casablanca (2 600 000 habitants),
Tanger, Marrakech, Meknès, Fès (qui donne son nom à un chapeau
rouge, le Fez, porté autrefois° par de nombreux musulmans°)

formerly/Muslims

Une rue de Marrakech.

Langues parlées   L'arabe est la langue officielle, mais 35 % de la
population parle berbère ; le français, compris par une bonne part
des Marocains, est utilisé dans les secteurs économique, diplomatique et scientifique.

Religion   L'islam est la religion officielle de l'État, pratiquant une
tolérance aux autres cultes ; le nom signifie soumission à la volonté
de Dieu, Allah, dont le prophète vénéré est Mahomet, qui a transmis
la parole de Dieu aux fidèles,° les musulmans, dans le texte du
Coran.

faithful ones

Gouvernement   Monarchie héréditaire et constitutionnelle ; le roi
Mohammed VI, descendant direct du prophète Mahomet, est le chef
spirituel et temporel du pays. Il gouverne en accord avec un
Parlement, élu directement par le peuple et comptant, aux élections
de 1993, onze partis politiques.

Économie   PIB (produit intérieur brut) 620 euros par habitant ; le
Maroc produit et exporte des phosphates, des tapis° et textiles, des
ouvrages en cuir et en bois.°

rugs
wood

Drapeau

Une teinturerie à Fès.

Plats traditionnels le couscous, le kabob, le méchoui,° l'harrira,° la pastilla,° la tajine,° les cornes de gazelle,° le thé à la menthe.° *barbecue / thick soup pigeon pie / stew / cornes... almond-filled pastry crescents / thé... mint tea*

Fêtes La plupart des Marocains étant musulmans, la mosquée avec son minaret° est un élément familier du paysage marocain. Parmi les nombreuses fêtes religieuses, « Eid-Seghir » marque la fin du mois du Ramadan, période pendant laquelle on ne doit ni manger, ni boire, ni fumer du lever au coucher du soleil° : c'est une fête familiale qui commence par un petit déjeuner, suivi de la prière à la mosquée et d'un déjeuner copieux, en général un couscous et des gâteaux. *tower* / *du lever... from sunrise to sunset*

Devise « Si vous aidez Dieu Il vous aidera » apparaît sur le blason° du pays. Comme beaucoup de musulmans à travers le monde, les Marocains disent couramment « In sha'Allah » (littéralement « Si Dieu le veut »), expression arabe qui peut être mal interprétée par les étrangers, soit comme une illustration du « fatalisme » des musulmans soit° comme une façon polie de dire « Non ! ». *coat of arms* / *soit... soit... either . . . or*

La mosquée de Kairouyine à Fès.

Rapport avec la France Devenu protectorat français en 1912, après des siècles d'indépendance sous plusieurs dynasties prestigieuses, le Maroc accède à l'indépendance en 1956, sous le roi Mohammed V, père du monarque Hassan II et grand-père du monarque actuel, Mohammed VI.

Culture : la musique La civilisation très ancienne du Maroc est marquée par l'influence des Berbères (les premiers habitants), des juifs, des Romains, des Arabes et, plus récemment, des Espagnols et des Français. Cette diversité se reflète dans la musique, qui fait partie intégrale de la vie marocaine : la voix du muezzin qui appelle les fidèles à la prière° ; la musique « andalouse », qui rappelle le flamenco espagnol ; le gnaoua, caractérisé par le rythme des tambours ; le chaabi, musique traditionnelle que l'on entend jouer dans les rues ; le malhoune, musique populaire reprise dans les années 1970, incorporant des thèmes politiques ; le rai (opinion), musique contemporaine des jeunes, équivalent du « rap », qui évoque des thèmes « modernes », comme la sexualité, les drogues et les automobiles. *prayer*

Vous avez compris ?

1. Dans quels contextes est-ce que le français est utilisé au Maroc ?
2. Quels exemples de l'importance de l'islam au Maroc pouvez-vous citer ?
3. Identifiez le contexte culturel de trois formes de musique trouvées au Maroc.

Activité 3 La musique et l'héritage marocain

Lisez le passage suivant, écrit par la chanteuse contemporaine Sapho. Ensuite, répondez aux questions.

Vivre au Maroc

J'ai vécu au Maroc durant les vingt premières années de ma vie. Les souvenirs que je garde de ce temps-là sont d'abord ceux de mon enfance marocaine passée dans un beau et doux climat. Le Maroc est un pays de senteurs,° de couleurs extraordinaires, de gentillesse extrême, et en même temps, d'une irrésistible sensualité...   *smells*

Quelques années plus tard, j'ai redécouvert ce sentiment d'harmonie dans mon adolescence et dans mes amitiés. Je suis juive.°   *Jewish*
Mes amis étaient marocains ou français, arabes ou juifs. Nous nous rendions visite, nous célébrions les mêmes fêtes : nous formions une belle mosaïque, riche, vivante et tolérante...

Lorsque je suis arrivée en France, j'ai emporté avec moi tous ces sentiments marocains, mais ils se sont embrouillés° et enfouis° dans   *muddled / buried*
mon inconscient. J'avais une culture française et le français était ma langue maternelle, j'étais attirée par la musique rock avec tout ce qu'elle implique de rébellion contre mon entourage.° J'ai enregistré°   *surroundings / recorded*
deux albums.

Puis un jour, quelque chose de surprenant m'arriva et décida de toute ma carrière. Je suis allée à un concert de musique arabe. Habitée par une nostalgie et une émotion intense, j'ai eu des larmes° aux yeux et j'ai adoré cette musique qui revenait en moi—   *tears*
musique folklorique, musique andalouse, les gnaouas, les jajoukas...

Le mélange° de sons qui avaient formé ma sensibilité musicale   *mixture*
m'inondait° à nouveau. J'ai alors compris que mon développement   *flooded*
personnel tenait en ce point précis, en l'assimilation de ma culture arabe. À partir de ce moment-là, j'ai eu une approche différente de mon travail qui remporta un succès immédiat. Aujourd'hui, toute ma musique évoque le Maroc.

Je ressens° le besoin de retrouver mes racines.° Ma famille ne se   *feel / roots*
trouve plus à Marrakech, mais j'ai une maison là-bas qui me rappelle mon enfance et la fraîcheur intérieure des maisons marocaines. Pendant longtemps, j'étais considérée comme une touriste et je devais rappeler à chaque personne que je chantais en arabe pour être acceptée. Ce n'était pas facile et la victoire fut lente. Aujourd'hui, j'ai reconquis° le Maroc.   *reconquered*

Vous avez compris ?

1. Sapho aime quels aspects du paysage marocain ?
2. Quelles qualités apprécie-t-elle chez les Marocains ?
3. Comment est-ce que sa musique a évolué ? Pourquoi ?
4. Quel est maintenant son rapport avec le Maroc ?

Activité 4 « Ce spectacle »

Lisez cette chanson de Sapho avant de répondre aux questions. Notez que la chanson commence par une citation en arabe fondée sur le motif traditionnel « El Atlal » dans lequel le poète regarde un endroit qui évoque un souvenir ou une pensée. Ici le spectacle du soleil sur la mer évoque le peuple marocain.

CD de Sapho.

Ce spectacle

[Citation arabe « El Atlal »]
Ce spectacle est pour tous
Le soleil sort de l'eau
Il y retourne

Rubis° qui endiable° le jour   *ruby / bedevils*
Qui soumet la marée° du rouge   *tide*
Ce spectacle est pour tous
Majesté sur la mer
Caresse du silence et d'un dieu°   *god*
Ce que tu es ne compte guère°   *ne... hardly counts*
à mes yeux
l'eau afflue° mieux   *flows*

Ce spectacle est pour tous
Le soleil sort de l'eau
Il y retourne

Heureux ou mortifiés
Miséreux ou magnats magnifiés
Ce spectacle est pour tous
Fous° d'amour ou calculassiers°   *crazy / calculating*
Poètes ou pauvres banquiers°   *bankers*
Ce spectacle est pour tous
Même les mendiants° y ont droit   *beggars*
Les voyous° ont des places de choix   *hoodlums*
Les motards,° les mal embouchés°   *bikers / mal... foul-mouthed*
Les connards° et les casse-pieds°   *fools* (fam.) / *pains-in-the-neck* (fam.)
Ce spectacle est pour tous

Vous avez compris ?

1. À quels moments du jour est-ce que le soleil semble sortir de l'eau et y retourner ? De quelle couleur est le ciel à ces moments-là ? Quelles traces de cette couleur voyez-vous dans cette chanson ?
2. Au début de la dernière partie de la chanson, quelles sortes de personnes sont mises en contraste par l'usage du mot « ou » ?
3. Quelles sortes de personnes sont mentionnées à la fin du poème ? « Ce spectacle est pour tous », mais surtout pour quelles sortes de personnes : les gens privilégiés par la société ou les « marginaux » ?
4. Quels aspects physiques et culturels décrits dans les deux premiers paragraphes de « Vivre au Maroc » se retrouvent dans cette chanson ?

Le Sénégal

Activité 5 Carte d'identité du Sénégal

Lisez le tableau suivant avant de répondre aux questions.

Population 8 750 000 habitants (comparée à 60 000 000 pour la France), dont 760 000 francophones

Superficie 196 200 km² (comparée à 550 000 km² pour la France)

Capitale Dakar (1 500 000 habitants), située en face de l'île de Gorée, autrefois grand centre du commerce des esclaves° entre l'Europe et les Amériques.   *slaves*

Vue panoramique de Dakar.

Autre ville principale   Saint-Louis (l'ancienne capitale)

Langues   Le français est la langue officielle, utilisée dans l'administration et l'enseignement, mais il y a six autres langues « nationales », parmi lesquelles le wolof est le plus parlé.

Gouvernement   Une république parlementaire dont le premier président, un des architectes de l'indépendance de son pays en 1960, a été Léopold Sédar Senghor. Senghor est le fondateur du parti social-iste sénégalais. Il a été une des forces de la francophonie et un des chefs du mouvement de la « négritude ». Senghor a démissionné° en 1981 en faveur du Premier ministre Abdou Diouf, remplacé par Abdoulaye Wade en 2000. Le Sénégal est un des premiers états africains à avoir adopté une démocratie pluraliste où plusieurs partis politiques sont représentés ; le Chef de l'État et les 120 Députés de l'Assemblée Nationale sont élus au suffrage universel direct.

stepped down

Festival du jazz à Saint-Louis.

Économie PIB (produit intérieur brut) 314 euros par habitant
(comparé à 14 628 pour la France) ; pour diversifier l'économie,
dominée auparavant par l'arachide,° le pays investit, avec ses
voisins, dans l'utilisation du fleuve° Sénégal pour la production
d'énergie électrique, l'irrigation et le développement agricole (maïs,°
mil,° légumes).

peanut
river
corn
millet

L'extraction du sel au Lac Rose.

Plats traditionnels le bassi-salété,° le poulet yassa,° le
tieboudienne,° le mafé°

couscous / chicken stew
fish dish with rice / stew with
peanut sauce

Drapeau

Toumani Diabaté joue de la
kora.

Fêtes Comme les Marocains, la plupart des Sénégalais pratiquent
la religion de l'islam ; les fêtes musulmanes sont célébrées en
famille, mais il y a aussi une grande fête nationale le jour de
l'indépendance, le 4 avril, où on déploie le drapeau et joue de la
kora, instrument à cordes,° fait d'une gourde.

strings

L'hymne national Écrit par Léopold Sédar Senghor, l'hymne
national s'intitule *Pincez tous vos koras ; frappez les balafons,*° et
fait donc allusion à des instruments de musique.

Pincez... Pluck your koras;
strike the balafons

Rapports avec la France À la suite d'une présence constante de la
France depuis le 17ᵉ siècle, le Sénégal déclare son indépendance en
1960.

Culture : la littérature Comme dans tous les pays francophones de
l'Afrique, la littérature sénégalaise (principalement écrite en
français) reflète le rapport problématique entre la culture française,
imposée par le colonialisme, et la culture africaine traditionnelle.

Dans les années 1930, trois étudiants noirs à Paris—le Sénégalais
Léopold Sédar Senghor, le Martiniquais Aimé Césaire, et le Guyanais
Léon-Gontran Damas—ont fondé le mouvement de « la négritude »,
qui exprime la révolte contre la domination culturelle des blancs,
tout en affirmant « l'ensemble des valeurs du monde noir ». La
négritude s'exprime souvent dans la poésie africaine francophone ;
on note aussi la richesse du théâtre et des contes sénégalais, qui
sont surtout d'origine populaire et orale. Les thèmes principaux des
diverses formes de la littérature sénégalaise reflètent les « valeurs
du monde noir » : le respect des ancêtres, la sagesse de la tradition,
l'importance de la nature, les animaux, la musique, la danse, le
spiritualisme, l'amour, la fraternité et la liberté.

Vous avez compris ?

1. Dans quels contextes est-ce que le français est utilisé au Sénégal ?
2. Quelles sortes de fêtes caractérisent la vie sénégalaise ?
3. Quelles sont les valeurs et thèmes du mouvement de « la négritude » ?

Activité 6 Le conte africain

La tradition orale joue un rôle important dans la continuité et la transmission de la culture africaine.
Souvent racontés par un « griot », un conteur qui représente la sagesse populaire, les contes sont en
général sous forme de fables, avec des animaux comme personnages. Lisez cette version de La belle
histoire de Leuk-le-lièvre, *transcrite en français par Léopold Sédar Senghor, avant de répondre aux*
questions.

Le Plus Jeune Animal

—Léopold Sédar Senghor et Abdoulaye Sadji

C'est au temps où les animaux de la brousse° aiment à se réunir   *bush*
pour causer et discuter de leurs affaires.

Certain jour ils se rassemblent sous l'arbre des palabres° pour   *conversations*
désigner le plus jeune animal. Oncle *Gaïndé-le-lion* préside la séance.

On connaît le plus fort de tous les animaux : c'est Gaïndé-le-lion,
roi de la brousse. On connaît le plus vieux : c'est *Mame-Gnèye-*
l'éléphant. On connaît aussi le plus malhonnête et le moins intelligent : c'est *Bouki-l'hyène.* Mais on ne connaît pas le plus intelligent.
Tout le monde veut passer pour le plus intelligent de tous les animaux. Oncle Gaïndé-le-lion dit : « Si nous connaissons le plus jeune
d'entre nous, nous connaîtrons en même temps le plus intelligent. »

Alors ceux qui croient être les plus jeunes lèvent la main, pour
demander à dire la date ou l'époque de leur naissance.

« Moi, je suis née l'année de la grande sécheresse,° c'est-à-dire   *drought*
il y a trois ans », déclare la Biche.

« Moi, je suis né il y a trois lunes », affirme le Chacal en
dressant ses oreilles pointues.

« Et moi, dit le Singe en se grattant, tenez, je viens de naître. »

Tout le monde applaudit, et le Singe se croit vainqueur°   *winner*
lorsqu'une voix crie du haut d'un arbre : « Attention ! Je vais naître.
Un peu de place pour me recevoir. »

Et *Leuk-le-lièvre,°* lâchant la branche à laquelle il s'est accroché,   *hare*
tombe au milieu des animaux étonnés.

Tout le monde reconnaît que Leuk-le-lièvre est en effet le plus
jeune, puisqu'il vient de naître au milieu de la discussion. Donc il
est reconnu en même temps comme le plus intelligent.

Oncle Gaïndé-le-lion se lève et s'approche de Leuk-le-lièvre : « Je
te proclame le plus intelligent des animaux, lui dit-il. Tu as réussi à
nous prouver que tu es le plus jeune. Tu n'es peut-être pas vraiment le
plus jeune, mais ton intelligence est supérieure à celle des autres. »

Une griotte sénégalaise.

Vous avez compris ?

1. Identifiez l'animal qui est le plus fort _____ , le plus vieux _____ , le plus malhonnête _____ .
2. Quels sont les trois animaux qui prétendent être les plus jeunes ? _____ , _____ , _____ .
3. Selon Gaïndé-le-lion, quelle autre qualité aura le plus jeune ? _____ Cherche-t-il vraiment le plus jeune ou le plus intelligent ? _____
4. Comment sait-on que Leuk-le-lièvre est le plus intelligent, même s'il n'est pas le plus jeune ? _____
5. Quels contes ou films américains/européens connaissez-vous où les personnages sont des animaux ? _____ En quoi ce conte sénégalais vous semble-t-il différent ? _____
6. Quels sont pour vous les aspects africains de ce conte ?
   _____
7. Quels autres aspects sont plus universels ?
   _____

Activité 7 Explorons un pays francophone d'Afrique sur Internet

Visitez le site Web d'un pays francophone d'Afrique en utilisant notre site Web pour le CD-ROM ou bien en tapant le nom d'un pays dans la boîte marquée « recherche » d'un moteur de recherche comme Yahoo.fr, Nomade.fr ou Altavista (French). Nous suggérons les pays suivants : le Maroc, la Tunisie, le Sénégal, le Bénin, le Cameroun, la Côte-d'Ivoire, Madagascar, la Mauritanie, le Mali ou le Togo.

Ensuite, choisissez une catégorie comme « la culture » sur le site Web de la Tunisie qui est présenté ici, cliquez sur une sous-catégorie comme « le cinéma » ou « les sites », et notez trois observations qui vous semblent intéressantes.

pays _____

adresse Internet _____

observations _____

_____

_____

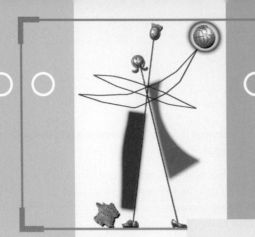

Ensemble

10

Qualité de vie

- talking about future plans

- describing where you live and the type of housing you might like someday

- expressing obligations

- offering help and accepting or refusing it

- expressing certainty, doubt, need, and desire

- exchanging points of view on social problems and politics

- making predictions and hypotheses

Des immeubles à Paris.

Dossier

In this Dossier, you will learn about these grammatical features

- the simple future tense

- the use of **quand** when talking about the future

Additional materials for this **Dossier:**

CD-ROM (E10)
Échanges : Déménagement, Quel genre d'appartement?, Quelle sorte de quartier?
Petit jeu : À la maison
Comment le dire : N'aspirez pas les [t]

PAROLES WEB SITE
Web Activity 1 (**Petites annonces**)

CAHIER (10.1)
Activités écrites
Activités de laboratoire

DASHER (E10)
Cahier : Activités écrites
1, 3, 4, 6

Paroles

Stratégie de lecture   **Pour deviner le sens des formes abrégées, utilisez le contexte et vos connaissances de la langue.**

Certain texts, such as want ads, where space is at a premium, use abbreviations to convey a lot of information in a small space. You can use the context of ads and your knowledge of French vocabulary to guess the meaning of many of these abbreviations. What do you think the following abbreviations from housing ads stand for?

1. 3 ch. _____
2. 2e ét. _____
3. appt. _____
4. px. _____
5. asc. _____
6. gar. _____

Lire

Logements à vendre

A. Région Carnac : maison de style contemp. en exc. état, salon de 25m², 4 ch., salle de bains, WC, sur un terrain de 1000 m². Px 165 000 euros.

B. Vannes Le Bondon : studio au 3e ét., surf 20 m², entrée, séjour avec coin kitchenette équipée, SDB, WC. Px 27 000 euros.

C. Près de la Gacilly : maison ind. neuve, au rez-de-chaussée : salon, cuis., 1 ch. et gar. À l'ét. 4 ch. et bains. Jardin 350 m². Px 173 000 euros.

D. Ambon : maison de constr. trad., salon de 36 m², 3 ch. dont 1 en RDC, SDB, WC, terrain de 730 m². Px 119 000 euros.

E. Orion : penthouse, vue grandiose, 3 ch. avec bains, 188 m², asc., double gar. Px 1 163 000 euros.

Vous avez compris ?

1. D'après le contexte, qu'est-ce que ces formes abrégées représentent ?
   a. maison ind.
   b. RDC
   c. SDB
   d. cuis.
   e. const. trad.
2. Quel logement coûte le plus cher ?
3. Lequel a le plus de chambres ?
4. Quelles sont les différences entre la maison « Région Carnac » et la maison « Ambon » ?
5. Quel logement serait idéal pour une secrétaire célibataire ? pour un homme d'affaires, sa femme et leur fille qui n'ont pas le temps de s'occuper d'un terrain ?

Les mots pour le dire

Pour parler de vos projets

Échange 1 *Déménagement*

A: C'est vrai que vous allez quitter Paris ?

B: Oui, nous allons nous installer à Orléans.

A: Vous avez déjà trouvé un logement ?

B: Non, mais ça ne sera pas difficile.

A: Vous cherchez une maison ?

B: Non, pour commencer, nous allons louer un appartement et plus tard, nous achèterons une maison.

A: Et quand allez-vous déménager ?

B: Nous ne partirons pas avant l'été.

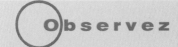
Possibilités

chercher un logement dans le centre
en banlieue

louer un deux-pièces dans un grand immeuble moderne

acheter une maison avec un jardin
un appartement de grand standing dans un immeuble rénové

s'installer dans une maison de banlieue
dans un petit studio meublé
à la campagne

déménager

Le logement en France

Les différentes sortes de logement en France varient selon deux critères : le revenu°   *income*
des familles et individus et la taille des villes : grandes ou petites. À Paris, il y a très
peu de maisons individuelles et presque tout le monde habite en appartement. Par
contre, dans la banlieue parisienne, on trouve à la fois des grands immeubles à
appartements multiples et des villas avec des jardins. La situation est similaire dans
les grandes villes comme Lyon, Marseille ou Bordeaux. Dans les villages et petites
villes, les maisons individuelles prédominent. Aujourd'hui, 60 % des Français sont
propriétaires de leur logement, et les autres vivent dans des maisons et surtout des
appartements qu'ils louent. La construction des nouveaux logements est une partie
importante de l'économie française.

Activité 1 Mes projets

Parlez avec un(e) camarade de classe. La personne A dit ce qu'elle fera au moment donné.
La personne B donne sa réaction et explique ce qu'elle fera elle-même.

Modèle: A: Ce week-end, j'irai à Chicago avec mon ami.
B: Quelle chance°! Moi, je resterai ici pour travailler.   *luck*

1. ce week-end
2. ce soir
3. la semaine prochaine
4. cet été
5. l'année prochaine

Activité 2 À l'agence immobilière

Avec un(e) camarade de classe, jouez les rôles d'un agent immobilier et d'un(e) client(e).
Le/La client(e) explique ce qu'il/elle veut et l'agent essaie de déterminer lequel des logements
sur sa liste convient le mieux aux désirs du client/de la cliente.

immobilier locations

Offres meublés 3ᵉ

MARAIS
loft 50 m2, 1240 euros.
part., 04.42.78.49.90.

Offres vides 11ᵉ
85, RUE ST-MAUR.
Bât. F, 2 P. + box. Immeuble
stand. 745 euros net. Visite, ce
jour, 12 h-14 h. 04.42.93.39.87.

Offres meublés 15ᵉ

FLATOTEL
TOUR EIFFEL ou
EXPO PTE de VERSAILLES
Semaine, quinzaine, mois.
Tél. 05.45.75.62.20.

Offres vides 10ᵉ

CANAL ST-MARTIN
Et. nf, gd 2 P. 40 m2,
cuis. américaine, dche,
décoration poutres, ptes
anciennes 660 euros mens. +
ch. Direct pptaire. Visite
sur place samedi 9-12h
8 rue Eugène VARLIN.

Offres meublés 12ᵉ

RÉSIDENCE HOTEL
PRÈS PORTE DE BERCY
DE 4 JOURS À 1 MOIS
Studio + cuis. équipée.
Tél., T.-V., ménage, parking
2-3-4 personnes, 1ᵉʳ prix
40 euros/jour, mois. - 10 %.
GANDOLFI 02.48.83.04.69.

Offres vides 13ᵉ

PORTE D'ITALIE
Appts neufs dans résidence
stand. tt cft, park. et cave,
3 P. et 4 P. de 69 m2 à 86 m2
de 985 euros à 1350 euros ch.
comp. Visite sur place ce
jour de 9 h 30/12 h 30 et de
14 h 30 à 18 h.
1-5, av. du Docteur-Lacroix
LE KREMLIN-BICETRE
Tél. 05.49.60.65.11.

Offres meublés 16ᵉ

VILLA ESCUDIER
PROX. ROLAND-GARROS
STUDIOS SUR JARDIN
JOUR-SEMAINE-MOIS.
02.48.25.55.33

Activité 3 On déménage!

Circulez parmi vos camarades. Demandez-leur s'ils ont déjà déménagé, ou si leurs parents ont
déménagé, et pour quelles raisons. Notez les raisons données pour les rapporter à la classe.
Ensuite, regardez le graphique et comparez les réponses des Français avec celles de vos camarades.

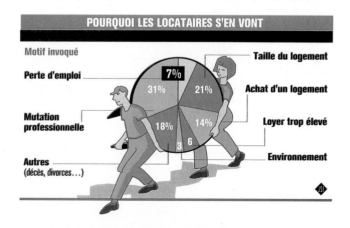

POURQUOI LES LOCATAIRES S'EN VONT

Motif invoqué

Perte d'emploi — 31%
Mutation professionnelle — 18%
Autres (décès, divorces…)
7%
21% — Taille du logement
14% — Achat d'un logement
Loyer trop élevé
Environnement

Échange 2 *Quel genre d'appartement ?*

AGENT: Quel genre d'appartement cherchez-vous, madame ?

CLIENTE: Un quatre-pièces : salon, salle à manger et deux chambres.

Possibilités

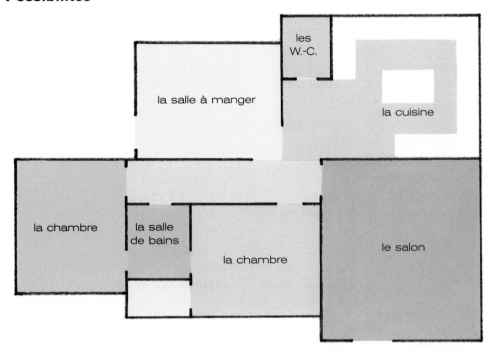

Activité 4 Chez moi

Dessinez le plan de votre maison/appartement ou de celle/celui de vos parents. Écrivez le nom de chaque pièce. Ensuite, décrivez le plan à un(e) camarade de classe qui va essayer de le dessiner. Comparez le dessin de votre camarade avec votre plan.

 Échange 3 *Quelle sorte de quartier ?*

AGENT: Dans quel quartier préféreriez-vous habiter ?

CLIENTE: Au centre, mais dans une rue calme, où il y a peu de circulation.

AGENT: Vous voulez un appartement de grand standing ?

CLIENTE: Oh, pas le luxe, mais quelque chose de moderne, de propre et de bien ensoleillé. Et pour le loyer, pas trop exorbitant quand même !

Possibilités

le quartier	**l'aspect général**	**le prix du loyer**
calme/bruyant	traditionnel/moderne	exorbitant
avec peu/beaucoup de circulation	vieux/neuf	modéré
au centre/en banlieue	grand/minuscule	peu cher
	propre/sale	
	ensoleillé/sombre	

Activité 5 Loto !

Circulez parmi vos camarades de classe et posez-leur des questions selon les indications données. Quand quelqu'un répond « oui », écrivez son nom sur la ligne. L'étudiant(e) qui est le premier/la première à avoir des noms sur quatre lignes (horizontalement, verticalement ou en diagonale) est le champion/la championne.

Trouvez quelqu'un qui...

L	**O**	**T**	**O**
habite un quartier calme	a une chambre ensoleillée	préfère les maisons de style traditionnel	a un loyer modéré
_____	_____	_____	_____
préfère les maisons de style moderne	paie un loyer exorbitant	habite un studio	habite dans une rue bruyante
_____	_____	_____	_____
a une chambre minuscule	habite un immeuble propre	habite en banlieue	a une grande cuisine
_____	_____	_____	_____
a un jardin	habite une rue avec beaucoup de circulation	habite dans un appartement sombre	habite dans un vieil immeuble
_____	_____	_____	_____

À la maison : description d'un intérieur
Possibilités

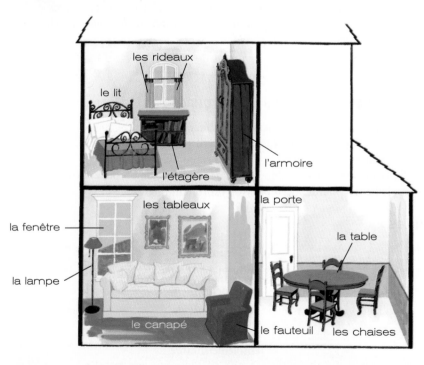

Activité 6 Où placer les meubles ?

Travaillez avec un(e) camarade de classe. La personne A regarde le plan et décrit où sont situés les meubles. La personne B dessine le même plan sans regarder le dessin dans le livre.

Échange 4 *Rêves*

DANIEL: Moi, quand je serai riche, j'aurai une belle maison avec un garage et un grand jardin. Il y aura un étage et un grenier et beaucoup de grandes pièces.

DOMINIQUE: Et moi, quand je serai riche, j'aurai un appartement avec tout le confort moderne. J'y mettrai des meubles modernes et beaucoup de tableaux.

O b s e r v e z

1. Are Daniel and Dominique talking about the past, the present, or the future? **(10.1.a)**

2. There are two clauses in the first sentence. Are the verbs in these clauses in the same tense or in different tenses? Would this also be the case in English? **(10.1.c)**

Activité 7 Voyage en France

Travaillez avec un(e) camarade de classe. Vous voulez aller en France cet été. À tour de rôle, dites ce que vous ferez et ce que vous verrez quand vous serez en France.

Mots nouveaux à apprendre

l'armoire *(f)*	*wardrobe*	la lampe	*lamp*
la banlieue	*suburb*	le logement	*housing,*
bruyant(e)	*noisy*		*accommodation,*
le canapé	*couch*		*lodging*
le centre	*center*		
la chambre	*bedroom*		
la circulation	*automobile traffic*	le loyer	*rent*
le confort	*comfort*	le luxe	*luxury*
la cuisine	*kitchen*	le meuble	*piece of furniture*
de grand standing	*luxury*	meublé(e)	*furnished*
déménager	*to move (from*	la pièce	*room*
	one lodging to	la porte	*door*
	another) (conj.	le quartier	*neighborhood*
	*like **nager**)*	quitter	*to leave (conj.*
le deux-pièces	*two-room*		*like **parler**)*
	apartment	rénové(e)	*renovated*
ensoleillé(e)	*sunny*	riche	*rich*
l'étagère *(f)*	*shelf, set of*	le rideau	*curtain*
	shelves	la salle à manger	*dining room*
exorbitant(e)	*exorbitant,*	le salon	*living room*
	pricey	sombre	*dark*
le fauteuil	*armchair*	le studio	*studio*
le garage	*garage*		*(apartment)*
le grenier	*attic*	la table	*table*
l'immeuble *(m)*	*apartment*	le tableau	*painting*
	building	traditionnel(le)	*traditional*
s'installer	*to settle in (conj.*	les W.-C. *(m pl)*	*water closet,*
	*like **se coucher**)*		*toilet*

Comment le dire

N'aspirez pas les [t]

The sound [t] corresponds in French to the letters **t, tt,** and **th,** as well as to **d** when part of a **liaison.**

une **t**able   in**t**éressan**t**e   ils me**tt**ent   au **th**éâtre   un gran**d** hôtel

To pronounce a good French [t], put the tip of your tongue against the back of your front teeth and release it quickly without letting out a big puff of air. It is particularly important to avoid this puff of air when the [t] is at the beginning of a word.

At the end of a word, the letter **t** is usually not pronounced, as you will remember. There are a few exceptions: **sept, huit, à l'est, à l'ouest,** and words ending with **-ct** such as **correct** and **contact**. Please also note that the **t** in **vingt** is pronounced when **vingt** is followed by another digit: vingt-deux.

Activité 8 Tu déménages ?

Dans la conversation suivante, soulignez les « t » qui se prononcent et barrez ceux qui ne se prononcent pas. Ensuite, lisez la conversation avec un(e) camarade de classe.

> Modèle: A: C'est vrai que tu vas t'installer à Toulouse ?
> B: Oui, mais pas tout de suite !

A: Quand est-ce que tu vas déménager ?
B: J'ai trouvé un petit appartement très chouette. Je m'y installerai quand il sera libre : le vingt-huit septembre.
A: C'est un appartement meublé ?
B: Non, non, il faut que j'achète tout : des lits, des meubles et des tableaux.
A: Tu n'as pas l'air très enthousiaste.
B: C'est-à-dire... ça va coûter cher, tout ça !

Écrivons un peu

Stratégie d'écriture   Imitez le style d'un autre écrivain pour développer le style qui convient à une certaine sorte de texte.

In order to vary your writing and to develop appropriate styles for different types of writing, it is useful to imitate other authors' techniques. As you read the short poem that follows, consider these questions to help you isolate techniques the author uses to create a particular style.

1. Quelle sorte de mot (nom, infinitif, verbe conjugué, adjectif) est-ce que l'auteur utilise le plus souvent ?
2. Quelle est la différence entre les trois premières lignes et le reste du poème ?
3. Quel est le rapport entre les mots « inventorier », « ranger », « classer », « trier » ?
4. Quel préfixe se trouve très fréquemment dans les mots de ce poème ?
5. Que suggère ce préfixe ? Quel en est le rapport avec le message du poème ?

Déménager

—Georges Perec

Quitter un appartement. Vider les lieux.°   Vider... *to vacate the premises*
Décamper. Faire place nette. Débarrasser le plancher.
   Inventorier ranger classer trier
   Éliminer jeter fourguer°   *to unload*
   Casser
   Brûler
   Descendre desceller déclouer° dévisser°   *to remove nails/to unscrew*
décrocher
   Débrancher° détacher couper tirer démonter   *to unplug*
   Rouler
   Empaqueter° emballer sangler nouer empiler   *to wrap up*
rassembler entasser ficeler envelopper protéger
recouvrir entourer serrer
   Enlever° porter soulever   *to take away*
   Balayer°   *to sweep*
   Fermer
   Partir

Maintenant, choisissez dix mots pris dans au moins six vers différents. Utilisez ces mots pour raconter en prose l'histoire de ce déménagement. Écrivez cette histoire au futur et donnez des détails, en particulier donnez des sujets et des compléments pour les verbes.

Modèle: Je quitterai mon appartement. J'inventorierai mes livres. Je jetterai toutes les vieilles lettres de mon petit ami/ma petite amie....

Finalement, considérez les différences entre la version poétique de Perec et votre version en prose. Laquelle est plus claire ? plus émouvante ? plus universelle ?

À vous d'écrire

Poème à la Perec   Un autre préfixe très fréquent est **re-/ré-** ; son sens est le contraire du préfixe **de-/dé-.** En utilisant au moins six des mots suivants, faites un poème qui imite le style de celui de Perec. Le sujet de votre poème sera : s'installer dans un nouvel appartement.

rattacher	recharger	refaire	relever	réorganiser
réarranger	réchauffer	regrouper	remettre	reproduire
rebrancher	redresser	réinstaller	remonter	retrouver

Mise au point

Reread your poem and consider if you did the following . . .

1. used at least six verbs from the list.
2. arranged the infinitives you chose in a logical order to suggest the process of moving into a new apartment.
3. imitated the style and structure of Perec's poem.

Paroles

Dossier **2**

In this Dossier, you will learn about these grammatical features

■ the forms of the present subjunctive for regular -er, -ir, and -ir/-iss verbs

■ the forms of the present subjunctive for the irregular verbs **aller** and **faire**

■ the use of the subjunctive after expressions of need and desire

Stratégie d'écoute   Notez les répétitions pour faciliter votre compréhension d'un poème ou d'une chanson.

In oral texts such as poems and songs, meaning is often reinforced by the repetition of certain key expressions. Focusing on these repeated expressions will help you to understand the message of the text.

Read the following four lines from the Canadian folk song **"Terre d'amour"** and try to guess the terms from the first two lines that should appear in the blanks in the third and fourth lines.

La terre j'en ferai une maison habitée d'amour,

De fleurs, de paix, de feux de joie° veillés par les colombes° ;   feux... *bonfires / doves*

____ _____ apprendra ma chanson, gage d'harmonie,

____ _____ j'en ferai _____ _____ où nous sommes réunis.

Écouter

Terre d'amour   Vous allez écouter les paroles de cette chanson canadienne deux fois. La première fois, essayez de remplir les blancs avec les mots répétés. La deuxième fois, vérifiez ce que vous avez écrit. Ensuite, répondez aux questions.

La terre j'en ferai une maison habitée d'amour,

De fleurs, de paix, de feux de joie veillés par les colombes ;

_____ _____ apprendra ma chanson, gage d'harmonie,

____ ____ ____ ____ ____ _____ où nous sommes réunis.

D'un océan à l'autre nous marcherons vers notre horizon,

Enracinés tout comme les arbres dans la fraternité ;

_____ _____ éclatera en° _____ _____ _____,   éclatera... *will burst into*

_____ _____ sera notre ___ ___ ___ _____ _____.

_____ _____, voilà ce que nous offrons,

_____ _____ _____ _____ _____ _____ vivons,

_____ _____, tu montes à l'_____.

Vous avez compris ?

1. Combien de fois les deux mots du titre sont-ils répétés ensemble dans le même vers ?
2. Combien de fois est-ce que la terre est comparée à une maison ? Que suggère cette comparaison ? (Quelles qualités sont associées à une maison ?)
3. Combien de verbes sont au futur ? Quel temps est utilisé dans la dernière phrase ? Quel est le sens de ce changement de temps ?

Additional materials for this **Dossier:**

AUDIO CD
   Écouter : Terre d'amour (Track 27)
   Écoutons un peu : Publicités (Track 28)

CD-ROM (E10)
   Échanges : Aidez-moi un peu !, Qui va faire la lessive ?, Drôle de truc !
   Comment le dire : N'aspirez pas vos [p]

VIDEO/VIDEO MANUAL
   Situation 15 : Faire le ménage

PAROLES WEB SITE
   Web Activities 2 (**Les meubles**) and 3 (**L'équipement ménager**)

CAHIER (10.2)
   Activités écrites
   Activités de laboratoire

DASHER (E10)
   Paroles : **Activités 1, 2, 7**
   Cahier : Activités écrites 1, 2, 3, 4, 5

Les mots pour le dire

Pour parler des obligations

Échange 1   *Aidez-moi un peu !*

MÈRE: Dites donc, les enfants, il faut que vous m'aidiez un peu aujourd'hui !

FILLE: Ah ? Qu'est-ce qu'il faut faire ?

MÈRE: Il faut que nous rangions le garage.

FILLE: Je voudrais bien, mais c'est impossible. Il faut que j'aille chez le dentiste.

FILS: C'est impossible pour moi aussi. Je dois finir mes devoirs et après ça, il faut que je sorte.

MÈRE: Sortir ? Non, non, non. Tu feras tes devoirs et ensuite tu m'aideras à ranger le garage.

Possibilités

faire le ménage	ranger
la vaisselle	nettoyer
la lessive	passer l'aspirateur
son lit	

Activité 1 Faire le ménage

Dites si vous faites les tâches suivantes et si oui, dans quelles circonstances et combien de fois par jour/par semaine.

Modèle: la vaisselle
Je fais la vaisselle tous les soirs après le dîner.
ou
Je ne fais jamais la vaisselle.

1. passer l'aspirateur
2. ranger le garage
3. faire mon lit
4. faire la lessive
5. ranger ma chambre
6. nettoyer la salle de bains

Échange 2   *Qui va faire la lessive ?*

ADOLESCENT: Tu veux que je fasse la lessive ce matin ? Mais c'est impossible. Je ne l'ai jamais faite, et puis...

MÈRE: Mais c'est pas très compliqué : on met le linge dans le lave-linge, puis on le met dans le séchoir et c'est vite fini.

Activité 2 Tâches ménagères

Avec un(e) camarade de classe, jouez les rôles d'un père/d'une mère et d'un enfant.

Modèle: ranger ta chambre

> PÈRE/MÈRE: Je veux que tu ranges ta chambre.
> ENFANT: Mais, je ne veux pas ranger ma chambre.
> PÈRE/MÈRE: Tant pis, tu rangeras ta chambre quand même !

1. passer l'aspirateur
2. rentrer avant minuit
3. faire la lessive
4. se coucher avant onze heures
5. partir avec la famille pendant les vacances
6. aller acheter une baguette

L'équipement ménager

Possibilités

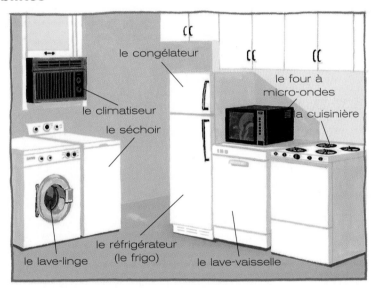

le congélateur

le climatiseur

le séchoir

le four à micro-ondes

la cuisinière

le réfrigérateur (le frigo)

le lave-linge

le lave-vaisselle

Activité 3 Où sont les appareils ?

Travaillez avec un(e) camarade de classe. La personne A regarde le plan de la cuisine et décrit la position des appareils. La personne B dessine le plan sans regarder le plan dans le livre.

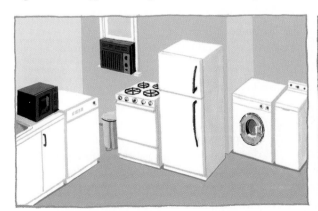

Activité 4 Tout le confort

Avec un(e) camarade de classe, discutez de l'équipement essentiel dans un appartement.

Modèle: A: Il faut avoir un climatiseur.
B: Mais non, quand il fait chaud, on peut ouvrir la fenêtre.

Les déménagements

La population française est moins mobile que celle des États-Unis. Il y a eu, depuis la Deuxième Guerre mondiale, une augmentation de la population urbaine, en partie à cause du déclin de la population agricole. Mais aujourd'hui, les gens ont en général tendance à rester dans leur région, quoique certains Parisiens cherchent du travail en province, où ils pensent trouver une meilleure qualité de vie. Ceci dit, les Français changent de région et de logement moins fréquemment que les Américains. Et il y a encore beaucoup de Français, surtout en province, qui vivent aujourd'hui dans la maison qu'ils ont héritée de leurs parents ou grands-parents. Ces maisons anciennes, en général bien restaurées et pourvues de tout le confort de l'équipement ménager moderne, font le charme de beaucoup de villes et villages.

Proposer, accepter et refuser de l'aide

Échange 3 *Donner un coup de main*

A: Dis-moi, est-ce que je peux te donner un coup de main ?
B: Oui, avec plaisir... tu peux nettoyer la salle de bains.

Possibilités

Je pourrais vous aider ?

Je peux te donner un coup de main ?

Vous voulez que je fasse quelque chose pour vous ?

Oui, avec plaisir.   Merci, ce n'est pas la peine.

Vous êtes très aimable.   C'est très gentil mais ça va comme ça.

Activité 5 Je pourrais t'aider ?

Circulez parmi vos camarades de classe, et proposez-leur de les aider à faire le ménage. Ils peuvent accepter ou refuser.

Modèle: A: Je peux te donner un coup de main ?
B: Tu es très aimable. Oui, tu pourrais passer l'aspirateur.

ou

Merci, ce n'est pas la peine. Ça va comme ça.

Échange 4 *Drôle de truc !*

NICOLE: Qu'est-ce que c'est que ce truc-là ?
MADAME DESCHAMPS: Ah ça, tu vois, c'est un nouveau gadget ; c'est pour couper les légumes en tranches. Tu mets la pomme de terre dedans, tu appuies sur le bouton comme ça et la pomme de terre est coupée en tranches.
NICOLE: Drôle de gadget ! Je peux l'essayer ?

Possibilités

Qu'est-ce que c'est que ce truc-là ?

C'est un gadget qui permet de couper les légumes.

C'est un appareil pour éplucher les légumes.

À quoi ça sert ?

C'est un truc qui sert à couper le pain en tranches.

Ça sert à ouvrir les bouteilles.

Activité 6   Qu'est-ce que c'est ?

Regardez les images et décrivez la fonction des objets. Aimeriez-vous avoir ou utiliser ces objets ?

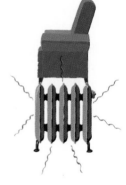

C'est un fauteuil avec un appareil qui vous permet d'avoir chaud tout l'hiver.

1.

3.

2.

4.

Mots nouveaux à apprendre

à quoi ça sert ?	*what is that used for?*	le four à micro-ondes	*microwave oven*
l'appareil *(m)*	*device, appliance*	le gadget	*gadget*
appuyer	*to press, to lean on (conj. like **essayer** in present)*	impossible	*impossible*
		le lave-linge *(invar.)*	*washing machine*
		le lave-vaisselle *(invar.)*	*dishwasher*
l'aspirateur *(m)*	*vacuum cleaner*	le linge	*laundry*
ce n'est pas la peine	*it's not worth the trouble*	nettoyer	*to clean (conj. like **essayer** in present)*
le climatiseur	*air conditioner*	passer l'aspirateur	*to vacuum (conj. like **parler**)*
compliqué(e)	*complicated*	permettre (de)	*to permit (to) (conj. like **mettre**)*
le congélateur	*freezer*		
le coup de main	*"a hand" (to help out)*	ranger	*to straighten up (conj. like **nager**)*
la cuisinière	*stove*		
dedans	*inside*	le réfrigérateur (le frigo)	*refrigerator*
drôle de...	*strange . . .*	le séchoir	*dryer*
éplucher	*to peel (conj. like **parler**)*	servir (à)	*to be used (for) (conj. like **partir** but: **j'ai servi**)*
faire la lessive	*to do the laundry*		
faire la vaisselle	*to do the dishes*	le truc	*contraption, thingamajig*
faire le ménage	*to do the housecleaning*	voilà	*there, there is/are*

Comment le dire

N'aspirez pas vos [p]

Like [t] and [k], the sound [p] in French is not pronounced with a puff of air. To avoid this puff of air, pronounce your [p] sounds rapidly, with less force than in English. The sound [p] always corresponds to the letter **p** or **pp.**

une **p**ièce   le **p**ain   je m'a**pp**elle

Activité 7 Questions de logement

D'abord, lisez les questions et choisissez la réponse de la liste qui convient le mieux à chaque question. Puis, travaillez avec un(e) camarade de classe. La personne A pose une question. La personne B répond avec la réponse qui convient.

1. Dans quel quartier habiterez-vous ?
2. Quel genre d'appartement chercherez-vous ?
3. Combien de pièces aurez-vous ?
4. Quel genre de décoration choisirez-vous ?
5. Quel genre de cuisine aurez-vous ?

Réponses possibles

a. Nous mettrons des tableaux partout, partout.
b. Nous choisirons un quartier aussi calme que possible.
c. Nous aurons besoin de quatre pièces, sans compter la cuisine.
d. Nous aurons une cuisine avec beaucoup de petits gadgets.
e. Nous achèterons un grand appartement avec tout le confort.

É c o u t o n s   u n   p e u

Stratégie d'écoute **Devinez le sujet d'une publicité d'après les attributs mentionnés.**

In order to be striking, ads are often suggestive rather than explicit. In such cases, you can zero in on the product involved by focusing on the attributes mentioned in the ad.

Match the following ad slogans with the most likely product from the list that follows them. Underline the words that indicate attribute(s) that helped you identify the product.

Slogans

1. Le Froid a sa nouvelle dimension _____
2. Construire, agrandir, rénover. Le bon partenaire _____
3. Les nouveaux plaisirs de l'eau _____

Produits

a. Cabines de douche Duscholux
b. Réfrigérateurs-congélateurs Bosch
c. Maisons SIC. Entreprise générale du bâtiment

 ## À l'écoute

Publicités Écoutez deux fois trois publicités pour des objets de ménage.

1. La première fois, écoutez seulement.
2. La deuxième fois, écrivez quelques attributs du produit. Ensuite, essayez de deviner de quelle sorte d'objet il s'agit.

1. Attributs

_____

_____

Quelle sorte d'objet ?

_____

2. Attributs

_____

_____

Quelle sorte d'objet ?

_____

3. Attributs

_____

_____

Quelle sorte d'objet ?

_____

Dossier 3

Additional materials for this **Dossier:**

AUDIO CD
   Écouter : Aide au logement
   (Track 29)

CD-ROM (E10)
   Mise en scène : Écouter : Aide au logement
   Échanges : La crise économique, Trouver du travail
   Comment le dire : Pas de liaison et pas d'élision avec le *h* aspiré

PAROLES WEB SITE
   Web Activity 4 (**Allocations logement**)

CAHIER (10.3)
   Activités écrites
   Activités de laboratoire
   (avec cassette à rendre)

DASHER (E10)
   Paroles : Activités 1, 2, 3, 4, 6
   Cahier : Activités écrites 1, 2, 3, 4

Paroles

Stratégie d'écoute   Faites attention aux sigles pour comprendre les références dans une conversation.

The French frequently use acronyms (**sigles**) when talking about organizations, businesses, or government programs. Recognizing acronyms will help you to understand references in many conversations.

You will hear twice a conversation in which a student asks for housing assistance. The various government agencies that offer housing allowances to qualified residents, as well as the allowances themselves, are known by the following acronyms:

ADIL   associations départementales d'information sur le logement

CAF   caisse d'allocations familiales

HLM   habitation à loyer modéré

APL   aide personnalisée au logement

ALS   allocation logement à caractère social

Listen to the conversation a first time, writing down all of the acronyms you hear in the order you hear them.

Écouter

Aide au logement   *Écoutez la conversation une deuxième fois, et puis répondez aux questions.*

Vous avez compris ?

1. Quel genre de logement est-ce que le jeune homme voudrait obtenir ?

2. Quelles sont les conditions pour un tel logement ? Peut-il obtenir un logement de ce genre ?

3. Est-ce que le jeune homme peut avoir une APL ? Pourquoi ou pourquoi pas ?

4. Quelle allocation est-ce que le jeune homme peut probablement obtenir ? À quelles conditions ?

5. Qu'est-ce que cette conversation vous suggère sur le système d'aide au logement en France ?

Un groupe de HLM.

Les mots pour le dire

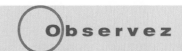

Signes de prospérité et de crise économique

Échange 1 *La crise économique*

MONSIEUR RICHARD: Je ne vous comprends pas du tout. Nous habitons un pays riche, le niveau de vie est très élevé mais vous vous plaignez de tout.

MONSIEUR ROUBAUD: Mais il y a une crise économique, vous savez. Je voudrais que la vie soit moins chère, et surtout qu'il y ait moins de chômage. Je m'inquiète de l'avenir et de la situation de mes enfants.

MONSIEUR RICHARD: C'est vrai qu'il y a des problèmes économiques...

MONSIEUR ROUBAUD: Oui, une vraie crise économique mondiale, et je doute qu'on puisse trouver des solutions.

Observez

What subjunctive form of être do you see in this **Échange**? What subjunctive form of avoir? of pouvoir? (10.2.c)

Verbe				
se plaindre *(to complain)*	je	me plains	nous	nous plaignons
	tu	te plains	vous	vous plaignez
	il/elle/on	se plaint	ils/elles	se plaignent
	je me suis plaint(e)			

Possibilités

le niveau de vie	la couverture sociale	la crise économique
le pouvoir d'achat	les assurances maladie	les pauvres
le salaire	les pensions de retraite	les sans-abri
	les allocations de chômage	le chômage/les chômeurs

La couverture sociale

Le terme « couverture° sociale » inclut tous les avantages dont bénéficient les Français grâce au système de la sécurité sociale. Le concept d'aide sociale en France n'est pas nouveau. Depuis le Moyen Âge, l'église catholique et le clergé ont apporté de l'aide aux pauvres et aux malades. Au dix-septième siècle, Louis XIV a créé l'hôtel des Invalides pour les soldats invalides, et Napoléon Iᵉʳ a institué un système de retraite pour les anciens soldats et officiers. Mais au vingtième siècle, c'est dans les années trente, sous l'influence des socialistes et communistes, que le système de sécurité sociale a pris la forme qu'il a aujourd'hui.

blanket

La couverture sociale inclut : l'assurance maladie, les accidents de travail et les congés° de maternité ; les pensions de retraite pour les travailleurs et cadres° ; l'aide aux personnes âgées ; l'aide aux personnes à revenu modeste pour le logement et l'éducation des enfants ; les indemnités de chômage. Notez que la loi française exige aussi des congés payés de quatre à six semaines par an pour tous les travailleurs et employés. La sécurité sociale couvre 100 % de la population, y compris les résidents étrangers.

leaves
management

Le budget de la sécurité sociale est en partie payé par les contributions des travailleurs indépendants, employés et employeurs. Inutile de dire que la sécurité sociale coûte à l'État français des millions d'euros.

C'est comme ça !

Un chômeur.

Activité 1 De quoi se plaignent-ils ?

Indiquez de quoi se plaignent ces personnes.

Modèle: le professeur
Le professeur se plaint des étudiants qui trichent.

1. les sans-abri
2. les chômeurs
3. les personnes âgées
4. vous
5. moi
6. mes amis et moi

Pour affirmer avec certitude

Possibilités

C'est certain	qu'	il y a des problèmes économiques.
C'est sûr	qu'	il y a beaucoup de nouveaux pauvres.
C'est vrai	que	certains salaires sont élevés.
Je pense	qu'	il y a trop de chômage.
Je trouve	que	les assurances maladie ne sont pas suffisantes.
Je crois	que	le niveau de vie en France est élevé.

Pour exprimer le doute

Possibilités

Je doute	qu'	il y ait une augmentation du niveau de vie.
Je ne crois pas	qu'	il y ait une baisse du pouvoir d'achat.
Je ne pense pas	que	la couverture sociale soit complète.
Ce n'est pas sûr	que	les pensions de retraite soient suffisantes.

O b s e r v e z

What verb forms are used after expressions of certainty? after expressions of doubt? (10.2.d)

Activité 2 Que pensez-vous ?

Travaillez avec un(e) camarade de classe. La personne A fait une observation sur le sujet donné et la personne B dit si elle est d'accord ou pas.

Modèle: les salaires des jeunes
A: Je crois que les salaires des jeunes sont suffisants.
B: Et moi, je ne crois pas que les salaires des jeunes soient suffisants.

1. la couverture sociale
2. le chômage
3. le niveau de vie
4. une crise économique mondiale
5. les pensions de retraite
6. le pouvoir d'achat

Pour exprimer un besoin, un désir, un sentiment ou un jugement personnel

Échange 2 *Trouver du travail*

FRANÇOISE: Alors, Janine, ton fils a trouvé du travail?

JANINE: Non, rien, toujours rien.

FRANÇOISE: C'est dommage qu'il ne puisse rien trouver.

JANINE: Nous regrettons qu'il soit dans cette situation et nous avons peur qu'il perde espoir.

FRANÇOISE: Il a toujours son allocation de chômeur?

JANINE: Oui, mais ce n'est pas suffisant pour vivre. C'est une honte que notre société ne soit pas capable de donner du travail à tout le monde! Je voudrais que le gouvernement prenne des initiatives et que les chefs d'entreprises promettent moins et fassent davantage.

O b s e r v e z

1. You have already seen the subjunctive used after expressions such as **je veux, il faut,** and **je doute.** What expressions here are followed by the subjunctive? **(10.2.e)**

2. What are the subjunctive forms of **perdre? (10.2.b)**

3. What is the infinitive of the subjunctive form **prenne? (10.2.c)**

Possibilités

Il faut/faudrait	que	les allocations soient suffisantes.
Il est nécessaire	que	tout le monde ait un logement.
Je veux/voudrais	que	le gouvernement fasse davantage.
Je préfère/préférerais	que	le chômage soit moins répandu.
C'est dommage	que	ton fils n'ait pas de travail.
C'est choquant	que	le gouvernement ne fasse rien.
C'est une honte	qu'	il y ait tant de chômage.
Je regrette	qu'	il y ait tant de sans-abri.
Je trouve normal	qu'	il y ait une allocation de chômeur.
J'ai peur	qu'	il ne puisse rien trouver.
C'est bien	qu'	il y ait des assurances maladie.
Il est désirable	que	les chefs d'entreprises fassent davantage.

Une manifestation à Paris.

Activité 3 Sondage d'opinion

Circulez parmi vos camarades et demandez-leur ce qu'ils veulent changer dans la société contemporaine.

Modèle: A: Que voudrais-tu changer dans la société contemporaine?
B: Je voudrais que le gouvernement prenne plus d'initiatives.

Activité 4 C'est choquant?

Exprimez un jugement sur chaque situation.

Modèle: Le niveau de vie en France est élevé.
Je trouve normal que le niveau de vie en France soit élevé.

1. Il y a beaucoup de chômage dans les pays européens.
2. Les pensions de retraite sont suffisantes.
3. Le gouvernement ne peut pas trouver de solution à la crise économique.
4. Les chômeurs perdent souvent espoir.
5. Les villes ne font pas assez pour les sans-abri.

Activité 5 Jeu de rôles

Avec un(e) camarade de classe, choisissez une des situations suivantes et engagez-vous dans une conversation sur ce sujet en jouant les rôles suggérés.

1. Un sans-abri demande de l'argent à quelqu'un qui ne comprend pas sa situation.
2. Un chômeur se plaint de sa situation à sa femme.
3. Une personne très optimiste parle avec une personne qui se plaint de tout.
4. Une femme de cinquante ans qui s'inquiète de la situation financière de ses parents parle avec une amie.

Mots nouveaux à apprendre

l'allocation *(f)*	*benefit, payment*	la couverture sociale	*social security*
les assurances *(f pl)*			*benefits*
maladie	*health insurance*	la crise	*crisis*
l'augmentation *(f)*	*increase*	davantage	*more*
l'avenir *(m)*	*future*	désirable	*desirable*
la baisse	*drop, lowering*	douter	*to doubt (conj.*
capable	*capable*		*like **parler**)*
le chef	*the head, boss*	économique	*pertaining to*
le chômage	*unemployment*		*economics,*
le chômeur/la chômeuse	*unemployed*		*economical*
	man / woman	l'entreprise *(f)*	*business*
choquant(e)	*shocking*	le gouvernement	*government*
complet/complète	*complete,*	la honte	*shame*
	comprehensive	l'initiative *(f)*	*initiative*

mondial(e)	*worldwide*	le pouvoir d'achat	*purchasing power*
nécessaire	*necessary*	promettre	*to promise (conj.*
le niveau de vie	*standard of living*		*like **mettre**)*
normal(e)	*usual, normal,*	répandu(e)	*widespread,*
	natural		*frequent*
le pauvre	*poor person*	le salaire	*salary*
la pension de retraite	*retirement*	le sans-abri (les sans-abri)	*homeless person*
	pension		*(people)*
perdre espoir	*to lose hope*	la situation	*situation*
se plaindre	*to complain*	la société	*society*
je me plains nous nous plaignons		suffisant(e)	*sufficient*
tu te plains vous vous plaignez		tant de	*so many /*
il/elle/on se plaint ils/elles se plaignent			*so much*
je me suis plaint(e)			

Comment le dire

Pas de liaison et pas d'élision avec le *h* aspiré

You will remember that **liaisons** are never made in these circumstances:

- between a singular noun and a following verb or adjective

    la forêt est près du village

    c'est un chat intelligent

- after **et**

    un chat et un chien

- before some words beginning with the letter **h**

    j'adore les haricots

French words beginning with the letter **h** sound as if their first letter were a vowel because the initial **h** is not pronounced. Most of these words require **liaison** with the final consonant of the word that precedes them and elision of a preceding vowel.

six heures   mes habitudes   l'hôtel   l'homme

However, a small number of words have an initial **h** called an **h aspiré.** These words are generally marked with an asterisk in the dictionary (***haricot**) and must be memorized when you encounter them. The **h aspiré** is not pronounced (the sound [h] does not exist in French), but it prevents **liaison** with a preceding consonant or elision of a preceding vowel.

le haricot   des hors-d'œuvre   en haut   la honte   la Hollande

When you say a word with an initial **h aspiré,** do not stop between the last vowel of the preceding word and the first vowel sound of the word beginning with the **h aspiré.**

Activité 6 Devinettes

Travaillez avec un(e) camarade de classe. D'abord, lisez les devinettes et trouvez la réponse qui convient à chacune. Puis, à tour de rôle, lisez chaque devinette et donnez la réponse.

Devinettes

1. Le pays au nord de la Belgique et à l'ouest de l'Allemagne.
2. Quand on les mange frais, ils sont longs et verts ; quand on les mange secs, ils sont petits et ovales, blancs, rouges ou noirs.
3. Le contraire de « en bas ».
4. Le sentiment provoqué par un déshonneur humiliant.
5. Ce qu'on mange au début d'un bon repas.

Réponses

a. des hors-d'œuvre
b. les haricots
c. la Hollande
d. en haut
e. la honte

Lisons un peu

Stratégie de lecture Lisez la première phrase de chaque paragraphe pour comprendre l'idée générale d'un récit.

Reading the first sentence of each paragraph in a story will give you an idea of the story's general outline and main idea. Having a sense of the main idea in the story will help you to understand the details as the story unfolds.

Read the first sentence of each paragraph in the story that follows and then answer these questions.

1. Qui est le personnage principal ?
2. Où est-il ?
3. Qu'est-ce qu'il est en train de faire quand quelqu'un d'autre arrive ?
4. Qu'est-ce que cette personne lui donne ?
5. Quelle est la réaction du personnage principal ?

Now read the entire story and use what you have learned about the story's main points to understand the details.

À vous de lire

« Oh, le pauvre malheureux ! »

–Marie Féraud

Histoires maghrébines, rue de France (Paris : Karthala 1985), pp. 21–26

Si Bachir fit connaissance avec la France à l'âge de soixante-treize ans. Il arrivait tout droit d'un gros village saharien... Si Bachir était venu faire soigner° ses yeux. Il passa donc plusieurs mois chez son fils établi à Roubaix....

faire... *to have treated*

Si Bachir aimait philosopher. Et quand il philosophait tout seul, il prenait une certaine position : la tête courbée vers le sol,° les yeux fermés, un coude° appuyé sur ses genoux, une main se tenant le front,° l'autre, paume en l'air, posée simplement sur les genoux. Dans cette attitude, Si Bachir pouvait philosopher des heures entières.

ground / elbow
forehead

Il réfléchissait depuis un bon moment déjà, quand, sentant que quelqu'un venait de s'arrêter à sa hauteur, Si Bachir ouvrit les yeux. Son regard tomba sur une paire de pantoufles puis, remontant lentement, découvrit une vieille dame qui s'exclamait d'un air de profond pitié :

« Oh, le pauvre malheureux ! »

Et de glisser° avec un bon sourire une pièce de vingt centimes dans la main de Si Bachir pétrifié.

to slip

Jamais ! Non, jamais de sa vie, Si Bachir ne ressentit° pareille émotion ! Une tempête lui révolutionna la tête. L'humiliation l'étouffait.° Comment ! Lui, Si Bachir Laamaari, commerçant honorable de Biskra... se faire traiter de « pauvre malheureux ! » !!!

felt

was stifling

La pièce de vingt centimes lui brûla la main.

Il ouvrit la bouche... Aucun son° n'en sortit.

Aucun... *No sound*

« Pourquoi tu me fais la charité ? cria en silence Si Bachir. J'ai des sous, j'ai une maison, un commerce, j'ai mes enfants... »

Mais la voix de sa conscience lui intima de se taire.°

se... to be silent

« Tu es obligé d'accepter la pièce, disait-elle. Tu ne peux pas faire autrement. C'est une vieille femme et elle croit que tu lui demandes la charité. Elle n'a peut-être que ça à donner.... Si tu te mets à crier, une autre fois, quand un pauvre malheureux lui demandera vingt centimes, elle va dire : « J'ai donné à l'autre et il a commencé à m'engueuler.° C'est pas la peine de donner à celui-là. »

to insult

« Merci madame », gémit Si Bachir en ravalant° sa fierté.

swallowing

Mais depuis ce jour-là et jusqu'à son départ, jamais plus Si Bachir ne philosopha devant sa porte.

Vous avez compris ?

1. Pourquoi est-ce que la vieille femme a pensé que Si Bachir demandait la charité ?
2. Pourquoi est-ce que Si Bachir a été humilié quand la femme lui a donné de l'argent ?
3. Pourquoi est-ce que Si Bachir a décidé d'accepter la pièce de vingt centimes ?
4. Dans ce récit, il y a un malentendu entre les personnages. Quelle est la cause de ce malentendu ?

Dossier 4

Paroles

Stratégie de lecture   Faites attention aux mots répétés pour saisir l'essentiel d'un argument.

In reading a text, look for words that are repeated, since they often reveal the line of thought in an argument.

As you skim the following text from the beginning of *Le racisme expliqué à ma fille*, a widely read essay in dialogue form by Tahar Ben Jelloun, a contemporary Moroccan writer living in France, note the words that are repeated, then answer the questions.

–Dis, Papa, c'est quoi le racisme ?

–Le racisme est un comportement° assez répandu, commun à toutes les sociétés, devenu, hélas !, banal dans certains pays parce qu'il arrive qu'on ne s'en rende pas compte.° Il consiste à se méfier,° et même à mépriser,° des personnes ayant des caractéristiques physiques et culturelles différentes des nôtres.

...Chacun d'entre nous peut avoir, un jour, un mauvais geste, un mauvais sentiment. On est agacé° par un être qui ne nous est pas familier, on pense qu'on est mieux que lui, on a un sentiment soit de supériorité soit d'infériorité par rapport à lui, on le rejette, on ne veut pas de lui comme voisin,° encore moins comme ami, simplement parce qu'il s'agit de° quelqu'un de différent.

behavior

ne... *isn't aware of it*
beware of / scorn

irritated

neighbor
il... *it's a matter of*

1. Quel mot se trouve vers la fin de chaque paragraphe ?

   se méfier _____

   mépriser _____

   culturel(le)(s) _____

   différent(e)(s) _____

   supériorité _____

   infériorité _____

2. Quel est le rapport entre ce mot répété et le racisme ?

Lire

Le racisme expliqué à ma fille

–Tahar Ben Jelloun (1998)

–La **différence,** c'est le contraire de la ressemblance, de ce qui est identique. La première différence manifeste est le sexe. Un homme se sent différent d'une femme. Et réciproquement. Quand il s'agit de cette différence-là, il y a, en général, attirance.°

Par ailleurs, celui qu'on appelle « différent » a une autre couleur de peau° que nous, parle une autre langue, cuisine

attraction

skin

autrement que nous, a d'autres coutumes, une autre religion, d'autres façons de vivre, de faire la fête, etc. Il y a la différence qui se manifeste par les apparences physiques (la taille, la couleur de la peau, les traits du visage, etc.), et puis il y a la différence du comportement, des mentalités, des croyances,° etc.

beliefs

—Alors le raciste n'aime pas les langues, les cuisines, les couleurs qui ne sont pas les siennes ?

—Non, pas tout à fait ; un raciste peut aimer et apprendre d'autres langues parce qu'il en a besoin pour son travail ou ses loisirs,° mais il peut porter un jugement négatif et injuste sur les peuples qui parlent ces langues. De même, il peut refuser de louer une chambre à un étudiant étranger, vietnamien par exemple, et aimer manger dans des restaurants asiatiques. Le raciste est celui qui pense que tout ce qui est trop différent de lui le menace° dans sa tranquillité.

leisure

threatens

—C'est le raciste qui se sent menacé ?

—Oui, car° il a peur de celui qui ne lui ressemble pas. Le raciste est quelqu'un qui souffre d'un complexe d'infériorité ou de supériorité. Cela revient au même puisque son comportement, dans un cas comme dans l'autre, sera du mépris.

because

—Il a peur ?

—L'être humain a besoin d'être rassuré. Il n'aime pas trop ce qui risque de le déranger° dans ses certitudes. Il a tendance à se méfier de ce qui est nouveau. Souvent, on a peur de ce qu'on ne connaît pas. On a peur dans l'obscurité, parce qu'on ne voit pas ce qui pourrait nous arriver quand toutes les lumières sont éteintes.° On se sent sans défense face à l'inconnu.° On imagine des choses horribles. Sans raison. Ce n'est pas logique. Parfois, il n'y a rien qui justifie la peur, et pourtant on a peur. On a beau° se raisonner, on réagit comme si une menace° réelle existait. Le racisme n'est pas quelque chose de juste ou de raisonnable.

disrupt

turned off
unknown

On... *It's useless*
threat

Tahar Ben Jelloun.

Vous avez compris ?

1. Quels mots de la première partie du texte se retrouvent dans cette partie du texte ? Expliquez le rapport entre un de ces mots et le racisme.

se méfier _____

mépriser _____

culturel(le)(s) _____

différent(e)(s) _____

supériorité _____

infériorité _____

2. Quels nouveaux mots sont répétés dans cette partie du texte ? Lequel de ces mots répétés est un synonyme du mot « différent » ?

sexe _____

autre _____

langues _____

cuisines _____

couleurs _____

étudiant _____

menace _____

peur _____

inconnu _____

3. Quelles sortes de différences sont des sources du racisme ?

4. Selon Ben Jelloun, pourquoi ces différences mènent-elles au racisme ?

5. D'après vos observations de votre société, êtes-vous d'accord avec l'analyse de Ben Jelloun ? Expliquez votre réponse en donnant des exemples concrets.

S.O.S. Racisme

L'association S.O.S. Racisme lutte activement contre les causes et les effets du racisme en France. Son slogan est « Touche pas à mon pote », c'est-à-dire, ne faites pas de mal à nos amis. Son fondateur, Harlem Désir, Français de la Martinique, est bien connu pour ses appels à la tolérance et à la générosité. Sans être lié à aucun parti politique précis, S.O.S. Racisme représente une voix écoutée et respectée en France dans les milieux politiques et culturels.

Une manifestation en faveur de S.O.S. Racisme.

Les mots pour le dire

Les problèmes sociaux

Échange 1 *Tant de problèmes*

A: C'est dommage qu'il y ait tant de pollution aujourd'hui.
B: Mais, ne t'inquiète pas de ça... il y a d'autres problèmes beaucoup plus graves, comme le crime, la drogue, la violence...

Possibilités

l'environnement : la pollution, les centrales nucléaires, le surpeuplement

l'économie : la baisse du pouvoir d'achat, la pauvreté, l'immigration clandestine

la politique : l'indifférence, les partis politiques multiples, les politiciens peu honnêtes

la santé : le SIDA, la drogue, la violence

la morale et la justice : le crime, la peine de mort, l'intolérance, le racisme

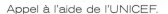

Appel à l'aide de l'UNICEF.

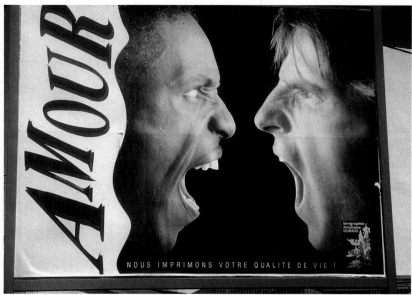

Affiche anti-racisme.

Activité 1 À l'avenir

Circulez parmi vos camarades et demandez-leur leurs prédictions sur la vie aux États-Unis au vingt et unième siècle.

Est-ce qu'il y aura...

	Plus de	Autant de	Moins de
Violence			
Intolérance			
Drogue			
Pollution			
Immigration clandestine			
Enfants par famille			

Échange 2 *La peine de mort*

MONSIEUR BEN-JAMIN: Pour moi, ce qui est le plus choquant dans certaines sociétés, c'est la peine de mort. C'est barbare et peu efficace. Il y a sans doute d'autres moyens de combattre le crime.

MONSIEUR LABARCA: Ce que vous dites n'est pas juste, monsieur, et les choses sont plus compliquées que ce que vous pensez et personne ne sait exactement ce qu'il faut faire.

Possibilités

Ce qui est le plus choquant, c'est le racisme.

scandaleux

dangereux

Ce que vous dites est juste.

ridicule.

injuste.

C'est une solution efficace.

utile.

barbare.

Activité 2 Opinions

Travaillez avec un(e) camarade de classe. La personne A donne une opinion en suivant le modèle et la personne B dit si elle est d'accord ou pas.

Modèle: le plus choquant
A: Pour moi, ce qui est le plus choquant dans notre société, c'est la violence, parce que c'est barbare.
B: Ce que tu dis est juste.

ou

Ce que tu dis est ridicule.

O b s e r v e z

1. You already know the relative pronouns **qui** and **que**. What type of word follows **qui**? **que**? (10.3)

2. What word precedes the relative pronouns **qui** and **que** here? (10.3)

1. le plus scandaleux
2. le plus dangereux
3. le plus difficile
4. le plus utile
5. le plus juste

Le système de gouvernement en France

La France est une république. La vie politique du pays est réglée par une constitution. Le président de la République, les membres de la Chambre des députés, les membres des Conseils Régionaux et les maires des villes et villages sont élus au suffrage universel. Les membres du Sénat sont élus par les Conseillers généraux et les maires. Le Premier ministre est choisi parmi les membres du parti qui a la majorité à la Chambre des députés, même si c'est un parti différent du parti du président. Le Premier ministre et le président décident ensemble de la politique nationale et des grandes questions économiques, sociales et diplomatiques.

Faire des prédictions et des hypothèses

Échange 3   *En période d'élections*

THIERRY: Qu'est-ce que tu penses des élections ?
BERNARD: Tu sais bien que je ne fais pas de politique.
THIERRY: Mais si tu ne votes pas, tu n'auras pas le droit de te plaindre des résultats.
BERNARD: Et si je vote, mon vote ne servira à rien.
THIERRY: Moi, si je ne votais pas, j'aurais l'impression d'être inutile.

Observez

1. What is the meaning of **si** in Échange 3? **(10.4)**

2. What tense in the clause that begins with **si** is used with what tense in the other clause? Find two combinations. **(10.4)**

Possibilités

les prédictions

Si tu votes, tu auras le droit de te plaindre des résultats.

Si le chômage diminue, tout le monde en bénéficiera.

Si les jeunes ne trouvent pas de travail, ils vont perdre espoir.

les hypothèses

Si je ne votais pas, j'aurais l'impression d'être inutile.

Si le gouvernement augmentait les impôts, les entreprises en souffriraient.

S'il y avait moins de chômage, l'économie irait mieux.

Activité 3 À mon avis

Terminez les phrases suivantes.

1. S'il y a plus de centrales nucléaires...
2. Les impôts vont augmenter si...
3. L'intolérance ne sera plus un problème si...
4. S'il y a moins d'immigration clandestine...
5. Il y aura moins de chômage si...

Activité 4 Que ferais-tu ?

Circulez parmi vos camarades en leur demandant ce qu'ils feraient dans les situations suivantes.

Modèle: ne pas trouver de travail
A: Que ferais-tu si tu ne trouvais pas de travail ?
B: Si je ne trouvais pas de travail, je perdrais espoir.

1. connaître le président des États-Unis
2. avoir une centrale nucléaire près de chez toi
3. pouvoir changer le monde
4. être candidat(e) aux élections
5. pouvoir voyager dans le temps

Les partis politiques en France

En France, les partis politiques sont très nombreux (26 figuraient sur la liste du site Web du gouvernement français en 1999). En plus, ces partis représentent une grande variété de tendances (outre les partis « majeurs » du centre, de la gauche et de la droite, on y trouve le Parti des Travailleurs et plusieurs partis communistes ainsi que la Nouvelle Action Royaliste, le Parti de la Loi Naturelle et plusieurs partis écologiques). Par conséquent, il est souvent nécessaire d'établir une coalition entre différents partis pour arriver à former un gouvernement et à prendre des décisions gouvernementales.

Affiches électorales au moment des élections présidentielles.

Activité 5 Les élections

Les partis politiques en France sont très nombreux. Mais tous soutiennent la République et la démocratie. Lisez les programmes des principaux partis politiques français et faites des prédictions ou des hypothèses.

Modèle: Si l'union UDF-RPR est au pouvoir, il y aura moins de bureaucratie.

ou

Si l'union UDF-RPR était au pouvoir, il y aurait moins de bureaucratie.

l'Union UDF-RPR (Union pour la démocratie française/Rassemblement pour la République)

contre les excès de la bureaucratie	pour la défense des intérêts de la France en Europe
contre le contrôle de l'économie par le gouvernement	pour la défense des libertés

le Front national

contre l'immigration	pour la défense des valeurs morales et familiales traditionnelles
contre les corporations internationales	pour l'emploi avec préférence aux citoyens français

le Parti communiste

contre le pouvoir des corporations mondiales	pour le contrôle total de l'économie par le gouvernement
contre les privilèges des riches	pour l'emploi universel

le Parti socialiste

contre l'absence de solidarité sociale	pour le progrès social
contre le racisme	pour un certain contrôle de l'économie par le gouvernement

Mots nouveaux à apprendre

augmenter	*to get larger, to increase (conj. like **parler**)*	le crime	*crime*
		diminuer	*to reduce (conj. like **parler**)*
barbare	*barbaric*	la drogue	*drugs*
bénéficier (de)	*to benefit (from) (conj. like **parler**)*	le droit	*right (prerogative)*
		l'économie *(f)*	*economy*
la centrale nucléaire	*nuclear power station*	efficace	*effective*
		l'immigration *(f)*	*immigration*
clandestin(e)	*secret, illegal*	l'impôt *(m)*	*tax*
combattre	*to fight against (conj. like **battre**)*	l'impression *(f)*	*impression*
		l'indifférence *(f)*	*indifference*

Continued on page 520

Continued from page 519

injuste	*unfair*	le/la politicien(ne)	*politician*
l'intolérance *(f)*	*intolerance*	la politique	*politics*
inutile	*useless*	le racisme	*racism*
juste	*fair, right*	le résultat	*result*
la justice	*justice*	sans doute	*undoubtedly*
la morale	*morality, moral standards*	scandaleux/scandaleuse	*scandalous*
		le SIDA	*AIDS*
multiple	*multiple*	le surpeuplement	*overpopulation*
le parti politique	*political party*	la violence	*violence*
la pauvreté	*poverty*	voter	*to vote (conj. like **parler**)*
la peine de mort	*capital punishment*		

Comment le dire

Les consonnes géminées

You already know that in general, a double written consonant is pronounced as a single consonant sound.

une pomme   je m'appelle   c'est intéressant

There are, however, cases of phonetically double consonants in French, called **consonnes géminées.** They occur when a word ending with a pronounced consonant is followed by another word beginning with the same consonant.

ave**c c**ourage   pou**r R**obert   Madam**e̸ M**artin

To pronounce a good **consonne géminée,** articulate the consonant twice.

Activité 6 Les consonnes géminées

Travaillez avec un(e) camarade de classe. À tour de rôle, lisez à haute voix ces petites conversations.

1. A: Votre cousine, c'est Madame Moreau ?
   B: Non, c'est Madame Morin.
2. A: Qu'est-ce que nous devons faire ?
   B: Faites tout ce qui est sur la liste.
3. A: Tu vas en vacances avec Colette ?
   B: Non, avec Catherine.
4. A: Tu me passes ça, s'il te plaît ?
   B: Quoi ça ? le truc pour Robert ?
5. A: Il faut que tu mettes ta table devant le lit.
   B: La petite table ou la grande ?

Discutons un peu

Stratégie de discussion Citez des exemples concrets pour expliquer et pour justifier vos idées.

In any discussion, it is helpful to cite specific examples to back up your ideas. This is especially true when the issues you are discussing are general in nature, as with the theoretical principles underlying legal and moral issues.

Read the following article from *La Déclaration des droits de l'homme et du citoyen,* then answer the questions.

Article premier : Les hommes naissent et demeurent libres et égaux en droits ; les distinctions sociales ne peuvent être fondées que sur l'utilité commune.

1. Selon *La Déclaration,* les citoyens ne sont pas tout à fait libres et égaux. Pensez à des exemples concrets (d'aujourd'hui ou du passé) de « distinctions sociales » basées sur les catégories suivantes.

    Modèle : l'âge   Il faut avoir 21 ans pour boire de l'alcool.

    a. le sexe   _____
    b. la race   _____
    c. la nationalité   _____
    d. la criminalité   _____
    e. les capacités   _____
    f. le langage   _____

2. Quels genres d'« utilité commune » expliquent ces distinctions ?

À vous la parole

Les Droits de l'homme Selon l'Article IV de *La Déclaration des droits de l'homme et du citoyen* : « La liberté consiste à pouvoir faire tout ce qui ne nuit° pas à autrui. » Autrement dit : « Vous êtes libre de faire tout ce qui ne limite pas la liberté des autres. » Avec un(e) camarade de classe, discutez de ce principe général par rapport à des problèmes de société actuels. Dans votre discussion, citez des exemples concrets basés sur des événements récents pour justifier votre opinion.

affect negatively

1. la liberté d'expression
2. le service militaire obligatoire
3. le droit de fumer
4. l'âge minimum pour boire de l'alcool
5. le droit de porter des armes
6. la peine de mort

Grammaire 10

10.1   Simple future tense

a. **Use.** In addition to the **futur proche,** which you already know, there is another future tense, **le futur simple.** Similar to usage in English, the **futur simple** indicates a future time that is less immediate than the **futur proche.**

Le futur proche vs. le futur simple	
futur proche	futur simple
Je vais acheter une maison au printemps.	J'achèterai une maison dans quelques années.
I'm going to buy a house this spring.	*I will buy a house in a few years.*

b. **Form.** To form the **futur simple,** use the same stem as for the conditional. For regular verbs, this stem is the infinitive (without the final **e** for **-re** verbs). Irregular verbs have irregular conditional stems and use these same stems for the **futur simple.** Add the endings shown in the following chart.

Les terminaisons du futur simple			
je	partir**ai**	nous	partir**ons**
tu	partir**as**	vous	partir**ez**
il/elle/on	partir**a**	ils/elles	partir**ont**

The following chart will remind you of the stems of high-frequency irregular verbs.

Le radical des verbes irréguliers au futur simple	
aller : ir- (j'**ir**ai)	prendre : prendr- (je **prendr**ai)
avoir : aur- (j'**aur**ai)	pouvoir : pourr- (je **pourr**ai)
devoir : devr- (je **devr**ai)	savoir : saur- (je **saur**ai)
dire : dir- (je **dir**ai)	venir : viendr- (je **viendr**ai)
être : ser- (je **ser**ai)	voir : verr- (je **verr**ai)
faire : fer- (je **fer**ai)	vouloir : voudr- (je **voudr**ai)
falloir : faudr- (il **faudr**a)	

Note that just as in the conditional, there are spelling variations in the **futur simple** for verbs like **se lever (je me lèverai), jeter (je jetterai),** and **essayer (j'essaierai** or **j'essayerai),** but not for verbs like **préférer (je préférerai).**

c. **With the conjunction** *quand.* There is one construction involving future time that is different in French and English: In French, when a sentence composed of two clauses includes **quand,** the same time frame is used in both clauses. Thus, if the future is used in one clause, it must also be used in the other. This is not the case in English, where the present can be used in one clause and the future in the other.

Le futur dans les phrases avec *quand*
Quand tu **seras** riche, tu **auras** une belle maison. *When you **are** rich, you **will have** a beautiful house.* Anne **fera** des longues promenades quand elle **sera** en vacances. *Anne **will** take long walks when she **is** on vacation.*

10.2   The subjunctive mood

The conjugated verb forms you have learned so far have been in one of three moods: the indicative **(le présent, le passé composé, l'imparfait, le futur proche, le futur simple),** the imperative (commands), and the conditional. Now you will learn a new mood: the subjunctive **(le subjonctif).**

a. **Basic usage.** When certain French verbs and expressions are followed by a clause *(subject + verb),* the verb in the following clause must be in the subjunctive. Two of the most common of these are **il faut** and **vouloir.**

> **Il faut** que vous m'aidiez.
>
> **Elle veut** que nous l'aidions.

When the subjunctive is used in a clause following **que,** that clause always has a different subject from that of the main clause. If there is no change in subject, the main verb is followed by an infinitive.

L'infinitif vs. le subjonctif
l'infinitif (le même sujet)
Je veux ranger ma chambre ! (**Je** veux/je range ma chambre) Vous voulez faire la lessive. (**Vous** voulez/**vous** faites la lessive)
le subjonctif (des sujets différents)
Je veux que + **vous** rangiez vos chambres. **Il** faut que + **Karine** fasse la lessive.

Remember that the **il** in **il faut** is impersonal and is thus not the same as **il** representing a person or object. When **il faut** is used with an infinitive, it refers to a generalization rather than to a specific case.

> **Il faut faire** la vaisselle tous les jours. *(generalization)*
>
> **Il faut que je fasse** la vaisselle ce soir. *(specific case)*

b. **Formation of the subjunctive.** To find the subjunctive stem of regular verbs, drop the **-ent** ending from the **ils/elles** form of the indicative present tense. The subjunctive endings are the same for all types of regular verbs. Note that for some verbs and some forms (namely, **-er** verbs in the **je, tu, il/elle/on, ils/elles** forms), there is no difference in either spelling or pronunciation between the subjunctive and indicative forms.

Les verbes réguliers au subjonctif					
infinitif		-er	-ir	-ir/-iss	-re
radical	ils	**parl**ent	**part**ent	**choisiss**ent	**perd**ent
terminaisons	je	parl**e**	part**e**	choisiss**e**	perd**e**
	tu	parl**es**	part**es**	choisiss**es**	perd**es**
	il/elle/on	parl**e**	part**e**	choisiss**e**	perd**e**
	nous	parl**ions**	part**ions**	choisiss**ions**	perd**ions**
	vous	parl**iez**	part**iez**	choisiss**iez**	perd**iez**
	ils/elles	parl**ent**	part**ent**	choisiss**ent**	perd**ent**

c. **Verbs with irregular forms in the subjunctive.** There are also verbs with irregular subjunctive stems. Note that some verbs have two stems (one for **je, tu, il/elle/on, ils/elles** and another for **nous, vous**). Irregular verbs (except for **avoir** and **être**) take the same endings in the subjunctive as regular verbs.

Les verbes irréguliers au subjonctif						
	avoir	être	aller	faire	pouvoir	prendre
j'	aie	sois	aille	fasse	puisse	prenne
tu	aies	sois	ailles	fasses	puisses	prennes
il/elle/on	ait	soit	aille	fasse	puisse	prenne
nous	ayons	soyons	allions	fassions	puissions	prenions
vous	ayez	soyez	alliez	fassiez	puissiez	preniez
ils/elles	aient	soient	aillent	fassent	puissent	prennent

The subjunctive forms of all irregular verbs used in *Paroles* can be found in the verb charts in the appendix.

d. **Subjunctive with expressions of doubt or uncertainty.** Verbs or expressions that indicate doubt or uncertainty are followed by clauses whose verb is in the subjunctive. Note that these expressions are often in the negative form (**je ne crois pas qu'il ait raison**); in the affirmative, such verbs would not indicate doubt and thus would not take the subjunctive (**je crois qu'il a raison**).

Expressions de doute (suivies par le subjonctif)	vs.	Expressions de certitude (suivies par l'indicatif)
douter		trouver
ne pas croire		croire
ne pas penser		penser
ne pas être sûr(e)/vrai(e)/certain(e)		être sûr(e)/vrai(e)/certain(e)

e. **Subjunctive to express necessity, desire, feelings, or a subjective judgment.**
When expressions indicating necessity, desire, personal feelings, and subjective judgments are followed by a clause, the verb in the following clause is in the subjunctive.

Cas d'emploi du subjonctif	
besoin	Il faut que le gouvernement fasse quelque chose.
désir	Je voudrais qu'il y ait moins de chômage.
sentiment	Je regrette qu'elle ne puisse rien trouver.
jugement	C'est choquant que les assurances maladie ne soient pas suffisantes.

Expressions suivies par le subjonctif	
pour exprimer un besoin	pour exprimer un désir
il faut/faudrait il est nécessaire	je veux/voudrais je préfère/préférerais
pour exprimer un sentiment	pour exprimer un jugement personnel
je regrette j'ai peur	je trouve normal c'est dommage c'est choquant c'est une honte

10.3 Relative pronouns *ce qui* and *ce que*

You already know that the use of the relative pronouns **qui** and **que** is related to their grammatical function in the sentence.

Qui acts as a subject and thus is usually followed by a verb.

Que is a direct object and thus is usually followed by a subject + a verb.

This same distinction in usage holds for **ce qui** and **ce que,** both of which are usually translated as *what.* You use the **ce** when there is no antecedent for **qui** or **que** in the sentence.

Les pronoms relatifs *qui/que* et *ce qui/ce que*	
avec antécédent	sans antécédent
C'est **ce jardin que** j'aime. C'est **la musique rock qui** m'ennuie.	**Ce que** j'aime, c'est ce jardin. **Ce qui** m'ennuie, c'est la musique rock.

10.4 *Si* clauses

To make a prediction or hypothesis, you can use a sequence of two clauses in which one clause contains the word **si** *(if)*. The clause containing **si** indicates a type of condition (**la condition**) and the other clause indicates what will or might happen if that condition is met (**le résultat**). These clauses follow a certain pattern of tenses in French.

Les temps dans les prédictions et les hypothèses avec *si*	
proposition avec *si*	proposition qui indique le résultat
le présent	*le futur*
Si je sais la réponse,	je lèverai la main/je vais lever la main.
l'imparfait	*le conditionnel*
Si je savais la réponse,	je lèverais la main.

Note that the order of the two clauses can be reversed without changing the tense required within each clause or the meaning of the sentence.

S'il ne pleut pas, nous irons à la plage.

Nous irons à la plage, s'il ne pleut pas.

S'il avait un maillot de bain, il irait à la piscine.

Il irait à la piscine, s'il avait un maillot de bain.

Remember, also, that if you are making a generalization rather than a prediction, a clause with *si* + **présent** is followed by a clause with a verb in the present tense.

Si on vote, on n'a pas l'impression d'être inutile.

****

Verbe irrégulier : *se plaindre*

se plaindre *(to complain)*			
je	me plains	nous	nous plaignons
tu	te plains	vous	vous plaignez
il/elle/on	se plaint	ils/elles	se plaignent
je me suis plaint(e)			

Auxiliary Verbs

| Infinitif | Présent | Indicatif | | | Impératif | Conditionnel | Subjonctif |
		Passé composé	Imparfait	Futur			
avoir							
j'	ai	ai eu	avais	aurai		aurais	aie
tu	as	as eu	avais	auras	aie	aurais	aies
il/elle/on	a	a eu	avait	aura		aurait	ait
nous	avons	avons eu	avions	aurons	ayons	aurions	ayons
vous	avez	avez eu	aviez	aurez	ayez	auriez	ayez
ils/elles	ont	ont eu	avaient	auront		auraient	aient
être							
je/j'	suis	ai été	étais	serai		serais	sois
tu	es	as été	étais	seras	sois	serais	sois
il/elle/on	est	a été	était	sera		serait	soit
nous	sommes	avons été	étions	serons	soyons	serions	soyons
vous	êtes	avez été	étiez	serez	soyez	seriez	soyez
ils/elles	sont	ont été	étaient	seront		seraient	soient

Regular Verbs

| Infinitif | Présent | Indicatif | | | Impératif | Conditionnel | Subjonctif |
		Passé composé	Imparfait	Futur			
-ER parler							
je/j'	parle	ai parlé	parlais	parlerai		parlerais	parle
tu	parles	as parlé	parlais	parleras	parle	parlerais	parles
il/elle/on	parle	a parlé	parlait	parlera		parlerait	parle
nous	parlons	avons parlé	parlions	parlerons	parlons	parlerions	parlions
vous	parlez	avez parlé	parliez	parlerez	parlez	parleriez	parliez
ils/elles	parlent	ont parlé	parlaient	parleront		parleraient	parlent
-IR partir							
je	pars	suis parti(e)	partais	partirai		partirais	parte
tu	pars	es parti(e)	partais	partiras	pars	partirais	partes
il/elle/on	part	est parti(e)	partait	partira		partirait	parte
nous	partons	sommes parti(e)s	partions	partirons	partons	partirions	partions
vous	partez	êtes parti(e)(s)	partiez	partirez	partez	partiriez	partiez
ils/elles	partent	sont parti(e)s	partaient	partiront		partiraient	partent

Regular Verbs continued on the following page

Regular Verbs

Infinitif	Indicatif				Impératif	Conditionnel	Subjonctif
	Présent	Passé composé	Imparfait	Futur			
-IR / -ISS *choisir*							
je/j'	choisis	ai choisi	choisissais	choisirai		choisirais	choisisse
tu	choisis	as choisi	choisissais	choisiras	choisis	choisirais	choisisses
il/elle/on	choisit	a choisi	choisissait	choisira		choisirait	choisisse
nous	choisissons	avons choisi	choisissions	choisirons	choisissons	choisirions	choisissions
vous	choisissez	avez choisi	choisissiez	choisirez	choisissez	choisiriez	choisissiez
ils/elles	choisissent	ont choisi	choisissaient	choisiront		choisiraient	choisissent
-IR *ouvrir*							
j'	ouvre	ai ouvert	ouvrais	ouvrirai		ouvrirais	ouvre
tu	ouvres	as ouvert	ouvrais	ouvriras	ouvre	ouvrirais	ouvres
il/elle/on	ouvre	a ouvert	ouvrait	ouvrira		ouvrirait	ouvre
nous	ouvrons	avons ouvert	ouvrions	ouvrirons	ouvrons	ouvririons	ouvrions
vous	ouvrez	avez ouvert	ouvriez	ouvrirez	ouvrez	ouvririez	ouvriez
ils/elles	ouvrent	ont ouvert	ouvraient	ouvriront		ouvriraient	ouvrent
-RE *perdre*							
je/j'	perds	ai perdu	perdais	perdrai		perdrais	perde
tu	perds	as perdu	perdais	perdras	perds	perdrais	perdes
il/elle/on	perd	a perdu	perdait	perdra		perdrait	perde
nous	perdons	avons perdu	perdions	perdrons	perdons	perdrions	perdions
vous	perdez	avez perdu	perdiez	perdrez	perdez	perdriez	perdiez
ils/elles	perdent	ont perdu	perdaient	perdront		perdraient	perdent

Verbs with Spelling Variations

Infinitif		Indicatif				Impératif	Conditionnel	Subjonctif
		Présent	Passé composé	Imparfait	Futur			
s'appeler	je	m'appelle	me suis appelé(e)	m'appelais	m'appellerai		m'appellerais	m'appelle
	tu	t'appelles	t'es appelé(e)	t'appelais	t'appelleras	appelle-toi	t'appellerais	t'appelles
	il/elle/on	s'appelle	s'est appelé(e)	s'appelait	s'appellera		s'appellerait	s'appelle
	nous	nous appelons	nous sommes appelé(e)s	nous appelions	nous appellerons	appelons-nous	nous appellerions	nous appelions
	vous	vous appelez	vous êtes appelé(e)(s)	vous appeliez	vous appellerez	appelez-vous	vous appelleriez	vous appeliez
	ils/elles	s'appellent	se sont appelé(e)s	s'appelaient	s'appelleront		s'appelleraient	s'appellent
commencer	je/j'	commence	ai commencé	commençais	commencerai		commencerais	commence
	tu	commences	as commencé	commençais	commenceras	commence	commencerais	commences
	il/elle/on	commence	a commencé	commençait	commencera		commencerait	commence
	nous	commençons	avons commencé	commencions	commencerons	commençons	commencerions	commencions
	vous	commencez	avez commencé	commenciez	commencerez	commencez	commenceriez	commenciez
	ils/elles	commencent	ont commencé	commençaient	commenceront		commenceraient	commencent
essayer	j'	essaie	ai essayé	essayais	essaierai/ essayerai		essaierais/ essayerais	essaie
	tu	essaies	as essayé	essayais	essaieras/ essayeras	essaie	essaierais/ essayerais	essaies
	il/elle/on	essaie	a essayé	essayait	essaiera/ essayera		essaierait/ essayerait	essaie
	nous	essayons	avons essayé	essayions	essaierons/ essayerons	essayons	essaierions/ essayerions	essayions
	vous	essayez	avez essayé	essayiez	essaierez/ essayerez	essayez	essaieriez/ essayeriez	essayiez
	ils/elles	essaient	ont essayé	essayaient	essaieront/ essayeront		essaieraient/ essayeraient	essaient

Verbs with Spelling Variations continued on the following page

Verbs with Spelling Variations

Infinitif		Présent	Indicatif Passé composé	Imparfait	Futur	Impératif	Conditionnel	Subjonctif
jeter	je/j'	jette	ai jeté	jetais	jetterai		jetterais	jette
	tu	jettes	as jeté	jetais	jetteras	jette	jetterais	jettes
	il/elle/on	jette	a jeté	jetait	jettera		jetterait	jette
	nous	jetons	avons jeté	jetions	jetterons	jetons	jetterions	jetions
	vous	jetez	avez jeté	jetiez	jetterez	jetez	jetteriez	jetiez
	ils/elles	jettent	ont jeté	jetaient	jetteront		jetteraient	jettent
lever	je/j'	lève	ai levé	levais	lèverai		lèverais	lève
	tu	lèves	as levé	levais	lèveras	lève	lèverais	lèves
	il/elle/on	lève	a levé	levait	lèvera		lèverait	lève
	nous	levons	avons levé	levions	lèverons	levons	lèverions	levions
	vous	levez	avez levé	leviez	lèverez	levez	lèveriez	leviez
	ils/elles	lèvent	ont levé	levaient	lèveront		lèveraient	lèvent
nager	je/j'	nage	ai nagé	nageais	nagerai		nagerais	nage
	tu	nages	as nagé	nageais	nageras	nage	nagerais	nages
	il/elle/on	nage	a nagé	nageait	nagera		nagerait	nage
	nous	nageons	avons nagé	nagions	nagerons	nageons	nagerions	nagions
	vous	nagez	avez nagé	nagiez	nagerez	nagez	nageriez	nagiez
	ils/elles	nagent	ont nagé	nageaient	nageront		nageraient	nagent
préférer	je/j'	préfère	ai préféré	préférais	préférerai		préférerais	préfère
	tu	préfères	as préféré	préférais	préféreras	préfère	préférerais	préfères
	il/elle/on	préfère	a préféré	préférait	préférera		préférerait	préfère
	nous	préférons	avons préféré	préférions	préférerons	préférons	préférerions	préférions
	vous	préférez	avez préféré	préfériez	préférerez	préférez	préféreriez	préfériez
	ils/elles	préfèrent	ont préféré	préféraient	préféreront		préféreraient	préfèrent

Pronominal Verbs

Infinitif		Présent	Indicatif — Passé composé	Imparfait	Futur	Impératif	Conditionnel	Subjonctif
se coucher	je	me couche	me suis couché(e)	me couchais	me coucherai		me coucherais	me couche
	tu	te couches	t'es couché(e)	te couchais	te coucheras	couche-toi	te coucherais	te couches
	il/elle/on	se couche	s'est couché(e)	se couchait	se couchera		se coucherait	se couche
	nous	nous couchons	nous sommes couché(e)s	nous couchions	nous coucherons	couchons-nous	nous coucherions	nous couchions
	vous	vous couchez	vous êtes couché(e)(s)	vous couchiez	vous coucherez	couchez-vous	vous coucheriez	vous couchiez
	ils/elles	se couchent	se sont couché(e)s	se couchaient	se coucheront		se coucheraient	se couchent
s'endormir	je	m'endors	me suis endormi(e)	m'endormais	m'endormirai		m'endormirais	m'endorme
	tu	t'endors	t'es endormi(e)	t'endormais	t'endormiras	endors-toi	t'endormirais	t'endormes
	il/elle/on	s'endort	s'est endormi(e)	s'endormait	s'endormira		s'endormirait	s'endorme
	nous	nous endormons	nous sommes endormi(e)s	nous endormions	nous endormirons	endormons-nous	nous endormirions	nous endormions
	vous	vous endormez	vous êtes endormi(e)(s)	vous endormiez	vous endormirez	endormez-vous	vous endormiriez	vous endormiez
	ils/elles	s'endorment	sont endormi(e)s	s'endormaient	s'endormiront		s'endormiraient	s'endorment
s'entendre	je	m'entends	me suis entendu(e)	m'entendais	m'entendrai		m'entendrais	m'entende
	tu	t'entends	t'es entendu(e)	t'entendais	t'entendras	entends-toi	t'entendrais	t'entendes
	il/elle/on	s'entend	s'est entendu(e)	s'entendait	s'entendra		s'entendrait	s'entende
	nous	nous entendons	nous sommes entendu(e)s	nous entendions	nous entendrons	entendons-nous	nous entendrions	nous entendions
	vous	vous entendez	vous êtes entendu(e)(s)	vous entendiez	vous entendrez	entendez-vous	vous entendriez	vous entendiez
	ils/elles	s'entendent	se sont entendu(e)s	s'entendaient	s'entendront		s'entendraient	s'entendent

Irregular Verbs

Infinitif		Présent	Indicatif — Passé composé	Imparfait	Futur	Impératif	Conditionnel	Subjonctif
aller	je/j'	vais	suis allé(e)	allais	irai		irais	aille
	tu	vas	es allé(e)	allais	iras	va	irais	ailles
	il/elle/on	va	est allé(e)	allait	ira		irait	aille
	nous	allons	sommes allé(e)s	allions	irons	allons	irions	allions
	vous	allez	êtes allé(e)(s)	alliez	irez	allez	iriez	alliez
	ils/elles	vont	sont allé(e)s	allaient	iront		iraient	aillent
battre (combattre)	je/j'	bats	ai battu	battais	battrai		battrais	batte
	tu	bats	as battu	battais	battras	bats	battrais	battes
	il/elle/on	bat	a battu	battait	battra		battrait	batte
	nous	battons	avons battu	battions	battrons	battons	battrions	battions
	vous	battez	avez battu	battiez	battrez	battez	battriez	battiez
	ils/elles	battent	ont battu	battaient	battront		battraient	battent
boire	je/j'	bois	ai bu	buvais	boirai		boirais	boive
	tu	bois	as bu	buvais	boiras	bois	boirais	boives
	il/elle/on	boit	a bu	buvait	boira		boirait	boive
	nous	buvons	avons bu	buvions	boirons	buvons	boirions	buvions
	vous	buvez	avez bu	buviez	boirez	buvez	boiriez	buviez
	ils/elles	boivent	ont bu	buvaient	boiront		boiraient	boivent
comprendre (prendre, reprendre)	je/j'	comprends	ai compris	comprenais	comprendrai		comprendrais	comprenne
	tu	comprends	as compris	comprenais	comprendras	comprends	comprendrais	comprennes
	il/elle/on	comprend	a compris	comprenait	comprendra		comprendrait	comprenne
	nous	comprenons	avons compris	comprenions	comprendrons	comprenons	comprendrions	comprenions
	vous	comprenez	avez compris	compreniez	comprendrez	comprenez	comprendriez	compreniez
	ils/elles	comprennent	ont compris	comprenaient	comprendront		comprendraient	comprennent
connaître (reconnaître)	je/j'	connais	ai connu	connaissais	connaîtrai		connaîtrais	connaisse
	tu	connais	as connu	connaissais	connaîtras	connais	connaîtrais	connaisses
	il/elle/on	connaît	a connu	connaissait	connaîtra		connaîtrait	connaisse
	nous	connaissons	avons connu	connaissions	connaîtrons	connaissons	connaîtrions	connaissions
	vous	connaissez	avez connu	connaissiez	connaîtrez	connaissez	connaîtriez	connaissiez
	ils/elles	connaissent	ont connu	connaissaient	connaîtront		connaîtraient	connaissent

Irregular Verbs

Infinitif		Indicatif				Impératif	Conditionnel	Subjonctif
	Présent	Passé composé	Imparfait	Futur				
croire								
je/j'	crois	ai cru	croyais	croirai		croirais	croie
tu	crois	as cru	croyais	croiras	crois	croirais	croies
il/elle/on	croit	a cru	croyait	croira		croirait	croie
nous	croyons	avons cru	croyions	croirons	croyons	croirions	croyions
vous	croyez	avez cru	croyiez	croirez	croyez	croiriez	croyiez
ils/elles	croient	ont cru	croyaient	croiront		croiraient	croient
devoir								
je/j'	dois	ai dû	devais	devrai		devrais	doive
tu	dois	as dû	devais	devras	dois	devrais	doives
il/elle/on	doit	a dû	devait	devra		devrait	doive
nous	devons	avons dû	devions	devrons	devons	devrions	devions
vous	devez	avez dû	deviez	devrez	devez	devriez	deviez
ils/elles	doivent	ont dû	devaient	devront		devraient	doivent
dire								
je/j'	dis	ai dit	disais	dirai		dirais	dise
tu	dis	as dit	disais	diras	dis	dirais	dises
il/elle/on	dit	a dit	disait	dira		dirait	dise
nous	disons	avons dit	disions	dirons	disons	dirions	disions
vous	dites	avez dit	disiez	direz	dites	diriez	disiez
ils/elles	disent	ont dit	disaient	diront		diraient	disent
faire								
je/j'	fais	ai fait	faisais	ferai		ferais	fasse
tu	fais	as fait	faisais	feras	fais	ferais	fasses
il/elle/on	fait	a fait	faisait	fera		ferait	fasse
nous	faisons	avons fait	faisions	ferons	faisons	ferions	fassions
vous	faites	avez fait	faisiez	ferez	faites	feriez	fassiez
ils/elles	font	ont fait	faisaient	feront		feraient	fassent

Irregular Verbs continued on the following pages

Irregular Verbs

Infinitif		Présent	Passé composé	Imparfait	Futur	Impératif	Conditionnel	Subjonctif
			Indicatif					
falloir	il	faut	a fallu	fallait	faudra		faudrait	faille
lire	je/j'	lis	ai lu	lisais	lirai		lirais	lise
	tu	lis	as lu	lisais	liras	lis	lirais	lises
	il/elle/on	lit	a lu	lisait	lira		lirait	lise
	nous	lisons	avons lu	lisions	lirons	lisons	lirions	lisions
	vous	lisez	avez lu	lisiez	lirez	lisez	liriez	lisiez
	ils/elles	lisent	ont lu	lisaient	liront		liraient	lisent
mettre (permettre)	je/j'	mets	ai mis	mettais	mettrai		mettrais	mette
	tu	mets	as mis	mettais	mettras	mets	mettrais	mettes
	il/elle/on	met	a mis	mettait	mettra		mettrait	mette
	nous	mettons	avons mis	mettions	mettrons	mettons	mettrions	mettions
	vous	mettez	avez mis	mettiez	mettrez	mettez	mettriez	mettiez
	ils/elles	mettent	ont mis	mettaient	mettront		mettraient	mettent
se plaindre	je	me plains	me suis plaint(e)	me plaignais	me plaindrai		me plaindrais	me plaigne
	tu	te plains	t'es plaint(e)	te plaignais	te plaindras	plains-toi	te plaindrais	te plaignes
	il/elle/on	se plaint	s'est plaint(e)	se plaignait	se plaindra		se plaindrait	se plaigne
	nous	nous plaignons	nous sommes plaint(e)s	nous plaignions	nous plaindrons	plaignons-nous	nous plaindrions	nous plaignions
	vous	vous plaignez	vous êtes plaint(e)(s)	vous plaigniez	vous plaindrez	plaignez-vous	vous plaindriez	vous plaigniez
	ils/elles	se plaignent	se sont plaint(e)s	se plaignaient	se plaindront		se plaindraient	se plaignent
plaire	je/j'	plais	ai plu	plaisais	plairai		plairais	plaise
	tu	plais	as plu	plaisais	plairas	plais	plairais	plaises
	il/elle/on	plaît	a plu	plaisait	plaira		plairait	plaise
	nous	plaisons	avons plu	plaisions	plairons	plaisons	plairions	plaisions
	vous	plaisez	avez plu	plaisiez	plairez	plaisez	plairiez	plaisiez
	ils/elles	plaisent	ont plu	plaisaient	plairont		plairaient	plaisent

Irregular Verbs continued on the following pages

Infinitif		Indicatif				Impératif	Conditionnel	Subjonctif
	Présent	**Passé composé**	**Imparfait**	**Futur**				
pleuvoir	il pleut	a plu	pleuvait	pleuvra			pleuvrait	pleuve
pouvoir	je/j' peux	ai pu	pouvais	pourrai			pourrais	puisse
	tu peux	as pu	pouvais	pourras			pourrais	puisses
	il/elle/on peut	a pu	pouvait	pourra			pourrait	puisse
	nous pouvons	avons pu	pouvions	pourrons			pourrions	puissions
	vous pouvez	avez pu	pouviez	pourrez			pourriez	puissiez
	ils/elles peuvent	ont pu	pouvaient	pourront			pourraient	puissent
rire	je/j' ris	ai ri	riais	rirai			rirais	rie
	tu ris	as ri	riais	riras	ris		rirais	ries
	il/elle/on rit	a ri	riait	rira			rirait	rie
	nous rions	avons ri	riions	rirons	rions		ririons	riions
	vous riez	avez ri	riiez	rirez	riez		ririez	riiez
	ils/elles rient	ont ri	riaient	riront			riraient	rient
savoir	je/j' sais	ai su	savais	saurai			saurais	sache
	tu sais	as su	savais	sauras	sache		saurais	saches
	il/elle/on sait	a su	savait	saura			saurait	sache
	nous savons	avons su	savions	saurons	sachons		saurions	sachions
	vous savez	avez su	saviez	saurez	sachez		sauriez	sachiez
	ils/elles savent	ont su	savaient	sauront			sauraient	sachent
suivre	je/j' suis	ai suivi	suivais	suivrai			suivrais	suive
	tu suis	as suivi	suivais	suivras	suis		suivrais	suives
	il/elle/on suit	a suivi	suivait	suivra			suivrait	suive
	nous suivons	avons suivi	suivions	suivrons	suivons		suivrions	suivions
	vous suivez	avez suivi	suiviez	suivrez	suivez		suivriez	suiviez
	ils/elles suivent	ont suivi	suivaient	suivront			suivraient	suivent

Irregular Verbs continued on the following pages

Irregular Verbs

Infinitif		Présent	Indicatif			Impératif	Conditionnel	Subjonctif
			Passé composé	Imparfait	Futur			
tenir	je/j'	tiens	ai tenu	tenais	tiendrai		tiendrais	tienne
	tu	tiens	as tenu	tenais	tiendras	tiens	tiendrais	tiennes
	il/elle/on	tient	a tenu	tenait	tiendra		tiendrait	tienne
	nous	tenons	avons tenu	tenions	tiendrons	tenons	tiendrions	tenions
	vous	tenez	avez tenu	teniez	tiendrez	tenez	tiendriez	teniez
	ils/elles	tiennent	ont tenu	tenaient	tiendront		tiendraient	tiennent
venir *(devenir, revenir, se souvenir de)*	je	viens	suis venu(e)	venais	viendrai		viendrais	vienne
	tu	viens	es venu(e)	venais	viendras	viens	viendrais	viennes
	il/elle/on	vient	est venu(e)	venait	viendra		viendrait	vienne
	nous	venons	sommes venu(e)s	venions	viendrons	venons	viendrions	venions
	vous	venez	êtes venu(e)(s)	veniez	viendrez	venez	viendriez	veniez
	ils/elles	viennent	sont venu(e)s	venaient	viendront		viendraient	viennent
vivre	je/j'	vis	ai vécu	vivais	vivrai		vivrais	vive
	tu	vis	as vécu	vivais	vivras	vis	vivrais	vives
	il/elle/on	vit	a vécu	vivait	vivra		vivrait	vive
	nous	vivons	avons vécu	vivions	vivrons	vivons	vivrions	vivions
	vous	vivez	avez vécu	viviez	vivrez	vivez	vivriez	viviez
	ils/elles	vivent	ont vécu	vivaient	vivront		vivraient	vivent
voir	je/j'	vois	ai vu	voyais	verrai		verrais	voie
	tu	vois	as vu	voyais	verras	vois	verrais	voies
	il/elle/on	voit	a vu	voyait	verra		verrait	voie
	nous	voyons	avons vu	voyions	verrons	voyons	verrions	voyions
	vous	voyez	avez vu	voyiez	verrez	voyez	verriez	voyiez
	ils/elles	voient	ont vu	voyaient	verront		verraient	voient
vouloir	je/j'	veux	ai voulu	voulais	voudrai		voudrais	veuille
	tu	veux	as voulu	voulais	voudras	veuille	voudrais	veuilles
	il/elle/on	veut	a voulu	voulait	voudra		voudrait	veuille
	nous	voulons	avons voulu	voulions	voudrons	veuillons	voudrions	voulions
	vous	voulez	avez voulu	vouliez	voudrez	veuillez	voudriez	vouliez
	ils/elles	veulent	ont voulu	voulaient	voudront		voudraient	veuillent

Glossaire : français/anglais

à   in, at E1.D3
  à bientôt   see you soon E1.D1
  à cause de   because of E8.D4
  à côté de   beside, next to E5.D4
  à demain   see you tomorrow E1.D1
  à droite de   to the right of E5.D4
  à gauche de   to the left of E5.D4
  à la   to the DP
  à la mode   in style E9.D1
  à l'avance   in advance E5.D3
  à l'heure   on time E5.D2
  à peu près   approximately E5.D3
  à pied   on foot
  à quoi ça sert ?   what is that used for? E10.D2
  à table !   come and eat! E6.D1
accepter   to accept E6.D2
accessible   accessible E5.D3
accident   *m* accident E4.D1
acheter   to buy E9.D3
acide   acid E8.D4
acier *m* **inoxydable (inox)**   stainless steel E9.D4
acteur/actrice   *m, f* actor, actress E1.D4
actif (active)   active E2.D4
activité   *f* activity E2.D4
addition   *f* check, bill (*in a restaurant*) E6.D2
adolescent(e)   *m, f* teenager E8.D1
adorable   cute E2.D3
adorer   to like a lot, to adore E2.D3
adresse   *f* address E5.D3
aérobic   *m,* aerobics E3.D1
affaires   *f pl* business E5.D1
âge   *m* age E2.D3
âgé(e)   old E8.D1
agenda   *m* schedule E3.D2
agréable   nice DP E2.D2
agricole   agricultural E8.D4
agriculteur/agricultrice   *m, f* farmer E1.D4
ah   ah (*exclamation*) DP
aider   to help E8.D3
aïe   ouch E7.D4
aimable   friendly E2.D4
aimer   to like E2.D3
air   *m* air E8.D3
air *m* **conditionné**   air conditioning E5.D3
alcool   *m* alcohol, drink containing hard liquor E6.D3
allégé(e)   light (low calorie) E6.D3
Allemagne   *f* Germany E5.D1
allemand   *m* German (*language*) E1.D3;
  allemand(e)   German (*nationality*) E1.D3

aller   to go (*idiomatic use to talk about health*) E1.D2, E1.D4
aller et retour   *m* round-trip ticket E5.D2
aller (simple)   *m* one-way ticket E5.D2
allergique   allergic E6.D3
allocation   *f* benefit, payment E10.D3
alors   so, thus E1.D3; then E5.D2
ambitieux/ambitieuse   ambitious E2.D4
américain(e)   American (*nationality*) E1.D3
ami(e)   *m, f* friend E1.D4
amusant(e)   funny E4.D3
an   *m* year E2.D3
analyse   *f* (medical) test E7.D3
ancien(ne)   former, long-time E4.D1
angine   *f* (*France*) strep throat, (*Canada*) angina E7.D3
anglais   *m* English (*language*) E1.D3;
  anglais(e)   English (*nationality*) E1.D3
Angleterre   *f* England E5.D1
animal *m* **domestique** (*pl* **animaux domestiques**)   pet E2.D2
année   *f* year E4.D1
anniversaire   *m* birthday E4.D2
anorak   *m* parka E9.D1
antibiotique   *m* antibiotic E7.D3
antihistaminique   *m* antihistamine E7.D3
août   August E3.D4
appareil   *m* device, appliance E10.D2
appartement   *m* apartment E2.D1
appeler   to call E8.D3
  s'appeler   to be called E1.D1
appuyer   to press, to lean on E10.D2
après   after E3.D2
après-midi   *m* (*can also be feminine*) afternoon E3.D1
arbre   *m* tree E8.D1
argent   *m* money E1.D4; silver E9.D4
armoire   *f* wardrobe E10.D1
arrêter   (*v. imper.*) to stop E8.D3
arrière plan   *m* background E9.D4
arrivée   *f* arrival E5.D2
arriver   to arrive E3.D2
art   *m* art E4.D4
ascenseur   *m* elevator E5.D3
aspirateur   *m* vacuum cleaner E10.D2
aspirine   *f* aspirin E7.D3
assez   rather E1.D2; **assez (de)**   enough E8.D3
assiette   *f* plate E6.D1
assis(e)   seated E7.D1
assurances *f pl* **maladie**   health insurance E10.D3
attacher   to attach E4.D1
attendre   to wait for E8.D2
attention !   look out!, listen up! E7.D1

au centre (de)   in the middle (of) E5.D4
au coin de   on the corner of E5.D4
au milieu (de)   in the middle (of) E7.D2
au moins   at least E8.D4
au revoir   good-bye E1.D1
augmentation   *f* increase E10.D3
augmenter   to get larger, to increase E10.D4
aujourd'hui   today E1.D2
aussi   also E1.D3; as E6.D3
austère   stern, somber E8.D1
autant (de)   as much, as many E6.D3
auto   *f* car E8.D4
automne   *m* fall E3.D4
autoritaire   authoritarian E8.D1
autre   other E2.D4
autre chose   something else E5.D1
autrefois   formerly E8.D4
avaler   to swallow E7.D3
avant   before E3.D2; **avant de** (+ infinitif)   before (doing something) E7.D4
avantage   *m* advantage E9.D4
avec   with E2.D1
avenir   *m* future E10.D3
avenue   *f* avenue E5.D4
averse   *f* sudden shower E3.D4
avion   *m* plane E5.D1
avoir   to have E1.D4
  avoir besoin de   to need to E3.D1
  avoir bon goût   to taste good E6.D2
  avoir bonne mine   to have a healthy look E2.D4
  avoir chaud   to be hot E7.D2
  avoir de la chance   to be lucky E7.D1
  avoir du cholestérol   to have high cholesterol E6.D3
  avoir du mal à...   to have trouble . . . E7.D3
  avoir envie de   to want to E3.D1
  avoir faim   to be hungry E6.D1
  avoir froid   to be cold E7.D2
  avoir l'air   to have the appearance of, to look E2.D4
  avoir la ligne   to have a good figure E6.D3
  avoir mal à...   to have a pain in one's . . . , to have a . . . ache E7.D3
  avoir mal au cœur   to be nauseated E7.D3
  avoir mauvais goût   to taste bad E6.D2
  avoir peur (de)   to be afraid (of) E7.D3
  avoir raison   to be right E2.D4
  avoir soif   to be thirsty E6.D1
  avoir sommeil   to be sleepy E7.D2
  avoir tort   to be wrong E4.D3
avril   April E3.D4

bac *m baccalaureat exam in France* E4.D4
bague *f* ring E9.D4
baguette *f loaf of French bread* E6.D4
baignoire *f* bathtub E5.D3
bain *m* bath E7.D2
baisse *f* drop, lowering E10.D3
baisser to lower E8.D3
bande *f* **dessinée** comic strip, (*pl*) comics E3.D1
banlieue *f* suburb E10.D1
banque *f* bank E5.D4
barbare barbaric E10.D4
barbe *f* beard; **la barbe** *exclamation to indicate boredom* E2.D3
basket(-ball) *m* basketball E3.D3
baskets *f pl* basketball shoes E9.D2
(se) battre to fight (one another) E8.D3
beau (bel, belle [beaux, belles]) beautiful, good-looking E2.D3
beau-frère (*pl* **beaux-frères**) *m* stepbrother, brother-in-law E2.D1
beau-père (*pl* **beaux-pères**) *m* stepfather, father-in-law E2.D1
beaucoup (de) a lot (of) E1.D4
beige beige E9.D2
Belgique *f* Belgium E5.D1
belle beautiful DP
belle-mère (*pl* **belles-mères**) *f* stepmother, mother-in-law E2.D1
belle-sœur (*pl* **belles-sœurs**) *f* stepsister, sister-in-law E2.D1
bénéficier (de) to benefit (from) E10.D4
bête stupid E2.D4
beurre *m* butter E6.D1
bibliothèque *f* library E3.D1
bicyclette *f* bicycle E4.D1
bien well DP E1.D2
bien sûr certainly E1.D3
bière *f* beer E6.D1
bifteck *m* steak E6.D2
bijou *m* jewel, piece of jewelry E9.D4
bijou de fantaisie novelty jewelry E9.D4
bijou de valeur valuable jewelry E9.D4
bijou en toc (*argot*) imitation jewelry E9.D4
billet *m* ticket E5.D2
biologie *f* biology E4.D4
bistro *m* café, small restaurant E6.D2
blanc(he) white E6.D1
se blesser (...) to hurt oneself, to hurt one's . . . E7.D4
bleu(e) blue E2.D3
blond(e) blond E2.D3
blouse *f* blouse E9.D1

boire to drink E6.D1
boîte *f* can, box E6.D4
bon(ne) good E2.D3
bonjour hello, (*Canada*) good-bye E1.D1
bordeaux maroon, burgundy E9.D2
bottes *f pl* boots E9.D2
bouche *f* mouth E2.D3
boucherie *f* butcher shop E6.D4
boucles d'oreilles *f pl* earrings E9.D4
bouger to move E7.D1
boulangerie *f* bakery E6.D4
boulevard *m* boulevard E5.D4
bouteille *f* bottle E6.D1
boutique *f* shop, boutique E9.D3
bouton *m* button E9.D2
bracelet *m* bracelet E9.D4
branché(e) (*argot*) with it E9.D1
bras *m* arm E7.D1
brasserie *f* bar-restaurant E6.D2
bricolage *m* tinkering, handiwork E2.D4
bricoler to do handiwork, to tinker E2.D4
bronchite *f* bronchitis E7.D3
brosse *f* brush E7.D2
brosse à cheveux hairbrush E7.D2
brosse à dents toothbrush E7.D2
se brosser... to brush one's . . . E7.D2
se brûler (...) to burn oneself, to burn one's . . . E7.D4
brun(e) brown E2.D3
bruyant(e) noisy E10.D1
bus *m bus for travel within a city* E5.D1
ça that E2.D3
ça dépend it depends E3.D1
ça fait... that's . . . E9.D1
ça fait mal that/it hurts E7.D4
ça me convient that suits me fine E6.D2
ça me plaît I like that E6.D2
ça va très bien that looks good on you/me E9.D2
ça m'est égal it doesn't matter to me E9.D3
ça ne fait rien that doesn't matter E6.D4
ça ne me dit pas grand-chose that doesn't do much for me E6.D2
ça ne me dit rien that does nothing for me E6.D2
ça va I'm feeling fine, things are going well E1.D2
ça va passer it will go away E7.D4
cadeau *m* gift E9.D4
café *m* coffee E6.D1; café E6.D2
calme calm E2.D4
calmer to calm E7.D3

camarade *m, f* friend E2.D2
camarade de chambre roommate E2.D2
campagne *f* country E3.D3
Canada *m* Canada E4.D2
canadien(ne) Canadian (*nationality*) E1.D3
canapé *m* couch E10.D1
capable capable E10.D3
car *m* interurban bus E5.D1
carafe *f* carafe E6.D1
carte *f* card E3.D1; menu E6.D2
carte de crédit credit card E6.D2
casquette *f* cap E9.D1
se casser... to break one's . . . E7.D4
cassette *f* video- or audiocassette E4.D3
catalogue *m* catalogue E9.D3
cathédrale *f* cathedral E5.D1
cauchemar *m* nightmare E7.D2
ce/cet/cette this, that E1.D2
ce (jour)-là that (day) E8.D2
ce n'est pas la peine it's not worth the trouble E10.D2
ce sont they're E1.D1
ceinture *f* belt E9.D1
cela that E8.D2
célibat *m* single life E2.D2
célibataire *m, f* single person E2.D2
cent one hundred E1.D4
centrale *f* **nucléaire** nuclear power station E10.D4
centre *m* center E10.D1
céréales *f pl* cereal E6.D1
certain(e) certain E8.D4
ces these, those E1.D2
c'est it's, that's DP; he is, she is E1.D1
c'est ça that's right DP
chaîne *f* chain E9.D4
chambre *f* room E2.D2; bedroom E10.D1
champ *m* field E8.D1
changer (de) to change E6.D3
se changer to change one's clothes E9.D4
changer de place to change places, to move E7.D1
chanson *f* song E4.D1
chanteur/chanteuse *m, f* singer E1.D4
chapeau *m* hat E9.D1
chaque each E5.D2
charcuterie *f cooked pork products* E6.D2; pork butcher's shop, delicatessen E6.D4
charmant(e) charming E2.D4
chasse *f* hunting E3.D3
chat *m* cat E2.D2

château (*pl* **châteaux**) *m* castle E5.D1

chaud hot E3.D4

chaussettes *f pl* socks E9.D1

chaussures *f pl* shoes E9.D1

    chaussures à talon *f pl* high-heeled shoes E9.D2

    chaussures plates *f pl* flats (flat shoes) E9.D2

chef *m* the head (*of a group*), boss E10.D3

chemise *f* shirt E9.D1

chèque (de voyage) *m* (traveler's) check E6.D2

cher (chère) expensive E5.D2

chercher to look for E2.D3

cheveux *m pl* hair E2.D3

chez at/in/to the home, office, or shop of E2.D1

chic (*invar.*) stylish E9.D3

chien *m* dog E2.D2

chimie *f* chemistry E4.D4

chips *f pl* potato chips E6.D1

chocolat *m* chocolate E6.D1

choisir to choose E6.D2

choix *m* choice E6.D2

chômage *m* unemployment E10.D3

chômeur/chômeuse *m, f* unemployed man/woman E10.D3

choquant(e) shocking E10.D3

cinéma *m* movies E3.D1; movie theater E5.D4

cinq five E1.D1

cinquante fifty E1.D4

circulation *f* automobile traffic E10.D1

clair(e) light E9.D2

clandestin(e) secret; illegal E10.D4

classe *f* class E4.D4

classique classic E9.D1

climatisation *f* air conditioning E5.D3

climatiseur *m* air conditioner E10.D2

club *m* nightclub E3.D3

coca-cola *m* Coca-Cola E6.D1

cœur *m* heart E7.D3

se coiffer to do one's hair E7.D2

col *m* collar E9.D2

    col roulé turtleneck shirt E9.D1

collant *m* tights, pantyhose E9.D1

colline *f* hill E8.D1

combattre to fight against E10.D4

combien de how many E2.D1

comédie *f* comedy E4.D3

comme like E2.D3; as E6.D2; since, considering that E8.D4

    comme ci comme ça so-so E1.D2

    comme tout as can/could be E8.D1

commencer to begin E3.D2

comment ? what? DP

    comment allez-vous ? how are you? E1.D2

    comment ça va ? how's it going? E1.D2

    comment dit-on... en français ? how do you say . . . in French? DP

    comment vas-tu ? how are you? E1.D2

    comment vous appelez-vous ? what is your name? E1.D1

commerçant/commerçante *m, f* shopkeeper E1.D4

complet (complète) full E5.D2; complete, comprehensive E10.D3

compliqué(e) complicated E10.D2

comprendre to understand E4.D4

comprimé *m* tablet E7.D4

concert *m* concert E3.D3

confiture *f* jam E6.D1

confort *m* comfort E10.D1

confortable comfortable E5.D2

congélateur *m* freezer E10.D2

connaître to know, to be familiar/acquainted with E5.D3

consolé(e) consoled E8.D2

conte *m* tale E4.D3

    conte de fées fairytale E4.D3

content(e) happy E8.D2

continuer (à + infinitif) to continue (to do something) E4.D2

contrôle *m* quiz E4.D4

corps *m* body E7.D1

costume *m* man's suit E9.D1

coton *m* cotton E9.D2

cou *m* neck E7.D1

se coucher to go to bed E7.D1

couleur *f* color E9.D2

coup *m* **de main** "a hand" (to help out) E10.D2

se couper (...) to cut oneself, to cut one's . . . E7.D4

cours *m* course, class E3.D2

court(e) short E2.D3

cousin/cousine *m, f* cousin E2.D1

coûter to cost E4.D2

couturier/couturière *m, f* fashion designer E9.D3

couverture *f* **sociale** social security benefits E10.D3

cravate *f* tie E9.D1

crème *f* cream E6.D2

    crème antiseptique antiseptic cream E7.D4

    crème solaire suntan lotion E7.D4

crêperie *f restaurant specializing in crêpes* E6.D2

crevé(e) (*argot*) exhausted E7.D1

crime *m* crime E10.D4

crise *f* crisis E10.D3

    crise de foie liver or stomach ailment E7.D3

croire to believe E8.D4

croissant *m* croissant (roll) E6.D1

crudités *f pl cut-up raw vegetables* E6.D1

cuir *m* leather E9.D2

cuisine *f* kitchen E10.D1

cuisinière *f* stove E10.D2

cuit(e) cooked E6.D2

d'abord first E4.D1

d'habitude usually E9.D1

d'où from where E1.D3

dame *f* woman, lady E1.D2

dangereux (dangereuse) dangerous DP

dans in E1.D4

    dans ce cas-là in that case E8.D3

    dans le temps in the old days E8.D4

danse *f* dance E2.D4

danser to dance E2.D4

danseur/danseuse *m, f* dancer E1.D4

date *f* date E4.D2

davantage more E10.D3

de (d') from DP, E1.D3

    de grand standing luxury E10.D1

décembre December E3.D4

déchet *m* waste E8.D4

déchiré(e) torn E9.D3

décider to decide E5.D1

    se décider to make up one's mind E9.D2

décontracté(e) relaxed E9.D3

déçu(e) disappointed E5.D3

dedans inside E10.D2

défaut *m* defect E9.D4

défendre to forbid E8.D2

degré *m* degree E3.D4

déjà already E5.D1

déjeuner (*v.*) (*France*) to have lunch, (*Canada*) breakfast E3.D2

déjeuner *m* (*France*) lunch, (*Canada*) breakfast E6.D1

délicieux (délicieuse) delicious E6.D1

demain tomorrow E3.D1

demander to ask E4.D1

déménager to move (*from one lodging to another*) E10.D1

demi(e) half E3.D2

    demi-frère (*pl* **demi-frères**) *m* half-brother E2.D1

    demi-heure *f* half-hour E7.D2

    demi-sœur (*pl* **demi-sœurs**) *f* half-sister E2.D1

démodé(e) old-fashioned, out-of-date E9.D3

dent *f* tooth E7.D1

dentifrice *m* toothpaste E7.D2

dentiste *m* dentist E7.D3

départ *m* departure E5.D2

se dépêcher to hurry E7.D2

dépenser to spend E5.D1

depuis (que) since E7.D1

dernier (dernière) last E4.D1

derrière behind E5.D4

des some E1.D3

désagréable unpleasant E1.D4

descendu (past participle of **descendre**) went down E4.D2

désespéré(e) in despair E8.D2

désirable desirable E10.D3

désirer to want E7.D4

désolé(e) sorry E3.D3

dessert *m* dessert E6.D1

dessin *m* **animé** cartoon E4.D3

destination *f* destination E5.D2

détester to dislike E2.D3

deux two E1.D1

deux par deux two by two DP

deux-pièces *m* two-room apartment E10.D1

deuxième second E4.D2

devant in front of E5.D4

devenir to become E4.D2

devoir to have to, to plan to E7.D3

devoirs *m pl* assignments, homework E4.D4

diabétique diabetic E6.D3

diamant *m* diamond E9.D4

diarrhée *f* diarrhea E7.D3

différent(e) different E4.D4

difficile difficult E2.D2

difficulté *f* difficulty E7.D1

digestion *f* digestion E8.D3

dimanche *m* Sunday E3.D3

diminuer to reduce E10.D4

dîner (*v.*) (*France*) to have dinner, (*Canada*) to have lunch E3.D2

dîner *m* (*France*) dinner, (*Canada*) lunch E6.D1

diplôme *m* diploma E4.D4

dire to say, to tell E5.D3

discothèque *f* *nightclub for dancing* E3.D3

discret (discrète) discreet, private E4.D2

se disputer to argue E8.D2

dites (*v. imper.*) say DP

divorce *m* divorce E2.D2

divorcé(e) divorced, divorced person E2.D2

dix ten E1.D1

dix-huit eighteen E1.D1

dix-neuf nineteen E1.D1

documentaire *m* documentary E4.D3

doigt *m* finger E7.D1

dollar *m* dollar E6.D2

dommage, c'est dommage that's too bad E3.D3

donner to give E5.D2

dormir to sleep E7.D1

dos *m* back E4.D1

d'où from where E1.D3

douche *f* shower E5.D3

douleur *f* pain E7.D3

douter to doubt E10.D3

doux (douce) pleasant E8.D1

douzaine *f* dozen E6.D4

douze twelve E1.D1

drame *m* drama E4.D3

drogue *f* drugs E10.D4

droit *m* law E4.D4; right (prerogative) E10.D4

droit(e) right E7.D1

drôle funny E8.D1

drôle de... strange . . . E10.D2

dynamique dynamic, vivacious E2.D4

eau (minérale) *f* (mineral) water E6.D1

échanger to exchange E9.D4

échecs *m pl* chess E3.D1

éclaircie *f* clearing E3.D4

économie *f* economics E4.D4; economy E10.D4

économique pertaining to economics, economical E10.D3

écouter to listen to E3.D1

écoutez (*v. imper.*) listen DP

écrire to write E4.D2

écru(e) egg-shell (color), off-white E9.D2

efficace effective E10.D4

église *f* church E3.D1

égoïste egotistical, selfish E8.D3

électricité *f* electricity E4.D4

élégance *f* elegance E9.D3

élégant(e) elegant E2.D4

élevé(e) high E5.D3

elle she, it E1.D1; her E1.D2

elles they E1.D1; them E1.D2

embrasser to kiss E8.D2

émission *f* TV show E4.D3

emprunter to borrow E9.D1

en in E9.D2

en avance early E5.D2

en avoir assez to have had enough E8.D3

en avoir marre to have had it E8.D3

en avoir ras le bol to be fed up E8.D3

en bas below E9.D4

en face de across from E5.D4

en forme in shape E7.D1

en général in general E3.D1

en haut above E9.D4

en pleine forme in great shape E7.D1

en retard late E4.D1

en vitrine in the window E9.D2

enchanté(e) delighted to meet you DP

encore still E2.D1

encore un peu de... a little more (of) . . . E6.D1

s'endormir to fall asleep E7.D1

endroit *m* place E5.D2

énergie *f* energy E7.D1

enfance *f* childhood E8.D1

enfant *m, f* child E2.D1

enfin finally E4.D1

ennuyé(e) annoyed E5.D3

ennuyeux (ennuyeuse) boring E2.D4; annoying E5.D3

ensemble together E2.D2

ensoleillé(e) sunny E10.D1

ensuite then E4.D1

s'entendre (avec) to get along (with) E8.D2

entendu understood E3.D3

entièrement entirely E8.D4

entre between E3.D2

entrée *f* first course E6.D2

entreprise *f* business E10.D3

entrer to enter E4.D2

environnement *m* environment E8.D4

épaule *f* shoulder E7.D1

épicé(e) spicy E6.D2

épicerie *f* grocery store E6.D4

éplucher to peel E10.D2

époque *f* (time) period E8.D2

époux/épouse (*pl* **époux**) *m, f* spouse(s) E2.D1

erreur *f* error E8.D1

Espagne *f* Spain E5.D1

espagnol *m* Spanish (*language*) E1.D3; **espagnol(e)** Spanish (*nationality*) E1.D3

espérer (*conj. like* **préférer**) to hope E7.D3

essayer (de) to try (to) E8.D2; to try (on) E9.D2

est east E5.D4

estomac *m* stomach E7.D3

et and DP, E1.D1

étage *m* floor E5.D3

étagère *f* shelf, set of shelves E10.D1

États-Unis *m pl* United States E5.D1

été *m* summer E3.D4

être to be DP, E1.D1

    être d'accord to agree E2.D2

étroit(e) narrow; tight E9.D2

études *f pl* studies E4.D1

étudiant/étudiante student E1.D2

étudier to study E4.D2

euh... um . . . E4.D1

euro *m* euro E4.D2

Europe *f* Europe E4.D2

eux them E1.D2

évidemment evidently E2.D4

excuse-moi (excusez-moi) excuse me E4.D1

ex-femme (*pl* ex-femmes) *f* former wife E2.D1

ex-mari (*pl* ex-maris) *m* former husband E2.D1

exact(e) exact, correct E8.D4

exactement exactly E5.D3

exagérer to exaggerate E2.D4

examen *m* test E4.D4

examen *m* **général** check-up E7.D3

excellent(e) excellent E4.D3

exorbitant(e) exorbitant, pricey E10.D1

fabricant *m* manufacturer E9.D4

fac (faculté) *f* university (campus) E3.D1

facile easy E2.D2

facilement easily E7.D1

faire to do E3.D1

    faire attention (à) to pay attention (to) E9.D3

    faire des courses to go shopping E3.D1

    faire des progrès to make progress E8.D4

    faire la cuisine to cook E6.D2

    faire la lessive to do (the) laundry E10.D2

    faire la vaisselle to do (the) dishes E10.D2

    faire le ménage to do the housecleaning E10.D2

    faire sa toilette to get washed and groomed E7.D2

    faire un cauchemar to have a nightmare E7.D2

    faire un rêve to have a dream E7.D2

    se faire un shampooing to shampoo one's hair E7.D2

    faire une analyse/un examen to give a medical test/checkup E7.D3

    faire une photo to take a photo E7.D1

fais voir let me see E7.D2

faites (vous faites) you do (*nonfamiliar plural*) E1.D4

famille *f* family E1.D4

fantastique fantastic E2.D2

fast-food *m* fast-food restaurant E6.D2

fatigué(e) tired E1.D4

faute *f* error E8.D1

fauteuil *m* armchair E10.D1

faux (fausse) false E8.D4

félicitations congratulations E4.D4

femme *f* woman E1.D2; wife E2.D1

    femme au foyer housewife E1.D4

    femme d'affaires businesswoman E1.D4

fenêtre *f* window E8.D3

ferme *f* farm E8.D1

fermer to close E8.D3

    fermez (*v. imper.*) close DP

fertile fertile E8.D4

fertilisant *m* fertilizer E8.D4

feuilleton *m* TV series, soap opera E4.D3

février February E3.D4

fiancé(e) engaged, fiancé(e) E2.D2

se fiancer to get engaged E8.D2

fiche-moi la paix (*argot*) get lost E8.D3

fier (fière) proud E4.D4

fièvre *f* fever E7.D3

figure *f* face E7.D1

fille *f* daughter E2.D1

film *m* film, movie E3.D1

    film d'aventures adventure film E4.D3

    film de guerre war film E4.D3

    film d'horreur horror film E4.D3

    film de science-fiction science-fiction film E4.D3

    film policier detective film E4.D3

fils *m* son E2.D1

fin *f* end E8.D3

fleur *f* flower E8.D1

flirter to flirt E8.D2

foie *m* liver E7.D3

fois *f* time (*as occurrence in a series*) E3.D3

foncé(e) dark E9.D2

fonctionnaire *m, f* government employee E1.D4

football *m* soccer E3.D1

forêt *f* forest E8.D1

formidable wonderful E4.D3

four *m* **à micro-ondes** microwave oven E10.D2

frais (fraîche) cool E3.D4; fresh E8.D3

fraise *f* strawberry E6.D4

français French (*language*) E1.D3; **français(e)** French (*nationality*) E1.D3

France *f* France E4.D2

fréquenter to go (out) with E8.D2

frère *m* brother E1.D4

frigo *m* refrigerator E6.D2

frites *f pl* French fries E6.D1

frivole frivolous E2.D4

froid cold E3.D4

fromage *m* cheese E6.D1

fruit *m* fruit E6.D1

furieux (furieuse) furious E5.D3

gadget *m* gadget E10.D2

gagner to win E8.D3

galère (la galère) (*argot*) awful E2.D2

gant de toilette *m* washcloth E7.D2

garage *m* garage E10.D1

gare *f* train station E5.D4

gaspiller to waste E8.D4

gâteau *m* cake E6.D1

gauche left E5.D4

gaz *m* **carbonique** carbon dioxide E8.D4

gênant(e) upsetting, irritating E5.D3; uncomfortable, constricting E9.D1

général(e) general E4.D4

génial(e) (*pl* **géniaux**) fun, amusing E4.D3

genou *m* knee E7.D1

genre *m* type E9.D3

gens *m pl* people E5.D1

gentil(le) nice E8.D1

géographie *f* geography E4.D4

glace *f* ice cream E6.D1

gorge *f* throat E7.D3

gouvernement *m* government E10.D3

grâce à thanks to E8.D4

grammaire *f* grammar E8.D1

gramme *m* gram E6.D4

grand(e) big DP; tall E2.D3

grand-mère (*pl* **grands-mères**) *f* grandmother E2.D1

grand-père (*pl* **grands-pères**) *m* grandfather E2.D1

grands-parents *m pl* grandparents E2.D1

gras(se) fatty E6.D3

grave serious E7.D4

grec *m* Greek (*language*) E4.D4

grenier *m* attic E10.D1

grippe *f* flu E7.D3

gris(e) gray E9.D2

gronder to scold E8.D1

gros(se) big; fat E2.D3

grossir to gain weight E6.D3

guéri(e) cured E7.D3

guerre *f* war E4.D2

gymnase *m* gymnasium E3.D3

habillé(e) dressy E9.D2

s'habiller to dress oneself E9.D3

habiter to live E1.D3

haïtien(ne) Haitian (*nationality*) E1.D3

handicapé(e) *m, f* handicapped person E5.D3

haricots *m pl* **verts** green beans E6.D1

haut(e) high E9.D2

hein ? huh? DP

hépatite *f* hepatitis E7.D3

herbe *f* grass E8.D1

heure *f* hour, time, o'clock E3.D2

heureux (heureuse) happy E8.D1

hier yesterday E4.D1

histoire *f* history E3.D2; story E4.D3

hiver *m* winter E3.D4

homme *m* man E1.D2

  homme au foyer househusband E1.D4

  homme d'affaires businessman E1.D4

  homme politique politician E4.D2

honnête honest E2.D4

honte *f* shame E10.D3

hôpital *m* hospital E4.D2

horrible horrible E2.D2

hors-d'œuvre (*invar.*) appetizer(s) E6.D2

hôtel *m* hotel E5.D3

huit eight E1.D1

humide humid E3.D4

hyène *f* hyena E4.D1

ici here E5.D4

idée *f* idea E2.D2

idiot(e) idiotic E2.D2

il he, it E1.D1

  il fallait it was necessary E8.D1

  il faut it is necessary E5.D4

  il gèle it is freezing E3.D4

  il neige it is snowing E3.D4

  il pleut it is raining E3.D4

  il y a there is/there are E2.D1

ils they E1.D1

image *f* picture, image E9.D4

imbécile idiotic, idiot E8.D3

immeuble *m* apartment building E10.D1

immigration *f* immigration E10.D4

impatient(e) impatient E2.D4

imperméable *m* raincoat E9.D1

impossible impossible E10.D2

impôt *m* tax E10.D4

impression *f* impression E10.D4

incroyable unbelievable E8.D4

indifférence *f* indifference E10.D4

indulgent(e) lenient E8.D1

industriel(le) industrial E8.D4

inexcusable inexcusable E5.D3

infection *f* infection E7.D3

informatique *f* computer science E4.D4

ingénieur *m* engineer E1.D4

initiative *f* initiative E10.D3

injuste unfair E10.D4

s'inquiéter to worry E7.D4

s'installer to settle in E10.D1

instituteur/institutrice *m, f* grade school teacher E4.D2

(s')insulter to insult (one another) E8.D3

intelligent(e) intelligent E2.D4

intéressant(e) interesting E2.D4

intéresser to interest; **s'intéresser à** to be interested in E9.D3

interview *f* interview E9.D3

intolérance *f* intolerance E10.D4

intoxication *f* **alimentaire** food poisoning E7.D3

inutile useless E10.D4

inviter (à) to invite (to) E3.D3

Israël *m* Israel E5.D1

Italie *f* Italy E5.D1

italien Italian (*language*) E1.D3; **italien(ne)** Italian (*nationality*) E1.D3

j'ai entendu dire I('ve) heard (it said) E8.D4

jamais ever E3.D1; **ne... jamais** never E3.D1:

jambe *f* leg E7.D1

jambon *m* ham E6.D1

janvier January E3.D4

Japon *m* Japan E5.D1

japonais Japanese (*language*) E1.D3; **japonais(e)** Japanese (*nationality*) E1.D3

jardin *m* garden E8.D1

jaune yellow E9.D2

je I DP

  je fais du... I take a size . . . E9.D2

  je m'en fiche (*argot*) I couldn't care less E9.D3

  je m'en moque I don't give a hoot E9.D3

  je n'ai pas compris I did not understand DP

  je n'arrive pas à me décider I can't make up my mind E9.D2

  je ne sais pas I don't know E2.D3

  je veux bien I would really like to E3.D3

jean *m* jeans E9.D1

jeter to throw (out) E8.D4

jeu (*pl* **jeux**) *m* game E4.D3

jeudi *m* Thursday E3.D3

jeune young E2.D3

jeunesse *f* youth E8.D1

job *m* job E4.D1

jogging *m* jogging E3.D1

joli(e) pretty E2.D3

joue *f* cheek E7.D1

jouer to play E3.D1

jour *m* day E4.D2

journal (*pl* **journaux**) *m* newspaper E3.D1; news show(s) E4.D3

journaliste *m, f* journalist E1.D4

joyeux (joyeuse) joyful, joyous E8.D2

juillet July E3.D4

juin June E3.D4

jupe *f* skirt E9.D1

jus *m* juice E6.D1

jusqu'à until, up to E5.D3

juste fair, right E10.D4

justice *f* justice E10.D4

kilo *m* kilogram E6.D3

kilomètre *m* kilometer E5.D4

la (l') (*direct object pron.*) her, it E2.D4

là there E5.D4

là-bas there (over there) E2.D2

laboratoire *m* laboratory E3.D2

lac *m* lake E3.D3

laid(e) ugly DP

laine *f* wool E9.D2

laisse-moi tranquille leave me alone E8.D3

lait *m* milk E6.D1

laitue *f* lettuce E6.D4

lampe *f* lamp E10.D1

langue *f* **étrangère** foreign language E4.D4

lapin *m* rabbit E2.D2

large wide E9.D2

latin *m* Latin E4.D4

lave-linge (*m invar.*) washing machine E10.D2

lave-vaisselle (*m invar.*) dishwasher E10.D2

se laver to wash oneself, to wash one's . . . E7.D2

le (l') (*direct object pron.*) him, it E2.D4

le moins the least E5.D2

le plus the most E5.D2

leçon *f* lesson E4.D4

légume *m* vegetable E6.D1

lent(e) slow E5.D2

lentement slowly DP

les (*direct object pron.*) them E2.D4

lettres *f pl* letters E4.D4

  lettres classiques classics E4.D2

leur(s) their E2.D1

lever to raise E7.D1

  se lever to get up E7.D1

libérer to liberate E4.D1

libre free E2.D2

linge *m* laundry E10.D2

lire to read E3.D1

lit *m* bed E5.D3

litre *m* liter E6.D4

littérature *f* literature E4.D4

livre *m* book DP; *f* (*Canada*) pound, (*France*) half-kilo E6.D3

logement *m* housing, accommodation, lodging E10.D1

loin (de) far (from) E5.D4

long(ue) long E2.D3

look *m* look (*external appearance*) E9.D1

louer to rent E4.D3

loyer *m* rent E10.D1

lui him E1.D2

lundi *m* Monday E3.D3

lunettes *f pl* eyeglasses E2.D3

lunettes de soleil sunglasses E9.D1

luxe *m* luxury E10.D1

lycée *m* high school E5.D4

ma/mon/mes my E1.D4

ma pauvre you poor thing E7.D3

madame (mesdames) ma'am; Mrs. DP, E1.D1

mademoiselle (mesdemoiselles) Miss E1.D1

magasin *m* store E4.D3; department store E9.D3

magazine *m* magazine E3.D1; documentary-type program E4.D3

magnifique magnificent DP

mai May E3.D4

maigre skinny, low calorie (food) E6.D3

maigrir to lose weight E6.D3

maillot *m* **de bain** bathing suit E9.D1

main *f* hand E7.D1

maintenant now E1.D3

mairie *f* town hall E5.D4

mais but E1.D4

maison *f* house E2.D1

majorité *f* majority E4.D4

mal poorly E1.D2

malade sick E1.D4

maladie *f* illness E7.D3

malheureux (malheureuse) unhappy E8.D1

manche *f* sleeve E9.D2

manger to eat E4.D1

Manitoba *m* Manitoba E4.D2

manquer to miss E4.D4

manteau *m* coat E9.D1

marchand/marchande *m, f* **de fruits/de légumes/de vin** fruit/vegetable/wine merchant E6.D4

marché *m* market (*esp.* open air market) E6.D4

marcher to walk E7.D3

mardi *m* Tuesday E3.D3

mari *m* husband E2.D1

mariage *m* marriage E2.D2

marié(e) married E2.D2

se marier to get married E8.D2

marine (*invar.*) navy E9.D2

Maroc *m* Morocco E5.D1

marque *f* brand E9.D4

marron (*invar.*) brown E9.D2

mars March E3.D4

match *m* game E3.D1

mathématiques (maths) *f pl* mathematics, math E4.D4

matière *f* subject matter E4.D4

matin *m* morning E3.D1

mauvais(e) bad E2.D3

me me E3.D3

mécanique *f* mechanics E4.D4

méchant(e) mean E8.D1

médecin *m* doctor E1.D4

médicament *m* medication E7.D3

médiocre mediocre E4.D3

même same E2.D1; even E5.D2

mémoire *f* memory (*the capacity to remember*) E8.D1

(se) menacer to threaten (one another) E8.D3

menu *m* set menu with limited choices, fixed-price meal E6.D2

mer *f* sea E5.D1

merci thank you E1.D2

mercredi *m* Wednesday E3.D3

mère *f* mother E1.D4

météo *f* weather, weather forecast E4.D3

mètre *m* meter E5.D4

mettre to put (in) E7.D1; to wear, to put on (*clothing*) E9.D1

mettre du temps à faire quelque chose to spend time doing something E7.D2

se mettre to put oneself somewhere E7.D1

se mettre debout to stand up E7.D1

se mettre en colère to get angry E8.D1

meuble *m* piece of furniture E10.D1

meublé(e) furnished E10.D1

mexicain(e) Mexican (*nationality*) E1.D3

Mexique *m* Mexico E5.D1

midi *m* noon E3.D2

mille thousand E4.D2

million *m* million E4.D2

mince slim E2.D3

mine *f* appearance E2.D4

minuit *m* midnight E3.D2

minuscule tiny E5.D3

minute *f* minute E3.D2

mocassins *m pl* loafers E9.D2

moche awful E4.D3

mode fashionable E9.D1

mode *f* fashion E9.D1

modèle *m* design (style) E9.D2

modéré(e) moderate E5.D3

moi me E1.D2

moins minus, fewer E3.D2

moins (de) less E6.D3

le moins the least E5.D2

mois *m* month E3.D4

moment *m* moment E8.D2

mon my E1.D1

mon Dieu my God, oh dear God E7.D4

monde *m* world E5.D1

mondial(e) world E4.D2; worldwide E10.D3

monnaie *f* change E6.D2

monsieur (messieurs) sir, Mr. DP, E1.D1; man E1.D2

montagne *f* mountain E5.D1

monter to go up E4.D2

montre *f* watch E3.D2

montrer to show E5.D4

monument *m* monument E5.D1

morale *f* morality, moral standards E10.D4

mort(e) dead E2.D1

mousse *f* mousse E6.D2

moustache *f* mustache E2.D3

moyen(ne) average E2.D3

moyen *m* means E5.D2

multiple multiple E10.D4

musée *m* museum E3.D1

musique *f* music E4.D3

nager to swim E2.D4

natation *f* swimming E2.D4

ne... jamais never E3.D1

ne... pas not E1.D2

ne... personne no one E8.D3

ne... plus no longer E5.D2

ne... rien nothing E3.D1

né(e) (*past participle of* **naître**) born E4.D2

nécessaire necessary E10.D3

négligé(e) casual; sloppy E9.D1

neige *f* snow E3.D4

neiger to snow E3.D4

il neige it is snowing E3.D4

nerveux (nerveuse) nervous E8.D1

nettoyer to clean E10.D2

neuf nine E1.D1

neuf (neuve) brand new E9.D3

nez *m* nose E2.D3

niveau de vie *m* standard of living E10.D3

noir(e) black E2.D3

nom *m* name, last name E1.D1

non no DP, E1.D2

nord north E5.D4

normal usual, normal, natural E10.D3

note *f* grade E4.D4

notre (nos) our E2.D1

nous us E3.D3

nouveau (nouvel, nouvelle, [nouveaux, nouvelles]) new E4.D1

novembre November E3.D4

nuage *m* cloud E3.D4

nuit *f* night E5.D3

nul(le) extremely bad E4.D3

numéro *m* number E5.D3

obligatoire obligatory, required E4.D4

obligé(e) obliged E6.D1

occupé(e) busy E1.D4

octobre October E3.D4

œil *m* eye; **mon œil !** *exclamation of disbelief* E2.D3

œuf *m* egg E6.D1

office *m* **du tourisme** bureau of tourism E5.D4

oiseau (*pl* **oiseaux**) *m* bird E2.D2

omelette *f* omelette E6.D1

on one/we/you/they E3.D3

oncle *m* uncle E2.D1

onze eleven E1.D1

opéra *m* opera E3.D1

or *m* gold E9.D4

orage *m* storm E3.D4

orange *f* orange E6.D1

ordinaire ordinary DP

ordinateur *m* computer E8.D4

ordonnance *f* prescription E7.D4

ordure *f* garbage E8.D4

oreille *f* ear E7.D1

original(e) original E9.D1

où where E1.D3

oublier to forget E4.D1

ouest west E5.D4

oui yes DP

ouïe ouch E7.D4

ouvrir to open E7.D3

ouvrez (*v. imper.*) open DP

page *f* page DP

paiement *m* **en espèces** payment in cash E6.D2

pain *m* bread E6.D1

pantalon *m* pants E9.D1

pantoufles *f pl* slippers E9.D2

papier *m* paper E8.D4

papier *m* **hygiénique/toilette** toilet paper E7.D2

paquet *m* packet, package E6.D4

par ici this way E5.D4

par là that way E5.D4

parc *m* park E3.D3

parce que because E2.D4

pardon excuse me DP, E3.D2

parent (*pl* **parents**) *m* parent, relative E2.D1

paresseux (paresseuse) lazy E2.D4

parfait(e) perfect E6.D2

parking *m* parking lot E5.D4

parler to speak E1.D3

parlez (*v. imper.*) speak DP

parme (*invar.*) violet E9.D2

parti *m* **politique** political party E10.D4

participer to participate E4.D4

partir to leave E3.D2

pas du tout not at all E1.D3

pas mal not bad E1.D2

pas pour l'instant not for the moment E6.D1

passer to pass (*time*), to spend (*time*) E4.D2; to pass by, E5.D4

se passer to happen E7.D4

passer l'aspirateur to vacuum E10.D2

passer une radio to have an X-ray E7.D3

passif (passive) passive E2.D4

passionnant(e) gripping E4.D3

patient(e) patient E2.D4

patinage *m* skating E2.D4

patiner to skate E2.D4

pâtisserie *f* pastry E6.D3; pastry shop E6.D4

pauvre poor, unfortunate E7.D4

pauvre *m* poor person E10.D3

pauvreté *f* poverty E10.D4

pays *m* country E5.D1

paysage *m* landscape E5.D1

Pays-Bas *m pl* Netherlands E5.D1

pêche *f* fishing E3.D3

peigne *m* comb E7.D2

peine *f* **de mort** capital punishment E10.D4

pendant for, during E4.D2

penser to think E2.D2

pension *f* **de retraite** retirement pension E10.D3

perdre to lose E6.D3

perdre espoir to lose hope E10.D3

père *m* father E1.D4

permettez-moi de me présenter allow me to introduce myself E1.D3

permettez-moi de vous présenter allow me to introduce you to one another, me to introduce . . . to you E1.D3

permettre (de) to permit (to) E10.D2

personne *f* person E1.D2

personnes *f pl* people E1.D2

personnel(le) personal E6.D2

petit(e) small DP, E2.D3

petit ami/petite amie boyfriend/girlfriend E8.D2

petit déjeuner *m* (*France*) breakfast E6.D1

petit-fils (*pl* **petits-fils**) *m* grandson(s) E2.D1

petite *f* little girl E1.D1

petite-fille (*pl* **petites-filles**) granddaughter E2.D1

petits-enfants *m pl* grandchildren E2.D1

petits pois *m pl* peas E6.D1

peu little E1.D3

un peu (de) a little bit (of) E6.D1

Peul *m* Peul (*a member of a semi-nomadic African people*) E4.D1

peut-être perhaps E3.D3

pharmacie *f* pharmacy E5.D4

philosophie *f* philosophy E4.D4

physique *f* physics E4.D4

pièce *f* room E10.D1

pied *m* foot E5.D1

pilule *f* pill E7.D4

piqûre *f* shot E7.D3

piscine *f* pool E3.D3

place *f* seat E5.D2; city square E5.D4

plage *f* beach E3.D3

se plaindre to complain E10.D3

plaire (à) to please E8.D2

plaisir *m* pleasure E3.D3

plan *m* map E5.D4

planche *f* **à voile** sailboard E3.D3

plastique *m* plastic E8.D4

plat *m* platter, dish or type of food E6.D1

pleurer to cry E8.D1

pleuvoir to rain E3.D4

il pleut it is raining E3.D4

pluie *f* rain E3.D4

plus (de) more DP

le plus the most E5.D2

plusieurs several E4.D4

plutôt rather E6.D2

poème *m* poem E3.D1

poésie *f* poetry E4.D2

poète *m* poet E4.D2

pointure *f* (*shoe*) size E9.D2

poisson *m* fish E2.D2

poitrine *f* chest E7.D1

politicien(ne) *m, f* politician E10.D4

politique *f* politics E10.D4

pollué(e) polluted DP

pollution *f* pollution E8.D4

pomme *f* apple E6.D1

pomme *f* **de terre** potato E6.D1

pont *m* bridge E5.D4

porte *f* door E10.D1

porter to wear E9.D1

possible possible E3.D3

poste *f* post office E5.D4

poulet *m* chicken E6.D1

poumons *m pl* lungs E7.D3

pour for E2.D2; in order to E7.D3

pourquoi why E2.D4

pourriez-vous could you E5.D2

pourtant nevertheless E6.D3

pouvoir to be able to E3.D3

pouvoir *m* **d'achat** purchasing power E10.D3

pratique practical E5.D2

précieux (précieuse) precious E9.D4

préférer to prefer E2.D3

premier (première) first E4.D2

premier plan *m* foreground E9.D4

prendre to take E5.D2

prendre... kilos/livres to gain . . . kilos/pounds E6.D3

prénom *m* first name E1.D1

préparer to prepare, to do E4.D4

près (de) near E5.D4

président *m* president E4.D2

presque almost E5.D2

pressé(e) to be in a hurry E5.D2

prêt(e) ready E6.D1

prêter to lend E9.D1

printemps *m* spring E3.D4

pris(e) busy (literally, "taken") E3.D3

prix *m* price E5.D2

problème *m* problem E1.D4

produit(e) produced E8.D4

produit *m* product E9.D4

produit de beauté beauty product E7.D4

professeur (prof) *m* high school teacher, college professor E1.D2

profession *f* profession E1.D4

programme *m* TV schedule, program E4.D3

promenade walk E3.D3

promenade en vélo bike ride E3.D3

se promener to go for a walk E8.D2

promettre to promise E10.D3

proposer to propose E8.D3

propre clean E7.D2

propriétaire *m, f* owner E5.D3

publicité *f* ad E9.D4

publier to publish E4.D2

puis then E4.D2

puisque since E8.D4

pull(-over) *m* pullover sweater E9.D1

punir to punish E8.D1

pur(e) pure E8.D4

purifier to purify E8.D3

qualité *f* quality E9.D4

quand when E3.D3

quand même anyway E9.D3

quarante forty E1.D4

quart quarter (hour) E3.D2

quart *m* **d'heure** quarter of an hour E7.D2

quartier *m* neighborhood E10.D1

quatorze fourteen E1.D1

quatre four E1.D1

quatre-vingt-dix ninety E1.D4

quatre-vingts eighty E1.D4

que that, what E2.D2

quel(le) what E1.D4; which E2.D3

quelle horreur how awful E7.D4

quelque chose something E3.D3

quelquefois sometimes E3.D1

quelques a few E7.D1

quelqu'un someone E2.D2

qu'est-ce que what E3.D1

qu'est-ce qu'il faut ? what's needed? E6.D4

qu'est-ce qu'il vous faut ? what do you need? E6.D4

qu'est-ce que tu as/qu'est-ce qu' il a ? what's wrong with you/him? E1.D4

qu'est-ce que vous faites dans la vie ? what do you do for a living? E1.D4

qu'est-ce qui what E7.D3

qu'est-ce qui ne va pas ? what's wrong? E7.D3

question *f* question E4.D1

qui who E1.D2

quinze fifteen E1.D1

quitter to leave E10.D1

quoi ? what? DP

quoi d'autre ? what else? E6.D4

racisme *m* racism E10.D4

raconter to tell E8.D1

radio *f* radio E3.D1; X-ray E7.D3

raison *f* reason E5.D1

raisonnable reasonable E5.D3

ranger to straighten up E10.D2

rapide *m* express train E5.D2; fast E5.D2

rarement rarely E3.D1

se raser to shave E7.D2

rasoir *m* razor E7.D2

se rassurer to put one's mind at ease E7.D4

ravi(e) thrilled E8.D2

récemment recently E4.D3

réclamation *f* complaint E9.D4

(se) réconcilier to be reconciled E8.D2

reconnaître to recognize E8.D3

recycler to recycle E8.D4

réfléchir to think E9.D2

réfrigérateur *m* refrigerator E10.D2

refuser to refuse E6.D1

regarder to look at E3.D1

regardez (*v. imper.*) look DP

régime *m* diet E6.D3

région *f* region E8.D4

regretter to regret, to be sorry E3.D2

relaxe relaxed E8.D4

remarquable remarkable E4.D2

rembourser to reimburse E9.D4

rencontrer to meet unexpectedly E4.D1

(se) rencontrer to meet (one another) E8.D2

rendez-vous *m* meeting E3.D3

rendre to return a purchase E9.D1

rénové(e) renovated E10.D1

rentrer to return home E3.D2

répandu(e) wide-spread; frequent E10.D3

repas *m* meal E7.D4

répéter to repeat E5.D2

répétez (*v. imper.*) repeat DP

répondez (*v. imper.*) answer DP

reprendre to take more of E6.D1

réservation *f* reservation E5.D3

réserver to reserve E5.D2

résidence *f* **universitaire** dormitory E2.D1

respecter to respect E8.D4

respirer to breathe E7.D3

restaurant *m* restaurant E3.D3

rester to remain E4.D2

resto-U *m* university cafeteria E6.D2

résultat *m* result E10.D4

retourner to return E4.D2

rétrécir to shrink E9.D4

retrouver to meet E3.D3

réunion *f* meeting E8.D3

rêve *m* dream E7.D2

réveil *m* alarm clock E4.D1

se réveiller to wake (oneself) up E7.D1

revenir to come back E4.D2

réviser to review E4.D4

rhume *m* cold E7.D3

riche rich E10.D1

rideau *m* curtain E10.D1

ridicule ridiculous E2.D2

rien nothing E3.D1

rire to laugh E8.D1

rivière *f* river E8.D1

riz *m* rice E6.D1

robe *f* dress E9.D1

roman *m* novel E3.D1

romancier/romancière *m, f* novelist E4.D2

rond(e) round, plump E6.D3

rôti (de bœuf) *m* roast (beef) E6.D2

rôti(e) roast(ed) E6.D1

rôtie *f thick-cut toast common in Quebec* E6.D1

rouge red E6.D1

rouge *m* **à lèvres** lipstick E7.D4

roux/rousse redheaded man/woman E2.D3; **roux (rousse)** red E2.D3

rue *f* street E5.D4

sac *m* purse E9.D1

sa, son, ses his/her/its E2.D1

sage well-behaved E8.D1

saigner to bleed E7.D4

sais (I) know E1.D2

saison *f* season E3.D4

salade *f* salad E6.D1

salaire *m* salary E10.D3

sale dirty E7.D2

salé(e) salty E6.D2

salle *f* **à manger** dining room E10.D1

salle *f* **de bains** bathroom E5.D3

salon *m* living room E10.D1

salut hi, bye E1.D1

samedi *m* Saturday E3.D3

sandales *f pl* sandals E9.D2

sandwich *m* sandwich E6.D1

sang *m* blood E7.D3

sans without E5.D2

sans-abri (*m invar.*) homeless person E10.D3

sans doute undoubtedly E10.D4

sans intérêt without interest E4.D3

santé *f* health E1.D4

satisfait(e) satisfied E5.D3

sauce *f* sauce, gravy E6.D1

savoir to know E5.D3

savoir par cœur to know by heart E8.D1

savon *m* soap E7.D2

savoureux (savoureuse) tasty E6.D2

scandaleux (scandaleuse) scandalous E10.D4

sciences *f pl* science E4.D4

sciences humaines social sciences E4.D4

séchoir *m* dryer E10.D2

seconde *f* second E7.D2

secrétaire *m, f* secretary E1.D4

seize sixteen E1.D1

semaine *f* week E4.D1

semestre *m* semester E4.D4

Sénégal *m* Senegal E4.D2

sénégalais(e) Senegalese (*nationality*) E1.D3

se sentir to feel E7.D1

se séparer to break up E8.D2

sept seven E1.D1

septembre September E3.D4

série *f* series E4.D3

sérieux (sérieuse) serious E2.D4

serpent *m* snake E2.D2

service compris tip included E6.D2

serviette *f* towel E7.D2

servir (à) to be used for E10.D2

seul(e) alone E2.D2

seulement only E3.D4

sévère strict E8.D1

shampooing *m* shampoo E7.D2

short *m* shorts E9.D1

si if E3.D4; yes (*after a negative remark*) E6.D4; so E7.D1

s'il te plaît please (*familiar*) E3.D2

s'il vous plaît please (*nonfamiliar or plural*) DP

SIDA *m* AIDS E10.D4

simple simple E8.D4

sincère sincere E2.D4

situation *f* situation E10.D3

six six E1.D1

ski *m* ski E2.D4

skier to ski E2.D4

slogan *m* slogan E9.D4

société *f* society E10.D3

sociologie *f* sociology E4.D4

sœur *f* sister E1.D4

soigné(e) neat, well-groomed E9.D1

soir *m* evening E3.D1

soixante sixty E1.D4

soixante-dix seventy E1.D4

soleil *m* sun E3.D4

solution *f* solution E8.D3

sombre dark E10.D1

somnifère *m* sleeping pill E7.D3

son *m* sound E8.D3

sonner to ring E4.D1

sorte *f* sort, type E4.D3

sortir to go outside, to go out socially E3.D4

souffrir to suffer E7.D3

soupe *f* soup E6.D1

souper *m* supper (*evening meal in Québec*) E6.D1

souvenir *m* memory (*something remembered*) E8.D1

se souvenir de to remember E8.D1

souvent often E3.D1

splendide splendid DP

sport *m* sport E2.D4

sportif (sportive) athletic E2.D4

studio *m* studio (apartment) E10.D1

style *m* style E9.D2

sucre *m* sugar E6.D3

sud south E5.D4

suffisant(e) sufficient E10.D3

suggérer to suggest E5.D2

Suisse *f* Switzerland E5.D1

suivre to follow, to take (*a class*) E4.D4

suivre un régime to be on a diet E6.D3

super super E2.D2

supermarché *m* supermarket E6.D4

sur on E4.D1

sûr(e) sure E7.D4; safe E8.D4

surgelés *m pl* frozen foods E6.D4

surpeuplement *m* overpopulation E10.D4

surtout especially E3.D4

sweatshirt *m* sweatshirt E9.D1

sympa (*argot*) nice E8.D1

sympathie *f* sympathy E7.D4

sympathique nice E2.D4

ta/ton/tes your (*familiar*) E1.D4

table *f* table E10.D1

tableau *m* painting E10.D1

taché(e) stained E9.D3

taille *f* (body) size E2.D3; (clothing) size E9.D2

tailleur *m* woman's suit E9.D1

talon *m* heel E9.D2

tant (de) so many, so much E10.D3

tante *f* aunt E2.D1

tard late E6.D4

tarte *f* pie E6.D1

technologie *f* technology E8.D4

technologie industrielle *f* industrial technology E4.D4

technologique technological E4.D4

tee-shirt *m* T-shirt E9.D1

télé *f* TV, television E3.D1

téléphone *m* telephone E5.D3

téléphoner (à) to phone E6.D3

télé-shopping *m* shopping channel E4.D3

télévision *f* TV, television E3.D1

température *f* temperature E3.D4

temps *m* weather, time E3.D4

tendre tender E6.D2

tendrement tenderly E8.D2

tenir to hold E8.D2

tennis *m* tennis E3.D1; *f pl* tennis shoes E9.D2

terrible terrible E2.D2

tête *f* head E7.D1

texte *m* text E4.D1
TGV *m* high-speed train E5.D2
thé *m* tea E6.D1
théâtre *m* theater E3.D3
tiens hey (*expresses mild surprise*) E2.D4
timide shy E2.D4
tissu *m* fabric E9.D2
toi you (*familiar*) E1.D2
tomate *f* tomato E6.D1
tomber to fall E4.D2
tomber amoureux (amoureuse) (de) to fall in love (with) E8.D2
tonne *f* ton E8.D4
toujours still, always E1.D4
tourner to turn E5.D4
  se tourner to turn oneself E7.D1
tousser to cough E7.D3
tout (toute, [tous, toutes]) all, each, entire, every, everything E5.D2
  tout à fait completely E4.D3
  tout de suite right away E5.D4
  tout droit straight ahead E5.D4
  tout le monde everyone E9.D1
  tout près very close, nearby E5.D4
toux *f* cough E7.D3
traditionnel(le) traditional E10.D1
train *m* train E3.D2
  train à grande vitesse high-speed train E5.D2
tranche *f* slice E6.D4
tranquille calm E8.D1
tranquillement calmly E8.D3
travail *m* work E1.D4
travailler to work E2.D4
  travaillez (*v. imper.*) work DP
traverser to cross E5.D4
treize thirteen E1.D1
trente thirty E1.D4
très very E1.D2
tricher to cheat E4.D4
trimestre *m* quarter (*academic term*) E4.D4
triste sad E8.D2
trois three E1.D1
  trois quarts *m pl* **d'heure** three quarters of an hour E7.D2

trop too E3.D4; **trop (de)** too much, too many E6.D3
trouver to find, to consider E2.D2
truc *m* contraption, thingamajig E10.D2
tu me casses les pieds (*argot*) you're a pain in the neck E8.D3
tu m'embêtes (*argot*) you're bugging me E8.D3
tu m'ennuies you're bothering me E8.D3
tunisien(ne) Tunisian (*nationality*) E1.D3
TV *f* TV, television E3.D1
un a(n) DP, E1.D2.; once E1.D1
  un peu a little E1.D3
une a(n) E1.D3
union *f* union E2.D2
  union libre living together E2.D2
unique only E2.D1
université *f* university E3.D1
usé(e) worn (out) E9.D3
usine *f* factory E8.D4
utile useful E4.D4
utiliser to use E8.D4
vacances *f pl* vacation E8.D1
vache (*argot*) nasty E8.D1
valeur *f* value E9.D4
vallée *f* valley E8.D1
vanille *f* vanilla E6.D1
végétarien(ne) *m, f* vegetarian E6.D3
vélo *m* bike E3.D3
vendre to sell E9.D4
vendredi *m* Friday E3.D3
venir to come E4.D2
vent *m* wind E3.D4
ventre *m* stomach E7.D1
vérifier to verify E5.D2
verre *m* glass E6.D1
vers toward, around E3.D2
vert(e) green E6.D1
veste *f* jacket E9.D1
veston *m* suit jacket E9.D1
vêtements *m pl* clothing E9.D1
viande *f* meat E6.D1
vidéo *f* video E4.D3
vie *f* life E1.D4
vietnamien(ne) Vietnamese E6.D2

vieux (vieil, vieille, [vieux, vieilles]) old E2.D3
vieux jeu (*invar.*) old-fashioned E9.D1
village *m* village E8.D1
ville *f* city DP
vin *m* wine E6.D1
vingt twenty E1.D1
violence *f* violence E10.D4
visage *m* face E7.D1
visiter to visit E5.D1
vite quickly E7.D3
vivre to live E2.D2
voici here is, here are E6.D2
voilà there, there is, there are E10.D2
voir to see E4.D3
voiture *f* car E4.D1; train car E5.D2
  voiture fumeurs smoking car E5.D2
  voiture non-fumeurs nonsmoking car E5.D2
vol *m* flight E5.D2
volley *m* volleyball E3.D3
volontiers with pleasure E3.D3
vos/votre your (*nonfamiliar*) DP, E1.D1
voter to vote E10.D4
voudrais (je)/voudriez (vous) would like E5.D2
vouloir to want (to) E3.D3
vous you (*nonfamiliar*) DP
voyage *m* voyage E2.D4
voyager to travel E2.D4
voyageur/voyageuse traveler E5.D2
voyons ! come on!, let's see now! E2.D4; let's see E4.D3
vrai(e) true E2.D3
vraiment really E5.D3
vue *f* view E5.D3
W.-C. *m pl* water closet, lavatory, toilet E10.D1
week-end *m* weekend E3.D1
western *m* western E4.D3
y there E5.D1
yaourt *m* yogurt E6.D3
yeux *m pl* eyes E2.D3
zéro zero E1.D1
zut darn E8.D3

Glossaire : anglais/français

a(n) un E1.D1, E1.D3; une, DP, E1.D3
a few quelques E7.D1
"a hand" (to help out) coup *m* de main E10.D2
a little (bit of) un peu (de) E1.D3, E6.D1
a little more (of)... encore un peu (de)... E6.D1
a lot beaucoup (de) E1.D4
above en haut E9.D4
accept accepter (*conj. like* **parler**) E6.D2
accessible accessible E5.D3
accident accident *m* E4.D1
accommodation logement *m* E10.D1
acid acide E8.D4
across from en face de E5.D4
active actif (active) E2.D4
activity activité *f* E2.D4
actor/actress acteur *m*/actrice *f* E1.D4
ad publicité *f* E9.D4
address adresse *f* E5.D3
adore adorer (*conj. like* **parler**) E2.D3
advantage avantage *m* E9.D4
adventure film film *m* d'aventures E4.D3
aerobics aérobic *m* E3.D1
after après E3.D2
afternoon après-midi *m* (*can also be feminine*) E3.D1
age âge *m* E2.D3
agree être d'accord E2.D2
agricultural agricole E8.D4
ah (*exclamation*) ah DP
AIDS SIDA *m* E10.D4
air air *m* E8.D3
air conditioner climatiseur *m* E10.D2
air conditioning air conditionné *m* climatisation *f* E5.D3
alarm clock réveil *m* E4.D1
alcohol alcool *m* E6.D3
all tout (toute, [tous, toutes]) E5.D2
allergic allergique E6.D3
allow me to introduce myself permettez-moi de me présenter E1.D3
allow me to introduce . . . to you permettez-moi de vous présenter... E1.D3
allow me to introduce you to one another permettez-moi de vous présenter E1.D3
almost presque E5.D2
alone seul(e) E2.D2
already déjà E5.D1
also aussi E1.D3
always toujours E1.D4
ambitious ambitieux (ambitieuse) E2.D4
American (*nationality*) américain(e) E1.D3
amusing génial(e) (géniaux) E4.D3
and et DP, E1.D1

angina (*Canada*) angine *f* E7.D3
annoyed ennuyé(e) E5.D3
annoying ennuyeux (ennuyeuse) E5.D3
answer (*v. imper.*) répondez DP
antibiotic antibiotique *m* E7.D3
antihistamine antihistaminique *m* E7.D3
antiseptic cream crème *f* antiseptique E7.D4
anyway quand même E9.D3
apartment appartement *m* E2.D1
apartment building immeuble *m* E10.D1
appearance mine *f* E2.D4
appetizers hors-d'œuvre *m* (*invar.*) E6.D2
apple pomme *f* E6.D1
appliance appareil *m* E10.D2
approximately à peu près E5.D3
April avril E3.D4
argue se disputer (*conj. like* **se coucher**) E8.D2
arm bras *m* E7.D1
armchair fauteuil *m* E10.D1
around vers E3.D2
arrival arrivée *f* E5.D2
arrive arriver (*conj. like* **parler**) E3.D2
art art *m* E4.D4
as comme E6.D2; aussi E6.D3
as can (could be) comme tout E8.D1
as many autant (de) E6.D3
as much autant (de) E6.D3
ask demander (*conj. like* **parler**) E4.D1
aspirin aspirine *f* E7.D3
assignments devoirs *m pl* E4.D4
at à E1.D3
at the home, office, or shop of chez E2.D1
at least au moins E8.D4
athletic sportif (sportive) E2.D4
attach attacher (*conj. like* **parler**) E4.D1
attic grenier *m* E10.D1
audiocassette cassette *f* E4.D3
August août E3.D4
aunt tante *f* E2.D1
authoritarian autoritaire E8.D1
avenue avenue *f* E5.D4
average moyen(ne) E2.D3
awful la galère (*argot*) E2.D2; moche E4.D3

baccalaureat exam (*France*) bac *m* E4.D4
back dos *m* E4.D1
background arrière plan *m* E9.D4
bad mauvais(e) E2.D3
bakery boulangerie *f* E6.D4
bank banque *f* E5.D4
bar-restaurant brasserie *f* E6.D2
barbaric barbare E10.D4
basketball basket(-ball) *m* E3.D3

basketball shoes baskets *f pl* E9.D2
bath bain *m* E7.D2
bathing suit maillot *m* de bain E9.D1
bathroom salle *f* de bains E5.D3
bathtub baignoire *f* E5.D3
be être DP, E1.D1
be able to pouvoir E3.D3
be acquainted with connaître E5.D3
be afraid avoir peur E7.D3
be called s'appeler E1.D1
be cold avoir froid E7.D2
be familiar with connaître E5.D3
be fed up en avoir ras le bol (*argot*) E8.D3
be hot avoir chaud E7.D2
be hungry avoir faim E6.D1
be interested in s'intéresser à (*conj. like* **se coucher**) E9.D3
be lucky avoir de la chance E7.D1
be nauseated avoir mal au cœur E7.D3
be on a diet suivre un régime E6.D3
be right avoir raison E2.D4
be reconciled (se) réconcilier E8.D2
be sleepy avoir sommeil E7.D2
be sorry regretter (*conj. like* **parler**) E9.D4
be thirsty avoir soif E6.D1
be used for servir à (*conj. like* **partir**) E10.D2
be wrong avoir tort E4.D3
beach plage *f* E3.D3
beard barbe *f* E2.D3
beautiful beau (bel, belle, [beaux, belles]) DP, E2.D3
beauty product produit *m* de beauté E7.D4
because parce que E2.D4; comme E7.D4
because (of) à cause de E8.D4
become devenir (*conj. like* **venir**) E4.D2
bed lit *m* E5.D3
bedroom chambre *f* E10.D1
beer bière *f* E6.D1
before avant E3.D2
before (doing something) avant de (+ infinitif) E7.D4
begin commencer (*conj. like* **parler** *with spelling variation*) E3.D2
behind derrière E5.D4
beige beige E9.D2
Belgium Belgique *f* E5.D1
believe croire E8.D4
below en bas E9.D4
belt ceinture *f* E9.D1
benefit allocation *f* E10.D3; (*v.*) bénéficier (de) (*conj. like* **parler**) E10.D4
beside à côté de E5.D4
between entre E3.D2

bicycle bicyclette *f* E4.D1
big grand(e) DP; gros(se) E2.D3
bike vélo *m* E3.D3
bike ride promenade *f* en vélo E3.D3
bill (*in a restaurant*) addition *f* E6.D2
biology biologie *f* E4.D4
bird oiseau *m* (*pl* oiseaux) E2.D2
birthday anniversaire *m* E4.D2
black noir(e) E2.D3
bleed saigner (*conj. like* **parler**) E7.D4
blond blond(e) E2.D3
blood sang *m* E7.D3
blouse blouse *f* E9.D1
blue bleu(e) E2.D3
body corps *m* E7.D1
book livre *m* DP
boots bottes *f pl* E9.D2
boring ennuyeux (ennuyeuse) E2.D4
born né(e) (*past participle of* **naître**) E4.D2
borrow emprunter (*conj. like* **parler**) E9.D1
boss chef *m* E10.D3
bottle bouteille *f* E6.D1
boulevard boulevard *m* E5.D4
boutique boutique *f* E9.D3
box boîte *f* E6.D4
boyfriend petit ami *m* E8.D2
bracelet bracelet *m* E9.D4
brand marque *f* E9.D4
bread pain *m* E6.D1
break one's . . . se casser... (*conj. like* **se coucher**) E7.D4
break up (*v.*) se séparer (*conj. like* **se coucher**) E8.D2
breakfast (*France*) petit déjeuner *m* E6.D1; (*Canada*) déjeuner *m* E6.D1
breathe respirer (*conj. like* **parler**) E7.D3
bridge pont *m* E5.D4
bronchitis bronchite *f* E7.D3
brother frère *m* E1.D4
brother-in-law beau-frère *m* (*pl* beaux-frères) E2.D1
brown brun(e) E2.D3; marron (*invar.*) E9.D2
brush brosse *f* E7.D2
brush one's . . . se brosser... (*conj. like* **se coucher**) E7.D2
bureau of tourism office *m* de tourisme E5.D4
burgundy bordeaux E9.D2
burn oneself/burn one's . . . se brûler (...) (*conj. like* **se coucher**) E7.D4
bus (*for travel within a city*) bus *m* E5.D1; (*for travel between cities*) car *m* E5.D1

business affaires *f pl* E5.D1; (*company*) entreprise *f* E10.D3
businessman homme d'affaires *m* E1.D4
businesswoman femme d'affaires *f* E1.D4
busy occupé(e) E1.D4; pris(e) E3.D3
but mais E1.D4
butcher shop boucherie *f* E6.D4
butter beurre *m* E6.D1
button bouton *m* E9.D2
buy acheter (*conj. like* **se lever**) E9.D3
bye salut E1.D1
café café *m* E6.D2
cake gâteau *m* E6.D1
call appeler E8.D3
calm calme E2.D4; tranquille E8.D1; (*v.*) calmer (*conj. like* **parler**) E7.D3
calmly tranquillement E8.D3
can boîte *f* E6.D4
Canada Canada *m* E4.D2
Canadian (*nationality*) canadien(ne) E1.D3
cap casquette *f* E9.D1
capable capable E10.D3
capital punishment peine *f* de mort E10.D4
car voiture *f* E4.D1; auto *f* E8.D4
carafe carafe *f* E6.D1
carbon dioxide gaz *m* carbonique E8.D4
card carte *f* E3.D1
cartoon dessin *m* animé E4.D3
castle château *m* (*pl* châteaux) E5.D1
casual négligé(e) E9.D1
cat chat *m* E2.D2
catalogue catalogue *m* E9.D3
cathedral cathédrale *f* E5.D1
center centre *m* E10.D1
cereal céréales *f pl* E6.D1
certain certain(e) E8.D4
certainly bien sûr E1.D3
chain chaîne *f* E9.D4
change monnaie *f* E6.D2; (*v.*) changer (de) (*conj. like* **nager**) E6.D3
change one's clothes se changer E9.D4
change places changer de place E7.D1
charming charmant(e) E2.D4
cheat tricher (*conj. like* **parler**) E4.D4
check chèque *m* E6.D2; (*in a restaurant*) addition *f* E6.D2
check-up examen *m* général E7.D3
cheek joue *f* E7.D1
cheese fromage *m* E6.D1
chemistry chimie *f* E4.D4
chess échecs *m pl* E3.D1
chest poitrine *f* E7.D1

chicken poulet *m* E6.D1
child enfant *m, f* E2.D1
childhood enfance *f* E8.D1
chocolate chocolat *m* E6.D1
choice choix *m* E6.D2
choose choisir E6.D2
church église *f* E3.D1
city ville *f* DP
city square place *f* E5.D4
class cours *m* E3.D2; classe *f* E4.D4
classic classique E9.D1
classics (*academic discipline*) lettres classiques *f pl* E4.D2
clean propre E7.D2; (*v.*) nettoyer (*conj. like* **essayer**) E10.D2
clearing éclaircie *f* E3.D4
close (*v. imper.*) fermez DP; (*v.*) fermer (*conj. like* **parler**) E8.D3
clothing vêtements *m pl* E9.D1
clothing size taille *f* E9.D2
cloud nuage *f* E3.D4
coat manteau *m* E9.D1
Coca Cola coca-cola *m* E6.D1
coffee café *m* E6.D1
cold (*temperature*) froid E3.D4; (*illness*) rhume *m* E7.D3
collar col *m* E9.D2
color couleur *f* E9.D2
comb peigne *m* E7.D2
come venir E4.D2
come and eat! à table ! E6.D1
come back revenir (*conj. like* **venir**) E4.D2
come on! voyons ! E2.D4
comedy comédie *f* E4.D3
comfort confort *m* E10.D1
comfortable confortable E5.D2
comic strip bande *f* dessinée E3.D1
comics bande *f* dessinée E3.D1
complain se plaindre E10.D3
complaint réclamation *f* E9.D4
complete complet (complète) E10.D3
completely tout à fait E4.D3
complicated compliqué(e) E10.D2
comprehensive complet (complète) E10.D3
computer ordinateur *m* E8.D4
computer science informatique *f* E4.D4
concert concert *m* E3.D3
congratulations félicitations E4.D4
consider trouver (*conj. like* **parler**) E2.D2
considering that comme E8.D4
consoled consolé(e) E8.D2
constricting gênant(e) E9.D1

continue continuer (à) (*conj. like* **parler**) E4.D2

contraption truc *m* E10.D2

cook faire la cuisine E6.D2

cooked cuit(e) E6.D2

cooked pork products charcuterie *f* E6.D2

cool frais (fraîche) E3.D4

correct exact(e) E8.D4

cost coûter (*conj. like* **parler**) E4.D2

cotton coton *m* E9.D2

couch canapé *m* E10.D1

cough toux *f* E7.D3; (*v.*) tousser (*conj. like* **parler**) E7.D3

could you pourriez-vous E5.D2

country (*countryside*) campagne *f* E3.D3; (*nation*) pays *m*

course cours *m* E3.D2

cousin cousine *f* E2.D1; cousin *m* E2.D1

cream crème *f* E6.D2

credit card carte *f* de crédit E6.D2

crêpe restaurant crêperie *f* E6.D2

crime crime *m* E10.D4

crisis crise *f* E10.D3

croissant (*roll*) croissant *m* E6.D1

cross traverser (*conj. like* **parler**) E5.D4

cry pleurer (*conj. like* **parler**) E8.D1

cured guéri(e) E7.D3

curtain rideau *m* E10.D1

cut oneself/cut one's . . . se couper (...) (*conj. like* **se coucher**) E7.D4

cut-up raw vegetables crudités *f pl* E6.D1

cute adorable E2.D3

dance danse *f* E2.D4; (*v.*) danser E2.D4

dancer danseur *m*/danseuse *f* E1.D4

dangerous dangereux (dangereuse) DP

dark foncé(e) E9.D2; sombre E10.D1

darn zut E8.D3

date date *f* E4.D2

daughter fille *f* E2.D1

day jour *m* E4.D2

dead mort(e) E2.D1

December décembre E3.D4

decide décider (*conj. like* **parler**) E5.D1

defect défaut *m* E9.D4

degree degré *m* E3.D4

delicatessen charcuterie *f* E6.D4

delicious délicieux (délicieuse) E6.D1

delighted to meet you enchanté(e) DP

dentist dentiste *m* E7.D3

departure départ *m* E5.D2

design (*style*) modèle *m* E9.D2

desirable désirable E10.D3

dessert dessert *m* E6.D1

destination destination *f* E5.D2

detective film film *m* policier E4.D3

device appareil *m* E10.D2

diabetic diabétique E6.D3

diamond diamant *m* E9.D4

diarrhea diarrhée *f* E7.D3

diet régime *m* E6.D3

different différent(e) E4.D4

difficult difficile E2.D2

difficulty difficulté *f* E7.D1

digestion digestion *f* E8.D3

dining room salle *f* à manger E10.D1

dinner (*France*) dîner *m* E6.D1

diploma diplôme *m* E4.D4

dirty sale E7.D2

disappointed déçu(e) E5.D3

discrete discret (discrète) E4.D2

dish (type) of food plat *m* E6.D1

dishwasher lave-vaisselle (*m. invar.*) E10.D2

dislike détester (*conj. like* **parler**) E2.D3

divorce divorce *m* E2.D2

divorced divorcé(e) E2.D2

divorced person divorcé *m*/divorcée *f* E2.D2

do faire E3.D1

do handiwork bricoler (*conj. like* **parler**) E2.D4

do one's hair se coiffer (*conj. like* **se coucher**) E7.D2

do (the) dishes faire la vaisselle E10.D2

do the housecleaning faire le ménage E10.D2

do (the) laundry faire la lessive E10.D2

doctor médecin *m* E1.D4

documentary documentaire *m* E4.D3

documentary-type special magazine *m* E4.D3

dog chien *m* E2.D2

dollar dollar *m* E6.D2

door porte *f* E10.D1

dormitory résidence *f* universitaire E2.D1

doubt douter (*conj. like* **parler**) E10.D3

dozen douzaine *f* E6.D4

drama drame *m* E4.D3

dream rêve *m* E7.D2

dress robe *f* E9.D1; **(oneself)** s'habiller (*conj. like* **se coucher**) E9.D3

dressy habillé(e) E9.D2

drink boire E6.D1; (*containing hard liquor*) alcool *m* E6.D3

drop baisse *f* E10.D3

drugs drogue *f* E10.D4

dryer séchoir *m* E10.D2

during pendant E4.D2

dynamic dynamique E2.D4

each chaque, tout E5.D2

ear oreille *f* E7.D1

early en avance E5.D2

earrings boucles *f pl* d'oreilles E9.D4

easily facilement E7.D1

east est E5.D4

easy facile E2.D2

eat manger (*conj. like* **nager**) E4.D1

economical économique E10.D3

economic économique E10.D3

economics économie *f* E4.D4

economy économie *f* E10.D4

effective efficace E10.D4

egg œuf *m* E6.D1

egg-shell (*color*) écru(e) E9.D2

egotistical égoïste E8.D3

eight huit E1.D1

eighteen dix-huit E1.D1

eighty quatre-vingts E1.D4

electricity électricité *f* E4.D4

elegance élégance *f* E9.D3

elegant élégant(e) E2.D4

elevator ascenseur *m* E5.D3

eleven onze E1.D1

end fin *f* E8.D3

energy énergie *f* E7.D1

engaged fiancé(e) E2.D2

engineer ingénieur *m* E1.D4

England Angleterre *f* E5.D1

English (*language*) anglais *m* E1.D3; (*nationality*) anglais(e) E1.D3

enough assez (de) E8.D3

enter entrer (*conj. like* **parler**) E4.D2

entire tout E5.D2

entirely entièrement E8.D4

environment environnement *m* E8.D4

error faute *f*, erreur *f* E8.D1

especially surtout E3.D4

euro euro E4.D2

Europe Europe *f* E4.D2

even même E5.D2

evening soir *m* E3.D1

ever jamais E3.D1

every tout E5.D2

everyone tout le monde E9.D1

everything tout E5.D2

evidently évidemment E2.D4

exact exact(e) E8.D4

exactly exactement E5.D3

exaggerate exagérer (*conj. like* **préférer**) E2.D4

excellent excellent(e) E4.D3

exchange échanger (*conj. like* **nager**) E9.D4

excuse me   pardon DP, excuse-moi/
   excusez-moi E4.D1
exhausted   crevé(e) (*argot*) E7.D1
exorbitant   exorbitant(e) E10.D1
expensive   cher (chère) E5.D2
express train   rapide *m* E5.D2
extremely bad   nul(le) E4.D3
eye   œil *m* E2.D3
eyeglasses   lunettes *f pl* E2.D3
eyes   yeux *m pl* E2.D3
fabric   tissu *m* E9.D2
face   figure *f* E7.D1; visage *m* E7.D1;
   mine *f* E2.D4
factory   usine *f* E8.D4
fair   juste E10.D4
fall   automne *m* E3.D4; (*v.*) tomber E4.D2
fall asleep   s'endormir E7.D1
fall in love (with)   tomber amoureux/
   amoureuse (de) (*conj. like* **parler**) E8.D2
false   faux (fausse) E8.D4
family   famille *f* E1.D4
fantastic   fantastique E2.D2
far (from)   loin (de) E5.D4
farm   ferme *f* E8.D1
farmer   agriculteur *m*/agricultrice *f* E1.D4
fashion   mode *f* E9.D1
fashion designer   couturier *m*/couturière *f*
   E9.D3
fashionable   mode E9.D1
fast   rapide E5.D2
fast-food restaurant   fast-food *m* E6.D2
fat   gros(se) E2.D3
father   père *m* E1.D4
father-in-law   beau-père *m* (*pl* beaux-
   pères) E2.D1
fatty   gras(se) E6.D3
February   février E3.D4
feel   se sentir (*conj. like* **s'endormir**) E7.D1
fertile   fertile E8.D4
fertilizer   fertilisant *m* E8.D4
fever   fièvre *f* E7.D3
fewer   moins de E6.D3
fiancé(e)   fiancé(e) E2.D2
field   champ *m* E8.D1
fifteen   quinze E1.D1
fifty   cinquante E1.D4
fight (one another)   (se) battre E8.D3;
   (against) combattre (*conj. like* **battre**)
   E10.D4
film   film *m* E3.D1
finally   enfin E4.D1
find   trouver (*conj. like* **parler**) E2.D2
finger   doigt *m* E7.D1
first   premier (première) E4.D2; d'abord
   E4.D1

first course   entrée *f* E6.D2
first name   prénom *m* E1.D1
fish   poisson *m* E2.D2
fishing   pêche *f* E3.D3
five   cinq E1.D1
fixed-price meal   menu *m* E6.D2
flats   (*shoes*) chaussures *f pl* plates E9.D2
flight   vol *m* E5.D2
flirt   flirter E8.D2
floor   étage *m* E5.D3
flower   fleur *f* E8.D1
flu   grippe *f* E7.D3
follow   suivre E4.D4
food poisoning   intoxication *f* alimentaire
   E7.D3
foot   pied *m* E5.D1
for   pour E2.D2; pendant E4.D2
forbid   défendre (*conj. like* **perdre**)
   E8.D2
foreground   premier plan *m* E9.D4
foreign language   langue *f* étrangère
   E4.D4
forest   forêt *f* E8.D1
forget   oublier (*conj. like* **parler**) E4.D1
former   ancien(ne) E4.D1
former husband   ex-mari *m* (*pl* ex-maris)
   E2.D1
former wife   ex-femme *f* (*pl* ex-femmes)
   E2.D1
formerly   autrefois E8.D4
forty   quarante E1.D4
four   quatre E1.D1
fourteen   quatorze E1.D1
France   France *f* E4.D2
free   libre E2.D2
freezer   congélateur *m* E10.D2
French   (*language*) français *m* E1.D3; (*nationality*) français(e) E1.D3
French fries   frites *f pl* E6.D1
frequent   répandu(e) E10.D3
fresh   frais (fraîche) E8.D3
Friday   vendredi *m* E3.D3
friend   ami *m*/amie *f* E1.D4; camarade
   m, f E2.D2
friendly   aimable E2.D4
frivolous   frivole E2.D4
from   de (d') DP, E1.D3
from where   d'où E1.D3
frozen foods   surgelés *m pl* E6.D4
fruit   fruit *m* E6.D1
fruit/vegetable merchant   marchand
   (*m*)/marchande (*f*) de fruits/de légumes
   E6.D4
full   complet (complète) E5.D2
fun   génial(e) (géniaux) E4.D3

funny   amusant(e) E4.D3; drôle E8.D1
furious   furieux (furieuse) E5.D3
furnished   meublé(e) E10.D1
future   avenir *m* E10.D3
gadget   gadget *m* E10.D2
gain . . . kilos/pounds   prendre...
   kilos/livres E6.D3
gain weight   grossir (*conj. like* **choisir**)
   E6.D3
game   match *m* E3.D1; jeu(x) *m* E4.D3
garage   garage *m* E10.D1
garbage   ordure *f* E8.D4
garden   jardin *m* E8.D1
general   général E4.D4
geography   géographie *f* E4.D4
German   (*language*) allemand *m* E1.D3;
   (*nationality*) allemand(e) E1.D3
Germany   Allemagne *f* E5.D1
get along (with)   s'entendre (*avec*) E8.D2
get angry   se mettre en colère E8.D1
get engaged   se fiancer (*conj. like* **se
   coucher**) E8.D2
get larger   augmenter (*conj. like* **parler**)
   E10.D4
get lost   (*excl.*) fiche-moi la paix (*argot*)
   E8.D3
get married   se marier (*conj. like* **se
   coucher**) E8.D2
get up   se lever (*conj. like* **se coucher** *with
   accent variation*) E7.D1
get washed and groomed   faire sa toilette
   E7.D2
gift   cadeau *m* E9.D4
girlfriend   petite amie *f* E8.D2
give   donner (*conj. like* **parler**) E5.D2
give a medical test/checkup   faire une
   analyse/un examen E7.D3
glass   verre *m* E6.D1
go   aller E1.D2
go for a walk   se promener (*conj. like* **se
   lever**) E8.D2
go out socially   sortir (*conj. like* **partir**)
   E3.D4
go (out) with   fréquenter (*conj. like* **parler**)
   E8.D2
go outside   sortir (*conj. like* **partir**) E3.D4
go shopping   faire des courses E3.D1
go to bed   se coucher E7.D1
go up   monter (*conj. like* **parler**) E4.D2
gold   or *m* E9.D4
good   bon(ne) E2.D3
good-bye   au revoir E1.D1; (Canada) bonjour E1.D1
good-looking   beau (bel, belle, [beaux,
   belles]) E2.D3

government   gouvernement *m* E10.D3
government employee   fonctionnaire *m, f*
  E1.D4
grade   note *f* E4.D4
grade school teacher   instituteur *m*/insti-
  tutrice *f* E4.D2
gram   gramme *m* E6.D4
grammar   grammaire *f* E8.D1
grandchildren   petits-enfants *m pl* E2.D1
granddaughter   petite-fille *f* (*pl* petites-
  filles) E2.D1
grandfather   grand-père *m* (*pl* grands-
  pères) E2.D1
grandmother   grand-mère *f* (*pl* grands-
  mères) E2.D1
grandparents   grands-parents *m pl* E2.D1
grandson   petit-fils *m* (*pl* petits-fils)
  E2.D1
grass   herbe *f* E8.D1
gravy   sauce *f* E6.D1
gray   gris(e) E9.D2
Greek (language)   grec *m* E4.D4
green   vert(e) E6.D1
green beans   haricots verts *m pl* E6.D1
gripping   passionnant(e) E4.D3
grocery store   épicerie *f* E6.D4
gymnasium   gymnase *m* E3.D3
hair   cheveux *m pl* E2.D3
hairbrush   brosse *f* à cheveux E7.D2
Haitian   (*nationality*) haïtien(ne) E1.D3
half   demi(e) E3.D2
half brother   demi-frère *m* (*pl* demi-frères)
  E2.D1
half-hour   demi-heure *f* E7.D2
half-kilo   livre *f* E6.D3
half sister   demi-sœur *f* (*pl* demi-sœurs)
  E2.D1
ham   jambon *m* E6.D1
hand   main *f* E7.D1
handicapped person   handicapé(e) *m/f*
  E5.D3
handiwork   bricolage *m* E2.D4
happen   se passer (*conj. like* **se coucher**)
  E7.D4
happy   heureux (heureuse) E8.D1; con-
  tent(e) E8.D2
hat   chapeau *m* E9.D1
have   avoir E1.D4
have a . . . ache   avoir mal à... E7.D3
have a dream   faire un rêve E7.D2
have a good figure   avoir la ligne E6.D3
have a nightmare   faire un cauchemar
  E7.D2
have a pain in one's . . .   avoir mal à...
  E7.D3

have an X-ray   passer une radio (*conj. like*
  parler) E7.D3
have breakfast   (*Canada*) déjeuner (*conj.
  like* **parler**) E3.D2
have dinner   (*France*) dîner (*conj. like* **parler**) E3.D2
have had enough   en avoir assez E8.D3
have had it   en avoir marre (*argot*) E8.D3
have high cholesterol   avoir du cholestérol
  E6.D3
have lunch   (*France*) déjeuner (*conj. like*
  parler) E3.D2; (*Canada*) dîner (*conj. like*
  parler) E3.D2
have the appearance of   avoir l'air E2.D4
have to   devoir E7.D3
have trouble . . .   avoir du mal à... E7.D3
he   il E1.D1
he is   c'est, il est E1.D1
head   (*body part*) tête *f* E7.D1; (*of a group*)
  chef *m* E10.D3
health   santé *f* E1.D4
health insurance   assurances *f pl* maladie
  E10.D3
healthy look   bonne mine E2.D4
heart   cœur *m* E7.D3
heel   talon *m* E9.D2
hello   bonjour E1.D1
help   aider (*conj. like* **parler**) E8.D3
hepatitis   hépatite *f* E7.D3
her   (*subject and stressed pron.*) elle E1.D2;
  (*as direct object pron.*) la (l') E2.D4
here   ici E5.D4
here are   voici E6.D2
here is   voici E6.D2
hey   (*express mild surprise*) tiens E2.D4
hi   salut E1.D1
high   élevé(e) E5.D3; haut(e) E9.D2
high-heeled shoes   chaussures *f pl* à talon
  E9.D2
high school   lycée *m* E5.D4
high school teacher   professeur *m* E1.D2
high-speed train   TGV (train à grande
  vitesse) *m* E5.D2
hill   colline *f* E8.D1
him   (*stressed pron.*) lui E1.D2; (*direct object pron.*) le (l') E2.D4
history   histoire *f* E3.D2
hold   tenir (*conj. like* **venir**) E8.D2
homeless person   sans-abri (*m. invar.*)
  E10.D3
homework   devoirs *m pl* E4.D4
honest   honnête E2.D4
hope   espérer (*conj. like* **préférer**) E7.D3
horrible   horrible E2.D2
horror film   film *m* d'horreur E4.D3

hospital   hôpital *m* E4.D2
hot   chaud E3.D4
hotel   hôtel *m* E5.D3
hour   heure *f* E3.D2
house   maison *f* E2.D1
househusband   homme *m* au foyer E1.D4
housewife   femme *f* au foyer E1.D4
housing   logement *m* E10.D1
how are you?   comment vas-tu ?, comment
  allez-vous ? E1.D2
how awful   quelle horreur E7.D4
how do you say . . . in French?   comment
  dit-on... en français ? DP
how many   combien de E2.D1
how's it going?   comment ça va ? E1.D2
huh?   hein ? DP
humid   humide E3.D4
hunting   chasse *f* E3.D3
hurry   se dépêcher (*conj. like* **parler**)
  E7.D2
hurt oneself/hurt one's . . .   se blesser (...)
  (*conj. like* **se coucher**) E7.D4
husband   mari *m* E2.D1
hyena   hyène *f* E4.D1
I   je DP
I can't make up my mind   je n'arrive pas à
  me décider E9.D2
I couldn't care less   je m'en fiche E9.D3
I did not understand   je n'ai pas compris
  DP
I don't give a hoot   je m'en moque E9.D3
I don't know   je ne sais pas E2.D3
I know   je sais E1.D2
I like that   ça me plaît E6.D2
I'm feeling fine   ça va E1.D2
I take a size . . .   je fais du... E9.D2
I've heard it said   j'ai entendu dire E8.D4
I would really like to   je veux bien E3.D3
ice cream   glace *f* E6.D1
idea   idée *f* E2.D2
idiot   imbécile E8.D3
idiotic   idiot(e) E2.D2; imbécile E8.D3
if   si E3.D4
illegal   clandestin(e) E10.D4
illness   maladie *f* E7.D3
image   image *f* E9.D4
imitation jewelry   bijou *m* en toc (*argot*)
  E9.D4
immigration   immigration *f* E10.D4
impatient   impatient(e) E2.D4
impossible   impossible E10.D2
impression   impression *f* E10.D4
in   à E1.D3; dans E1.D4; en E9.D2
in a hurry   pressé(e) E5.D2
in advance   à l'avance E5.D3

in despair désespéré(e) E8.D2
in front of devant E5.D4
in general en général E3.D1
in great shape en pleine forme E7.D1
in order to pour E7.D3
in that case dans ce cas-là E8.D3
in the middle of au centre de E5.D4; au milieu de E7.D2
in the old days dans le temps E8.D4
in shape en forme E7.D1
in style à la mode E9.D1
in the window en vitrine E9.D2
increase augmentation *f* E10.D3; (*v.*) augmenter (*conj. like* **parler**) E10.D4
indifference indifférence *f* E10.D4
industrial industriel(le) E8.D4
industrial technology technologie *f* industrielle E4.D4
inexcusable inexcusable E5.D3
infection infection *f* E7.D3
initiative initiative *f* E10.D3
inside dedans E10.D2
insult (one another) (s') insulter (*conj. like* **se coucher**) E8.D3
intelligent intelligent(e) E2.D4
interest intéresser (*conj. like* **parler**) E9.D3
interesting intéressant(e) E2.D4
interview interview *f* E9.D3
intolerance intolérance *f* E10.D4
invite inviter (*conj. like* **parler**) E3.D3
irritating gênant(e) E5.D3
Israel Israël *m* E5.D1
it (*subject*) ce, il, elle E1.D1; (*direct object pron.*) le, la, l' E2.D4
it depends ça dépend E3.D1
it doesn't matter to me ça m'est égal E9.D3
it hurts ça fait mal E7.D4
it is freezing il gèle (geler) E3.D4
it is necessary il faut (falloir) E5.D4
it is raining il pleut (pleuvoir) E3.D4
it is snowing il neige (neiger) E3.D4
it's c'est DP, E1.D1
it's not worth the trouble ce n'est pas la peine E10.D2
it was necessary il fallait (falloir) E8.D1
it will go away ça va passer E7.D4
Italian (*language*) italien *m* E1.D3; (*nationality*) italien(ne) E1.D3
Italy Italie *f* E5.D1
its sa/son/ses E2.D1
jacket veste *f* E9.D1
jam confiture *f* E6.D1
January janvier E3.D4

Japan Japon *m* E5.D1
Japanese (*language*) japonais *m* E1.D3; (*nationality*) japonais(e) E1.D3
jeans jean *m* E9.D1
jewel bijou *m* E9.D4
job job *m* E4.D1
jogging jogging *m* E3.D1
journalist journaliste *m,f* E1.D4
joyful joyeux (joyeuse) E8.D2
juice jus *m* E6.D1
July juillet E3.D4
June juin E3.D4
justice justice *f* E10.D4
kilogram kilo *m* E6.D3
kilometer kilomètre *m* E5.D4
kiss embrasser (*conj. like* **parler**) E8.D2
kitchen cuisine *f* E10.D1
knee genou *m* E7.D1
know (*be acquainted with*) connaître E5.D3; savoir (E5.D3)
know by heart savoir par cœur E8.D1
laboratory laboratoire *m* E3.D2
lady dame *f* E1.D2
lake lac *m* E3.D3
lamp lampe *f* E10.D1
landscape paysage *m* E5.D1
last dernier (dernière) E4.D1
last name nom *m* E1.D1
late (*adj. invar.*) en retard E4.D1; (*adv.*) tard E6.D4
Latin latin *m* E4.D4
laugh rire E8.D1
laundry linge *m* E10.D2
law droit *m* E4.D4
lazy paresseux (paresseuse) E2.D4
lean on appuyer (*conj. like* **essayer**) E10.D2
leather cuir *m* E9.D2
leave partir E3.D2; quitter (*conj. like* **parler**) E10.D1
leave me alone laisse-moi tranquille E8.D3
left gauche E5.D4
leg jambe *f* E7.D1
lend prêter (*conj. like* **parler**) E9.D1
lenient indulgent(e) E8.D1
less moins (de) E6.D3
lesson leçon *f* E4.D4
let me see fais voir E7.D2
let's see now! voyons ! E2.D4
letters lettres *f pl* E4.D4
lettuce laitue *f* E6.D4
liberate libérer (*conj. like* **préférer**) E4.D1
library bibliothèque *f* E3.D1
life vie *f* E1.D4

light clair(e) E9.D2; (*low calorie*) allégé(e) E6.D3
like (*v.*) aimer E2.D3; (*conj.*) comme E2.D3
like a lot adorer (*conj. like* **parler**) E2.D3
lipstick rouge *m* à lèvres E7.D4
listen (*v. imper.*) écoutez DP; **listen to** écouter (*conj. like* **parler**) E3.D1
listen up! attention ! E7.D1
liter litre *m* E6.D4
literature littérature *f* E4.D4
little peu E1.D3
little girl petite *f* E1.D1
live habiter (*conj. like* **parler**) E1.D3; vivre E2.D2
liver foie *m* E7.D3
liver ailment crise *f* de foie E7.D3
living room salon *m* E10.D1
living together union *f* libre E2.D2
loaf of French bread baguette *f* E6.D4
loafers mocassins *m pl* E9.D2
lodging logement *m* E10.D1
long long(ue) E2.D3
long-time ancien(ne) E4.D1
look (*v. imper.*) regardez DP; **look (at)** (*v.*) regarder (*conj. like* **parler**) E3.D1; (*appearance*) avoir l'air E2.D4; **look** look (*external appearance*) *m* E9.D1
look for chercher (*conj. like* **parler**) E2.D3
look out! attention ! E7.D1
lose perdre E6.D3
lose hope perdre espoir E10.D3
lose weight maigrir (*conj. like* **choisir**) E6.D3
low calorie (*food*) maigre E6.D3
lower baisser (*conj. like* **parler**) E8.D3
lowering baisse *f* E10.D3
lunch (*France*) déjeuner *m* E6.D1; (*Canada*) dîner *m* E6.D1
lungs poumons *m pl* E7.D3
luxury luxe *m* E10.D1; **luxury** de grand standing E10.D1
ma'am madame DP, E1.D1
magazine magazine *m* E3.D1
magnificent magnifique DP
majority majorité *f* E4.D4
make progress faire des progrès E8.D4
make up one's mind se décider (*conj. like* **se coucher**) E9.D2
man homme *m* E1.D2; monsieur *m* E1.D2
Manitoba Manitoba *m* E4.D2
manufacturer fabricant *m* E9.D4
map plan *m* E5.D4
March mars E3.D4

market (*esp. open air market*) marché *m* E6.D4

maroon bordeaux E9.D2

marriage mariage *m* E2.D2

married marié(e) E2.D2

math mathématiques (maths) *f pl* E4.D4

May mai E3.D4

me (*stressed pron.*) moi E1.D2; (*object pron.*) me E3.D3

meal repas *m* E7.D4

mean méchant(e) E8.D1

means moyen *m* E5.D2

meat viande *f* E6.D1

mechanics mécanique *f* E4.D4

medication médicament *m* E7.D3

mediocre médiocre E4.D3

meet retrouver (*conj. like* **parler**) E3.D3; (**unexpectedly**) rencontrer (*conj. like* **parler**) E4.D1; (**one another**) se rencontrer E8.D2

meeting rendez-vous *m* E3.D3; réunion *f* E8.D3

memory (*capacity to remember*) mémoire *f* E8.D1; (*something remembered*) souvenir *m* E8.D1

menu carte *f* E6.D2

meter mètre *m* E5.D4

Mexican (*nationality*) mexicain(e) E1.D3

Mexico Mexique *m* E5.D1

microwave oven four *m* à micro-ondes E10.D2

midnight minuit *m* E3.D2

milk lait *m* E6.D1

million million *m* E4.D2

mineral water eau minérale *f* E6.D1

minus moins E3.D2

minute minute *f* E3.D2

miss mademoiselle E1.D1; (*v.*) manquer (*conj. like* **parler**) E4.D4

moderate modéré(e) E5.D3

moment moment *m* E8.D2

Monday lundi *m* E3.D3

money argent *m* E1.D4

month mois *m* E3.D4

monument monument *m* E5.D1

moral standards morale *f* E10.D4

morality morale *f* E10.D4

more plus (de) DP; davantage E10.D3

morning matin *m* E3.D1

Morocco Maroc *m* E5.D1

mother mère *f* E1.D4

mother-in-law belle-mère *f* (*pl* belles-mères) E2.D1

mountain montagne *f* E5.D1

mousse mousse *f* E6.D2

mouth bouche *f* E2.D3

move bouger (*conj. like* **nager**) E7.D1; changer de place (*conj. like* **nager**) E7.D1; (*from one lodging to another*) déménager (*conj. like* **nager**) E10.D1

movie film *m* E3.D1

movie theater cinéma *m* E5.D4

movies cinéma *m* E3.D1

Mr. monsieur DP

Mrs. madame DP, E1.D1

multiple multiple E10.D4

museum musée *m* E3.D1

music musique *f* E4.D4

mustache moustache *f* E2.D3

my mon E1.D1; ma/mes E1.D4

my God mon Dieu E7.D4

name nom *m* E1.D1

narrow étroit(e) E9.D2

nasty vache (*argot*) E8.D1

natural normal(e) E10.D3

navy marine E9.D2

near (to) près (de) E5.D4

nearby tout près E5.D4

neat soigné(e) E9.D1

necessary nécessaire E10.D3

neck cou *m* E7.D1

need to avoir besoin de E3.D1

neighborhood quartier *m* E10.D1

nervous nerveux (nerveuse) E8.D1

Netherlands Pays-Bas *m pl* E5.D1

never ne... jamais E3.D1

nevertheless pourtant E6.D3

new nouveau (nouvel, nouvelle, [nouveaux, nouvelles]) E4.D1; **brand new** neuf (neuve) E9.D3

news show journal *m* (*pl* journaux) E4.D3

newspaper journal *m* (*pl* journaux) E3.D1

next to à côté de E5.D4

nice agréable DP, E2.D2; sympathique E2.D4; sympa (*argot*) E8.D1; gentil(le) E8.D1

night nuit *f* E5.D3

nightclub discothèque *f*, E3.D3; club *m* E3.D3

nightmare cauchemar *m* E7.D2

nine neuf E1.D1

nineteen dix-neuf E1.D1

ninety quatre-vingt-dix E1.D4

no non DP

no longer ne... plus E5.D2

no one ne... personne E8.D3

noisy bruyant(e) E10.D1

nonsmoking car voiture *f* non-fumeurs E5.D2

noon midi *m* E3.D2

normal normal E10.D3

north nord E5.D4

nose nez *m* E2.D3

not ne... pas E1.D2

not at all pas du tout E1.D3

not bad pas mal E1.D2

not for the moment pas pour l'instant E6.D1

nothing ne... rien E3.D1

novel roman *m* E3.D1

novelist romancier *m*/romancière *f* E4.D2

novelty jewelry bijou *m* de fantaisie E9.D4

November novembre E3.D4

now maintenant E1.D3

nuclear power station centrale *f* nucléaire E10.D4

number numéro *m* E5.D3

obligatory obligatoire E4.D4

obliged obligé(e) E6.D1

o'clock heure E3.D2

October octobre E3.D4

off-white écru(e) E9.D2

often souvent E3.D1

oh, dear God mon Dieu E1.D4.

OK d'accord E2.D2

old âgé(e) E8.D1; vieux (vieil, vieille, [vieux, vieilles]) E2.D3

old-fashioned démodé(e) E9.D3; (*invar.*) vieux-jeu E9.D1

omelette omelette *f* E6.D1

on sur E4.D1

on foot à pied E5.D1

on the corner of au coin de E5.D4

on time à l'heure E5.D2

one un(e) E1.D1; on E3.D3

one hundred cent E1.D4

one-way ticket aller (simple) *m* E5.D2

only (*adj.*) unique E2.D1; (*adv.*) seulement E3.D4

open (*v. imper.*) ouvrez DP; ouvrir E7.D3

opera opéra *m* E3.D1

orange orange *f* E6.D1

ordinary ordinaire DP

original original(e) (*pl* originaux) E9.D1

other autre E2.D4

ouch ouïe E7.D4; aïe E7.D4

our notre/nos E2.D1

out-of-date démodé(e) E9.D3

over there là-bas E2.D2

overpopulation surpeuplement *m* E10.D4

owner propriétaire *m, f* E5.D3

package paquet *m* E6.D4
packet paquet *m* E6.D4
page page *f* DP
pain douleur *f* E7.D3
painting tableau *m* E10.D1
pants pantalon *m* E9.D1
pantyhose collant *m* E9.D1
paper papier *m* E8.D4
parents parents *m pl* E2.D1
park parc *m* E3.D3
parka anorak *m* E9.D1
parking lot parking *m* E5.D4
participate participer (*conj. like* **parler**) E4.D4
pass passer (*conj. like* **parler**) E4.D2
passive passif (passive) E2.D4
pastry pâtisserie *f* E6.D3
pastry shop pâtisserie *f* E6.D4
patient patient(e) E2.D4
pay attention (to) faire attention (à) E9.D3
payment allocation *f* E10.D3
payment in cash paiement *m* en espèces E6.D2
peas petits pois *m pl* E6.D1
peel éplucher (*conj. like* **parler**) E10.D2
people personnes *f pl* E1.D2; gens *m pl* E5.D1
perfect parfait(e) E6.D2
perhaps peut-être E3.D3
permit (to) permettre (de) (*conj. like* **mettre**) E10.D2
person personne *f* E1.D2
personal personnel(le) E6.D2
pet animal *m* domestique (*pl* animaux domestiques) E2.D2
Peul Peul *m* E4.D1
pharmacy pharmacie *f* E5.D4
philosophy philosophie *f* E4.D4
phone (*v.*) téléphoner E6.D3
physics physique *f* E4.D4
picture image *f* E9.D4
pie tarte *f* E6.D1
piece of furniture meuble *m* E10.D1
piece of jewelry bijou *m* E9.D4
pill pilule *f* E7.D4
place endroit *m* E5.D2
plan to devoir E7.D3
plane avion *m* E5.D1
plastic plastique *m* E8.D4
plate assiette *f* E6.D1
platter plat *m* E6.D1
play jouer (*conj. like* **parler**) E3.D1
pleasant doux (douce) E8.D1

please (*nonfamiliar or plural*) s'il vous plaît DP; (*familiar*) s'il te plaît E3.D2; (*v.*) plaire (à) E8.D2
pleasure plaisir *m* E3.D3
plump rond(e) E6.D3
poem poème *m* E3.D1
poet poète *m* E4.D2
poetry poésie *f* E4.D2
political party parti *m* politique E10.D4
politician homme *m* politique E4.D2; politicien *m*/politicienne *f* E10.D4
politics politique *f* E10.D4
polluted pollué(e) DP
pollution pollution *f* E8.D4
pool piscine *f* E3.D3
poor pauvre E7.D4
poor person pauvre *m* E10.D3
poorly mal E1.D2
pork butcher's shop charcuterie *f* E6.D4
possible possible E3.D3
post office poste *f* E5.D4
potato pomme *f* de terre E6.D1
potato chips chips *f pl* E6.D1
pound (*Canada*) livre *f* E6.D3
poverty pauvreté *f* E10.D4
practical pratique E5.D2
precious précieux (précieuse) E9.D4
prefer préférer E2.D3
prepare préparer (*conj. like* **parler**) E4.D4
prescription ordonnance *f* E7.D4
president président *m* E4.D2
press appuyer (*conj. like* **essayer**) E10.D2
pretty joli(e) E2.D3
price prix *m* E5.D2
pricey exorbitant(e) E10.D1
private discret (discrète) E4.D2
problem problème *m* E1.D4
produced produit(e) E8.D4
product produit *m* E9.D4
profession profession *f* E1.D4
professor professeur (prof) *m* E1.D2
program programme *m* E4.D3
promise promettre (*conj. like* **mettre**) E10.D3
propose proposer (*conj. like* **parler**) E8.D3
proud fier (fière) E4.D4
publish publier (*conj. like* **parler**) E4.D2
pullover sweater pull-over *m* E9.D1
punish punir (*conj. like* **choisir**) E8.D1
purchasing power pouvoir *m* d'achat E10.D3
pure pur(e) E8.D4
purify purifier (*conj. like* **parler**) E8.D3
purse sac *m* E9.D1

put (**in**) mettre E7.D1; (**oneself somewhere**) se mettre E7.D1
put on (*clothing*) mettre E9.D1
put one's mind at ease se rassurer (*conj. like* **se coucher**) E7.D4
quality qualité *f* E9.D4
quarter (*hour*) quart *m* E3.D2; (*academic term*) trimestre *m* E4.D4
quarter of an hour quart *m* d'heure E7.D2
question question *f* E4.D1
quickly vite E7.D3
quiz contrôle *m* E4.D4
rabbit lapin *m* E2.D2
radio radio *f* E3.D1
racism racisme *m* E10.D4
rain (*v.*) pleuvoir E3.D4; pluie *f* E3.D4
raincoat imperméable *m* E9.D1
raise lever (*conj. like* **parler** *with accent variations*) E7.D1
rarely rarement E3.D1
rather assez E1.D2; plutôt E6.D2
razor rasoir *m* E7.D2
read lire E3.D1
ready prêt(e) E6.D1
really vraiment E5.D3
reason raison *f* E5.D1
reasonable raisonnable E5.D3
recently récemment E4.D3
recognize reconnaître (*conj. like* **connaître**) E8.D3
recycle recycler (*conj. like* **parler**) E8.D4
red rouge E6.D1; (**red haired**) roux (rousse) E2.D3
redheaded person roux *m*/rousse *f* E2.D3
reduce diminuer (*conj. like* **parler**) E10.D4
refrigerator frigo *m* E6.D2; réfrigérateur *m* E10.D2
refuse refuser (*conj. like* **parler**) E6.D1
region région *f* E8.D4
regret regretter (*conj. like* **parler**) E3.D2
reimburse rembourser (*conj. like* **parler**) E9.D4
relatives parents *m pl* E2.D1
relaxed relaxe E8.D4; décontracté(e) E9.D3
remain rester (*conj. like* **parler**) E4.D2
remarkable remarquable E4.D2
remember se souvenir de (*conj. like* **venir**) E8.D1
renovated rénové(e) E10.D1
rent (*v.*) louer (*conj. like* **parler**) E4.D3; loyer *m* E10.D1

repeat (*v.*) répétez DP; répéter (*conj. like* **préférer**) E5.D2

required obligatoire E4.D4

reservation réservation *f* E5.D3

reserve réserver (*conj. like* **parler**) E5.D2

respect respecter (*conj. like* **parler**) E8.D4

restaurant restaurant *m* E3.D3

result résultat *m* E10.D4

retirement pension pension *f* de retraite E10.D3

return (*oneself*) retourner (*conj. like* **parler**) E4.D2; (*a purchase or object*) rendre (*conj. like* **perdre**) E9.D1

return home rentrer (*conj. like* **parler**) E3.D2

review réviser (*conj. like* **parler**) E4.D4

rice riz *m* E6.D1

rich riche E10.D1

ridiculous ridicule E2.D2

right (*prep.*) à droite E5.D4; droit(e) E7.D1; (*correct*) juste E10.D4; (*prerogative*) droit *m* E10.D4

right away tout de suite E5.D4

ring (*v.*) sonner (*conj. like* **parler**) E4.D1; bague *f* E9.D4

river rivière *f* E8.D1

roast (beef) rôti (de bœuf) *m* E6.D2

roast(ed) rôti(e) E6.D1

room (*where one sleeps*) chambre *f* E2.D2; (*of a house or apartment*) pièce *f* E10.D1

roommate camarade *m, f* de chambre E2.D2

round rond(e) E6.D3

round-trip ticket aller et retour *m* E5.D2

sad triste E8.D2

safe sûr(e) E8.D4

sailboard planche *f* à voile E3.D3

salad salade *f* E6.D1

salary salaire *m* E10.D3

salty salé(e) E6.D2

same même E2.D1

sandals sandales *f pl* E9.D2

sandwich sandwich *m* E6.D1

satisfied satisfait(e) E5.D3

Saturday samedi *m* E3.D3

sauce sauce *f* E6.D1

say (*v. imper.*) dites DP; dire E5.D3

scandalous scandaleux (scandaleuse) E10.D4

schedule agenda *m* E3.D2

science sciences *f pl* E4.D4

science-fiction film film *m* de science-fiction E4.D3

scold gronder (*conj. like* **parler**) E8.D1

sea mer *f* E5.D1

season saison *f* E3.D4

seat place *f* E5.D2

seated assis(e) E7.D1

second (*ordinal number*) deuxième E4.D2; (*unit of time*) seconde *f* E7.D2

secret clandestin(e) E10.D4

secretary secrétaire *m, f* E1.D4

see voir E4.D3

see you soon à bientôt E1.D1

see you tomorrow à demain E1.D1

selfish égoïste E8.D3

sell vendre (*conj. like* **perdre**) E9.D4

semester semestre *m* E4.D4

Senegal Sénégal *m* E4.D2

Senegalese (*nationality*) sénégalais(e) E1.D3

September septembre E3.D4

series série *f* E4.D3; (*TV*) feuilleton *m* E4.D3

serious sérieux (sérieuse) E2.D4; grave E7.D4

set of shelves étagère *f* E10.D1

settle in s'installer (*conj. like* **se coucher**) E10.D1

seven sept E1.D1

seventy soixante-dix E1.D4

several plusieurs E4.D4

shame honte *f* E10.D3

shampoo shampooing *m* E7.D2

shampoo one's hair se faire un shampooing E7.D2

shave se raser (*conj. like* **se coucher**) E7.D2

she elle E1.D1

she is c'est, elle est E1.D1

shelf étagère *f* E10.D1

shirt chemise *f* E9.D1

shocking choquant(e) E10.D3

shoes chaussures *f pl* E9.D1

shop boutique *f* E9.D3

shopkeeper commerçant *m*/commerçante *f* E1.D4

shopping channel télé-shopping *m* E4.D3

short court(e) E2.D3

shorts short *m* E9.D1

shot piqûre *f* E7.D3

shoulder épaule *f* E7.D1

show montrer (*conj. like* **parler**) E5.D4

shower douche *f* E5.D3

shrink rétrécir (*conj. like* **choisir**) E9.D4

shy timide E2.D4

sick malade E1.D4

silly bête E2.D4

silver argent *m* E9.D4

simple simple E8.D4

since depuis (que) E7.D1; puisque, comme E8.D4

sincere sincère E2.D4

singer chanteur *m*/chanteuse *f* E1.D4

single life célibat *m* E2.D2

single person célibataire *m, f* E2.D2

sir monsieur DP

sister sœur *f* E1.D4

sister-in-law belle-sœur *f* (*pl* belles-sœurs) E2.D1

situation situation *f* E10.D3

six six E1.D1

sixteen seize E1.D1

sixty soixante E1.D4

size (*body or clothing*) taille *f* E2.D3; (*shoe*) pointure *f* E9.D2

skate patiner (*conj. like* **parler**) E2.D4

skating patinage *m* E2.D4

ski ski *m* E2.D4; skier (*conj. like* **parler**) E2.D4

skinny maigre E6.D3

skirt jupe *f* E9.D1

sleep dormir (*conj. like* **partir**) E7.D1

sleeping pill somnifère *m* E7.D3

sleeve manche *f* E9.D2

slice tranche *f* E6.D4

slim mince E2.D3

slippers pantoufles *f pl* E9.D2

slogan slogan *m* E9.D4

sloppy négligé(e) E9.D1

slow lent(e) E5.D2

slowly lentement DP

small petit(e) E2.D3

smoking car voiture *f* fumeurs E5.D2

snake serpent *m* E2.D2

snow (*v.*) neiger E3.D4; neige *f* E3.D4

so alors E1.D3; si E7.D1

so many tant (de) E10.D3

so much tant (de) E10.D3

so-so comme ci comme ça E1.D2

soap savon *m* E7.D2

soap opera feuilleton *m* E4.D3

soccer football *m* E3.D1

social security benefits couverture *f* sociale E10.D3

social sciences sciences *f pl* humaines E4.D4

society société *f* E10.D3

sociology sociologie *f* E4.D4

socks chaussettes *f pl* E9.D1

solution   solution *f* E8.D3

somber   austère E8.D1

some   des E1.D3

someone   quelqu'un E2.D2

something   quelque chose E3.D3

something else   autre chose E5.D1

sometimes   quelquefois E3.D1

son   fils *m* E2.D1

song   chanson *f* E4.D1

sorry   désolé(e) E3.D3

sort   sorte *f* E4.D3

sound   son *m* E8.D3

soup   soupe *f* E6.D1

south   sud E5.D4

Spain   Espagne *f* E5.D1

Spanish   (*language*) espagnol *m* E1.D3; (*nationality*) espagnol(e) E1.D3

speak   (*v. imper.*) parlez DP; parler E1.D3

spend   (*time*) passer (*conj. like* **parler**) E4.D2; (*money*) dépenser (*conj. like* **parler**) E5.D1

spend time doing something   mettre du temps à faire quelque chose E7.D2

spicy   épicé(e) E6.D2

splendid   splendide DP

sport   sport *m* E2.D4

spouse   époux *m*/épouse *f* (*pl* époux) E2.D1

spring   printemps *m* E3.D4

stained   taché(e) E9.D3

stainless steel   acier *m* inoxydable (inox) E9.D4

stand up   se mettre debout E7.D1

standard of living   niveau *m* de vie E10.D3

steak   bifteck *m* E6.D2

stepbrother   beau-frère *m* (*pl* beaux-frères) E2.D1

stepfather   beau-père *m* (*pl* beaux-pères) E2.D1

stepmother   belle-mère *f* (*pl* belles-mères) E2.D1

stepsister   belle-sœur *f* (*pl* belles-sœurs) E2.D1

stern   austère E8.D1

still   toujours E1.D4; encore E2.D1

stomach   ventre *m* E7.D1; estomac *m* E7.D3

stomach ailment   crise *f* de foie E7.D3

stop   (*v. imper. fam.*) arrêter E8.D3

store   magasin *m* E4.D3

storm   orage *m* E3.D4

story   histoire *f* E4.D3

stove   cuisinière *f* E10.D2

straight ahead   tout droit E5.D4

straighten up   ranger (*conj. like* **nager**) E10.D2

strange . . .   drôle de... E10.D2

strawberry   fraise *f* E6.D4

street   rue *f* E5.D4

strep throat   (*France*) angine *f* E7.D3

strict   sévère E8.D1

student   étudiant *m*/étudiante *f* E1.D2

studies   études *f pl* E4.D1

studio (apartment)   studio *m* E10.D1

study   étudier (*conj. like* **parler**) E4.D2

stupid   bête E2.D4

style   style *m* E9.D2

stylish   chic (*invar.*) E9.D3

subject matter   matière *f* E4.D4

suburb   banlieue *f* E10.D1

sudden shower   averse *f* E3.D4

suffer   souffrir (*conj. like* **ouvrir**) E7.D3

sufficient   suffisant(e) E10.D3

sugar   sucre *m* E6.D3

suggest   suggérer (*conj. like* **préférer**) E5.D2

suit   (*man's*) costume *m* /(woman's) tailleur *m* E9.D1

suit jacket   veston *m* E9.D1

summer   été *m* E3.D4

sun   soleil *m* E3.D4

Sunday   dimanche *m* E3.D3

sunglasses   lunettes *f pl* de soleil E9.D1

sunny   ensoleillé(e) E10.D1

suntan lotion   crème *f* solaire E7.D4

super   super E2.D2

supermarket   supermarché *m* E6.D4

supper   (*evening meal in Quebec*) souper *m* E6.D1

sure   sûr(e) E7.D4

swallow   avaler (*conj. like* **parler**) E7.D3

sweatshirt   sweatshirt *m* E9.D1

swim   nager (*conj. like* **parler** *with spelling variation*) E2.D4

swimming   natation *f* E2.D4

Switzerland   Suisse *f* E5.D1

sympathy   sympathie *f* E7.D4

T-shirt   tee-shirt *m* E9.D1

table   table *f* E10.D1

tablet   comprimé *m* E7.D4

take   prendre (*conj. like* **comprendre**) E5.D2

take a class   suivre un cours E4.D4

take a photo   faire une photo E7.D1

take more of   reprendre (*conj. like* **comprendre**) E6.D1

tale   conte *m* E4.D3; **fairytale**   conte de fées E4.D3

tall   grand(e) E2.D3

taste bad   avoir mauvais goût E6.D2

taste good   avoir bon goût E6.D2

tasty   savoureux (savoureuse) E6.D2

tax   impôt *m* E10.D4

tea   thé *m* E6.D1

teacher   professeur *m* E1.D2

technological   technologique E4.D4

technology   technologie *f* E8.D4

teenager   adolescent *m*/adolescente *f* E8.D1

telephone   téléphone *m* E5.D3

television (TV)   télévision (télé, TV) *f* E3.D1

tell   dire E5.D3; raconter (*conj. like* **parler**) E8.D1

temperature   température *f* E3.D4

ten   dix E1.D1

tender   tendre E6.D2

tenderly   tendrement E8.D2

tennis   tennis *m* E3.D1

tennis shoes   tennis *f pl* E9.D2

terrible   terrible E2.D2

test   examen *m* E4.D4; (*medical*) analyse *f* E7.D3

text   texte *m* E4.D1

thank you   merci E1.D2

thanks to   grâce à E8.D4

that   (*adj.*) ce/cet/cette E1.D2; (*conj.*) que E2.D2; (*pron.*) ça E2.D3; (*pron.*) cela E8.D2

that day   ce jour-là E8.D2

that does nothing for me   ça ne me dit rien E6.D2

that doesn't do much for me   ça ne me dit pas grand-chose E6.D2

that doesn't matter   ça ne fait rien E6.D4

that hurts   ça fait mal E7.D4

that looks good on you/me   ça/il/elle te/me va très bien E9.D2

that suits me fine   ça me convient E6.D2

that way   par là E5.D4

that's . . .   c'est DP; ça fait... E9.D1

that's right   c'est ça DP

that's too bad   dommage, c'est dommage E3.D3

the least   le moins E5.D2

the most   le plus E5.D2

theater   théâtre *m* E3.D3

their   leur(s) E2.D1

them   (*stressed pron.*) elles/eux E1.D2; (*d.o. pron.*) les E2.D4

then   ensuite E4.D1; puis E4.D2; alors E5.D2

there   (*pron.*) y E5.D1; (*adv.*) là E5.D4; (*excl.*) voilà E10.D2

there is/are   il y a E2.D1; (*prep.*) voilà
   E10.D2

these   ces E1.D2

they   ils E1.D1; elles E1.D2; on E3.D3

they're   ce sont E1.D1

thingamajig   truc *m* E10.D2

things are going well   ça va E1.D2

think   penser (*conj. like* **parler**) E2.D2;
   réfléchir (*conj. like* **choisir**) E9.D2

thirteen   treize E1.D1

thirty   trente E1.D4

this   ce/cet/cette E1.D2

this way   par ici E5.D4

those   ces E1.D2

thousand   mille E4.D2

threaten (one another)   (se) menacer
   (*conj. like* **commencer**) E8.D3

three   trois E1.D1

three quarters of an hour   trois quarts
   m pl d'heure E7.D2

thrilled   ravi(e) E8.D2

throat   gorge *f* E7.D3

throw out   jeter (*conj. like* **parler** *with
   spelling variations*) E8.D4

Thursday   jeudi *m* E3.D3

thus   alors E1.D3

ticket   billet *m* E5.D2

tie   cravate *f* E9.D1

tight   étroit(e) E9.D2

tights   collant *m* E9.D1

time   (*hour*) heure *f* E3.D2; (*occasion*) fois
   f E3.D3; temps *m* E3.D4

time period   époque *f* E8.D2

tinker (with)   bricoler E2.D4

tinkering   bricolage *m* E2.D4

tiny   minuscule E5.D3

tip included   service compris E6.D2

tired   fatigué(e) E1.D4

to the   à la DP

to the left of   à gauche de E5.D4

to the right of   à droite de E5.D4

toast   (*thick-cut, common in Quebec*) rôtie *f*
   E6.D1

today   aujourd'hui E1.D2

together   ensemble E2.D2

toilet paper   papier *m* hygiénique/toilette
   E7.D2

tomato   tomate *f* E6.D1

tomorrow   demain E3.D1

ton   tonne *f* E8.D4

too   trop E3.D4

too many   trop (de) E6.D3

too much   trop (de) E6.D3

tooth   dent *f* E7.D1

toothbrush   brosse *f* à dents E7.D2

toothpaste   dentifrice *m* E7.D2

torn   déchiré(e) E9.D3

toward   vers E3.D2

towel   serviette *f* E7.D2

town hall   mairie *f* E5.D4

traditional   traditionnel(le) E10.D1

traffic   (*automobile*) circulation *f* E10.D1

train   train *m* E3.D2

train car   voiture *f* E5.D2

train station   gare *f* E5.D4

travel   voyager (*conj. like* **nager**) E2.D4

traveler   voyageur *m*/voyageuse *f* E5.D2

traveler's check   chèque *m* de voyage
   E6.D2

tree   arbre *m* E8.D1

true   vrai(e) E2.D3

try to   essayer (de) E8.D2; **try on**   essayer
   E9.D2

Tuesday   mardi *m* E3.D3

Tunisian   (*nationality*) tunisien(ne) E1.D3

turn   tourner (*conj. like* **parler**) E5.D4;
   (*oneself*) se tourner E7.D1

turtleneck shirt   col roulé *m* E9.D1

TV schedule   programme *m* E4.D3

TV show   émission *f* E4.D3

twelve   douze E1.D1

twenty   vingt E1.D1

two   deux E1.D1

two by two   deux par deux DP

two-room apartment   deux-pièces *m*
   E10.D1

type   sorte *f* E4.D3; genre *m* E9.D3

ugly   laid(e) DP

um . . .   euh... E4.D1

unbelievable   incroyable E8.D4

uncle   oncle *m* E2.D1

uncomfortable   gênant(e) E9.D1

understand   comprendre E4.D4

understood   entendu E3.D3

undoubtedly   sans doute E10.D4

unemployed person   chômeur
   m/chômeuse *f* E10.D3

unemployment   chômage *m* E10.D3

unemployment benefit   allocation *f* (de
   chômeur) E10.D3

unfair   injuste E10.D4

unfortunate   pauvre E7.D4

unhappy   malheureux (malheureuse) E8.D1

union   union *f* E2.D2

United States   États-Unis *m pl* E5.D1

university   université *f* E3.D1; (*campus*)
   fac (faculté) *f* E3.D1

university cafeteria   resto-U *m* E6.D2

unpleasant   désagréable E1.D4

until   jusqu'à E5.D3

up to   jusqu'à E5.D3

upsetting   gênant(e) E5.D3

us   nous E3.D3

use   utiliser E8.D4

useful   utile E4.D4

useless   inutile E10.D4

usual   normal E10.D3

usually   d'habitude E9.D1

vacation   vacances *f pl* E8.D1

vacuum   (*v.*) passer l'aspirateur E10.D2

vacuum cleaner   aspirateur *m* E10.D2

valley   vallée *f* E8.D1

valuable jewelry   bijou *m* de valeur E9.D4

value   valeur *f* E9.D4

vanilla   vanille *f* E6.D1

vegetable   légume *m* E6.D1

vegetarian   végétarien *m*/végétarienne *f*
   E6.D3

verify   vérifier (*conj. like* **parler**) E5.D2

very   très E1.D2

very close   tout près E5.D4

video   vidéo *f* E4.D3

videocassette   cassette *f* E4.D3

Vietnamese   vietnamien(ne) E6.D2

view   vue *f* E5.D3

village   village *m* E8.D1

violence   violence *f* E10.D4

violet   parme (*invar.*) E9.D2

visit   visiter (*conj. like* **parler**) E5.D1

vivacious   dynamique E2.D4

volleyball   volley *m* E3.D3

vote   voter (*conj. like* **parler**) E10.D4

voyage   voyage *m* E2.D4

wait for   attendre (*conj. like* **perdre**) E8.D2

wake (oneself) up   se réveiller (*conj. like* **se
   coucher**) E7.D1

walk   promenade *f* E3.D3; (*v.*) marcher
   (*conj. like* **parler**) E7.D3

want (to)   avoir envie de E3.D1; vouloir
   E3.D3; désirer (*conj. like* **parler**) E7.D4

war   guerre *f* E4.D2

war film   film *m* de guerre E4.D3

wardrobe   armoire *f* E10.D1

wash (oneself)   se laver (*conj. like* **se
   coucher**) E7.D2; (**one's . . .**) se laver...
   E7.D2

washcloth   gant *m* de toilette E7.D2

washing machine   (*m. invar.*) lave-linge
   E10.D2

waste   (*v.*) gaspiller (*conj. like* **parler**)
   E8.D4; **waste**   déchet *m* E8.D4

watch   montre *f* E3.D2

water   eau *f* E6.D1

water closet   W.-C. *m pl* E10.D1

way   moyen *m* E10.D4

we on, nous E3.D3

wear porter (*conj. like* **parler**) E9.D1; mettre E9.D1

weather temps *m* E3.D4; (forecast) météo *f* E4.D3

Wednesday mercredi *m* E3.D3

week semaine *f* E4.D1

weekend week-end *m* E3.D1

well bien DP, E1.D2

well-behaved sage E8.D1

well-groomed soigné(e) E9.D1

went down descendu (*past participle of* **descendre**) E4.D2

west ouest E5.D4

western western *m* E4.D3

what? comment ? quoi ? DP

what (*int. adj.*) quel(le) E1.D4; que E2.D2; qu'est-ce que E3.D1 (*int. pron.*) qu'est-ce qui E7.D3

what do you do for a living? qu'est-ce que vous faites dans la vie ? E1.D4

what do you need? qu'est-ce qu'il vous faut ? E6.D4

what else? quoi d'autre ? E6.D4

what is that used for? à quoi ça sert ? E10.D2

what is your name? comment vous appelez-vous ? E1.D1

what's needed? qu'est-ce qu'il faut ? E6.D4

what's wrong? qu'est-ce qui ne va pas ? E7.D3

what's wrong with him? qu'est-ce qu'il a ? E1.D4

what's wrong with you? qu'est-ce que tu as ? E1.D4

when quand E3.D3

where où E1.D3

which quel(le) E2.D3

white blanc(he) E6.D1

who qui E1.D2

why pourquoi E2.D4

wide large E9.D2

wide-spread répandu(e) E10.D3

wife femme *f* E2.D1

win gagner (*conj. like* **parler**) E8.D3

wind vent *m* E3.D4

window fenêtre *f* E8.D3

wine vin *m* E6.D1

wine merchant marchand (*m*)/marchande (*f*) de vin E6.D4

winter hiver *m* E3.D4

with avec E2.D1

with it branché(e) (*argot*) E9.D1

with pleasure volontiers E3.D3

without sans E5.D2

without interest sans intérêt E4.D3

woman femme *f* E1.D2; dame *f* E1.D2

wonderful formidable E4.D3

wool laine *f* E9.D2

work (*v. imper.*) travaillez DP; travail *m* E1.D4; travailler (*conj. like* **parler**) E2.D4

world monde *m* E5.D1; mondial(e) E4.D2

worldwide mondial(e) E10.D3

worn (out) usé(e) E9.D3

worry s'inquiéter (*conj. like* **préférer**) E7.D4

would like (I) voudrais; (you) voudriez E5.D2

write écrire E4.D2

X-ray radio *f* E7.D3

year an *m* E2.D3; année *f* E4.D1

yellow jaune E9.D2

yes oui DP; (*after a negative remark*) si E6.D4

yesterday hier E4.D1

yogurt yaourt *m* E6.D3

you vous DP; tu/toi E1.D2; te E3.D3; on E3.D3

you do (*nonfamiliar plural*) vous faites E1.D4

you poor thing ma pauvre E7.D3

you're a pain in the neck tu me casses les pieds E8.D3

you're bothering me tu m'ennuies E8.D3

you're bugging me tu m'embêtes (*argot*) E8.D3

young jeune E2.D3

your (*nonfamiliar*) votre DP, E1.D1; vos E2.D1; (*fam.*) ta/ton/tes E1.D4

youth jeunesse *f* E8.D1

zero zéro E1.D1

Credits

Literary

Note: Some literary credits appear with the reprinted version of the work in this text and are not repeated here.

Ensemble 1   Excerpt from *Le Petit Prince* by Antoine de Saint-Exupéry. Copyright © 1943 by Harcourt Brace & Company and renewed in 1971 by Consuelo de Saint-Exupéry. Reprinted by permission of the publisher. Illustration from the cover of *Le Petit Prince* by Antoine de Saint-Exupéry. Copyright © 1943 by Harcourt Brace & Company and renewed in 1971 by Consuelo de Saint-Exupéry. Reprinted by permission of the publisher.

Ensemble 2   D'après Violette LEDUC, *La bâtarde.* Copyright © Éditions GALLIMARD.

Ensemble 3   Gilbert Charles, « Sur Internet jusqu'à overdose » from *L'Express,* July 6, 1995 distributed by the New York Times Special Features/Syndication sales. Colette, *La naissance du jour.* Copyright © Flammarion, 1928. Lyrics to *Les musiciens de la rue,* copyright © Manuel Brault.

Ensemble 4   Gabrielle Roy, *Rue Deschambault,* Montréal, Éditions du Boréal, 1993, collection « Boréal Compact » (no. 46), p. 251. Copyright © FONDS GABRIELLE ROY.

Ensemble 5   Eugène IONESCO, « Agence de voyages » in « Exercices de conversation et de diction françaises pour étudiants américains » , *Théâtre, tome V.* Copyright © Editions GALLIMARD. *Voyager.* Words and Music by Celia Faussart and Helene Faussart. Copyright © 1998 DELABEL EDITIONS, SRL. All rights in the U.S. and Canada Controlled and Administered by EMT BLACKWOOD MUSIC INC. All rights reserved. International Copyright Secured. Used by permission.

Ouverture culturelle 5   « GÉOGRAPHIE » classe de 1ère Edition 1997. Collection Jean-Robert PITTE. Copyright © Nathan, Paris 1997.

Ensemble 6   Colette, *La femme cachée,* Copyright © Flammarion. « Le riz et l'herbe » , dans *La Création du Monde,* collection *Mythes et Légendes.* Copyright © Editions Hachette. Ministère de l'Économie des Finances et de l'Industrie, mai 2000, www.finances.gouv.fr/ogm/question6.htm

Ensemble 7   Francis Bebey, « Un jour, tu apprendras... », Revue Présence Africaine, « Nouvelle somme de poésie du monde noir ». Copyright © Présence Africaine Editions, 1966. « Test, En avoir ou pas : Stress ». Avec l'aimable autorisation du journal des français SANTÉ. Claude Weil, « Après le SIDA, quoi ? » Copyright © *Le Nouvel Observateur.*

Ouverture culturelle 7   Aperçu de l'Ontario, copyright © Ontario Government.

Ensemble 8   Roch Carrier, « Une abominable feuille d'érable sur la glace ». Copyright © Les Éditions internationales Alain Stanké. Georges Moustaki, « Il y avait un jardin » Paille Musique. Jacques Prévert, « Déjeuner du matin » dans *Paroles*. Copyright © Éditions GALLIMARD. Recording rights Fatras succession Jacques Prévert.

Ensemble 9   « Les mouvements de mode expliqués aux parents » de Hector Obalk, Alain Soral et Alexandre Pasch. Copyright © Éditions Robert Laffont. Claude Sarraute, « Mademoiselle s'il vous plaît ». Copyright © Flammarion. Petit Larousse. Copyright © Larousse-Bordas. *L'amant* de Marguerite Duras, copyright © 1984 by Les Éditions de Minuit.

Ouverture culturelle 9   *Le plus jeune animal, La Belle Histoire de Leuk-le-Lièvre,* Léopold Sédar Senghor, Abdoulaye Sadji copyright © Hachette, Paris, 1953, Edicef, Paris. Sapho, « Vivre au Maroc ». *Ce Spectacle,* « Digital Sheika » by Sapho Barraka productions.

Ensemble 10   Georges Perec, « Déménager » from *Espèces d'espaces*. Copyright © Éditions Galilée, 1974. Marie Féraud, « Oh le pauvre malheureux, ». *Le Racisme expliqué à ma fille,* Tahar Ben Jelloun, copyright © Éditions du Seuil, 1998.

Realia

Dossier préliminaire   Newspaper headlines used with permission of *Le Monde,* 4 janvier 1994; *Togo-Presse,* 17 juillet 1990; *La Libre Belgique,* 28 mai 1991.

Ensemble 1   « Le ski d'abord, » *Francoscopie,* Gérard Mermet, 1991, p. 391. « Jacqueline » from *Le Plus Beau Prénom pour votre enfant,* Pascale Van de Putte, p. 28. « Les Bidochon en habitation à loyer modéré ». Copyright © Binet/Fluide Glacial.

Ensemble 2   « Etats-Unis—Baby Boom, » *La Nouvelle Marche,* July 18, 1990, L'Établissement national des Editions du Togo. « Où en sont les hommes ? » *Châtelaine,* vol. 33, no. 2, février 1992, par Micheline Lachance p. 35. Personal ads, *Nouvelliste,* mardi 26 mars 1991. Hôtel des Ursulines, photographie par Eliophot Agence.

Ensemble 3   Extrait de Marie-Christine BERNARD, « Les non-utilisateurs » Bulletin des Bibliothèques de France, vol. 36, no. 6, 1989, p. 528. Train schedule, SNCF April, 1989. Horaire de La Chaloupe—shuttle ferry schedule from Senegal, Sept. 4, 1990. Weather map of France. *Le Parisien,* février 9–10, 1991.

Ensemble 4   *Télérama,* 29 mars au 4 avril 1997, no. 2463, p. 108. *Le Monde,* July 9–15, 1990. *TV Figaro,* March 11–19, 1991. Ciné-Sélection, *TV Hebdo,* pp. 14–15.

Ensemble 5   Avignon train schedule, Air Inter, Groupe Air France. Supermarché Vacances. Le Soleil, samedi 5 juillet 1997. Map of Vichy. Copyright © Michelin, d'après *Guides Verts Bretagne & Auvergne,* deuxième édition 2000. Autorisation No. 00-us-024. Le Patrimoine, la Petite Italie, le Petit Château, Mario Therrien, Propriétaire.

Ensemble 6   Vilmorin-Andrieux & C., n° 30 « Plantes potagères » © Collection Bibliothèque Centrale du Musée National d'Histoire Naturelle 2000. Frozen food ads from grocery store flyer, Géant. Restaurant ads from Guide Paris Midnight Editions J.C.F.

Ensemble 7 « 49. le stress » Propriété du Laboratoire OBERLIN—Tous droits de reproduction réservés. Wolinski, monsieur, pp. 108–109. Copyright © Éditions Albin-Michel. Gilles Vigneault, « Le pays de ces gens ». Copyright © Société du droit de reproduction des auteurs, compositeurs et éditeurs au Canada. Copyright © Sodrac Inc.

Ensemble 8 Line Arsenault, *La vie qu'on mène*, p. 9. Copyright © Diffusion Dimédia, Inc.

Ensemble 9 Definition of *vêtement* courtesy of *Nouveau Petit Robert de la langue française*. Société Dictionnaires Le Robert 2000. From *Catalogue de La Redoute*. Saint Laurent, Chanel, Dior. Copyright © Larousse-Bordas.

Ensemble 10 « Pourquoi les locataires s'en vont » *Le Point*, 12 février 1994, n° 1117, p. 60.

Photo

Dossier préliminaire Photo of Québec courtesy of William J. Berg; photo of La mosquée Hassan II, Casablanca courtesy of Robert M. Pierce. Photo of Boulangerie, Montmartre, courtesy of Andrew Brilliant. Photo of Paris courtesy of Bruno De Hoques/Stone. Photo of Geneva courtesy of Oliver Benn/Stone.

Ensemble 1 *The Encounter*, Gustave Corbet, Musée Fabre, Montpellier, France. Courtesy of Giraudon/Art Resource. Photo of young family courtesy of PSI/Explorer/Photo Researchers Inc. Photo of students greeting courtesy of David Simson/Stock Boston. Photo of women exchanging « la bise » in Brittany courtesy of Cathlyn Melloan/Stone. Photo of Napoleon courtesy of Archiv/Photo Researchers Inc. Photo of Joan of Arc courtesy of Hulton Getty Images/The Liaison Agency. Photo of Marie Antoinette courtesy of Giraudon/Art Resource. Photo of Léopold Senghor courtesy of W. Campbell/Corbis Sygma. Photo of Celine Dion courtesy of Capital Pictures/The Liaison Agency. Photo of Shania Twain courtesy of Jeff Christensen/The Liaison Agency. Photo of two women greeting courtesy of Greg Meadors/Stock Boston. Photo of woman greeting boy courtesy of Bill Bachmann/Stock Boston. Photo of a man introducing himself near Ministry of France, Bercy courtesy of Beryl Goldberg. Photo of Jean Chrétien, PM of Canada courtesy of Nick Procaylo/The Liaison Agency. Photo of Marie-Claire Blais, novelist, courtesy of M.Ponomareff/Ponopresse International/2177 Rue Masson/Montreal, Quebec/H2H 1B1 Canada. Photo of Jacques Chirac courtesy of J.M.Turpin/The Liaison Agency. Photo of Catherine Deneuve Benainous-Duclos/The Liaison Agency. Photo of Tunisian students in Nice, France courtesy of Beryl Goldberg. Photo of man biking in Colorado courtesy of Aaron Strong/The Liaison Agency. Photo of woman in Montréal courtesy of Zimbel/Monkmeyer Press Photo.

Ensemble 2 *A Sunday on La Grande Jatte*, 1884, Seurat, oil on canvas, 207.5 x 308cm. Helen Birch Bartlett Memorial Collection. The Art Institute of Chicago. Photo of a family reunion, Paris courtesy of Peter Menzel/Stock Boston. *Famille de saltimbanques* 1905, Picasso. Canvas, 2.128 x 2.296. National Gallery of Art, Washington. Chester Dale Collection. Photo courtesy of Bob Grove. Photo of a dog in a restaurant, Paris courtesy of

Hans Strand/Stone. Photo of « Mon œil » gesture courtesy of Robert M. Pierce. Photo of « La barbe » courtesy of Robert M. Pierce. Photo of an elegant woman courtesy of Bernard Pesce/ Stone. Two photos of gargoyles courtesy of Doug Shriner. Photo of a businessman courtesy of David Simson/Stock Boston. Photo of a businesswoman courtesy of Peter Menzel/Stock Boston. Photo of Baby Boum store courtesy of Robert M. Pierce.

Ensemble 3 and Ouverture culturelle 3

Grandfather Clock with Blue Wing, 1949. Marc Chagall. Oil on canvas, 92 x 79cm. Copyright © ARS, NY. Collection Ida. Photo courtesy of Giraudon/Art Resource Meyer-Chagall, Basel, Switzerland. Photo of woman at computer, Vannes, France courtesy of Michael Dwyer/ Stock Boston. Photo of BCBG shop courtesy of Robert M. Pierce. Photo of Palais Royal courtesy of Lionel Delevingne/Stock Boston. Photo of French newsstand, Paris courtesy of M.Granitsas/The Image Works. Photo of Jardin du Luxembourg courtesy of Sally Magnan. Photo of cinéma courtesy of Sally Magnan. Photo of entry to Salle Pleyel, Paris courtesy of Sally Magnan. Photo of Colette courtesy of Roger Viollet/The Liaison Agency. Photo of basketball players, Antibes versus. Avignon, France courtesy of R. Lucas/The Image Works. Photo of tennis player in Blois, France courtesy of Ulrike Welsch. Photo of World Cup '98 courtesy of Mondial/The Liaison Agency. Photo of volleyball players courtesy of Owen Franken/Stock Boston. Photo of woman doing aerobics in Orléans courtesy of Ulrike Welsch. Photo of man in the French countryside, near La Chartre, France courtesy of Mark Antman/The Image Works. Photo of woman windsurfing courtesy of Joe Carini/The Image Works. *The Shore of L'Oise* (near Pontoise grey weather), 1878, Pissarro. Musée d'Orsay, Paris, France. Photo courtesy of Giraudon/Art Resource. *A Paris Street, Rain,* 1877. Caillebotte. Oil on canvas, 212.2 x 276.2cm,. The Art Institute of Chicago Photo courtesy of Art Resource. *Coquelicots,* 1873. Claude Monet. Musée d'Orsay, Paris, France. Photo courtesy of Art Resource. *Snow at Louveciennes,* 1878. Sisley. Musée d'Orsay, Paris, France. Photo courtesy of Erich Lessing/Art Resource. Photo of Montreal courtesy of David Simson/Stock Boston. Photo of Martinique courtesy of David Simson/Stock Boston. Photo of Fez, Morocco courtesy of Bill Gallery/Stock Boston. Photo of Marseilles courtesy of Jacques Charles/Stock Boston. Photo of French Flag courtesy of Sally Magnan. Photo of Paris courtesy of Stefano Bianchetti/Corbis. Photo of Cannes beach courtesy of Robert M. Pierce. Photo of Chamonix courtesy of Robert M. Pierce. Photo of La Rochelle courtesy of Fabian Falcon/Stock Boston. Photo of area near Moëlan-sur-Mer courtesy of Robert M. Pierce. Photo of Strasbourg courtesy of Nik Wheeler/Corbis. Photo of Chartres courtesy of Robert M. Pierce. Photo of France winning the 2000 Euro Cup courtesy of Reuters NewMedia Inc./Corbis. Photo of a street scene courtesy of B. Bisson/Corbis Sygma. Photo of nuclear towers courtesy of Sally Magnan. Photo of a mosque in France courtesy of Djenidi/Sidali/The Liaison Agency. Photo of Boules courtesy of Robert M. Pierce. Photo of World Cup/Paris courtesy of Mondial/The Liaison Agency. Photo of Grenoble courtesy of J. L. Bulcao/The Liaison Agency. Photo of a grape harvest in Chenas, Beaujolais courtesy of Martha Bates/Stock Boston.

Ensemble 4

Photo of Sénégal teacher courtesy of Ulrike Welsch. Photo of La ville de Saumur courtesy of Yvonne Ozzello. Photo of Jeanne d'Arc courtesy of Hulton Getty Images/The Liaison Agency. Photo of Léopold Senghor courtesy of Topham/The Image Works. Photo of Gabrielle Roy courtesy of CanaPress. Photo of student checking notices at the Sorbonne courtesy of Owen Franken/Stock Boston. Photo of protest sign courtesy of Robert M. Pierce. Photo of Poster courtesy of Robert M. Pierce.

Ensemble 5 and Ouverture culturelle 5

La Lune habitée, 1964, Préfète Duffaut (Haitian 1923–). Courtesy of the Milwaukee Art Museum. Photo of the Monet Museum at Giverny, France courtesy of Andrew Brilliant. Photo of cars courtesy of Robert M. Pierce. Photo of TGV at Gare du Nord courtesy of Beryl Goldberg. Photo of French airport courtesy of Peter Menzel/Stock Boston. Photo of elevator courtesy of Robert M. Pierce. Photo of Québec courtesy of Sally Magnan. Photo of Guadeloupe courtesy of Robert M. Pierce. Photo of Musée d'Orsay courtesy of Robert M. Pierce. Photo of Tunis courtesy of Robert M. Pierce. *L'Omnibus* by Honoré Daumier. Photo courtesy of the Walters Art Gallery, Baltimore. Photo of kids at the Louvre courtesy of Ulrike Welsch. Photo of La Corse courtesy of Robert M. Pierce. Photo of Le Chateau des Ducs courtesy of Yvonne Ozzello. Photo of a street scene in the Latin Quarter, Paris courtesy of Ulrike Welsch. Photo of Pont Neuf at sunset courtesy of Susan Lapides/The Liaison Agency. *Femme et enfant au balcon* 1872, by Morisot, watercolor, courtesy of The Art Institute of Chicago. Photo of La Pointe du Raz courtesy of Yvonne Ozzello. Photo of the beaches at Normandy courtesy of Dave G. Houser/Corbis. Photo of Strasbourg courtesy of Adam Woolfitt/Corbis. Photo of Monbonnot courtesy of Robert M. Pierce. Photo of a beach courtesy of Sally Magnan. Photo Chateau in Loire Valley courtesy of Robert M. Pierce. Photo of vineyards in the Bordeaux region courtesy of Adam Woolfitt/Corbis. Photo of Corsica courtesy of Robert M. Pierce. Photo of Arles courtesy of Robert M. Pierce. Photo of Carcasonne courtesy of Robert M. Pierce. Photo of Pont du gard courtesy of Robert M. Pierce. Photo of Avignon courtesy of Robert M. Pierce.

Ensemble 6   Photo of French chefs in Paris courtesy of Bill Gallery/Stock Boston. Photo of Parisian female chef in her home courtesy Cathlyn Melloan/Stone. Photo of spices courtesy of Robert M. Pierce. Photo of Bûches de Noël courtesy of Robert M. Pierce. Photo of French family eating at the table, Loire Valley, courtesy of Mike Mazzaschi/Stock Boston. Photo of McDonald's, Rouen, Normandy courtesy of Mike Mazzaschi/Stock Boston. Photo of a French bistro, les Halles, Paris courtesy of Robert Fried/Stock Boston. Photo of a French café courtesy of Andrew Brilliant. Photo of Quick fast food restaurant courtesy of Sally Magnan. Photo of Moroccan restaurant, Tangier courtesy of Greenberg/Monkmeyer Press Photo. Photo of wine shop, Alsace, France courtesy of David Simson/Stock Boston. Photo of Québec restaurant courtesy of Robert M. Pierce. Photo of « Stop GMO » demonstration courtesy of Reuters NewMedia Inc./Corbis.

Ensemble 7 and Ouverture culturelle 7   Photo of a woman runner courtesy of Duomo/Corbis. Photo of head shot of African-American courtesy of Sotographs/The Liaison Agency. Photo of « Quelle catastrophe ! » expression courtesy of Robert M. Pierce. Photo of « Attention ! » gesture courtesy of Robert M. Pierce. Photo of « Tu es fou/folle » courtesy of Robert M. Pierce. Photo of a man washing with a bath mit courtesy of Beryl Goldberg. Photo of a French toilet, Avignon courtesy of Beryl Goldberg. Photo of a French pharmacist courtesy of Owen Franken/Stock Boston. Photo of the exterior of an Alsace pharmacy courtesy of David Simson/Stock Boston. Photo of Francis Bebey courtesy of Jack Vartoogian. Photo of Centre médical courtesy of William J. Berg. Photo of la rue du Trésor à Québec courtesy of Robert M. Pierce. Photo of Chateau Laurier, Ottawa courtesy of Andrew Klapatiuk/The Liaison Agency. Photo of the Louisiana bayou courtesy of Ed Lallo/The Liaison Agency. Photo of Château Frontenac courtesy of William J. Berg. Photo of La Place Jacques Cartier from the collection of Sally Magnan. Photo of logging in Québec courtesy of Michael S. Yamashita/Corbis. Photo of Québec license courtesy of Robert M. Pierce. Photo of Gaspe courtesy of Robert Holmes/Corbis. Photo of New Orleans courtesy of Philip Gould/Corbis. Photo of Rockin' Doopsie & the Zydeco Twisters in New Orleans courtesy of Michael Schwarz/The Image Works. Photo of Cajun Mardi Gras, in Eunice, Louisiana courtesy of Lawrence Migdale/Stock Boston. Photo of a Cajun sign in St. Martinsville, Louisiana courtesy of Margot Granitsas/The Image Works. Photo of a Cajun radio show courtesy of Philip Gould/Corbis.

Ensemble 8   Photo of motto in flowers courtesy of Robert M. Pierce. Photo of elementary school in Québec courtesy of Robert Fried/Stock Boston. Photo of Saguenay region in Canada courtesy of Robert Fried/Stock Boston. Photo of two women talking courtesy of Philip Gould/Corbis. Photo of a couple kissing courtesy of Owen Franken. Photo of two men arguing courtesy of Dean Conger/Corbis. Photo of a gesture of authority courtesy of Sally Magnan. Photo of a gesture of impatience courtesy of Sally Magnan. Photo of a gesture of indifference courtesy of Robert M. Pierce. Photo of a gesture showing how to calm someone courtesy of Sally Magnan. Photo of signs in Montréal courtesy of Laurey Martin-Berg. Photo of traffic in Paris courtesy of Michael Gallacher/The Liaison Agency. Photo of a Brussels recycling bin courtesy of Ulrike Welsch. Photo of a factory in Québec courtesy of Yann Layma/ Stone. Photo of « Non aux Déchets » billboard courtesy of Stephane Frances/Corbis Sygma. Photo of « Respect » billboard courtesy of Robert M. Pierce. Photo of « Voyez la vie » poster courtesy of Yvonne Ozzello. Photo of a couple kissing in Paris courtesy of Willy Ronis/Rapho/The Liaison Agency.

Ensemble 9 and Ouverture culturelle 9   Photo of Yves Saint Laurent fashion show courtesy of Benhamou Valente/The Liaison Agency. Photo of a Guy Laroche boutique in Paris courtesy of Dave Bartruff/Stock Boston. Photo of a Galeries Lafayette store courtesy of Boutin/Explorer/Photo Researchers Inc. Photo of Yves Saint Laurent, photo of Yves Saint Laurent model modeling Yves Saint Laurent clothing, and photo of Chanel model modeling Chanel clothing courtesy of Daniel Simon/The Liaison Agency. Photo of Coco Chanel courtesy of Roger Viollet/The Liaison Agency. Photo of Christian Dior courtesy of Savitry/Rapho/The Liaison Agency. Photo of Christian Dior model modeling Christian Dior clothing courtesy of Daniel Simon/The Liaison Agency. Photo of young woman in formal clothes/outdoors courtesy of D. Wray/ The Image Works. Photo of young people in snow in Hirson, France courtesy of David Simson/Stock Boston. Photo of a young man courtesy of Taylor-Fabricius/Stock Boston. Photo of a flower market in Dakar, Sénégal and photo of Marrakech, Maroc courtesy of Wolfgang Kaehler. Photo of dunes in Morocco courtesy of Robert M. Pierce. Photo of leather dying in Fez courtesy of Eileen McDonald. Photo of Kairouyine Mosque courtesy of Eileen McDonald. Photo of a scene in Dakar, Sénégal courtesy of Bettmann/ Corbis. Photo of St. Louis, Sénégal courtesy of Edris Makward. Photo of fisherman and boy in Sénégal courtesy of Julie Satkamp. Photo of Toumani Diabate playing La Kora courtesy of Jack Vartoogian. Photo of a « griotte » courtesy of Peter Johnson/Corbis.

Ensemble 10   Photo of a typical Parisian apartment building courtesy of Ulrike Welsch. Photo of low-income housing in Angoulême courtesy of Michael Dwyer/ Stock Boston. Photo of a homeless person in Paris courtesy of Joseph Khalil/The Liaison Agency. Photo of striking workers courtesy of Peter Turnley/Corbis. Photo of Tahar Ben Jelloun courtesy of AFP/Corbis. Photo of « Touch pas à mon pote » courtesy of P. Gontier/ The Image Works. Photo of Partageons mieux sign courtesy of Yvonne Ozzello. Photo of Amour sign courtesy of Robert M. Pierce. Photo of French election posters courtesy of Ulrike Welsch.

Index

This index includes major speech acts, major thematic units, all verbs (under their infinitive), sounds and pronunciation features, people and authors who are pictured or whose work is cited (under last name), and paintings (under the first word of the title excluding the article) that appear in the text. Page numbers in italic denote photographs.

A